BEIHEFTE ZUR
ZEITSCHRIFT FÜR ROMANISCHE PHILOLOGIE

BEGRÜNDET VON GUSTAV GRÖBER
FORTGEFÜHRT VON WALTHER VON WARTBURG
HERAUSGEGEBEN VON KURT BALDINGER

Band 217

BEIHEFTE ZUR
ZEITSCHRIFT FÜR ROMANISCHE PHILOLOGIE

BEGRÜNDET VON GUSTAV GRÖBER
FORTGEFÜHRT VON WALTHER VON WARTBURG
HERAUSGEGEBEN VON KURT BALDINGER

Band [illegible]

FRANZ LEBSANFT

Studien zu einer Linguistik des Grußes

Sprache und Funktion
der altfranzösischen Grußformeln

"Die Vergangenheit ist nicht tot. Sie ist nicht einmal vergangen." (W. Faulkner)
Für Professor Christmann aus vielen guten Gründen seit 15 Jahren, in Dankbarkeit
herzlichst Ihr Franz Lebsanft
19. 10. 1988

MAX NIEMEYER VERLAG TÜBINGEN
1988

Gedruckt mit Unterstützung der Deutschen Forschungsgemeinschaft.

CIP-Titelaufnahme der Deutschen Bibliothek

Lebsanft, Franz:
Studien zu einer Linguistik des Grusses : Sprache u. Funktion d. altfranz. Grussformeln / Franz Lebsanft. – Tübingen : Niemeyer, 1988.
(Beihefte zur Zeitschrift für romanische Philologie ; Bd. 217)
NE: Zeitschrift für romanische Philologie / Beihefte)

ISBN 3-484-52217-8 ISSN 0084-5396

Satz und Druck: Maisch + Queck, Gerlingen.
Einband: Heinrich Koch, Tübingen.

Inhalt

Vorwort

Diese Arbeit ist die geringfügig überarbeitete Fassung der 1986 von der Neuphilologischen Fakultät der Eberhard-Karls-Universität Tübingen angenommenen Dissertation.

Sie wurde angeregt und in allen Phasen ihrer Entstehung tatkräftig gefördert von meinem Lehrer Professor Dr. Hans Helmut Christmann. Dafür (und für vieles andere) sei ihm herzlich gedankt.

Ich danke Professor Dr. Drs. h.c. Eugenio Coseriu, Professor Dr. Walter Haug und Professor Dr. Reinhold Kontzi für die wertvollen Ratschläge, die sie mir bei der Begutachtung und während der mündlichen «Verteidigung» der Dissertation gegeben haben.

Ich danke ferner Professor Dr. Jacques Monfrin, der Vorarbeiten zur Dissertation während meines Studienaufenthaltes an der IVe Section der École Pratique des Hautes Études (Paris) nach Kräften unterstützt hat.

Danken möchte ich auch der Studienstiftung des deutschen Volkes (Bonn), insbesondere Dr. Veronika Birbaumer und Professor Dr. Niels Birbaumer, für die Förderung als Student und als Doktorand.

Professor Dr. Drs. h.c. Kurt Baldinger danke ich für die Aufnahme der Arbeit in die Reihe der «Beihefte».

Der Deutschen Forschungsgemeinschaft (Bonn) danke ich für die Gewährung einer großzügigen Druckbeihilfe.

Carla Kohler danke ich für ihre unermüdliche Hilfe bei der Herstellung des Typoskripts.

Mein Dank richtet sich schließlich an meine Freunde und an meine Familie, besonders aber an Barbara Fink-Lebsanft.

Ich widme die Arbeit dem Andenken meiner Mutter Brigitte Lebsanft, gest. Bonn, den 7. Oktober 1974.

F. L.

Technische Vorbemerkung

1) Häufiger verwendete Abkürzungen:

GF	Grußformel
GFn	Grußformeln
AF, afr.	Altfranzösisch, altfranzösisch
MF, mfr.	Mittelfranzösisch, mittelfranzösisch
NF, nfr.	Neufranzösisch, neufranzösisch

2) Symbole für die Bezeichnung von Satzgliedern und Wortarten:

V	*verbe*
VA	*verbe auxiliaire*
S	*sujet*
C	*complément*
O1	*complément d'objet direct*
O2	*complément d'objet indirect*
O1p, O2p	O1 *pronominal,* O2 *pronominal*
CC	*complément circonstanciel*
CA	*complément d'agent*
CN	*complément de nom*
ADJ	*adjectif*
ADV	*adverbe*
ART	*article*
SUB	*substantif*
a/b/c...	Teile eines nominalen Satzgliedes
a'	Wiederaufnahme von a
x/y/z	Teile eines verbalen Satzgliedes
a.	*aucun*
a.l.	*aucun lieu*
a.r.	*aucune rien*

3) Normalisierte Schreibung der GFn:

Immer dann, wenn es uns um eine GF als GF (und nicht um ihr Vorkommen in einem bestimmten Beleg) geht, normalisieren wir die Schreibung entsprechend der für die Einträge des TL geltenden Praxis. Voraussetzung ist freilich, daß die betreffende GF wenigstens zweimal belegt ist. Kennen wir nur einen Beleg, so wird die GF stets in der überlieferten Schreibung erwähnt.

4) Zitierweise der afr. und mfr. Texte:

Für die Angabe der Texte lehnen wir uns eng an das im Anschluß an die Sigel des TL entwickelte Sigelsystem des DEAF an. Wir danken Herrn Privatdozent Dr. Möhren (Heidelberg) für die Übersendung der Äquivalenzen zu *Tobler-Lommatzsch Literaturlisten (Texte) 1–10* (unveröffentlicht) und für die briefliche Mitteilung von Sigeln für Texte, die in diesen Äquivalenzen nicht enthalten sind. Unsere Bibliographie enthält die Auflösung der Sigel der Texte des Korpus und der didaktischen Literatur. Weitere Sigel (von nur gelegentlich erwähnten oder zitierten Texten) können über die Literaturlisten des TL aufgelöst werden. – Texte, für die bisher keine DEAF-Sigel vorliegen, werden mit Kurztiteln angegeben. Diese Texte sind ebenfalls in der Bibliographie verzeichnet.

Beim Zitieren afr. und mfr. Belege verwenden wir die *guillemets* einheitlich und ausschließlich für die Kennzeichnung der direkten Rede. Beginnt oder endet ein Zitat mit direkter Rede, so markieren wir das dann nicht mit den *guillemets,* wenn die direkte Rede in dem betreffenden Text vor der zitierten Stelle einsetzt oder über sie hinaus fortgesetzt wird.

Zur Einleitung

Wenn es erlaubt ist, sinngemäß das Diktum Jacob Burckhardts auf unseren Gegenstand anzuwenden, wonach «Jeder die tausendmal ausgebeuteten Bücher wieder lesen muß, weil sie jedem Leser und jedem Jahrhundert ein besonderes Antlitz weisen, auch jeder Altersstufe des Einzelnen»[1], dann bedarf es eigentlich keiner besonderen Rechtfertigung dafür, daß wir gut fünfzig Jahre nach ihrer ersten monographischen Behandlung durch Maria Senge[2] die altfranzösischen Grußformeln erneut untersuchen. Jedoch wird es sinnvoll sein, Art und Umfang unserer Studien darzulegen.

Wir nehmen uns einerseits weniger, andererseits mehr vor als die Autorin der *Französische[n] Grußformeln*. Maria Senge hat nicht nur die GFn des Altfranzösischen erfassen wollen – deren Behandlung nimmt freilich den breitesten Raum ein –, nicht einmal nur die des Französischen überhaupt, sondern trotz ihres Titels auch die GFn von vier weiteren romanischen Sprachen (Italienisch, Altokzitanisch, Spanisch, Portugiesisch) sowie ihrer lateinischen Vorbilder. Wir begnügen uns dagegen mit den GFn einer Epoche der französischen Sprachgeschichte, und zwar des Hochmittelalters (ca. 1100 bis ca. 1300). Wir berücksichtigen diejenigen GFn, die auf der erzählten Ebene literarischer Quellen vorwiegend der erzählenden, weniger der dramatischen und nur gelegentlich der lyrischen Gattungen vorkommen. Abgesehen von wenigen Ausnahmen geben wir dabei der ‹weltlichen› vor der ‹religiösen› Literatur den Vorzug. Die erfaßten GFn analysieren wir freilich wesentlich genauer als Maria Senge.

Entscheidend ist dabei, daß wir eine völlig andere Wesensbestimmung der GFn als Maria Senge vornehmen. Begreift sie die GFn in Anlehnung an Kurt Stegmann von Pritzwald als «Lebensanschauungsformeln» (Senge 1935, 2), so verstehen wir sie als pragmatische Idiome. Entgegen dem Anschein ist dieser

[1] Burckhardt 1982, 252; s. dazu Christmann 1986, 3.

[2] Senge 1935. Vor Maria Senge behandeln Schiller 1890, Diepenbeck 1900 und Merk 1914 einzelne Aspekte der GFn. Der afr. GF-Schatz wird dabei aber so summarisch erfaßt, daß wir auf eine eingehendere Betrachtung dieser Arbeiten verzichten können. Zu Schiller 1890 und Merk 1914 s. auch Senge 1935, 1. Vergleiche noch unten, erster Teil, II. Kapitel, 33 mit Anmerkung 50, sowie zweiter Teil, I. Kapitel, 97.

Begriff durchaus nicht allein der linguistischen Pragmatik verpflichtet[3]. Seine Verwendung soll auch nicht als umfassendes Bekenntnis zur Pragmatik verstanden werden. Mit diesem Begriff wollen wir nur zwei Dinge deutlich machen: Die GFn gehören in den großen Bereich der Idiomatik bzw. Phraseologie, und sie zeichnen sich innerhalb dieses Bereichs dadurch aus, daß ihre Funktion weitgehend an den Gebrauch in «bestimmten pragmatischen Situationen» gebunden ist[4]. Auf diese Weise gewinnen wir zwei fest umrissene Gesichtspunkte, unter denen wir die altfranzösischen GFn darstellen.

Erstens legen wir eine präzise sprachliche Beschreibung vor. Wir anerkennen, daß Maria Senge in dieser Hinsicht Beachtliches, gerade im Vergleich zu den meisten neueren Arbeiten, geleistet hat[5]. Dennoch besteht ihre Arbeit vor allem aus einer Materialsammlung – einer allerdings imponierenden Materialsammlung, die auch wir benutzen[6]. Und zweitens stellen wir die Funktion der GFn aufgrund ihres Gebrauchs dar. Diese Fragestellung, die bei Maria Senge noch kaum in den Blick kommt (es sei denn in der allgemein gehaltenen Einteilung des Materials in Begegnungs- und Abschiedsgrüße), wird erst von Leena Löfstedt ernsthaft, wenn auch bei weitem nicht erschöpfend, angegangen[7].

Wir gliedern unsere Arbeit in vier Teile. Der erste Teil beschäftigt sich ausschließlich mit der sprachlichen Struktur der GFn, die hier zum ersten Mal eingehend dargestellt wird. Bestimmend ist dabei die schon angesprochene Fundierung unserer Analysen im Formelbegriff der modernen Phraseologie. Wichtig ist aber auch die Berücksichtigung der altfranzösischen Syntax und, noch stärker, der altfranzösischen Lexikologie, die genauso wie die Phraseologie von den bisherigen Untersuchungen völlig ignoriert wird[8]. Die Berücksichtigung all dieser Disziplinen ist notwendig, um die beiden wesentlichen sprachlichen Aspekte der altfranzösischen GFn, nämlich die Fixiertheit ihrer einzelnen Komponenten auf der paradigmatischen und auf der syntagmatischen Ebene, angemessen zu erfassen. Der zweite Teil geht auf die Bezeichnungen des sprachlichen Grußes ein. Hier geht es um diejenigen Verben, Substantive sowie Verbindungen von Verben und Substantiven, mit denen der altfranzösische Sprecher auf die mittels der GF vollzogene Tätigkeit Bezug nehmen

---

3 Der Begriff wird etwa auch in der bei Eugenio Coseriu angefertigten Dissertation von Thun 1978 verwendet, die sicherlich nicht dem Verdacht ausgesetzt ist, ‹pragmatisch› orientiert zu sein; vergleiche unten, erster Teil, I. Kapitel, 17 mit Anmerkung 15.

4 Burger 1973, 58; s. unten, erster Teil, I. Kapitel, 17.

5 Laugesen 1973, Duplat 1975, Love 1984 zum AF; Lewicka 1976 und 1979 zum MF. S. detailliert dazu unten, erster Teil, I. Kapitel, 7–14.

6 S. unten, vierter Teil, 306.

7 Löfstedt 1978.

8 Wir meinen Arbeiten wie Stefenelli 1967, Burgess 1970, oder Lavis 1972, die den oben in Anmerkung 5 genannten Autoren hätten bekannt sein können.

kann[9]. Der zweite Teil zeigt also in Vorbereitung des dritten Teils, welche sprachlichen Mittel der altfranzösische Wortschatz zur Verfügung stellt, um über das sprachliche Grüßen zu reden. Den dritten Teil verwenden wir auf die Analyse der Funktion der im ersten Teil nur unter dem Gesichtspunkt der sprachlichen Struktur betrachteten GFn. Wir zeigen, auf welche außersprachlichen Situations- bzw. innersprachlichen Kontextmerkmale der Gebrauch der einzelnen GFn festgelegt ist. Besonderes Augenmerk richten wir dabei darauf, ob der sprachlichen Vielzahl und Differenziertheit der GFn eine vergleichbare situationelle und kontextuelle Differenzierung entspricht. Diese Betrachtung geht nahtlos über in die Untersuchung von speziell den sprachlichen Gruß betreffenden Gesprächsregeln, die Auskunft über die Rolle und Organisation des sprachlichen Grüßens im französischen Mittelalter geben[10]. Diese Grußregeln bedingen und bestimmen die Verwendung der GFn, ohne daß sie jedoch als äußere fixierte Merkmale der je einzelnen GF gelten könnten. Der vierte Teil enthält unsere Materialsammlung (insbesondere das GF-Inventar), die wir so aufbereitet haben, daß sie auch in anderen Abhandlungen und in Wörterbüchern verwendet werden kann.

Im Verlauf der Untersuchung wird sich zeigen, daß das französische Mittelalter über ein umfangreiches und differenziertes System von GFn und Grußregeln verfügt. Die Kenntnis des aus den Einzelbelegen erschlossenen Systems wirkt auf die detaillierte Analyse eben dieser Einzelbelege zurück. Erst auf den zweiten Blick hin läßt sich die Subtilität so mancher GF-Verwendung erfassen. So können auch wir uns auf den von Gustav Gröber, Hugo Schuchardt, Leo Spitzer und anderen für die Romanistik in Anspruch genommenen hermeneutischen Zirkel berufen, aus dem es bekanntlich nicht hinaus-, sondern in den es sich hineinzufinden gilt.

Es wäre natürlich verlockend, die altfranzösischen GFn wenn schon nicht als «Lebensanschauungsformeln», so doch wenigstens als Ausdruck einer spezifisch mittelalterlichen Lebensform, der wir womöglich den Stempel der «Alterität» aufdrücken könnten, zu interpretieren. Wir werden aus zwei Gründen davon Abstand nehmen. Zunächst teilen wir die Bedenken Hans Helmut Christmanns gegen die exklusive Anwendung dieses Begriffs auf das Mittelal-

---

[9] Vergleiche zu solchen Ausdrücken allgemein Lüdtke 1984, 19f. mit Verweis auf Rey-Debove 1978.

[10] Dabei stützten wir uns methodisch auf ethologische, ethnologische und soziologische Arbeiten, wie sie vor allem in der Gesprächsanalyse verwendet werden, s. dazu unten, dritter Teil, II. Kapitel, 240. Hinsichtlich der Gesprächsanalyse greifen wir auf Henne/Rehbock [2]1982 zurück, ohne uns freilich deren ‹pragmatisch› reduzierten Sprachbegriff zu eigen machen zu wollen, s. dazu Christmann 1986, 15. – Wir übergehen Arbeiten der älteren Kulturgeschichte, die sich – wie etwa Schultz [2]1889, I, 520f., 529, 578f., 638ff. – zwar interessiert, aber nur unsystematisch zu diesem Themenkomplex äußern. Zur neueren Kulturgeschichte vergleiche Bumke 1986, besonders I, 299–301 («Das Begrüßungszeremoniell»). In der Bibliographie (II, 825) nennt Bumke von den romanistischen Arbeiten nur Schiller 1890, bei den germanistischen Arbeiten (Bolhöfer 1912, Roos 1975) fehlt Peil 1975.

ter[11]. Darüber hinaus aber ist gerade der sprachliche Gruß ein Gebiet, auf dem sich im Sprachlichen und Funktionellen von Epoche zu Epoche Verschiedenheiten und Andersartigkeiten mit Gemeinsamkeiten und Kontinuitäten – die ja letztlich den Zugriff auf eine in der Zeit entfernte Kultur überhaupt ermöglichen – die Waage halten. Es kann hier dem modernen Interpreten wie Alcofrybas gehen, der in Pantagruels Mund eine neue Welt zu entdecken glaubt und auf einen Bauern trifft, der Kohl anpflanzt[12]. Gerade beim sprachlichen Gruß umgreifen ja einige Konstanten einen immensen Zeitraum, wenn etwa – um nur ein Beispiel zu nennen – ein österreichischer Ethologe in der letzten Wiener Verschleifung einer GF *(Hawidjere < Habe die Ehre)* das uralte stammesgeschichtliche Prinzip der Ritualisierung zu erkennen vermag[13].

Uns liegt daher weniger an allgemeinen Aussagen als vielmehr an einer detaillierten Untersuchung unseres Gegenstandes, die je nach dem Standpunkt des Lesers an jedem einzelnen Punkt Gemeinsamkeiten oder Verschiedenheiten zwischen Mittelalter und heutiger Zeit zutage fördert. Die Untersuchung der altfranzösischen GFn ist zuallererst ein Beitrag zur historischen Phraseologie. Sie ist als solche ein weiterer Baustein im Gebäude der historischen Lexikologie und Lexikographie und dient der umfassenden Charakterisierung des altfranzösischen Wortschatzes[14]. Darüber hinaus interessiert sie den mit den verschiedensten Methoden – bis hin zur Konversationsanalyse – arbeitenden Historiker des gesprochenen Französisch, insofern in bestimmten Alltagssituationen gebrauchte Formeln zwangsläufig zunächst einmal Elemente des Gesprochenen, des *code parlé*, sind[15]. Wir vergessen freilich nie, daß unsere Quellen literarisch sind. Der Mangel an gesprochener Authentizität wird wenigstens teilweise durch den Gewinn literarischer Reflektierung der Alltagssprache wettgemacht. Auch daraus ergibt sich für uns die Notwendigkeit, unsere zahlreich zitierten Belege in ihrem Kontext eingehend zu interpretieren. So kann diese Arbeit auch dem textnahen Literaturwissenschaftler von Nutzen sein.

---

11 Christmann 1986, 2 (mit Bibliographie).

12 *Deuxième Livre (Pantagruel),* 32. Kapitel, s. dazu Auerbach ^{5}1971, 254f.

13 Eibl-Eibesfeldt ^{9}1980, 69; s. unten, erster Teil, II. Kapitel, 47. Am Rande sei bemerkt, daß diese GF von Arthur Schnitzler im *Leutnant Gustl* (1900; *Das erzählerische Werk,* 2, Frankfurt am Main 1977, 214) zu feinsinnigstem Leben erweckt worden ist; der Bäckermeister:

> «Aber ich will Ihnen die Karriere nicht verderben ... Also, schön brav sein! ... So, hab'n S' keine Angst, 's hat niemand was gehört ... es ist schon alles gut ... so! Und damit keiner glaubt, daß wir uns gestritten haben, werd' ich jetzt sehr freundlich mit Ihnen sein! – Habe die Ehre, Herr Leutnant, hat mich sehr gefreut – habe die Ehre.» Um Gottes willen, hab' ich geträumt? ... Hat er das wirklich gesagt? ...

14 S. die Erwähnung der GFn im Überblick von Stefenelli 1981, 186.

15 S. Ernst 1980; vergleiche auch Wandruszka 1981. S. allgemein Söll/Hausmann ^{3}1985.

Erster Teil: Die Sprache der Grußformeln

Wir setzen uns im ersten Teil unserer Untersuchung zum Ziel, 1. Kriterien für eine Inventarisation der GFn zu erarbeiten (I. Kapitel) und 2. die GFn sprachlich zu beschreiben (II. Kapitel). Beide Ziele bedingen einander. Die Inventarisation der GFn erfordert eine gewisse intuitive Kenntnis von deren sprachlicher Struktur. Die detaillierte und präzise Beschreibung dieser Struktur kann aber nur am geordneten Material erfolgen.

Unsere Absicht ist es zuallererst festzustellen, welcher Formelschatz im AF zum sprachlichen Gruß zur Verfügung steht und wie er sprachlich beschaffen ist. Eine Beurteilung des dabei zutage tretenden, bekanntlich auch andernorts anzutreffenden lexikalischen (und zugleich syntaktischen) ‹Reichtums› des AF[1] können wir allerdings erst im Zusammenhang mit der Untersuchung des Gebrauchs der GFn im dritten Teil vornehmen.

[1] Brunot 1966 (zuerst 1905), 348–357; speziell zum lexikalischen Reichtum s. besonders Stefenelli 1967; vergleiche unten, dritter Teil, I. Kapitel, 147 mit Anmerkung 5.

I. Kapitel: Probleme der Inventarisation der Grußformeln

1. Von der altfranzösischen Zeit zur modernen mediävistischen Forschung

Eine Inventarisation der afr. GFn darf man in afr. Zeit selbst nicht erwarten. Man kann aber immerhin nachweisen, daß es im französischen Mittelalter ein Bewußtsein davon gibt, daß man sich beim Grüßen traditioneller Formeln bedient. So läßt Chrétien im *Perceval* an prominenter Stelle (in der Blutstropfenszene) Keu die folgenden Worte zu Gauvain sagen, als dieser aufbricht, um den fremden Ritter zum König zu holen:

Bien savez vos paroles vendre,
Qui molt sont beles et polies.
Grans oltrages, grans felonnies
Et grant orgueil direz vos ja?
Que dehés ait qui le quida
Ne qui le quide, qui je soie.
Certes, en un blïaut de soie
Porrois ceste besoigne faire;
Ja ne vos i covenra traire
Espee ne lance brisier.
De ce vos poëz vous prisier
Que se la langue ne vos faut
Por dire: «Sire, Diex vos saut
Et il vos doinst joie et santé,»
Fera il vostre volenté.
(PercR 4384–98)

Wir gehen hier nicht auf das sprachkritische Moment in Keus Worten ein, ebensowenig auf die von ihm wohl kaum erahnte Überbietung der GF durch Gauvain (PercR 4435–37). Uns geht es vielmehr darum, daß Keu den Satz *Diex vos saut et il vos doinst joie et santé* als offenbar vorgefertigtes Versatzstück der Rede als *paroles … beles et polies* (wenn auch in ironischer Brechung) Gauvain in den Mund legt.

Ganz unironisch wird eine derartige *parole* in einem anderen Werk Chrétiens als *usee* bezeichnet. So nennt nämlich Fenice einen Teil der formelhaften Wendung, mit der Cligés sich von ihr verabschieden will (CligésM 4282f. *Mes droiz est qu'a vos congié praigne com a celi a cui ge sui toz*)[2]:

---

[2] Zu CligésM 4283, s. Love 1984, 105f. Vergleiche auch LancR 4 und LancR 5656 und

Mes ce me resmaie de bot
Que c'est une parole usee,
Si repuis bien estre amusee;
Car tiex i a qui par losange
Dïent nes a la gent estrange
«Je sui vostres, et quanque j'ai»,
Si sont plus jeingleor que jai.
(CligésM 4388–94).

Noch deutlicher als *poli, e,* „geglättet", „glatt", „(Worte) gleißend" (ausgesprochen von dem sarkastischen Keu) enthält *use, e,* „abgenutzt", „verbraucht" den Gedanken des wiederholten – und damit formelhaften – Gebrauchs der *parole*[3].

Erste Ansätze zur Sammlung der GFn begegnen uns in den in England und Flandern entstandenen Konversationsbüchern der mfr. Zeit[4]. Ihre Verfasser führen einzelne GFn in konkreten, mehr oder weniger anschaulichen Dialogen vor. Wenn es ihnen auch in erster Linie um den richtigen situativen Gebrauch der Formeln geht, so lenken sie gelegentlich die Aufmerksamkeit doch daneben auf die sprachliche Korrektheit, den *usage*:

On dist en latin, quant on salue aucuuin au mattin: «Bona dies sit vobis»; c'est en romans: «Boin jour vous soit». Vous sachiez bien que en romans on dist: «Diex vous doinst boin jour», et qui selonc le romans le diroit on latin, on diroit: «Deus det vobis bonam diem», si que ce seroit hors le usage.

(DialFrAllemG 7)

Eine Sammlung und Ordnung des mittelalterlichen Schatzes an GFn wäre Aufgabe der modernen mediävistisch-philologischen Forschung. Eine Durchsicht der einschlägigen Arbeiten ergibt aber, daß diese Aufgabe bisher nur unvollkommen gelöst ist. Die Ordnung der GFn nach sprachlichen Gesichtspunkten wird zumeist nur intuitiv vorgenommen. Inkonsequenzen in der Darstellung sind dabei häufig. Wir gehen zunächst auf eine Reihe neuerer Untersuchungen aus den Jahren 1973–1984 ein, behandeln anschließend die von ihnen unbeachtete, aber grundlegende Dissertation von Senge 1935 und schließlich die einzige neuere Arbeit, die sich verdienstvollerweise auf Maria Senge bezieht, Löfstedt 1978.

Laugesen 1973 bildet keine tragfähige Grundlage zur Sammlung und Untersuchung der afr. GFn. Er beschränkt sich auf die Nennung einiger weniger Belege, ohne allzuviel Anstrengung auf deren Ordnung zu verwenden. Laugesen unterscheidet:

1) die «geläufigste» GF *Diex vos salt* (PercR 767),

---

dazu – im Rahmen der Interpretation des *Lancelot*-Prologs – Haug 1985, 110 mit Verweis auf Haug 1978.

3 Foerster/Breuer [5]1973, s.v. *poli* und *user*.

4 S. dazu Streuber 1962. Gesprächsbücher werden seit einigen Jahren wieder verstärkt als Quellen gesprochener Sprache untersucht, s. dazu für das AF Ernst 1980, besonders 5f.

2) deren «Varianten» *Diex beneïe vos* (PercR 1364, 7381ff.), *Damedix vos i aït* (AucS[7] 18.12), *Dieus vous seint* (BodelFablN II 29, Hs. H), usw.[5];
3) den Morgengruß, für den er an erster Stelle *Diex vos salt et doinst honor hui en cest jor* (PercR 5490) nennt;
4) den Willkommensgruß *Bien veigniez* (PercR 4557) und *Vos soiez li bien venus* (PercR 4023);
5) «entwickeltere» GFn wie *Diex salt et beneïe le meillor roi* (PercR 2831f.).

Wie man sieht, erfolgt die Gliederung nach völlig heterogenen Gesichtspunkten (Häufigkeit, Situation, sprachliche Beschaffenheit).

Wesentlich anspruchsvoller ist die Untersuchung von Duplat 1975 zu den GFn bei Chrétien. Der Verfasser nennt als Kriterium seiner Gliederung das «regroupement tenant compte du contenu lexical» (107). Duplat unterscheidet dabei grundsätzlich zwischen üblichen (traditionellen) und «persönlichen» GFn. Zum ersten Typ zählt er bei der Begrüßung

1) *Bien veigne*
2) *Beneïe soit*
3) *Dex saut*,

beim Abschied

4) *Congié demander (querre, proier, rover)* in performativer Verwendung *(je vos demant congié)*[6],
5) *A Dieu comander* in performativer Verwendung *(A Dieu vos comant)* und als Wunsch *(A Dieu soiez vos comandez)*.

Der zweite Typ wird bei der Begrüßung negativ bestimmt als «salutations dans lesquelles les expressions *bien veigne, beneïe soit* et *Dex vos saut* ne sont pas employées» (115). Beim Abschied spricht Duplat noch unbestimmter von «tournures plus personnelles» (139).

Love 1984 untersucht Anrede- und Höflichkeitsformeln bei Chrétien, Gautier d'Arras und Jean Renart. Unter den Höflichkeitsformeln behandelt er nach Bitte, Zustimmung und Dank den Gruß. Im Kapitel zu Chrétien lehnt sich Love deutlich an Duplat an. Nach der Besprechung der von Duplat her bekannten Begrüßungsformeln des traditionellen Typs behauptet er wie dieser, daß «there are numerous other greetings which are formulated in so personalized or concrete a manner that there is nothing formulaic about them» (101f.). Immerhin glaubt Love, aus diesem der Analyse offenbar weitgehend entzogenen Bereich doch noch eine GF «based on *bone aventure*» (102) ausgrenzen zu können. Er begnügt sich auch nicht wie Duplat damit, die einzelnen GFn nur lexikalisch voneinander abzugrenzen, sondern nimmt innerhalb einer jeden GF weitere morphosyntaktische Differenzierungen vor. Dies wird unmittelbar ersichtlich aus der im Anhang zu seiner Untersuchung zusammengestellten

---

[5] Laugesen 1973 nennt an dieser Stelle auch Formeln zur Kontaktaufnahme des Erzählers mit dem Publikum (CharroiM 1, PriseOrabR[1] 1, usw.), die wir aus unserer Untersuchung ausklammern, s. oben, Einleitung, 1.

[6] Zu diesen den Abschied einleitenden Formeln s. unten, zweiter Teil, II. Kapitel, 132–134.

Liste aller betrachteten GFn («Salutations/Farewells», 306f.). Sie hat folgendes Aussehen[7]:

1) *Bien soiez vos venuz*
   Bien veignanz soiez vos
   Bien vaigniez / Bien vaigne
2) *De vo venue Ai ml't le cuer lié et joiant*
3) *Mal veigniez*
4) *Bone aventure*
5) *Dex vos doinst santé, joie et richece*
6) *Dex vos saut*
7) *Dex vos beneie*
   Beneois soit
8) *A Deu vos comant/A Dieu*
9) *Sui a vos/Sui vostres,* etc.
10) *Congié.*

Lewicka 1976 und Lewicka 1979 untersucht in recht gründlicher Manier die GFn des MF. Sie unterscheidet dabei nach chronologischen Gesichtspunkten die aus dem AF ererbten GFn von den Neuerungen des MF («formules traditionelles» vs. «formules plus modernes», Lewicka 1976, 504). Wir berücksichtigen hier nur die mit dem AF gemeinsamen GFn. Für die Begrüßungsformeln teilt Halina Lewicka ihr Material in folgende, von uns systematisierte Gruppen ein:

1) GF mit Zeitbezug *(bonjour, bonsoir)*
   – Vollformeln: *Dieu vous doint bon jour*
   – Kurzformeln: *Bon jour*
2) Erneuerung der GFn mit Zeitbezug («*bon jour*, etc. a été remplacé par un autre complément», Lewicka 1976, 500)
   – *Dieu vous doint bonne vie*
3) *Dieu gard* und Varianten
   – allgemeinste GF: *Dieu vous gard*
   – *Dieu vous gard + complément de but*: *Dieu vous gard de mal*
4) *Dieu vous benie*
5) *Dieu y soit*
6) *Dieu soit ceans*
7) GFn mit *bienvenir*
   – *Bien venez*
   – *Tu soys le bien venu*
   – *Bien soyés venant.*

Als Abschiedsformeln nennt Halina Lewicka:

1) GFn mit *A Dieu*
   – Ausgebaute GFn:
   1. *A Dieu vous commande*
   2. *A Dieu soyez*
   3. *Allez a Dieu*
   4. *A Dieu* + Relativsatz: *A Dieu qui vous doinst joie*
   5. *A Dieu vous dy*
   – Kurzformel: *A Dieu*
2) Begrüßungsformeln, die beim Abschied gebraucht werden *(Dieu garde).*

[7] Vergleiche auch das Stellenregister, Love 1984, 319–325.

Halina Lewickas Grobklassifizierung beruht wie schon diejenige Duplats auf lexikalischen Kriterien. Feinere Differenzierungen erlauben wie später bei Love morphosyntaktische (s. GFn mit *bienvenir*) und syntaktische Merkmale (Vollformel, ausgebaute Formel vs. Kurzformel; *Dieu vous gard* vs. *Dieu vous gard de mal*).

Überblicken wir die bisher referierten neueren Arbeiten zu den mittelalterlichen französischen GFn, so ergibt sich ein weitgehend unscharfes Bild. Wir können zusammenfassend feststellen:

1) Es gibt einen kleinen, festen Stamm immer wieder genannter GFn: *Dieus vos beneïe, Dieus vos saut, Bien veigniez, A Dieu vos commant*. Die gegenseitige Abgrenzung der GFn ist lexikalischer Natur.

2) Innerhalb der einzelnen GFn gibt es morphosyntaktisch und syntaktisch begründete Differenzierungen: *Bien veigniez* vs. *Bien soiez vos venuz, Dieus vos gart* vs. *Dieus vos gart de a.r.*

3) Neben dem Gebiet der so erkannten GFn erstreckt sich ein Bereich GF-‹verdächtigen› Materials, der sich offenbar einer einfachen Gliederung widersetzt. Duplat 1975 verzichtet völlig darauf, diesen Bereich zu strukturieren, bei Love 1984 gibt es immerhin Ansätze hierzu.

4) Bei Lewicka 1976 und Lewicka 1979 werden GFn verzeichnet, die dem MF vom AF überliefert worden sein sollen, die aber weder bei Duplat 1975 noch bei Love 1984 aufgeführt sind: *Dieu vous doint bon jour, Dieu vous doint bonne vie, Dieu gard* und Varianten, usw. Dies könnte zwar daran liegen, daß derartige GFn in den Korpora von Duplat und Love nicht vorkommen. Angesichts der Strukturähnlichkeit zwischen den beiden erstgenannten GFn einerseits und einem Beleg wie *Dex vos doinst santé, joie et richece* (EscoufleS 4913) bei Love 1984 andererseits drängt sich jedoch der Verdacht auf, daß Halina Lewicka hier wie selbstverständlich GFn abgrenzt, welche die beiden anderen Autoren nicht näher analysieren zu können glauben.

Gewisse Schwierigkeiten der modernen Forschung hätten überwunden werden können, wenn die nunmehr gut fünfzig Jahre vorliegende Dissertation von Senge 1935 nicht erst von Löfstedt 1978 zur Kenntnis genommen worden wäre. Maria Senge hat die bisher größte Sammlung afr. GFn aus 66 Werken verschiedener Gattungen vorgelegt. Der kulturgeschichtliche Ansatz der Arbeit – Maria Senge beruft sich auf Stegmann von Pritzwald 1927 (2) – wirkt sich insofern bestimmend auf die Gliederung des Materials aus, als die einzelnen GFn den Bereichen der Kirche und des Hofes zugeordnet werden.

Maria Senge nennt für die Begrüßung[8]:

1) «Aus liturgischen Benediktionsformeln entstandene Fürbittgrüße» (5):
   1. *Dieus vos salt (saut)*
   2. *Dieus vos gart*

[8] Wir klammern die von ihr nur für die Neuzeit belegten «ichbezogene[n] Wendungen» (65–67) sowie die «spanisch-italienische[n] Wendungen im französischen Sprachgebrauch» (68–77) aus; vergleiche jedoch unten, zweiter Teil, II. Kapitel, 113 afr. Belege «ich-bezogener» Formeln, die Senge unbekannt sind.

3. *Dieus vos saut et gart*
4. *Dieus vos guarisset*
5. *Dieus vos beneie*
6. *Dieus vos saut et beneie*
Dieus vos saut et gart et beneie
7. *Dieus vos ait*

2) «Auf kultische Grußworte zurückgehende Formeln» (34)
1. *Dieus soit o vos*
2. *Dieus soit çéanz*
Dieus y soit
3. *Pais soit o vos*

3) «In höfischer Kultur ausgebildete Wunschgrüße» (39)
– «ideelle Wünsche» (40)
1. *Dieus vos doint joie*
2. *Dieus vos doint honor*
3. *Dieus vos doint bone aventure*
4. *Dieus vos doint santé, richece, longe vie, bonne estreine*
– «Zeitwünsche» (48)
1. *Dieus vos doint bon jour*
2. *Dieus vos doint bon main*
3. *Dieus vos doint bon soir*
4. *Dieus vos doint bone nuit*

4) «Die allgemeine Empfangsformel» (59): *Bien seiez vos venuz.*

Die GFn beim Abschied teilt Maria Senge ein in:

1) *A Dieu vos comant*
– Vollform: *A Dieu vos comant*
– Kurzform: *A Dieu*
2) *Alez, a Dieu vos comant*
Alez a Dieu
3) *A Dieu soiez vos comandez*
A Dieu soiez.

Mit Ausnahme von *A Dieu* + Relativsatz kennt Maria Senge alle GFn, die bei Laugesen, Duplat, Love und Halina Lewicka genannt werden. Von den neueren Klassifikationen ist allein diejenige von Halina Lewicka ähnlich umfassend. Bei den «Fürbittgrüßen» ist die Anführung sogen. «Grußverbindungen» wie *Dieus vos saut et beneïe* als eigene Gruppe (22) bemerkenswert. Noch Love 1984 führt einen Beleg wie

> (...) «Cil Dius qui maint amont,
> il saut ma dame et beneïe,
> et ceste siue compaignie!»
> (GautArrErR 4246–48)

jeweils getrennt unter *Dex vos saut* und *Dex vos beneie* auf (322).

Das von Maria Senge nachgewiesene zeitliche Nebeneinander von ideellen und Zeit-«Wunschgrüßen» schon im AF läßt erhebliche Zweifel an Halina Lewickas Behauptung aufkommen, die ersteren GFn seien Erneuerungen der letzteren. Hier handelt es sich bei Halina Lewicka wohl um einen durch die moderne Privilegierung der Zeitgrüße begründeten Anachronismus.

Differenzierungen innerhalb einzelner GFn scheinen dagegen bei Maria Senge weniger Beachtung zu finden als bei Love und besonders bei Halina

Lewicka. Explizit macht sie sie nur bei den Abschiedsformeln. Implizit sind sie freilich auch bei der Behandlung der «allgemeinen Empfangsformel» vorhanden, wenn Maria Senge nacheinander drei Belege mit jeweils unterschiedlicher Struktur zitiert:

> «Beau niés», dist il, «bien soiez vos venu!
>
> (CourLouisABLe 629)
>
> «Bien vegniés, sire, vos et vo compangnie.
>
> (RCambrM 5575)
>
> «Et vous deseur tous ciaus du monde
> Soiiés ici li bienviengnans!»
>
> (BeaumJBlS 2974f.).

Ein gewisses Desinteresse an Fragen der genauen sprachlichen Beschreibung macht sich auch andernorts bei Maria Senge bemerkbar. So beachtlich – gerade im Vergleich zu neueren Arbeiten – ihr Kapitel zu den «Wunschgrüßen» ist, so beschränkt sie sich im Detail doch auf eine nur skizzenhafte Darstellung. Dies wird unmittelbar anschaulich an den ersten drei Belegen zum Abschnitt *Dieus vos doint joie* (40f.):

> (...) «Dex te mete,
> chevaliers, joie el cuer parfite,
>
> (LancR 2790f.)
>
> (...) «Diex doinst joie et honor
> A la plus bele, a la meillor,
>
> (PercR 4587f.)
>
> – «Grant joie, dame, vos doinst cil
> Qui en terre tramist son fil
> Por essalchier crestïenté.
>
> (PercR 8301–03).

Senge untersucht weder die Variation beim Verb (*doner* vs. *metre*) noch diejenige beim Objekt *(joie parfite, joie et honor, grant joie)*. Wie besondere kurze Abschnitte zur «Beschaffenheit des Gutes» (42f.) und zur «Form des Gutentag-Grußes» (51f.) beweisen, hätte eine genauere Analyse jedoch durchaus im Bereich des Möglichen gelegen.

Löfstedt 1978 übernimmt im wesentlichen Maria Senges Gliederung und modifiziert sie nur in wenigen Punkten. Leena Löfstedt unterscheidet:

1) Liturgische GFn
   - Benediktionen als GFn:
     1. *Deus vos salvet* und Variationen *(Dieus vos saut et gart)*
     2. *Dieus vous gard* und Variationen *(A la garde Dieu)*
     3. *Dieus vous beneïe*
     4. *Dieus vos aït*
   - Weitere liturgische GFn
     1. *Deus soit od vous*
     2. *Dieus i soit* und Varianten *(Dieus soit ceans)*
     3. *A Dieu soyez*
     4. *Alez a Dieu*

5. *A Dieu vous commande*
   A Dieu

2) Nicht-liturgische GFn
   – *Dieus doint*-GF
   1. *Dieus doint*
   2. Weitere syntaktische Wendungen:
      Boens jorz vos soit hui ajornez (LancR 1288)
      Bon jor aiez (ClarisA 7196)
   – *Soyez le bienvenu*-GF
   1. *Bien soies venu*
   2. *Bien puissiés vos venir*
   3. *Bien vaigne, -ez-*
   4. *Bien veignant soiez*
   5. Verwandte GFn: *Bien soiés vos trovés.*

Da Leena Löfstedt die GFn nicht nach Begrüßung/Abschied vorordnet, stellt sie die Abschiedsformeln zu den «autres types liturgiques» (198). Ganz deutlich ist bei ihr das Bemühen, das Material auf einer abstrakteren Ebene als bei Maria Senge binarisch zu klassifizieren (liturgisch vs. nicht-liturgisch, Benediktionen vs. weitere liturgische GFn, *Dieus doint*-GF vs. *Soyez le bienvenu*-GF). Allerdings sperren sich die Fakten gelegentlich gegen dieses Korsett. So behandelt Leena Löfstedt die GF *Dieus vous conduise* und *Dieus vous garisse* aufgrund ihrer Strukturähnlichkeit zusammen mit den aus Benediktionen entstandenen GFn, obwohl sich für sie ein liturgisches Modell nicht nachweisen läßt (198). Vermutlich aus demselben Grund geht sie in ihrer Klassifikation auch nicht auf die GF *A Dieu remanés* bzw. *demourés* ein, sondern erwähnt sie erst später.

Auch Leena Löfstedt beläßt es hinsichtlich der konkreten sprachlichen Beschreibung vielfach bei Andeutungen. Das Verhältnis der genannten liturgischen GFn zu ihren «variations» (194) bzw. «variantes» (198) wird nicht geklärt. Bemerkenswert scheint uns hingegen die Abgrenzung der *Dieus doint*-GF. Zwar hatte schon Senge 1935 (39) festgestellt: «Formal gesehen sind die Wunschgrüße Verbindungen mit Dieu vous doint...», doch zieht erst Leena Löfstedt aus dieser Erkenntnis die Konsequenz, das Belegmaterial entsprechend zu behandeln. So privilegiert sie in der Darstellung nicht – wie Maria Senge – bestimmte «ideelle» oder Zeit-«Wunschgrüße», sondern stellt mit aller Deutlichkeit fest: «L'objet du souhait peut être n'importe quelle chose désirable: *bonne estreine, bone aventure, bone santé; honneur, joie, liesse,* notamment une bonne période de temps (*Dieus vous doint bon jour,* etc.) (198).» Die detaillierte Beschreibung dieser Ausdrücke bleibt freilich auch Leena Löfstedt dem Leser schuldig.

Dank der Einbeziehung von Senge 1935 und Löfstedt 1978 läßt sich für die afr. GFn ein doch wesentlich schärferes Bild zeichnen, als dies nach anderen neueren Arbeiten möglich schien. Gleichzeitig können wir aber auch besser die Probleme formulieren, die es bei einer sprachlichen Beschreibung noch zu lösen gilt. Wir fassen Erkenntnisse und Schwierigkeiten in zwei Punkten zusammen:

1) Das AF verfügt über einen wesentlich größeren Bestand an festumrissenen GFn, als dies einige neuere Publikationen glauben machen. Sie sind mit einiger Vollständigkeit schon bei Senge 1935 verzeichnet.

2) Die einzelnen GFn lassen sich in verschiedene sprachliche Varianten differenzieren. Die ihnen zugrunde liegenden morphosyntaktischen, syntaktischen und lexikalischen Kriterien werden von der gesamten Forschungsliteratur nur intuitiv erfaßt und auf das Material inkonsequent angewendet. Wir werden im zweiten Abschnitt dieses Kapitels versuchen, diese Intuitionen zu systematisieren, um so eine sichere Grundlage für die Inventarisation unseres Materials zu gewinnen. Im Rahmen einer Beschreibung der GFn von dieser Basis aus muß dann auch die Frage nach dem Verhältnis ‹formelhafter› zu ‹nicht-formelhaften› Grüßen (Duplat 1975, Love 1984) neu gestellt werden[9].

2. Sprachliche Kriterien für eine Inventarisation der Grußformeln

2.1. Abgrenzung der Grußformeln voneinander

Die afr. GFn bestehen normalerweise aus mehreren, insgesamt einen Satz bildenden Komponenten. Dieser Satz ist meist ein einfacher. Man muß freilich auch mit Satzverknüpfungen, d. h. Satzgefügen und -verbindungen, rechnen. Zum vorgefertigten Formelschatz zählen wir dabei allerdings nur Satzgefüge (man vergleiche Halina Lewickas Typ *A Dieu* + Relativsatz), nicht Satzverbindungen. Maria Senges «Grußverbindungen» wie *Dieus vos saut et gart* betrachten wir als einfache Sätze mit Koordination auf der Ebene des Prädikats, nicht als Satzverbindungen.

Entsprechend der verbozentrischen Struktur des Satzes fassen wir das Verb einer GF als deren wichtigste Komponente auf. Wir erheben es zur Schlüsselkomponente[10], die uns erlaubt, die einzelnen GFn voneinander abzugrenzen. Mehr als eine Schlüsselkomponente haben «Grußverbindungen» und aus Satzgefügen bestehende GFn.

Bei der «Kurzform» *A Dieu* erheben wir *Dieu* zur Schlüsselkomponente, da das ausgelassene Verb nicht mit Sicherheit ermittelt werden kann (man vergleiche *Alez a Dieu, A Dieu soiez, A Dieu vos comant*).

Unsere Vorgehensweise führt im Bereich der «Wunschgrüße» dazu, Belege mit demselben Wunschobjekt, aber verschiedenen Verben als verschiedene GFn anzusehen, man vergleiche *Bone aventure vos aviegne* vs. *Bone aventure aiez vos* vs. *Dieus vos doinst bone aventure*, usw. Die Gemeinsamkeiten dieser GFn können wir erst oberhalb der Ebene der einzelnen GFn über das Verhältnis der Verben zueinander beschreiben[11].

---

[9] S. unten, II. Kapitel, 72–95.

[10] S. Hausmann 1977, 78.

[11] S. unten, II. Kapitel, 26–31.

2.2. Differenzierung der sprachlichen Varianten einer Grußformel

GFn erlauben in der Wahl und in der Reihenfolge ihrer Komponenten Variationen. Ein Teil der paradigmatischen Variationen eignet sich zur Unterscheidung von GF-Varianten und zwar nach syntaktischen, morphosyntaktischen und lexikalischen Kriterien:

2.2.1. Syntaktische Kriterien

Eine GF kann sich dadurch in Varianten differenzieren, daß sie in ihren Vorkommen mit einer verschiedenen Zahl von Komponenten realisiert wird. So gibt es zwei Varianten der GF mit der Schlüsselkomponente *garder*: *Dieus vos gart* und *Dieus vos gart de a.r.* (s. oben, 9f., Lewicka 1976).

2.2.2. Morphosyntaktische Kriterien

Varianten entstehen ferner durch Variationen beim Verb hinsichtlich Tempus und Aspekt, Modus (Konjunktiv vs. *auxiliaire de souhait* + Verb) und Vox (Diathese). Wir veranschaulichen sie hier v. a. mit Beispielen der *bien venir*-GF, bei der sie bisher fast ausschließlich festgestellt worden sind; sie betreffen aber eine recht große Anzahl von GFn.

1) Tempus und Aspekt

Bien veigniez vs. *Bien soiez vos veignanz*
Bien soiez vos venuz

2) Modus

Bien veigniez vs. *Bien puissiez vos venir*

3) Vox

Dieus vos beneïe vs. *De Dieu soiez vos beneoiz.*

2.2.3. Lexikalische Kriterien

Die «Wunschgrüße» und strukturell vergleichbare GFn (wie *Dieus vos gart de a.r.*) erlauben bei derjenigen Komponente, die das Wunschobjekt bezeichnet, zahlreiche lexikalische Variationen (s. oben, 13, Löfstedt 1978). Sie eignen sich zur Abgrenzung von Varianten, man vergleiche

Dieus vos doinst *bone aventure*
vs. *joie*
vs. *bon jor*
vs. *onor*,

usw. Dabei kann auch die interne Struktur der Wunschkomponente berücksichtigt werden (*bone aventure* vs. *grant bone aventure, bon jor* vs. *beneoit jor, bone aventure* oder *joie* vs. *joie et bone aventure*, usw.).

Weitere Variationen innerhalb anderer Komponenten einer GF, etwa beim Gottesnamen (z. B. *Dieus vos saut* vs. *Jhesus vos saut*) oder bei der Anrede, bestehen weitgehend unabhängig von der GF selbst und eignen sich daher nicht zur Abgrenzung von Varianten.

Das Ergebnis der nach diesen Kriterien vorgenommenen Gliederung unseres Materials legen wir in Form einer alphabetisch geordneten GF-Sammlung vor. Diese Sammlung bildet die Grundlage unserer Beschreibung der afr. GFn[12].

---

[12] S. das GF-Inventar unten, vierter Teil, I. Kapitel, 307–395.

II. Kapitel: Beschreibung der Sprache der Grußformeln

1. Zum Formelcharakter der Grußformeln

Die Diskussion um Kriterien zur Abgrenzung der einzelnen GFn und ihrer Varianten hat uns im ersten Kapitel von empirischer Seite an das zentrale Problem der sprachlichen Beschreibung herangeführt: die Untersuchung der Formelhaftigkeit. Die konstatierten Unzulänglichkeiten der bisherigen Forschung beruhen v. a. darauf, daß sie sich nirgendwo grundsätzlich mit diesem Phänomen befaßt. Die referierten Arbeiten setzen die Formelhaftigkeit der sprachlichen Grüße im Hinblick auf die Inventarisation natürlich voraus, sie lassen sie aber – von einer noch zu nennenden Ausnahme abgesehen – ansonsten auf sich beruhen. Wir wollen diese Voraussetzung klären und lassen uns dabei von der modernen Phraseologieforschung, die bisher noch nicht in die französische Mittelalterphilologie hineingewirkt hat, leiten[13].

Es entspricht ‹vorwissenschaftlicher› Intuition, GFn als in einer Sprachgemeinschaft übliche, traditionelle Ausdrucksweisen aufzufassen, die – meist unabhängig von ihrer oft durchaus vorhandenen wörtlichen Bedeutung – in bestimmten Situationen, eben den Grußsituationen, verwendet werden. GFn sind dabei im allgemeinen ‹aufwendigere› sprachliche Mittel als etwa bloße Interjektionen, die unter Umständen mit ihnen zusammen verwendet werden (man denke nur an La Fontaines «Hé! bonjour Monsieur du Corbeau») oder auch an ihre Stelle treten können.

Die Phraseologie spricht bei den GFn von innerer (sprachlicher) und äußerer (situationeller) Fixiertheit[14]. Die Bindung im Gebrauch an eine bestimmte Situation ist das wichtigste Merkmal dieser Gebilde und begründet deren Bezeichnung als pragmatisches Idiom[15]. Damit tritt auch in der Sprach-

13 Vergleiche dagegen zur Germanistik Pilz 1981, 111–113; mit besonderer Berücksichtigung der russischen Forschung Burger/Buhofer/Sialm 1982, 315–382. Etwas anderes ist es, daß in der lexikographischen Praxis phraseologischen Einheiten recht große Aufmerksamkeit entgegengebracht wird, s. dazu schon TL I, XIII–XVIII.

14 Thun 1978, 66–70.

15 Burger 1973, 58–60; Thun 1978, 24f. und 248 übernimmt diesen Terminus; vergleiche auch Thun 1979, 510 und Pilz 1981, 71. Konkurrierende Termini verzeichnen Gülich / Henke 1979 (I), 514 mit Anmerkung. Neuerdings ersetzen Burger / Buhofer / Sialm 1982, 105 den Begriff des «pragmatischen Idioms» durch den des «pragmatischen Phraseologismus». – Zum Gruß als «Funktion des Sprechens in einer bestimmten Situation» (= «Textfunktion») s. Coseriu ^{2}1981, 45, 170. Vergleiche auch Lüdtke 1984, 226–231.

wissenschaft die Beschreibung der Sprache gegenüber derjenigen des Gebrauchs, d. h. die Beschreibung der inneren gegenüber der äußeren Fixiertheit, in den Hintergrund[16].

Die innere Fixiertheit kann sich sowohl materiell als auch inhaltlich äußern. Materielle Fixiertheit einer GF liegt vor, wenn 1. die Wahl ihrer Komponenten beschränkt und 2. deren Reihenfolge festgelegt ist. Inhaltliche Fixiertheit besteht, wenn die Bedeutung der Formel nicht auf übliche Weise aus den einzelnen Komponenten erschlossen werden kann. Die Verwendung des Begriffs der Fixiertheit erfordert freilich auch diejenige des entgegengesetzten Begriffs der Freiheit. Sowohl die materielle als auch die inhaltliche Fixiertheit sind meistens relativ, selten absolut. Man könnte auch von Freiheit in der Fixiertheit sprechen.

Die afr. GFn sind – mit Ausnahme von *wilekome* – inhaltlich nicht fixiert. Sie sind in der afr. Synchronie regulär interpretierbar. Damit ist dem Sprecher die Möglichkeit gegeben, zwischen sprachlichem Inhalt und situativem Gebrauch eine innere Beziehung herzustellen, die GF also zu motivieren[17]. Die Untersuchung dieses Aspekts gehört somit in den Bereich der phraseologischen Motiviertheitsanalyse[18]. Diese Art der Analyse bildet bisher die Ausnahme der sprachlichen Beschäftigung der Spezialliteratur mit den afr. GFn. So versucht Duplat 1975 durch eine «stilistische» Untersuchung *(étude stylistique)* auszuloten, inwieweit die wörtliche Bedeutung einer GF in ihrem Gebrauch dem Sprecher präsent ist. Bei der Behandlung der *bien venir*-GF geht es ihm immer wieder darum festzustellen, ob in den jeweiligen Belegen eine «valeur purement sociale» oder ein «sens plein» bzw. «sens fort» (108) vorliegt. Kriterium ist die im Kontext der GF dargestellte Handlungs- und Denkweise des Sprechers. Duplat bemerkt beispielsweise zu LancR 3325–30 (Begrüßung Lancelots durch Baudemagu:

> Li rois le vit esvertüer,
> si le cort molt tost salüer
> et dit: «Sire, molt m'esbaïs
> de ce que vos an cest païs
> vos estes anbatuz sor nos.
> Mes bien veignanz i soiez vos,):

> La formule employée exprime l'estime du roi pour le héros grièvement blessé qui vient de déployer un courage extraordinaire. Négligeant la différence de rang, Bademagu salue Lancelot le premier. Malgré la banalité des termes, les souhaits doivent être compris au sens fort: le roi s'engage par là à recevoir le chevalier, non point en ennemi, mais en hôte dont la valeur exceptionnelle mérite le respect (108).

---

[16] Zur Beschreibung des Gebrauchs s. unten, II. Kapitel, 72–95 sowie dritter Teil, 143–304.

[17] Zur (sprachlichen) Motivation in Sprach- und Literaturwissenschaft s. allgemein Christmann 1980a, besonders 185–191.

[18] Vergleiche bei Thun 1978, 128–133 das Referat entsprechender Ansätze, die sich freilich nicht speziell mit äußerlich fixierten Einheiten beschäftigen; vergleiche noch Thun 1979, 501f.

Daß eine solche Analyse prinzipiell ihre Berechtigung hat, beweist schon die Tatsache, daß – wie wir zu Beginn des ersten Kapitels an einem Ausschnitt aus dem Fenice-Monolog im *Cligés* gesehen haben – solche Überlegungen zum Sprechen mit Formeln in afr. Zeit selbst eine Rolle spielen.

Halina Lewickas Untersuchungen zu diesem Komplex haben denselben Ausgangspunkt, schlagen dann aber eine andere Richtung ein. Sie stellt fest:

> Il est difficile de dire dans quelle mesure les différentes formules étudiées ci-dessus correspondent à une attitude volitive du sujet parlant à l'époque qui nous intéresse. Leur stéréotypisation ainsi que leur déformation poussées [dies trifft erst für das MF zu] indiqueraient qu'elles sont déjà en voie de devenir des expressions de pure forme, ne transmettant plus aucun contenu affectif et ne suscitant chez l'interlocuteur que des réactions tout aussi conventionnelles. (Lewicka 1976, 504).

Halina Lewicka versucht demgemäß nicht wie Duplat, die ‹Aufrichtigkeit› dieser oder jener konkreten Verwendung einer Formel nachzuprüfen. Stattdessen mißt sie den Verlust des «contenu affectif» der traditionellen GFn am Entstehen neuer, z. B.:

> On essaie aussi de renforcer l'efficacité de la formule par un adverbe: «Dieu vous doint moult bon jour» (*Les Droits de la Porte Baudet*, Rec. Cohen, n° XX, v. 250) ou de la rénover en substituant à *bon* un adjectif moins usé [N. B.!] «Dieu vous doint benoiste journee» (*Pathelin*, v. 1018) (Lewicka 1976, 499).

Anders als Duplat und Halina Lewicka scheint Maria Senge die Beziehung zwischen Bedeutung und Gebrauch überhaupt nicht wahrzunehmen. Für sie ist der wörtliche «Bedeutungsinhalt» (2) im Gebrauch stets präsent und wird unbekümmert kulturgeschichtlich interpretiert. Sie kommt dabei zu Wertungen, die wir aus Gründen der Illustration anführen, die man aber ansonsten getrost auf sich beruhen lassen kann[19]:

> Die Grüße Dieus vos saut! Dieus vos gart! Dieus vos guarisse(t)! bitten vertrauensvoll um Wohlbefinden, Unversehrtheit und Schutz für den Begrüßten.
> Der Inhalt ist einfach-schlicht, herb, voll drängender Bewegtheit, dem Lebensgefühl der heroischen Zeit angemessen (Senge 1935, 32).

Als Fazit aus diesen Überlegungen zum Formelcharakter der GFn ergibt sich die Aufgabe einer Darstellung 1. der Freiheit in der materiellen Fixiertheit und 2. der Rolle der wörtlichen Bedeutung im Gebrauch (Unmotiviertheit und Motivierung).

2. Freiheit in der Fixiertheit (Komponentenwahl und -reihenfolge)

Wir untersuchen die sprachliche Beschaffenheit der GFn auf der paradigmatischen (Komponentenwahl, 2.1.) und auf der syntagmatischen (Komponenten-

---

[19] Zur Kritik der Kulturgeschichte s. etwa auf einem eng verwandten Forschungsgebiet Peil 1975, 12f. In jüngster Zeit erfährt die Kulturgeschichte in Frankreich im Zeichen der «nouvelle histoire» allerdings eine deutliche Aufwertung, s. z. B. Le Goff 1981. Zur Situation im deutschsprachigen Bereich s. Bumke 1986, besonders 9–34 und 810f.

reihenfolge, 2.2.) Ebene. Die Zerlegung der GFn in Komponenten erfolgt im ersten Fall nach der Bezeichnung, im zweiten Fall nach der Bedeutung[20].

2.1. Komponentenwahl

2.1.1. Zerlegung der Grußformeln in Komponenten

Unter dem Gesichtspunkt der Bezeichnung können wir die Vielfalt der GFn in fünf Arten von möglichen Komponenten zerlegen. Sie sind dadurch charakterisiert, daß sie jeweils dieselben außersprachlichen ‹Gegebenheiten› bzw. ‹Gegenstände› bezeichnen. Die interne sprachliche Struktur jeder Komponente ist – unabhängig von der GF, in der sie vorkommt – einheitlich. Dies ermöglicht, verschiedenen GFn gemeinsame Komponenten zusammen und nicht für jede GF einzeln zu behandeln. Jede GF verfügt über eine ihr eigene Anzahl und Konfiguration von Komponenten. Nur bestimmte, aus Satzgefügen bestehende GFn enthalten alle Komponenten zusammen. Innerhalb der einzelnen GFn übernehmen die Komponenten verschiedene Satzfunktionen.

Bei den Komponenten handelt es sich um:

1) Wunschhandlung oder Wunschgeschehen

Das Verb bezeichnet eine Handlung oder ein Geschehen, die vom Adressaten selbst (2. Komponente), einer höheren Macht (3. Komponente) oder dem Sprecher (4. Komponente) ausgeführt werden oder ausgeführt werden sollen.

2) Adressat

Das Anredepronomen bezeichnet den Adressaten als Agenten *(Bien veigniez vos)* oder Ziel *(Vos aiez bone aventure)* der Handlung.

3) Höhere Macht (Gott)

Ein nominales Satzglied bezeichnet Gott als diejenige Macht, die entweder das dem Adressaten zugedachte Handeln oder Geschehen bewirken soll *(Dieus vos doinst bone aventure)* oder daran bzw. an dessen eigenem Handeln mitwirken soll *(A Dieu vos comant, Alez a Dieu)*.

4) Sprecher

Das Personalpronomen bzw. das in der Verbendung enthaltene Personalmorphem der 1. Pers. Sing. bezeichnet den Sprecher als Agenten der dem Adressaten zugedachten Handlung *(A Dieu vos comant [je])*.

5) Wunsch- oder Nicht-Wunschobjekt

Ein nominales Satzglied bezeichnet ‹Objekte›, die – im positiven Falle (Wunsch) – dem Adressaten von Gott gegeben werden *(Dieus vos doinst bone aventure)* oder auf andere Weise zukommen *(Vos aiez bone aventure)* sollen. Im negativen Fall (Nicht-Wunsch) handelt es sich um ‹Objekte›, vor denen der Adressat bewahrt werden soll *(Dieus vos gart d'encombrier)*.

---

[20] Zu dieser – auch unter anderen Namen geläufigen Unterscheidung – s. Coseriu 1970; mit Bezug auf die Syntax Coseriu ^{2}1981, 43–45.

Die in Klammern angegebenen GFn bieten Anschauungsmaterial für unterschiedliche Konfigurationen:

1) Wunschhandlung, Adressat *(Bien veigniez)*.
2) Wunschhandlung, Adressat, Gott *(Alez a Dieu)*.
3) Wunschhandlung, Adressat, Wunschobjekt *(Vos aiez bone aventure)*.
4) Wunschhandlung, Gott, Adressat, Wunschobjekt oder Nicht-Wunschobjekt *(Dieus vos doinst bone aventure, Dieus vos gart d'encombrier)*.
5) Wunschhandlung, Sprecher, Adressat, Gott *(A Dieu vos comant [je])*.

Eine weitere Konfiguration ist:

6) Wunschhandlung, Gott, Adressat *(Dieus vos ajut)*.

Alle Komponenten vereinigt eine GF wie *Je vos comant a Dieu qui vos gart de a.r.*

Die Übernahme verschiedener Satzfunktionen durch eine Komponente läßt sich z. B. am Adressaten in den obigen GFn zeigen:

1) Subjekt: *Alez a Dieu, Vos aiez bone aventure, Bien veigniez vos*.
2) Direktes Objekt: *A Dieu vos comant, Dieus vos gart d'encombrier*.
3) Indirektes Objekt: *Dieus vos doinst bone aventure.*

Wir untersuchen die Fixiertheit der einzelnen Komponenten in der oben gewählten (20) Reihenfolge. Unberücksichtigt bleibt allein die – abgesehen vom Vorhanden- bzw. Nicht-Vorhandenseins des Personalpronomens – keine Variationen aufweisende Sprecher-Komponente. In einem eigenen Abschnitt behandeln wir die verschiedene Komponenten betreffenden Verfahren der Ersetzung und Auslassung.

2.1.2. Wunschhandlung oder Wunschgeschehen

Unsere Beschreibung der Verben der GFn besteht aus zwei Teilen, Grammatik (2.1.2.1.) und Lexikon (2.1.2.2.). Der grammatische Teil geht auf Variationen der einzelnen GFn ein, der lexikalische Teil faßt verschiedene GFn nach onomasiologischen Gesichtspunkten zusammen.

2.1.2.1. Grammatik

1) Modus

Den Indikativ wählen die mit der 1. Pers. Sing. (Präs. Akt.) gebrauchten Verben der GFn *A Dieu vos comant* bzw. *rent*. In einem einzigen Fall steht der mit einem *auxiliaire de souhait* gebildete Konjunktiv

> A Danpnedeu vus puisse jo comander.
> (ChGuillM 3374).

Die Passivkonstruktion *A Dieu soiez vos comandez* (2. Pers.) hat immer den Konjunktiv.

Der Imperativ besitzt im AF nur für die 2. Pers. Sing. eine eigenständige Form. In der 2. Pers. Pl. ist er häufig mit den Formen des Indikativs oder des

Konjunktivs identisch[21]. Bei den GFn können daher im Plural Imperativ und Konjunktiv – der Indikativ scheidet hier aus – nicht immer auseinandergehalten werden. Für die einzelnen in Frage kommenden GFn ergibt sich folgendes Bild:

Alez a Dieu

Hier liegen im Singular und im Plural eindeutige Imperative vor *(va, alez)*. Der Konjunktiv ist ein einziges Mal belegt:

> (...) a saint Pierre l'apostre
> voisiez vos et vo conpegnon!»
>
> (GuillDoleL 3384f.).

Demorez a Dieu

Im Singular wird der Imperativ gebraucht (*demeure*, HuonR 7160). Die Pluralformen *demourés* (BodelNicH[3] 435) bzw. *demorés* (HuonR 2609, u. ö., CourtArrF Hs. A 428) können sowohl als Imperativ als auch als Konjunktiv aufgefaßt werden[22].

Remaigniez a Dieu

Der Gebrauch des Imperativs ist im Singular gesichert (*remain*, BodelCongés éd. Ruelle 16)[23]. Im Plural deutet *remaingniés* (CourtArrF 428) – mit mouilliertem *n* – auf den Konjunktiv, *remanés* (AdHaleRobR Hs. P 311) – ohne moulliertes *n* – auf den Imperativ[24].

Der Konjunktiv (Präsens und *passé composé*) wird in allen übrigen GFn verwendet. Bei GFn in der 2. Pers. handelt es sich um Verben, die keine eigene Imperativform haben, besonders *avoir* und *estre*. *Avoir* wird nur als Vollverb *(A.r. aiez vos)*, *estre* als Voll- *(A Dieu soiez)* und Hilfsverb *(A Dieu soiez comandez, Bien soiez vos venuz)* gebraucht. Hinzu kommt *venir*, das auch in der präsentischen GF immer den Konjunktiv *bien viegnes (tu)* bzw. *bien vegniez (vos)* – und nicht etwa den Imperativ – wählt. In einem einzigen, lexikalisch abgewandelten Beleg liegt Indikativ oder Imperativ vor[25]:

> «Amis, sire message, seurement uenes!
>
> (Aiol[2]F 10497).

Bei den zusammengesetzten Zeiten gibt es einen ebenso isolierten Beleg mit Indikativ:

> – Enfes, fait il, bien es venus,
>
> (GuillAnglW 1910).

Die Verben in der 3. Person haben ausnahmslos den Konjunktiv.

An die Stelle des einfachen Konjunktivs tritt bisweilen die Konstruktion

---

[21] Fouché [2]1967, §§ 106–107.

[22] Fouché [2]1967, §§ 96 und 102. Zu BodelNicH[3] 435 s. Glossar, s.v. *demourer*, «impér. 5».

[23] S. Glossar zu BodelCongés éd. Ruelle, s.v. *remaint*, «impér. 2».

[24] Fouché [2]1967, § 86.

[25] Das ausführliche Glossar führt s.v. *venir* nur *venés*, «prs. [ind.] 5» (ohne unsere Stelle) auf.

auxiliaire de souhait im Konjunktiv + Verb. Das Hilfsverb ist fast immer *pooir*, selten *voloir*. Die Konstruktion ist belegt für:

aidier	*Mahom vos puist aidier* (NarbS 5999)
avoir	*A.r. puissiez vos avoir*
beneïr	*Dieus vos puist beneïr*
comander	*A Danpnedeu vus puisse jo comander* (ChGuillM 3374)
consellier	*Dieus vos puist consellier*
garder	*Chil [= Cahu] vous puisse garder* (GaufrG 8463)
garir	*Cil [= Dieus] vous puisse garir* (RCambrM 8338f.)
	A Mahomet soiés vous conmendés, que il vous puisse et garir et sauver (RCambrM 7735f.)
lever	*A tres bonne heure puissiez vous hui estre levee* (CleomH 3350f.)
onorer	*Dieus vos puist onorer*
	Dix vos veule onnorer (HuonR 2719)
sauver	*Dieus vos puist sauver*
(bien) venir	*Bien puissiez vos venir*
	Bien puissiez vos estre venuz
venir	*A a.r. puissiez vos venir*
	A a.r. puissiez vos estre venuz.

Bei den aus einem einfachen Hauptsatz bestehenden GFn leitet gelegentlich *que* den Konjunktiv ein, und zwar nicht nur bei einem vorgeschalteten *(or) va* bzw. *alez* und ähnlichen Ausdrücken[26]:

– *(Or) va/alez* (u. ä.) + *que*

«Or va, que bone aventure aies
(PercR 3992)

«Alés, que Dieus vos ramaint tous!
(BodelNicH[3] 988)[27]

«Or vos dormez, fet ele, que Diex vos doinst bone nuit.»
(LancPrM II 23)

Taisiés; que mal soiés venus!
(AdHaleFeuillG 926)[28].

– *Que*

Que joie et bone aventure ait
Cil qui de vos present m'a fet
(PercR 4021f.)

«Que bien puissiez estre venuz!
(GuillDoleL 1485)

Que vos seiez li bienvenuz.»
(LancPrK 160.16f.).

---

[26] Vergleiche zu *que* im Hauptsatz z. B. Lerch 1925, 245–250 mit Bezug auf Ritchie 1907, 56–58. Vergleiche noch Rothe 1967, 313; Wunderli 1970, 62–66; Ménard [2]1976, § 153 Rem. 3; Moignet [2]1984, 336f.

[27] S. Glossar, s.v. *que*[3] conj., IX «devant un subj. dans la principale (souhait, ordre)».

[28] S. Glossar, s.v. *que*[3] subord. Konjunktion, «am Anfang des Hauptsatzes vor Konjunktiv».

Der Indikativ wird in den GFn bei performativer Verwendung des Verbs bevorzugt gebraucht. Die Bedeutungsnuance des Imperativs wird man zwischen Befehl und Bitte ansiedeln. Die Möglichkeit, den Imperativ als eine angesichts der Grußsituation unhöfliche Aufforderung zu verstehen, erklärt vielleicht das gelegentliche Ausweichen auf den Konjunktiv (*a saint Pierre l'apostre voisiez vos et vo conpegnon*, s. oben, 22) bzw. dessen ganz normale Wahl dort, wo der Imperativ möglich wäre (*Bien veigniez* – und nicht etwa *venez*).

Der Konjunktiv selbst drückt in den beiden syntaktischen Kontexten Hauptsatz und explikativer Relativsatz ein Begehren aus. Dieses Begehren wird normalerweise eher die schwächeren Nuancen Wunsch und Bitte als die stärkeren Redebedeutungen Aufforderung oder gar Befehl ausdrücken[29]. Verschiedene kontextuelle Indizien stützen diese Auffassung. Wir nennen zunächst die periphrastischen Konjunktivformen, die sich besser mit den schwächeren als mit den stärkeren Redebedeutungen vereinbaren lassen[30]. Ein wichtiges Anzeichen enthalten weiterhin Vergleichssätze, die einen Umstand angeben, unter dem die Handlung des Hauptsatzes betrachtet werden soll. Wir führen hier nur die sich unmittelbar auf das Verb des Hauptsatzes beziehenden *si (voirement) com-* und *ensi com*-Sätze an[31]:

> [Dieus]
> et de chose qui vos enuit,
> si con je le desir, vos gart.»
>
> (YvainR 3762f.)

> Bons jors vos soit hui ajornés
> Si voirement com je le wel.»
>
> (DurmG 240f.)

> [Dieus]
> «Gart et garisse vostre cors
> Si voirement com jel voudroie.»
>
> (GuillPalM 7096f.)

> «A foi! bonne joie vous vigne,
> Ensi com mes cuers le desire!»
>
> (ViolB 3261f.)

Die den Wunsch des Hauptsatzes beschwörenden und bekräftigenden Vergleichssätze enthalten mit *desirier* und *voloir* Verben des Begehrens, deren Bedeutung zumindest schwächer ist als der Inhalt „Befehl". Ein anderer Typ von Beschwörungsformel, *par* + Possessivpronomen + Substantiv, zeigt noch

---

[29] Ménard ²1976, §§ 153 (Hauptsatz) und 81 (Relativsatz); Moignet ²1984, 209 (Hauptsatz) und 229 (Relativsatz). Zum romanischen Konjunktiv im Hauptsatz s. allgemein Christmann 1980b, besonders 125.

[30] Vergleiche Moignet 1959, 297 und, darauf aufbauend, Wunderli 1970, 100–102.

[31] S. Jonas 1971, 66f. zu *si com(e)* (mit Verweis auf YvainR 3763) und 127 zu *si voirement com(e)*.

deutlicher, wie sehr das Begehren nur Wunsch oder Bitte sein kann. Die Erfüllung des Begehrens wird ausdrücklich in das Belieben Gottes gestellt:

Damedieus vous conduise par sa douce amistié!»

(BerteH 631)

Weitere in dieser Formel verwendete Substantive sind *bonté* (Aiol¹F 2492, GuiBourgG 834), *coment* (NarbS 6687, FlorenceW 202), *comandement* (NarbS 2357, GaufrG 4199), *doçor* (DurmG 3108), *merci* (GarLorrV 5979), *nom* (GuiNantMM 1942), *pitié* (GuiBourgG 328, GaydonG 180, GuillPalM 6795, SGraal IV QuesteP 24.25f.), *plesir* (GuiNantMM 773), *poissanche* (MontRayn II 90) und *vertu* (ContPerc²ER 26218, GaufrG 4808, 8462). In dieselbe Richtung deutet die als Gegengruß gelegentlich verwendete Formel *Dieus vos en oie*[32]. An letzter Stelle nennen wir Ausdrücke, mit denen «Wunschgrüße» bezeichnet werden: *destiner bone aventure, orer bon jor, priier joies et onors*. Sie enthalten alle Verben des Bittens oder Wünschens[33].

2) Tempus und Aspekt

Die GFn im Indikativ wählen – wie dies der performative Gebrauch erfordert – normalerweise das Präsens. Gelegentlich begegnet auch das Futur *(A Dieu vos comanderai)*. Dies ist möglich, weil auch das Präsens zukunftsorientiert ist[34].

Die GFn im Imperativ stehen natürlich im Präsens. Ein einziges Mal wird der Imperativ durch ein Indikativ Futur ersetzt:

Mes or vous en iroiz en la garde Nostre Seignor,

(PerlN 5045f.)

Die GFn im Konjunktiv stehen üblicherweise ebenfalls mit dem Präsens. Es ist beim Aktiv zukunftsorientiert[35], beim Zustandspassiv kann es auch vergangenheitsorientiert sein *(A Dieu soiez vos comandez)*. Eine Brücke zwischen Gegenwart und Vergangenheit schlägt das *passé composé*. Ausschließlich gebraucht wird es bei den GFn *Bons jorz vos soit hui ajornez* und *Bien soiez vos levez*; bei der *bien venir*-GF stellt es den häufigsten Typ dar *(Bien soiez vos venuz)*. Die durative Verbalperiphrase *estre* + *ant*-Form ist einmal mit der *aidier*-GF belegt:

«Signeur, Jhesus vous soit aidans,»

(BeaumJBlS 3854).

Sie kommt häufiger, wenn auch wesentlich seltener als die anderen Möglichkeiten, bei der *bien venir*-GF vor *(Bien soiez vos veignanz)*.

Die mit den konjunktivischen GFn ausgedrückten Wünsche beziehen sich also nicht nur auf die Zukunft, sondern auch auf die gegenwartsbezogene Vergangenheit. Die einzige GF, die dem Sprecher eine echte Wahl der zeitlichen Perspektive erlaubt, ist die *bien venir*-GF.

---

32 Vergleiche unten, dritter Teil, II. Kapitel, 278.
33 Vergleiche unten, zweiter Teil, II. Kapitel, 122f., und vierter Teil, II. Kapitel, 412f.
34 Moignet ²1984, 255.
35 Moignet ²1984, 252.

Bei der Verwendung des *passé antérieur* in BeaumJBlS 2639:

«Amis, bien fustes vous vené!

handelt es sich um den Grammatikfehler eines Engländers[36].

3) Vox

Die Verben der GFn werden normalerweise im Aktiv gebraucht. Von den zwei nur im Passiv vorkommenden Verben bildet allein *trover* die gut belegte GF *Bien soiez vos trovez*. Für das andere Verb *(destiner)* können wir nur einen Beleg anführen:

– Biau sire, tele destinee
vous soit destinee a tous jours
que vous aiez joie d'amours!
(CleomH 3352–54)

Eine Reihe weiterer GFn wird sowohl im Aktiv als auch im Passiv verwendet:

Dieus vos beneïe	*Beneoiz soiez vos de Dieu*
A Dieu vos comant	*A Dieu soiez vos comandez*
Dieus vos gart	*De Damedeu soiez gardé* (AimeriD 2323–25)
Dieus vos onort	*Onorez soiez vos de Dieu*
Dieus vos saut	*Sauvez soiez vos de Dieu*
Dieus vous seint (BodelFablN II Hs. H 29)	*Seigniez soiez vos de Dieu.*

Nur bei der *onorer*-GF sind aktivische und passivische Variante gleichmäßig verteilt. In allen übrigen Fällen sind die aktivischen GFn wesentlich häufiger.

2.1.2.2. Lexikon

Wir ordnen die Verben den drei Bereichen 1. Beistand, Hilfe, Schutz, 2. Gabe, Empfang, 3. Position, Bewegung im Raum zu. Innerhalb dieser Bereiche teilen wir sie nach ihrer syntaktischen Bezugsstruktur in Gruppen ein. Dabei geben wir an, welche der in 2.1.1. angegebenen ‹Gegenstände› (s. oben, 19–21) von den einzelnen Satzfunktionen jeweils bezeichnet werden.

1) Beistand, Hilfe, Schutz

Wir unterscheiden drei Gruppen:

1. S (Gott), O1 (Adressat)

aidier	*Dieus vos ajut*
beneïr	*Dieus vos beneïe*
consellier	*Dieus vos consaut*
garder	*Dieus vos gart*
garir	*Dieus vos garisse*
maintenir	*Cil Damedex de gloire qui forma Lazaron, saut et gart et mantiengne l'empereor Charlon* (RenMontC 16706f.)
sauver	*Dieus vos saut*
seignier	*Dieus vous seint* (BodelFablN II Hs. H 29)

Innerhalb dieser Gruppe sind *garder* und *sauver* semantisch besonders eng verwandt. Dies belegt die häufige Doppelung *Dieus vos saut et gart*. Hinzu-

[36] Vergleiche dazu BeaumJBlS, 415–20, «Le français du comte de Gloucester».

fügen kann man *garir* und *maintenir*, das ohnehin in dieser Konstruktion nur in der angegebenen Stelle belegt ist. In ähnlich enger Weise sind *aidier* und *consellier* sowie *beneïr* und *seignier* aufeinander bezogen.

Als Gegensatz zu den Verben dieser Gruppe wird in Flüchen *confondre* gebraucht, wie dies Belege wie

> [Dieus]
> Il saut et gart maint baron que voi ci;
> (...)
> Et il confonde R. de Cambrisi
> (RCambrM 2239, 2242)

zeigen. Als Gegensatz zu *beneïr* wird spezieller *maleïr* benutzt *(Dieus vos maleïe)*.

2. S (Gott), O1 (Adressat), O2 (Wunsch-, Nicht-Wunschobjekt)

avoiier	*Dix vous avoit de çou que vous alés querrant* (AtreW 4924f.)
defendre	*Dieus vos defende de a.r.*
garder	*Dieus vos gart de a.r.*

Avoiier („zu etw. führen“, „auf den rechten Weg bringen“) steht in enger Beziehung zu *aidier* und *consellier* aus der ersten Gruppe; im Unterschied zu diesen Verben wird bei *avoiier* das ‹Objekt› der Hilfe oder des Rates genannt. *Defendre* und *garder de a.r.* bezeichnen mit dem indirekten Objekt eine Gefahr, vor der der Adressat bewahrt werden soll.

3. S (Sprecher), O1 (Adressat), O2 (Gott)

comander	*A Dieu vos comant*
rendre	*A Dieu vos rent.*

Die GFn der dritten Gruppe nehmen eine Sonderstellung ein, da sie die einzigen sind, bei denen der Sprecher selbst als ‹Bewirker› der dem Adressaten zugedachten Hilfe auftritt. Deren Garant ist freilich wie in den anderen beiden Gruppen Gott.

Einzelnen Verben der ersten Gruppe stehen äquivalente, Streckformeln ähnelnde Verbindungen aus Verb + Substantiv gegenüber (vergleiche unten, 31)[37]. Wir berücksichtigen nur solche Verbindungen, bei denen Substantiv und Ausgangsverb derselben Wortfamilie angehören:

aidier	*doner (force et)*		*aïe*
	doner (secor et)		*aïe*
	estre	*en*	*aïe*
	faire		*aïe*
beneïr	*doner*	*grant*	*beneïçon*
garder[38]	*avoir*	*en sa*	*garde*
	estre		*garde de a.*
	estre		*gardeör*
garir[39]	*envoiier*		*garison*
maleïr	*doner*		*maleïçon.*

[37] Vergleiche dazu für das AF Chaurand 1983.

[38] Aus Gründen der Etymologie behandelt der DEAF *garde* (G 2, 151–167) und *garder* (G 2, 167–243) als eigene Einträge.

[39] Vergleiche DEAF G 2, 274f. *garison* s.v. *garir*.

2) Gabe, Empfang

Wir unterscheiden fünf Gruppen:

1. S (Gott), O1 (Wunschobjekt), O2 (Adressat)

croistre	*Dieus vos croisse a.r.*
doner	*Dieus vos doinst a.r.*
envoiier	*Dieus vos envoit a.r.*
faire	*Dieus vos face a.r.*
otroiier	*Dieus vos otroit a.r.*
prester	*Dieus vos prest a.r.*
rendre	*A Damedieu de gloire soit vos cors conmandés, qui vous rende les biens que vous fais nous avés* (BerteH 3249f.)

Das allgemeinste und bei den GFn dieser Gruppe häufigste Verb ist *doner*. Die anderen Verben stellen *doner* gegenüber spezifische Formen des Gebens dar. Besondere Beachtung verdient dabei *croistre*. Ein *Dieus vos croisse bonté* präsupponiert – anders als dies bei **Dieus vos doinst bonté* der Fall wäre –, daß der Adressat bereits über *bonté* verfügt. *Croistre* setzt ein *avoir* voraus. Die Präsupposition ist bei einem Objekt, das eine Eigenschaft bezeichnet, deren Besitz auch vom Adressaten selbst abhängt, beabsichtigt, da ihr Fehlen als Unhöflichkeit interpretiert werden könnte.

Auch syntaktisch nimmt *croistre* eine Sonderstellung ein. Das indirekte Objekt ist ein Pertinenzdativ: *Dieus vos croisse bonté* entspricht einem *Dieus croisse vostre bonté*. Manchmal wird die Pertinenzbezeichnung doppelt ausgedrückt:

– Dex vos croisse vostre honeur,»
(PerlN 1597).

2. S (Gott), O1 (Wunschobjekt), O2 (Adressat), CC (Ort)

metre	*Dieus (vos) mete a.r. en a.l.*

Das indirekte Objekt ist ein Pertinenzdativ, so daß sich zwei Konstruktionsmöglichkeiten ergeben, die durch die folgenden Belege illustriert werden:

(...) «Dex te mete,
chevaliers, joie el cuer parfite,
(LancR 2790f.)

Dex mete joie an vostre cuer
(ContPerc[1]AR 1806).

3. S (Gott), O1 (Adressat), CC (Wunschobjekt)

maintenir	*Dieus vos maintiegne en a.r.*
metre	*Dieus vos mete en a.r.*
sostenir	*Dix vous soustiegne en bien et en santé* (HuonR 2507f.)
tenir	*Dieus vos tiegne en a.r.*

Während es bei *metre* um das Empfangen eines Wunschobjektes geht, bezeichnen die anderen drei zu einer Wortfamilie gehörenden Verben das Erhalten eines Gutes, das schon im Besitz des Adressaten ist. Diese Verben präsupponieren ähnlich wie *croistre* ein *avoir*.

4. S (Wunschobjekt), O2 (Adressat)

avenir	*Bone aventure vos aviegne*
venir	*A.r. vos viegne.*

Die Verben dieser Gruppe nennen wie auch das Verb der fünften Gruppe, *avoir*, keinen Geber. In den Belegen mit *avenir* liegt wegen des Wunschobjekts *bone aventure* eine *figura etymologica* vor[40]. Dies ist entsprechend auch bei der GF *Bons jorz vos soit hui ajornez* der Fall. Das Verb drückt hier ein Empfangen nur durch den den Adressaten bezeichnenden freien Dativ aus.

5. S (Adressat), O1 (Wunschobjekt)

avoir	*Vos aiez a.r.*

Anders als die Verben der vierten Gruppe ist *avoir* relativ häufig.

Beziehen sich «Wunschgrüße» auf ein und dasselbe Wunschobjekt, so erlaubt die Wahl zwischen verschiedenen Verben eine unterschiedliche Darstellung des Wunsches. Das gilt schon für die Wahl innerhalb einer der angeführten Gruppen (man vergleiche *Dieus vos croisse vostre honeur* vs. *Dieus vos doinst onor*), aber erst recht für die Wahl zwischen verschiedenen Gruppen. So wird der Wunsch nach *joie* jeweils unterschiedlich betrachtet in den GFn *Dieus vos doinst joie, Dieus mete joie an vostre cuer* und *En joie vos maintiegne Diex* (DurmG 3852)[41].

Eine innere Beziehung besteht zwischen den Verben der beiden letzten Gruppen und bestimmten Verben der ersten Gruppe. Diese können als Kausative[42] zu *avenir, venir* und *avoir* angesehen werden, man vergleiche jeweils

Bone aventure vos aviegne S	vs.	*Dieus vos doinst bone aventure* + S O1
Vos aiez bone aventure S	vs.	*Dieus vos doinst bone aventure.* + S O2

3) Position, Bewegung im Raum

Anders als bei den GFn mit Verben aus den bisher untersuchten Bereichen, beziehen sich die Verben der Position und Bewegung im Raum auf die die Grußsituation herbeiführende Annäherung oder Entfernung der Gesprächspartner im Raum. Wir unterscheiden vier Gruppen:

1. S (Adressat), CC

Das CC charakterisiert die Handlung so, daß sie überhaupt erst als Wunschhandlung erscheint:

lever	*Bien soiez vos levez*
trover	*Bien soiez vos trovez*
venir	*Bien veigniez.*

---

40 FEW 1, 40b–41b *avenir* s.v. *advenire, aventure* s.v. **adventura.* Vergleiche auch TL I, XIII.

41 Vergleiche Lavis 1972, 215–242 (besonders Tabelle, 231) zu den einzelnen Verbindungen aus Verb + *joie* (bzw. *dolor*).

42 S. dazu allgemein Tesnière ^{2}1965, 259f.

2. S (Adressat), CC (Gott)

aler	*Alez a Dieu*
demorer	*A Dieu demorez*
estre	*A Dieu soiez*
remanoir	*A Dieu remaigniez.*

Gott wird dem Adressaten als Begleiter gewünscht. Die Präposition *a* hat hier normalerweise komitative Bedeutung[43].

3. S (Gott), CC (Adressat)

estre	*Dieus soit ceanz*
	Dieus soit o vos.

Auch hier wird die Anwesenheit Gottes herbeigewünscht. Die Raumangabe *ceanz* bezieht sich auf den Adressaten. Die afr. Übersetzung der lateinischen *salutatio episcopalis, Pes soit o vos* (SGraal IV QuesteP 7.24), läßt sich hier am ehesten einordnen[44].

4. S (Gott), O1 (Adressat)

amener	*Dieus vos ameint*
conduire	*Dieus vos conduie*
mener	*Dieus vos meint*
ramener	*Dieus vos rameint.*

Drei der vier Verben gehören zu einer Wortfamilie *(mener)*. Anders als in der zweiten und dritten Gruppe ist Gott hier nicht nur Begleiter, sondern Führer des Adressaten.

Das Verhältnis zwischen der zweiten und dritten Gruppe ist sehr eng. Bei den GFn mit *estre* werden nur die Verbergänzungen miteinander vertauscht:

A Dieu soiez
CC S
Dieus soit o vos.
S CC

Die enge Verwandtschaft zwischen diesen GFn scheint uns Überlegungen überflüssig zu machen, wonach *A Dieu soiez* eine Kurzform für *A Dieu soiez vos comandez* sei[45].

Auch im dritten Bereich erlaubt die Wahl verschiedener Verben die unterschiedliche Darstellung einer Wunschhandlung, man vergleiche *Alez a Dieu* (Gott als Begleiter) mit *Dieus vos conduie* (Gott als Führer). Das Verb *amener* kann als Kausativ zu *bien venir* aufgefaßt werden, wie dies die Belegstelle SGraal IV QuesteP 99.18f. unmittelbar nahelegt:

«Sire, bien soiez vos venuz! Diex vos ameint!»

Semantische Übergänge zwischen den drei Bereichen ergeben sich an verschiedenen Stellen. „Beistand, Hilfe, Schutz“ kann als „Gabe, Empfang“ dargestellt werden. Die Brücke zwischen dem ersten und dem zweiten Bereich schlagen hier Äquivalenzen zwischen einfachen Verben und ‹Streckformeln›

[43] Löfstedt 1978, 205 mit Anmerkung.
[44] Senge 1935, 36 mit Bezug auf Rheinfelder 1933, 239.
[45] So Senge 1935, 87.

(*aidier* und *doner force et aïe*). Die ‹Streckformeln› zeichnen sich dabei gegenüber den Verben durch größere Nuancierung aus. So tritt an die Stelle des Ausgangsverbs nicht nur das korrespondierende Substantiv, sondern eine Doppelung *(force et aïe, secor et aïe)*. Eine weitere Möglichkeit ist die Charakterisierung *(grant beneïçon)*. Äquivalenzen ergeben sich auch, wenn dem Schutz vor einer bestimmten Gefahr (Nicht-Wunsch) die Gabe des der Gefahr entgegengesetzten Wunsches entspricht, man vergleiche *Dieus vos gart de dolor* und *Dieus vos doinst joie*. Der erste Bereich hängt auch mit dem dritten zusammen. Der Wunsch nach Anwesenheit oder Führung Gottes läßt sich leicht als eine Form von Beistand auffassen. Besonders eng ist die Beziehung zwischen der *comander-* und der *aler-*GF. In gewisser Weise läßt sich die GF, bei der der Sprecher durch sein Gebet die Anwesenheit Gottes beim Adressaten ‹bewirkt›, als Kausativ auffassen:

Alez a Dieu vs. *A Dieu vos comant.*
S O1 + S

Die Beziehungen zwischen dem zweiten und dem dritten Bereich scheinen weniger eng zu sein. Die Darstellung der Bewegung im Raum als Gabe liegt allenfalls in:

[Dieus]
Te doinst bien aler et venir
Et le droite voie tenir.»
(PercR 9153f.)

vor. Bemerkenswert ist immerhin, daß Ausdrücke, die normalerweise Wunschobjekte bezeichnen, gelegentlich das Adverb der *bien venir*-GF ersetzen:

A bien veigniez
A joie e a buenne aventure puissiez vos estre venuz (PerlN 1247f.).

2.1.3. Adressat

Jede GF enthält eine Anrede. Diese ist entweder direkt (2. Person) oder indirekt (3. Person). Die direkte Anrede wird innerhalb der GF verbal oder pronominal ausgedrückt *(tu/vos)*. Normalerweise kommt außerhalb der GF eine vokativische (pronominale oder nominale) Anrede hinzu. Sie kann der GF vor- oder nachgestellt sein. Die indirekte Anrede wird ebenfalls verbal, pronominal oder nominal ausgedrückt. Sie ist stets in die GF integriert, die für sie einen typischen Kontext darstellt. Führt ein Sprecher nach einem Gruß in indirekter Anrede seine Rede fort, so wechselt die Anrede zur 2. Person:

(Die Boten)
«Cil Mahumet, ki nus ad en baillie,
E Tervagan, (et) Apollin nostre sire,
Salvent le rei et guardent la reïne!»
(RolH 2711–13).

Die Königin Bramimunde antwortet; danach ergreift wieder einer der Boten, Clarïen, das Wort:

Dist Clarïen: «Dame, ne parlez (mie i) tant!
(RolH 2724).

Eine Kombination von direkter und indirekter Anrede kann sich ergeben, wenn sich der Sprecher an eine Mehrzahl von Adressaten wendet und dabei eine einzelne Person aus der Gesamtheit hervorhebt. Der Sprecher hat hier die Möglichkeit, die Einzelperson direkt, die übrigen Adressaten aber indirekt anzureden. Die übliche Ausdrucksweise ist *vos et vostre compagnie*. Andere Möglichkeiten dieser Kombination Anrede + Ausdruck für eine Menschenmenge[46] sind:

(vos et vostre) barnage	(PriseOrcER 450f., Aiol²F 9594)
barné	(BodelNicH³ 116, GuiBourgG 1374, ParDuchG 2893)
baronez	(BueveAgnS 2409)
mesnie	(RichF 1091).

Variation der Anrede und Art der GF stehen normalerweise in keiner engeren sprachlichen Beziehung. Die zusammen mit den Anredepronomina verwendeten vokativischen Anredeformeln sind genau diejenigen, die auch sonst im AF gebraucht werden. Die nominalen indirekten Anreden entsprechen den außerhalb der Anrede vorkommenden Personenbezeichnungen.

Insofern die Anrede keinen spezifischen Beitrag zur sprachlichen Gestaltung der GFn leistet, können wir darauf verzichten, diesen riesigen Komplex in unserem Rahmen näher zu betrachten. Eine Ausnahme machen wir für einen kleinen Teilbereich der indirekten Anrede, bei dem der Adressat mit einem Ausdruck für den Körper bzw. einen Körperteil bezeichnet wird. Hier eröffnet sich die Möglichkeit, den in der GF ausgedrückten Wunsch zu konkretisieren. Dies wird etwa am folgenden Beleg unmittelbar anschaulich:

«Sire, dist il, cil Diex qui tot crea,
Il gart vo cors d'enconbrier et de mal.»
(HuonR 2681f.).

Weitere Ausdrücke neben diesem bekannten *ton* bzw. *vostre cors* sind *ton chief* (GarLorrV 10588) und *tes cuers* (PercR 3783). Als Doppelungen begegnen *ton cors et ta vie* (OctSSagesK 2235, GuiBourgG 4107, PerlN 5749, 6647) sowie *vos membres et vo vie* (ViolB 1703)[47].

Gelegentlich wird die Anrede durch eine sogen. *fausse comparaison* präzisiert, bei der ein durch *come* oder *come cil/cele qui* eingeleitetes *attribut* zum Anredepronomen hinzutritt[48]:

Sire, bien puissiez vos venir
come mes amis et mes druz
(RenR XIII 14458f.).

---

46 Vergleiche Stefenelli 1967, 49–51.

47 S. Tobler (I) ²1902a. Vergleiche auch TL II 383, 15–24 zu *chief;* TL II 904, 41–905, 16 zu *cors;* TL II 1120, 24f. zu *cuer;* TL V 1367, 30–38 zu *membres;* Ménard ²1976, § 58 zu *cors*.

48 S. Ménard ²1976, § 253.

Das *attribut* kann sich wie in diesem Fall auf das Verhältnis von Sprecher und Adressat beziehen, es kann aber auch eine vom Sprecher unabhängige Qualität des Adressaten benennen:

Li rois respont: «Bien veignant soient,
come baron vaillant et preu:
(ErecR 6382f.).

Hierbei sind superlativische Ausdrücke besonders typisch:

Et il dit que grant bone avanture ait ele, «comme la plus bele dame que ge onques veïsse, ne qui soit o mont au mien escient.»
(LancPrK 520. 34–36).

Weitere bei GFn benutzte Substantive und substantivierte Adjektive sind *amie, avenant, avoé, chevalier, cortois, desleal* (Fluch), *fil, flor, guerrier, larron* (Fluch), *meillor, bien parlant, prodome, roi* und *santé*[49]. In jedem Fall beschränkt – oder konzentriert – der Sprecher den Geltungsbereich des in der GF ausgedrückten Wunsches auf denjenigen Bereich der Adressaten-Persönlichkeit, den er mit der *fausse comparaison* anspricht: der Adressat wird z. B. in RenR XIII 14458f. «als», d. h. insofern er *amis* und *druz* ist, willkommen geheißen.

2.1.4. Höhere Macht (Gott)

Die Nennung einer höheren Macht, insbesondere Gottes als des höchsten Wesens, läßt in den GFn zahlreiche sprachliche Varianten zu. Die einzelnen überlieferten Ausdrücke sind stark fixiert. Sie sind in ihrem Gebrauch nicht auf den sprachlichen Gruß beschränkt, sondern kommen auch im sonstigen afr. Formelschatz vor. Ihre Untersuchung nimmt in Arbeiten zum religiösen Wortschatz des AF breiten Raum ein[50]. Dabei geht es meist weniger um eine rein sprachliche Beschreibung als vielmehr um eine inhaltliche Bestimmung des Gottesbegriffs der untersuchten literarischen Werke. In unserem Zusammenhang kommt es vor allem darauf an, den Beitrag dieser Ausdrücke zur sprachlichen und inhaltlichen Gestaltung der GFn zu ermitteln.

Wir können zunächst eine christliche von einer heidnischen Sphäre trennen. Es gehört zu den Anforderungen unserer Werke an die *vraisemblance*, Heiden nicht beim christlichen, sondern bei eigenen Göttern grüßen zu lassen.

Innerhalb der christlichen Sphäre finden sich Ausdrücke für Gott, die Gottesmutter Maria und einzelne Heilige. Durch Nennung des Teufels statt Gottes verwandelt sich der Gruß in einen Fluch, man vergleiche:

---

[49] S. unten, vierter Teil, II. Kapitel, 443ff.

[50] Materialsammlungen sind vor allem Merk 1914 und Bélanger 1975 (dazu mit Recht kritisch Jones 1977). Vergleiche auch TL VI 741, 45–744, 39, wo – was man in einem alphabetischen Wörterbuch eigentlich nicht erwartet – s.v. *nom* «stehende Namen und Beinamen Gottes» aufgeführt sind. Zum Gottesbegriff etwa bei Chrétien s. Kellermann ²1967 (Nachdruck von ¹1936), 180–205, besonders 190–194, und Winkler 1958, besonders 157–169.

Li rois respont sens longe fable:
«Je te commant a vis dïable;
Puis que tu vuelz estre malvais,
Enlonge moi, si me tien pais.»
(DurmG 517–20).

Die üblichen Bezeichnungen Gottes – ohne Spezifizierung der Person – sind *Dieu* und *Damedieu*. Die spezielle Bezeichnung der zweiten Person der göttlichen Trias ist *Jhesu (Crist)*, diejenige der dritten *le saint Esperit*. Die Gottesnamen können mit Zusätzen (Gottesepitheta) versehen sein[51]. Wir kennen bei *Dieu* bzw. *Damedieu* folgende Typen[52]:

1) *Dieu + complément de nom*:
Dieu du ciel (OgDanE 1761)
Dieu de gloire (NarbS 5087)

2) *Dieu* + Adjektiv:
Dieu omnipotent (Aiol^{1}F 323)

3) Bestimmter Artikel + Adjektiv + *Dieu* (+ Adjektiv):
li verais Dex (ContPerc^{1}AR 1737)
li verais Dex puissanz (ContPerc^{1}AR 2980)

4) (*Dieu* +) bestimmter Artikel/Possessivpronomen + Adjektiv/Substantiv[53]:
Dieu le droiturier (NarbS 1079)
Dieu le roi (BlancandS 1729)
Deus (...) nostre sire (TristThomW Douce 1298)

5) *(Cel) Dieu (+ complément de nom)* + Relativsatz[54]:
Cil Dius qui maint amont (GautArrErR 4246)

6) Bestimmter Artikel + *cors* + *Dieu*
Le cors Dieu (Aiol^{2}F 8790).

Gottesepitheta wie *creator* (RomPast I 56.29), *fil sainte Marie* (GaydonG 10862), *gloriëus du ciel* (CharroiM 673), usw. können auch an die Stelle der Gottesnamen selbst treten.

Die Gottesepitheta bezeichnen ‹Eigenschaften Gottes› wie Allgegenwart, Allmacht, Allwissenheit, usw.[55]. Ein und dasselbe Attribut kann auf verschiedene Weisen ausgedrückt werden, man vergleiche für „Gott im Himmel“:

---

51 Vergleiche dazu allgemein *Reallexikon für Antike und Christentum* XI, 1202–1278, «Gottesnamen (Gottesepitheta) I (allgemein)» und «IV (christlich-volkstümlich)».

52 Wir geben jeweils einen Beleg in Klammern an. Wir halten es nicht für zweckmäßig, unsere umfangreiche Belegsammlung der Gottesnamen in den GFn im Rahmen dieser Arbeit zu veröffentlichen.

53 Zur Syntax dieses Typs vergleiche Abel 1971, 14f. (und 105) mit Bezug auf Gamillscheg 1937 und Lerch 1940. Vergleiche auch Gamillscheg 1957, Abschnitt 13; Raible 1972, 171f.; Moignet ^{2}1984, 105.

54 Zur Syntax dieses Typs s. am Beispiel von RolH 2711–13 Raible 1972, 173–175 mit Bezug auf Yvon 1951 und Guiraud 1967. Vergleiche auch Heinz 1982, 222f. (zustimmend zu Raible).

55 S. oben, Anmerkung 51 und *Lexikon für Theologie und Kirche* III, 734f. «Eigenschaften Gottes».

Dieu du ciel (OgDanE 1761)
Deu de lasus (GautArrIllC 3980)
Cil Dius qui maint amont (GautArrErR 4246)
Diex li peres, ki maint en haut (ViolB 1096)
Chieus (...) qui par tout uoit et lassus maint (RichF 242)
Li verais Dex (...) qui maint leissus el ciel an haut (ContPerc¹AR 1737f.).

Durch Zusätze können auch die erste und die zweite göttliche Person unterschieden werden:

Diex li peres (ViolB 1096)
Dieu le fil Marie (Aiol¹F 208).

Die Relativsätze konkretisieren stärker als die anderen Formen von Zusätzen die Eigenschaften Gottes. Sie veranschaulichen Gottes Wirken in der Welt, besonders durch den Bezug auf die Bibel. Wir können uns hier auf Andeutungen beschränken. Auf den Schöpfergott des Alten Testaments verweist etwa:

Cil Damesdius, qui fist le mont (RenBeaujBelW 2908);

auf den Gott des neuen Bundes:

Cil Dix (...) qui de la Vierge nasqui en Belleant (HuonR 2970f.);

auf die Apokryphen:

Cil Dex de gloire qui pardon fist Longi (GarLorrV 7891).

Die Relativsätze thematisieren aber auch das Verhältnis der Menschen zu Gott in der geschichtlichen Gegenwart. Dabei kann von ihnen allgemein als Sprecher und Adressaten einschließendem „wir" die Rede sein:

Deu, le glorius, que devuns aürer (RolH 123f.).

Der Sprecher kann spezieller einen Bezug nur zu sich selbst oder nur zum Adressaten herstellen:

Cil cui j'aim et aor (RomPast I 56.59)
Cil sire qui te fist (ChevIIEspF 4116).

Dieu und *Damedieu* stellen zusammen mit den Epitheta die häufigsten Gottesbezeichnungen dar. *Jhesu (Crist)* ist wesentlich seltener vertreten. Epitheta werden bei der zweiten göttlichen Person weit weniger als bei der ersten Person verwendet. *Le saint Esperit* ist nur in Einzelfällen belegt.

Die Gottesmutter Maria, die in den Gottesepitheta häufig vorkommt (s. oben, *Dieu le fil Marie*), wird als selbst Gutes bewirkende Macht nur in der Verbindung *le Sauveeur du mont e sa doce mere* (PerlN 10007f.) genannt.

Auch die Nennung von Heiligennamen beschränkt sich auf wenige Belege. Dabei stehen die Namen jeweils im Reim bei *(ploré:) Honoré* (GuillDoleL 4076) und *Julïen* (: *lïen*; CourtArrF après 90 Hs. B 28). Bei der Nennung des heiligen Petrus steht die feste Apposition im Reim, *(nostre:) saint Pere l'apostre* (MireC 172) sowie *(vostre:) saint Pierre l'apostre* (GuillDoleL 3384).

Als Anknüpfung an die Nennung Jesu als des Erretters der Welt (man vergleiche das Epitheton *sauveör*) betrachten wir die Erwähnung des Kreuzes in PercR 2154 *(icele vraie crois)*. In ähnlicher Weise bezieht sich die Nennung der Päpste in PercR 1672 *(toz les apostres de Rome)* auf diejenige des heiligen Petrus.

Dem einen christlichen Gott steht in der heidnischen Sphäre eine Vielfalt von Göttern gegenüber: *Apolin, Belgibus, Cahu, Junon, Jupiter, Mahon, Margot, Mars, Noiron* und *Tervagant*. Die wichtigste Gottheit, die auch am häufigsten genannt wird, ist *Mahon*. Charakteristisch für den heidnischen Gruß ist die Häufung der Gottesnamen. Nur *Mahon* und der einmal belegte Name *Cahu* (GaufrG 8461) kommen selbständig vor. Gottesepitheta sind relativ selten. Der Typ Gottesname + bestimmter Artikel/Possessivpronomen + Adjektiv/Substantiv ist belegt bei *Apollin nostre sire* (RolH 2712), *Jupiter le grant* (GaufrG 8697) und *Mahommet nostre roi droiturier* (GaufrG 9524). Erweiterung durch einen Relativsatz gibt es in geringem Maße bei *Mahon*. Formal und inhaltlich entsprechen diese Sätze denjenigen, die auch beim christlichen Gott Verwendung finden. Ausgeklammert sind nur spezifisch christliche Glaubensvorstellungen wie das Heilsgeschehen des Neuen Testaments. Aber *Mahon* ist wie Gott ein Schöpfer, der durch seine Allmacht in die geschichtliche Welt hineinwirkt, man vergleiche:

> «Icil Mahons, a qui li mons apent
> Et qui vos done et l'oré et le vent,
> Le blei, le grain, trestot a vo talent,
> Les beles vignes, le fruit et le forment,
> Et tot cria par son commandement,
> Saut la roïne o le cors avenant
> Et les puceles que chi voi en present!»
>
> (PriseOrceR 648–54).

Es bestehen keine festen Zuordnungen zwischen den verschiedenen Gottesnamen und -epitheta einerseits und den einzelnen GFn andererseits. Allerdings ist unverkennbar, daß die beschriebenen Variationen besonders bei den «Fürbittgrüßen» (*Dieus vos beneïe, Dieus vos gart,* usw.) und dem Gebetsgruß *A Dieu vos comant* auftreten. Variationen sind zwar auch bei den «Wunschgrüßen» nicht unbekannt, sie kommen hier aber wesentlich seltener vor.

Durch die Verwendung einer GF mit Gottesnamen manifestiert der Sprecher seine Zugehörigkeit zu einer religiös bestimmten Gemeinschaft. Dieses ‹Bekenntnis› spielt bisweilen in der Grußsituation eine erhebliche Rolle, die wir im dritten Teil genauer untersuchen werden. Die sprachliche Formulierung des Gottesnamens kann aber auch für den mit der GF ausgedrückten Wunsch eine wesentliche Bedeutung haben. Die in den Gottesepitheta sich manifestierende Konkretisierung der Gottesvorstellung darf als Versuch gewertet werden, durch die Hervorhebung einer bestimmten, besonders gewählten Eigenschaft Einfluß auf die Erfüllung dieses dem Adressaten zugedachten Wunsches zu nehmen[56]. In Betracht kommen hier insbesondere ‹tätige›, sich auf Gottes Willen beziehende Eigenschaften. Wir nennen hier stellvertretend die Allmacht, auf die sich zahlreiche Ausdrücke beziehen, man vergleiche *Dieu*

---

[56] S. *Reallexikon für Antike und Christentum* XI, 1226f.

omnipotent (Aiol²F 323), *Dieu le pere omnipotent* (GaufrG 9336), *Damedieu le pere tous puissans* (GuiNantMM 2165), *li Rois del ciel omnipotent* (RenBeaujBelW 4250), (Der Gott) *qui sor tos est poissans et fors* (GuillPalM 7095), *qui sour tous homes puet et vaut* (BouchAbevR 122). Eine GF wie:

> (...) «cil Dieus vous puist sauver
> Qui tout puet faire et tout puet gouverner!»
>
> (EnfOgH 4337f.)

enthält in gewisser Weise eine ‹Argumentationsstruktur› folgender Art: „Wenn Gott alles tun und lenken kann, dann wird er auch Euch erhalten können."

Es liegt nahe, die Nennung der Heiligen auf ihre jeweils spezifischen Hilfsmöglichkeiten zurückzuführen. Unsere obige Liste zeigt jedoch, daß bei ihrer Verwendung sicherlich reimtechnische Überlegungen im Vordergrund stehen. Eine inhaltlich begründete Nennung liegt allenfalls in CourtArrF Hs. B 28f. (après 90) vor:

> [La Sœur:]
> Frere, va a saint Julïen,
> qui te gart de mauvés lïen.

Es ist plausibel, den scheidenden Bruder (den verlorenen Sohn) dem Schutz des Julianus hospitator anzuempfehlen[57].

2.1.5. Wunsch- oder Nicht-Wunschobjekt

Unsere Untersuchung besteht aus drei Teilen. Wir geben zunächst eine Übersicht über die Struktur der diese Komponente ausdrückenden nominalen Satzglieder (2.1.5.1.). Wir zerlegen diese Satzglieder anschließend in ihre Bestandteile (2.1.5.2.) und gehen zuletzt auf lexikalische Aspekte ihrer Zusammensetzung ein (2.1.5.3.).

2.1.5.1. Struktur

Die nominalen Satzglieder, die ein Wunsch- oder Nicht-Wunschobjekt bezeichnen, bestehen entweder aus einem einzelnen Substantiv (z. B. *aïe*) oder aus zwei durch *et* koordinierten Substantiven (z. B. *force et aïe*) oder aus einer Häufung von Substantiven (z. B. *santé, joie et richece*). Bei den Satzgliedern des zweiten Typs handelt es sich um die im AF bekanntlich eine große Rolle spielenden Doppelungen[58]. Das Substantiv kann alleine oder mit Begleitern *(déterminants)*[59] verwendet werden.

---

[57] Zu den verschiedenen Heiligen mit dem Namen *Julianus* s. de Gaiffier 1945 und 1976 sowie Mölk 1978 mit weiteren Literaturangaben.

[58] S. z. B. (meist speziell zu den Synonymendoppelungen) Stefenelli 1967, 26; Kleiber 1978, 58–61; Stefenelli 1981, 166 mit Anmerkung.

[59] Wir fassen den Begriff des *déterminant* sehr weit, vergleiche dazu Martin/Wilmet 1980, § 175.

2.1.5.2. Zerlegung

Wir gehen vom Substantiv als dem Kern des Satzgliedes aus und untersuchen 1. grammatische und 2. lexikalische Aspekte.

1) Grammatik

Wir behandeln nacheinander die Determinierung des Substantivs im Hinblick auf Quantifikation (1.) und Charakterisierung (2.).

1. Quantifikation

Die Substantive sind fast alle im Singular fixiert. Eine Ausnahme bilden *bien* und *mal*, die auch im Plural verwendet werden (*de ses biens* ViolB 1097, *grans biens* GautArrIllC 1330; *toz maux* ContPerc²ER 21038, ViolB 691)[60].

Als quantifizierendes *adjectif indéfini* findet sich *tot* (s. oben *toz maux* und *tot lo deduit* Méon I Mule 1075, *tout mal faire* ThèbesC Hs. P 9112, *toute joie* ContPerc⁴B 1489, *tout uisse* RichF 240, *toute vilennie* GaufrG 7382).

Normalerweise werden die Substantive ohne Artikel (Nullartikel) gebraucht. Der bestimmte Artikel begegnet in wenigen Fällen. Auf das Substantiv folgt dann ein *complément de nom* (*la joie de paradis* PerlN 1569) oder ein restriktiver Relativsatz (s. oben *tot lo deduit C'on puet avoir et jor et nuit* Méon I Mule 1075f.). Das partitive *de (article inverseur)*[61] ist ein einziges Mal belegt (s. oben, *de ses biens*).

Das *adjectif démonstratif* der Nähe kommt in einer Passage aus YvainR 5242 *(cest duel)* vor.

Das *adjectif possessif* ist etwas häufiger belegt: *son bel* (GaufrG 9074, indirekte Anrede), *de ses biens* (s. oben), *vostre honeur* (PerlN 1597), *t'onur e tun barnage* (RouA 1120), *vostre dol et vostre honte* (PerlN Hs. C 3262f.), *vostre honte et vostre male aventure* (PerlN 3262f.) sowie *vostre pesance et vostre ire* (YvainR 4622).

2. Charakterisierung

Das einfache *adjectif qualificatif* ist der üblichste charakterisierende Begleiter des Substantivs. Das für die GF typische Adjektiv ist *bon*. Es wird mit einer ganzen Reihe von Substantiven gebraucht:

> *amendement, aventure, destinee, encontre, encontree, joie, jor, main, ore, ostel, salu, soir, vertu, vie.*

Als Gegensatz zu *bon* ist *mal* mit *aventure* und *nuit* belegt. Bei substantivierten Infinitiven *(aler et venir, esploitier)* steht das Adverb *bien*.

Ein weiteres häufiges Adjektiv ist *grant*. Es tritt zusammen mit

> *beneïçon, bien, honte, joie, onor, seignorie*

auf.

Andere Adjektive kommen selten vor und sind in ihrem Gebrauch auf einzelne Substantive beschränkt:

---

[60] Zu *mal* «dénombrable» s. Kleiber 1978, 235f.

[61] Martin/Wilmet 1980, § 202.

beneoit (+ *jor*), *droit* (+ *voie*), *lonc* (+ *vie*), *mauvais* (+ *liien*), *mortel* (+ *encombrier*, + *peril*), *novel* (+ *peine*), *parfit* (+ *joie*).

In den bisher dargestellten Fällen bestimmt nur ein Adjektiv das Substantiv. Ein zweites Adjektiv kann zusammen mit *bon* stehen (*bone joie fine* DurmG 14546, *bone vie et plaisant* DurmG 14588). Weitere Kombinationen zweier Adjektive sind *joie fine et pure* (AthisH 19726) und *sain et sauf reperier* (CharroiM 675).

Die Adjektive können durch Adverbien modifiziert werden. *Tres* und *grant* dienen zur Bildung absoluter Superlative:

tres bon jor (RomPast I 56.58), *grant bone aventure, grant malaventure* (DurmG 1795).

Die Modifikation des Adjektivs kann auch innerhalb von Vergleichssätzen erfolgen[62]. „Überlegenheit" zeigt *plus* ... *que* an:

– Damoisele, fet il, Dex vos doinst plus grant joie que vos n'aiiez.»
(PerlN 1548f.)

«Cil Dix qui maint en trinité
Vous mete en plus grant sanité
Que je ne vous voi, dame ciere,
Si comme il pert a vostre ciere!»
(BeaumManS 4845–48).

In beiden Fällen wird die Größe der erwünschten mit der dem Adressaten in der jeweiligen Situation zuteil werdenden *joie* bzw. *sanité* verglichen.

Bei „Gleichheit" gebraucht das AF *aussi* ... *come* und *si* ... *come*:

La dame san faire sejor
Li dist: «Diex vos doint hui bon jor.»
Sagremor n'i est delaiez,
Ainz dist: «Dame, ausi bon l'aiez
Come je lo vorroie avoir;
(ContPerc³ER 34313–17)

– «Dame, fa[i]t il, Deus vos doinst joie
Si tregrande con je voldroie.»
(DurmG 755f.)

«Baron,» dist l'ampereres, «cil dex qui est sans fin
Vos doint si grant honor, con je voil et destin,
(SaisnM 895f.).

Während *aussi* ... *come* einen echten Vergleich ausdrückt, dient *si* ... *come* dazu, im Nebensatz einen Umstand anzugeben, der für die Handlung des Hauptsatzes bestimmend sein soll. Im ersten Beleg soll infolgedessen der von Sagremor gewünschte Tag genauso «gut» sein, wie der Sprecher ihn sich selbst wünscht. Im zweiten und dritten Beleg hingegen soll Gott so große *joie* bzw. *honor* geben, wie das der Sprecher den Adressaten wünscht.

---

[62] Zur Syntax der Vergleichssätze s. Jonas 1971 und, darauf aufbauend, Ménard ²1976, §§ 253–262.

Die Adverbien der Vergleichssätze können sich auch unmittelbar auf das Substantiv beziehen. Bei „Überlegenheit" steht wiederum *plus* ... *que* zur Verfügung:

«Biax fix, fait ele, Dix vos maint!
Joie plus qu'il ne m'en remaint
Vos doinst il ou que vos ailliez.»
(PercR 617–19)

«Or vous doinst Dix joie et santé
Assés plus qu'il ne m'en demeure!»
(BeauManS 2518f.).

Die Sprecher vergleichen jeweils die dem Adressaten zugedachte mit der ihnen selbst verbleibenden *joie* bzw. *joie et santé*.

Die „Gleichheit" drücken *autant* ... *come* und *tant* ... *come* aus:

(...) «Diex vos beneïe,
Et autant de bien vos anvoit
Conme ge desir et covoit,
(ContPerc³ER 38820–22)

«Frere, dit il, l'empereor
doint Diex grant joie et grant honor
autant com mes cuers en desire.
(GuillDoleL 981–83)

Deus, qui Sire est de tos les rois,
Vos doinst tant d'onor et de joie
Comme je avoir en voroie.»
(DurmG 14542–44).

Die Unterscheidung der beiden Vergleichssätze ist derjenigen von *aussi/si* ... *come* analog. Somit läßt sich die erste Passage problemlos als Vergleich auffassen: Gott soll dem Adressaten ebensoviel *bien* schicken, wie der Sprecher für sich selbst begehrt. Der zweite Beleg müßte entsprechend interpretiert werden. Hier nimmt aber P. Jonas an, *autant* sei an die Stelle eines erwartbaren *tant* getreten[63]. Demnach wünscht Guillaume dem Kaiser, daß Gott ihm so große *joie et honor* gebe, wie er (Guillaume) das will. Eine äquivalente Interpretation müßte – diesmal wieder ‹regelgerecht› – auch dem dritten Beleg gegeben werden[64].

Eine weitere Form der Charakterisierung erfolgt durch das *complément de nom*. Dieses besteht aus einem Substantiv:

joie d'amors (RomPast III 50.27), *joie de paradis* (s. oben, PerlN 1569),

aus einem substantivierten Infinitiv, der auch erweitert sein kann:

del revenir corage et volenté (CligésM 4226f.), *force al regne maintenir* (GarLorrV 1256), *forche de resqueurre de chiaus qui te sont courut seure* (BodelNicH³ 117f.),

oder aus einem Objektsatz:

[63] Jonas 1971, 180.
[64] Jonas 1971, 121f.

force que le puisses vengier (GarLorrV 11115), *force et pooir que il la puisse delivrer de ce peril ou ele est* (LancPrK 604.10).

An letzter Stelle nennen wir die Determinierung durch einen restriktiven Relativsatz (vergleiche oben, 38):

les biens que vous fais nous avés (BerteH 3250), *çou que vous alés querrant* (AtreW 4925), *la joie qui tous jours duerra* (EnfOgH 4663).

2) Lexikon

Die Einteilung der von den Substantiven bezeichneten ‹Gegenstände› in Wunsch- und Nicht-Wunschobjekte leitet sich von den GFn selbst ab. Wir gehen dabei von solchen GFn aus, die es dem Adressaten überlassen, sich ein solches Objekt selbst vorzustellen und dieses nur als wünschens- oder nichtwünschenswert kennzeichnen:

«Sire, qui salüee m'as,
Tes cuers ait ce que il voldroit,
(PercR 3782f.)

[Dieus]
et de chose qui vos enuit,
si con je le desir, vos gart.»
(YvainR 3762f.).

Die Gegenüberstellung von Wunsch- und Nicht-Wunschobjekt zeigen Belege, bei denen in einer GF Substantive mittels entsprechender Verben zusammengestellt sind, die in Gegensatzrelation zueinander stehen[65]:

– Or alez donc a Deu, biaus sire,
qui vostre pesance et vostre ire,
se lui plest, vos atort a joie!
(YvainR 4621–23)

Et il lor dit: «Dex, s'il li plest,
cest duel que ne sai don vos nest,
vos ost del cuer et tort a joie.»
(YvainR 5241–43).

Die Gegensatzrelation ist der sprachliche Ausdruck für den positiven oder negativen Wert, der den von den Substantiven bezeichneten Gegenständen beigelegt wird. Dieser Wert bestimmt sich damit nicht aus der Sprache, sondern aus der Kultur, die die Bewertung vornimmt. So ist es nicht verwunderlich, unter den Wunschobjekten der afr. GFn zahlreiche Schlüsselbegriffe der höfischen Kultur wie *aventure, joie* und *onor* zu finden.

Die Vielzahl der Substantive läßt sich freilich nicht leicht wenigen, engumgrenzten Bereichen zuordnen. Ein in diese Richtung zielendes Vorhaben wird auch dadurch erschwert, daß die normalerweise geringe und allgemeine Determinierung den Substantiven in den GFn ihre ohnehin große Bedeutungsvielfalt beläßt[66]. Unter diesen Umständen beabsichtigen wir mit der folgenden Gliede-

---

[65] Zu *ire/joie* (mit unserem Beleg) und *duel/joie* s. Kleiber 1978, 110 und 165.

[66] S. Stefenelli 1967, 315 mit Bezug auf Tobler (V) 1912, 477; Stefenelli 1981, 167. Vergleiche auch Christmann 1984, 23f. und 1986, 20ff. zur Behandlung der Bedeutungsdefinition im TL.

rung nicht mehr, als eine grobe onomasiologische Sichtung unseres Materials zu geben. Innerhalb eines jeden Bereichs ordnen wir die Lexeme nach Gegensätzen (z. B. *vie* vs. *mort, bone* vs. *male aventure*).

1. Leben vs. Tod

Vie vs. *mort*; insofern sich der Wunsch nach einem «guten» oder «langen» Leben *(longe vie)* auf einen Zeitraum bezieht, lassen sich hier auch die Tageszeitwünsche *bon jor, bon main, bone nuit* (vs. *male nuit*) und *bon soir* einordnen.

2. Gesundheit, Unversehrtheit vs. Krankheit, Versehrtheit

Der positive Wert ist durch *garison, sanité* und *santé* repräsentiert. Beim negativen Wert nennen wir *afoler, mal* und *perir*.

3. Freude vs. Schmerz

Joie vs. *dolor*; weitere ‹positive› Ausdrücke sind *deduit, deport, joi* und *leëce*, weitere ‹negative› Ausdrücke *cuisençon, duel, enui, haschiee, ire, peine, pesance, tormente* und *tristor*[67].

4. Sicherheit, Beistand, Hilfe, Schutz vs. Gefahr

Zu den ‹positiven› Lexemen zählen wir *aïe, avancement, force, secor, servise* und *vertu*. Ihnen stehen gegenüber *peril* und *prison*.

5. Glück vs. Unglück

Bone vs. *male aventure*[68]; hinzu kommen *bone destinee* einerseits, *meschëance* andererseits. Ausdrücke für eine ‹gute› bzw. ‹schlechte› Begegnung scheinen uns hier am ehesten Platz zu finden: *bone encontre, bone encontree; mauvais liien*.

6. Gelingen vs. Mißlingen einer Handlung

Die unterschiedlichsten Handlungen können Wunschobjekt sein. Wir nennen nur eine Auswahl: *del revenir corage et volenté, bien esploitier, force al regne maintenir, prendre vengison, sain et sauf reperier, victoire*. Dem Mißlingen ordnen wir *desroi* und *encombrier* zu.

7. Tugend vs. Laster

Vertu vs. *vice*. Zum positiven Wert lassen sich noch *bonté* und *prodome* zählen.

8. Ehre vs. Schande

Onor vs. *honte*[69]; insofern *onor* auch einen materiellen Wert repräsentiert[70], gehören *barnage, bien, gaäigne, richece* und *seignorie* ebenfalls zu diesem Bereich. Ein weiterer ‹negativer› Ausdruck ist *vilenie*.

---

[67] Vergleiche Lavis 1972, 243–274 und 275–311 zu den «substituts» von *joie* bzw. *dolor* bei den Trouvères sowie Kleiber 1978, 155–248 zu den «substituts» von *ire* „douleur".

[68] Vergleiche Burgess 1970, 44–55; Köhler ^{2}1970, 66–88; Auerbach ^{5}1971, 131f.

[69] Vergleiche Burgess 1970, 68–90 zu *onor;* Robreau 1981, 5–71 zu *onor* und 119–170 zu *honte*.

[70] Burgess 1970, 69f.; Robreau 1981, 7–24.

2.1.5.3. Zusammensetzung

Wir untersuchen Aspekte der Zusammensetzung von 1. Begleiter + Substantiv, 2. Substantiv + Substantiv (Doppelungen), 3. Verb + Substantiv.

1) Begleiter + Substantiv

Je nach Wahl des Substantivs ergeben sich ganz unterschiedliche Möglichkeiten der Zusammensetzung. Neben Substantiven, die stets undeterminiert gebraucht werden (z. B. *bonté, mort*), kennen wir solche, bei denen ein Begleiter nur gelegentlich auftritt (z. B. *encombrier* vs. *mortel encombrier, honte* vs. *grant honte, mal* vs. *toz maus, onor* vs. *grant onor, santé* vs. *santé assez plus que* ...). Andere Substantive kommen gleichermaßen mit und ohne Begleiter vor. Ist ein Begleiter vorhanden, so erlaubt das jeweilige Substantiv große Wahlmöglichkeiten. Die größte Vielfalt zeigt hier *joie*. Es weist alle besprochenen Formen der charakterisierenden Determinierung auf (s. oben). Schließlich gibt es auch Substantive, die stets einen Begleiter bei sich führen. Es handelt sich dabei sogar fast immer um denselben Begleiter, das Adjektiv *bon*: *bone aventure, bon jor, bone nuit. Bone aventure* und *bon jor* lassen die Bildung von Superlativen zu, bei *bone aventure* und *bone nuit* kann das ‹positive› Adjektiv durch das ‹negative› *male* ersetzt werden. Die Ersetzung von *bon* durch *beneoit* in der Zusammenfügung mit *jor* ist nur ein einziges Mal belegt (ChevIIEspF 5109; vergleiche oben 39).

Die Absenz des Begleiters ist ein Anzeichen dafür, daß das Substantiv alleine in der Lage ist, ein Wunsch- oder Nicht-Wunschobjekt zu bezeichnen. Die Präsenz des Begleiters dient unterschiedlichen Zwecken. Der Begleiter kann nur schmückende Funktion haben *(grant beneïçon)*. Er wird aber auch verwendet, um den Bedeutungsumfang des Substantivs einzuschränken (man vergleiche *joie d'amors* vs. *joie de paradis*). Ist bei einem Substantiv die Präsenz eines Begleiters obligatorisch, so deutet dies darauf hin, daß das Substantiv erst in der Verbindung ein Wunsch- oder Nicht-Wunschobjekt bezeichnen kann *(bone aventure)*.

Die Zusammensetzung von Begleiter + Substantiv entspricht gelegentlich einem einfachen Substantiv (man vergleiche *mortel encombrier* und *mort*). Ebenso können zwei verschiedene Begleiter in der Verbindung mit einem Substantiv äquivalent sein (*joie de paradis* und *la joie qui tous jours duerra*).

2) Substantiv + Substantiv

Bei Doppelungen und Häufungen werden jeweils ‹positive› bzw. ‹negative› Ausdrücke nebeneinander gestellt. Wir kennen Substantive, die nie in solchen Verbindungen vorkommen (z. B. *avancement, bel, beneïçon, desroi, destinee, encontree, esploitier, gäaigne,* usw.); solche, die ausschließlich in Verbindungen auftreten (z. B. *afoler, aler, barnage, corage, cuisençon, deduit, deport, haschiee,* usw.), und schließlich solche, die sowohl alleine als auch in Verbindungen belegt sind (z. B. *aïe, amendement, aventure, bien, bonté, dolor, duel, encombrier, encontre, enui, force, honte,* usw.).

Die Kombinationsmöglichkeiten sind bei Doppelungen und Häufungen relativ groß. Diejenigen Substantive, die in unserem Korpus mehr als nur einmal belegt sind, verbinden sich mit den verschiedensten anderen Substantiven. So kennen wir Zusammensetzungen von *aventure* mit *encontre, honte, joie, jor* und *onor*; von *encombrier* mit *enui, honte, mal, mort, peril* und *prison*; von *joie* unter anderem mit *aventure, bien, deport, onor* und *santé*; usw.

Bei der Aneinanderreihung von Substantiven kann es sich um synonymische oder um nicht-synonymische Folgen handeln. Synonymie-‹verdächtige› Doppelungen scheinen uns *secor et aïe, force et aïe, force et poöir que ..., corage et volenté de ..., joie et deport*[71], *dolor et ire* und *pesance et ire*[72] zu sein. Bei den nicht-synonymischen Folgen muß man mit verschiedenen Graden der Bedeutungs‹nähe› der beteiligten Substantive rechnen. Besondere Nähe wird immer dann vorliegen, wenn die Substantive demselben oder eng zusammenhängenden Bereichen entstammen. Wir denken an Kombinationen wie *mal + peine, mal + enui + pesance*, bei denen die einzelnen Ausdrücke aus unseren Bereichen „Krankheit, Versehrtheit" und „Schmerz" stammen. Andere Beispiele sind *onor + barnage* oder *onor + bien*[73]. Demgegenüber liegen die an der Doppelung *joie et bone aventure* beteiligten Substantive semantisch weiter auseinander.

Bemerkenswert sind auch Doppelungen bzw. Häufungen, bei denen die verwendeten Substantive Objekte bezeichnen, deren Erwerb sich nur im Rahmen eines Geschehens- oder Handlungsablaufs denken läßt (z. B. *et boen ostel et boene nuit*, YvainR 3761). Da hier die Reihenfolge der Substantive im Satzglied unmittelbar von Interesse ist, kommen wir auf diesen Komplex bei der Untersuchung der Komponentenreihenfolge (s. unten, 72) ausführlich zu sprechen.

3) Verb + Substantiv

Die Kombinationen der in Betracht kommenden Verben mit den Substantiven der (Nicht-)Wunschkomponente sind sehr frei. Bei den Verben aus dem Bereich „Gabe, Empfang" lassen die am häufigsten vorkommenden Verben *avoir* und *doner* die größten Variationen zu. Bei den wenigen hierher gehörenden Verben des Bereichs „Beistand, Hilfe, Schutz" weist *garder (de a.r.)* eine etwas größere Variationsbreite als *defendre* auf. Präferenzen für bestimmte Substantive zeigen allenfalls *croistre* (+ *bonté*) und *prester* (+ *force*).

Gehen wir bei der Betrachtung vom Substantiv aus, so bestätigt sich die enge Verbindung von *croistre + bonté* auch umgekehrt: das Substantiv ist ausschließlich mit diesem Verb belegt; *force* kommt dagegen nicht nur mit *prester*, sondern auch mit *doner* und *envoiier* vor. Das undeterminierte *bien* ist ein weiteres Substantiv, das ein bestimmtes Verb *(avoir)* bevorzugt[74]. Bei

---

[71] Vergleiche Lavis 1972, 264f.

[72] Vergleiche Kleiber 1978, 113f. zu *dolor + ire* und 115 zu *pesance + ire* (mit YvainR 4621 als Beleg).

[73] Vergleiche Burgess 1970, 89 zu *onor + bien.*

[74] S. auch Lommatzsch 1954, 70 zu *bien ait ...*

anderen Substantiven können Präferenzen der Verbindung allenfalls nach dem Kriterium der Häufigkeit angegeben werden. Während etwa *bone aventure* und *bon jor* gleichermaßen mit *avoir* und *doner* belegt sind, scheinen sich *joie* und *onor* eher mit *doner* als mit anderen Verben zu verbinden; ebenso neigt *encombrier* offenbar *garder (de a.r.), mort* dagegen *defendre* zu.

2.1.6. Ersetzung und Auslassung

Wir widmen je einen Abschnitt der Ersetzung (2.1.6.1.) und der Auslassung (2.1.6.2). Innerhalb dieser Abschnitte untersuchen wir die Anwendung der beiden Verfahren auf isolierte GFn sowie auf den Gegengruß innerhalb der Grußsequenz.

2.1.6.1. Ersetzung

1) Isolierte GFn

Die Ersetzung betrifft nur den Gottesnamen. Sie ist selbstverständlich bei dessen Wiederaufnahme im Nebensatz innerhalb von Satzgefüge bildenden GFn *(Alez a Dieu qui vos gart de a.r., Alez a Dieu que il vos gart de a.r.)*. Sie ist aber auch üblich, wenn der Sprecher in der Rede einzelne GFn aneinanderreiht, und zwar sowohl bei Asyndese:

«Biax fix, fait ele, Dix vos maint!
Joie plus qu'il ne m'en remaint
Vos doinst *il* ou que vos ailliez.»

(PercR 617–19)

als auch bei Koordinierung mit *et*:

Deus vus conduie, nostre sire,
E sein e salf *il* vus remaint!»

(TristThomW Douce 1298f.)

(...) «Sire, Diex vos saut
Et *il* vos doinst joie et santé,»

(PercR 4396f.).

Die wörtliche Wiederholung bildet dagegen eine Ausnahme:

Que Diex vos face bien ceans,
Et *Diex* a tos gaaigne doinst!

(GuillAnglW 580f.)

(GF + Fluch)

«Diex saut, fet ele, Genievre la fille le roi Leodagan de Tarmelide et *Diex* confonde tos les enemis et totes les enemies que j'ai saiens!»

(LancPrM I 97)

2) Gegengruß

In einem einzigen Fall unseres Korpus wird eine eröffnende GF im Gegengruß in toto ersetzt:

«Cil Mahommés qui tout a a sauver
Et qui nous donne et le pain et le blé,
Il saut et gart Gaudise l'amiré,
De paradis le puist adés garder,
Que il n'i soit veüs ne esgardés!»
Dist l'amirés: *«Jou te di autretel.*
(HuonR 6082–87).

Ein bei verschiedenen GFn angewendetes Verfahren ist die Ersetzung des Ausgangsverbs durch das Pro-Verb *faire* in Verbindung mit *si*[75]:

La puceile plus halt li crie
Ke Damnedex le beneïe,
Et cil li drece un pou sa face
Et dist: «Ma dame, et vos *si face!*»
(PartonG 5979–82).

Der Gottesname kann auf verschiedene Weise ersetzt werden, durch ein Personalpronomen:

Lués que Percevaux l'ancontra,
Molt hautemant la salua
De Dieu qui onques ne manti.
Et la pucelle respondi:
«Sire, *il* vos doint joie et honor.
(ContPerc²ER 32209–13)

– Dame, g'irai sans plus atendre,
Fait li bouchiers, et Dix vous saut!
– A foi, sire, et *il* vous consaut!»
(BouchAbevR 54–56),

durch das Demonstrativpronomen *cil*:

«Dame, je vous quemant au disne roi Jhesu.
– Sire, *chil* vous ramaint par la soue vertu!»
(GaufrG 4807f.)

«Cil Dix qui maint en trinité
Vous mete en plus grant sanité
Que je ne vous voi, dame ciere,
Si comme il pert a vostre ciere!»
«Biaus preudom, et *icil* vous doinst
Grant joie au cuer, dont je n'ai point.»
(BeaumManS 4845–50),

oder durch *cil* + Relativsatz:

«Dameldex uous saut, sire,» che dist Aiols li ber.
Li forestiers saut sus, quant celui uit armé.
«Sire, *cil* uous garisse, *que ramentu aues*!
(Aiol²F 1735–37)

«Cil Damedeus qui nos dengna former
Et que devons et croire et aorer
Gart Boniface, le roi qui tant est ber!

---

[75] Vergleiche in neuerer Zeit Marchello-Nizia 1985a und, kürzer, Marchello-Nizia 1985b.

– Amis,» fet il, «et *cil* te puist sauver,
Que ge t'oi ci amentoivre et nomer!
(AimeriD 2069–73)

Ein einziges Mal wird ein Teil der Wunschkomponente ersetzt:

(...) Diex vos doint hui bon jor.»
Sagremor n'i est delaiez,
Ainz dist: «Dame, ausi bon *l'*aiez
Come je lo vorroie avoir;
(ContPerc³ER 34314–17).

2.1.6.2. Auslassung

1) Isolierte GFn

Pragmatische Idiome wie die GFn haben eine Tendenz zur Verkürzung[76]. Unser Korpus überliefert uns nur zwei pragmatisch verkürzte afr. GFn, *A Dieu* und *Bienveignant*. Die erste der beiden Formeln kann auf unterschiedliche Weise ergänzt werden (*Alez a Dieu, A Dieu vos comant, A Dieu demorez,* usw.). Die zweite Formel lautet vollständig stets *Bien soiez vos veignanz*. Mit der Auslassung des Verbs bzw. des Hilfsverbs wird vor allem die in die GF integrierte Anrede unterdrückt. Bemerkenswert ist daher deren Erhalt in LancPrK 442.4f.:

«Bienveignant li bons chevaliers (...).»

Die passivische Form einer GF (s. oben, 26) erlaubt die Auslassung des *complément d'agent*, das entweder Gott oder den Sprecher bezeichnet. Die Häufigkeit der Auslassung schwankt von GF zu GF. Bei *Beneoiz soiez vos de Dieu* und *Onorez soiez vos de Dieu* halten sich Belege mit und ohne *complément* ungefähr die Waage. Bei *Sauvez soiez vos de Dieu* überwiegt die Präsenz. Die Auslassung ist obligatorisch bei *A Dieu soiez vos comandez* und bei *Bien soiez vos trovez*.

Die Auslassung wird wie die Ersetzung bei der Aneinanderreihung von GFn angewendet. Sie betrifft den Gottesnamen allein:

Jhesus de gloire vos doint bien esploitier,
Et si vos doint sain et sauf reperier!»
(CharroiM 674f.)

«Biax sire, icele vraie crois,
Ou Diex soffri pener son fil
Vos gart (...)
Et vos ramaint a garison
(PercR 2154–56, 2158)

Roys, chil Mahom qui te fist né
Saut et gart toi et ten barné
Et te doinst forche de resqueurre (...)
(BodelNicH³ 115–117),

---

[76] S. allgemein Thun 1978, 68; speziell zu den afr. GFn Löfstedt 1978, 195; aus ethologischer Sicht Eibl-Eibesfeldt ⁹1980, 69.

erstreckt sich aber teilweise zusätzlich auf das Anredepronomen:

(...) «Dex vos beneïe,
pucele, et doint joie et santé»
(LancR 2794f.)

Sire, je di que Dieu vos maint
et doint joie et bone avanture.
(RenR XI 12016f.).

2) Gegengruß

Der Sprecher kann einen Gegengruß bilden, indem er Anrede- und gegebenenfalls Sprecherpronomen mit vertauschter Referenz wiederholt, die übrigen Komponenten der Ausgangsformel aber unterdrückt:

«A Deu, fet il, vos comant gié.»
Erec respont: «Sire, et je vos.»
(ErecR 3428f.)

«Damoisele, fet il, Dex vos doinst joie e buenne aventure. – Sire, fet ele, e vos toz jors. (PerlN 269f.).

Das Verfahren ist mit verschiedenen GFn belegt[77].

Einen einmaligen Fall stellt die ‹Vervollständigung› der eröffnenden GF in BodelNicH³ 340 dar:

AUBERONS
Roys, Mahom toi et te maisnie
Saut et gart!
LI ROIS
Et toi beneïe,
Auberons! (...).

Durch die damit verbundene Auslassung greifen Gruß und Gegengruß stärker ineinander und bilden eine einzige, auf zwei Sprecher verteilte Formel[78].

2.2. Komponentenreihenfolge

2.2.1. Zerlegung der Grußformeln in Komponenten

Wir untersuchen Aspekte der Reihenfolge auf drei Ebenen. Was dabei jeweils als Komponente einer GF anzusehen ist, hängt von der betrachteten Ebene ab. Wir zerlegen 1. Satzverknüpfungen in Teilsätze (2.2.2.), 2. einfache Sätze in Satzglieder (2.2.3.), 3. Satzglieder in Wörter (2.2.4.).

---

[77] S. unten, dritter Teil, II. Kapitel, 278.

[78] Man vergleiche das hübsche Gedicht von Bertolt Brecht (*Gesammelte Werke,* 10, Frankfurt am Main 1967, 1023):

GLEICHKLANG
Bidi in Peking
Im Allgäu Bie
Guten, sagt er
Morgen, sagt sie.

2.2.2. Teilsätze

Die Satzgefüge bildenden GFn bestehen aus einem Haupt- und einem Nebensatz. Der Nebensatz ist entweder ein explikativer Relativsatz oder ein Finalsatz. Dabei läßt sich der Relativsatz leicht als Finalsatz interpretieren, wenn ein *qui* als *qu'i* aufgefaßt oder durch *qu'il* ersetzt wird, man vergleiche die Variante *qu'il* (Hs. N^2) zu *ki* in:

> (...) si vous conmant
> Au gloriox, le roi poisçant,
> Ki vous gart de honte et de mal.»
>
> (AtreW 5479–81),

oder die Entscheidung eines modernen Herausgebers für *qu'i* (statt *qui*) in:

> A Dame Dex alez, qu'i vos gar[t] de derroi.
>
> (RenMontC 14377).

Die Satzgefüge sind aus zwei einfachen GFn zusammengesetzt. Als Hauptsatz fungieren vor allem *Alez a Dieu* und *A Dieu vos comant*. Die Liste der im Nebensatz gebrauchten GFn ist wesentlich offener. Die Reihenfolge von Haupt- und Nebensatz entspricht den Verhältnissen im AF insgesamt: der Haupt- ist dem Nebensatz normalerweise vorangestellt, man vergleiche *Alez a Dieu qui vos conduie, Alez a Dieu qui/qu'il vos defende de a.r., Alez a Dieu qui/qu'il vos gart de a.r., Je vos comant a Dieu qui vos conduie, Je vos comant a Dieu qui vos defende de a.r., Je vos comant a Dieu qui/qu'il vos gart de a.r.*, usw.[79]. Bei den beiden einzigen Ausnahmen umrahmt der Haupt- den Nebensatz. Dabei ist zu bedenken, daß die GFn hier nicht in direkter Rede, sondern im Übergang vom Récit zur indirekten Rede auftreten:

> Et la reïne autresimant
> a Deu, qui de mal le desfande,
> plus de .V.^{c} foiz le comande.
>
> (ErecR 272–74)

> A dieu ki d'anui le deffende,
> Plus de .xiii. fois le commande.
>
> (RichF 245f.).

Die seltenen Fälle, in denen dem Hauptsatz zwei koordinierte Nebensätze untergeordnet sind, wird man sicherlich nicht mehr zu den vorgefertigten GFn zählen:

> Et li rois les commande au cors méismes Dé
> Qu'il les puisse conduire et maint à sauveté.
>
> (GuiBourgG 816f.)

Das gilt erst recht, wenn dem zweiten Nebensatz wiederum ein Finalsatz untergeordnet ist:

> [Ele] (...) lo comande a celui qui de la Virge nasqui, qu'il de mort lo desfande et li doint force et pooir que il la puisse delivrer de ce peril ou ele est.
>
> (LancPrK 604.8–10).

---

[79] Moignet ^{2}1984, 363f.

Vor dem zweiten Nebensatz wird – wie im AF allgemein üblich – die unterordnende Konjunktion nicht wiederholt. Angesichts so isolierter Belege wird es müßig sein, die Reihenfolge der Nebensätze zu begründen. In LancPrK 604.8–10 könnte man sie freilich mit dem ‹Gesetz der wachsenden Glieder› in Zusammenhang bringen[80].

Mit den zuletzt behandelten Belegen verlassen wir den eingangs (s. oben, 52) gesteckten Rahmen, da wir über die Einheit der einzelnen GFn hinausgehen. Dies gilt auch für die Untersuchung der Reihenfolge von in der Rede durch *et* verbundenen einfachen GFn (Satzverbindungen). Normalerweise werden nur zwei GFn verknüpft; die Aneinanderreihung mehrerer GFn ist selten:

> (...) «Biaus peres, Deus vos saut
> Et doint joie et enneur vos face.»
>
> (De celui qui bouta la pierre, RychnFabl Hs. K 80f.)

> – Sire, fet ele, Dex soit garde de vos, e vos lest revenir, e vos doinst volenté de bien fere, par coi vostre los soit essauciez qi molt es decreüz.
>
> (PerlN 187–89).

Die Reihenfolge nebengeordneter Teil-(Haupt-)sätze läßt sich syntaktisch nicht begründen. In lexikalischer Hinsicht scheint die Anordnung zweier GFn nicht allzu rigide festgelegt zu sein. Wir können freilich Tendenzen für einige wenige GFn feststellen. So werden in Satzverbindungen *Dieus vos beneïe* sowie *Dieus vos saut* ausschließlich und *Dieus vos gart* vorwiegend an erster Stelle gebraucht (man vergleiche oben, 47f., in anderem Zusammenhang erwähnte Belege):

> (...) «Diex vos beneïe,
> Biaux (sire), et otroit bone vie.»
>
> (ContPerc²ER 20925f.)

> (...) «Diex vos salt
> Et doinst honor hui en cest jor.
>
> (PercR 5490f.)

> Et Dex vos gart et face aïe
> Que ja France ne soit honie.»
>
> (PartonG 2025f.).

An zweiter Stelle steht *Dieus vos gart* in:

> «Signor, et Diex grant bien vos dont
> Et il vos gart. (...)
>
> (GuillPalM 8434f.)

> «Sire, bon jour vous doinst li pere,
> Ki de la virgene fist sa mere,
> Et gart vos menbres et vo vie!»
>
> (ViolB 1703–05).

Belegen wie PercR 4396f., GuillAnglW 580f., BodelNicH³ 115–17, LancR 2794f., RenR XI 12016f. (s. oben, 47f.) und PercR 5490f. kann man auch eine

---

[80] Vergleiche Lausberg ⁵1976, § 54.

weitere Tendenz entnehmen, die durch die beiden zuletzt zitierten Passagen aus GuillPalM und ViolB nicht widerlegt wird: die GF *Dieus vos doinst a.r.* wird vorwiegend an zweiter Stelle verwendet.

2.2.3. Satzglieder

Die Wortstellung in den einfachen Sätzen der GFn ist abhängig von den syntaktischen Funktionen, welche die Satzglieder im Satz übernehmen. Die Untersuchung der Reihenfolge der Satzglieder erfordert daher eine Zerlegung der GFn nach der Bedeutung (Satzfunktionen), nicht nach der Bezeichnung. Auf Grund einer detaillierten Analyse der wichtigsten GFn (s. Tabelle, 2.2.3.1.) stellen wir allgemeine Tendenzen (2.2.3.2.) und Besonderheiten (2.2.3.3.) der Wortstellung dar.

2.2.3.1. Tabelle

Tabelle[81]:

Grußformel	Wortstellung	DR/ IR	1100–1150	1150–1200	1200–1250		1250–	Teil-zahl	Pro-zent	Gesamt-zahl
Dieus vos ajut	S O1p V	DR	1	2	4	3	–	10	100,00	10
Alez a Dieu	V CC	DR	2	6	9	8	1	26	76,47	
	CC V	DR	1	3	2	–	1	7	20,59	34
	S V CC	IR	–	–	1	–	–	1	2,94	
Vos aiez	S V O1	DR	–	1	2	1	–	4	13,33	
(aventure)	S O1 V	DR	–	–	3	–	–	3	10,00	30
	O1 V S	DR	–	2	8	12	–	22	73,33	
		IR	–	–	–	1	–	1	3,33	
(bien)	O1 V S	DR	–	2	5	1	–	8	100,00	8
(jor)	O1 V S	DR	–	1	3	–	4	8	100,00	9
		IR	–	–	–	–	1	1		
(weitere eingl. O1)	S V O1	DR	–	1	–	1	–	2	40,00	5
	O1 V S	DR	–	1	1	1	–	3	60,00	
(mehrgl. O1)	S V O1	DR	–	1	–	3	–	4	57,14	
	O1 V S	DR	–	1	–	1	–	2	28,57	7
	a V O1 et a' et b	DR	–	1	–	–	–	1	14,29	
	(Unber.)		–	–	1	–	–	1	100,00	1
Vos aiez a.r.	S V O1	DR	–	3	2	5	–	10	16,67	
(insgesamt)	S O1 V	DR	–	–	3	–	–	3	5,00	
	O1 V S	DR	–	7	17	15	4	43	75,00	60
		IR	–	–	–	1	1	2		
	a V O1 et a' et b	DR	–	1	–	–	–	1	1,67	
	(Unber.)		–	–	1	–	–	1	1,67	

[81] Zur Erläuterung der für die Angabe der Wortstellung verwendeten Symbole, s. oben, Technische Vorbemerkung, X. Unberücksichtigt (= Unber.) bleiben diejenigen GF-Belege, in denen die Stellung ausgelassener Satzglieder sich nicht mit völliger Sicherheit ermitteln läßt. Eingl. = eingliedrig, mehrgl. = mehrgliedrig. DR = direkte Rede, IR = indirekte Rede.

Tabelle (Fortsetzung):

Grußformel	Wortstellung	DR/ IR	1100–1150	1150–1200	1200–1250		1250–	Teilzahl	Prozent	Gesamtzahl
A.r. puissiez vos avoir	O1 VA S V	DR	–	–	1	4	–	5	100,00	5
Dieus vos beneïe	S O1p V	DR	–	15	9	10	4	38	68,29	82
		IR	–	2	–	16	–	18		
	S V O1	DR	–	5	1	–	1	7	8,53	
	S V O1p	DR	–	5	1	1	–	7	13,41	
		IR	–	–	–	4	–	4		
	O1p V S	DR	–	2	–	–	–	2	2,44	
	S a V (et a') et b	DR	–	4	2	–	–	6	7,32	
Beneoiz soiez vos de Dieu	S VA V	DR	–	2	–	–	–	2	11,76	17
	V VA S CA	IR	–	–	–	1	–	1	5,88	
	V VA S	DR	–	6	1	1	–	8	47,06	
	CA VA S V	DR	–	3	1	–	–	4	23,53	
	CA VA a V et a' et b	DR	–	1	–	–	–	1	5,88	
	ADV VA S V	DR	–	–	1	–	–	1	5,88	
A Dieu vos comant	S O1p V O2	DR	–	4	5	6	2	17	15,31	111
	O2 S O1p V	DR	–	–	2	–	–	2	1,80	
	O2 O1p V S	DR	–	25	23	11	10	69	63,06	
		IR	–	–	–	–	1	1		
	O1p V S O2	DR	–	1	–	1	–	2	1,80	
	O2 V S O 1	DR	–	1	1	–	–	2	1,80	
	O2 a V S et a' et b	DR	–	1	–	–	1	2	1,80	
	ADV O1p V S O2	DR	–	–	–	16	–	16	14,41	

Tabelle (Fortsetzung):

Grußformel	Wortstellung	DR/ IR	1100– 1150	1150– 1200	1200– 1250		1250–	Teil- zahl	Pro- zent	Gesamt- zahl
A Dieu soiez vos comandez	O2 VA S V	DR	–	6	12	–	–	18	94,74	19
	O2 VA V S	DR	–	1	–	–	–	1	5,26	
Dieus vos conduie	S O1p V	DR	–	3	3	3	2	11	84,62	13
	ADV O1p V S	DR	–	–	1	1	–	2	15,38	
Dieus vos consaut	S O1p V	DR	–	–	2	–	1	3	50,00	8
		IR	–	–	–	1	–	1		
	ADV O1p V S	DR	–	–	–	4	–	4	50,00	
Dieus vos croisse a.r.	S O2p V O1	DR	–	4	8	1	–	13	92,86	14
	(Unber.)		–	–	–	–	1	1	7,14	
Dieus vos defende de a.r.	S O1p V O2	DR	–	3	–	–	–	3	37,50	8
	S O2 O1p V	DR	–	1	–	–	–	1	12,50	
	S V O1 O2	DR	–	–	1	–	–	1	12,50	
	O2 V S O1p	DR	–	–	1	–	–	1	12,50	
	(Unber.)		–	–	2	–	–	2	25,00	
A Dieu demorez	CC V	DR	–	1	5	–	–	6	85,71	7
	V CC	DR	–	–	1	–	–	1	14,29	
Dieus vos doinst a.r. (aventure)	S O2p V O1	DR	–	1	1	1	–	3	30,77	26
		IR	–	–	1	3	1	5		
	S O1 O2p V	IR	–	–	–	–	1	1	3,85	
	S V O1 O2	DR	–	–	1	–	–	1	3,85	
	O1 O2p V S	DR	–	–	2	4	–	6	53,85	
		IR	–	–	–	8	–	8		
	O1 a V S et a' et b	IR	–	–	–	1	–	1	3,85	
	ADV O2p V S O1	DR	–	–	–	1	–	1	3,85	

Tabelle (Fortsetzung):

Grußformel	Wortstellung	DR/ IR	1100– 1150	1150– 1200	1200– 1250		1250–	Teil- zahl	Pro- zent	Gesamt- zahl
Dieus vos doinst a.r. *(joie)*	S O2p V O1	DR	–	–	7	4	4	15	65,38	26
		IR	–	–	–	2	–	2		
	S O1 O2p V	DR	–	–	1	–	–	1	3,85	
	O1 O2p V S	DR	–	2	–	–	–	2	7,69	
	S V a O1 et b	DR	–	–	–	–	1	1	3,85	
	ADV O2p V S O1	DR	–	–	1	–	–	1	3,85	
	(Unber.)		–	–	4	–	–	4	15,38	
(jor)	S O2p V O1	DR	–	1	6	–	2	9	35,48	31
		IR	–	–	–	2	–	2		
	S O1 O2p V	IR	–	–	–	–	1	1	3,26	
	O1 O2p V S	DR	–	1	4	3	–	8	54,84	
		IR	–	–	–	9	–	9		
	O1 a V S et b	DR	–	–	1	–	–	1	3,26	
	(Unber.)		–	–	1	–	–	1	3,26	
(onor)	S O2p V O1	DR	–	2	1	–	2	5	50,00	10
	S V O1 O2	DR	–	1	–	–	–	1	10,00	
	O1 O2p V S	DR	–	1	–	–	–	1	10,00	
	(Unber.)		–	1	1	1	–	3	30,00	
(weitere eingl. O1)	S O2p V O1	DR	1	7	9	2	2	21	47,83	46
		IR	–	–	–	1	–	1		
	S O1 O2p V	DR	–	1	1	–	–	2	4,38	
	S O2 O1 V	DR	–	1	–	–	–	1	2,17	
	O1 O2p V S	DR	–	–	1	3	1	5	13,04	
		IR	–	–	–	1	–	1		
	O1 a V S et b	DR	–	–	1	–	–	1	2,17	
	ADV O2p V S O1	DR	–	1	1	–	–	2	4,35	
	(Unber.)		1	5	4	2	–	12	26,09	

Tabelle (Fortsetzung):

Grußformel	Wortstellung	DR/ IR	1100–1150	1150–1200	1200–1250		1250–	Teilzahl	Prozent	Gesamtzahl
Dieus vos doinst a.r. (mehrgl. O1)	S O2p V O1	DR	–	10	6	2	2	20	51,22	41
		IR	–	1	–	–	–	1		
	S O1 O2p V	IR	–	1	–	–	–	1	2,44	
	S V O1 O2	DR	–	1	–	–	–	1	2,44	
	O1 O2p V S	DR	–	–	2	1	–	3	7,32	
	O2 V S O1	DR	–	–	2	–	–	2	4,88	
	S a V O1 et b (et c)	DR	–	–	–	3	–	3	7,32	
	a O2p V S et b	DR	–	1	–	–	–	1	2,44	
	O1 a V S et b	DR	–	–	1	–	–	1	2,44	
	ADV O2p V S O1	DR	–	1	–	–	1	2	4,88	
	(Unber.)		–	3	3	–	–	6	14,63	
Dieus vos doinst a.r. (insgesamt)	S O2p V O1	DR	1	21	30	9	12	73	46,67	180
		IR	–	1	1	8	1	11		
	S O1 O2p V	DR	–	1	2	–	–	3	3,33	
		IR	–	1	–	–	2	3		
	S O2 O1 V	DR	–	1	–	–	–	1	0,56	
	S V O1 O2	DR	–	2	1	–	–	3	1,67	
	O1 O2p V S	DR	–	4	9	11	1	25	23,89	
		IR	–	–	–	18	–	18		
	O2 V S O1	DR	–	–	2	–	–	2	1,11	
	S a V O1 et b (et c)	DR	–	–	–	3	–	3	1,67	
	S V a O1 et b	DR	–	–	–	–	1	1	0,56	
	a O2p V S et b	DR	–	1	–	–	–	1	0,56	
	O1 a V S (et a') et b	DR	–	–	3	–	–	3	2,22	
		IR	–	–	–	1	–	1		
	ADV O2p V S O1	DR	–	2	2	1	1	6	3,33	
	(Unber.)		1	9	13	3	–	26	14,44	

Tabelle (Fortsetzung):

Grußformel	Wortstellung	DR/ IR	1100–1150	1150–1200	1200–1250		1250–	Teil-zahl	Pro-zent	Gesamt-zahl
Dieus vos envoit a.r.	S O2p V O1	DR	–	1	1	–	–	2	33,33	6
	S O1 O2p V	DR	–	–	1	–	–	1	50,00	
		IR	–	–	–	–	2	2		
	(Unber.)	DR	–	–	1	–	–	1	16,67	
Dieus soit o vos	S V CC	DR	–	4	5	–	–	9	90,00	10
	S CC V	DR	–	1	–	–	–	1	10,00	
A Dieu soiez	CC V S	DR	–	2	3	1	–	6	100,00	6
Dieus soit garde de vos	S V SUB CN	DR	–	–	1	4	–	5	66,67	9
		IR	–	–	–	1	–	1		
	S V CN SUB	DR	–	1	–	–	1	2	22,22	
	a VA CN SUB et b	DR	–	1	–	–	–	1	11,11	
Dieus vos gart	S O1p V	DR	–	13	23	3	8	47	61,25	80
		IR	–	2	–	–	–	2		
	S V O1	DR	1	3	15	–	3	22	27,50	
	S V O1p	DR	–	3	1	–	–	4	5,00	
	S a V et b (et c)	DR	–	2	–	–	2	4	5,00	
	(Unber.)		–	–	1	–	–	1	1,25	
Dieus vos gart de a.r. (eingl. O2)	S O1p V O2	DR	1	5	3	–	–	9	64,29	14
	S V O1 O2	DR	–	–	–	–	1	1	7,14	
	(Unber.)	DR	–	2	–	–	2	4	28,57	

Tabelle (Fortsetzung):

Grußformel	Wortstellung	DR/ IR	1100–1150	1150–1200	1200–1250	1250–	Teil-zahl	Pro-zent	Gesamt-zahl
Dieus vos gart de a.r. (mehrgl. O2)	S O1p V O2	DR	–	1	1 –	1	3	42,86	7
	S V O1 O2	DR	–	–	2 –	–	2	28,57	
	S V a O2 et b	DR	–	–	1 –	–	1	14,29	
	(Unber.)	DR	–	–	1 –	–	1	14,29	
Dieus vos gart de a.r. (insgesamt)	S O1p V O2	DR	1	6	4 –	1	12	57,14	21
	S V O1 O2	DR	–	–	2 –	1	3	14,29	
	S V a O2 et b	DR	–	–	1 –	–	1	4,76	
	(Unber.)		–	2	1 –	2	5	23,81	
Dieus vos garisse	S O1p V	DR	1	4	10 –	–	15	68,18	22
	S O1 V	DR	–	–	1 –	–	1	4,55	
	S V O1	DR	–	3	1 –	–	4	18,18	
	ADV V S O1	DR	–	–	– 1	–	1	4,55	
	(Unber.)		–	–	1 –	–	1	4,55	
Dieus vos meint	S O1p V	DR	–	2	3 –	1	6	100,00	6
De Dieu soiez vos onorez	S VA V	DR	–	2	1 –	–	3	60,00	5
	CA VA S V	DR	–	–	2 –	–	2	40,00	
Dieus vos otroit a.r.	S O2p V O1	DR	–	1	1 3	–	5	38,46	13
	O1 O2p V S	DR	–	–	– 3	–	3	23,08	
		IR	–	–	– 1	–	1	7,69	
	(Unber.)		–	3	– –	1	4	30,77	

Tabelle (Fortsetzung):

Grußformel	Wortstellung	DR/ IR	1100–1150	1150–1200	1200–1250		1250–	Teilzahl	Prozent	Gesamtzahl
Dieus vos saut	S O1p V	DR	–	53	34	5	5	97	59,39	165
		IR	–	1	–	–	–	1		
	S V O1	DR	2	20	17	4	3	46	28,48	
		IR	–	–	–	1	–	1		
	S V O1p	DR	–	4	1	–	–	5	3,03	
	O1p V S	DR	–	–	–	–	1	1	0,61	
	a O1p V et b	DR	–	1	–	–	–	1	0,61	
	S a V et b (et c et d)	DR	–	3	7	1	–	11	6,67	
	a V S et b	DR	–	1	–	–	–	1	0,61	
	a e V et b et f	DR	–	1	–	–	–	1	0,61	
Sauvez soiez vos de Dieu	S VA V	DR	–	1	–	–	–	1	11,11	9
	V VA S CA	DR	4	–	–	–	–	4	44,44	
	CA VA S V	DR	–	3	1	–	–	4	44,44	
Dieus vos puist sauver	S O1p VA V	DR	–	3	6	–	3	12	100,00	12
Dieus vos saut et beneïe	S O1p V	DR	–	1	–	–	–	1	11,11	9
	S V O1	DR	–	4	3	–	–	7	77,77	
	S x a et y et b	DR	–	1	–	–	–	1	11,11	
Dieus vos saut et gart	S O1p V	DR	–	2	2	–	–	4	13,33	45
		IR	–	1	1	–	–	2		
	S O1 V	DR	–	1	–	–	–	1	2,22	
	S V O1	DR	–	17	17	–	2	36	80,00	
	S a V et b	DR	–	2	–	–	–	2	4,44	

Tabelle (Fortsetzung):

Grußformel	Wortstellung	DR/ IR	1100– 1150	1150– 1200	1200– 1250		1250–	Teil- zahl	Pro- zent	Gesamt- zahl
Dieus vos saut et gart et beneïe	S O1p V	DR	–	1	–	–	–	1	20,00	5
	S a V et b	DR	–	1	–	–	–	1	20,00	
	S x et y O1 et z	DR	–	3	–	–	–	3	60,00	
Bien soiez vos trovez	S VA ADV V	DR	–	1	11	–	–	12	30,77	39
	ADV VA S V	DR	1	9	11	1	4	26	66,67	
	ADV VA a V et a' et b et c	DR	–	–	–	–	1	1	2,56	
Bien veigniez	ADV S V	DR	–	–	1	–	–	1	0,68	147
	ADV V	DR	–	49	62	24	11	146	99,32	
Bien puissiez vos venir	ADV VA S V	DR	–	24	4	19	2	49	96,08	51
	ADV VA a V et b	DR	–	–	–	2	–	2	3,92	
Bien soiez vos veignanz	S VA ADV + V	DR	–	1	1	–	–	2	8,00	25
	ADV VA S V	DR	–	4	2	–	2	8	32,00	
	ADV + V VA S	DR	–	4	2	–	–	6	24,00	
	CC VA S ADV + V	DR	–	1	–	–	–	1	4,00	
	ADV + V	DR	–	4	–	2	2	8	32,00	

Tabelle (Fortsetzung):

Grußformel	Wortstellung	DR/ IR	1100–1150	1150–1200	1200–1250		1250–	Teil-zahl	Pro-zent	Gesamt-zahl
Bien soiez vos venuz	S VA ADV + V	DR	–	2	1	1	2	6	3,06	196
	ADV VA S V	DR	1	27	31	37	14	110	86,22	
		IR	–	–	2	57	–	59		
	ADV VA V S	DR	–	2	2	–	1	5	2,55	
	ADV + V VA S	DR	–	–	2	–	2	4	2,55	
		IR	–	–	–	–	1	1		
	ADV VA a V et b	DR	–	1	4	–	2	7	3,57	
	CC VA S ADV + V	DR	–	–	–	3	–	3	1,53	
	CC VA ADV + V S	DR	–	–	1	–	–	1	0,51	
Bien puissiez vos estre venuz	ADV VA S V	DR	–	–	1	4	1	6	87,50	8
		IR	–	–	1	–	–	1		
	ADV VA a V et b	DR	–	–	–	1	–	1	12,50	
Vos soiez li bien venuz	S VA ART ADV + V	DR	–	2	5	36	–	43	88,00	50
		IR	–	–	–	1	–	1		
	S ART ADV + V VA	DR	–	–	1	–	–	1	2,00	
	ART ADV + V VA S	DR	–	2	–	–	1	3	6,00	
	CC VA S ART ADV + V	DR	–	–	–	2	–	2	4,00	

2.2.3.2. Allgemeine Tendenzen

Die Wortstellung der betrachteten GFn ist im Rahmen der afr. Möglichkeiten frei. Fast alle GFn sind in verschiedenen Wortstellungen überliefert. Allerdings bevorzugen die einzelnen GFn jeweils bestimmte Wortstellungstypen. Um diese möglichst deutlich herauszustellen, vereinfachen wir die Angaben der Tabelle, indem wir uns der Darstellungsweise Lucien Foulets bedienen, bei der die unbetonten Objektspronomen als in das Verb integriert betrachtet werden[82]. Die GFn lassen sich demnach drei Wortstellungstypen zuordnen:

1) S V C

Dieus vos ajut, Dieus vos beneïe, Dieus vos conduie, Dieus vos consaut, Dieus vos croisse a.r., Dieus vos defende de a.r., Dieus vos doinst a.r., Dieus soit o vos, Dieus soit garde de vos, Dieus vos gart, Dieus vos gart de a.r., Dieus vos garisse, Dieus vos meint, Dieus vos otroit a.r., Dieus vos saut, Dieus vos puist sauver, Dieus vos saut et beneïe, Dieus vos saut et gart, Vos soiez li bien venuz.

2) C V S

A.r. aiez vos, A.r. puissiez vos avoir, Beneoiz soiez vos de Dieu/De Dieu soiez vos beneoiz, A Dieu vos comant, A Dieu soiez vos comandez, A Dieu demorez, A Dieu soiez, Sauvez soiez de Dieu/De Dieu soiez vos sauvez, Bien soiez vos trovez, Bien veigniez, Bien puissiez vos venir, Bien soiez vos veignanz/Bienveignanz soiez vos, Bien soiez vos venuz, Bien puissiez vos estre venuz.

3) V C

Alez a Dieu.

Bei S V C ist das Subjekt normalerweise ein Substantiv (Ausnahme: *Vos soiez li bien venuz*); ein *complément* tritt bei GFn wie *Dieus vos ajut* nur dann auf, wenn statt des verbundenen ein unverbundenes Objektspronomen oder ein nominales Objekt verwendet wird. Bei C V S ist das Subjekt ein Pronomen, das gegebenenfalls weggelassen wird[83]. Bei V C ist das Verb ein Imperativ (Ausnahme: *A Dieu demorez* mit C V S).

Bei einzelnen GFn sind schon innerhalb dieser generellen Betrachtung Differenzierungen vorzunehmen:

Dieus vos doinst a.r. (S V C)

Bei *(bone) aventure* oder *(bon) jor* als direktem Objekt bevorzugt die GF die Stellung C V S.

A.r. aiez vos (C V S)

Bei einzelnen Substantiven ist C V S die alleinige Wortstellung *(bien, bon jor)*; umgekehrt bevorzugt die GF S V C, wenn das direkte Objekt aus einer Doppelung oder Häufung besteht.

Bien soiez vos trovez (C V S)

---

[82] Foulet ³1928, §§ 49–58, 447–488 und, darauf aufbauend, Moignet ²1984, 356–363. Bei C V S führen wir auch die Stellung *participe passé – verbe – sujet* auf, s. Foulet ³1928, § 113 und Moignet ²1984, 350.

[83] Vergleiche Ménard ²1976, § 55 und Moignet ²1984, 357.

Der hohe Anteil an Belegen mit S V C geht auf ein einziges Werk, HuonR, zurück.

In der *bien venir*-GF sind Adverb und Verb je nach Variante unterschiedlich stark zusammengewachsen. Eine besonders starke Verbindung liegt in *Vos soiez li bien venuz* vor.

2.2.3.3. Besonderheiten

Wir untersuchen zunächst den Einfluß, den die Integration von GFn in den Satzzusammenhang auf die Wortstellung innerhalb der GF ausübt, und gehen anschließend auf weitere ‹Abweichungen› von den üblichen Wortstellungstypen ein.

1) Integration in den Satzzusammenhang

Wird eine GF in einen Satz eingebettet, der ein in satzeröffnende Stellung gebrachtes adverbielles Element enthält, so wirkt sich dies je nach Wortstellungstyp unterschiedlich aus. Bei GFn mit S V C führt das neue Element – wie auch sonst im AF – zur Inversion des Subjekts (*Or vos consaut Dieus, Or vos doinst Dieus a.r.*). Bei GFn mit C V S verdrängt es das *complément* von seinem Platz vor dem Verb (*Or vos comant je a Dieu*).

Weniger einschneidend wirkt sich die Darstellung einer GF in indirekter Rede auf die Wortstellung aus. Die Einbettung in einen Objektsatz führt gelegentlich zur Stellung S C V[84]:

La pucele respont a point
Que Damediex boin jor lor doinst.
(BeaumManS 781f.)

Cil le salüent, il respont
Que Deus enor et bien lor dont.
(AthisH 14645f.).

In BeaumJBlS 865f. ist die Wortstellung geradezu ein Zeichen der Unterordnung:

Et ele li respont a point
Dix bonne aventure li doint.

2) Weitere ‹Abweichungen›:

Wir teilen die Abweichungen[85] ein in 1. Platzwechsel, 2. Trennung der Teile eines Satzgliedes durch ein anderes, eingeschobenes Satzglied und 3. mehrfache Platzwechsel bzw. Trennungen, Kombinationen von Platzwechsel und Trennung.

1. Platzwechsel

Platzwechsel bewirken die Hervorhebung der betroffenen Satzglieder. Die

---

[84] Moignet [2]1984, 361f.

[85] Der Begriff der ‹Abweichung› bezieht sich nur auf die Seltenheit der im folgenden besprochenen Wortstellungstypen, nicht etwa auf eine geringere Grammatikalität.

Hervorhebung kann dazu dienen, der gesamten GF einen Platz als Gegengruß in der Grußsequenz zuzuweisen.

Wir behandeln zuerst Platzwechsel von S, V und C hinsichtlich der bevorzugten Wortstellungstypen und gehen anschließend auf besondere Stellungen der normalerweise ins Verb integrierten Objektspronomina ein.

S C V statt S V C.

S C V im Hauptsatz (zur indirekten Rede mit Objektsatz s. oben) gehört im AF zu den selteneren Wortstellungen[86]. Sie ist belegt mit den GFn *Dieus vos defende de a.r., Dieus vos doinst a.r., Dieus vos envoit a.r., Vos soiez li bien venuz*; z. B. (C: Wunsch):

«Jupiter, Mars et Apollons,
Et li dame des ciés Junons,
Et tout icil ki od aus regnent
De tout mal faire te desfendent!
(ThèbesC Hs. P 9109–12)

«Amis biaus frere, li cors Deu bien te donst,
(AmAmD 151)

(...) et dit li a
que Dieus garison li envoit.
(CleomH 10366f.)

«Et uous li bien uenus soies,
(ChevIIEspF 11662);

Dieus soit o vos, Dieus vos garisse, Dieus vos saut et gart; z. B. (C: Adressat):

«Seignor, ce dist Maugis, Dame Dex o vos soit;
(RenMontC 14300)

– Sire, dist ele, cil Dex qi iert et fu
Vo cors garisse, q'ainc si prodon ne fu.
(OgDanE 12306f.)

Roys, Mahom toi et te maisnie
Saut et gart!
(BodelNicH³ 339f.).

C V S statt S V C

Die im AF häufige Wortstellung ist belegt mit *Dieus vos doinst a.r.* und *Vos soiez li bien venuz*. Bei der Betrachtung der ersten GF müssen wir freilich Varianten mit *(bone) aventure* und *(bon) jor* ausklammern (s. oben, 62). Eine ‹Abweichung› von der üblichen Stellung scheint uns besonders bei *joie* vorzuliegen, da hier der Anteil an Belegen mit S V C höher ist als bei der GF insgesamt. Ist das *complément* eine Doppelung oder Häufung, so zeigt sich – unabhängig von den verwendeten Lexemen – ein ähnliches Bild. Beispiele sind (C: Wunsch):

– «Grant joie, dame, vos doinst cil
Qui en terre tramist son fil
Por essalchier crestïenté.»
(PercR 8301–03)

86 Ménard ²1976, § 37, 4°.

Et dist li rois: «Li bien venus soit il!
(GarLorrV 12084)

C2 V S C1 statt S V C1 C2

Wir kennen nur zwei Belege bei einer einzigen GF, *Dieus vos doinst a.r.*, nämlich (C: Adressat):

«Frere, dit il, l'empereor
doint Diex grant joie et grant honor
autant com mes cuers en desire.
(GuillDoleL 981–83)

«Ma dame, fet il, biaus amis,
doint Dex joie et bone aventure!»
(GuillDoleL 4409f.).

S V C statt C V S

Der Platzwechsel bildet das Pendant zu ‹C V S statt S V C›. Er betrifft *A Dieu vos comant*, z. B. (S: Sprecher):

Ie uous commanc a dieu, le fil Marie,
Qui le ciel et le tere a establie.
(Aiol[1]F 208f.);

A.r. aiez vos, Beneoiz soiez vos de Dieu, Sauvez soiez vos de Dieu, Bien soiez vos veignanz, Bien soiez vos venuz, z. B. (S: Adressat):

– E vos aiez joie e honor, fait li rois.
(PerlN 6867f.)

Dist Auberis: «Voz soiez beneïs!»
(GarLorrV 3678)

«Amis, beaus freire, et vos soiez salvés!»
(ChevVivT 1092)

Biaus nies, uous soies bien uenans.»
(ChevIIEspF 2513)

– Sire, et vos soiiés bien venus!
(GuillAnglW 3015).

Den Sonderfall der GF *Bien soiez vos trovez* lassen wir hier unberücksichtigt (s. oben). In einer Reihe von Fällen dient S V C dazu, den Gegengruß spiegelbildlich zum eröffnenden Gruß zu formulieren (Chiasmus: C V S / S V C):

Si dist: «Bien soies uos uenus,
Biaus sire,» et il est descendus.
«Et uous aies boine auenture»
(...) (ChevIIEspF 4021–23)

«Sire, fet il a Lancelot, bien soiez vos venuz! – Sire, et vos aiez bone aventure, fet Lanceloz.»
(PerlN 3561f.)

«Biax niers,» dist il, «bien puissiez voz venir!»
Dist Auberis: «Vos soiez beneïs!»
(GarLorrV 3677f.),

usw.

S C V statt C V S

Im Ergebnis entspricht dieser Wechsel demjenigen von ‹S C V statt S V C›. Allerdings rückt hier jedes Satzglied in eine andere Position. Betroffen ist eine einzige GF, *A.r. aiez vos*, mit drei Belegen aus einem einzigen Werk (ChevII-EspF 956, 2512, 8126; S: Adressat, C: Wunsch). Die GF wird jeweils im Gegengruß gebraucht. Die Position des Subjekts ist gegenüber der eröffnenden GF spiegelbildlich, z. B. (C V S/S C V):

Si li dient tuit: «Bien ueignies!»
«Et uous boine auenture aies,
Seignour! (...)
(ChevIIEspF 955–57)

C S V statt C V S

Bei der seltenen Stellung C S V unterbleibt die Inversion des Subjekts[87]. Bei den GFn ist sie äußerst ungewöhnlich. Wir nennen *A Dieu vos comant* mit zwei Belegen (S: Sprecher):

Va t'ent, a Deu je te commant;
(DurmG 15863)

Alez! a saint Pere l'apostre»,
Fet la dame, «je vous commant».
(MireC 172f.)

und *Bien veigniez* mit nur einem einzigen Beleg (S: Adressat):

«Seignor, bien vos vignez! (...)
(ParDuchG 2928).

C1 V S C2 statt C2 V S C1

Auch hier kennen wir nur einen Beleg, und zwar mit der GF *A Dieu vos comant* (C1: Adressat):

Toz et totes vos comant gié
a Deu (...)
(ErecR 2755f.)[88].

V C statt C V

Die GF *A Dieu demorez* ist ein einziges Mal mit V C belegt und folgt (als Wiederholung) fast unmittelbar auf dieselbe GF mit der üblichen Stellung C V:

«Hues, dit il, a Jhesu demourés,
(...)
Demeure a Dieu, ne te puis conforter.»
(HuonR 7156, 7160).

C V statt V C

Dieser Wechsel ist die Umkehrung des zuletzt besprochenen Falls. Bei der einzigen in Frage kommenden GF, *Alez a Dieu*, ist der Anteil von C V freilich recht hoch. Es könnte sich um eine Anlehnung an *A Dieu vos comant* bzw. *A Dieu demorez* handeln. Ein Beispiel ist:

Dist l'apostoles: «Va t'ent a Damedé!»
(HuonR 2619).

---

87 Ménard ²1976, § 37, Rem.

88 Zur Syntax speziell dieses Belegs s. Skårup 1975, 214.

An Stelle der unbetonten Objektspronomina werden gelegentlich die betonten Formen verwendet. Dabei geht es immer um die Hervorhebung der Anrede. Wir untersuchen nacheinander Voran- und Nachstellung[89].

Die Voranstellung ist selten und kommt vor mit *Dieus vos beneïe, A Dieu vos comant* sowie *Dieus vos saut*. In PriseOrABR[1] 155 bewirkt sie den Chiasmus von Eröffnung und Entgegnung (S V C / C V S):

> «Cil Damedex qui fist et vin et blé,
> (...)
> Il saut Guillelme le marchis au cort nes,
> (...)
> – Amis, beau frere, toi beneïe Dé!
>
> (PriseOrABR[1] 149, 152, 155).

Die Nachstellung ist wesentlich häufiger. Wir haben Belege mit *Dieus vos beneïe, Dieus vos gart* und *Dieus vos saut*. Die Nachstellung ist im wesentlichen auf den Gegengruß beschränkt. Sie bewirkt in den meisten Fällen einen Chiasmus, man vergleiche:

> «Deus voz saut, sire, qui onques ne menti,
> De par vo nier le Borguignon Aubri!»
> Li dus respont: «Dieus beneïe ti!»
>
> (GarLorrV 3446–48)

> «Gentix hom, sire, Diex vos salt!»
> Ce dist Blanchandins qui molt valt;
> Et il [sic] prevoz li respondi:
> «Amis, Diex beneïe ti!
>
> (BlancandS 905–08).

Gelegentlich wird in Gruß und Gegengruß dieselbe GF benutzt:

> Messire Gauvains dist an haut:
> «Beles puceles, Dex vox saut.»
> Celes li dïent amedos:
> «Biax sire chiers, et Dex saut vos.»
>
> (ContPerc[1]AR 4199–4202).

In anderen Fällen führt die Nachstellung aber auch zu einem Parallelismus (S V C / S V C):

> «Cil Diex,» dist il, «qi en la crois fu mis
> Il saut et gart le fort roi Loeïs!»
> Li emperere ne fu pas trop hatis:
> «Dex gart toi, niés, cil qi fist paradis!»
>
> (RCambrM 832–35)

> «Deu beneïe l'emperere Karlon!»
> «E Deu salt vus, arcevesque Samson!
>
> (AspremLM 4398f.).

Die Nachstellung kennzeichnet geradezu die Verwendung einer GF als Gegengruß. Sie wird gelegentlich selbst dann praktiziert, wenn ein Dichter den

---

[89] Vergleiche Ménard [2]1976, §§ 44f.; Moignet [2]1984, 131, 133–135.

Parallelismus oder Chiasmus gar nicht darstellt, weil er zwar den Gruß erwähnt, die eröffnende GF aber nicht angibt:

> (Perceval)
> Car il le salua et dist:
> «Sire, ce m'ensaigna ma mere.»
> – «Diex beneïe toi, biax frere,»
> Fait li preudom, (...)
>
> (PercR 1362–65)[90].

2. Trennung

Wir beschränken uns auf die Untersuchung der Trennung von Satzgliedern mit koordinierten Teilen. Wir untersuchen zuerst nominale Satzglieder (S und C), anschließend das Verb.

Besteht das nominale Satzglied aus mehreren, durch *et* verbundenen Teilen *(a et b / a et b et c)*, so sind zwei Arten von Trennung möglich, *a ... et b* bzw. *a ... (et) a' et b*[91]. Die Trennung betrifft so gut wie nie andere Satzglieder als diejenigen, die Gott bzw. den Adressaten bezeichnen. Bei den Gottesnamen ist nur die erste Form der Trennung möglich. Sie kommt zudem nur selten vor:

> Dist la roïne: «*Jhesus, qui ne menti,*
> Soit de voz garde *et li sainz Esperis*!
>
> (GarLorrV 12188f.)
>
> *Mahom* te saut *et le deu Tervagant*!»
>
> (PriseOrABR[1] 477).

Beide Formen der Trennung kommen bei der Anrede vor, und zwar sowohl in Subjektfunktion in den GFn *A.r. aiez vos, Bien soiez vos trovez, Bien puissiez vos venir, Bien soiez vos venuz, Bien puissiez vos estre venuz*; wie als *complément* in den GFn *Dieus vos beneïe, De Dieu soiez vos beneoiz, A Dieu vos comant, Dieus vos doinst a.r., Dieus vos gart, Dieus vos saut, Dieus vos saut et gart, Dieus vos saut et gart et beneïe.*

Die Trennung wird angewendet, wenn die koordinierten Teile Einzelpersonen bezeichnen, man vergleiche

> Bien soit *il* venus *et la bele*,
>
> (EscoufleS 8158)
>
> a ... *et* b
>
> «Pere, dist la puchele, bien soiez *vous* venus,
> a
> *Et vous et Gloriant à la fiere vertus!*
>
> (GaufrG 8459f.),
>
> *et* a' *et* b

sie ist aber besonders typisch bei Satzgliedern des Typs *vos et vostre compaignie* (s. oben, 32)

---

[90] Dieser Beleg auch bei Ménard [2]1976, §§ 44, 2°, freilich ohne unsere Erläuterung.

[91] Vergleiche, mit Bezug auf Tobler (I) [2]1902b, 228f. und Antoine 1962, 755ff., Henry 1980, besonders 465–472.

«Bien soiés *vous* venus *et vostre compaignie!*
(GuiBourgG 3052)
a … *et* b

«Et *vos* aiez bone aventure,
a

Enor et joie fine et pure,
Et vos et vostre conpeignie,
et a' *et* b
Qui de beauté est bien garnie!»
(AthisH 19725–28).

Beim Verb spielen Trennungen kaum eine Rolle. Unser Korpus verzeichnet nur drei Belege mit der GF *Dieus vos saut et gart et beneïe*. (AspremLM 1854f., 1998–2002, ContPerc^{1}AR 1639–41). Wir nennen einen Beleg:

«Cil Sires qui fist soir et main
Saut et gart monseignor Gauvain
x *et* y
E beneïe de part le roi Karlon!
e z
(ContPerc^{1}AR 1639–41).

3. Mehrfache Platzwechsel bzw. Trennungen, Kombinationen von Platzwechsel und Trennung

Wir haben es im folgenden nur mit (zum Teil sehr individuell gestalteten) Einzelbeispielen zu tun. Mehrfachen Platzwechsel sehen wir im Gegengruß der folgenden Passage verwirklicht:

«Sire, Dix vous doint boine nuit
Et de cose qu'il vous anuit
Vous desfenge par sa poissanche!
– De mal, d'anui et de pesanche
Desfenge vous, Sire Silvestre.
(MontRayn II 90 = Du Prestre et du Chevalier 1350–54).

Einerseits ist das Objektspronomen nachgestellt, andererseits eröffnet das indirekte Objekt, das sonst eher dem Verb folgt, die GF.

Mehrfache Trennung liegt in einem höchst kunstvollen Beleg aus Gautier d'Arras vor:

Li vielle vient molt tost amont
et dist: «Cil Dius qui maint amont,
il saut ma dame et beneïe,
et ceste siue compaignie!»
(GautArrErR 4245–48).

Die Trennung betrifft das Prädikat (*saut … et beneïe*) und das direkte Objekt (*ma dame … et ceste siue compaignie*). Sie hat die Wirkung eines den sprachlichen Ausdruck steigernden Überraschungseffekts. Durch die Hinzufügung neuer Elemente wird eine auf jeder Stufe der Komposition durchaus vollständige GF zu einem immer komplizierteren Gebilde aufgebaut: *Cil Dius … saut ma dame/Cil Dius saut ma dame et beneïe/Cil Dius saut ma dame et beneïe et ceste siue compaignie!*

In PercR 7971–74 und EscoufleS 7368f. sind Platzwechsel und Trennung kombiniert. Bei der ersten Passage ist das direkte Objekt in zwei Teile getrennt, wobei der erste Teil in die ungewöhnliche Spitzenstellung gebracht ist:

«Ma dame la roïne saut
Cil Sire en cui nus biens ne faut,
Et vos come la bien parlant
Et la cortoise et l'avenant.
(PercR 7971–74).

Im zweiten Beleg sind die Teile des indirekten Objekts auseinandergerissen *(vous ... et ma dame)*, das direkte Objekt wird an die erste Stelle gerückt:

«Sire, bone nuit et bon soir,
Fait il, vous doinst Diex et ma dame.»
(EscoufleS 7368f.).

2.2.4. Wörter

Die Reihenfolge der Wörter innerhalb der Satzglieder entspricht in grammatischer Hinsicht den für das AF überhaupt geltenden Regeln. Wir untersuchen diesen Aspekt im folgenden nicht. Bedeutsamer für die vorliegende Arbeit sind Fragen der lexikalischen Reihenfolge. Wir analysieren, inwieweit bei mehrteiligen Satzgliedern die Reihenfolge der durch *et* verbundenen Teile lexikalisch festgelegt ist. Da es hier um die Binnenstruktur von Satzgliedern geht, können wir auf die durch die Bezeichnung ermittelten Komponenten zurückgreifen (s. oben, 19f.).

2.2.4.1. Wunschhandlung oder Wunschgeschehen

Die Reihenfolge der Verben in mehrteiligen Prädikaten ist weitgehend festgelegt. Es lassen sich folgende Regeln für die wichtigsten GFn aufstellen:
1) *Sauver* steht in allen Kombinationen an erster Stelle: *Dieus vos saut et beneïe, Dieus vos saut et gart, Dieus vos saut et gart et beneïe*;
2) *Garder* folgt auf *conseillier* und *sauver*, steht aber vor anderen Verben, man vergleiche zusätzlich zu 1): *Dieus vos consaut et gart, Dieus vos gart et beneïe, Dieus vos gart et garisse;*
3) *Beneïr* ist *garder* und *sauver* nachgestellt, s. 1) und 2).
Ausnahmen von diesen Regeln sind äußerst selten; so ist in ContPerc¹AR 1737 die Reihenfolge von *sauver* und *garder* umgedreht *(Li verais Dex vos gart et saut)* und die Hs. S stellt in ContPerc¹AR 38f. *beneïr* an die Spitze einer Dreierkombination *(Diex beneye Et saut et gart Gauvain et toi)*.

2.2.4.2. Adressat

Die Reihenfolge in der Nennung von Adressaten ist in erster Linie ‹pragmatisch› bestimmt. Von einer sprachlichen Festlegung der Reihenfolge kann man allenfalls dort reden, wo die pragmatisch bedingte Abfolge zu üblichen Anredeformeln führt. Dies ist der Fall bei der Anrede mittels Anredepronomen + Ausdruck für eine Menschenmenge, bei der genau diese Reihenfolge eingehalten wird (*vos et vostre compaignie, vos et vostre barnage*, usw.). Die Umkehrung der üblichen Reihenfolge ist sicherlich nicht nur ‹pragmatisch›, sondern auch sprachlich auffällig:

> (...) «Diex beneïe
> Tot ensamble la compaignie
> Des damoiseles et puis toi.
> (PercR 7381–83).

2.2.4.3. Höhere Macht

Auch die Reihenfolge bei der Nennung höherer Mächte ist ‹pragmatisch› bestimmt. In der christlichen Sphäre wird Gott, in der heidnischen Sphäre wird *Mahon* jeweils an erster Stelle genannt (*Dieu e sa doce mere* PerlN 10161, *Mahom et Apolin* NarbS 6016).

2.2.4.4. Wunsch- oder Nicht-Wunschobjekt

Bei einer Reihe von Substantiven ist festgelegt, welche Position sie innerhalb von Doppelungen einnehmen können. Die erste Position besetzen im allgemeinen:

force:	*force + aïe, force + poöir*;
honte:	*honte + male aventure, honte + encombrier, honte + mal*;
joie:	*joie + bone aventure, joie + grant bone aventure, joie + bien, joie + deport, joie + santé*;
bon jor:	*bon jor + bone aventure, bon jor + joie, bon jor +onor*;
mort:	*mort + afoler, mort + encombrier, mort + haschiee, mort + peril, mort + perir, mort + prison, mort + torment*;
onor:	*onor + bone aventure, onor + barnage, onor + bien, onor + bonté*;
vie:	*vie + amendement, bone vie + grant joie*.

Aus dieser Liste ist auch schon weitgehend ersichtlich, welche Ausdrücke vornehmlich die zweite Position innehaben:

aïe:	*force + aïe, secor + aïe*;
aventure:	*joie + bone aventure, bon jor + bone aventure, onor + bone aventure, joie + grant bone aventure, honte + male aventure*;
bien:	*joie + bien, onor + bien*;
encombrier:	*enui + encombrier, honte + encombrier, mort + encombrier*;
ire:	*dolor + ire, pesance + ire, torment + ire*;
santé:	*bien + santé, joie + santé*.

Werden zwei Substantive koordiniert, die in anderen Kombinationen jeweils dieselbe Position einnehmen, so weicht eines von beiden auf eine andere, ungewohnte Position aus. So rücken *joie* und *onor* in der Kombination mit *bon jor* auf die zweite, *bien* in der Kombination mit *santé* auf die erste Position. Die Doppelungen mit *joie + onor* und *vie + onor* sind in beiden Reihenfolgen belegt (man vergleiche PercR 4587 *joie et honor* und PerlN 617 *oneur e joie*, ContPerc^{1}LR 2255 *honeur et longe vie* und ContPerc^{2}ER 28287 *bone vie et honor*).

Ausnahmen sind bei den Kombinationen der obigen Liste selten (z. B. BeaumManS 1203 *boin' aventure et joie*). Bei Doppelungen der oben genannten Substantive mit anderen Ausdrücken kommen weitere, freilich seltene Ausnahmen vor, z. B. PerlN Hs. C 3262f. *vostre dol et vostre honte*, RenR XI 12012f. *bon saluz et bon jor*, GuillDoleL 1588 *bone aventure et bon encontre*, HuonR 2682 *enconbrier et mal*. Positionsänderungen treten auch bei Häufungen auf, für die sich keine Regeln der Reihenfolge aufstellen lassen.

Die Reihenfolge nicht-synonymischer Substantive kann der sachlich notwendigen Abfolge entsprechen. Wenn etwa Lunete Yvain *et boen ostel et boene nuit* (Yvain 3761) wünscht, so spiegelt diese Anordnung den in der Realität erwartbaren Ablauf wieder. Bemerkenswerter ist die dem sachlichen Geschehensablauf widersprechende Reihenfolge der Ausdrücke, das *hysteron proteron*[92]. Am deutlichsten läßt es sich an den geradezu an das Schulbeispiel Aen. 2, 353 *moriamur et in media arma ruamus* erinnernden Doppelungen mit *mort* erkennen. Es liegt aber auch in einigen Doppelungen mit *honte, onor* und *joie* vor. So erwächst *honte* aus *male aventure, encombrier* und *mal* ebenso, wie *onor* oder *joie* die Folge von *bone aventure* sein kann. Ein letztes deutliches Beispiel ist der Wunsch nach *bone nuit et bon soir* (EscoufleS 7368).

3. Unmotiviertheit und Motivierung

Wir untersuchen zunächst allgemein, welche Rolle die wörtliche Bedeutung beim Gebrauch der GFn spielt (Motivierung und Aufrichtigkeit, 3.1.). Wir knüpfen dabei an unsere Überlegungen zum Formelcharakter an (s. oben, 19). Wir behandeln diesen Komplex anschließend detailliert aus der Sprecher- (Motivierung durch den Sprecher, 3.2.) und aus der Adressatenperspektive (Motivierung durch den Adressaten, 3.3.).

3.1. Motivierung und Aufrichtigkeit

Wir charakterisieren die Beziehungslosigkeit zwischen inhaltlicher Freiheit und äußerer Fixiertheit der GF mit dem zeichentheoretischen Begriff der Unmotiviertheit. Der Grund für deren Beseitigung, positiv ausgedrückt: für die Motivierung der GF, liegt in der sprachkritischen Einstellung des Sprechers gegenüber dem Reden mit Formeln. Er empfindet es als störend, daß die GF wörtlich z. B. einen Wunsch bedeutet, im Gebrauch aber gerade nicht so wörtlich gemeint sein muß. Der Sprecher stuft die Unmotiviertheit als Unver-

92 Havers 1931, § 79 mit Anmerkung; Lausberg ^{5}1976, § 413.

bindlichkeit, wenn nicht gar als Unaufrichtigkeit ein[93]. Die Motivierung dient der Versicherung der Aufrichtigkeit gegenüber dem Adressaten. Sie bringt wörtliche Bedeutung und Situationsgebundenheit miteinander in Einklang. Eine schöne Illustration dieser Problematik bietet die Episode des *prétendant de la demoiselle* aus Chrétiens *Lancelot*:

Tot maintenant que il l'aproche,
de cuer la salue et de boche
et dit: «La riens que je plus vuel,
don moins ai joie, et plus me duel,
soit bien veignanz, don qu'ele veingne.»
N'est mie droiz que cele teingne
vers lui sa parole si chiere
que ele ne li rande arriere,
au moins de boche, son salu.
Molt a au chevalier valu,
quant la pucele le salue,
qui sa boche pas n'en palue
ne ne li a neant costé.
(LancR 1549–61).

Mit der Gegenüberstellung des Grüßens *de cuer et de boche* einerseits (1550) und *de boche* allein andererseits (1557), wird das verbindliche, aufrichtige vom unverbindlichen, unaufrichtigen Sprechen geschieden. Bezeichnenderweise stellt der Erzähler nur die GF des Ritters mit ihrer ausgefeilten Anrede in direkter Rede dar[94].

3.2. Motivierung durch den Sprecher

Wir können die Motivierung als Vorgang, als Aktivität des Sprechers nicht erfassen. Sie kann von uns – nicht viel anders als dies für den Adressaten gilt – nur aus dem Resultat, der jeweils zu beurteilenden GF, nachträglich erschlossen werden. Wir schlagen hierzu die beiden von Lewicka 1976 und Duplat 1975 beschrittenen Wege ein und untersuchen die Motivierung in der Sprache (3.2.1.) und in der Situation (3.2.2.).

3.2.1. Sprache (Formelhaftigkeit und Individualität)

3.2.1.1. Allgemeines

Das herz-lose Grüßen manifestiert sich im unverbindlichen Gebrauch traditioneller und – wie schon afr. Texte sagen – ‹abgenutzter› Formeln. Um seiner

---

[93] Vergleiche Hartmann 1973, 149–158, teilweise basierend auf Garfinkel 1967 und mit Kritik an der Behauptung von Searle 1969, 67, wonach es beim illokutionären Akt des Grußes keine Aufrichtigkeitsbedingung gebe. S. noch Thun 1978, 24. Man denke auch an den lakonischen Eintrag in Flauberts *Dictionnaire des idées reçues* (collection folio, 551):

SALUTATIONS Toujours «empressées».

[94] Zu LancR 1549ff. s. Radulet 1975, 20f. – Zum Problem der Aufrichtigkeit vergleiche auch unten, dritter Teil, II. Kapitel, 240–245.

Aufrichtigkeit Nachdruck und Glaubwürdigkeit zu verleihen, erneuert der Sprecher die *parole usee*. Dieser Vorgang wird als Veränderung gewöhnlicher GFn sichtbar. Durch sie soll die im Gebrauch außer Kraft gesetzte wörtliche Bedeutung wieder zu ihrem Recht gelangen. Bei der Erneuerung der GF schafft der Sprecher freilich nicht völlig Individuelles, sondern knüpft an Bekanntes an. Es gilt daher, die im zweiten Abschnitt dargestellte Freiheit in der Fixiertheit unter diesem Gesichtspunkt zu beurteilen. Die Trennung zwischen dem Sprachbesitz angehörenden, traditionellen GFn einerseits und erneuerten, individuellen GFn andererseits ist allerdings aus zwei Gründen schwer zu vollziehen: Erstens verfügen wir nicht über eine aktive Sprachbeherrschung (Kompetenz), zweitens kennen wir die GFn nur aus literarischen Quellen. Wir skizzieren die Problematik anhand eines Modells:

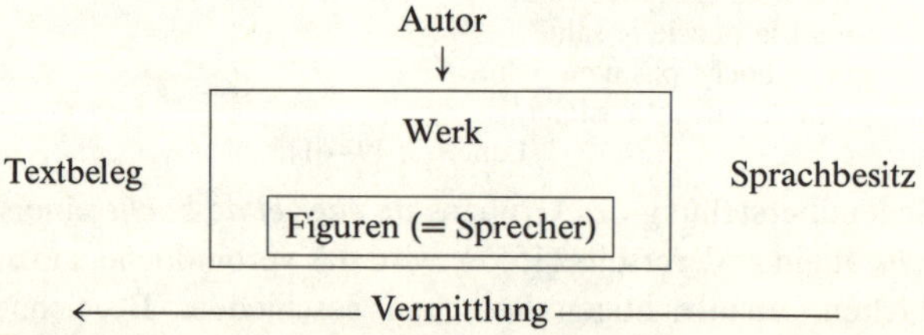

Die Textbelege sind keine unmittelbaren Zeugnisse des Sprachbesitzes. Sie sind literarisch vermittelt. Wir versuchen, den Sprachbesitz aus den Quellen zu rekonstruieren. Die dabei festgestellten Veränderungen sind sowohl der Überlieferung in einem literarischen Werk als auch der Erneuerung durch den Sprecher zuzuschreiben.

Bei der Freilegung der auf den Sprecher (der natürlich immer ein Geschöpf des Autors ist!) zurückgehenden Erneuerungen stützen wir uns auf Häufigkeit und Verteilung der GF im AF selbst sowie auf Kontinuität bzw. Diskontinuität in der Sprachgeschichte seit dem AF. Wir halten hohe Frequenz und – damit zumeist verbunden – breite Streuung der Belege für ein hinreichendes Argument, um eine GF dem Sprachbesitz zuzuordnen. Es bereitet gewöhnlich auch keine Schwierigkeiten, eine häufige GF in der Sprachgeschichte nachzuweisen. Geringe Frequenz ist dagegen nicht a priori ein entscheidender Hinweis auf den individuellen Charakter eines Belegs. Bei Kontinuität in der Sprachgeschichte können wir auch eine seltene GF als traditionell ansehen. Ist eine seltene GF nicht weiter aus der Sprachgeschichte bekannt, so greifen wir auf die Verteilung der Belege zurück. Breite Streuung spricht für Zuordnung zum Sprachbesitz. Bei der Konzentration der Belege auf bestimmte, wenige Werke könnte es sich um den Sprachbesitz einer Region handeln. Das Auftreten in bestimmten Gattungen läßt auf literarischen Einfluß schließen. Erst bei einer seltenen GF, die weder aus der Sprachgeschichte bekannt ist noch eine charakteristische Verteilung aufweist, sind wir einigermaßen sicher, eine Erneuerung durch den Sprecher vor uns zu haben.

Wir beschränken uns im folgenden auf Überlegungen zur Komponentenwahl und behandeln 1. Wunschhandlung oder Wunschgeschehen (3.2.1.2.), 2. Höhere Macht (Gott) (3.2.1.3.), 3. Wunsch- oder Nicht-Wunschobjekt (3.2.1.4.).

3.2.1.2. Wunschhandlung oder Wunschgeschehen

Bei den sehr häufigen Verben erübrigt sich ein Nachweis der Zugehörigkeit zum Sprachbesitz. Die mit ihnen gebildeten GFn werden allerdings dennoch nicht in allen literarischen Gattungen gleichermaßen gebraucht. Senge 1935 hat schon gezeigt, daß etwa die «Fürbittgrüße» (unter ihnen vor allem *Dieus vos saut*) charakteristisch für die *chanson de geste*, «Wunschgrüße» (wie *Dieus vos doinst a.r.*) dagegen typisch für die höfische Literatur sind[95].

Von den selteneren Verben läßt sich eine ganze Reihe aus der Sprachgeschichte belegen. Wir listen die entsprechenden GFn in einer Tabelle zusammen mit Beispielen aus dem MF und modernen Dialekten auf (s. unten, 76)[96]. Die Kontinuität der Überlieferung von *Dieus vos ajut* etwa verhindert, diese GF wegen ihrer niedrigen Frequenz womöglich als individuelle Erneuerung verwandter GFn wie *Dieus vos gart* oder *Dieus vos saut* anzusehen. Bei anderen Verben halten wir den traditionellen Charakter durch die breite Verteilung der Belege für erwiesen[97]:

> *Dieus vos consaut* / *Dieus vos puist conseillier* (10/SGraal IV QuesteP: 4), *Dieus vos defende de a.r.* (8), *A Dieu demorez* (7/HuonR: 5), *Dieus vos meint* (6), *Dieus vos onort* / *De Dieu soiez vos onorez* / *Dieus vos puist onorer* / *Dix vos veule onnorer* (13/HuonR: 5), *Dieus vos rameint* / *Li plus vrais Dix te puist hui ramener* (5).

In wieder anderen Fällen glauben wir, Erneuerungen durch den Sprecher vor uns zu haben. Er ersetzt das übliche Verb entweder durch ein einzelnes oder durch zwei unübliche Verben. Ausgangs- und Zielverb sind normalerweise miteinander verwandt. Der Sprecher wählt einen besser zur Situation passenden Ausdruck (s. unten, 90–93). Er wendet, rein sprachlich betrachtet, das Verfahren der Amplifikation an[98]. Für die einfache Ersetzung vergleiche man:

> *Bons jorz vos soit hui ajornez* vs.
> *Bon jor aiez vos, Dieus vos doinst bon jor;*
> *Bone aventure vos aviegne* vs.

---

[95] Senge 1935, 5 («Dieus vos saut! ist der Fürbittgruß der französischen Epen schlechthin.»), 40 («Mit der höfischen Literatur des 12. Jahrhunderts setzt in Frankreich in der Grußentwicklung das Wunschstadium ein.»).

[96] Die Angaben zu den mfr. Konversationsbüchern machen wir aufgrund eigener Exzerpte («–» = «nicht belegt»). Bei den Angaben zur mfr. Literatur und zu den modernen Dialekten (okzitanische Formeln klammern wir ein) folgen wir Senge 1935 und Lewicka 1979 («?» = «zumindest nicht bei Maria Senge oder Halina Lewicka verzeichnet»).

[97] Wir geben jeweils die Gesamtzahl der Belege und zusätzlich besonders hohe Frequenz in einem bestimmten Werk an.

[98] Vergleiche Lausberg ^{5}1976, §§ 71–83.

Tabelle:

Grußformel	Gesamtzahl	Mfr. Konversationsbücher	Mfr. Literatur	Moderne Dialekte
Dieus vos ajut	10	Dieux vous aït ManLangG 47	Dieu vous adjust Senge 1935, 28	dyò t'édèk! Senge 1935, 29
Dieus vos conduie	13	Nostre Sire vous conduise DialFrFlamG 6	Et Dieu te conduyse Lewicka 1979, 287	?
Dieus vos croisse a.r.	14	(Dieu) vous encroisse en voz marchandisez EnsEnfS 11	?	?
Dieus vos envoit a.r.	6	–	Bon jour, bon an, joye d'aimer … Envoye Dieu de Paradis Lewicka 1976, 498	?
Dieus soit o vos	10	Dieu soit ove vous EnsEnfS 12	Dieu soit avecques toy Senge 1935, 34	(Lou bon Diù chiask' en tu) Senge 1935, 35
Dieus soit ceanz	1	Dieux soit ciens ManLangG 82	Diex soit seens … Senge 1935, 36	(E Diéu çai sié!) Senge 1935, 36
A Dieu soiez	6	à Dieu soiez ManLangG 52	A Dieu soyez Senge 1935, 86	Adich vò, atsivo Senge 1935, 88
Alez en la garde de Dieu	3	–	?	à la garde dè dyaé! Èl wade di Diu! Senge 1935, 18f.
Dieus vos ait en sa garde	1	Dieux vous ait en sa garde DialFrFlamG 6	?	?
Dieus soit garde de vos	9	Nostre Sire soit warde de vous DialFrFlamG 6	?	?
Dieus vos maintiegne en a.r.	1	–	?	(que Dieu vous) mantinyè Senge 1935, 29
Dieus vos otroit a.r.	13	–	la gloire et la joie … Vous ottroit le glorieux Diex Senge 1935, 43	?

Bone aventure aiez vos, Dieus vos doinst bone aventure;
Diex vos ameint (SGraal IV QuesteP 99.19) vs.
Dieus vos meint, Dieus vos conduie;
Or alez donc a Deu qui vostre pesance et vostre ire vos atort a joie (YvainR 4621–23) vs.
Alez a Dieu qui vos doinst joie;
Dix vous avoit de çou que vous alés querrant (AtreW 4924f.) vs.
Dieus vos conduie, Dieus vos consaut;

usw. Eine deutliche Verbreiterung des Ausdrucks ergibt sich bei der Ersetzung durch zwei Verben:

Tele destinee vous soit destinee que vous aiez joie d'amours (CleomH 3352–54) vs.
Vos aiez joie d'amors, Dieus vos doinst joie d'amors;
Dex cest duel vos ost del cuer et tort a joie (YvainR 5241–43) vs.
Vos aiez joie, Dieus vos doinst joie.

Die Ersetzung erlaubt dem Sprecher in drei Fällen die Verwendung der *figura etymologica* (*bon jor + ajorner, bone aventure + avenir, destinee + destiner*; vergleiche oben, 29).

Bei den grammatischen Variationen des Verbs zeigt ein summarischer Vergleich des AF mit den mfr. Konversationsbüchern, daß die Freiheit im AF größer ist. Im MF ermöglichen Schwankungen im Modus die GF:

«Mon signeur, vous estez tres bien venu. *Vel sic*: Mon signeur, bien soiez venu. (ManLangG 60).

Die Umschreibung des Konjunktivs mit *pooir* begegnet nur in:

Sire, bon matin puissez vous avoir.
(EnsEnfS 13).

Eine Tempuswahl zeigt:

«Bien veigniez! ou Bien soyés vous venus».
(DialFrAllemG 10).

Aus mfr. literarischen Quellen ist zusätzlich die *-ant*-Form belegt:

«Sire, bien soyés venant».
(Rec. Cohen XI 100)[99].

Das Passiv begegnet wie im AF bei:

A Dieu soyés commandés.
(DialFrAllemG 6);

anders als im AF tritt es auch bei *Dieus vos doinst a.r.* auf:

Dame, boin jour ou boins nuit vous soit donnee.
(DialFrAllemG 6).

Eine ganz ähnliche Formel belegt Lewicka aus der Literatur:

Le benoist jour vous soit donné!
(Pathelin 985)[100].

---

[99] Lewicka 1976, 504.
[100] Lewicka 1979, 499.

Dieser sprachgeschichtliche Befund erlaubt eine Zuordnung afr. grammatischer Varianten zum Sprachbesitz für

> *A.r. aiez vos / A.r. puissiez vos avoir, A Dieu vos comant / A Dieu soiez vos comandez, Bien veigniez / Bien soiez vos veignant / Bien soiez vos venuz.*

Betrachten wir die Verteilung der Belege im AF selbst, so ergibt sich keine völlige Übereinstimmung mit dem Bild, das wir aus der Sprachgeschichte kennen. Bestätigung durch breite Streuung erhalten wir für *A.r. puissiez vos avoir* und *Bien veigniez* bzw. *Bien soiez vos venuz*. Breite Streuung weisen zusätzlich zwei Varianten auf, die uns in den mfr. Konversationsbüchern nicht begegnen:

> *Bien puissiez vos venir* (51/GarLorrV: 22, PerlN: 17), *Bien puissiez vos estre venuz* (8/PerlN: 5).

In allen übrigen Fällen, einschließlich der aus dem MF bekannten Varianten *Bien soiez vos veignanz* (Literatur) und *A Dieu soiez vos comandez* (Konversationsbücher), zeigt das AF eine Konzentration der Belege auf Verstexte, und hier speziell auf die *chanson de geste*. Das legt den Verdacht nahe, daß diese Gattung entweder bestimmte Varianten des Sprachbesitzes spezifisch nutzt oder aber über ‹literarische› Varianten verfügt, die dem Sprachbesitz gar nicht erst zuzurechnen sind, – d. h. GFn zu epischen Formeln umgestaltet[101]. Wir untersuchen daher den Gebrauch grammatischer Varianten nach metrischen Gesichtspunkten (s. Tabelle, 79).

Dieus vos beneïe und Varianten

Der wesentliche Unterschied im Gebrauch der drei Varianten liegt bei der Assonanz. *Dieus vos beneïe* bevorzugt *ïe*, die anderen beiden Varianten *i*. Wenn, wie in GarLorrV, *ti* als Objektspronomen zur Verfügung steht, kann aber auch die häufigste Variante in eine *i*-Assonanz eingebaut werden, man vergleiche:

> Li dus respont: «Dieus beneïe ti!
> (GarLorrV 3448)
>
> «Drois empereres, Dieus voz puist beneïr!»
> (GarLorrV 12077)
>
> Dist Auberis: «Voz soiez beneïs!»
> (GarLorrV 3678).

A Dieu vos comant und Variante

Die passivische Variante, von der wir aufgrund der Sprachgeschichte annehmen müssen, daß sie dem Sprachbesitz angehört, ist metrisch wesentlich strenger festgelegt als die häufigere aktivische GF. Sie kommt nur im zweiten Halbvers bei Assonanz auf *é* bzw. *ée* vor.

---

[101] Zur epischen Formel im AF s. vor allem Kay 1983 mit ausführlicher Bibliographie. Soweit wir sehen, bemüht sich die mediävistische Literaturwissenschaft bei diesem Problem nicht um einen Brückenschlag zur linguistischen Phraseologie. S. dagegen den Versuch aus umgekehrter Richtung von der Sprach- zur Literaturwissenschaft bei Pilz 1981, 95–105.

Tabelle[102]:

Grußformel	Verteilung	1. Halbvers	2. Halbvers	Viersilbler	Sechssilbler	Assonanz Typ	Zahl
Dieus vos beneïe	*11* + 40 + 31 = 82	2	9	1	10	*íe (beneïe)*	5
						i (ti)	3
						é (Dé)	1
Dieus vos puist beneïr	*3*	–	3	–	3	*i (beneïr)*	3
Bene(o)iz soiez vos de Dieu	*6* + 9 + 2 = 17	1	5	–	6	*i (beneïs)*	4
						u (tu)	1
A Dieu vos comant	*36* + 41 + 34 = 111	18	18	6	30	*an(t) (comant)*	11
						on (comandons)	4
						é (Dé)	2
						ié (gié)	1
A Dieu soiez vos comandez	*10* + 9 = 19	–	10	1	9	*é(z) (comandez)*	9
						ée (comandee)	1
Dieus vos saut	*85* + 69 + 11 = 165	81	4	43	42	*ant (Tervagant)*	1
Dieus vos puist sauver	*12*	1	11	–	12	*é (sauver)*	11
Sauvez soiez vos de Dieu	*9*	–	9	–	9	*é (sauvéz, Deu)*	7
						on (Mahun)	1
						ée (sauvee)	1
Bien veigniez	*34* + 89 + 24 = 147	22	12	12	22	*ié(z) (veigniez)*	5
Bien puissiez vos venir	*27* + 3 + 21 = 51	–	27	–	27	*i(r) (venir)*	27
Bien soiez vos veignant/z	*14* + 9 + 2 = 25	–	14	–	14	*an(t) (veignant)*	13
						u (tu)	1
Bien soiez vos venuz	*35* + 63 + 98 = 196	13	22	2	33	*u (venu)*	18
						ié(z) (soiez)	3
						ou (vous)	1

102 Bei «Verteilung» geben wir nacheinander die Anzahl der Belege in der *chanson de geste* (kursive Zahl), in den übrigen Verstexten und in der Prosa an. Die Angaben der folgenden Spalten beziehen sich allein auf die Belege der *chanson de geste*.

Dieus vos saut und Varianten

Dieus vos saut ist die einzige Variante, die ebensogut im vier- wie im sechssilbigen Halbvers steht. Sie ist fast ausschließlich auf den ersten Halbvers beschränkt, weil die übliche Verbform in den gängigen Assonanzen nicht verwendet werden kann. In dreien der vier Fälle, in denen die GF im zweiten Halbvers vorkommt, tritt die indirekte nominale oder die außerhalb der Formel stehende vokativische Anrede an die Stelle der Assonanz:

ié

Elle respont: «Et Diex te saut, paumier.
(RCambrM 7178)

(ié:)
Et dist li roi: «Dex te salt, amis cher!»
(OgDanE 9294)

is (Reim)

Et ly son dieu sault huy le roy Aiquis:
(AiquinJa 292).

Die periphrastische und die passivische Variante sind auf den zweiten, sechssilbigen Halbvers beschränkt und dienen vorwiegend dem problemlosen Einbau der GF in *é*-Assonanzen.

Bien veigniez und Varianten

Bien veigniez ist die einzige Variante, die in nennenswertem Umfang im viersilbigen Halbvers Platz findet und die überwiegend im ersten Halbvers vorkommt. Das Verb wird für die Assonanz in weniger als der Hälfte der möglichen Fälle genutzt. Vielmehr wird hier mehrheitlich eine vokativische Anrede gebraucht, man vergleiche:

i

Si li escrie: «Bien vaingniez voz, cousin!
(GarLorrV 2599)

is (Reim)

Dist li quens Hoedes: «Bien veigniés, Auberis!
(AuberiT 15.5)

íe

Dient à Huidelon: «Bien vigniez vos, biaus sire.
(GuiBourgG 3276)

ire (Reim)

Renaus cort à l'estrier, si dist: «Bien veignies, sire.»
(RenMontC 15168).

Bien soiez vos venuz ist vorwiegend im zweiten Halbvers belegt, kommt aber durchaus auch im ersten vor. Das Verb wird hauptsächlich für *u*-Assonanzen gebraucht. Andere Assonanzen sind, allerdings in weit geringerem Umfang, möglich. Gegenüber der recht großen metrischen Freiheit dieser beiden häufigsten Varianten fällt auf, daß die anderen Varianten der *bien venir*-GF – von denen wir freilich ebenfalls annehmen müssen, daß sie dem Sprachbesitz angehören – metrisch stark festgelegt sind. Sie sind ausschließlich auf den zweiten, sechssilbigen Halbvers beschränkt. Infinitiv bzw. *-ant*-Form dienen dem Einbau der GF in *i-* und *an*-Assonanzen[103].

Der weiter oben geäußerte Verdacht läßt sich also erhärten: Die betrachteten Varianten werden nach metrischen Gesichtspunkten eingesetzt. Wir halten es für recht plausibel, diejenigen Varianten, die uns nicht aus der Sprachgeschichte bekannt sind *(Dieus vos puist beneïr, Beneoiz soiez vos de Dieu; Dieus vos puist sauver, Sauvez soiez vos de Dieu)*, als literarische, epische Formeln einzustufen. In keinem Fall darf man sie als individuelle Erneuerungen der jeweiligen Sprecher betrachten.

3.2.1.3. Höhere Macht (Gott)

Die von uns gesammelten Gottesnamen und -epitheta gehören in ihrer Mehrzahl sicherlich dem traditionellen afr. Formelschatz an. Die Identifizierung individueller Bezeichnungen müßte in einer Spezialarbeit, die diesen Komplex in seiner Gesamtheit überblickte, geleistet werden. In unserem Zusammenhang legen wir uns allein die Frage vor, inwiefern die i n n e r h a l b d e r GFn festgestellte Freiheit der Gottesbezeichnung traditionell bzw. individuell ist.

Unsere lückenhafte Kenntnis der Sprachgeschichte ermöglicht uns hierauf keine eindeutige Antwort. Es fällt immerhin auf, daß die mfr. Konversationsbücher fast ausschließlich die Bezeichnung *Dieu* verwenden. Seltene Varianten sind *Nostre Sire* (DialFrFlamG 6) und *nostre s^r^* (= *seigneur*, EnsEnfS 13). Die mfr. Literatur scheint dagegen weit weniger fixiert zu sein. Wir stützen diese Vermutung auf folgende Zufallsfunde[104]:

Jesus vous doint joye et sancté!

(Rec. Trepperel I.4)

Bon jour vous doint Nostre Seigneur

(Anc.th.fr. III, 7.8)

Bon jour, bon an, joye d'aimer (...)
Envoye Dieu de Paradis,
Qui tout fist et crea jadis

(Ancienne poésie française XIII. 137f.)

Celuy qui fist le firmament
Saulve et garde la seigneurie!

(Rec. Cohen LII.1f.).

Beim AF selbst betrachten wir zunächst die Häufigkeit. Als Gottesname tritt neben *Damedieu* und *Dieu* nur die Bezeichnung der zweiten Person *Jhesu* in nennenswerter Zahl auf. Vier der sechs Typen von Verbindungen aus Gottes-

---

[103] Zur Rolle der *ant*-Formen in diesem Zusammenhang vergleiche Aspland 1970.
[104] S. die Belege bei Lewicka 1976, 498–500, 502.

name und -epitheton weisen einzelne Ausdrücke mit einer höheren Anzahl von Belegen auf[105]:

1) *Dieu + complément de nom*

   (Cel) Damedieu de gloire (27), *(Cel) Dieu de (sainte) gloire* (14);

2) (*Dieu* +) bestimmter Artikel/Possessivpronomen + Adjektiv/Substantiv

   le fil Marie (2 + 6), *le gloriös* (3 + 6), *le pere* (4 + 7), *le roi* (5 + 15), *le/cel/nostre seigneur* (17 + 4);

3) *(Cel) Dieu* (+ *complément de nom*) + Relativsatz

   à qui li monz apent (5 + 1), *qui le mont estora* (7 + 3), *qui Longis fist pardon* (5 + 2), *qui tot a à jugier* (13 + 1), *qui maint en trinité* (8 + 9), *qui (onques) ne ment(i)* (14), *qui en la croiz fu mis* (15 + 1), *qui en la croiz fu penez* (9 + 2);

4) Bestimmter Artikel + *cors* + *Dieu*

   le cors Dieu/Jhesu Crist/Nostre Seignor (8).

Weitere Ausdrücke dieser Typen sowie die beiden restlichen Typen *Dieu* + Adjektiv und Bestimmter Artikel + Adjektiv + *Dieu* (+ Adjektiv) sind nur durch Einzelbelege in unserem Korpus vertreten.

Hohe Frequenz geht nicht unbedingt mit breiter Verteilung einher. Während sich *Jhesu* in den unterschiedlichsten Texten findet, sind die beim Typ *Dieu + complément de nom* aufgeführten Ausdrücke ausschließlich in der *chanson de geste* belegt. Beim zweiten Typ variiert die Verteilung je nach dem Epitheton. Die ersten vier Ausdrücke sind auf Verstexte beschränkt – wobei *le fil Marie* und *le gloriös* vorwiegend in der *chanson de geste* vorkommen –, der fünfte Ausdruck *(seigneur)* begegnet auch in der Prosa. Das Vorkommen der Relativsätze (dritter Typ) konzentriert sich auf die *chanson de geste*. Die übrigen Verstexte steuern Belege zu einzelnen der oben aufgeführten Relativsätze bei (z. B. *qui ne ment[i]*). Prosatexte sind hier nur in Ausnahmefällen vertreten (z. B. mit *qui en la croiz fu mis*). Der vierte Typ ist in der *chanson de geste* und in der Prosa belegt.

Niedrige Frequenz schließt breite Streuung der Belege nicht aus. So sind *crïator* in der Lyrik und im Prosaroman, *sauveör* im Vers- und Prosaroman, der Relativsatz mit *travaillier* in der *chanson de geste* und in der Prosa anzutreffen.

Bei der *chanson de geste* prüfen wir, inwieweit die Ersetzung von *Damedieu* bzw. *Dieu* durch andere Gottesbezeichnungen metrischen Einflüssen unterliegt. Wir analysieren dazu in vier Werken (RCambrM, GarLorrV, Gui-

---

[105] Die Zahlen basieren auf der Auszählung unseres Korpus (s. oben, Anmerkung 52). Beim zweiten Typ bezieht sich die erste Zahl auf den alleinigen Gebrauch des angegebenen Ausdrucks in der GF (z. B. RenR XIII 13772–74 *grant beneïçon vos doint le fil sainte Marie et toute vostre conpaignie*); die zweite Zahl bezieht sich dagegen auf Belege, in denen dieser Ausdruck in Apposition zu einem anderen Ausdruck steht (z. B. RomPast I 68.11f. *hautement la saluai de deu le fil Marie*). Beim dritten Typ betrifft die erste Zahl den Gebrauch des Relativsatzes in genau der angegebenen Form, die zweite Zahl dagegen den Gebrauch mit geringfügigen Varianten.

Tabelle[106]:

Gottesbezeichnung	Verteilung/Zahl	1. Halbvers	2. Halbvers	Viersilbler	Sechssilbler	Assonanz Typ	Assonanz Zahl
Damedieu	1 + 0 + 2 + 1 = 4	3	1	1	3	–	–
Cel Damedieu	6 + 2 + 0 + 2 = 10	10	–	8	2	–	–
Dieu	11 + 20 + 8 + 5 = 44	22	22	17	27	–	–
Cel Dieu	1 + 0 + 1 + 1 = 3	3	–	1	2	–	–
Damedieu de gloire	6	6	–	–	6	–	–
Cel Damedieu de gloire	21	21	–	–	21	–	–
Dieu de gloire	1	1	–	1	–	–	–
Cel Dieu de gloire	12	12	–	12	–	–	–
Dieu de sainte gloire	1	1	–	–	1	–	–
Le fil sainte Marie	1	–	1	–	1	*íe (Marie)*	1
Dieu le fil Marie	2	–	2	–	2	*íe (Marie)*	2
Jhesu le fil Marie	2	–	2	–	2	*íe (Marie)*	2
Le glorïos del ciel	3	–	3	–	3	*ié (ciel)*	3
Dieu le glorïos	2	2	–	2	–	–	–
Dieu le glorïos (le roi de majesté)	2	2	–	2	–	–	–

[106] Bei «Verteilung/Zahl» geben wir für die ersten vier Gottesnamen nacheinander die Anzahl der Belege in RCambrM, GarLorrV, GuiBourgG und GaufrG an. Für die übrigen Gottesbezeichnungen nennen wir jeweils die Gesamtzahl der Belege in allen *chansons de geste* unseres Korpus.

BourgG, GaufrG) die häufigeren auf diese Gattung konzentrierten Gottesbezeichnungen im Vergleich zur Verwendung von *Damedieu* und *Dieu* (s. Tabellen, 83, 85).

(Cel) Damedieu, (Cel) Dieu

Soweit wir sehen, sind die Gottesnamen in den betrachteten Werken metrisch kaum festgelegt. Bemerkenswert ist allerdings die Beschränkung von *Cel Damedieu* auf den ersten Halbvers und die Einpassung dieses Namens in den Viersilbler. Daß die Namen nicht in der Assonanz vorkommen, kann Zufall sein. In anderen Werken wird *Dieu* jedenfalls in *é*-Assonanzen verwendet (z. B. RolH 123, 428, 676).

(Cel) Damedieu de gloire, (Cel) Dieu de (sainte) gloire

Die ausschließliche Beschränkung auf den ersten Halbvers hängt sicherlich damit zusammen, daß *gloire* nicht in den gängigen Assonanzen verwendet werden kann. *Dieu* bzw. *Damedieu* wird je nach der Einpassung in den vier- oder sechssilbigen Halbvers gebraucht. *Dieu de gloire* kann durch das Einschieben des Adjektivs *sainte* für das Auftreten im sechssilbigen Halbvers verlängert werden.

Le fil sainte Marie, Dieu le fil Marie, Jhesu le fil Marie

Im Gegensatz zu dem vorher besprochenen Epitheton eignet sich das vorliegende sehr gut für die Assonanz und wird dementsprechend ausschließlich im zweiten, sechssilbigen Halbvers verwendet.

Le glorïos del ciel, Dieu le glorïos, Dieu le glorïos le roi de majesté

Glorïos ist in der Assonanz nicht unmöglich, man vergleiche

> A dieu le commanda, le glorious.
>
> (Aiol[1]F 1624),

wird aber in unseren Belegen aus GFn an dieser Stelle vermieden. Das Epitheton wird im zweiten Halbvers nur dann verwendet, wenn ein anderes Wort in die Assonanz tritt *(ciel)*.

Relativsätze

Die Relativsätze sind ausschließlich auf den zweiten, mit Ausnahme von

> «Dameldex uous saut, sire, qui ne menti!»
>
> (Aiol[1]F 1546)

immer sechssilbigen Halbvers beschränkt. Ein sinntragendes Wort, zumeist das Verb, steht dabei in der Assonanz.

Aus dieser Analyse geht hervor, daß die Gottesnamen *Damedieus* und *Dieus* wenigstens teilweise aus metrischen Gründen (Assonanz) durch Epitheta erweitert bzw. ersetzt werden. Dies gilt besonders für die Relativsätze. An ihnen läßt sich aber auch zeigen – wir wählen als Werk GarLorrV –, daß die Erweiterung des Gottesnamens nur eine Möglichkeit unter anderen ist, die GF in den epischen Vers zu integrieren. Füllt nämlich die GF den ersten, hier viersilbigen Halbvers aus, so finden sich im zweiten, sechssilbigen Halbvers ganz unterschiedliche Formen der Vervollständigung:

Redekennzeichnung

Tabelle[107]:

Relativsatz	Zahl	2. Halbvers	Sechssilbler	Assonanz Typ	Zahl
à qui li monz apent	5	+	+	*an (apent)*	5
qui le mont estora	7	+	+	*(r)a (estora)*	6
				on (mont)	1
qui tot a estoré	3	+	+	*é (estoré)*	3
qui Longis fist pardon	4	+	+	*on (pardon)*	2
				i(s) (Longis)	2
qui tot a à jugier	13	+	+	*ié (jugier)*	13
qui maint en trinité	6	+	+	*é (trinité)*	6
qui ne menti	2	+	(+)	*i (menti)*	2
qui onques ne menti	5	+	+	*i (menti)*	5
qui en la croiz fu mis	13	+	+	*i(s) (mis)*	12
				oi (crois)	1
qui en croiz fu penez	9	+	+	*é (penez)*	9

«Deus vos gart, sire,» Beges li respondi.
(GarLorrV 4654)

«Dex vos saut, sire,» ce a dit Lanselin,
(GarLorrV 5405)

Angabe des Auftraggebers des Grußes

«Dieus voz saut, sire, de par .i. vostre fil;
(GarLorrV 4439)

Auftraggeber und Redekennzeichnung

«Deus voz saut, sire, de par Fromont,» fait il,
(GarLorrV 3299)

Indirekte Anrede (Relativsatz)

«Dex saut le roi qui France a a ten(i)r,
(GarLorrV 5464)

Direkte Anrede

«Et Diex te saut, Manüel Galopin!»
(GarLorrV 7750)

Gottesepitheton:

«Deus voz saut, sire, qui onques ne menti,
(GarLorrV 3446)

«Dieus voz gart, sire, qui en la croiz fu mis!
(GarLorrV 10106 u. ä.).

107 Bei «Zahl» geben wir die Gesamtzahl der Belege in allen *chansons de geste* unseres Korpus an (vergleiche Anmerkung 106). Da mit Ausnahme eines einzigen Belegs alle Relativsätze nur im 2. Halbvers und gleichzeitig im Sechssilbler vorkommen, verzichten wir auf gesonderte Spalten für das Vorkommen im 1. Halbvers bzw. im Viersilbler.

Wir ordnen die bisher besprochenen Gottesbezeichnungen entweder dem Sprachbesitz (z. B. *Damedieu, Dieu, Jhesu, nostre seigneur*) oder wenigstens der literarischen Tradition zu. Beispiele individueller Gottesbezeichnung innerhalb der GFn entnehmen wir Chrétiens *Perceval*:

(Die beiden Königinnen)
Cist jors vos soit liez et joieus.
Ce doinst icil gloriëus pere
Qui de sa fille fist sa mere.»
– «Grant joie, dame, vos doinst cil
Qui en terre tramist son fil
Por essalchier crestïenté.
(PercR 8298–8303).

Die Menschwerdung Gottes wird normalerweise in Relativsätzen des Typs *qui de la virge nasqui* thematisiert. Chrétien läßt die Königinnen hier den Überraschungseffekt der paradoxen Formulierung wählen[108]. Sie findet sich in ähnlicher Form ein zweites Mal in unserem Korpus:

«Sire, bon jour vous doinst li pere,
Ki de la virgene fist sa mere,
Et gart vos menbres et vo vie!»
(ViolB 1703–05).

Bei Chrétien greift Gauvain in seinem Gegengruß das Thema der Menschwerdung auf und überbietet die Formulierung der Königinnen dadurch, daß er es unmittelbar auf die Heilstat der Erlösung bezieht (PercR 8303)[109].

(Die Schloßbewohner)
«Biax sire, icele vraie crois,
Ou Diex soffri pener son fil,
Vos gart hui de mortel peril
Et d'encombrier et de prison,
(PercR 2154–57)

Gewöhnliche und häufige Bezeichnungen der Kreuzigung sind *Cil Dieus qui en la croiz fu mis* bzw. *qui en croiz fu penez* (s. oben). Die von den Schloßbewohnern gewählte Gottesbezeichnung stellt diesen Formulierungen gegenüber einen Chiasmus dar. Im nominalen Satzglied ersetzt *vraie crois* den Gottesnamen (Metonymie), im Relativsatz treten *Diex* und *son fil* an die Stelle von *qui*:

Cil *Dieus qui* en la *crois* fu penez

icele *vraie crois* ou *Diex* soffri pener *son fil*

Die Umstellung macht eine Umformulierung beim Verb erforderlich *(pener/ sofrir pener)*.

108 Vergleiche Lausberg ^{5}1976, § 37, 1.

109 Vergleiche auch Hatzfeld 1963, 145 zur sogenannten «Kontrastharmonie» dieser Stelle.

3.2.1.4. Wunsch- oder Nicht-Wunschobjekt

Wir ordnen dem Sprachbesitz diejenigen Ausdrücke zu, die – wie *bone aventure, joie, bon jor* und *onor* – besonders häufig sind; die, wenn auch z. T. sehr selten, sich im MF nachweisen lassen (s. Tabelle, 88f.); und schließlich diejenigen, die zwar auf das AF beschränkt sind, hier aber eine breite Verteilung aufweisen wie *bien, encombrier* und *mort*. Die Freiheit bei der Wahl des Substantives ist demnach weitgehend traditionell. Diese Feststellung gilt in gewissem Umfang auch für die Begleiter der Substantive. Die afr. Freiheit erstreckt sich nämlich auch hier teilweise auf das MF.

Im MF begegnen noch[110] das quantifizierende *tot* (*tous maulx* Rec. gén. I 4.142, *tous perils* ManLangG 70) und das *adjectif possessif* (*voz marchandisez* EnsEnfS 11). Bei den charakterisierenden Begleitern findet sich das Adjektiv *bon* noch häufiger als im AF. Bei *jor* kommt wie im AF die Ersetzung durch *beneoit* vor (*le benoist jour* Pathelin 985, *benoiste journee et bon vespre* Pathelin 1017f.); zu *bon* kann ein zweites Adjektiv hinzutreten (*bon jour et beau* Rec. Trepperel I 5.84); schließlich wird *bon* wie im AF gesteigert (*moult bon jor* Rec. Cohen XX 250). Bei *vie* ist die Erweiterung durch einen Vergleichssatz belegt (*tielle vie . . . que luy* [= Dieu] *en soit paie* EnsEnfS 11), bei *joie* durch ein *complément de nom* (*joye d'aimer* Anc. Poésie fr. XIII 137f.). Ein Relativsatz findet sich mit *quanque* (*quanque vous aimez* ManLangG 52).

Angesichts dieser Verhältnisse ist die Trennung zwischen traditionellem Sprachbesitz und individueller Erneuerung besonders schwer zu vollziehen. Wir ziehen letztere in Erwägung, wenn ein häufiger Ausdruck durch einen seltenen, nur im AF belegten erweitert wird, man vergleiche für das Substantiv:

> joie *et deport* (GautArrIllC 5658), joie et santé *et venir a sa volanté* (YvainR 5795f.), santé, joie *et richece* (EscoufleS 4913); *bon saluz et* bon jor (RenR XI 12012f.); t'onur *et tun barnage* (RouA 1120); mort *et afoler* (RenMontC 12205), mort *et haschie* (GaydonG 10423), mort *et prison* (LancPrK 560.21f.), mort (. . .) *et torment* (Aiol[1]F 325).

Für den Begleiter:

> joie *d'amors* (RomPast III 50.27), la joie *qui tous jours duerra* (EnfOgH 4662), joie *si tregrande con je voldroie* (DurmG 755f.), joie *plus qu'il ne m'en remaint* (PercR 618), usw.

Um individuelle Erneuerung handelt es sich wohl auch, wenn traditionelle Ausdrücke durch andere, nur im AF, und zwar sporadisch belegte Ausdrücke ersetzt werden, man vergleiche:

> *bien esploitier* (CharroiM 674),
> *force contre vos anemis* (GarLorrV 8124),
> *force que le puisses vengier* (GarLorrV 11115), usw.

Die Hinzufügung oder Ersetzung kann wie bei den Verben dazu dienen, einen besser zur Situation passenden Ausdruck zu wählen.

---

110 S. Lewicka 1976, 502.

Tabelle[111]:

(Nicht-) Wunschobjekt	Zahl	Mfr. Konversationsbücher		Mfr. Literatur	
		eingliedrige Ausdrücke	zwei- und mehrgliedrige Ausdrücke	eingliedrige Ausdrücke	zwei- und mehrgliedrige Ausdrücke
avancement	1	(Dieux vous avance) ManLangG 47	–	?	?
ce que a. quiert	4	–	honneur et joye et quanque vous aimez ManLangG 52	ce que vostre cueur desire Löfstedt 1978, 199	?
encontre, encontree	5	bonne encontre ManLangG 70	bon jour et bonne encontre ManLangG 79	?	?
enui	6	–	–	?	anuy et ire Senge 1935, 14
ire	3	–	–	?	ire et pesance Senge 1935, 14 anuy et ire Senge 1935, 14
mal	10	mal EnsEnfS 11	–	mal Lewicka 1976, 501	mal et vilanie Lewicka 1976, 501
main	1	bon matin EnsEnfS 13	boun matin et bonne aventure boun matin et bonne estraine ManLangG 79	?	?
nuit	11	boine nuit DialFrFlamG 6	–	Lewicka 1976, 500	?

111 Zur Einrichtung der Tabelle (»–«, «?») s. oben, Anmerkung 96.

Tabelle (Fortsetzung):

(Nicht-) Wunschobjekt	Zahl	Mfr. Konversationsbücher eingliedrige Ausdrücke	Mfr. Konversationsbücher zwei- und mehrgliedrige Ausdrücke	Mfr. Literatur eingliedrige Ausdrücke	Mfr. Literatur zwei- und mehrgliedrige Ausdrücke
peril	3	tous perils ManLangG 70	–	?	?
pesance	2	–	–	pesance Senge 1935, 14	ire et pesance Senge 1935, 14
sanité, santé	14	–	bon sanyté et bon joye Dial. fr. éd P. Meyer 49 santee et paix ManLangG 59 (bon jour et) bon sante EnsEnfS 11	?	joye et sancté Lewicka 1976, 500 honneur, santé et joye Senge 1935, 45
soir	1	bon soir ManLangG 80	–	Lewicka 1976, 500	?
vie	11	boñ vie et longe Dial. fr. éd P. Meyer 49 tielle vie ... que ... EnsEnfS 11	bon jour ... et bonne vie EnsEnfS 13	bonne vie Lewicka 1976, 500	joye et bonne vye Lewicka 1976, 500
vilenie	4	–	–	?	mal et vilanie Lewicka 1976, 501

3.2.2. Situation

Wir untersuchen die Rolle der wörtlichen Bedeutung im Gebrauch anhand verschiedener GFn mit dem Wunschobjekt *joie*. Die Situation, in der Freudewünsche verwendet werden, ist allein als Gruß -situation definiert. Das Vorhanden- oder Nicht-Vorhandensein von Freude in dieser Situation, das den Freudewunsch motivieren könnte, ist für dessen Gebrauch als GF normalerweise unerheblich. Der Sprecher verbindet aber ‹äußeren› Grußanlaß und ‹inneren› Freudewunsch, wenn er die *joie*-Formeln gerade in solchen Grußsituationen benutzt, in denen das Befinden des Gesprächspartners durch Freude oder Freudlosigkeit charakterisiert ist.

Bevor wir darauf näher eingehen, sei erwähnt, daß in einigen Fällen die GF dem Sprecher dazu dient, auf das eigene Befinden, in unseren Belegen stets Freudlosigkeit, hinzuweisen. Sein Zustand kann durch die Grußsituation hervorgerufen sein, etwa durch einen schmerzvollen Abschied:

(Die *veve feme* zu Perceval)
Plorant le baise au departir
La mere qui molt chier l'avoit,
Et prie Dieu que il l'avoit.
«Biax fix, fait ele, Dix vos maint!
Joie plus qu'il ne m'en remaint
Vos doinst il ou que vos ailliez.»
(PercR 614–19).

Philippe de Beaumanoir hat eine GF in fast identischer Weise gestaltet:

(Manekine zum König)
«Sire, ce me sanle trop loing;
Et nepourquant je le [= congié] vous doing,
Quant chou est vostre volenté.
Or vous doinst Dix joie et santé
Assés plus qu'il ne m'en demeure!»
(BeaumManS 2515–19).

Die Freudlosigkeit kann aber auch andere Ursachen haben, so bei der hilflos auf dem Meer in einem kleinen Schiff herumirrenden Manekine. Hier nimmt schon der Eröffnungsgruß auf die Situation Bezug:

(Der Fischer)
«Damoisele,» fait il, «ou dame,
Ne sai mie le quel, par m'ame!
Cil Dix qui maint en trinité
Vous mete en plus grant sanité
Que je ne vous voi, dame ciere,
Si comme il pert a vostre ciere!»
«Biaus preudons, et icil vous doinst
Grant joie au cuer, dont je n'ai point.»
(BeaumManS 4843–50).

In allen übrigen Fällen bezieht sich die GF auf das Befinden des Adressaten. Wir besprechen zunächst vier Passagen, in denen der Sprecher auf die Freudlosigkeit des Adressaten reagiert. Gauvain nähert sich einer *demoiselle*, die durch Schreie auf sich aufmerksam gemacht hat (AtreW 2530–33):

Il esperone le ceval,
Si est venus tout droit a li:
«Cil Dix, fait il, qui ne menti,
Bele, vous doinst joie et honor.
L'ocoison de vostre dolor,
Por quoi vous faites dol si grant,
Vous requier et pri et demant
Ke me dites, s'il ne vous poise.»
(AtreW 2592–99).

Ein *hom de religion* kommt auf die Königin Helene zu, die den Tod Bans und den Verlust Lancelots beklagt:

Il chevauche cele part, et la reine antant si affaire son duel que ele ne lo voit ne aparçoit tant qu'il est tres desus li venuz. Et il l'esgarde, si la voit mout bele et bien sanblant a haute fame. Lors oste son chaperon, si la salue.

«Dame, fait il, Dex vos doint joie, car il m'est avis que vos n'an avez ores pas tant com il vos seroit mestiers.»
(LancPrK 44.32–38).

Im letzten Beleg wird der Schmerz der Adressatin nur verhüllt angesprochen. In den beiden folgenden Passagen wird dagegen das Befinden der Adressaten ganz offen benannt, sicherlich auch um die Diskrepanz zwischen einfachem Freudegruß und Situation abzuschwächen und so die Glaubwürdigkeit des Sprechers zu steigern. Laudine verabschiedet den *Chevalier au lyon* (YvainR 4607), der wegen seiner *travauz* (4586) nicht länger verweilen mag:

Lors dit la dame de rechief:
«Encor, s'il ne vos estoit grief,
de remenoir vos prïeroie.
– Certes, dame, je nel feroie
tant que certenemant seüsse
que le boen cuer ma dame eüsse.
– Or alez donc a Deu, biaus sire,
qui vostre pesance et vostre ire,
se lui plest, vos atort a joie!
– Dame, fet il, Dex vos en oie!»
Puis dist antre ses danz soef:
«Dame, vos en portez la clef,
et la serre et l'escrin avez
ou ma joie est, si nel savez.»
(YvainR 4615–28).

Yvain befreit die gefangenen *demoiselles*:

Lors quiert tant que il trueve l'uis
del prael ou les dameiseles
ovroient; et vint devant eles,
si les salüe ansanble totes;
et si lor voit cheoir les gotes
des lermes qui lor decoroient
des ialz, si con eles ploroient.
Et il lor dit: «Dex, s'il li plest,

cest duel que ne sai don vos nest,
vos ost del cuer et tort a joie.»

(YvainR 5234–43).

In drei Belegen reagiert der Sprecher auf die Freude des Adressaten. Gauvain begrüßt einen Eremiten:

> Uns hermites, qi molt sanbloit estre preudom, i [einem *paliz*] estoit apoiez e esgardoit dedenz le vergie[r], e fesoit grant joie d'eures a autres. Il voit Monseigneur Gavain venir e va encontre lui, e Messire Gavains descent. «Sire, fet li hermites, bien puissiez vos venir! – Dex vos otroit la joie de paradis,» fet Messire Gavains.
>
> (PerlN 1565–69).

Gauvain bezieht sich auf die sichtbare *grant joie* des Eremiten und wünscht ihm die hier in besonderer Weise angemessene himmlische Freude. Daß auch der Eremit Gauvains GF als Anspielung auf die Situation versteht, geht aus dem weiteren Verlauf der Begegnung hervor. Ohne dazu weiter aufgefordert worden zu sein, erklärt er nämlich Gauvain die Gründe seiner Freude:

> «Sire, fet li hermites, or verrez de coi ge fesoie joie.» Messire Gavains esgarde la dedenz e voit .ii. damoiseles e .i. vallet, e .i. enfant qui chevauchoit un lion. «Sire, fet li hermites, vez ci ma joie de cest enfant (...)».
>
> (PerlN 1571–74).

In den beiden folgenden Passagen nutzt der jeweilige Sprecher die ‹Doppelbödigkeit› des formelhaften Sprechens in ganz spezifischer Weise aus. Die GF soll vom Adressaten als aufrichtiger Wunsch, von anderen anwesenden Personen aber nur als höflicher Gruß verstanden werden. Durmart begegnet Fenise. Die Empfindungen der Liebenden werden vom Dichter ausführlich geschildert (DurmG 14505–37). Sie sollen den anderen nicht sichtbar sein:

Li Galois a joie de li
Et ele de lui autresi,
Mais lor joie pas ne mostrerent,
Ains le covrirent et celerent
Por le dotance de la gent;
Et neporquant mout docement
S'entregarderent anbedui.

(DurmG 14531–37).

Durmart verweist in seiner GF auf die eigene Freude:

«Douce dame, fait li Galois,
Deus, qui Sire est de tos les rois,
Vos doinst tant d'onor et de joie
Comme je avoir en voroie.»

(DurmG 14541–44);

die Königin akzeptiert mit ihrem Gegengruß diesen Wunsch und wagt sich in der genauen Bezeichnung der Freude weiter vor:

– «Sire, dist la bele roïne,
Dex vos doinst bone joie fine,
(...)»

(DurmG 14545f.)

– genau dies ist die Freude, die der Liebende bei ihrem Anblick empfindet:

Cant il voit la bele roïne,
Lors sospire de joie fine
Si co[i]ement que nus ne l'ot.

(DurmG 14505–07).

In ähnlicher Weise begegnen sich Cleomadés und die von drei *puceles* begleitete Clarmondine:

Et quant furent apareillies,
trestoutes quatre sont issues
fors de la chambre et sont venues
enz ou prael la ou seoit
cil cui Amours saisi avoit,
et cele enz ou prael entra
cui Amours aussi saisie a;
ses puceles furent o li.

(CleomH 3338–45).

Die GF Cleomadés' läßt nichts von seiner besonderen Freude durchscheinen:

Et Cleomadés sus sailli,
liez est de ce que venir voit
cele qui tout son cuer avoit.
Contre li s'en vint sans demeure.
«Bele, fait il, a tres bonne heure
puissiez vous hui estre levee!

(CleomH 3346–51).

Die Entgegnung Clarmondines spricht dagegen eine deutlichere Sprache:

– Biau sire, tele destinee
vous soit destinee a tous jours
que vous aiez joie d'amours!

(CleomH 3352–54).

Cleomadés führt diese Anspielung auf seine Situation weiter, was von Clarmondine zustimmend zur Kenntnis genommen wird:

– Damoisele, cil vous en oie
qui les amans puet douner joie,
et d'Amours si grans biens vous viengne
k'a son servise vous retiengne;
car s'ainsi estoit que je di,
dont n'avroit pas Amours failli
qu'ele n'eüst de son maisnage
bele pucele et bonne et sage.
– Biau sire, se je tele estoie
que vous dites, lie en seroie.»

(CleomH 3355–64).

3.3. Motivierung durch den Adressaten

Der Adressat kann die wörtliche Bedeutung der ihm zugedachten GF thematisieren, indem er sie auf seine Situation bezieht. Diese Thematisierung kann vom Gesprächspartner beabsichtigt sein, wenn er selbst schon seine GF auch wörtlich verstanden wissen will. Perlesvaus kehrt in einem alten, aber heruntergekommenen Schloß ein, wird von der Schloßherrin begrüßt und entbietet seinerseits einen auf deren armselige Lebensumstände bezogenen Freudegruß. Die Herrin nimmt die GF Perlesvaus' zum Anlaß, ihre eigene Freudlosigkeit zu kommentieren:

> «Sire, fet ele a Perlesvaus, bien puissiez vos venir! Ge ne vi mes pieça en cest chastel chevalier entrer. – Dame, fet Perlesvaus, Diex vos otroit joie e annor! – Sire, fet ele, mestier m'esteroit que g'en eüsse plus que ge n'oi de la joie, quar ge n'en oi gueres grant piece a.»
>
> (PerlN 9679–83).

In einem anderen Beleg ist der Kommentar von völliger Hoffnungslosigkeit geprägt und kommt einer Ablehnung des zugedachten Grußes gleich:

> Agravains entre el paveillon tot a cheval et salue le chevalier et dist: «Sire chevalier, Dex vos doint joie, qar il m'est avis que vos en avez grant mestier au semblant que je vos voi fere. – Ha, sire chevaliers, fet il, de moi doner joie ne vos covient il ja Deu proier, qar ce seroit poinne gastee, qu'il n'est si puissanz fors Deu qui en mon cuer poïst metre joie, qar je perdi ersoir tote joie et tote debonaireté et tote bone avanture, que je vi ocirre le cors de cest chevalier qui ci gist.
>
> (LancPrM IV 2).

In weiteren Fällen ist das Wörtlichnehmen der GF durch den Adressaten vom Grüßenden nicht beabsichtigt. Der Adressat kann die Angemessenheit des mit der GF verbundenen Wunsches unterstreichen:

> Et lors entra laiens .I. vaslés sor .I. roncin las et suant. Et quant li sires le vit, si li dist: «Bials fiz, bien soiés vos venus, mes molt avés demoré. – En non Dieu, fet li vaslés, bien sui je venus, kar je aport noveles bien estranges, que la tombe del Saint Cimentiere est levee.
>
> (LancPrM II 41)

oder in Frage stellen:

> (Auf Geheiß Guenièvres hindert Lionel Lancelot an einer Verfolgungsjagd)
> Lors s'an retorne. Et qant il se regarde, si voit venir monseignor Yvain. Messires Yvains si dist:
>
> «Sire, bien puissoiz vos venir.»
>
> «Certes, sire, fait il, ainz vaign mout mauvaisement, car ge retor a ma grant honte.»
>
> (LancPrK 563.29–33).

In zwei Belegen schwingt in der Antwort des Adressaten Trotz mit, der Zweifel an der Aufrichtigkeit des Grüßenden erkennen läßt. Guilliaume de Monclin tritt am Hofe des Königs auf, von dem er annimmt, daß er seine Feinde unterstützt:

> Li rois le voit, a l'encontre li vint:
> «Bien vaingniez voz, Guilliaumes!» dist Pepins.
> «Si fas je, sire, maugré mes anemis.
> Voz et ma dame, la roïne au cler vis,
> Avez vers moi molt durement mespris,
>
> (GarLorrV 13421–25).

Theophile, der dank seines Paktes mit dem Teufel wieder in Amt und Würden eingesetzt ist, quittiert mit Genugtuung die Begrüßung durch den Bischof:

(LI EVESQUES)
Sire, bien puissiez vous venir!
THEOPHILES
Si sui je. Bien me soi tenir:
Je ne sui pas cheüs par voie.
(RutebTheophG 320–22).

Die Thematisierung der GF wird vom Adressaten schließlich auch zum Anlaß genommen, dem Gespräch eine bestimmte Richtung zu geben. So knüpft ein Eremit an Lancelots Gruß eine moralische Unterweisung:

Il le salue et li dit: «Sire, Diex vos gart.» – Diex le face, sire chevaliers, fet li preudons. Car s'il ne me garde de pres, je ne dout mie que li anemis ne me puisse legierement sorprendre. Et Diex vos gite dou pechié ou vos estes: car certes vos en estes plus mal bailliz que chevaliers que je sache.»
(SGraal IV QuesteP 119.5–10).

Umgekehrt glaubt der *Segretain moine* im gleichnamigen Fabliau seine wenig christlichen Wünsche über eine Thematisierung der GF Idoines ins Gespräch einbringen zu können:

Il vint avant, si la salue:
«Dame, bien soiez vos venue,
Dist li moignes, et bien trovee.»
Cele ne fu enpruntee,
Einz tert ses euz, si li respont:
«Sire, dist el, Diex bien vos dont.
– Bien, dame?, dist le segresteins,
Je ne demant ne plus ne meins
De bien avoir fors c'avec moi
Vos tenisse en .j. (leu) requoi.
(SegrMoineV 99–108).

Vorläufiges Fazit: Allgemeine Merkmale der Grußformeln

Es gibt schon im AF eine Reflexion über das Sprechen mit Formeln (*paroles … beles et polies* PercR 4384f., *parole usee* CligésM 4389). Erste Sammlungen von GFn sind in mfr. Konversationsbüchern überliefert. Die moderne mediävistische Forschung (Senge 1935, Laugesen 1973, Duplat 1975, Lewicka 1976, Löfstedt 1978, Lewicka 1979, Love 1984) bemüht sich mit unterschiedlichem Erfolg um eine umfassende Inventarisation. Wir entwickeln, aufbauend auf Senge 1935 und Löfstedt 1978, sprachliche Kriterien zur Abgrenzung der einzelnen GFn und ihrer Varianten. Wir legen eine nach diesen Kriterien geordnete, auf Vollständigkeit zielende Sammlung afr. GFn vor.

Wir bezeichnen die GF mit der modernen Phraseologie (u. a. Burger 1973, Thun 1978, Pilz 1981, Burger/Buhofer/Sialm 1982) als pragmatisches Idiom. Wichtigste Merkmale sind innere (materielle, eventuell auch inhaltliche) und äußere (situationelle) Fixiertheit. Gegenstand der sprachlichen Beschreibung ist die innere Fixiertheit. Die afr. GFn – das wird hier zum ersten Mal detailliert dargestellt – sind materiell relativ wenig fixiert. Es besteht große Freiheit in der Komponentenwahl und -reihenfolge. Man kann die GFn – mit Ausnahme von *wilecome* – wörtlich interpretieren. Die wörtliche Bedeutung spielt aber wegen der äußeren Fixiertheit normalerweise keine Rolle. Insofern sind die GFn unmotiviert. Der Sprecher (als Geschöpf des Autors) bemüht sich um eine Motivierung der GFn einerseits durch materielle Erneuerung, andererseits durch Herstellung einer Beziehung zwischen wörtlicher Bedeutung und situativem Gebrauch. Bei diesem letzten Aspekt der künstlerischen Reflektierung alltäglicher Formeln ergeben sich Ansätze zur literarischen Interpretation.

Die hervorstechendsten sprachlichen Merkmale des afr. GF-Schatzes sind hohe Anzahl der GFn insgesamt und große Variationsmöglichkeiten innerhalb der einzelnen GFn. Die sprachliche Untersuchung der GFn bestätigt insofern das Bild vom syntaktischen und lexikalischen Reichtum des AF.

Zweiter Teil: Die Bezeichnung des sprachlichen Grußes

Wir beabsichtigen im zweiten Teil unserer Untersuchung, den afr. Wortschatz zur Bezeichnung des sprachlichen Grußes 1. aus dem Wortschatz zur Bezeichnung des Grußes überhaupt auszugrenzen (I. Kapitel) und 2. zu beschreiben (II. Kapitel). Die Grußgestik, und damit auch der Wortschatz zur Bezeichnung des nicht-sprachlichen Grußes, ist vor fast 100 Jahren von Schiller 1890 und in neuerer Zeit vorbildlich von Peil 1975 untersucht worden. Es gibt dagegen – abgesehen von vielen, jeweils am Ort zu berücksichtigenden Einzelbemerkungen – keine entsprechenden, umfassenden Arbeiten zum sprachlichen Gruß. Eine gewisse Ausnahme stellt immerhin Duplat 1975 dar. Duplat behandelt, in Ergänzung zur Untersuchung der GFn, den uns interessierenden Wortschatz als Darstellung des Grußes in indirekter Rede bzw. im Récit und analysiert Ausdrücke wie *salu, saluer* (120–124), *comander a Dieu* (124–126, 136–139) und *prendre congié* (131–136), die auch bei uns im Mittelpunkt des Interesses stehen werden.

I. Kapitel: Sprache und Gebärde im Grußwortschatz

Wir bemühen uns zunächst um den Nachweis, daß das AF über Ausdrücke verfügt, mit denen allein der sprachliche Gruß bezeichnet wird (1.). Anschließend zeigen wir am Gebrauch von *saluer* und *encliner*, wie in afr. Texten Sprache und Gebärde beim Gruß mit jeweils eigenen Ausdrücken dargestellt werden (2.).

1. Ausgrenzung der Bezeichnungen des sprachlichen Grußes aus dem Wortschatz zur Bezeichnung des Grußes überhaupt

Ausdrücke wie *paroles beles et polies*, mit denen GFn in ihrer materiellen sprachlichen Beschaffenheit bezeichnet werden, sind im AF selten. Völlig – und im Hinblick auf den elementaren Charakter der hier untersuchten sprachlichen Tätigkeit erwartungsgemäß – anders liegen die Verhältnisse bei denjenigen Ausdrücken, mit denen die Funktion der GF, das sprachliche Grüßen, wiedergegeben wird. Unser Ausgangspunkt bedeutet eine Einschränkung gegenüber einer onomasiologischen Untersuchung des Grußes schlechthin. Dieser Begriff umfaßt, und zwar unabhängig davon, ob man von dt. *grüßen, Gruß* oder von nfr. *saluer, salut, salutation* ausgeht, nicht nur sprachliches, sondern auch nicht-sprachliches Handeln. Ein Begriffswörterbuch des NF führt bei *salut* sowohl «geste, attitude de salut» als auch «formules de salut» auf[1]. Folgerichtig enthält der Abschnitt «Salutation» in der bekannten Untersuchung zum Wortschatz Waces beides, nämlich *salu, saluer, sei entresaluer, cliner a. d'a.r., cliner, clineïz* und *encliner a a.*[2].

Die onomasiologische Ausgrenzung der anschließend semasiologisch analysierten Bezeichnungen des sprachlichen Grußes ist freilich nicht willkürlich. Das AF kennt nämlich – anders als das NF – keinen Ausdruck, der sprachliches und gestisches Grüßen umfaßt. Es gibt vielmehr für jeden Bereich jeweils eigene Wörter. Insbesondere afr. *salu* und *saluer* bezeichnen normalerweise allein sprachliches Handeln. Beide Wörter werden zwar für Handlungen gebraucht, die in «gebärdenhaltigen» Situationen ausgeführt werden, diese

[1] Niobey 1980, s.v. *saluer*.
[2] Keller 1953, 164b–165a.

Gebärden werden aber von ihnen selbst nicht mitausgedrückt[3]. Das wichtigste Indiz hierfür ist die Tatsache, daß sich das afr. Verb im Gegensatz zum nfr. Verb nicht mit einem *complément circonstanciel* verbindet, durch das sich die gemeinte Tätigkeit als Gebärde bestimmen ließe (man vergleiche nfr. *saluer d'un geste, de la main*).

Es gibt nur wenige Belege, die dieser Behauptung widersprechen. Sie lassen sich zumeist als Grenzfälle interpretieren. Wenn etwa *saluer de boche*[4] nicht einfach „mit dem Munde, d. h. mit Worten grüßen" heißt, sondern das Küssen als Gebärde des Mundes meint, so wird der Ausdruck im übertragenen Sinn und gerade nicht als Bezeichnung eines Grußes, auch nicht einer Grußgebärde, verwendet. So an der folgenden Stelle, wo es etwa „berühren, küssen" bedeutet. Die Königin bittet Girart um Schonung für sich und ihre Gefolgschaft. Girart entspricht der Bitte. Die Königin:

Aiés pitiet de ceste escaitivee
Tant que cascune se soit un poi disnee
Et qu'ele fust baptissie et levee.
Ne doi pas estre a vos garçons livree.»
Li dus l'entent, s'a la teste croslee.
«Par ceste barbe, de blanc entremellee,
Ja mar de ce serés espoëntee.
N'en i a nul, tant çagne haut espee,
S'en avoit une empainte ne botee
Ne de sa boce l'eüst nis saluëe,
Ains l'en seroit la cosse pardonee
Que de ma barbe se il l'avoit tiree.

(AspremwB 10903–14).

Das *saluer de cuer*[5] läßt sich als Bezeichnung einer Gebärde des Herzens auffassen. Diese ‹Gebärde› manifestiert sich aber nur in der die sprachliche Handlung bestimmenden Einstellung, nicht in einer äußerlich sichtbaren Gestik oder Mimik.

Die Tätigkeit des *saluer* ist als sprachliche Äußerung gewöhnlich hörbar. Sie ist lautlos, wenn der Sprecher seinen Gruß vor anderen verbergen will. Fenise beobachtet mit ihrem Gefolge das Kampfgeschehen. Cesar, ein Bogenschütze, macht sie auf Durmart aufmerksam:

Cant la bele roïne voit
Monsaignor Durmart tot armé,
De ses beaz uels l'a regardé.
(...)
Mout le regarde volentiers
La roïne qui tant est bele,
Et li Galois fiert et martele
Voiant ses uelz d'espee nue.

---

[3] Vergleiche zu diesem Problem Peil 1975, 19f. («Gebärdenhaltiges Vokabular und gebärdenhaltige Situationen»).
[4] S. unten, vierter Teil, II. Kapitel, 461f.
[5] S. unten, vierter Teil, II. Kapitel, 466f.

De son loial cuer le salue
La bele roïne en pensant,
Mais ele ne fait nul semblant
Qu'ele ait a lui nule pensee,
(DurmG 12372–74, 80–87).

Das innere, lautlose Sprechen verrät sich hier nicht einmal durch eine sichtbare Gebärde (*nul semblant* 12386).

In einem anderen Beleg möchte der Grüßende seine Liebe zur Adressatin verbergen, kann aber nicht verhindern, daß sie sich in – von der Adressatin freilich nicht wahrgenommenen – Gebärden äußert. Amadas grüßt Ydoine:

Comme Amors li commande et roeve,
La salue d'un grant souspir
Parfont de cuer, lonc a loisir,
Et d'un regart douç et piteus,
Simple, souef et amoureus.
Idoine ne s'en aperçoit,
(AmYdR 439–44).

Hier wird die *saluer*-Handlung unstreitig als Gebärde ausgeführt. Wir fassen dies allerdings insofern als Grenzfall auf, als es der Sprecher nicht wagt, seinen Herzensgruß in normaler Sprache auszuführen, und die Gebärden als deren Ersatz Anzeichen der inneren Vorgänge sind. Im übrigen sind weder Liebesseufzer noch -blick übliche Grußgebärden[6].

Schließlich legt eine von Tobler-Lommatzsch zitierte Passage (TL IX, 127, 27–30 s. v. *saluer*) nahe, *saluer* als eine Gebärde aufzufassen:

O sans carité fel Judas,
(...)
En saluant d'un baisier sime
Traïs l'aignel Diu et saintisme;
(ReclCarH 186.1, 6–8).

Wir möchten jedoch das *complément*: *d'un baisier sime* nicht zu *en saluant*, sondern zu *traïs* stellen. Eine besondere Stütze für diese Interpretation sehen wir im Text der Vulgata:

Iesus autem dixit ei
Iuda osculo Filium hominis tradis
(Lc 22, 48).

Auch die übrigen von uns im II. Kapitel berücksichtigten Ausdrücke bezeichnen aufgrund des für *salu, saluer* genannten Kriteriums nur sprachliches Grüßen. Wir müssen freilich einräumen, daß wenigstens in einem Beleg das den Abschiedsgruß bezeichnende *comander à Dieu* als Gebärde realisiert wird:

(Der Ritter:)
La roine a diu recommande
Du chief (...)
(ChevIIEspF 9054f.).

---

6 S. Peil 1975, 307f., 309.

Der Herausgeber Foerster hält dies immerhin für so ungewöhnlich, daß er sich zu der Anmerkung «‹mit einer Hauptverbeugung› (?)» veranlaßt sieht[7].

2. *Saluer* und *encliner*

Da *saluer* nur den sprachlichen Gruß bezeichnet, wird die Darstellung von Grußgebärden von anderen Wörtern übernommen. Wir demonstrieren dies an Passagen, in denen der sprachliche Gruß durch eine der typischsten Gebärden des mittelalterlichen Gebärdenkanons, die Verbeugung *(encliner a./à a.)*, begleitet oder ersetzt wird[8]. Die Verbeugung ist dabei nicht immer als Bewegung des ganzen Körpers zu denken, sondern gelegentlich auch als einfaches Kopfnicken[9]:

Mesire Durmars sagement
A le roi Artu salüé,
Et si l'a del chief encliné.
(DurmG 9892–94).

Besteht der Gruß aus Gebärde und Sprache, so können die beiden Teilhandlungen gleichzeitig oder nacheinander erfolgen. Die Gleichzeitigkeit betont:

(Eine *demoiselle* vor Perceval)
De Dieu qui onques ne manti
Molt hautemant lou salua,
Et au salüer l'anclina
De bon cuer et molt humblemant.
(ContPerc²ER 31658–61).

Das Nacheinander verdeutlichen Zeitadverbien:

(Ganor vor Aye)
Bel e cortoisement c'est de li aprimez,
Contre li c'est li rois doucement aclinez,
Puis salua dame Aye (...)
(AyeB 3716–18).

Diese Reihenfolge, „Gebärde + Sprache", wird in einem anderen Beleg als besondere Sitte herausgestellt (vielleicht bezieht sich die entsprechende Bemerkung aber auch nur auf das Verneigen an sich):

(Boten vor dem Kaiser)
Premierement l'ont encliné,
Car c'est li us de lor regné;
Puis le saluent li message
Mult noblement (...)
(GuillPalM 2593–96).

---

7 ChevIIEspF, 413, Anmerkung zu Vers 9055.

8 Zur Verbeugung s. Peil 1975, 70, 106.

9 Peil 1975 ordnet *encliner* ohne *complément circonstanciel* zu den «Bewegungen des ganzen Körpers» (320), mit entsprechendem *complément circonstanciel* zu den «Gebärden des Kopfes und des Gesichtes» (322).

Bei anderen Belegen ist es immerhin möglich, daß die Reihenfolge der Verben die Handlungsfolge widerspiegelt:

encliner + saluer

Quant Renaus vit le roi, parfont l'a enclinés;
De Deu le salua, ki en crois fu penés.
(RenMontC 3756f.)

(Huidelon)
Où que il voit Guion, parfont l'a encliné,
En son sarasinois mult biau l'a salué:
(GuiBourgG 2762f.)

(Begrüßung Gauvains)
Et tous li communs de la gent
Li encline et li salue.
(ChevIIEspF 2518f.)

(Tarquin)
Et il li ancline et salue come sa dame, (...).
(LancPrM V 168)

saluer + encliner

Et Nesmes est contre le roys alé,
Si le salue et luy a encliné
(AiquinJa 2576f.)

(Begrüßung Erecs)
li uns devant l'autre se fiche,
si le salüent et anclinent,
(ErecR 6320f.)

Li rois encontre li leva,
Et quant l'a veü la roïne,
Si le salue et si l'encline.
(RenBeaujBelW 5186–88)[10].

Aus der alleinigen Verwendung von *saluer* kann nicht unmittelbar geschlossen werden, daß der dargestellte Gruß nur sprachlich formuliert zu denken ist. Der Autor verzichtet in diesem Fall vielleicht nur darauf, die Grußgebärde darzustellen (Abbreviatur)[11]. Die allein sprachliche Formulierung geht dagegen aus Passagen hervor, in denen der Erzähler nur sprachlichen Gruß einerseits und sprachlichen und gestischen Gruß andererseits kontrastiert. Boten begrüßen nacheinander Papst und Kaiser:

L'apostoile salüent et font parfont anclin,
Après ont salüé Karlon le fil Pepin.
(SaisnM 893f.)

Et Cleomadés sagement
vers la roÿne s'enclina,
li et sa fille salua

---

[10] Weitere Belege: AiquinJa 1117, CligésM 2442, YvainR 2061, DurmG 9893f.

[11] Vergleiche Peil 1975, 71 zu dieser Technik im Hinblick auf die Darstellung der Grußgebärden.

conme cil qui a droit savoit
ce c'on faire et laissier devoit.
(CleomH 12988–92).

Der Gegensatz zwischen den beiden Grußformen stellt eine überlegte Abstufung der den Adressaten entgegengebrachten Ehrerbietung dar. Die Verbeugung erscheint als eine zusätzliche Handlung, die dem jeweils Ranghöheren unter den Adressaten vorbehalten bleibt.

Anders als bei *saluer* nehmen wir bei der alleinigen Verwendung von *encliner* an, daß der gemeinte Gruß nur aus einer Gebärde besteht. Es handelt sich in unseren Belegen oft um Gegengrüße. Die Beschränkung auf die Gebärde kann rein materielle Gründe haben. In

Li plus haus hom de tout le monde,
c'est l'emperere, il les salue
de Diu qui est desour le nue;
celes de prés salus li rendent,
celes de lonc qui ne l'entendent,
qui sont de boin afaitement,
l'enclinent toutes humlement.
(GautArrErR 2068–74)

bildet die Verbeugung einen Ersatz für den nicht hörbaren sprachlichen Gruß (2072). Ein solcher Ersatz, aus völlig anderen Gründen freilich, liegt auch in den Verbeugungen des Werwolfs im *Guillaume de Palerne* vor. Das Verhalten des Menschen in Tiergestalt wird als Gebärde erkannt und von den Adressaten entsprechend interpretiert. Die erste Verbeugung:

A simple vis, a simple chiere
Encline la chambre et la tor
Et les dames et le signor,
(GuillPalM 5844–46)

kommentiert Guillaume mit den Worten:

«Je cuit la beste nos destine
Honor et bien, mon essient,
Qui nos venra prochainement.
(GuillPalM 5858–60);

die zweite, doppelte Verbeugung:

A terre ot mis les deux genous
Devant Guillaume et la roine
Et les puceles, ses encline
Mult simplement deus fois la beste,
(GuillPalM 6376–79)

ganz ähnlich mit:

«Si croi qu'ele nos senefie
Honor et joie et signorie
Qui nos vendra par tans, je cuit.
(GuillPalM 6397–99)[12].

---

[12] Die dritte Verbeugung (GuillPalM 7207–17) wird nicht interpretiert.

In anderen Fällen handelt es sich um eine besondere Grußsitte. So beantworten vor allem Mönche einen sprachlichen Gruß nur mit einer Verbeugung[13]:

Li quens Wistace a salué
Et Wistaces l'a encliné.

(EustMoineF 441f.)

(Bohort vor dem Abt)
(...) et Boort vient avant, si le salue. Et cil li encline, si li demande qui il est, (...).
(SGraal IV QuesteP 183.6f.).

[13] Vermutlich handelt es sich um eine Anspielung auf mönchische Schweigegebote, vergleiche dazu allgemein Roloff 1973, 31–38. Vergleiche auch unten, dritter Teil, II. Kapitel, 258f. zu Aiol^{2}F 5721ff.

II. Kapitel: Beschreibung ausgewählter Bezeichnungen

Im Zentrum dieses Kapitels steht die Analyse ausgewählter Ausdrücke[14], die als Verb, als Substantiv oder als Verbindung von Verb und Substantiv den sprachlichen Gruß bezeichnen. Wir ordnen das Material danach, ob es das Grüßen überhaupt (1.) oder spezieller das Begrüßen bzw. Verabschieden (2.) ausdrückt. In einem dritten Abschnitt beschäftigen wir uns mit der Charakterisierung des Grüßens (3.).

Bei einigen Ausdrücken untersuchen wir nicht nur die Verwendung zur Bezeichnung des Grußes, sondern auch innerhalb von Formeln, die wir zum Umkreis der im ersten Teil besprochenen GFn zählen.

Bei allen Ausdrücken gehen wir auf das Verhältnis zwischen dem Gebrauch innerhalb und außerhalb der Formeln ein. Es ist erstens möglich, daß in beiden Fällen dasselbe Verb benutzt wird (*A à B: A Dieu vos comant* vs. *A comande B à Dieu*). Das Verb wird dabei innerhalb der Formel meistens performativ verwendet. Das die Formel erwähnende Verb kann zweitens von dieser abgeleitet sein (*A à B: Bien veigniez* vs. *A bienvigne B*). Man spricht hier von einem ‹delokutiven› Verb[15]. Schließlich werden drittens auch zwei verschiedene Verben verwendet (*A à B: Dieus vos doinst bone aventure* vs. *A salue B, A destine B bone aventure*).

1. „Grüßen"

1.1. *Saluer*

1.1.1. Bezeichnung

Saluer, „jemanden (sprachlich) grüßen", ist ein transitives Verb mit direktem Objekt. Das Objekt ist nicht nur beim Infinitiv[16], sondern auch bei der *-ant*-Form weglaßbar:

---

[14] S. unten, vierter Teil, II. Kapitel, 396–434 die hier zugrunde gelegte Materialsammlung.

[15] Benveniste 1966. Zur Weiterentwicklung dieses Ansatzes s. Rey-Debove 1975, De Cornulier 1976, Anscombre 1979, Mignot 1981 und Conte 1984.

[16] Hupka 1982, 105 nennt nur ErecR 3965 *sanz salüer*.

saluant

Por Dieu lor prie en saluant
Que il l'escoutent un petit,
(GuillAnglW 576f.)

Ensi la petite ambleüre
Vont tant saluant et parlant
C'a l'ostel vinrent a itant.
(BeaumJBlS 4652–54)

saluer

De saluer ne fu mie en souspois:
«Cil Damediex (...)»
(RCambrM 2148f.)

sanz saluer

(Keu)
et prist Erec en es le pas
par les resnes sanz salüer;
(ErecR 3964f.)

Et qant il les voit, si lor dit sanz saluer: (...)
(LancPrK 122.4f.)

A Richart uient Milez li grans,
Sans saluer li a dit: (...)
(RichF 3314f.).

In anderen Fällen steht jedoch auch bei *sanz saluer* das Objekt:

(...) atant es vos un chevalier o vient devant la table le roi sanz lui saluer.
(PerlN 8018f.)

Li chevaliers (...) si vint jusques as tables sans saluer ne un ne autre.
(LancPrM II 108).

Bei Koordination von *saluer* mit *encliner* ist in seltenen Fällen das Objekt auch bei *saluer* nicht direkt, sondern indirekt konstruiert (Attraktion). Dies ist weniger auffällig, wenn das auch für *saluer* geltende Pronomen nur vor *encliner* steht:

Et il li ancline et salue come sa dame, (...).
(LancPrM V 168),

ist aber recht bemerkenswert bei Wiederholung des Pronomens:

Et tous li communs de la gent
Li encline et li salue.
(ChevIIEspF 2518f.).

Der Herausgeber hält dies für einen Fehler in einem ohnehin mangelhaften Vers[17].

Belege, in denen *saluer* allein mit indirektem Objekt konstruiert ist, sind durchweg äußerst zweifelhaft. Sie entstammen anglonormannischen Texten,

---

[17] ChevIIEspF, 393, Anmerkung zu Vers 2519. Zur Syntax von *encliner* vergleiche noch Risop 1905, 312–314.

für die eine Vertauschung von indirektem und direktem Objektspronomen typisch ist[18]. Insofern ist die Korrektur von *li* in *l'i* in der folgenden Passage vielleicht sogar überzogen:

Mut tost se sunt entrecuntrez,
Li curleus l'i ad saluez.
(IpH 1627f.)

Die Reziprozität[19] der Handlung wird äußerst selten durch das Reflexivpronomen allein ausgedrückt *(soi saluer)*. In einem unserer beiden einzigen Belege wird dieses Verfahren nur zusammen mit einem anderen angewendet:

Gauvains le salue et il lui;
salüé se sont amedui;
(ErecR 4067f.).

Wesentlich häufiger ist die Hinzufügung des Präfixes *entre (soi entresaluer)*, z. B.:

maintenant se sont ancontré,
si s'antre salüent et beisent.
(ErecR 6400f.).

Das AF drückt Reziprozität auch mit dem transitiven Verb aus. Wir kennen drei Verfahren. Die Präsenz des Präfixes *re (resaluer)* markiert den Gegengruß, wenn zuvor schon ein Eröffnungsgruß erwähnt worden ist, z. B.:

Guinglains a la dame veüe,
Drece son cief, si le salue.
La dame resalua lui.
(RenBeaujBelW 3301–03).

Andernfalls ist nur die Wiederholung der Handlung gemeint. Perceval grüßt eine *demoiselle*:

Molt gentemant la salua,
Mais celle ne respondi mie,
Ainz fait samblant d'estre marrie.
Et Percevaux la resalue
Et celle si se rest teüe;
(ContPerc²ER 20638–42).

Eine zweite Möglichkeit ist der Gebrauch der Indefinitpronomina *li uns l'autre* („der eine den anderen"), z. B.:

Ylles descent et monte as estres.
Elle est encontre lui venue,
Li uns d'als gent l'autre salue.
(GautArrIllC 2497–99).

Schließlich – und hier handelt es sich um ein beliebtes Verfahren – wiederholt das AF Subjekt und Objekt eines Ausgangssatzes *(A salue B)* in vertauschter Stellung *(et B A)*, z. B.:

Il la salue e ele lui;
(MarieGuigR 475).

---

[18] S. BoeveAgnS, XXII (Einleitung).
[19] S. Ménard ²1976, § 126c.

Subjekt und Objekt bezeichnen normalerweise Personen. Im übertragenen Gebrauch können auch Vögel ‹grüßen›. Tobler-Lommatzsch verzeichnen (TL IX 129, 1–3 s. v. *saluer*):

> cil oisel chascun matin
> S'estudïent en leur latin
> A l'aube dou jour salüer
>
> (RoseMLangl 8407–09).

In diesem Kontext wird auch ein anderes Verb, *estrener* (*estriner*) „beschenken", verwendet:

> L'aloëte chante d'amor,
> Si'n estrine l'aube dou jor.
>
> (PartonG 21f.)[20].

Als personifiziertes Abstraktum tritt *proëce* in der festen Wendung *A, cui proëce salue* auf (TL IX 129, 3–11 s. v. *saluer*). Aus der knappen Zitierweise des Wörterbuchs geht nicht hervor, daß ein weiterer Beleg sich an diese Wendung anlehnt (TL IX 129, 12f. s. v. *saluer*). Die alte Kupplerin spricht zu dem verzweifelt verliebten Paridès:

> – Biaus dous amis, se Dius me voie,
> ne morrés pas a ceste voie.
> A vos paroles, par verté,
> qui ne connoist vostre enferté?
> (...)
> Soiiés de bon afaitement
> si vivés encore avoec nous,
> (...)
> Mais Desperance vos salue
> et Malvaistiés fine et Perece,
> car eles cuident que Prouece
> ne soit mais por vos regardee.
>
> (GautArrErR 4105–08, 12f., 20–23).

Als weiteres unbelebtes Subjekt ist *les letres* möglich. Dieser Gebrauch schließt sich an den bekannten Typ *les letres disent, li livre dist* an[21]:

> Oëz qu'il i trova escrit:
> Les letres le roi saluoient
> Et molt franchemant li disoient:
> «Rois, (...).»
>
> (ContPerc¹AR 8404–07).

Als Objekt kann eine Sachbezeichnung auftreten, wenn die Sache personifiziert wird. Lancelot begrüßt das Bild Guenièvres:

> (...) et il vint en la chambre painte, si vit l'ymage de sa dame, si l'ancline et la salue et vait prés et l'ambrace et la baise en la bouche, (...).
>
> (LancPrM V 54).

Auch wenn *saluer* sich in den allermeisten Fällen auf die Begrüßung bezieht, so können wir die Bedeutungsangabe doch nicht entsprechend ein-

---

[20] Der Herausgeber glossiert *estrener, estriner* mit «to greet», s. PartonG II/2, 95.
[21] Scholz 1980, 57–64, besonders 63 und dazu Lebsanft 1982, 56.

schränken. In einer Reihe von Belegen meint *saluer* eindeutig den Abschiedsgruß. Tobler-Lommatzsch zitieren vier einschlägige Passagen, davon zwei aus unserem Korpus (TL IX 126, 52–127, 2 s. v. *saluer* LancR 594; 127, 37–39 TristBérM[4] 234; weiterhin 127, 30–33 BenTroieC 4215; 128, 3–5 AimonFlH 423, Verweis auf 622, 11166). Wir können weitere Stellen aufführen. Erec und Enide verabschieden sich:

grant joie ot a lui convoier,
et molt grant presse au congié prandre.
Ne pooit pas les saluz randre
an demi jor par un et un,
s'il volsist respondre a chascun:
les barons salue et acole,
les autres a une parole
comande a Deu toz et salue.
Et Enyde ne rest pas mue
au congié prandre des barons:
toz les salüe par lor nons,
et il li tuit comunemant.

(ErecR 6344–55)[22].

Bademagu verabschiedet Guenièvre, Gauvain und Keu:

Tantost a la voie se metent:
si les comande a Deu li rois;
toz les autres aprés ces trois
salue, et puis s'an retorne.

(LancR 5296–99).

Bagomedés und eine *demoiselle* verabschieden sich voneinander:

La parole ont atant fenie,
Si se sont antresalüé
Et a Damedieu conmandé.

(ContPerc[2]ER 28506–08).

Ferraut verläßt den Königshof:

Atant s'en vait par le palais pavé,
Ogier et Nayneme a moult bel saluez,
Tout son lyngnaige a à Deu commandé,
Si ra le roi de rechief deffié.
Dou palais ist, (...).

(GaydonG 3680–84).

Lïenor bricht von ihrer Herberge auf:

si vos di q'ele salua
son oste, quant el s'en issi.

(GuillDoleL 4519f.).

Gauvain verabschiedet sich von einem *vallet*, dem er im Wald begegnet ist. Wir zitieren Anfang und Ende der Begegnung:

---

[22] Vergleiche die Interpretation bei Peil 1975, 100f. («Der fröhliche Abschied»).

E chevaucha desq'a heure de midi, e vit en la forest pleniere desoz .i. arbre .i. vallet descendu d'un chaceeur. Messire Gavains le salue, (...). Messire Gavains salue le vallet si s'en va grant aleüre, (...).

(PerlN 978f., 999)[23].

Die Tätigkeit des *saluer* wird gewöhnlich durch eine GF realisiert. Dies zeigen Kontexte, in denen das Verb als Ankündigung der direkten Rede funktioniert, z. B.:

Et li message descendirent a piéd,
Sil saluërent par amur et par bien.
Blancandrins ad tut premereins parléd,
Et dist al rei: «Salvét seiez de Deu,
Le glorius, que devuns aürer!

(RolH 120–24)

Quant li chetis le prent a salüer:
«Cil Damedex qui fist vin et blé,
(...)
Il saut Guillelme le marchis au cort nes,
(...)

(PriseOrABR[1] 148f., 152)

a chiere molt joiant et liee
les salue, et dit: «Bien vaingniez;

(LancR 2516f.)

Hues le voit, moult bel le salua:
«Sire, dist il, cil Diex qui tot crea,
Il gart vo cors d'enconbrier et de mal.»

(HuonR 2680–82)

Et cil bonement le salue
Ki de son non mie n'avoit.
«Sire, dist il, Dix vous avoit
De çou que vous alés querrant.»

(AtreW 4922–25)[24]

Et quant il vit Lancelot, si le salue et li dist: «Sire, bien soiés vos venus comme la flors des chevaliers del monde.»

(LancPrM I 299).

Mit *saluer* kann auch eine GF bezeichnet werden, die sich gleichzeitig an einen anwesenden und an einen abwesenden Adressaten richtet. Bertran steht als Bote Karls vor Desïer:

Ançois salue Kallon que Desïer,
Son droit signor qui France a a baillier:
«Cil Dame Dex qui fu et est et iert
Il salt Kallon le fort roi droiturer,
(...)
Et toi si face, rices rois Desïer,

(OgDanE 4086–89, 93).

---

[23] Weitere Belege: NarbS 2080, EscoufleS 8030, GuillPalM 8955, 8957.

[24] Man könnte nach AtreW 4923 statt des Punktes einen Doppelpunkt setzen, so wie dies im voraufgehenden Beispiel in HuonR 2680 geschieht.

Tobler-Lommatzsch setzen in diesem Fall die Bedeutung „Heil wünschen“ (TL IX 126, 26 s. v. *saluer*) an, vermutlich deswegen, weil sie es als störend empfinden, den Wunsch an einen Abwesenden als Gruß zu bezeichnen. Vielleicht wird man aber den afr. Verhältnissen gerechter, wenn man auch hier bei der Angabe „grüßen“ bleibt und sie mit dem Zusatz versieht, daß die Grußhandlung in afr. Zeit teilweise andere Fakten umfaßt als dies heute der Fall ist. Wir werden uns noch mit diesem Problem im dritten Teil unserer Arbeit auseinandersetzen[25].

Die Tätigkeit des *saluer* erstreckt sich auch auf die Übermittlung von Grüßen durch einen Boten, die durch spezielle Formeln ausgedrückt wird (s. unten, 114f., 120f.). Der Auftraggeber wird dabei mit einem *complément circonstanciel* angegeben, *saluer a. de par a.* bzw. – seltener – *saluer a. de part a.* Sowohl die Präposition *par* als auch das Substantiv *part* verbinden sich mit einem Demonstrativ- bzw. Objektspronomen oder einem Substantiv, *part* darüber hinaus mit einem vorangestellten *adjectiv possessif*[26]:

De par lui orent salüé
mon seignor Gauvain si neveu.
(YvainR 4746f.)

Et salüent lor damoisele
De par celui qu'ele aimme et prise;
(GautArrIllC 4271f.)

De part celui la salua
(MarieElidR 417)

De par le roi la dame salua:
(RCambrM 163)

(...) et les salua de part l'empereor Alexi de Constantinoble;
(VillehF § 141)

De vostre part le saluai
(MarieElidR 425).

Den Grußauftrag, für den es ebenfalls spezielle Formeln gibt (s. unten, 114, 120), bezeichnet die Konstruktion Verb des Bittens + *saluer*:
priier à a. de saluer a.

(Cleomadés)
et la fenme Sartan aussi
et lor compaignie autressi
li pria mout de saluer.
(CleomH 14179–81)

rover à a. saluer a.

(Durmart)
Son oste rueve salüer,
(DurmG 4125)

---

[25] S. unten, dritter Teil, I. Kapitel, 170–181.

[26] Zu *de par* s. TL VII 176, 12–177, 24, besonders 177, 6–24 *«in Gottes Namen»* s.v. *par;* zu *de part* TL VII 358, 24–359, 36 s.v. *part.* Vergleiche noch Ménard ^{2}1976 § 333, Rem. 2 und Moignet ^{2}1984, 318.

Trestot li dist et raconta
Si come il l'ot oi parler,
Et com li rouva saluer
Sa mere (...)

(GuillPalM 684–87)

A Hernaut de par li saluer li rouva.

(GaufrG 1304).

Bei indirekter Rede sind neben *priier*[27] auch andere Verben möglich, z. B. *deviser*:

Lors prent congié, et li devise
Que il li saluast Aiglente.

(ViolB 4320f.)

oder *dire*:

Et messires Gauvains li dit que il li salut son seignor.

(LancPrK 479.19f.).

Die Gruppe der GFn, in denen eine höhere Macht (Gott) genannt wird, kann durch eine weitere Verbindung von Verb + *complément circonstanciel* ausgesondert werden, und zwar *saluer de Dieu*, „jd. bei Gott, in Gottes Namen grüßen", z. B.:

Il saluent le roy de Dieu le creatour.

(GuiNantmM 132).

In seltenen Fällen wird das *complément* mit *de par* angeschlossen, z. B.:

Il le salue hautement de par Dé:
«Cil Dame Diex (...).

(PriseOrceR 135f.).

Tobler-Lommatzsch nennen sogar einen Beleg mit *part* (TL IX, 128, 18–20 s. v. *saluer*):

Al samadi lur vint uns més,
De la part Deu salüet les

(BrendanW 405f.).

Der Vers 406 gibt lat. *ex parte Dei salutat eos* wieder. Die Gottesnamen lassen in diesen Konstruktionen genau die Variationen zu, die wir bei den GFn beschrieben haben[28]. Auch hier ist es möglich, die Namen heidnischer Gottheiten einzusetzen:

De Mahommet son dieu l'a [le] glout salué,

(GaufrG 10026).

Es ist freilich beliebter, den heidnischen Gruß mit *saluer de la loi paienie*, „jd. beim heidnischen Glauben grüßen", zu bezeichnen[29]. Da *loi* auch den christlichen Glauben meinen kann, müssen Zusätze den Bezug zum Heidentum verdeutlichen, neben *paienie* z. B. auch *mescreant*:

---

27 S. unten, vierter Teil, II. Kapitel, 412f.

28 S. oben, erster Teil, II. Kapitel, 33–37.

29 Vergleiche TL V 590, 24–35 *«Gruß der Heiden»* s.v. *loi;* TL IX 128, 26–38 *«Gruß der Heiden (Sarazenen)»* s.v. *salüer.* Vergleiche noch EnfOgH, 346, Anmerkung zu Vers 1429.

Il le salue, de la loi mescreant,
(EnfOgH 3487).

Das *complément circonstanciel* wird noch durch andere Präpositionen als *de* angeschlossen, nämlich *à* (PriseOrcᴇR 1348), *en* (z. B. PriseOrᴀʙR[1] Hs. A 1275) und *selonc* (AthisH 289).

1.1.2. Formeln

Das Verb *saluer* kommt in zwei Arten von Formeln vor, 1. in GFn (1.1.2.1.), 2. in Formeln der Grußübermittlung (1.1.2.2.).

1.1.2.1. Grußformeln

Die von Senge 1935 (65f.) erst für das 19. Jahrhundert belegte performative Verwendung des Verbs, *je vos salu*, ist schon dem AF bekannt. Sie begegnet dort nicht nur positiv, sondern auch – und sogar etwas häufiger – negativ als Formel der Grußverweigerung, *je ne vos salu mie*. Die Komponenten der GF bezeichnen Sprecher, Adressat und Grußhandlung. Hinzu kommt in einem Beleg eine Gottesbezeichnung:

Roys, d'Apolin et de Mahom
Te salu con tes liges hom,
(BodelNicH[3] 349f.)

Die GF präsentiert sich auch in passivischer Form, *De Dieu soiez vos saluez*. Dabei fällt die Sprecherkomponente weg. Der performative Charakter der Äußerung wird aufgegeben. Die Interpretation von *saluez* als Form von *saluer* – und nicht von *salver/sauver* – ist in den drei uns bekannten Belegen durch die Metrik gesichert. Das *u* muß als eine eigene Silbe gezählt werden, man vergleiche z. B.:

Du Roi du monde soiiés vous salué.
1 2 3 4 / 5 6 7 8 9 10
(HuonR 3282).

Die bei der aktivischen Form fakultative Gottesbezeichnung tritt bei der passivischen Form immer auf. Man kann das entsprechende *complément* sowohl als *complément circonstanciel de manière* („Ihr mögt im Namen Gottes/ bei Gott gegrüßt sein") als auch als *complément d'agent* („Ihr mögt von Gott gegrüßt sein") auffassen. In

«Trestot li Deu ou sunt creens François,
Soit salués Kallemaine li rois
(...).
(OgDanE 1467f.)

ist es in einer grammatisch unbefriedigenden Form überliefert, die vom Herausgeber kommentarlos in den Text übernommen worden ist[30].

[30] Eine einfache Emendierung wäre *De tot* für *Trestot*.

1.1.2.2. Grußauftrag und -übermittlung

Das Verb wird sowohl beim Grußauftrag als auch bei der Grußübermittlung gebraucht. Beim Auftrag richtet der Auftraggeber (A) an den Boten (C) in der einfachsten Form die Worte: *Saluez B* (= Adressat). Die Komponenten bezeichnen also Boten, Adressaten und Grußhandlung. Wesentlich häufiger ist die Formel mit einer weiteren, den Auftraggeber bezeichnenden Komponente. Am beliebtesten ist dabei ein ethischer Dativ, *Saluez moi B*[31]. Der Bezug zum Auftraggeber kann auch durch ein *complément circonstanciel* hergestellt werden, das entweder mit *de par* oder mit *de part*, selten mit *de* angeschlossen ist. In

«– Va t'en donc, fet Dodinials, si me salue de par moi ma dame la roine Genievre.»
(LancPrM II 304)

ist die Auftraggeberkomponente gleich zweimal ausgedrückt. Der Adressat wird stets in der 3. Person, der Auftraggeber in der 1., bei *de par, de part* auch in der 3. Person genannt. Die Erwähnung in der 3. Person ermöglicht, durch entsprechende Personenbezeichnungen die Beziehung zwischen Auftraggeber und Adressat darzustellen, man vergleiche z. B.:

Vostre dame me salüez
De son demoine soudoier,
(TristBérM[4] 3540f.).

Das Verb der Auftragsformel erlaubt Variationen. Es steht nicht nur im Imperativ, sondern auch im Futur: *Saluerez B*. Der Grußauftrag besteht normalerweise aus einem einfachen Hauptsatz, gelegentlich aber auch aus einem Satzgefüge. Der übergeordnete Satz kleidet den Auftrag dann in eine Bitte oder in einen Befehl, z. B.:

«Por Deu voz proi, quant dosnoier irez,
Que Esmerée de par moi saluez;
(GaydonG 8431f.)

«Et si li dis que nous [la] saluon.
(RCambrM 6288).

Bei der Grußübermittlung übermittelt der Bote (C) dem Adressaten die Grüße in der Form *A vos salue*. Die Komponenten bezeichnen Auftraggeber, Adressaten und Grußhandlung. Der Auftraggeber wird immer in der 3. Person, der Adressat sowohl in der 2. als auch in der 3. Person genannt, z. B.:

Sire, ma dame vos salue,
Cele que vos querrés a drue;
(RenBeaujBelW 4253f.)

«Sire, la roine Genievre, la fille al roi Leodagan, salue le roi Artu, si com ele doit, et tote sa compaignie des barons et des chevaliers.
(LancPrM I 22).

In einem einzigen Beleg wird die Grußhandlung passivisch ausgedrückt. Das

[31] Der ethische Dativ wird in Ménard [2]1976, § 126b Rem. und Moignet [2]1984, 130, Anmerkung 2 mit Belegen exemplifiziert, in denen das Verb *saluer* vorkommt.

Subjekt der aktivischen Form wird als *complément d'agent* mit *de part* angeschlossen:

«Reis, seiez saluez trés bien
De part le duc Atheniien!
(ThèbesC 10029f.).

Der Bote steht als ‹Sprachrohr› des Auftraggebers bei dieser ‹unpersönlichen› Form der Übermittlung im Hintergrund. Eine zusätzliche Komponente kann aber auf ihn aufmerksam machen. Wir haben es hier freilich vor allem mit Einzelbelegen zu tun. So kann an die übliche Formel ein *complément d'agent* angefügt werden:

«Dame, il vous salue par moi
(ViolB 770).

Der Bote spielt sich stärker in den Vordergrund, wenn er dieses *complément d'agent* zum Subjekt und das Subjekt zu einem *complément circonstanciel* macht. In unserem einzigen Beleg wird zusätzlich eine Gottesbezeichnung eingefügt:

«Dame,» dist il, «je vous salu
De par Dieu qui nous a valu,
De par les barons d'Ermenie
(BeaumManS 8021–23).

Ein letztes Verfahren besteht schließlich darin, die ‹persönliche› Form *je vos salu de par A* in ein Satzgefüge einzubetten, bei dem der übergeordnete Satz den Grußauftrag in expliziter Form wiedergibt, z. B.:

Et il li dist: «Cil me proia,
Pucele, qui cha m'envoia,
Que de par lui vos saluaisse;
(PercR 4061–63).

1.2. *Salu* + Verb

1.2.1. Bezeichnung

Das Substantiv *salu* bedeutet feminin „Heil, Gesundheit" (TL IX 121, 6–122, 29 s. v. *salu*), maskulin „sprachlicher Gruß" (man vergleiche TL IX 122, 30–124, 26 *«Gruß; auch Dank"* s. v. *salu*). Es handelt sich dabei sowohl um den zwischen zwei Gesprächspartnern unmittelbar ausgetauschten Gruß als auch um den durch einen Boten mündlich oder in einem Brief schriftlich übermittelten Gruß. Das Substantiv ist so der terminus technicus für den ersten Teil des Briefes, die *salutatio*, die Brunetto Latini im *Tresor* definiert[32]:

[32] Zur *ars dictaminis,* in der die *salutatio* definiert wird, s. den Überblick im *Lexikon des Mittelalters* 1, 1034–1039. Speziell zur *salutatio* s. Lanham 1975. – TL IX verzeichnen noch 125, 30–38 *salüacïon;* 41–50 *salüance.* Weitere Ableitungen (126, 12–16 *salüement* und 129, 17–28 *salutacïon*) scheinen sich dagegen nicht auf die *salutatio* zu beziehen. Vergleiche insgesamt FEW 11, 125b *(salūs),* 126b *(salūtāre),* 127b *(salutātio).*

Salus est le commencement de la letre, ki nome ciaus ki mandent et ciaus ki reçoivent *les letres*, et la dignité de chascun, et la volenté de coer ke cil ki envoie a contre celui ki reçoit; ce est a dire que s'il est ses amis, il li mande salus et autres dous mos ki autant valent et plus; et se c'est anemis il se taist ou il li mande aucun autre mot covert ou descovert de mal; et s'il est graindres, il li mande paroles de reverence; autresi doit on mander as pers et as menours ce ki avenable est a chascun en tel maniere qu'il n'i ait visces dou plus ne defautes du mains. Et sachiés que le non de celui ki est graindres et en plus haute dignité doit tozjours estre devant, se ce n'est ou par cortoisie u par humilité ou par autre chose samblable.

(BrunLatC III 16. 1–12).

Salu ist auch die Bezeichnung des englischen Grußes (TL IX 124, 27–37 s. v. *salu*) und des Liebesbriefgedichts (*salu d'amors*; TL IX 122, 30f. s. v. *salu*)[33]. Der Gruß „im Namen Gottes" wird parallel zu *saluer de Dieu* mit *salu de Dieu* ausgedrückt, z. B.:

De Damedieu li a fet un salu.

(NarbS 6615).

Beim unmittelbaren Gruß wählt das AF das Substantiv im Singular, wenn ein einzelner, bestimmter Gruß gemeint ist; den Plural, wenn es sich um mehrere Grüße handelt. Es gibt aber auch Belege, in denen auf einen einzelnen Gruß mit der Pluralform Bezug genommen wird. So entspricht im ersten der beiden folgenden Zitate *ses salus* (Obliquus Plural) einer Mehrzahl von Grüßen. Der König erwidert nicht nur den an ihn, sondern auch den an seine Gefolgschaft gerichteten Gruß Guinglains. In der zweiten Passage bezieht sich dagegen *ses salus* (wiederum Obliquus Plural) auf einen einzigen Gruß, und zwar den, den Guinglain an die *dame* richtet:

(Guinglain)
Le roi salua maintenant — 1. Gruß
Et puis les autres ensemant. — 2. Gruß
Li rois li rendi ses salus,

(RenBeaujBelW 77–79)

Guinglains l'a premiers saluee,
Quant il fu devant li venus;
La dame li rent ses salus,

(RenBeaujBelW 4356–58)

Beim mündlich oder schriftlich übermittelten Gruß wählt das AF gerade für den einzelnen Gruß den Plural. Dem entspricht, daß die entsprechenden Formeln vorwiegend den Plural wählen (z. B. *A vos mande saluz*, s. unten, 120). In seltenen Fällen wird freilich auch der mittelbare Gruß mit der Singularform erwähnt. Man vergleiche die Regel und die Ausnahme:

Saluz manda dame Orable al chief blont

(PriseOrABR[1] Hs. B 528)

(...) et lors manda as barons et as pelerins salut (...)

(VillehF § 107).

Die Varia lectio verzeichnet hier auch die Pluralform (*saluz* O A).

---

33 S. Ruhe 1975, 215ff.

Salu bezeichnet als Substantiv diejenige Handlung, die *saluer* als Verb ausdrückt. Dies geht aus Belegen hervor, in denen mit *salu* und *saluer* auf dieselbe Handlung Bezug genommen wird, z. B.:

(Gui und sein Gefolge vor dem Riesen)
Atant es les enfans, qui l'ont haut salué;
Tel salu li ont dit dont il ne lor sot gré:
«Diex te saut, ce dist Guis, si com j'ai devisé.
(GuiBourgG 1800–02).

Das Substantiv bezieht sich ebenso wie das Verb vorwiegend auf die Begrüßung. Aber auch hier gibt es Belege für die Bezeichnung des Abschiedsgrußes. Die Königin verabschiedet Gorhant, ihren Liebhaber:

(Gorhant)
A la reïne en est venu errant:
«Reine, dame, jo vois veer li Franc.» –
«Va t'en, fait ele, a Mahum te comant,
(AspremLM 2753–55).

Daran erinnert sich Gorhant im Kampf gegen Naimes:

Quant al païen fu ses sens revertu
E de s'amie li est resovenu
Qu'a matin li fist le gent salu,
[Vire] le regne e tint le brand tut nu.
(AspremLM 2853–56).

In den beiden folgenden Belegen geht die Bedeutung „Abschiedsgruß" aus dem näheren Kontext unmittelbar hervor:

Puis comanda a Dieu celi
Cui ses salus point n'abeli:
(PercR 765f.)

Baisié se sont et congié prendent;
De totes pars salus se rendent.
(GuillPalM 3845f.).

Genauso wie *saluer* kann auch *salu* eine GF meinen, die sich an eine anwesende und an eine abwesende Person richtet. Eine *demoiselle* erwidert den Gruß Gauvains, den sie freilich für einen anderen hält:

«Cil Sires qui fist soir et main
Saut et gart monseignor Gauvain
Et vos aprés, et beneïe.»
(ContPerc[1]AR 1639–41).

Gauvain fragt nach dem Grund für dieses Verhalten:

– «Pucele gente, dolce amie,
Dites moi que vos antandez
A cel salu que vos randez
Monseignor Gauvain ainz que moi.
(ContPerc[1]AR 1642–45).

Dieselbe Interpretation des Grußes enthält die Antwort der *demoiselle*, die erklärt, Gauvain auch vor ihrem Vater oder irgend jemandem anderen zu grüßen:

(...) j'ai oï de lui parler
Et bones noveles conter,
Qu'an lui a plus san et proësce
Et corteisies et largesce
Qu'il n'a an chevalier vivant.
Por ce li rant saluz avant
Qu'a mon pere ne qu'a autrui.»
(ContPerc^{1}AR 1657–63).

Das Substantiv wird mit einer Reihe von Verben gebraucht, mit denen verschiedene Aspekte der Grußhandlung ausgedrückt werden. Wir nennen zunächst Verbindungen, die sich auf das Mitteilen des Grußes beziehen[34]. *Dire un salu, faire un salu:* „jd. einen Gruß entbieten"; *estrener a. d'un salu* (PartonG 6971): „jd. mit einem Gruß beglücken"[35]. *Rendre un salu*, das gewöhnlich „jdes Gruß erwidern" bedeutet (s. unten), meint bisweilen auch den Eröffnungsgruß. Briol grüßt Perceval:

L'escu au col, ou poing la lance,
Vers Perceval s'an est venuz;
Et hautemant li rant saluz
De Dieu qui toute riens mestrie,
(ContPerc^{2}ER 27238–41).

Die Reziprozität drücken *s'entredire un salu* (TristBérM^{4} 2844) und *soi rendre saluz* (GuillPalM 3846) aus. Das Entbieten des Grußes wird auch als Vorgang betrachtet. *Passer un salu* meint hier „einen Gruß beenden"[36]:

Quant passé furent li salu,
lors se sont de la esmeü;
(CleomH 16849f.).

Auf den Grußauftrag bezieht sich *mander saluz*, „Grüße an jd. auftragen, schicken". An die Stelle des einfachen Objekts können auch Doppelungen treten, *saluz ... et drüerie* (AthisH 9803), *amistiez et salus* (GuiNantMM 2141), *grans amistiez et grans salus* (CleomH 15320), *amour ... et amistiez ... et salus* (CleomH 14980f.). Das Entbieten eines aufgetragenen Grußes kann durch entsprechende Erweiterung schon genannter Verbindungen benannt werden: *dire saluz d'a., faire saluz de par a., rendre saluz de par a.* (ContPerc^{2}ER 23468f.). Es gibt aber auch speziellere Verbindungen wie *aporter saluz de par a.* (SaisnM 2218): „Grüße von jd. mitbringen", *trametre un salu* (AmYdR 1541f.): „einen Gruß übermitteln". Hierher gehört auch eine Verbindung mit *recorder* „erinnern":

(...) et li recorde com il fu enorez en l'ostel, et les saluz que il li mande.
(PerlN 3858f.).

---

[34] Wir geben das Substantiv im Plural an, wenn dies der Sinn erfordert *(soi rendre saluz)* oder wenn eindeutig der übermittelte Gruß gemeint ist. Vergleiche unten, vierter Teil, II. Kapitel, 413–424.

[35] Vergleiche oben, Anmerkung 20.

[36] S. CleomH, 790 Anmerkung zu Vers 16157: «‹achever son salut, terminer les salutations à faire›».

Mander saluz meint sowohl den mündlich als auch den schriftlich vermittelten Gruß. Speziell auf den schriftlichen Gruß beziehen sich *i avoir saluz* (TristBérM⁴ 2358), *i escrire saluz* (TristBérM⁴ 2648): „Grüße niederschreiben" und *i metre saluz* (EscoufleS 8582): „Grüße aufsetzen".

In einer weiteren Gruppe fassen wir Verbindungen zusammen, welche die Reaktion des Adressaten auf die Grußmitteilung zum Gegenstand haben. *Avoir un salu*: „einen Gruß erhalten", *entendre un salu* (GuillPalM 8431f.): „einen Gruß hören", *recevoir un salu* (EnfOgH 3413f.): „einen Gruß empfangen, annehmen", zeigen die positive Haltung gegenüber dem Eröffnungsgruß. Diese kann sich zur Freude steigern. *Uns saluz agreer à a.*: „Gefallen an einem Gruß finden", *soi rehaitier d'un salu* (MarieMilR 272): „sich über einen Gruß freuen". Die negative Haltung wird durch Verneinung zweier weiterer positiver Ausdrücke umschrieben. *Uns saluz n'abelir à a.* (PercR 766): „keinen Gefallen an einem Gruß finden", *n'avoir cure d'un salu* (LancPrK 283.16): „einen Gruß nicht beachten". Schließlich findet sich auch *perdre un salu* (LancPrK 410.19): „sich einen Gruß verscherzen".

Einer letzten Gruppe ordnen wir Verbindungen zu, mit denen der Gegengruß gekennzeichnet wird. Der wichtigste, sehr häufige Ausdruck ist *rendre un salu*: „einen Gruß erwidern". Weitere Möglichkeiten sind *respondre à un salu* (ContPerc²ER 27713f.): „auf einen Gruß antworten", *remerir un salu* (HuonR 3503f.): „jd. einen Gruß vergelten", *rendre soute d'un salu* (PartonG 5283): „jd. einen Gruß entlohnen".

1.2.2. Formeln

Das Substantiv kommt zwar nicht wie *saluer* in GFn, wohl aber 1. in Formeln der Grußverweigerung (1.2.2.1.) und 2. in Formeln des Grußauftrags und der -übermittlung vor (1.2.2.2.).

Wir müssen freilich einräumen, daß die Verbindung von *dire* + *salu(z)* unter bestimmten Umständen nicht als Bezeichnung eines Grußes, sondern als Redeankündigung + GF interpretiert werden kann. Diese Umstände bestehen darin, daß das Substantiv nicht durch Ausdrücke erweitert ist, die es im Sinne der Bezeichnung festlegen (z. B. *Tel salu li ont dit* ... GuiBourgG 1801). Bei fast allen unseren Belegen liegt aber eine solche Festlegung vor. Es ist vor allem dieser Befund, der uns die Interpretation des Substantivs als GF auch dort, wo sie prinzipiell möglich wäre, als unwahrscheinlich erscheinen läßt – selbst wenn der Herausgeber sie sich zu eigen macht:

(Armant)
Il est duc'al soldan venus,
Si li a dit primes: «Salus!

(PartonG 9289f.)[37].

[37] Wir würden folglich anders interpunktieren:
Il est duc'al soldan venus,
Si li a dit primes salus:
«Sire, fait il, (...)».

1.2.2.1. Grußverweigerung

Anders als bei *Je ne vos salu mie* haben wir es hier mit Formeln zu tun, welche die Verweigerung des Gegengrußes betreffen. Es handelt sich um *De vostre salu n'ai ge cure* (RenR XI 12018), *Ne de vos ne de vostre salu n'ai ge cure* (LancPrK 283.11), *Vous ne uostre salu ne pris iou .i. denier* (Aiol^{2}F 1837) und *Ce salu ne vos ran ge mie* (RenR VIII 7348). Wie man sieht, wird die Mißachtung der Person des Gesprächspartners in die Grußverweigerung zumeist einbezogen.

1.2.2.2. Grußauftrag und -übermittlung

Die beim Grußauftrag zu besprechenden Formeln mit dem Substantiv sind seltener als diejenigen mit dem Verb (*Saluez B*, usw.). Der Auftraggeber (A) richtet an den Boten (C) die Worte: *Dites à B saluz de ma part.* Ebenso wie *Saluez moi B* verfügt diese Formel über Komponenten zur Bezeichnung von Bote, Adressat und Auftraggeber. Die Komponente „Grußhandlung" ist dagegen aufgespalten in „Handlung" und „Objekt". *Saluer* und *dire saluz* stehen zueinander wie einfaches Verb zu Streckformel[38]. Die Grußkomponente erlaubt als Variante die Doppelung *saluz et amistié(z)*. Anders als *amistié* ist *salu* im Plural fixiert. Die Handlungskomponente verzeichnet neben *dire* auch die Verben *porter* (TristBérM^4 3353) und *saluer* – wodurch eine *figura etymologica* zustande kommt:

> Et saluez moi vostre cousin d'autant de saluz comme l'an porroit penser (...).
> (LancPrM IV 148).

Die Auftraggeberkomponente kann auf verschiedene Weise angeschlossen werden. Neben *de part a.* verzeichnen wir noch *de par a.* (HuonR 8829), *par a.* (RCambrM 5623) und den ethischen Dativ beim Gebrauch von *saluer* (s. oben). An die Stelle des einfachen Hauptsatzes tritt auch ein Satzgefüge, bei dem der übergeordnete Satz den Auftrag, der untergeordnete Satz den zu übermittelnden Gruß enthält:

> Si li dites que je li mant
> Salus, (...).
> (EscoufleS 3573f.).

Die Übermittlung des Grußes an den Adressaten (B) durch den Boten (C) erfolgt mit der sehr häufigen Formel *A vos mande saluz*. Dies entspricht der ‹unpersönlichen› Formel *A vos salue*. Gemeinsam sind wiederum die Komponenten zur Bezeichnung von Auftraggeber und Adressat. Die Komponente „Grußhandlung" ist aufgespalten in „Grußübermittlung" („Handlung") und „Gruß" („Objekt"). Als Varianten sind bei der Grußkompetenz Doppelungen und Häufungen belegt: *saluz et amistié(z), saluz ... et amor* (TristBérM^4 2554),

[38] Zum Verhältnis von einfachem Verb zu Streckformel, s. oben, erster Teil, II. Kapitel, 27 mit Anmerkung 37.

amistiéz e salus (AyeB 1941) und *amistié, servise et saluz* (TristThomW Douce 1438). In zwei Fällen treten zu dieser Komponente noch Gottesbezeichnungen: *de cel seignor du ciel que vos reclamés plus* (AyeB 1942) und *de par celui Qui est sires poësteïs* (BeaumJBlS 5308f.). Eine Komponente zur Bezeichnung des Boten kann zu der Ausgangsformel hinzukommen. Sie wird immer mit *par* angeschlossen: *A vos mande saluz par moi*. Das die Übermittlung ausdrükkende Verb läßt ebenfalls Varianten zu, und zwar *passé composé* statt Präsens (*Li dus Girars vos a salus mandé*, AspremwB 10696) sowie *faire* + *mander* statt einfachem *mander* (*Li emperere vos fait salus mander*, AspremwB 10813). Die *Je vos salu de par A* äquivalente ‹persönliche› Formel ist ebenfalls belegt, und zwar als *Et je meïsmes les [= salus] vos ving aporter* (AspremwB 10814) und *jeo vus porte saluz de l'emperur* (BueveAgnS 112).

Die Homophonie von *salu* „Heil, Gesundheit" und *salu* „Gruß" wird in einer Passage des *Tristan* von Thomas zu einem berühmten, schon von Tobler erwähnten Wortspiel ausgenutzt[39]. Der vergiftete Tristan trägt Kaherdin eine Grußbotschaft an Isolde auf:

1195 Dites li saluz de ma part,
Que nule en moi senz li n'a part.
1197 De cuer tanz saluz li emvei
Que nule ne remaint od mei.
1199 Mis cuers de salu la salue,
Senz li ne m'ert santé rendue;
1201 Emvei li tute ma salu.
Cumfort ne m'ert jamais rendu,
1203 Salu de vie ne santé,
Se par li ne sunt aporté.
1205 S'ele ma salu ne m'aporte
E par buche ne me conforte,
1207 Ma santé od li dunc remaine,
E jo murrai od ma grant peine;
(TristThomW Douce 1195–1208).

Um ein möglichst genaues Textverständnis zu sichern, geben wir eine wörtliche Übersetzung[40]:

1195 Sagt ihr *saluz* (= Grüße) von mir,
Daß kein [*salu* (= Heil)] in mir ohne sie Anteil hat.
1197 Von Herzen so viele *saluz* (= Grüße) schicke ich ihr,
Daß kein [*salu* (= Heil)] bei mir bleibt.
1199 Mein Herz grüßt sie mit *salu* (= Heil),
Ohne sie wird mir Gesundheit nicht wiedergegeben werden;
1201 Ich schicke ihr mein ganzes *salu* (= Heil).
Stärkung wird mir niemals wiedergegeben werden,
1203 Lebens-*salu* (= Heil) und Gesundheit nicht,
Wenn diese mir nicht durch sie gebracht werden.

---

39 Tobler (II) ^{2}1906, 263.

40 Vergleiche die Übersetzung bei Payen ^{2}1982, 223f., von der wir freilich in kleineren Punkten abweichen.

1205 Wenn sie mir nicht mein *salu* (= Heil) bringt
Und mit ihrem Munde mich nicht stärkt,
1207 So bleibe meine Gesundheit bei ihr,
Und ich werde mit meiner großen Qual sterben.

Tristan schickt Isolde nicht nur Grüße (*saluz*), sondern auch sein Heil (*salu*). Er kann das Heil – Gesundheit (*santé*), Stärkung (*cumfort*) – nur wiedererlangen, wenn Isolde es ihm zurückbringt, und zwar persönlich (*par buche*). Andernfalls verbleibt die Gesundheit (*santé*) bei ihr und Tristan wird sterben. Kaherdin richtet diese Botschaft aus. Er hält sich teilweise an die Worte Tristans, ahmt das Wortspiel aber nicht nach[41]:

Tristran vus mande cum druz 1195
Amisté, servise e saluz
Cum a dame, cum a s'amie
En qui main est sa mort e sa vie.
Liges hum vus est e amis;
(TristThomW Douce 1437–41)

Mande a vus ja n'avrat confort, 1202–1204
Se n'est par vus, a ceste mort,
Salu de vie ne santez,
Dame, si vus ne li portez.
(TristThomW Douce 1443–46).

1.3. *Destiner/orer/priier* + Wunschobjekt

Die ‹Wunschgrüße› (Maria Senge) wie *Dieus vos doinst a.r.* werden – wie die anderen GFn – in ihrer Funktion mit *saluer* und *salu* bezeichnet. Daneben gibt es eine weitere, im AF freilich selten belegte Form der Bezeichnung. Ausgangspunkt für deren Beschreibung ist die Darstellung dieser GFn in indirekter Rede. Hier wählt das AF als Redekennzeichnung normalerweise Verben, aus denen die Funktion der wiedergegebenen Formel nicht hervorgeht. Es handelt sich um *dire* als ‹neutrales› Verb des Sagens oder um *respondre*, wodurch die Position der GF innerhalb der Grußsequenz bestimmt wird. Wir geben Beispiele mit der GF *Dieus vos doinst bone aventure*:

dire

Et il lor dient que Dex lor doint bone aventure.
(LancPrK 484.5)

respondre

Et mesire Durmars respont
Que Deus lor doinst bone aventure.
(DurmG 6284f.)

Et il respont que Dex li doint bone avanture.
(LancPrK 382.1).

---

41 Wir geben rechts die Verszahlen des Auftrags an.

In einer anderen Passage besteht die Redeeinleitung zu einem Wunschgruß jedoch aus zwei koordinierten Verben des Wünschens:

et si li orent et destinent
que Dex li doint joie et santé
et venir a sa volanté
en quelque leu qu'il onques aut.
(YvainR 5794–97).

Bei beiden Verben kann nun auch ein nominales Satzglied als direktes Objekt auftreten, das mit der Wunschkomponente der bezeichneten GF identisch ist:

Cascunne et cascuns qui le vit
Li destinent bone aventure.
(EscoufleS 7928f.)

Il n'est hom qui aler l'en voie
Qui ne li ourt bon' aventure.
(EscoufleS 6078f.).

Wir haben es mit festen Wendungen zu tun, von denen wir annehmen dürfen, daß sie der Sprecher als Bezeichnungen des Grußes interpretiert: „jd. *bone aventure* wünschen, d.h. ihn grüßen, indem man *bone aventure* sagt". Es handelt sich hier um Vorläufer des nfr. Typs *souhaiter le bonjour à qn.* Man vergleiche dazu die Erläuterung eines nfr. Wörterbuchs[42]:

Il vous souhaite bien le bonjour (= [N.B.!] il m'a chargé de vous transmettre son salut).

Neben den beiden besprochenen Verben ist auch *prïer a.r. à a.* in einer vermutlich hierher gehörenden Verbindung belegt:

Puis prent congié si s'en retorne;
Li paien en sont triste et morne.
Joies li prïent et honors
Et li prometent grans amors.
(PartonG 3841–44).

Für die Bezeichnung einer GF spricht der nicht näher zu erläuternde Kontext. Sprachlich ungewöhnlich ist dagegen der in den GFn so nicht vorkommende Plural *joies ... et honors*. Zwei Handschriften (G und T) weisen zwar für das erste Substantiv den Singular auf, doch bei *honors* ist der Plural durch den Reim gesichert. Das Verb *prïer* kommt nur in der Basishandschrift der Edition vor. Drei Handschriften (L, P und T) haben das uns bekannte *orer* (*orent*), jeweils eine *doner* (A *donnent*)[43] und – wahrscheinlich fehlerhaftes[44] – *livrer* (V *livrent*).

---

[42] *Lexis* 1979, s.v. *bonjour.*

[43] Die Edition PartonC folgt der Hs. A und liefert TL IV 1720, 4–8 s.v. *joie* den Beleg für *doner joies a aucun «jem. Glück wünschen (?)».*

[44] Hs. V fehlt im Vers 3843 eine Silbe. Durch Verlesen kann *li orent* zu *livrent* verkürzt worden sein.

2. „Begrüßen" und „Verabschieden"

2.1. *Bienvignier*

Das AF hat am Anfang des 13. Jahrhunderts zu den aus *bien + venir* gebildeten GFn ein Verb auf *-er* gebildet[45]. Je nach der Ableitung von einer stamm- oder endungsbetonten Form (*bienviegnes, bienviegne* vs. *bienvegniez*) lautet der Infinitiv mit Diphthong *bienviegnier* (RdeClariL XXXIII 31, BeaumJBlS 133, 722, 4659), mit Monophthong entweder *bienve(i)gnier* (alle Belege aus DurmG, BeaumJBlS 4639, 5776) oder *bienvignier* (OgDanE 2394, alle Belege aus ViolB, RdeClariL CVI 20, BeaumJBlS 4642).

Das Verb ist transitiv mit obligatorischem direkten Objekt. Reziprozität wird in einem Beleg mit den Indefinitpronomina *li uns l'autre* ausgedrückt:

Lors se sunt tant entr'aprochié
Que l'uns a l'autre bienveignié.
(DurmG 1839f.).

Subjekt und Objekt bezeichnen ausschließlich Personen. Tobler-Lommatzsch geben die Bedeutung mit „jd. bewillkommnen" an (TL I 970, 30 s. v. *bienvignier*). Das hier im Deutschen verwendete Verb bezieht sich ebenfalls auf eine Formel, *willkommen*. Obwohl *bienvignier* von der entsprechenden GF abgeleitet ist, kann man seine Bedeutung nicht mit *„‹bien veigniez› dire"* gleichsetzen[46]. In den zwei Belegen, in denen es als Redeankündigung funktioniert, lauten die GFn anders:

Et Aiglente premierement
Saut contre lui, si le bienvigne:
«A foi! bonne joie vous vigne,
Ensi com mes cuers le desire!»
(ViolB 3259–62)

Mout hautement les bienvignierent.
Cascuns disoit: «Li rois del monde
Doinst a Jehan joie et a Blonde!
(BeaumJBlS 4642–44).

Die Handlung, die mit dem Verb bezeichnet wird, ist nichts anderes als ein *salu*. Dies geht aus Belegen hervor, in denen die beiden Schritte der Grußsequenz, Eröffnungs- und Gegengruß, mit *bienvignier* und *rendre son* (seinen/ihren, d. h. den gerade erfolgten) *salu* dargestellt werden:

Encontre lui mout tost alerent,
Si l'ont haltement bienveignié,

---

45 S. FEW 14, 244a; vergleiche auch Fouché ^{2}1967, 179.

46 Man vergleiche dazu bei Benveniste 1966, 283 die Ableitung von engl. *to welcome* = «to say: ‹welcome›». De Cornulier 1976, 132–135 stellt die Hypothese auf, daß das ihm aus dem 16. Jahrhundert bekannte *bienvienner* aus einer Uminterpretierung der konjunktivischen Formel bienvienne = «souhait qu'‹il trouve bon accueil›» in einen Indikativ *bienvienne* = «assertion qu'‹il se fait souhaiter bon accueil›» entstanden sei.

Et il a loi d'ome enseignié
A trestos lor salus rendi;
(DurmG 740–43)

Lors s'est envers li aprochie,
Si l'a hautement bienvegnie,
Et ele son salu li rent;
(DurmG 15359–61)[47].

Aus den angeführten Stellen geht auch hervor, daß *bienvignier* über die Begrüßung hinaus keine weiteren sprachlichen Handlungen bezeichnet. Dort, wo sich an die Begrüßung ein Gespräch anknüpft, wird dies eigens markiert. Das zeigen die Fortsetzungen der oben zitierten Stellen (DurmG 1839f., ViolB 3529–62, DurmG 740–43):

Mesire Durmars franchement
L'a arrainié promierement.
«A! fait il, chevaliers beaz sire,
(...)
(DurmG 1841–43)

Lors le prent au blïaut de sire,
Les lui l'asiet, si li a dit:
«Sire, (...)
(ViolB 3263–65)

Mout s'entr'acointent docement.
La bone roïne Andelise
Baise la roïne Fenice
Et quant ele a bien remiré
Son cler vis et sa grant beaté,
«Fille, fait ele, (...)
(DurmG 15362–67).

In einigen Fällen kommt *bienvignier* zusammen mit *saluer* vor. In diesen Kontexten sind beide Verben synonym, insofern sie sich auf dieselbe Handlung beziehen. Die Reihenfolge ist nicht festgelegt:

Et quant il vint en Constantinoble, si parla a l'empereur, et li empereres le bienviegna et la salua.
(RdeClariL XXXIII 29–31)

(...) si le saluerent et bienvignierent (...)
(RdeClariL CVI 20).

2.2. „Verabschieden"

2.2.1. *Comander a. à Dieu*

Das transitive Verb *comander a./a.r. à a.* bildet mit *Dieu* als indirektem Objekt eine feste Wendung mit der Bedeutung „jemanden/etwas Gott anvertrauen/befehlen". Bei der Gottesbezeichnung treten die bei den GFn beschriebenen Variationen auf[48].

---

47 *Bienvegnie* mit *-ie* für *-iée,* s. DurmG II, 87f.
48 S. oben, erster Teil, II. Kapitel, 33–37.

Die Reziprozität der Handlung wird mit denselben Mitteln ausgedrückt, die wir bei *saluer* ausführlich besprochen haben (s. oben, 107f.). Belegt sind *soi comander à Dieu, soi entrecomander à Dieu; comander – recomander a. à Dieu; comander li uns l'autre à Dieu; A comande B à Dieu et B A*. Bei alleiniger Verwendung des Reflexivpronomens läßt sich die Reziprozität nur aus dem Kontext erschließen, da hier sonst auch Reflexivität („sich Gott anvertrauen") möglich wäre[49]:

> Dou roi Pepin dirons, le preu et le sené.
> Quant il et Blanchefour se furent dessevré
> Et en plorant se furent a Jhesu conmandé,
> A Paris s'en revint, l'amirable cité;
> (BerteH 2452–55).

Die Wendung bezieht sich auf den entweder performativ oder als Wunsch ausgedrückten Gebetsgruß *A Dieu vos comant/A Dieu soiez vos comandez*. Die nur von Menschen ausführbare Handlung kann nicht nur Menschen, sondern auch Sachen gelten:

> Vet s'en Guillelmes o sa conpaigne bele;
> A Deu conmande Francë et la Chapele,
> Paris et Chartres, et tote l'autre terre.
> (CharroiM 782–84).

Insofern die Wendung einen Abschiedsgruß bezeichnet, wird sie als „jemanden verabschieden, indem man ihn Gott anvertraut" interpretiert. In Einzelfällen wird dann *comander a. à Dieu* auch nur als „jemanden verabschieden" aufgefaßt. Wir können hier zwei Belege beibringen, in denen die Wendung als Redeeinleitung zu anderen Abschiedsformeln als dem Gebetsgruß funktioniert:

> (Perceval)
> Puis comanda a Dieu celi
> Cui ses salus point n'abeli:
> «Diex vos salt, fait il, bele amie,
> (PercR 765–67)
>
> L'amiraus l'a a Mahom commandé:
> «Va t'ent, dist il, Mahoms te puist salver!
> (HuonR 6541f.).

2.2.2. *Congié* + Verb

2.2.2.1. Bezeichnung

Die Gesprächspartner tauschen beim Abschied unter Umständen Formeln aus, mit denen die ‹Erlaubnis› zum Fortgehen erbeten und gewährt, gegebenenfalls auch verweigert wird. Diese spezielle Erlaubnis wird mit dem maskulinen

[49] S. TL II 580, 33–40 s.v. *comander, «refl. sich anbefehlen, sich in Hut geben»*.

Substantiv *congié* bezeichnet[50]. Die Bedeutung „Abschied“ erhält *congié* dadurch, daß die Gewährung der Erlaubnis als Abschieds-GF formuliert sein kann, d. h., daß die Verabschiedung die Erlaubnis zum Fortgehen meint[51]. Man betrachte dazu Belege wie diese:

(Eine *pucelle*)
Atant le let, congié demande. Bitte
Percevaux a Dieu la conmande, Gewährung
Qui de li molt tost se parti.
(ContPerc²ᴇR 32025–27)

Prophilïas congié demande;
La pucele a Deu les comande.
(AthisH 539f.)

A tous a congié demandé,
Trestout l'ont a Diu commandé
(ViolB 5044f.)

Mesire Durmars congié prent
A celz del palais bonement,
Et trestuit icil qui la erent
A Damedeu le commanderent.
(DurmG 1373–76)

Il prent congié as marceans, et cil le commanderent a diu.
(AucS⁷ 28.15f.)

Richars a congie demande,
Li quens l'a a dieu commande,
(RichF 871f.).

Weitere Belege zeigen, daß auch die Bitte um Erlaubnis als GF realisiert werden kann:

(Der Graf)
Come fel prant a lui congié:
«A Deu, fet il, vos comant gié.»
Erec respont: «Sire, et je vos.»
(ErecR 3427–29)

(Berte)
Molt durement plorant prent congié a son pere:
«Sire,» dist ele, «a Dieu (...)
(BerteH 136f.).

---

50 TL II 689, 44–691, 25 gibt als Bedeutungen von *congié «Urlaub, Verabschiedung, Abschied»* und *«Erlaubnis»* an. Hinzu kommen die Wendungen *a vo congié «mit Verlaub»* und *au dieu congié «in Gottes Namen»* sowie Einzelbelege mit den Bedeutungen *«Erlaubnis zu lehren», «Belieben»*. Vergleiche FEW 2, 2; 946b–947b.

51 Wenn man für *congié* eine Bedeutungsentwicklung „Erlaubnis“ → „Erlaubnis zum Fortgehen“ → „Abschied“ annehmen darf, so liegt hier das Verfahren der *délocutivité généralisée* vor, das Anscombre 1979, 72 wie folgt erklärt: «(...) un morphème *M* [d. h. *congié*], ayant à l'origine une valeur sémantique *S* (qu'il a pu d'ailleurs conserver dans certains emplois) [d. h. „Erlaubnis“] donne naissance à un morphème *M** [d. h. ebenfalls *congié*] dont la valeur sémantique *S** [d. h. „Abschied“] contient une allusion à l'emploi en énonciation, de *M* avec la valeur *S* [z. B. *je vos demant congié*].»

Schließlich werden die Konstruktion Verb + *congié* und die Wendung *comander à Dieu* so nebeneinander gestellt, daß sie gleichermaßen das Verabschieden bezeichnen:

Li fils Renier de Gennes a congié demandé,
Et Franchois li donnerent, à Dieu l'ont commandé;
(FierK 354f.)

Cligés a Fenice s'amie
Vet congié querre et demander,
Qu'a Deu la voldra comander.
(CligésM 4246–48)

Congié a pris, puis est montez,
A Dieu les a toz conmandez;
(ContPerc²ER 30457f.)

Tierris a de Florence le congié demandé,
Et elle li dona, si le commande a Dé.
(FlorenceW 6389f.)

Rois Floires a sa fille baisie et acolee,
A li prennent congié, a Dieu l'ont conmandee,
(BerteH 3431f.)

Le mes après disner le congié demanda,
Maprin et la puchele à Mahon quemanda;
Et eus li ensement: à itant s'en tourna.
(GaufrG 8350–52).

Ebenso wie *salu* ist auch *congié* die Bezeichnung einer literarischen Gattung *(li congiet jehan boudel, li congié Baude Fastoul d'Aras, li congiés Adan)*[52].

Zahlreiche Konstruktionen des Typs Verb + *congié* dienen der Bezeichnung der beiden Gesprächsschritte der Bitte und Gewährung des Abschieds. Bei der Bitte ist die häufigste Wendung *demander congié à a.*, bei der Gewährung *doner congié à a.* Es gibt jeweils synonyme, aber wesentlich seltenere Bezeichnungen für diese beiden Verben, und zwar *querre, requerre* und *rover* einerseits, *grëer* und *otroiier* andererseits. Bei der Bitte begegnen auch Doppelungen, *querre et demander* (CligésM 4246f.) sowie *querre et rover* (LancR 5046f.). Aus der Perspektive des Bittenden stellt sich die Gewährung als *avoir congié de a.* dar. Bei der Verweigerung verwendet das AF *veer* und die Doppelung *veer et desfendre* (PercR 2923). Die häufigste Verbindung, *prendre congié à/de a.*, kann gelegentlich einen dritten Schritt nach Bitte und Gewährung, die Annahme, ausdrücken:

Il done congié as messages,
Et cil le prennent demanois,
(EscoufleS 4204f.);

gewöhnlich bezieht sie sich aber auf den ersten Schritt (man vergleiche oben

---

52 S. Ruelle 1965, 85, 107, 129 zu den einzelnen Ausdrücken sowie 71f. «Le genre et ses origines».

DurmG 1373f., AucS[7] 28.15, ErecR 3427, BerteH 136, usw.)[53]. Insofern handelt es sich bei *prendre et demander congié à a.* um eine Synonymendoppelung.

Die Bedeutung von *congié* in diesen Verbindungen geben wir mit „Erlaubnis zum Fortgehen (beim Abschied)" bzw. „Abschied" an. Für die Bezeichnung der Bitte bietet sich auch „sich von jemandem verabschieden", für diejenige der Gewährung „jemanden verabschieden" an[54].

Die genannten Konstruktionen des Typs Verb + *congié* sind relativ fest. Kennzeichnend hierfür ist, daß das Substantiv normalerweise keine Begleiter bei sich hat[55]. Es gibt freilich Ausnahmen. Als determinierender Begleiter tritt der bestimmte Artikel mit individualisierender Funktion auf. Auberi bittet Guiborc um Abschied. Die Königin entspricht der Bitte:

> A Dame Deu, qui le mont a jugié,
> Te commant je; (...)
> (AuberiTarbé 52.28f.).

Auf diese GF nimmt der Erzähler mit:

> Quant li Bourgoins a eu le congié,
> (AuberiTarbé 52.32)

Bezug. In Einzelbelegen kommt das *adjectif indéfini*: *tel* + Nebensatz bei Adenet le Roi vor:

> (Carahuel)
> D'Ogier a pris congié tel qu'il devoit,
> (EnfOgH 3911)

> et Cleomadés congié prent
> tel com il aferi a prendre,
> (CleomH 16884f.)

> Conme courtois et bien apris
> ot li rois Cleomadés pris
> tel congié k'a lui aferi;
> (CleomH 18345–47).

Anstelle des Artikels begegnet sporadisch auch das *adjectif possessif*:

> A l'abeesse ont puis lor congié demandé,
> Et elle lor dona volentiers et de gré.
> (FlorenceW 6387f.)

> Cil prent l'escu e l'espé bruné,
> pris son congé devant sa baroné;
> (BueveAgnS 2608)

> Uraque n'a de sejor cure;
> Com ele voit la nuit obscure
> Son congié prent de sa seror,
> (PartonG 7601–03).

---

53 Chaurand 1983, 21 betrachtet die Verbindungen mit *avoir* und mit *prendre* als Bezeichnungen eines dritten Schrittes.

54 Um die afr. Verhältnise exakter wiederzugeben, müßte man die etwas ungelenken ‹Übersetzungen› «um Abschied bitten», «Abschied geben, gewähren» wählen.

55 Chaurand 1983, 21.

Das AF macht in diesen Fällen freilich nicht den Bedeutungsunterschied wie das NF zwischen *prendre congé de qn* und *prendre son congé* (vergleiche dt. *Abschied nehmen* vs. *seinen Abschied nehmen*). Charakterisierende Begleiter, insbesondere das *adjectif épithète*, kommen innerhalb der festen Verbindungen nicht vor. Einmal begegnet das *adjectif qualificatif* als *attribut de l'objet*:

> Pris a congié Guillelmes Fierebrache,
> Cele li done et bel et couvenable;
>
> (CourLouiscLe 1129f.).

Wir haben es nicht mehr mit festen Wendungen zu tun, wenn das Substantiv um ein *complément de nom* erweitert ist. In diesen Fällen wird man *congié* stets nur als „Erlaubnis" interpretieren[56]. Die Erweiterung besteht entweder aus *de* + Verb + *complément*, z. B.:

> Et vint au roi comgie rouver
> D'aler en la vile osteler.
>
> (FergM 889f.)
>
> Et lors demande Galehot congié de ses genz aler veoir.
>
> (LancPrK 329.15f.)

oder aus einem Objektsatz:

> Et sa fille (...) demanda congié a son pere que il li laissast aler veoir cele feste et il li otroia volentiers.
>
> (LancPrM VI 171).

Congié tritt nicht nur mit Verben des Bittens, Gewährens und Verweigerns, sondern auch mit Verben der Bewegung auf. Dabei kann man das Substantiv häufig sowohl als „Erlaubnis" als auch als „Abschied" interpretieren[57]. In diesen Verbindungen sind Begleiter beim Substantiv recht häufig. Dies gilt z. B. für das *adjectif possessif*:

> «Ripaut,» ce dist li dus «c'est orgués et folie
> Qe sans le gré Karlon avez faite banie,
> N'est pas par son congié cele genz departie.
>
> (SaisnM 4509–11)
>
> Por ce le congié vos demant,
> Et sachiez bien certenemant
> Que, se vos ne m'an envoiez
> Et le don ne m'an otroiez,
> Que g'irai sanz vostre congié.
>
> (CligésM 4217–21)[58]
>
> Perlesvaus ot tant esté ave[c] sa mere com lui plot. Il s'en est partiz par sun congié e par le congié de sa seror, (...).
>
> (PerlN 5483–85)

---

[56] S. TL II 690, 38ff. s.v. *congié*.

[57] So ist bemerkenswert, daß ein Beleg wie GuillSMad 25 *Au congié Pierre s'en alerent* in TL II 690, 25–27 zu *«Urlaub, Verabschiedung, Abschied»* gestellt wird und dennoch als *«mit seiner Erlaubnis»* glossiert wird. Man könnte ja auch – etwas umständlich – «mit seinem Abschied versehen» übersetzen.

[58] Schwake 1979, 222 CligésM 4217, 4221 „Erlaubnis zum Fortgehen".

Quant Jehans eut chou besoignié,
Del roi se part par son congié,
(BeaumJBlS 2133f.).

An die Stelle des *adjectif possessif* kann auch ein *complément de nom* treten. Man vergleiche neben dem oben aus dem *Perlesvaus* zitierten Beleg noch:

Quant de son pere fu partiz,
Au congié de l'empereriz
Qui le cuer a dolant el vantre,
De la nef el batel s'an antre;
(CligésM 243–46)[59]

De Paris sunt parti par le congié Charlon.
(RenMontC 402).

Als *adjectif épithète* begegnet *bon*:

(...) Et a tant s'en uont
As boins congies et entre sont
En la forest (...)
(ChevIIEspF 8485–87)

Tant la prient antre lo roi et la reine qe ele remaint jusq'au tierz jor. Et lors s'an part au bon congié d'amedeu[s], (...).
(LancPrK 302.15f.).

Andere Adjektive kommen zusammen mit *estre* als *attribut du sujet* vor:

Li congiés fu petis et cors
Qu'ele prist a l'empereor.
(EscoufleS 2628f.)

Mout fu loeques li congiés griés,
(BeaumManS 3845).

Innerhalb der Verbindungen von *congié* mit Verben des Bittens, Gewährens und Verweigerns übernimmt das Substantiv die Rolle des direkten Objekts. Bei Wiederaufnahme wird es pronominalisiert und – wie das im AF üblich ist – in Kombination mit einem indirekten Objektspronomen ausgelassen (Haplologie). Dieser Fall ergibt sich besonders bei den Verben des Gewährens und Verweigerns, z. B.:

Vont a Willame le cungé demander,
E il lur dune, ne lur deignad veer.
(ChGuillM 2957f.).

Der folgende Beleg zeigt zusätzlich eine Auslassung mit einem Verb des Bittens:

– Il n'i a plus, dist Sanses, mais demandons congié.»
Li baron li demandent, Guis lor a otroié.
(GuiBourgG 3115f.).

Das den Adressaten bezeichnende indirekte Objekt ist in den Verbindungen *demander congié à a.* und *prendre congié de/à a.* weglaßbar, z. B.:

[59] Schwake 1979, 344 CligésM 244 „Abschied, Verabschiedung".

> (Guillaume)
> Vint a Karlon, s'a congiet demandé:
>
> (CourLouiscLe 149d)

> Li messager ambedui l'enclinerent,
> Prenent cunget, a cel mot s'en turnerent.
>
> (RolH 2763f.).

Bei *doner congié à a.* ist diese Auslassung dagegen äußerst selten:

> Et Claudas, qant il voit que plus nes puet retenir, lo lor otroie et done congié par les covenances qui mises i sont.
>
> (LancPrK 130.7f.).

Das Pronomen wird hier immerhin vor dem vorangehenden Verb genannt. Zwei Handschriften, die dieses Verb auslassen, setzen das Pronomen vor *doner* (*r. si lor done c.* LAp).

Die Reziprozität der beim *congié* ausgetauschten Gesprächsschritte wird durch die Semantik der verwendeten Verben ausgedrückt *(demander – doner)*. Die in diesem Zusammenhang vor allem bei *saluer* und *comander à Dieu* analysierten grammatischen Verfahren sind nur – und selten – bei *prendre congié de/à a.* belegt. Es findet sich der Gebrauch der Indefinitpronomina *li uns de/à l'autre:*

> Li uns a l'autre congié prent;
>
> (RenBeaujBelW 1489)

> Lanceloz se part de Monsaignor Gavain et prent li uns d'aus a l'autre [con]gié au chief d'une forest, (...).
>
> (PerlN 2613–15)

und das syntagmatische Verfahren *A ... B et B A*:

> Atant pranent congié de monseignor Gauvain, et il d'aus, si lo commandent a Deu.
>
> (LancPrK 500.30f.).

2.2.2.2. Formeln

Es steht eine Reihe von Formeln sowohl für die Bitte als auch für die Gewährung des *congié* zur Verfügung. Die wichtigsten Formeln für den ersten Gesprächsschritt sind *je m'en vois à vostre congié, je vos demant congié, donez moi le congié* und *je prent congié à vos*. Die Komponenten bezeichnen Sprecher, Adressaten, Handlung und den *congié* als Gegenstand der Handlung. Nur in zwei Fällen ist die Handlung als Bitte formuliert, einmal durch die performative Verwendung von *demander*, sodann durch den Imperativ bei *doner*. In Einzelbelegen kommen weitere Verben des Bittens vor, so *congié vos quier, et congié proi* (CligésM 4265) und *je vos requier congié* (RenR XVII 15344f.). Doppelungen sind *le congié demanch et ruis* (ViolB 5043) sowie *congié vos quier ... et demant* (GautArrIllC 3563). Einmal begegnet auch ein Verb des Begehrens: *le congié volons* (AyeB 2217). Schließlich ist auch eine Formel mit *avoir* belegt: *qant vos plera s'avré vostre congié* (PerlN 855).

Feste Formeln der Gewährung sind wesentlich seltener als die Formeln der Bitte nachzuweisen[60]. Es werden zum großen Teil dieselben Verben wie für den ersten Gesprächsschritt gebraucht. Dies gilt für *al congé deu alez* (BueveAgnS 3367), *tot plain congié avez de moi* (AthisH 9390) und *je lor doins bon congié* (GuiBourgG 176). Weitere Formeln sind *jel (= congié) vos otroi* (LancPrM IV 158) und die Litotes *jo nel (= congié) vus os veër* (PelCharlA 845)[61]. Die Komponenten bezeichnen Sprecher, Adressaten, Handlung und den *congié*. Nur in der zuerst genannten Formel, die enge Verwandtschaft mit der GF *Alez a Dieu* aufweist, ist die Sprecher- durch eine Gottesbezeichnung ersetzt. In *al Jhesu et al mien* [d. h. *alez*] (RolH 339) tritt eine Sprecherbezeichnung zum Gottesnamen hinzu.

Die Verben aller Formeln lassen eine Reihe von Variationen zu. Beim Tempus tritt Futur für Präsens in *je m'en irai à vostre congié* und in *or en ires ... a dieu congie* (Aiol[1]F 220) ein. Beim Modus ersetzt der Konjunktiv den Indikativ in *congié aiez et de Deu et de mi* (ChevVivT 418). Das Passiv in Verbindung mit dem Konjunktiv anstelle des aktiven Imperativs wählt *congié nous soit donnés* (FierK 2323). Besonders auffallend ist der Ersatz des einfachen Verbs durch eine Kombination aus Modalverb + Verb, und zwar mit *voloir* in *je m'en voil aler a vostre congié* (LancPrM IV 158f.), *vostre congié voil demander* (RenR XVII 15342), *je vueil prendre congié (à vos)* und *congié vous volrai requerre* (ViolB 3546); mit *pooir* in (ich möchte nicht hier bleiben,) *si cungié puis de vus aveir* (MarieElidR 530). In allen diesen Fällen geht es um eine abschwächende Formulierung der Bitte. Denselben Effekt erzielt das AF auch durch Hinzufügung eines unpersönlichen Ausdrucks wie in *droiz est qu'a vos congié praigne* (CligésM 4282) und in *congié prandre m'estuet* (LancR 4078). Die imperativische Formel *Donez moi congié* kann zu einer expliziten Bitte umformuliert werden: *si vos pri que vos me doingniez congié* (LancPrM V 156). In *preer vus voil que congié me donez* (ChGuillM 1276) wird noch zusätzlich ein Modalverb verwendet.

Das Vorkommen von Begleitern bei *congié* hängt von der jeweiligen Formel ab. Ohne Begleiter treten vor allem *je vos demant congié* und *je prent congié à vos* auf. Den bestimmten Artikel gebraucht vorwiegend *donez moi le congié*, das *adjectif possessif*: *je m'en vois à vostre congié*, ein *complément de nom*: *al congié Dieu alez*. In zwei Belegen begegnet ein *adjectif épithète*: *tot plain congié avez de moi* (AthisH 9390) und *je lor doins bon congié* (GuiBourgG 176). Das Substantiv wird ersetzt durch ein Objektspronomen z. B. in *einçois le vos doing gié* (CligésM 4222), durch den bestimmten Artikel in *al Jhesu et al mien* (RolH 339).

Die behandelten Formeln werden teilweise verkürzt. So wird *je prent congié à vos* mit und ohne indirektes Objekt gebraucht. Wichtiger ist jedoch die pragmatische Verkürzung durch Auslassung des Verbs, die uns in RolH 339

---

60 Dies zeigt auch der Abschnitt zu *congié* bei Duplat 1975, 134–136.

61 Eine Formel der Verweigerung mit *veer* ist uns nicht begegnet.

begegnet ist. Man vergleiche weiterhin für die Bitte *a vostre congié* (LancPrK 164.1) und *uostre congie* (Aiol[1]F 1936), für die Gewährung neben RolH 339 *al Dampnedeu congié* (ChGuillM 2422).

In einigen Fällen wird durch ein – mit *de* oder als Objektsatz angeschlossenes – *complément de nom* der Gegenstand des *congié* näher angegeben. Hier haben wir es nicht mehr mit vorgefertigten, formelhaften Elementen zu tun, z. B.[62]:

– «Dame, le congié vueil avoir
De mon cheval aler veoir.»
– «Prevost, dist el, a Dieu le roi,
(BlancandS 1727–29).

Congié maintenant li requiert
mes sire Yvains, de convoier
le roi, et d'aler tornoier,
que l'an ne l'apialt recreant.
Et ele dit: «Je vos creant
le congié jusqu'a un termine.
(YvainR 2560–65).

Bemerkenswert in diesem Beleg ist auch die ansonsten nicht belegte Verwendung von *creanter*.

Der Gegenstand kann auch in einem selbständigen Satz ausgedrückt und dann in der Formel durch *en* aufgenommen werden:

– «Dame, fait il, je wel aler
A la damoisele parler,
Si vos en demant le congié.»
(PercR 8323–25).

3. Charakterisierung des Grüßens

Wir behandeln Ausdrücke, die sich 1. auf Sprecher und Adressaten als Grüßende und Gegrüßte (3.1.), 2. auf die durch die untersuchten Verben und Substantive bezeichnete Grußhandlung beziehen (3.2.). Wir teilen das in Betracht kommende Material in drei Bereiche ein, und zwar jeweils in 1. Umgangsformen, 2. Charaktereigenschaften und Gefühle, 3. gefühlsmäßige und soziale Bindungen. Wir geben jeweils an, welche Ausdrücke nicht nur der Charakterisierung der Gesprächspartner und der Handlungen durch den Erzähler dienen, sondern von den Sprechern in den erwähnten Formeln selbst gebraucht werden. Zu dem uns interessierenden Wortschatz gibt es zahlreiche, von uns jeweils am Ort berücksichtigte Untersuchungen, die freilich nur selten einen bewußten Bezug zum Gruß herstellen[63].

---

[62] Wir haben nur Belege ausgewählt, in denen der Gegenstand der Erlaubnis eine Trennung der Gesprächspartner erforderlich macht.

[63] Eine Ausnahme stellt Krings 1961, 55–57 dar, der diesen Wortschatz jedoch nicht systematisch sammelt. Wir beschränken uns in den folgenden Anmerkungen zu einzelnen Ausdrücken auf die am wichtigsten erachtete Literatur.

3.1. Sprecher und Adressat

Sprecher und Adressat werden als Grüßende und Gegrüßte durch das schon bei den GFn erwähnte Verfahren der *fausse comparaison* charakterisiert[64]. Wir berücksichtigen nicht nur durch *come* bzw. *com cil/cele qui*, sondern auch durch *a guise de, a loi de* eingeleitete Prädizierungen[65].

3.1.1. Umgangsformen

Alle Ausdrücke dieses Bereichs dienen der Charakterisierung des grüßenden Sprechers durch den Erzähler. Der Sprecher erfüllt als Grüßender die gesellschaftlich verankerte Norm des rechten, höflichen Umgangs. Das umfassendste Wort ist hier *cortois*, z. B.[66]:

Et puis conme cortois
A la roïne saluëe
Et toute la riche asamblee,
Fors seulemant le senechal.

(ContPerc²ER 28614–17).

Ähnlich allgemein ist die einmal belegte Doppelung *preus et gentis* (Aiol²F 8893)[67]. Eine Reihe von Ausdrücken nehmen darauf Bezug, daß das Beherrschen der Umgangsformen auf Erziehung beruht. Es handelt sich um *bien afaitié* (GarLorrV 5646), *bien apris* (CleomH 15462, 15792) und *einseignié* (DurmG 742)[68]. Die Erziehung vermittelt ein Wissen, das durch *sachant* (CleomH 16627, 16364 in Häufung bzw. Doppelung) und *de bon escient* (EnfOgH 4225) ausgedrückt ist. Hinzu kommen relativisch angeschlossene Sätze mit dem Verb *savoir*. Der Grüßende wird dabei gleichermaßen als Redender und als Handelnder dargestellt:

Sachiés qu'il ne s'areste pas,
Ains les vait mout tost salüer
Comme cil qui bel set parler.

(DurmG 14578–80)

Il le salue sagement
Comme cil qui bien le sot faire,

(DurmG 8756f.).

[64] S. oben, erster Teil, II. Kapitel, 32f.

[65] S. TL IV 798, 3–37 s.v. *guise;* V 592, 24–593, 44 s.v. *loi.*

[66] Maierhofer 1957, besonders 29–32; Burgess 1970, 20–34 (hier wird zweimal auf den Zusammenhang zwischen *courtoisie* und richtigem Sprechen abgehoben: 23, 30); Brucker 1979, 989–1034.

[67] *Pro:* Maierhofer 1957, besonders 32f.; Burgess 1970, 91–103; Brucker 1979, 928–954. *Gentil:* Maierhofer 1957, besonders 28f.

[68] Maierhofer 1957, besonders 27 zu *afaitié, apris* und *enseignié.* Ricken 1961, 189 nennt «Perfektpartizipien des Lehrens und Lernens (...) wie *enseigné, apris, duit, afaitié, endoctriné, escolé*» und stellt fest, «daß sie auch in der höfischen Lebenssphäre zur Bezeichnung des im Umgangswissen und in höfischen Fertigkeiten bewanderten Menschen gebräuchlich waren.» Krings 1961, 56 spricht von «Begriffen des Erlernten, des durch die Erziehung erworbenen wie *enseignié, afaitié* und *apris*».

Schließlich erweist sich der Grüßende als jemand, dessen Handeln vom Verstand geleitet ist. Die hierher gehörenden Ausdrücke sind *bien apensés* (ViolB 6154), *[estre] de grant apensement* (BerteH 257), *bien porpensés* (DurmG 9441), *avisé, rassis* (EnfOgH 7383; die beiden letzten Adjektive nur in Verbindungen), *sage* und *sené*[69].

Die am häufigsten belegten Ausdrücke – Vorkommen in Doppelungen eingeschlossen – sind *bien apris* (7 Vorkommen), *cortois* (11) und *sage* (11). *Sage* ist in Doppelungen besonders beliebt. Es finden sich Kombinationen von *sage + bien afaitié, sage + bien apris, sage + bien avisé, sage + cortois, sage + rassis* und *sage + sené*.

3.1.2. Charaktereigenschaften und Gefühle

Im Grüßen können sich Charaktereigenschaften und Gefühle des Sprechers manifestieren. Zwei Ausdrücke bezeichnen eine positive Haltung gegenüber dem Adressaten, *debonaire*[70] und *frans* (ErecR 3135)[71]. Eine negative, aber nicht gegen den Adressaten gerichtete Haltung ist die Furcht, die durch *esfreé* (PerlN 4017) und *esmaiiés* (AmYdR 666) gekennzeichnet wird. Das erste Adjektiv kommt innerhalb einer GF vor:

»Sire, fet ele, je vos salu com la plus esfreé[e] damoisele et la plus desconsellie que onques veïssiez, (...).

(PerlN 4017f.).

Gegen den Adressaten richtet sich der Zorn des Sprechers. Hier begegnen *fier* (GuiBourgG 1871) und *mari* (HuonR 1014)[72]. Die Einstellung des Sprechers ist dabei jeweils aus dem Gruß ersichtlich:

Si vit le roi Guion devant lui apoier;
Gentement le salue, à guise d'ome fier:
«Cil Damediex de gloire qui tot a à jugier,
Et en la sainte crois se laissa travaillier,

---

[69] *Sage:* Bechtoldt 1935, besonders 158–160. Darauf aufbauend Maierhofer 1957, besonders 14–17 und 22–25. Neuerdings umfassend Brucker 1979. Dort ein «schéma sémique» mit acht Sememen (417), d. h. kontextuell bestimmten Redebedeutungen. In der Übersichtstafel zu *Erec* (258) fehlt unser Beleg ErecR 6377. In der entsprechenden Tafel zum *Lancelot* (287) wird unser Beleg LancR 937 mit dem Semem „poli" versehen. *Sené:* Bechtoldt 1935, 161f. Maierhofer 1957 behandelt das Adjektiv nur am Rande, s. Register, 197. Brucker 1979, 431–507, besonders 507 eine Liste von vier Sememen und ein Vergleich mit *sage*.

[70] Maierhofer 1957, 53 und 65 behandelt *debonaire* als Zusammensetzung unter *bon* und rechnet es zu den positiven Adjektiven des Fühlens. Lavis 1972, 121–129 nennt es innerhalb des Bereichs „bonté, humilité".

[71] Maierhofer 1957 handelt *franc* sowohl innerhalb der Adjektive des Denkens (27f.) als auch der Adjektive des Fühlens (65f.) ab. Burgess 1970, 56–67. Lavis 1972, 123f. nennt Doppelungen mit *debonaire*.

[72] Kleiber 1978 zeigt, daß *mari* entweder das Semem „douleur" (230–233) oder – wie hier – das Semem „colère" (390–393) beinhaltet.

Il saut et benéie le roi Karle au vis fier,
(...)
Et puist ton cors honir, confondre, vergoignier!

(GuiBourgG 1870–74, 1877)

Hues parla, qui moult fu bien apris;
Karle salue a loi d'homme mari:
«Cil Damedix qui ens la crois fu mis
Et de le lance si le feri Longis
Il saut et gart duc Nalon le flori
(...)
Et il confonde Karlon de Saint Denis
Com traïtour et mauvais roi failli,

(HuonR 1013–17, 1020f.).

Anders verhält sich das bei der mit *felon* bezeichneten Unaufrichtigkeit, die dem Adressaten natürlich verborgen bleibt. Der Graf, der es auf Enide abgesehen hat und Erec töten will, verabschiedet sich:

Come fel prent a lui congié:
«A Deu, fet il, vos comant gié.»

(ErecR 3427f.).

3.1.3. Gefühlsmäßige und soziale Bindungen

Die sich sowohl auf den Grüßenden als auch auf den Gegrüßten beziehende *fausse comparaison* benennt die jeweilige Stellung im gegenseitigen Verhältnis. Die innerhalb und außerhalb von Formeln vorkommenden Ausdrücke bezeichnen das, was Brunetto Latini in seiner oben zitierten Definition des *salu* (s. oben, 115f.) die *dignité de chascun* und die *volenté de coer ke cil ki envoie a contre celui ki reçoit* nennt. Es sind substantivische und verbale Ausdrücke möglich:

El vous mande com a ami,
Par fin corage, autant salus
Com ot esté a tous les drus
Mandé puis les premiers amans;

(AmYdR 1736–39)

(Lancelot)
(...) et trove que sa dame la roine li mande salut com a celui qu'ele plus aimme que toz çaux del monde (...).

(LancPrM IV 352).

Bei den Substantiven handelt es sich um Freundschafts- *(ami, amie, druz, drue)*, Verwandtschafts- (*neveu* LancPrM I 116) und Standes-, speziell Lehensbezeichnungen (*dame, ome lige, roi, seignor*). Die – häufig prädikativen – Verben schließen teilweise eng an diese Bereiche an wie *amer a., voloir estre el servise d'a.* (PerlN 7540f.), *tenir a. à seignor et à ami* (LancPrK 404.10) und *estre toz à a.* (CligésM 4283)[73]. Unspezifischere Bindungen drücken *ester bien à*

[73] Vergleiche oben, erster Teil, I. Kapitel, 6 mit Anmerkung 2.

a. (AmYdR 1300), *valoir à a.* (RenR I 1236f.) und *desirer à veoir a.* (LancPrM V 149) aus. Eine *fausse comparaison* kann Ausdrücke aus verschiedenen Bereichen kombinieren, wenn es darum geht, eine Beziehung umfassend zu charakterisieren. Artus läßt Gauvain grüßen:

> «Sire, mesire vos salue come son home lige, come son chier neveu et come celui qu'il aime sor tos homes (...).
>
> (LancPrM I 115f.).

Der gleiche Zweck wird erreicht, wenn eine Formel zwei, sich auf Grüßenden und Gegrüßten beziehende Prädikationen enthält:

> Tristran vus mande cum druz
> Amisté, servise e saluz
> Cum a dame, cum a s'amie
> En qui main est sa mort e sa vie.
>
> (TristThomW Douce 1437–40).

3.2. Handlung

Die die Grußhandlung ausdrückenden Verben und Verbindungen aus Verb und Substantiv werden durch Adverbien, adverbiale Wendungen und Vergleichssätze charakterisiert. Bei Adverbien und adverbialen Wendungen sind Steigerungsformen sehr beliebt. So tritt *mout* auf mit den Adverbien

> *bel, belement, bien, bonement, briement, cortoisement, debonairement, doucement, gentement, hautement, liement, matement, noblement, povrement, sagement, simplement, tost, umblement, volentiers;*

und den adverbialen Wendungen

> *par grant amistié, par biauz diz, a enviz, a grant paine, a point, par bele raison, par fiere raison, par grant umelité.*

Tres begegnet mit den Adverbien *bien, debonairement, volentiers* und der adverbialen Wendung *a point*. Die Verbindung von *mout* + *tres* kommt vor bei *bel, cortoisement* und *a point*. In Einzelbelegen finden sich *assez* (+ *cortoisement*), *bien* (+ *en haut*), *tot* (+ *maintenant*) und *trop* (+ *angoissosement*). Der Steigerung dient schließlich auch der Vergleichssatz *au plus ... qu'il puet/set*, der mit *bel, bien* (hier *au miex* ... ThèbesC Hs. P 9108), *cortoisement* und *gentement* belegt ist.

3.2.1. Umgangsformen

Das dem rechten, höfischen Umgang entsprechende Grüßen wird am umfassendsten durch das häufige Adverb *cortoisement* bezeichnet. Ihm stellen wir *gent*, ebenfalls häufiges *gentement*, das seltene *gentiument* und *noblement* zur Seite[74]. Den Gedanken der Norm drückt am deutlichsten der auch in Formeln benutzte Vergleichssatz mit *devoir* aus, z. B.:

---

[74] Burgess 1970, 134–140.

«Sire, la roine Genievre, la fille al roi Leodagan, salue le roi Artu, si com ele doit, et tote sa compaignie des barons et des chevaliers.

(LancPrM I 22).

Zwei adverbiale Wendungen gehören ebenfalls in diesen Zusammenhang, das einmal belegte *a droit* (OgDanE 1466) und das auf Adenet le Roi beschränkte, dort aber sehr häufig vorkommende *a point*[75]. Auch das vor allem in der *chanson de geste* anzutreffende *bien* ordnen wir an dieser Stelle ein. Dieses Adverb kommt innerhalb und außerhalb von Formeln vor. Der Bezug zum Wissen wird fast gar nicht hergestellt. Der Vergleichssatz in:

Sel salua si come il sot.

(PercR 923)

weist sogar auf die Ungeschicklichkeit des jungen Perceval vor Artus hin.

Das Grüßen als verstandesgeleitete Tätigkeit bezeichnet *sagement*, das freilich wesentlich seltener als das Adjektiv belegt ist[76]. Recht häufig ist dagegen die ästhetische Bewertung mit *bel* (Adverb) und *belement*[77]. *Bel* kommt auch in einigen Doppelungen vor, deren häufigste *bel et cortoisement* ist[78]. Weitere Doppelungen sind *bel et gent* (ContPerc²ᴇR 22984), *biau ... et joï* (AmYdR 3048), *bel et a point; bien et bel, noblement et bel* (GaufrG 7815). Das Adjektiv *bel* findet sich in den Wendungen *par mout biauz diz* (GuillDoleL 5625), *par beles paroles* (EscoufleS 6085) und *par molt bele raison* (RCambrM 6785). Ein weiteres ‹ästhetisches› Adverb ist *avenanment*.

Das höfliche Grüßen wird auch durch die Bezeichnung materieller Aspekte des Sprechens charakterisiert. Hierher gehören Ausdrücke für das laute Sprechen, insbesondere *haut, en haut* und das sehr häufige *hautement*[79], aber auch *à haut ton* (GaydonG 8711) sowie *viguereusement* (SGraalIV QuesteP 248.8). Die mit *briement* und *a cours moz* benannte Kürze des Ausdrucks entspricht ebenfalls der höflichen Norm. Dies geht aus dem Kontext unserer Belege hervor, man vergleiche z. B.:

Puis voudrent le congié avoir
li baron de l'empereriz;

---

[75] EnfOgH, 336, Anmerkung zu Vers 16: «*Point* apparaît souvent dans les œuvres d'Adenet»; «*a point,* loc. adv., ‹à point, comme il convient›».

[76] Brucker 1979, 421–429; 421 «L'adverbe *sagement* est, dans l'ensemble, fort rare, et ne présente guère d'originalité sémantique par rapport au comportement de l'adjectif correspondant.»

[77] Vergleiche Ducháček 1958 sowie Burgess 1970, 114–133; 131f.: «Adverbe ou adjectif, le mot *bel* a un sens qui n'est pas difficile à déterminer. Il signifie qu'une personne, une chose ou une action est convenable ou agréable aux membres de l'élite de la deuxième moitié du XIIᵉ siècle.»

[78] Ducháček 1958, 184: «*Bel* est souvent lié à un autre adverbe». Krings 1961, 45 stellt die Anwendung dieser Doppelung – und anderer Adverbien – «in bezug auf die freundliche oder höfliche Anrede, auf den Gruß und auf den umgänglichen Ton im Verkehr mit den Mitmenschen» fest.

[79] TL IV 1021, 43–1024, 50 s.v. *haut* verzeichnet zahlreiche übertragene Bedeutungen, unter anderem „vornehm", „feierlich", „in ehrenvoller Weise", usw.

a cours moz et par mout biauz diz
lor dona debonairement,
et l'empereres ensement.

(GuillDoleL 5623–27)[80].

Eine weitere Möglichkeit der Charakterisierung besteht in der hyperbolischen Verwendung der Häufigkeitsadverbien *assez, forment* (BerteH 205), *mout* und der Häufigkeits- und Zahlenangaben mit *foiz* wie *moult de fois* (GaufrG 152), *.c. foiz* (ErecR 3415), *plus de cent foiz* (HuonR 2589), *mil foiz* (MarieElidR 381), *sis mil feiz* (MarieElidR 656) und *cent mille foiz* (ContPerc²ER 23120). Diese Angaben sind vorwiegend in Formeln des Grußauftrags und der -vermittlung belegt.

Das der Norm entsprechende Grüßen manifestiert sich schließlich auch in der Darstellung der Unmittelbarkeit, mit der die Handlung ausgeführt wird. Die Zahl der hier verwendeten Ausdrücke ist entsprechend den afr. Möglichkeiten groß[81]. Es begegnen die Adverbien *demanois* (EscoufleS 4205), *errant, erranment, en el le pas* (GuillDoleL 3290), *isnelement, maintenant* und *tost*. Dazu kommen die Wortverbindungen *sans arrest* (BeaumJBlS 5572), *sans arrester* (CleomH 14064), *sans point de l'arester* (HuonR 8721), *sans atendre* (ChevIIEspF 11352), mehrfach belegtes *sans plus arester* und *sanz targier* (ContPerc²ER 23855).

3.2.2. Charaktereigenschaften und Gefühle

Eine Reihe von Ausdrücken kennzeichnet die Freiwilligkeit der Handlung. Es sind *de bon gre* (FergM 1256), *de bone volenté* und *volentiers*. Mehrfach belegt ist die Doppelung *volentiers et de gré*, die zweimal in der umgekehrten Reihenfolge vorkommt (CharroiM 222, 672). Zur Bezeichnung der Freiwilligkeit dienen auch die Litotes *non envis* (AspremwB 8151) und *ne … a enviz* (FlorenceW 5337). Unverneint charakterisieren diese Adverbien die Widerwilligkeit, ebenso wie *a grant poine*. Zuneigung und Aufrichtigkeit drücken als Adverbien *bonement, debonairement* und *docement* [82], als adverbiale Wendungen *par bonté* (ThèbesC Hs. A 12284), *de cuer* – mit verschiedenen Varianten – und *par bonne destinee* (BerteH 1646) aus. Auch hier kommen mit *sans mal et*

---

[80] Burgess 1970, 30: «Une qualité à la fois féodale et courtoise est la facilité à parler. (…) Mais la facilité à parler ne signifie pas forcément un flux de paroles:
Corteisement e a briés moz
E sagement respont a toz.» (ThèbesC 13853f.).

[81] S. Stefenelli 1967, 304–308; Lindvall 1971.

[82] Vergleiche Burgess 1970, 104–113 zu *bon, bonement:* Heinimann 1961, 217 zu *docement* in der *Chanson de Roland:* «Im Unterschied zu *curteisement,* das die angemessene, höfliche Art des Redens meint (1164 und 3823), läßt *dulcement* die seelische Regung des Sprechenden erahnen.» Dagegen bei Chrétien: «Es ist seines starken emotionalen Gehalts entleert. Zwar drückt es auch menschliches Mitfühlen aus, kennzeichnet zugleich aber ein Benehmen, das der gesellschaftlichen Norm entspricht.» (218).

sans faintise (BerteH 172) und *sanz losange* (FolTristBernP 338) litotische Ausdrucksweisen vor. Die meisten der bisher behandelten Wendungen treten inner- und außerhalb der Formeln auf.

Eine andere positive Charakterisierung liegt in der Betonung der Bescheidenheit mit *simplement, umblement* und *par moult grant humleté* (AiquinJa 1118, 2578). Litotische Ausdrucksweisen sind hier *sans derroy* (BeaumManS 5982, 8375) und *sans outrage* (GaufrG 9644). Abneigung zeigt sich in Hochmut und Zorn: *fierement, par mult fiere raison* (GuiBourgG 947). Mit *hardiement* ist dagegen eine positive Handlungsweise gemeint:

> hardiement, teste levee,
> a la duchesse saluee
> par cortoisie touz premiers,
> puis le duc et ses chevaliers.
>
> (TrubertR 471–74).

Das Grüßen ist schließlich auch durch Freude – *lïement* – oder durch Trauer – *angoissosement* (LancPrK 409.8) – gekennzeichnet.

3.2.3. Gefühlsmäßige und soziale Bindungen

Wir führen hier einige fast ausschließlich auf die *chanson de geste* beschränkte Wendungen auf, mit denen das Grüßen als Ausdruck von *amistié* und *amor* dargestellt wird. Im ersten Fall handelt es sich um *par moult grans amistiés* (AmAmD 1374), im zweiten Fall um *par bel[e] amur* (RolH 2710), *en droite amor* (DurmG 5102) und die Doppelungen *par amur et par bien* (RolH 121), in umgekehrter Reihenfolge *par bien et par amors* (CourLouisABLe 2099), *en amor et en foi*. Die Belege aus dem *Couronnement de Louis* und *Durmart le Gallois* kommen innerhalb von Formeln des Grußauftrags bzw. der -vermittlung vor.

Zusammenfassung des zweiten Teils

Das AF verfügt über jeweils eigene Ausdrücke zur Bezeichnung des sprachlichen und des nicht-sprachlichen (gestischen) Grußes. Stellt ein afr. Text einen aus Sprache und Gebärde bestehenden Gruß dar, so gebraucht er auch zwei Ausdrücke. Wir zeigen dies am Beispiel der Verwendung von *saluer*, „jd. sprachlich grüßen", und *encliner*, „sich vor jd. verbeugen". Wir teilen das für die Betrachtung des sprachlichen Grußes zu berücksichtigende Material einerseits in Bezeichnungen des Grüßens überhaupt (*saluer, salu* + Verb, *destiner/orer/priier* + Wunschobjekt), andererseits in speziellere Bezeichnungen des Begrüßens *(bienvignier)* und des Verabschiedens (*comander a. à Dieu, congié* + Verb) ein. Bei einzelnen Ausdrücken gehen wir zusätzlich auf Formeln ein, die wir zum Umkreis der eigentlichen GFn zählen. Es handelt sich um Formeln des Grußauftrags und der (vorwiegend mündlichen) Grußübermittlung (bei *saluer* und *salu*) sowie der Einleitung des Abschieds (bei *congié*). Abschließend untersuchen wir den Wortschatz, mit dem einerseits Sprecher und Adressat als Grüßende und Gegrüßte, andererseits die Grußhandlung charakterisiert werden. Es handelt sich um vor allem zum Wortschatz der Höflichkeit gehörende Ausdrücke, die sich auf Umgangsformen, Charaktereigenschaften und Gefühle sowie gefühlsmäßige und soziale Bindungen der Gesprächspartner beziehen.

Dritter Teil: Die Funktion der Grußformeln

Die Funktion der in dieser Arbeit untersuchten Formeln besteht in ihrem Gebrauch als sprachlicher Gruß. Wir nehmen uns im folgenden vor, die durch diese Funktion begründete äußere Fixiertheit zu analysieren (I. Kapitel). Danach gehen wir auf Gesprächsregeln ein, soweit sie den Gruß betreffen (II. Kapitel).

I. Kapitel: Die äußere Fixiertheit der Grußformeln

1. Von der altfranzösischen Zeit zur modernen mediävistischen Forschung

Die äußere Fixiertheit der GFn wird ebensowenig wie ihre innere in afr. Zeit selbst beschrieben. Immerhin verfügt das AF aber über die oben im zweiten Teil behandelten Ausdrücke, mit denen es möglich ist, die GFn in ihrer Funktion zu bezeichnen. Mit dem Aufkommen der Konversationsbücher in mfr. Zeit ändern sich die Verhältnisse grundsätzlich. Hier wird der Gebrauch der GFn bewußt gelehrt. Schon das älteste Lehrbuch, das *Livre des Mestiers* (DialFrFlamG), bedient sich dabei eines expliziten und eines impliziten Verfahrens. Im ersten Fall wird der Gebrauch einer GF erläutert, während er im zweiten Fall vom Leser aus dem konstruierten Dialog erschlossen werden muß. Bei diesem impliziten Verfahren bleibt natürlich manches nicht nur für den heutigen Leser, sondern sicherlich auch für den mittelalterlichen Leser und Lerner unerschließbar und damit ungeklärt.

Bei der Begrüßung nennt das *Livre des Mestiers* als Merkmale der äußeren Fixiertheit zunächst die räumliche Situation, die Zugänglichkeit der Gesprächspartner und deren Bekanntheit. Hinzu kommt die Regel der Reihenfolge der Gesprächsschritte:

> Quant vous alés par les rues
> et vous encontrés acunui,
> cui vous connissiés
> ou qui soit de vo connissanche,
> soyés isniaus et apparelliés
> de luy premiers saluer.

Es folgt ein Einschub zur Grußgeste des Hutabnehmens und -wiederaufsetzens mit den Personenmerkmalen Status und Geschlecht. Auch hier wird angegeben, in welcher Reihenfolge die einzelnen Handlungen ausgeführt werden sollen:

> S'il est homs de valuer,
> si ostés vo capron,
> et pour dames et damoiselles;
> et s'il ostent le leur,
> si le remetés de vostre main.

Es schließt sich die Darstellung der Grußsequenz an, wobei der Eröffnungsgruß mit einer Bemerkung zum Höflichkeitsgrad der GF versehen wird:

et en tele maniere
le poés vous saluer:
«Sire, Dieux vous gard.»
C'est le plus brief
que on puet saluer
les gens en saluant.
Et on ha en usage
que on respond:
«Sire, boin jour vous doinst Dieus.
Dame, boin jour ou boine
nuit vous soit donnee.»
(DialFrFlamG 5f.).

Ungeklärt bleibt hier die zeitliche Fixiertheit der in der Erwiderung verwendeten Tageszeit-GF. Ungeklärt bleibt aber auch, ob die Verteilung der GFn auf Gruß und Gegengruß einer textpositionellen Fixiertheit entspricht oder nicht.

Bei den Abschiedsformeln verzichtet das *Livre des Mestiers* völlig auf Erklärungen. Daß es der Leser überhaupt mit solchen GFn zu tun hat, erschließt sich ihm allein aus der Plazierung am Ende des Gesprächs:

A Dieu vous command,
car je preng congiet a vous.»
On doit dont respondre:
«Nostre Sire vous conduise.
A Dieu soyés commandés.
Nostre Sire soit warde de vous.
Dieux vous ait en sa garde.
A Dieu voisiés vous.
Salués moi la dame (...).»
Ore m'estuet parler
des coses necessaires
que on use aval une maison, (...)
(DialFrFlamG 6f.).

Alles Weitere, insbesondere ob die verschiedenen GFn in allen Abschiedssituationen gleichermaßen gebraucht werden oder nicht, bleibt im Dunkeln.

Die moderne mediävistische Forschung hat sich mit Ausnahme von Löfstedt 1978 recht wenig um die Beschreibung der äußeren Fixiertheit gekümmert. Leena Löfstedt ist mit allen übrigen Arbeiten – von Senge 1935 über Laugesen 1973, Duplat 1975, Lewicka 1976, Lewicka 1979 bis zu Love 1984 – eine Einteilung der GFn nach Begrüßung und Abschied gemeinsam. Aber nur sie unternimmt eine systematische Aufgliederung nach weiteren Merkmalen. Die Gründe hierfür liegen sowohl in der Materialbasis als auch in der methodischen Fundierung ihrer Arbeit. Sie berücksichtigt einerseits die mfr. Konversationsbücher, andererseits bezieht sie eine strukturalistisch orientierte Untersuchung zum Grußsystem dreier moderner Sprachen (Italienisch, Englisch und Holländisch) in ihre Überlegungen ein[1]. Wie schon bei der sprachlichen Beschreibung bemüht sich Leena Löfstedt auch hier um eine möglichst binarische Einteilung. Sie unterscheidet im einzelnen:

[1] Alinei 1977; s. Löfstedt 1978, 193.

1) Situation
   - Allgemeine Situationen
     1. Begrüßung («Formules de ‹bon jour›»)
     2. Abschied («Formules de ‹au revoir›»)
   - Besondere Situationen («Situations particulières»)
     1. Gruß im Vorübergehen («Salutation dite en passant»)
     2. Hausbesuch («Visite au domicile»)
     3. Gruß an einen Kranken («Salutation dite à un souffrant»)
     4. Gruß nach dem gesellschaftlichen Rang («Salutation selon l'état social du salué»)
2) Kontext (Gruß und Gegengruß: «Réponse à une salutation»)
   - Erwiderung auf *Dieus vos doinst a.r.*
     1. Umstellung («Interversion»)
     2. Überbietung («Rencherissement»)
   - Erwiderung auf andere GFn
     1. Verwendung einer anderen GF
     2. Verwendung der Erwiderungs-GF *Bien veigniez* und *Dieus vos beneïe* («Salutations-réponses»)
     3. Dankesformel («Formule de remerciement»).

Wir behalten die detaillierte Überprüfung der Angemessenheit dieses Rasters dem nächsten Abschnitt vor. In allgemeiner Hinsicht läßt sich unter Einbeziehung von Arbeiten zur Theorie der Umfelder einerseits[2] und zur äußeren Fixiertheit von GFn im Französischen und weiteren Sprachen andererseits[3] aber schon jetzt feststellen:

1) Die bei Leena Löfstedt anzutreffende Unterscheidung eines außersprachlichen von einem sprachlichen Umfeld des Sprechens, das wir ‹Situation› bzw. ‹Kontext› nennen, ist traditionell.

2) Die Unterscheidung von ‹allgemeinen› und ‹besonderen› Situationen dient der Abgrenzung der sozialen Situation der Begrüßung und des Abschieds überhaupt von deren weiterer Differenzierung durch spezielle Umstände des Sprechens. Nach Leena Löfstedt betreffen die besonderen Situationen offenbar nur die Begrüßung. Und lediglich eine kleine Auswahl möglicher Umstände scheint für das AF von Bedeutung zu sein. Leena Löfstedt nennt Merkmale des Raums, nicht aber der Zeit. Sie berücksichtigt Befinden und Status des Gesprächspartners, nicht aber Geschlecht, Alter, Bekanntheit, usw.

3) Die Unterscheidung von Gruß und Gegengruß entspricht der Aufteilung einer Gesprächssequenz in zwei Gesprächsschritte (*turns*)[4]. Eine Fixiertheit einzelner GFn läßt sich offenbar nur in bezug auf den Gegengruß feststellen. Leena Löfstedt erörtert weder, welchen Platz die Grußsequenz im Gespräch einnimmt, noch äußert sie sich dazu, wie die GF innerhalb eines Gesprächsschrittes plaziert ist.

---

[2] S. Coseriu ^{2}1981, 92–101; Schlieben-Lange 1983, 13–24.

[3] Hartmann 1973; Léon 1973; Ferguson 1976; Zuluaga 1976 (vergleiche Zuluaga 1980, 207–213); Gäßler 1977; Gülich/Henke (I) 1979, (II) 1980; Knuf/Schmitz 1980; Coulmas 1981, 140–145; Werlen 1984, 230–323.

[4] Henne/Rehbock ^{2}1982, 8f., 22–24 mit Bezug auf Goffman 1982, 201 und andere.

Wir übernehmen von Leena Löfstedt die für unsere Zwecke ausreichende Unterscheidung von Situation und Kontext. Welche Differenzierungen innerhalb dieser beiden Kategorien angebracht sind, wird sich bei der konkreten Untersuchung unseres Materials erweisen.

2. Beschreibung der äußeren Fixiertheit der Grußformeln

2.1. Zur Homogenität des Grußformel-Inventars

Wenn wir im Sinne Leena Löfstedts zeigen wollen, daß die Vielzahl der afr. GFn von einem Sprecher nicht unterschiedslos für das Grüßen schlechthin, sondern jede einzelne GF wenigstens tendenziell für ein nach Situation und Kontext je anderes Grüßen gebraucht wird, so müssen wir vorweg den Nachweis führen, daß diese GFn tatsächlich einem homogenen Sprachzustand angehören. Vor längerer Zeit hat schon Meyer-Lübke gefordert, eine ‹synchrone› Wortschatzuntersuchung nur an homogenem Material durchzuführen. Von Wartburg und Guiraud sind ihm darin gefolgt, und Stefenelli hat ihre Forderung aufgegriffen und daraus für seine große Untersuchung die entsprechenden Konsequenzen gezogen[5]. Ob die Homogenitätsbedingung von unserem Gesamtinventar erfüllt wird, überprüfen wir anhand des Vorkommens der wichtigsten GFn in einer begrenzten Auswahl von Texten (s. Tabelle, 148f.). Wir berücksichtigen die schon für die Untersuchung der Wortstellung zugrunde gelegten 27 GFn unter zusätzlicher Einbeziehung von *A Dieu*. Wir wählen Texte der Gattungen *chanson de geste* sowie Vers- und Prosaroman. Es handelt sich nicht nur um Einzeltexte, sondern insbesondere um durch einen gemeinsamen Autor zusammengehörende Werke. Zusätzlich haben wir darauf geachtet, daß jedes Einzel- bzw. Gesamtwerk möglichst viele Grußdarstellungen enthält. Es geht vor allem darum festzustellen, welche GFn im Werk eines bestimmten Autors koexistieren.

Unsere Tabelle zeigt deutlich, daß kein Werk bzw. Autor auch nur annähernd alle aufgeführten GFn verwendet. Die Zahl der bei einem bestimmten Verfasser koexistierenden GFn liegt bei ‹nur› 10 bis 12 Einheiten. Es gibt freilich gewisse Anzeichen dafür, daß die einem Autor bekannte Anzahl von GFn u. U. höher ist, als sich dies konkret durch Belege beweisen läßt. So fällt bei Verfassern mehrerer Werke auf, daß sich in ihrem Gesamtwerk weit mehr GFn finden, als sie in einem einzelnen Werk aktualisieren. Besonders kraß zeigt sich dies bei Chrétien de Troyes. Außerdem gilt, daß alle Werke weitere, in der Tabelle nicht berücksichtigte GF-Varianten und GFn gebrauchen. Diese Varianten treten manchmal neben die häufigeren Formen, so *Dieus vos puist beneïr* in GarLorrV und GuiBourgG, *Dieus vos puist/veule onorer* in HuonR

[5] Stefenelli 1967, 16 mit Bezug auf Meyer-Lübke 1905, von Wartburg [10]1971, 98f. und Guiraud 1963, 37f. Vergleiche Stefenelli 1981, 166–168.

Tabelle:

Grußformel	RCambrM (–5555)	RCambrM (–8726)	GarLorrV	GautArrErR	GautArrIllC	ErecR	CligésM	LancR	YvainR	PercR	GuiBourgG	HuonR	EscoufleS	GuillDoleL	OmbreL	DurmG	LancPrK	LancPrM	BerteH	EnfOgH	CleomH	BeaumJBlS	BeaumManS
Dieus vos ajut					×																	×	
Alez a Dieu		×										×		×			×	×	×				
A.r. aiez vos					×				×	×			×			×	×	×		×	×	×	×
A.r. puissiez vos avoir																							
Dieus vos beneïe		×	×	×	×			×		×						×	×	×	×				×
Beneoiz soiez vos de Dieu			×	×					×	×	×			×									
A Dieu vos comant		×	×		×	×			×		×	×	×	×		×	×	×		×	×		
A Dieu soiez vos comandez	×					×						×				×							
Dieus vos conduie									×							×	×	×	×				
Dieus vos consaut																	×						
Dieus vos croisse a.r.		×	×								×	×									×		
Dieus vos defende de a.r.		×	×													×							
A Dieu demorez												×											
A Dieu			×										×	×			×		×			×	×
Dieus vos doinst a.r.			×		×		×	×	×	×	×		×	×		×	×	×		×		×	×
Dieus vos envoit a.r.																					×		
Dieus soit o vos				×																			
A Dieu soiez vos													×					×					
Dieus soit garde de vos		×	×																				

Tabelle (Fortsetzung):

Grußformel	RCambrM (–5555)	RCambrM (–8726)	GarLorrV	GautArrErR	GautArrIllC	ErecR	CliegésM	LancR	YvainR	PercR	GuiBourgG	HuonR	EscoufleS	GuillDoleL	OmbreL	DurmG	LancPrK	LancPrM	BerteH	EnfOgH	CleomH	BeaumJBlS	BeaumManS
Dieus vos gart	×		×			×			×		×	×	×			×					×		×
Dieus vos gart de a.r.		×	×						×	×		×		×									×
Dieus vos garisse											×												
Dieus vos meint										×													
De Dieu soiez vos onorez											×	×				×							
Dieus vos otroit a.r.																×							
Dieus vos saut	×	×	×	×	×	×	×		×	×	×					×	×	×		×		×	
Sauvez soiez vos de Dieu																							
Dieus vos puist sauver											×	×								×			
Dieus vos saut et beneïe				×						×	×												
Dieus vos saut et gart	×	×	×								×	×											
Dieus vos saut et gart et beneïe				×																			
Bien soiez vos trovez		×		×								×											
Bien veigniez		×	×	×		×		×	×	×	×	×	×			×	×	×				×	×
Bien puissez vos venir		×	×								×	×					×	×	×				
Bien soiez vos veignanz						×	×	×									×						
Bien soiez vos venuz			×		×		×		×		×	×	×	×	×	×	×	×	×	×	×	×	×
Bien puissiez vos estre venuz													×	×									×
Vos soiez li bien venuz			×							×							×	×					

und *Vos soiez li bien veignanz* in BeaumJBlS. Einige Werke gebrauchen aber auch nur die nicht aufgeführte Variante einer bestimmten GF, so RCambrM (–5555) *Dieus vos puist consellier*, RCambrM (5556–) *Dieus vos puist garir* und PercR *Vos soiez li bien trovez*. Eine ähnliche Situation findet sich bei den seltenen zusammengesetzten GFn. Es kommt des öfteren vor, daß in einem Werk eine solche GF belegt ist, ohne daß dort eine oder beide der sie bildenden einfachen GFn unserer Tabelle bekannt wären. So gebraucht Chrétien zwar nicht *Alez a Dieu*, wohl aber *Alez a Dieu qui vos conduie* (PercR). Dieselbe zusammengesetzte GF begegnet in GuiBourgG, einem Werk, in dem diesmal beide einfachen GFn nicht belegt sind. *Dieus vos defende de a.r.* ist ErecR, EscoufleS, LancPrK und LancPrM unbekannt, tritt aber als Teil von *A Dieu vos comant qui vos defende de a.r.* (ErecR, EscoufleS, LancPrK) bzw. *Alez a Dieu qui vos defende de a.r.* (LancPrM) auf. In GarLorrV ist *Dieus soit o vos* nur in einer Zusammensetzung (*Dieus soit o vos qui vos defende de a.r.*) belegt.

Die tatsächliche Verteilung der GFn in den einzelnen Werken weicht nicht von der gattungsmäßigen Schichtung ab, die wir aus anderem Blickwinkel bei der Untersuchung von Formelhaftigkeit und Individualität der GFn im Anschluß an Senge 1935 schon festgestellt haben[6]. Die allerhäufigsten GFn – in der Reihenfolge ihrer Frequenz (jeweils mit Varianten) *Bien veigniez, Dieus vos saut, Dieus vos doinst a.r., A Dieu vos comant, Dieus vos beneïe* und *Dieus vos gart* – bilden einen Kernbestand, der fast allen Werken gemeinsam ist. Alle diese GFn finden sich in GarLorrV, Chrétien, GuiBourgG, DurmG und Adenet le Roi. Jeweils eine GF fehlt bei Gautier d'Arras (*Dieus vos gart* – belegt ist freilich *Dieus vos saut et gart et beneïe*!), Jean Renart (*Dieus vos saut*), im Prosa-*Lancelot* (*Dieus vos gart* – vergleiche aber oben die zusammengesetzten GFn!) und bei Philippe de Beaumanoir (*A Dieu vos comant* – er kennt aber den Gebrauch im Récit und die verkürzte GF *A Dieu*). In HuonR fehlen zwei GFn (*Dieus vos doinst a.r., Dieus vos beneïe*), im älteren Teil des RCambrM gar drei GFn, von denen aber zwei im jüngeren Teil vertreten sind (*Bien veigniez* und *Dieus vos beneïe*; die dritte GF ist *Dieus vos doinst a.r.*). Die für die *chanson de geste* typischen GFn sind also nicht überall im Roman vertreten, wie umgekehrt die für den Roman typischen GFn manchmal in der *chanson de geste* fehlen. Für zwei von vier weiteren recht häufigen GFn – *A.r. aiez vos, Dieus vos saut et gart, Bien soiez vos trovez* und *Alez a Dieu* – können wir ebenfalls eine charakteristische Verteilung in den ausgewählten Texten nachweisen. Die «Wunschformel» *A.r. aiez vos* fehlt in der *chanson de geste* vor 1250, begegnet dagegen durchweg im Roman von Gautier d'Arras bis Philippe de Beaumanoir und dann sogar in EnfOgH. Auf der anderen Seite ist *Dieus vos saut et gart* auf die *chanson de geste* von RCambrM bis HuonR beschränkt. Alle übrigen GFn sind insgesamt so selten belegt, daß viele von ihnen ohnehin nicht in allen Einzel- bzw. Gesamtwerken erwartbar sind.

[6] S. oben, erster Teil, II. Kapitel, 75 mit Anmerkung 95.

2.2. Situation

Wir beschäftigen uns zuerst mit der Grußsituation überhaupt (2.2.1.), anschließend mit der Differenzierung der Grußsituation nach Umständen des Sprechens und Handelns in der Grußsituation (2.2.2.).

2.2.1. Grußsituation

2.2.1.1. Grundmerkmale

Eine Bedeutungsangabe von dt. *Gruß* oder nfr. *salut* enthält einen Hinweis auf die soziale Situation, in der der Gruß bzw. *salut* erfolgt. Man vergleiche für *Gruß* «Worte oder Gebärden bei Begegnung oder Abschied»[7], für *salut* «Démonstration de reconnaissance, de civileté (par le geste ou par la parole), qu'on fait en recontrant ou en quittant qqn.»[8]. Die von uns für afr. *salut* gewählte Bedeutungsangabe ‹sprachlicher Gruß› übernimmt indirekt eine solche Definition. Demnach bilden Begegnung oder Auseinandergehen wenigstens zweier Personen die Grundmerkmale der als Begrüßung oder als Abschied vorkommenden Grußsituation. Die Soziologie des Alltags spricht in diesem Zusammenhang von Momenten der Erhöhung bzw. Verminderung der Zugänglichkeit (*access*), die den Gruß als entsprechendes Zugänglichkeitsritual (*access ritual*) auslöst[9]. Sie stellt auch fest, daß die Änderung der Zugänglichkeit, d. h. das, was als den Gruß fordernde Begegnung bzw. Trennung zählt, durchaus nicht in allen Gesellschaften auf dieselbe Weise geregelt ist[10]. Auch wir werden Gelegenheit haben, Abweichungen vom heutigen Gebrauch festzustellen.

Wie wir gesehen haben (s. oben, 145), werden die afr. GFn gewöhnlich nur in Begegnungs- und Abschiedsgrüße eingeteilt. Wir differenzieren diese globale Gliederung, indem wir angeben, ob eine GF ausschließlich, fast ausschließlich oder nur überwiegend (100%, >90%, >50%) bei Begrüßung bzw. Abschied auftritt (für die genauen Angaben s. die Tabellen, 152–156). Danach werden von den wichtigsten GFn für die Begrüßung ausschließlich gebraucht:

A.r. puissiez vos avoir; Dieus vos beneïe; Dieus vos croisse a.r.; Dieus vos envoit a.r.; Dieus soit o vos; Vos soiez onorez; Sauvez soiez vos de Dieu; Dieus vos saut et beneïe; Dieus vos saut et gart; Dieus vos saut et gart et beneïe; Bien soiez vos trovez; Bien veigniez, Bien puissiez vos venir, Bien soiez vos veignanz, Bien soiez vos venuz, Bien puissiez vos estre venuz, Vos soiez li bien venuz;

fast ausschließlich:

Dieus vos ajut, Vos aiez a.r., Dieus vos gart; Dieus vos otroit a.r.; Dieus vos saut;

und überwiegend:

---

[7] Wahrig 1980. s.v. *Gruß*.
[8] Grand Robert ²1985, s.v. *salut*.
[9] Goffman 1982, 116–119 (engl. Original Goffman 1971, 79–81).
[10] Goffman 1982, 136.

Tabelle[11]:

Grußformel	Situation	1100–1150	1150–1200	1200–1250	1250–	Teilzahl	Prozent	Gesamtzahl
Dieus vos ajut	B	–	2	7	–	9	90,00	10
	A	1	–	–	–	1	10,00	
Vos aiez a.r.	B	–	10	42	5	57	95,00	60
	A	–	1	2	–	3	5,00	
Beneoiz soiez vos de Dieu	B	–	10	5	–	15	88,24	17
	A	–	2	–	–	2	11,76	
Dieus vos conduie	B	–	1	3	–	4	30,77	13
	A	–	2	5	2	9	69,23	
Dieus vos consaut	B	–	–	1	–	1	12,50	8
	A	–	–	6	1	7	87,50	
Dieus vos defende de a.r.	B	–	1	3	–	4	50,00	8
	A	–	3	1	–	4	50,00	
Dieus vos doinst a.r.	B	–	34	108	16	158	87,78	180
	A	2	9	9	2	22	12,22	

[11] Bei «Situation» geben wir jeweils Begrüßung (= B) und Abschied (= A) an. Die Tabelle enthält nur diejenigen GFn, die nicht ausschließlich auf eine dieser beiden Situationen festgelegt sind.

Tabelle (Fortsetzung):

Grußformel	Situation	1100–1150	1150–1200	1200–1250	1250–	Teilzahl	Prozent	Gesamtzahl
Dieus soit garde de vos	B	–	1	–	1	2	22,22	9
	A	–	1	6	–	7	77,78	
Dieus vos gart	B	1	21	39	12	73	91,25	80
	A	–	2	4	1	7	8,75	
Dieus vos gart de a.r.	B	1	1	6	3	11	52,38	21
	A	–	7	2	1	10	47,62	
Dieus vos garisse	B	1	5	12	–	18	81,82	22
	A	–	2	2	–	4	18,18	
Dieus vos meint	B	–	1	–	–	1	16,67	6
	A	–	1	3	1	5	83,33	
Dieus vos otroit a.r.	B	–	4	7	1	12	92,31	13
	A	–	–	1	–	1	7,69	
Dieus vos saut	B	2	79	68	9	158	95,76	165
	A	–	5	2	–	7	4,24	
Dieus vos puist sauver	B	–	1	5	2	8	66,67	12
	A	–	2	1	1	4	33,33	

Tabelle[12]:

(Nicht-) Wunschobjekt	Situation	Grußformel	1150–1200	1200–1250	1250–	Teilzahl	Prozent	Gesamtzahl
aventure	B	*Bone aventure vos aviegne*	2	–	–	57	96,61	59
		Vos aiez a.r.	2	26	–			
		Dieus vos doinst a.r.	1	23	2			
		A.r. vos viegne	–	1	–			
	A	*Vos aiez a.r.*	1	1	–	2	3,39	
bien	B	*Vos aiez a.r.*	2	6	–	16	94,12	17
		Dieus vos doinst a.r.	3	2	–			
		Dieus vos face a.r.	1	–	–			
		A bien veigniez vos	–	–	2			
	A	*Dieus vos doinst a.r.*	–	1	–	1	5,88	
chose	B	*Dieus vos defende de a.r.*	–	1	–	1	50,00	2
	A	*Dieus vos gart de a.r.*	1	–	–	1	50,00	
encombrier	B	*Dieus vos gart de a.r.*	1	1	–	2	33,33	6
	A	*Dieus vos gart de a.r.*	–	3	1	4	66,67	
faire a.r.	B	*Dieus vos defende de a.r.*	1	–	–	1	50,00	2
	A	*Dieus vos doinst a.r.*	–	1	–	1	50,00	

[12] Die Tabelle geht nicht von den GFn, sondern jeweils von einem bestimmten (Nicht-)Wunschobjekt aus. Zur Einrichtung der Tabelle s. Anmerkung 11.

Tabelle (Fortsetzung):

(Nicht-) Wunschobjekt	Situation	Grußformel	1150–1200	1200–1250	1250–	Teilzahl	Prozent	Gesamtzahl
force	B	*Dieus vos doinst a.r.*	1	–	–	3	60,00	5
		Dieus vos prest a.r.	2	–	–			
	A	*Dieus vos doinst a.r.*	2	–	–	2	40,00	
joie	B	*Vos aiez a.r.*	–	1	–	35	92,11	38
		Dieus vos doinst a.r.	1	18	4			
		Dieus vos maintiegne en a.r.	–	1	–			
		Dieus vos mete en a.r.	2	–	–			
		Dieus vos otroit a.r.	–	1	–			
		Dieus vos reçoive à a.r.	1	–	–			
		Dieus vos retiegne à a.r.	1	–	–			
		Dieus vos tort a.r. à a.r.	1	–	–			
		A.r. vos viegne	–	4	–			
	A	*Dieus vos doinst a.r.*	1	1	1	3	7,89	
jor	B	*Boens jorz vos ajorne*	1	1	–	42	97,67	43
		Vos aiez a.r.	–	5	5			
		Dieus vos doinst a.r.	2	25	3			
	A	*Dieus vos doinst a.r.*	–	1	–	1	2,33	
mal	B	*Dieus vos gart de a.r.*	–	1	–	1	50,00	2
	A	*Dieus vos defende de a.r.*	1	–	–	1	50,00	

Tabelle (Fortsetzung):

(Nicht-) Wunschobjekt	Situation	Grußformel	1150–1200	1200–1250	1250–	Teilzahl	Prozent	Gesamtzahl
nuit	B	*Vos aiez a.r.*	1	–	–	5	55,56	9
		Dieus vos doinst a.r.	1	3	–			
	A	*Vos aiez a.r.*	–	1	–	4	44,44	
		Dieus vos doinst a.r.	–	2	–			
		Dieus vos otroit a.r.	–	1	–			
torment(e)	B	*Dieus vos gart de a.r.*	1	–	–	1	50,00	2
	A	*Dieus vos gart de a.r.*	1	–	–	1	50,00	
vertu	B	*Dieus vos croisse a.r.*	1	–	–	3	75,00	4
		Dieus vos prest a.r.	–	1	–			
		Dieus vos tiegne en a.r.	–	1	–			
	A	*Dieus vos tiegne en a.r.*	–	1	–	1	25,00	
vie	B	*Dieus vos doinst a.r.*	4	2	–	10	90,91	11
		Dieus vos maintiegne en a.r.	1	–	–			
		Dieus vos otroit a.r.	2	–	–			
		Dieus vos tiegne en a.r.	1	–	–			
	A	*Dieus vos doinst a.r.*	–	1	–	1	9,09	
joie et santé	B	*Dieus vos doinst a.r.*	2	1	–	3	75,00	4
	A	*Dieus vos doinst a.r.*	–	–	1	1	25,00	

Beneoiz soiez vos de Dieu; Dieus vos doinst a.r.; Dieus vos garisse; Dieus vos puist sauver.

Beim Abschied kommen ausschließlich vor:

Alez a Dieu; A Dieu vos comant, A Dieu soiez vos comandez; A Dieu demorez; A Dieu;

und überwiegend (die Rubrik «fast ausschließlich» entfällt):

Dieus vos conduie; Dieus vos consaut; Dieus soit garde de vos; Dieus vos meint.

Zwei GFn sind gleichermaßen bzw. fast gleichermaßen bei Begegnung und Abschied belegt:

Dieus vos defende de a.r.; Dieus vos gart de a.r.

Aus dieser Übersicht geht zweierlei hervor. Einerseits ist die Mehrheit der afr. GFn in recht eindeutiger Weise auf eine der beiden Situationen fixiert; andererseits ist aber auch die Zahl derjenigen GFn, bei denen diese Fixiertheit nicht uneingeschränkt gilt, recht groß. Hinzu kommt, daß teilweise sogar Varianten ein und derselben GF unterschiedlich stark fixiert sind. Wir schenken diesem Aspekt besondere Beachtung, wenn wir im folgenden näher auf die einzelnen Begrüßungs-, Abschieds- sowie Begrüßungs- und Abschiedsformeln eingehen. Dabei werden wir stets nicht die gewöhnliche, sondern die ungewöhnliche Verwendung mit Beispielen illustrieren.

Die übliche Form der GF *Dieus vos ajut* wird normalerweise bei de Begegnung gebraucht. Wir kennen nur einen Beleg als Abschiedsformel. Guillaume bricht auf, um Hilfe für die bedrängte Stadt herbeizuholen. Guiborc übernimmt die Verteidigung während seiner Abwesenheit:

– Ahi,» dist Willame, «cel seignur te aiut
Qui la sus maint, e ça jus fait vertuz!»

*

Vait s'en Willame, Guiburc remist plorant.

(ChGuillM 2452–54).

Während die Konstruktion mit der *-ant*-Form (BeaumJBlS 3854) genau wie die übliche Variante als Begegnungsgruß Verwendung findet, liegt in dem einzigen Beleg mit *pooir* wiederum der Gebrauch als Abschiedsformel vor. Die Heiden lassen die verkleideten Christen unerkannt passieren:

«Alez,» font il, «Mahom vos puist aidier!»
Et cil s'an pasent oltre.

*

François chevauchent soz les hiames enclin,
Si sont armé con fussent Sarrazin.

(NarbS 5999–6002).

Auch bei den verwandten GFn mit Verbindungen aus Verb + *aïe* statt einfachem Verb sind Belege für beide Grußsituationen zu verzeichnen. Die Verbindung *estre en aïe* kennen wir nur in einem ohnehin auf den Abschied festgelegten Satzgefüge (ChevCygneH 309f.: *Puis les commande à Dieu [...] que lor soit en aïe*). Bei *doner + force et aüe* (NarbS 867) bzw. *secors et aie*

(ChevIIEspF 8994) handelt es sich um Begegnungsgrüße; *faire + aïe* kommt dagegen wiederum in einer Abschiedsformel vor (PartonG 2025).

Der wenn auch geringfügige Unterschied zwischen den beiden Varianten *Vos aiez a.r. / A.r. puissiez vos avoir* hinsichtlich der Festlegung auf die Begrüßung läßt sich auf die unterschiedlichen Varianten in der Wunschkomponente zurückführen. Bei *Vos aiez a.r.* liefern die Ausdrücke mit *aventure* und *nuit* die seltenen Abschiedsbelege. Perceval verabschiedet den Orgueilleux de la Lande und lehnt seine Einladung ab:

> «Or va, que bone aventure aies,
> Fait Perchevax, si pense d'el,
> Que je querrai aillors hostel.»
> La parole est remese atant,
> Ne cil ne cis plus n'i atant,
> Ains departent sans plus de plait.
> (PercR 3992–97).

Ein Bote verabschiedet sich von einem Mönch, den er um Auskunft über König Ris gebeten hat. Der Mönch endet seinen Bericht mit den Worten:

> Ie ne uous en sai el ke dire.»
> «Boine auenture aies, biaus sire!»
> Dist li messages, lors s'en part
> Et cheuauce tost cele part,
> (ChevIIEspF 343–46).

Die Kaiserin schickt ihre Tochter zu Bett:

> «Fille, boine nuit aies tu,
> Fait la mere, va tost couchier,
> (EscoufleS 3814f.)

Zur Beurteilung dieser Belege weiten wir die Untersuchung auf alle GFn aus, die diese beiden Ausdrücke in der Wunschkomponente zulassen (s. Tabelle, 154ff.). Für *aventure* zeigt sich, daß die beiden zitierten Belege die einzigen Abschiedsbeispiele sind. Ganz anders liegen die Verhältnisse bei *nuit*. Hier verzeichnen wir fast ebenso viele Belege als Abschied wie als Begrüßung. Insofern paßt es zu dieser Tendenz, wenn der zweite Beleg mit *Vos aiez a.r.* ein Begegnungsgruß ist. Rossel, das Eichhörnchen, begegnet Renart:

> Devant lui est Rossel venu
> L'escurel au pilicon rox,
> Et dit «bone nuit aies vos!»
> (RenM XIII 1354–56).

Die aktivische GF *Dieus vos beneïe* existiert ausschließlich als Begegnungsgruß. Dies trifft auch auf die nur selten belegte Variante *Dieus vos puist beneïr* zu. Bei der passivischen Variante *Beneoiz soiez vos de Dieu* können wir dagegen immerhin zwei Belege als Abschiedsgruß anführen. Es mag Zufall sein, daß beide GFn im Zusammenhang mit einem Ritterschlag geäußert werden. Karl hat das Berarts Vater Tierri gegebene Versprechen eingelöst und den Sohn zum Ritter geschlagen. Berart bricht unmittelbar nach der Zeremonie auf:

Berars vint au cheval, si que tuit l'ont veü;
Es arçons saut de terre, si armez com il fu,
Sor les estriers s'afiche de si roide vertu,
Que li fer sont ploié et li cuir estendu;
Puis a parlé en haut, que tuit l'on[t] entendu:
«Emperere de France, beneoiz soies-tu!
Bien as Tierri mon pere son covenant tenu.»
Puis broche le cheval, n'i a lonc plait eü,

(SaisnM 1799–1806)

Perceval verabschiedet sich von Gornemant, der ihn zum Ritter geschlagen hat:

Li vallés a dit au preudome:
«De toz les apostres de Rome
Soiez vos beneois, biax sire,
Qu'autel oï ma mere dire.»

(PercR 1671–74).

Die GF *Dieus vos croisse a.r.* ist nur als Begrüßung gebräuchlich. Einer der in der Wunschkomponente vorkommenden Ausdrücke, *vertu* (GarLorrV 12777), figuriert noch in zwei weiteren – seltenen – GFn, *Dieus vos prest a.r.* und *Dieus vos tiegne en a.r.* Von insgesamt vier Belegen mit *vertu* findet sich einer beim Abschied. Brun zu Durmart:

Cant vos demorer ne volés,
A Deu soiés vos commandés.»
Et li Galois a respondu:
«Sire, Dex vos tiegne en vertu.»

(DurmG 9327–30).

Die Begrüßungsformel *Dieus vos doinst a.r.* hat einen durchaus ins Gewicht fallenden Anteil an Abschiedsbelegen. Von den einmal vorkommenden Wunschausdrücken sind dies *bien esploitier* (CharroiM 674), *sain et sauf repairier* (CharroiM 675, RenMontC 14591), *victoire* (GirVianeT 130.33), *volenté de bien fere* (PerlN 188), *bien aler et venir et le droite voie tenir* (PercR 9153f.), *del revenir corage et volenté* (CligésM 4226f.), *joie et santé et venir a sa volanté* (YvainR 5795f.), *boen ostel et boene nuit* (YvainR 3761), *bone vie et grant joie* (ContPerc²ER 21039). Von den mehrfach belegten Ausdrücken sind zu nennen *bien, faire a.r., force, joie, nuit, vie, joie et santé*. Die Abschiedsbelege bilden meistens nur den kleineren Anteil am Gesamtmaterial. So sind *bien, joie, jor* und *vie* fast ausschließlich auf die Begrüßung festgelegt. Mit Ausnahme von *joie* gibt es jeweils nur einen Beleg für den Abschied. Gerart läßt Eurïant, von der er sich getäuscht glaubt, alleine im Wald zurück:

Lors li a dit: «Biele Eurïaut,
Diex li peres, ki maint en haut,
Vous doinst de ses biens! Je vous lais.»
A tant s'en tourne a grans eslais,
Et Eurïaus remaint dolente,

(ViolB 1095–99).

In Mainz machen zwei Ritter bei einer Bürgerin Quartier für Lïenor. Die Wirtin:

«Segnor, fet ele, je ne puis
moustrer hostel autre qu'il est.
– Dame, quanque mestiers i est
i a. Que bon jor vos doint Dex!»
Lués droit est montez li uns d'euls
por aler encontre lor genz.

(GuillDoleL 4227–32).

Sadoine glaubt seinen Tod gekommen. Er verabschiedet sich zuerst von seiner *amie*, danach von Blancandin:

Quant Sadoines voit sa mort pres,
Si regarde vers le palés
U sa dame estoit apoïe.
«Ahi! fait il, ma douce amie,
Hui perderés vostre ameor.
(…)
Ma douce amie, Diex vos gart.
Ne puis a vos parler de pres.
(…)
He! Blancandins, Diex te doinst vie!

(BlancandS 5565–69, 76f., 80).

Bei *joie* liegen drei Belege vor (PercR 618f., DurmG 5221, AdHaleRobR 90), von denen wir einen nennen. Durmart verabschiedet sich von einem *vallet*, der ihm den Weg gewiesen hat. Der Knappe:

– «Sire, fait il, qui ce resgarde,
Ce est li Chastiaz de la Garde;
Et se vos aler i volés,
Bien estes en la voie entrés,
Si que vos n'i pöés faillir
Se de gre n'en volés partir.»
– «Frere, fait il, Dex te doinst joie.»

(DurmG 5215–21).

Auch die Ausdrücke *force, nuit* und *joie et santé* sind überwiegend auf die Begrüßung festgelegt. Im ersten und zweiten Fall gibt es je zwei, im dritten Fall nur einen Abschiedsbeleg. Wir nennen je einen Beleg mit *force* und *nuit*. Heluïs verabschiedet Rigaut, der seinen Onkel Begue rächen will:

«Niers,» dist la dame, «Dieus te gart d'enconbrier
Et te doinst force que le puisses vengier!»

(GarLorrV 11114f.).

Die *demoiselle séductrice* verläßt Lancelot:

Atant se lieve. «Or vos dormez, fet ele, que Diex vos doinst bone nuit.» Lors s'en vet et se coche en une autre chambre ou ses lis estoit fes.

(LancPrM II 23).

Den *joie et santé*-Beleg haben wir in anderem Zusammenhang bereits ausführlich kommentiert[13].

---

[13] S. oben, erster Teil, II. Kapitel, 90 zu BeaumManS 2515–19.

Bei *faire a.r.* stehen sich gegenüber ein Begegnungsgruß mit *Dieus vos defende de a.r.* – ein Bote vor Ethioclés:

«Jupiter, Mars et Apollons,
Et li dame des ciés Junons,
Et tout icil ki od aus regnent
De tout mal faire te desfendent!

(ThèbesC Hs. P 9109–12)

– und ein Abschiedsgruß mit *Dieus vos doinst a.r.* – der von Gauvain besiegte Ritter möchte aufbrechen:

– Sire, fet li chevaliers, ge m'en iré a vostre congié, ne ne porré ma honte celer o chastel, ainz la covendra mostrer tot en apert. – Dex vos doinst bien fere,» fet Messire Gavains.

(PerlN 843–45).

Die GFn *Dieus vos envoit a.r.* und *Dieus soit o vos* übergehen wir, da sie ohne Einschränkung auf die Begrüßung festgelegt sind. Die aktivische Form der GF *Dieus vos gart* ist fast ausschließlich auf die Begrüßung fixiert. Auch die jeweils einzigen Belege der passivischen (AimeriD 2323–25) und periphrastischen (GaufrG 8463) Form sind Begegnungsgrüße. Die wenigen Abschiedsbelege der aktivischen Form verteilen sich recht kontinuierlich über den von uns betrachteten Zeitraum. Yvain möchte seine Erkundung des Chastel de Pesme Aventure fortsetzen. Die gefangenen Mädchen verabschieden ihn. Yvain:

Des or mes aler m'an covient
et veoir genz qui leanz sont,
savoir quel chiere il me feront.
– Or alez, sire, cil vos gart
qui toz les biens done a sa part!»

(YvainR 5336–40).

Der Engel erscheint Karl:

«Karles, ce dist li angres, dirai toi verité:
Ne sui pas hons terestre, ains sui esperités;
Ce te mande li Sires (...)
Je ne te puis plus dire que ne m'est commandé;
Mais cil qui nos servons et iver et esté
Gart ton cors et ta vie et ton riche barné!»
Atant s'en va li angres, et Karles est remez;

(GuiBourgG 4096–98, 4105–08).

Ein *vallet* und Durmart trennen sich voneinander. Durmart:

Mout feras ore que cortois
Se tu a la voie me mes.»
– «Certes, sire, fait li vallés,
Par cele crois vos en irois,
Bel chemin et grant troverois;
(...)
A Deu soiés vos commandés.»
– «Beaz freres, dist il, Dex te gart.»
A ces moz li Galois s'en part.

(DurmG 4286–90, 4300–02).

Theophile ist sich mit Salatin einig geworden:

SALATINS
Alez vous en seürement;
Maugrez qu'il en puissent avoir,
Vous ferai vostre honor ravoir.
Revenez demain au matin.
THEOPHILES
Volentiers, frere Salatin.
Cil Diex que tu croiz et aeures
Te gart, s'en ce propos demeures!
(RutebTheophF 94–100).

Die GF *Dieus vos garisse* kommt nur überwiegend bei der Begrüßung vor. Von den vier Abschiedsbelegen nennen wir drei. König Yon verabschiedet Renaut, der ihm vorausreitet. Renaut:

Nos en irom devant et vos venes detriers.
Certes mar i entrerent li cuivers renoiés.»
«Amis, ce dist li rois, forment me rapaies.
Dame Dex vos garisse ki en crois fu dreciés.»
Renaus sist sor Baiart, armés et haubergiés,
Et s'escria ses homes: «Poignies, ne vos targies.»
(RenMontC 3825–30).

Girart verabschiedet Olivier, den sein Vater nicht ziehen lassen will (s. unten, 172). Girart zum Vater:

– Si ferat, Sire, dit Girars le guerrier.
De son barnage ne l'doit on délaier.
Dex le guarisse, qui tot puet justissier!
(GirVianeT 80.2–4).

Ein Ritter zu Lancelot, dem eine *aventure* bevorsteht:

– Sire, fait li chevaliers, or garisse Diex vostre cors, car vos alez en grant peril; (...). – Sire chevalier, fait Lanceloz, Damledieu nos a gitez de maint peril; ausi fera il de ccstui, se il volt, par son plaisir e par sa volenté.» Lanceloz se part du chevalier, (...).
(PerlN 8307–12).

Die GF *Vos soiez onorez* ist eine ausschließliche Begrüßungsformel.

Den einzigen Abschiedsbeleg der fast ausschließlich auf die Begrüßung festgelegten GF *Dieus vos otroit a.r.* liefert ein Vorkommen mit *nuit*. Zwei *damoiseles* verabschieden Gauvain mit einem Fluch, weil sie ihn für einen Hochstapler halten:

Messire Gavains ot bien ce que les damoiseles dient, e ne leur respont neent, e eles s'en partent, e dient que male nuit li otroit Dex comme mauvés chevalier e failli e recreant;
(PerlN 1824–26).

Die passivische GF *Sauvez soiez vos de Dieu* ist ausschließlich, die aktivische Form *Dieus vos saut* fast ausschließlich, die periphrastische Form *Dieus vos puist sauver* überwiegend auf die Begrüßung festgelegt. Ähnlich wie bei *Dieus vos gart* verteilen sich die Abschiedsbelege relativ gleichmäßig über den von uns untersuchten Zeitraum. *Dieus vos saut* findet sich als Abschiedsgruß z. B. in – Eracle bricht die Brautsuche ohne Ergebnis ab –:

Eracle cerke tos les rens,
ne trueve pucele en tos sens
qui ait trestotes les bontés.
En son ceval en est montés,
parole dont et dist en haut:
«Puceles, Damedieus vous saut!
Vous remanrés, je m'en irai,
que nule de vos n'eslirai;

(GautArrErR 2539–46).

Roenel versichert Isengrin seiner Unterstützung gegen Renart und schließt mit der GF:

dont iert Renart plus que deables,
se, par reliques ou par chiens,
ne puet cheïr en noz lïens.
Dex vos saut, pansez del bien faire.»
Isangrin a tant s'en repere
en la forez de Gainelande;

(RenR VII^b 6838–43).

Der Metzger David wird von einer Frau an den Priester Gautier verwiesen:

Alés avec lui ostel prendre.
– Dame, g'irai sans plus atendre,
Fait li bouchiers, et Dix vous saut!

(BouchAbevR 53–55).

Die Schäferin geht mit dem Ritter:

elle dist en riant
«Robin, deus te saut, eyaut, plorers que vaut?
j'en vois esbanoier el gaut
por mon delit, eyit, un soul petit;
se tu m'aimes tant com tu dis,
se pran bien garde a mes berbis.»

(RomPast II 12.61–66).

Wir nennen drei Belege mit *Dieus vos puist sauver*. Karl stellt Ogier und Naimes an die Spitze seiner Vorhut:

La soie jent avoit fait atorner:
Sessante mile en fait devant aler;
Ogier les balle et Namlon a mener.
«Alés,» fait il, «Jhesus vos puist salver.
S'il vos estuet as Sarrasins joster,
Secorrai vos sans longues demorer.»

(AspremwB 3919–24).

Der Emir schickt Huon gegen Agrapart in den Kampf:

Et Hues est devers le camp alés.
L'amiraus l'a a Mahom commandé:
«Va t'ent, dist il, Mahoms te puist salver!»

(HuonR 6540–42).

Gloriande und Ogier verabschieden sich voneinander:

A Gloriande, le pucele au vis cler,
A pris congié Ogiers, sanz oublier

Riens ou raisons se deüst acorder.
«Ogier,» fait ele, «cil Dieus vous puist sauver
Qui tout puet faire et tout puet gouverner!»
Lors monte Ogiers, n'ot cure d'arrester,
(EnfOgH 4334–39).

Die GFn *Dieus vos saut et beneïe, Dieus vos saut et gart, Dieus vos saut et gart et beneïe* bedürfen wiederum keiner eingehenden Kommentierung, weil sie ausschließlich auf die Begrüßung festgelegt sind. Immerhin findet sich die zweite dieser GFn in einem Beleg mit einem indirekten Objekt konstruiert – und wird hier für den Abschied gebraucht. Naimes hat Bertran noch ein Stück des Weges begleitet:

Au desevrer fu li duel esforciés,
Et Name plore que en a grant pitiés;
Leva sa main, si a son fil signié:
«Va t'ent, biaus fix, Jhesus li droituriers
Te gart e salve de mortel enconbrier,
(OgDanE 3710–14).

Bien soiez vos trovez und die *bien venir*-GF finden ebenfalls nur bei der Begrüßung Verwendung. Auch die seltene, analog gebaute GF *Bien soiez vos levez* ist auf diese Situation fixiert.

Alle GFn, die den Ausdruck *a Dieu* enthalten, sind eindeutig auf den Abschied festgelegt. Neben den schon aufgeführten wichtigeren GFn (s. oben, 157) sind dies auch die seltenen Formen *A Dieu remaigniez* und *A Dieu vos rent*. Hinzu kommen aber auch alle aus Satzgefügen bestehenden GFn, deren Hauptsatz aus einer dieser einfachen GFn gebildet wird. Welche Fixierung die den Nebensatz ausmachende GF normalerweise aufweist, ist völlig unerheblich. Man findet hier ebenso GFn, die außerhalb des Satzgefüges für die Begrüßung, wie solche, die für den Abschied gebraucht werden. Ein Ritter bringt Yvain zum Artushof und bricht gleich wieder auf:

Et messire Yvains fu au pié des degrez, si descent.
«Sire, fait li chevaliers, ge m'an irai.»
«Alez, fait messire Yvains, a Deu, qui bone aventure vos doint.»
(LancPrK 271.18–20).

Die Frau des *vilain mire* verabschiedet die Boten des Königs:

Alez! A saint Pere l'apostre,
fet ele, ou je vos commant!»
(MireMé 164f.)[14].

Recht häufig sind hier aber GFn, die außerhalb des Satzgefüges keine allzu ausgeprägte oder überhaupt keine Bevorzugung einer der beiden Grußsituationen zeigen. Wir denken an *Dieus vos conduie, Dieus vos defende de a.r.* und *Dieus vos gart de a.r.,* für die wir jeweils ein Beispiel mit *Alez a Dieu* im Hauptsatz geben. Gornemant verabschiedet den von ihm zum Ritter geschlagenen Perceval:

---

[14] In MireC 172f. liegt hier nur eine einfache GF vor.

Maintenant li preudom le saigne
De sa main qu'ot en haut levee,
Et dist: «Puis que l'alers t'agree,
Or va a Dieu, qui te conduie,
Puis que li demorers t'anuie.»

(PercR 1694–98).

Ein *vavasor* kann den Herzog von Clarence nicht davon abhalten, zum *Val sans retour* aufzubrechen:

– Alés donc, fet li vavasor, a Dieu qui de mal vos defende, kar encontre vostre cuer n'i valdroit nus conseils noient.»

(LancPrM I 272).

Die Schwester verabschiedet Courtois (an die Stelle des Gottes- tritt ein Heiligenname):

Frere, va a saint Julïen,
qui te gart de mauvés lïen.
(...)
Dieu proierai ou que je soie
qu'il te lest tenir bone voie.

(CourtArrF Hs. B après 90, 28f., 34f.).

Die GF *Dieus vos conduie* ist nur überwiegend beim Abschied gebräuchlich. Der Anteil an Begegnungsgrüßen ist recht erheblich. Insofern ist es erforderlich, Belege für beide Situationen anzuführen. Wir beginnen mit dem Abschied. Yvain wünscht den von ihm befreiten Mädchen eine gute Heimkehr:

Et cil respont que Dex les saut,
cui la demore molt enuie:
«Alez, fet il, Dex vos conduie
en voz païs sainnes et liees.»

(YvainR 5798–5801).

Auberi flieht vor seinen Feinden:

Auberi a sa sorour apelée:
– Dame, dist il, n'i a mestier celée.
Nous en irons en estrange contrée.
A Dame Deu soiez vous commandée!»
Lors s'entrebessent à celle desevrée.
– Auberi sire, dist la Dame senée,
Tu enmenras la riens qu'ai plus amée:
C'est Gascelin à la chiere membrée.
Je te le bail dolente et esgarée:
Cil vous conduise, qui fist chiel et rosée!

(AuberiTarbé 23.15–24).

Bohort erklärt der Königin, daß er sich auf die Suche nach Lancelot macht:

– Et qui ira o vos? fet ele. – Hestor des Mares, fait il, et Lyons mes freres. – Or vos conduie Diex, fait ele, (...).

(LancPrM VI 180).

Die Schergen lassen Berte aus Mitleid entkommen:

«Bele, fuiez vous ent, n'i ait plus detriié,
Damedieus vous conduise par sa douce amistié!»

Berte s'en va fuiant, le cuer ot esmaié,
Car bien cuidoit sans faille avoir le chief trenchié;

(BerteH 630–33).

Wir nennen drei Belege für die Begrüßung. Renaut begegnet einem Fremden:

Il n'ont gaires erré lo chemin anterin
Q'ont encontré .i. home sor .i. gaste roncin;
Cil repaire de l'ost, vendu ot pain et vin.
Renaus vint devant lui, si cria à cler tin:
«Amis, cil te conduie qui confondi Cayn.

(RenMontC 15425–29).

Durmart kreuzt eine *pucele*:

Mesire Durmars tient sa voie
Parmi la lande qui verdoie;
Son oire commence a haster.
Lors voit hors del boz escaver
Une bele pucelle gente.
Amblant venoit tot[e] une sente;
(...)
Quant mesire Durmars le voit,
Si conoist mout bien et parchoit
Qu'ains mais si trebele ne vit.
Lors l'aproche, se li a dit:
«Bien veigniés, doce damoisele.»
Simplement respont la pucele:
«Dex vos conduie, beaz doz sire.»

(DurmG 1885–90, 1949–55).

Gauvain und eine *pucele* reiten Lancelot hinterher, um seinen Namen zu erfahren:

Messires Gauvains et la pucele vont aprés, si l'ataignent an la forest.
«Dex vos conduie, biax sire,» fait messires Gauvains.

(LancPrK 255.15–17).

Wird die GF zusammen mit der GF *Dieus vos rameint* (TristThomW Douce 1298f.) verwendet oder zu der GF *Dieus vos conduie et rameint* (AthisH 9397f.) verschmolzen, so brauchen wir natürlich den Nachweis des Abschiedsgebrauchs nicht besonders zu führen.

Die einfache GF *Dieus vos consaut* wird überwiegend beim Abschied gebraucht. Bei geringer Gesamtzahl von Vorkommen können wir allerdings nur einen Begegnungsgruß anführen. Bohort holt einen Priester ein:

Lors ateint un home de grant aage qui ert vestuz de robe de religion et chevauchoit un asne, ne n'avoit o lui serjant ne vaslet ne compaignie nule. Boorz le salue et li dist: «Sire, Diex vos conduie!» Et cil le resgarde et conoist qu'il est chevaliers erranz, si li respont que Diex le conseut.

(SGraal IV QuesteP 162.5–9).

Anders stellen sich die Verhältnisse für die periphrastische Variante *Dieus vos puist consellier* dar. Unsere beiden einzigen Belege sind Begrüßungen. Zwei Boten Aalis' bringen Raoul zum Bischof, der das Kind taufen soll. Der Bischof erwidert den durch die Boten übermittelten Gruß Aalis':

L'evesque l'ot; si se prist a saignier.
Dieu en mercie qi tout a a baillier:
«Franche contese, Diex te puist consellier!
Iceste chose ne vuel plus respitier.»
(RCambrM 73–76).

Artus erwidert den Gruß einer Rat suchenden *damoisele*:

Li rois sooit un jor au mangier. (...) Atant ez vos une damoisele (...). «Sire, fet ele, je vos salu com la plus esfreé[e] damoisele et la plus desconsellie que onques veïssiez, si vos sui venue demander un don por la hautesce et por la valor de vostre cuer. – Damoisele, fet li rois, Dex vos puist consellier par son plesir et par sa volenté, et je meïsmes i vol bien entente metre.»
(PerlN 4013, 4015–21).

Im Gegensatz zu der Begrüßungsformel *Dieus vos gart* ist die mit der Streckformel gebildete GF *Dieus soit garde de vos* überwiegend ein Abschiedsgruß. Dieser Gebrauch der allerdings nicht allzu häufigen GF ist vor allem im *Perlesvaus* konstant. Immerhin finden wir aber auch zwei – zeitlich recht weit auseinanderliegende – Begrüßungsbelege. Bernier und seine Frau:

Sa feme acole, si l'a .iij. fois baissie,
Et elle lui, car molt fu esjoïe.
«Sire,» dist elle, «Jhesus li fix Marie,
Soit de vos garde et ait en sa baillie.»
Il li respont: «Et Diex vous beneïe!»
(RCambrM 8195–99).

Flordespine empfängt ihren Vater Machabré:

«Pere, dist la puchele, bien soiez vous venus,
Et vous et Gloriant à la fiere vertus!
– Fille, dist Machabré, «li vostre dieu Cahus
Soit de vostre cors garde, par la soue vertus!
(GaufrG 8459–62).

Die von der wörtlichen Bedeutung her mit *Dieus soit garde de vos* eng verwandte seltene GF *Dieus vos soit garanz* ist nur einmal Abschieds- und dreimal Begegnungsformel. Wir geben je ein Beispiel. Evas entläßt Athis und Prophilias:

Alez, que Deus vos soit garanz
Et vos conduise a sauve voie
Et rameint, si que liez en soie!»
Cil ne font plus de demorance;
(AthisH 9396–99).

Huon trifft auf Gériaume:

Li enfes Hues choisi le peneant;
Quant le regarde, moult se va mervilant.
(...)
Hues li enfes en est pasés avant
Et le salue de Dieu le roi poisant:
«Preudom, chil Dix qui espandi son sanc
Por peceours, jor de venredi grand,
Vous soit au cors et a l'ame garant!»
(HuonR 2953f., 2960–64).

Die GF *Dieus vos meint* ist genauso wie *Dieus vos conduie* überwiegend beim Abschied gebräuchlich. Bei geringer Gesamtzahl der Belege kennen wir nur eine einzige Verwendung als Begrüßung. Renart begegnet Tibert, der so tut, als ob er den Fuchs nicht sieht:

Et Tibert, qui bien veü l'a,
ne fist sanblant que il le voie,
ainz chemine mout biau sa voie
et chevauche mout cointement;

Der Kater reagiert erst auf Renarts dritten Gruß:

Sire, je di que Dieu vos maint
et doint joie et bone avanture.
– De vostre salu n'ai ge cure,
fait se Tibert; (...).
(RenR XI 11956–59, 12016–19).

Die nur einmal belegte GF *Diex vos ameint* (SGraal IV QuesteP 99.19) und die in wenigen Passagen vorkommende GF *Dieus vos rameint* sind natürlich auf Begrüßung bzw. Abschied festgelegt.

Die beiden GFn *Dieus vos defende de a.r.* und *Dieus vos gart de a.r.* finden sich gleichermaßen bzw. fast gleichermaßen für Begrüßung und Abschied. Von den nur einmal vorkommenden Ausdrücken für Nicht-Wunschobjekte begegnen bei der Begrüßung mit *Dieus vos defende de a.r.* nur *mal, anui et pesanche* (MontRayn II 90), mit *Dieus vos gart de a.r.* dagegen *dolor* (RomPast III 45.25), *tristor* (RomPast III 45.28), *enconbrier et mal* (HuonR 2682), *mal et painne nouvelle* (GaydonG 8945) und *mort et haschie* (GaydonG 10423). Die entsprechenden Ausdrücke beim Abschied sind für die erste GF *mort* (GirVianeT 130.34), *mort et peril* (GarLorrV 8123), *mort et perir* (RCambrM 8340) und für die zweite GF *dolor et ire* (CristalB 1556), *mort et torment* (GirVianeT 84.32), *mortel peril et encombrier et prison* (PercR 2156f.) und *torment et ire* (BeaumManS 2593).

Von den mehrfach vorkommenden Ausdrücken ist *vilonie* auf die Begrüßung festgelegt. Ferraut und eine *pucele* tauschen Grüße aus:

De desoz l'aubre, enmi la praerie,
S'est arrestez Ferraus par cortoisie,
Si la salue de Deu, le fil Marie.
Celle respont, qui bien fu enseingnie:
«Cil Dex de glore, qui vint de mort à vie,
Deffende, sire, vo cors de vilonnie!»
(GaydonG 3934–39).

Gaufrey erwidert den Gruß der Burgherrin:

Gaufrey entre u castel, li et sa baronnie,
Et Hernaut de Biaulande à la chiere hardie.
La bele vint encontre, qui en haut lor escrie:
«Par foi, bien soit venue toute la compengnie!»
Et Gaufrey respondi par moult grant courtoisie:
«Damedex gart vo cors de toute vilennie!»
(GaufrG 7376–81).

Drei Ausdrücke kommen jeweils einmal bei Begrüßung und bei Abschied vor. Es sind *chose, mal* und *tormente*. Selvestre und seine Begleitung gehen auf einen Ritter zu:

Tant k'il vienent au Chevalier
Qui se gisoit desous sa coste
(...)
«Sire, Dix vous doinst boine nuit,
Et de cose qu'il vous anuit
Vous deffenge par sa poissanche!»
(MontRayn II 90).

Lunete verabschiedet Yvain. Yvain:

Or n'i a plus que je m'an vois,
ou que soit, logier an ce bois,
que d'ostel pres ne sai ge point.
– Sire, fet ele, Dex vos doint
et boen ostel et boene nuit
et de chose qui vos enuit,
si con je le desir, vos gart.»
Mes sire Yvains a tant s'an part,
et li lÿons toz jorz aprés.
(YvainR 3757–65).

Der Graf erwidert den Gruß Eurïauts, um sich gleich darauf zu verabschieden. Eurïaut:

En la sale entra erranment
Et salua molt douchement
Le conte et tous les chevaliers.
Li quens ki molt fu biaus parliers,
Mais trahitres estoit et faus,
Li dist: «Dex vous gart de tous maus!»
A tant a li le congié prent,
Puis est montés, sa voie emprent;
(ViolB 686–93).

Perceval beendet das Gespräch mit einem alten Ritter:

– «Sire, ce [li] dit Percevaux,
Diex vos desfande de toz maux
Et doint bone vie et grant joie.»
Atant aquiaut chascun sa voie.
(ContPerc²ER 21037–40).

Maugis begrüßt zwei Männer:

Et garda devant lui, s'a choissi [sous une ente]
.ii. hommes effraés don chascuns se demente;
Ils batirent lor paumes, fait orent male vente.
Quant Maugis l'a veü, de hidor s'espovente;
Ne por hec avant vait, et dit à sa vois jente:
«Signor, Diex soit o vos et vos gart de tormente.»
(RenMontC 14255–60).

Bernier verabschiedet sich von seiner Frau:

Après la messe li chevallier vaillant
Congiet demandent a la dame vailla[n]t:

Et la contesse li a dit en plorant:
«Biax sire chiers, a celui vous conment
Qui fist le monde par son conmendement.
– Dame,» dist il, «Diex vous gart de torment!»
Atant departent sens plus de parleme[n]t.
(RCambrM 7645–51).

Der häufigste, nur mit *Dieus vos gart de a.r.* belegte Ausdruck *encombrier* ist überwiegend (vier Belege) auf den Abschied festgelegt. Wir verzeichnen zwei Begrüßungsbelege. Wir nennen je ein Beispiel. Naimes und Ogier übernehmen eine gefährliche Mission und werden von Karl verabschiedet:

«Sire, ce dist dus Naimes, n'aies soing d'esmaier;
Nos irons el mesage entre moi et Ogier.»
«Naime, ce dist li rois, Dex vos gart d'encombrier.
Car ainc ne me faillistes, quant oi de vos mestier.»
Ogiers et li dus Naimes se vont apareillier
A guise de mesage, ne se volrent targier.
(RenMontC 2198–2203).

Guillaume wird geraten, den ihm feindlich gesinnten Herzog Richard zu grüßen:

Et cil responent: «De quoi le dotez vos?
Mes chevauchiez et poigniez trusqu'au pont,
Sel salüez par bien et par amors;
(...).»
*
Li quens Guillelmes vint au pont toz premiers,
Ou voit le duc, sel prent a aresnier:
«Dux», dit Guillelmes, «Diex te gart d'encombrier!
(CourLouisABLe 2097–99, 2104–06).

2.2.1.2. Besonderheiten

Die Grußhandlung erfordert normalerweise die Präsenz zweier Gesprächspartner A und B in einer beiden gemeinsamen zeitlichen und räumlichen Situation. A und B übernehmen wechselseitig die Rollen des Grüßenden und des Gegrüßten. Üblicherweise ist der Gegrüßte als Adressat der Grußhandlung auch die im Gespräch angeredete Person. Bei der Begrüßung ist eine Abweichung hiervon möglich, wenn eine dritte Person C die zu grüßende Person B bei A einführt. A bezieht dann C in den Gruß mit ein, indem er B nur mittelbar, und zwar über C grüßt. Die *bien venir*-GF ist die einzige Formel, die in dieser Weise gehandhabt wird. Wir kommentieren sechs Belege. Pippin begrüßt Gerbert, wendet sich aber an Auberi:

Devant le roi vint li dus Auberis,
Par la main tint Gerbert, le fil Garin,
O voit le roi, si l'a raison mis:
«Drois enpereres, Dieus voz puist beneïr!
A voz m'envoie li Loherenz Garins,
Et si voz mande, si conme vos amis,

Que donnez armes l'enfant Gerbert, son fil,
Si hautement que li dus voz mercit;
Par grant chierté le voz envoie ci
Que bien trovast chevalier en feïst.»
Et dist li rois: «Li bien venus soit il!
Bien le doi faire, car il est mon cosin.»
(GarLorrV 12074–85).

Beim sich anschließenden Grußwechsel zwischen Gerbert und Blancheflor ist Auberi dagegen unbeteiligt:

«Dame,» dist il, «Dieus voz puist beneïr!
Salus voz mande li miens peres Garins.»
Dist la roïne: Bien vengniez, biax cosins!
(GarLorrV 12088–90).

Der Graf von Saint-Gilles macht den Kastellan von Arques mit Guillaumes und Aelis, seiner neuen Herrschaft, bekannt:

Fait il: «Vos savés bien pieça
Que li bons quens Richars est mors.
C'est damages, mais li confors
Est ml't tres biax et li restors:
Cist chevaliers a cest biau cors
Est ses fix, ce n'est mie doute.
La terre a l'empereor toute
Deüst prendre o ceste pucele.
(...)
Cil requiert la terre et l'ounor
Si com ses peres l'ot jadis.»
Li castelains n'avoit que dis
Chevaliers amenés o lui.
«Sire, fait il, n'oïsmes hui,
Bien saciés, si boine novele.
Bien soit il venus et la bele,
(EscoufleS 8140–47, 8152–58).

Das Gespräch wird auch über die zitierte Passage hinaus zwischen Graf und Kastellan weitergeführt (bis EscoufleS 8175). – Die Königin läßt die Schloßbewohner herbeirufen und führt sie mit Perceval zusammen:

Atant entrent en la sale, et la dame ist de la chanbre et tient Perlesvax par la main et lor vient a l'encontre. «Vez ci, fet ele, le chevalier par cui vos avez eü l'ennui et le travail, et par qui vos en estes osté. – Ha! font li chevalier et les damoisele[s], bien puist il estre venuz!

(PerlN 3910–14).

Bohort wird zu einer kranken, ans Bett gefesselten *damoisele* geführt, die sich erst nach dem Gruß direkt an den Ritter wendet:

«Ma dame, fet cele qui Boort avoit amené, veez ci .I. chevalier qui vos est venus veoir qui avoit tel pitié de vos qu'il ne s'en peust mie soffrir qu'il ne vos veist. – Bien soit il, fet ele, venus.» Si se torne vers eus. «Sire chevaliers, fet ele, qui estes vos?

(LancPrM II 171f.).

Auch Artus begrüßt den von einem *preudome* vorgestellten Galaad nur indirekt:

«Rois Artus, je t'ameign le Chevalier Desirré, celui qui est estraiz dou haut lignage le Roi David et del parenté Joseph d'Arimacie, celui par cui les merveilles de cest païs et des estranges terres remaindront. Veez le ci.» «Sire, bien soiez vos venuz se ceste parole est veraie, et bien soit li chevaliers venus!

(SGraal IV QuesteP 7.25–31).

Dies gilt schließlich auch für die Mädchen, denen der Vater Manekine anvertraut:

«Beles filles, je vous requier,
Ainsi comme vous m'avés chier,
Que vous ceste dame honnerés
(...).»
Eles respondent bonement:
«Sire, vostre commandement
Volons de chief en chief.
Du faire ne nous sera grief.
Que bien puist ele estre venue!»

(BeaumManS 5269–71, 5275–79).

Auch beim Abschied ist eine vergleichbare Abweichung möglich. A zögert, B mit einem Gruß zu entlassen, worauf C das übernimmt. Dabei wendet sich C über A an B. Wir kennen zwei Belege. Einen davon haben wir in anderem Zusammenhang zitiert. Im *Girart de Viane* möchte Rainier seinen Sohn Olivier nicht ziehen lassen, worauf Girart ihn indirekt verabschiedet (s. oben, 162). Der andere Beleg findet sich bei Gautier d'Arras. Ille möchte gehen, der Kaiser will ihn aufhalten. Nachdem Ille seine Bereitschaft erklärt hat, im Kriegsfalle nach Rom zurückzukehren, setzt sich der Papst für ihn ein. Er verabschiedet Ille, wendet sich dabei aber an den Kaiser:

Et l'apostoles li a dit:
«Ço est asés, se Dex m'aït;
Ne cuit qu'a Rome ait ja estrif
Por tant que il le sacent vif.
Dex le conduie, se lui plaist,
Et mete en cuer qu'il ne vos laist.
(...).»
Li emperere li a dit
Que il sa fille pas n'oblit,
K'il le consaut et prenge cure.
(...)
Bien ont espeneï cil troi
Icel congiét et cel otroi.

(GautArrIllC 3596–3601, 3606–08, 3644f.).

Eine zweite Abweichung besteht darin, daß A neben B sich selbst in den mit einem Gruß ausgedrückten Wunsch einbezieht und damit selbst auch zum Adressaten der Grußhandlung wird. Wie etwa bei it. *arrivederci*[15] handelt es sich vor allem um Abschiedsformeln, die den Wunsch nach einem Wiedersehen enthalten. Perceval verabschiedet sich von Galaad:

---

15 Alinei 1977, 202.

«Sire, hui est li jorz que nos devons departir et aler chascuns sa voie. Si vos comant a Nostre Seignor, qui nos otroit que nos nos puissons entretrover prochainnement.
(SGraal IV QuesteP 245.26–28).

Renart bricht zum Königshof auf, wo ihn ein Prozeß erwartet:

Et Renart, quant vint au matin,
laissa sa fame et ses anfanz;
au departir fu li diaus granz.
Congié a pris de sa mainie:
«(...)
a Damedieu toz vos conmant,
qui me ramaint si con je soil.»
(RenR I 1126–29, 1142f.).

Louis entläßt Guillaume:

– Alez, beau sire, a Damedieu del ciel.
Jhesus de gloire vos doint bien esploitier,
Que vos revoie sain et sauf et entier!»
Vet s'en Guillelmes, li marchis au vis fier,
En sa conpaigne avoit il maint princier.
(CharroiM 758–62).

Wir sehen in solchen Formulierungen Vorläufer der sich seit dem MF entwikkelnden GF *A Dieu jusqu'au reveoir*[16]. Ein Beleg mit einer ganz anderen GF ist – Aiol verabschiedet sich von seinen Eltern –:

«Dame, che dist Aiols, dex li sauere
Qui fist et ciel et tere et mer betee
Garisse moi et uous et mon chier pere!
(Aiol^{1}F 500–02).

Der Gruß stellt dann eine Provokation dar, wenn A sich selbst etwas Gutes, B aber etwas Schlechtes wünscht. Die falsche Guenièvre tritt am Artushof mit dem Anspruch auf, die rechtmäßige Frau des Königs zu sein:

(...) si vint devant le roi et parla si hautement que de tos fu bien entendue: «Diex saut, fet ele, Genievre la fille le roi Leodagan de Tarmelide et Diex confonde tos les enemis et totes les enemies que j'ai saiens!
(LancPrM I 96f.).

Die Abwesenheit des zu grüßenden Gesprächspartners B macht einen Gruß nicht völlig unmöglich. Die außergewöhnliche Lage von A kann einen monologischen Gruß rechtfertigen, bei dem sich A die Präsenz von B nur vorstellt. Orgueillose d'amors erblickt das nahende Schiff mit Blancandin an Bord und grüßt ihn in der voreiligen Gewißheit seiner Ankunft – die dann doch nicht stattfindet:

Et quant Diex redona le jor,
Si vint as estres de la tor.
El pelage de mer garda,
Le dromont vit, conneü l'a
As ensaignes que cil li dist,
Et as dagrons qu'ele choisist;

---

[16] Senge 1935, 84–87; Löfstedt 1978, 198; Lewicka 1979, 289.

Set que c'est Blanchandins ses druz.
«Amis, bien soiez vos venuz,
Dist ele, et vostre compaignie;
(BlancandS 3095–3103).

Aus demselben Roman haben wir (s. oben, 160) schon die Passage zitiert, in der Sadoine sich unmittelbar vor seinem vermeintlichen Tod von seiner *amie* verabschiedet, die er zwar sehen, aber nicht sprechen kann. In einem anderen Roman glaubt die Heldin – Galiene –, daß sie vergeblich auf ihren *champion* – Fergus – wartet und möchte sich aus Verzweiflung zu Tode stürzen. Sie befiehlt sich selbst und dann Fergus Gott:

La pucele a diu se commande,
Qui autre cose ne demande
Ne mais qu'ele fine sa vie.
Tel dolor a qu'ele s'escrie
Et a dit «Dous amis Fergus,
De mon termine n'i a plus.
Hui cest jor perdres vostre drue:
Jamais par vos n'iert secorue.
Vos targies trop et demores.
Jamais nul jor ne me verres.
Car hui serra la departie
De vos, nel mescrees vos mie.
A diu le pere vos commanc.»
(FergM 5723–35).

Wesentlich häufiger kommt es natürlich vor, daß A bei Abwesenheit von B eine andere Person C damit beauftragt, B Grüße zu übermitteln. Die Erteilung des Grußauftrags erfolgt im Zusammenhang mit der Verabschiedung von C. Wir nennen nur drei Beispiele. Die Königin entläßt Gerbert und trägt ihm Grüße an seinen Vater auf:

Dist la roïne: «Jhesus, qui ne menti,
Soit de voz garde et li sains Esperis!
(...)
Salüez moi vostre pere Garin.»
«Volentiers, dame,» li enfes respondi.
Atant le baise, de la chanbre parti.
(GarLorrV 12188f., 12194–96).

Perceval schickt den von ihm besiegten Orgueilleus de la Lande mit seiner Freundin zum Artushof:

Puis t'apareille, si le maine
Bien atornee et bien vestue
Al roi Artu, sel me salue
Et si te met en sa merchi
Si com tu partiras de chi.
(...).»
Et cil respont qu'il i ira
Molt volentiers et si dira
Tout quanquë il li a enjoint,
(PercR 3954–58, 3981–83).

Die Mutter verabschiedet ihren Sohn Guillaume und trägt ihm Grüße an Aelis auf:

«Fiex, fait ele, a Dieu te commant.
Salue moi ma damoisele.
A Dieu soiés et vos et ele
Se le cuidiés veoir jamais.»
Cil s'en vait. (...)
(EscoufleS 3780–84).

In allen drei Passagen werden die von uns im zweiten Teil besprochenen Formeln des Grußauftrags gebraucht[17]. Äußerst selten kommt es vor, daß hier auch andere GFn Verwendung finden. Aiol trägt seinen Begleitern Grüße an Lusiane auf:

Mais nostre conpaignie conuient a departir:
Vous en ires en France dont uous uenistes chi,
Si dites Lusiane, la bele o le cler uis,
Que dieus le saut et garde, qui onques ne menti,
(Aiol²F 5105–08).

Gäite trägt Prophilias Grüße an Athis auf:

Itant li dites de ma part
Que Damedeus le saut et gart;
Saluz li mant (...).
(AthisH 4741–43).

Der Bruder soll den Vater von der Tochter grüßen:

Lartenidus premierement
A sa seror le congié prent.
La roine a baisié son frere
Et salus a mandé son pere,
l'empereor de Roumenie:
Que Diex le tiegne en boine vie
Et gart et garisse son cor;
(GuillPalm 8947–53).

C übermittelt die Grüße von A an B. Er wählt dazu vorwiegend die ebenfalls im zweiten Teil analysierten Formeln der Grußübermittlung wie *A vos salue* oder *A vos mande saluz*, usw.[18]. Es sind hier aber auch verschiedene andere GFn möglich, die gegenüber der normalen Verwendung um eine den Auftraggeber bezeichnende Komponente erweitert sind. Wir kennen jeweils einen Beleg mit *A.r. puissiez vos avoir, Dieus vos gart* und *Bien soiez vos venuz*. Hercelot grüßt den Priester von Marion:

«Sire, bon jor puissiez avoir
de par celui qui vos salue,
qui est vostre amie et vo drue,
de par Marion au cors gent.»
(PrestreAlisMé 216–19).

---

[17] S. oben, zweiter Teil, II. Kapitel, 114.
[18] S. oben, zweiter Teil, II. Kapitel, 114f., 120f.

Ein Bote vor Aimeri:

Li mesagiers parla cortoissement
Et dist au conte Aymeri le ferrant:
«Cil Damedieu qui forma tote gent
(...)
Gart Aymeri le franc conte puissant
Et Hermanjart la contesse avenant
De par Buevon le hardi conbatant!

(NarbS 7975–77, 7981–83).

Der Kaiser schickt dem aus Palästina zurückkehrenden Grafen Boten entgegen:

Ses compaignons quanqu'il en a
Envoie encontre a ml't grant joie;
N'i a .j. seul qui ne se joie
A l'encontre del haut prodome.
De par l'empereor de Romme
Salué l'ont ml't liement;
Et li mande ml't hautement
Que bien puist il estre venus.

(EscoufleS 1390–97).

Mehrfach kommen *Dieus vos saut, Dieus vos saut et beneïe, Dieus vos saut et gart* und *Dieus vos saut et gart et beneïe* als Grußübermittlung vor. Wir dokumentieren diesen Gebrauch für eine dieser GFn, und zwar *Dieus vos saut*. Ein Bote überbringt Bernart einen Brief Fromonts:

Li mes le voit a salüer le prist:
«Deus voz saut, sire, de par Fromont,» fait il,
Vostre neveu de Lenz, le posteïf!
Tenez ces letres qu'il voz envoie ci.»

(GarLorrV 3298–3301).

Perinis als Bote Yseuts vor Artus:

Atant estes vos Pirinis:
Esgardez fu de maint marchis;
Devant le roi vint a l'estage
Ou seoient tuit li barnage.
Li vaslet dit tot a seür:
«Dex saut,» fait il, «le roi Artur,
Lui et tote sa conpaignie,
De par la bele Yseut s'amie!»

(TristBérM[4] 3393–3400).

Auberon beim ersten der vier Emire:

Mahom saut l'amiral del Coine,
De par le roy, qui sans essoigne
Li mande qu'en s'aïe viegne!

(BodelNicH[3] 315–17).

Abgesandte Karls vor Turpin:

Cil le saluent qi furent mesagier:
«Cil Dex de glore qi tot a a jugier,

Il salt Turpin de Rain l'arcevesquié,
De part Kallon so signor droiturer.
(OgDanE 9367–70).

Eine Botin der Dame del Lac vor Claudas:

La danmoisele vint devant Claudas, la ou il seoit a son haut mengier (...). «Rois Claudas, fait ele, Dex te saut de par la plus vaillant dame qui soit el monde et qui plus t'a prisié jusq'au jor d'ui que nul home qui onques fust.
(LancPrK 58.31f., 35–37).

Eine Provokation ausdrückende Abwandlung besteht darin, daß der Bote C zuerst den abwesenden Auftraggeber A, ja sich selbst, und dann erst den eigentlichen Grußempfänger B grüßt. Wir haben im zweiten Teil eine einschlägige Passage aus *Ogier le Danois* als Beispiel dafür zitiert, daß auch diese Handlung mit *saluer* bezeichnet wird[19]. Wir nennen zwei weitere Beispiele. Golias grüßt zuerst seinen Auftraggeber Ganor, dann erst Baudus:

E viennent a Maiogre, si ont trouvé Baudus.
Golias parla prime, qui moult sages hons fu:
«Cil nostre Mahonmet qui nos feit les vertus,
E feit oïr les sours e bien parler les mus,
Il saut le roi Ganor e garisse Baudus.
(AyeB 3298–3302).

Der Christ Ripé nennt nacheinander den Auftraggeber Karl, sich selbst, die übrigen Boten, schließlich die gesamte Christenheit – und dann erst den heidnischen König Aiquin. Dabei ruft Ripé für die Christen Gott, für Aiquin *Mahommet* an:

Ou palays entrent, par les degrez assis;
Davant Aiquin s'arestent les marchis.
Ripé parole, qui bien en fut aprins,
Aiquin salue et puis l'empereris:
«Cil Damme Dé, qui fourma paradis,
(...)
Si sault et gart Charles de Saint-Denys,
Ripé de Doul, Richier et Tÿoris,
Hernoul de Flandres, Bernard et Baudoïns,
Et tretouz ceulx qui a Dieu se sont mis!
Et ly son dieu sault huy le roy Aiquis:
C'est Mahommet, le dolant et chetifs,
Qui n'a pouair plus que un chien occis!»
(AiquinJa 276–80, 288–94).

Anders als im *Ogier le Danois* werden hier jeweils zwei GFn gebraucht. Der Bote steigert die Provokation, wenn er ein positives Verb für den Auftraggeber und ein negatives Verb für den Empfänger benutzt (vergleiche oben, 173, LancPrM I 96f.). Balan als Abgesandter Agolans vor Karl:

Pas avant altre s'est al rei apresmé,
En haut parole qui que volt l'entendié:
«Cil Mahomet que paen ont preié

[19] S. oben, zweiter Teil, II. Kapitel, 110f.

+Par qui nus sumes levé e eshaucié
Salt Agolant e Elmont le preisé,
Triamodés et Goran l'enveisé,
E tut le pople qui od els est logié!
E si confunde Karle li outrequidié
E tot icels qui ço t'ont conseillié:
Que tu nus as tant longues travaillié!

(AspremLM 940–49).

Loihier, Sohn und Bote Karls, grüßt Bueve von Aigremont:

Oies qu'il dist au duc d'Aigremont la contrée
Devant sa baronie qui là fu aünée.
«Cil Dame Dex de gloire qui [fist] pluie et gelée
(...)
Il saut et gart Charlon de la terre honorée
Et toute sa maisnie qui preus est et senée;
Et confunde duc Buef où de bien n'a denrée,
Et sa chevalerie que ci voi assemblée.

(RenMontC 509–11, 514–17).

Belege dieser Art sind in der *chanson de geste* nicht ungewöhnlich[20].

In der Erwiderung auf den Botengruß ist es durchaus üblich, daß B seine Worte nicht nur an den anwesenden Boten C, sondern auch an den abwesenden Auftraggeber A richtet. Er kann dabei eine oder zwei GFn verwenden. Wir haben Perinis' Botschaft vor Artus bereits zitiert (s. oben, 176). Der König erwidert:

«Et Dex,» fait il, «esperitables
La saut et gart, et toi, amis!

(TristBérM[4] 3402f.).

Artus zum Boten der damoisele d'Yselande:

Quant li rois ot ce ke cil dist,
Sans atargance k'il fesist,
Ains ke de son pense reuiegne,
A dit: «Boine auenture auiegne
Ma dame et toi!» (...)

(ChevIIEspF 421–25).

Morgue empfängt den Diener Hellekins:

A! Bien viegnes tu, Croquesot.
Que fait tes sires Hellekins?
CROKESOS
Dame, que vostres amis fins;
Si vous salue; ier de lui mui.
MORGUE
Dieus beneïe vous et lui.

(AdHaleFeuillG 614–18).

---

[20] Weitere Beispiele: GarLorrV 5464–67, GuiBourgG 1892–99, GaufrG 10643–45; s. auch Bancourt 1984. – Zum kriegerischen Gruß vergleiche allgemein Ortega [3]1965, 178–180, Eibl-Eibesfeldt [9]1980, 206–208.

Artus begrüßt den von Perceval geschickten Orgueilleus de la Lande. Der Orgueilleus:

«Biax sire rois, prisoniers sui
Por faire quanques vous voldrois.
Et si est bien raisons et drois,
Car ensi le me comanda
Li vallés qui vos demanda
Armes vermeilles, si les ot.»
Tot maintenant que li rois l'ot,
S'entent molt bien que il velt dire.
«Desarmez vos, fait il, biax sire.
Que joie et bone aventure ait
Cil qui de vos present m'a fait,
Et vos soiez li bien venus.
(PercR 4012–23).

Auch Claudas gebraucht in seiner Antwort an die Abgesandte der Dame del Lac zwei GFn (zu deren Botschaft s. oben, 177):

Li rois regarde la pucele qui si fierement a parlé et si tost s'en revelt aler sanz dire plus, si la rapele et dit:

«Damoisele, vos seiez la bienvenue et boenne aventure ait vostre danmoisele ou vostre dame qui que ele soit.

(LancPrK 59.3–6).

Ebenso kommt es jedoch vor, daß der Empfänger der Botschaft sich nur an den Auftraggeber wendet. Ein Ritter führt Gauvain bei der Schwester des Herrn von Escavalon ein. Diese bedenkt in ihrer Erwiderung nur ihren Bruder mit einem Gruß (der ein Kompliment an Gauvain enthält), nicht aber den Ritter:

Li chevaliers entre en la tor
Sols avec monseignor Gavain
Et si l'en mainne par le main
Jusqu'a la chambre a la pucele,
Et si li dist: «Amie bele,
Vostre frere salus vos mande
Et de cest seignor vos comande
Qu'il soit honorez et servis;
(...).»
Et cele dist, qui grant joie a:
«Beneois soit qui m'envoia
Tel compaignie come est ceste;
(...).»
Tantost li chevaliers s'en torne,
Que avec als plus ne sejorne.
(PercR 5788–95, 5805–07, 5815f.).

Der Emir von Orkenie grüßt Auberons Auftraggeber:

AUBERONS
Mahom te saut et beneïe,
Riches amiraus d'Orkenie,
Par le roy, qui secours te mande!

LI AMIRAUS D'ORKENIE
Auberons, Mahom sauve lui!

(BodelNicH^3 321–24).

Gefolgsleute Claudas' sollen eine Vertraute Guenièvres aufhalten. Auf den Grußaustausch folgen die Botschaft Claudas' und die nur an ihn gerichtete Entgegnung der *damoisele*:

(...) et quant il sont pres de li, si la saluent, et ele dist que bonne aventure lor doinst Diex. «Damoisele, fet li uns, mes sire li rois Claudas vos salue par nos qui a lui somes et vos mande que vos veingniez parler a lui. – Seingnor, fait ele, bonne aventure ait li rois Claudas, come riches rois et cortois!

(LancPrM V 153).

Carahuet übermittelt Gloriande einen Gruß Ogiers:

A Gloriande tous premerains parla,
Et si tres tost que vers li aproucha,
De par Ogier errant le salua.
Cis salus moult Gloriande agrea,
Car en son cuer Ogier forment prisa:
«Cil dieus», fait ele, «qui tout le mont forma
Li doinst la joie qui tous jours duerra!»

(EnfOgH 4657–63).

Kündigt ein Bote die unmittelbare Ankunft seines Auftraggebers an, so wendet sich der Empfänger stets nur an die abwesende Person. In dieser Situation sind fast ausschließlich die Varianten der *bien venir*-GF gebräuchlich. Der Wächter meldet die vermeintlichen afrikanischen Boten:

A sa vois haute li portiers a crïé:
«Aragon, sire, par Mahomet mon dé,
La fors a celle porte a .iii. Turs honorés,
Mesagier sont l'Aufricant d'outre mer
Et si sont home au roi Tiebaut l'Escler,
Vostre chier pere, que tant poés amer.»
Dist Arragon: «Bien soient il trové!

(PriseOrDR 282–88).

Man kündigt der Königin die Ankunft Garins an:

Et la novele vint a l'enpereris
Dedenz sa chanbre ou correcie sist.
«En non Dieu, dame, ou palais est Garins.»
Et dist la dame: «Li bien venus soit il!»

(GarLorrV 7995–98).

Erec und Guivret schicken einen Boten voraus:

le roi trova et sa gent tote,
si le salüe come sages,
et dist: «Sire, ge sui messages
Erec et Guivret le Petit.»
Aprés li a conté et dit
qu'a sa cort veoir le venoient.
Li rois respont: «Bien veignant soient,
come baron vaillant et preu:

(ErecR 6376–83).

Ein *vallet* bereitet Gauvains Ankunft vor:

«Dame, faites apareillier
L'ostel au miex que uous poes,
Dist il, c'anuit a oste ares
Mout preudomme mien ensient,
Et si ua au coronement
Mon seigneur, por uoir le uous di.»
Et la dame li respondi:
«Bien soit il uenus, biaus amis!
(ChevIIEspF 4008–15).

2.2.2. Umstände

Das durch Begegnung bzw. Auseinandergehen ausgelöste Grüßen vollzieht sich stets in mehr oder weniger komplexen sozialen Situationen. Die GFn sind nun – wenigstens teilweise – nicht nur in bezug auf die allgemeine Grußsituation, sondern auch in bezug auf weitere Umstände des Sprechens und Handelns fixiert. Wir teilen diese Umstände in drei Gruppen ein, und zwar 1. Tätigkeit, Ereignis, Befinden (2.2.2.1.); 2. Ort, Richtung, Zeit (2.2.2.2.); 3. Geschlecht, Alter, Religion, Status (2.2.2.3.).

2.2.2.1. Tätigkeit, Ereignis, Befinden

Die Gesprächspartner können in der Grußsituation irgendwelchen anderen Tätigkeiten nachgehen, mit bestimmten Ereignissen konfrontiert sein oder sich in einem besonderen Zustand befinden. Bei der Untersuchung von Unmotiviertheit und Motivierung der GFn haben wir gesehen, wie Sprecher und Adressat einen individuellen Bezug zwischen der wörtlichen Bedeutung der GF und der außersprachlichen Situation herstellen. Es gibt aber auch traditionelle Festlegungen auf ganz bestimmte, üblicherweise in einer Grußsituation vorkommende Tätigkeiten.

1) GFn für Zubettgehende und Aufstehende

Wir nennen an erster Stelle den Nacht- und den Morgengruß, mit dem jeweils die durch die Nachtruhe bedingte Kontaktunterbrechung bzw. -wiederaufnahme markiert wird. Beim Abschied für die Nacht finden GFn mit dem Wunschobjekt *bone nuit* Verwendung. Wir haben entsprechende Belege bereits zitiert (EscoufleS 3814f., 158; LancPrM II 23, 160; PerlN 1824–26, 162). Andererseits kommt hier auch die auf diese Situation nicht eingeschränkte GF *A Dieu vos comant* vor. Mit ihr verabschiedet sich z. B. die von Lancelot abgewiesene *dameisele* bei Chrétien:

et dit: «S'il ne vos doit peser,
Sire, de ci me partirai.
En ma chanbre couchier m'irai
et vos an seroiz plus a eise:
(...)

Si vos voel a Deu comander;
si m'an irai.» Lors si se lieve;

(LancR 1248–51, 1260f.).

Die Pucele as blances mains hat ihrem Gast – Guinglain – einen nächtlichen Besuch abgestattet:

Et cil de bon oel l'esgarda;
Un doç baissier prendre cuida,
Quant la dame ariere se trait,
Se lit a dit: «Ce ne me plaist;
Tot torneroit a lecerie.
(...).»
De lui se parti maintenant,
Se li dist: «A Diu vos comant.»

(RenBeaujBelW 2447–51, 2455f.).

Bei Guinglains zweitem Besuch auf der Ille d'Or kommt es zu einem ähnlichen nächtlichen Abschied:

Li canbrelenc ont fait un lit
A l'ues Guinglain ens el palais.
(...)
Quant li sergant ont fait un lit,
Si a la dame a Guinglain dit:
«Amis, en cest lit vos girois,
Qu'a honnor i giroit uns rois.
(...)
Je m'en vois, a Diu vos comanc.»
Guinglains respont: «Dame, et je vos.»
Ensi departirent andols.

(RenBeaujBelW 4482f., 4487–90, 4504–06).

Trubert liegt bei der Herzogin, die ihn nicht gehen lassen will:

la dame dit en conseillant:
«Je m'en vois, a Dieu vos commant.
– Alez? sire, qui vos en chace?»
et la dame Trubert rembrace
qui son seigneur cuide tenir.
(...)
Assez menerent leur deduit
tant que fu pres de mienuit;

(TrubertR 645–49, 657f.).

Parallel zum Abschied mit *bone nuit* steht die morgendliche Begrüßung mit *bon jor*. Die von Lancelot abgewiesene *dameisele* sucht ihren Gast am nächsten Morgen wieder auf:

La dameisele vient a tant,
si voit qu'il est ja atornez:
«Boens jorz vos soit hui ajornez»,
fet ele, quant ele le voit.

(LancR 1286–89).

Ein *sergent* weckt Sagremor:

Lou jor a doucemant corné,
Puis est an la chambre venuz

Ou Sagremor gisoit toz nuz,
Qui encor n'iert pas esveillié,
Que molt ot esté travaillié,
Si dormi tant que li solaux
Parut leanz cler et vermaux.
Le soloil vit, si se leva
Et molt duremant li greva
Ice que tant dormi avoit.
Quant li sergenz levé lo voit,
Si li dist, ne s'est delaiez:
«Sire, de Dieu bon jor aiez.»

(ContPerc³ER 34042–54).

Die *puciele* sucht Gerart beim Morgengrauen auf:

Dont corne li gaite le jour;
Cil qui gisent n'i font sejour,
Ains se lievent hastivement;
Et la puciele isnielement
Fu vestue et apparillie,
Qui molt fu matin esvillie;
(...)
Cele, qui grant paour avoit,
Vint au lit Gerart erranment;
Si li a dit molt douchement:
«Sire, bon jour vous doinst li pere,
Ki de la virgene fist sa mere,
Et gart vos menbres et vo vie!»

(ViolB 1687–92, 1700–05).

Und auch im Prosa-*Lancelot* gebraucht die von dem Ritter abgewiesene Gastgeberin die uns interessierende GF am nächsten Morgen:

Et quant vint al matin, si est levee, des qu'ele vit le jor et vint à lui, si li dist que Diex li doinst buen jor (...).

(LancPrM II 24).

Ein zweiter, seltener ‹Weck›gruß ist *Bien soiez vos levez*. Er findet sich schon bei Chrétien. Die beiden Königinnen begrüßen Gauvain. Clarissant:

Puis est ens es chambres entree
Devant la roïne s'aiole,
Qui li demande et l'aparole:
«Niece, foi que vos me devez,
Est encor vos sires levez?»
– «Oïl, dame, molt a grant piece.»
– «Et ou est il, ma dolce niece?»
– «Dame, en la tornele en ala;
Ne sai se puis en avala.»
– «Niece, je weil aler a lui,
(...).»
La ou il ert en son esgart,
Atant es vos de l'autre part
Les deus roïnes coste a coste;
Monseignor Gavain et son hoste
Ont a deus fenestres trovez.

«Sire, bien soiez vos levez,
Font les roïnes ambesdeus,
Cist jors vos soit liez et joieus.
Ce doinst icil gloriëus pere
Qui de sa fille fist sa mere.»

(PercR 8272–81, 8291–8300).

Procidas grüßt seinen Gast Durmart, der ihn und 19 andere Männer zum Ritter schlagen soll, mit derselben GF:

Et cil del chastel des Molins
Cant del jor voient la clarté
Lués maintenant se sunt levé.
Procidas li preuz et li nes
Lui vintisme de ses vallés
S'en est droit al Galois venus
Qui ja ert chauciés et vestus;
Lavé ot son vis et ses mains.
Et Procidas li chastelains
Li a dit comme bien senés:
«Sire, bien soiés vos levés.»

(DurmG 11978–88).

2) GFn im Zusammenhang mit Reisen und anderen Unternehmungen

Ein zweiter Umstand, für den es teilweise spezielle GFn gibt, ist die Reise bzw. jedwede Unternehmung, die Menschen gegebenenfalls für längere Zeit auseinander- oder nach längerer Zeit wieder zusammenführt. Sie ermöglicht auch kürzere Kontakte zwischen Menschen, die sich ansonsten nicht begegnen würden. Ein Sprecher richtet an den Reisenden eine Begrüßungsformel im Verlauf und am Ende seiner Unternehmung, eine Abschiedsformel an deren Beginn und ebenfalls in ihrem Verlauf. Die GF *Dieus vos conduie* wird als Begrüßungsformel einem Reisenden unterwegs entboten[21]. Dies ist etwa der Fall, wenn Renaut auf seiner Fahrt zwei Männern begegnet, Durmart den Weg einer *pucele* kreuzt oder Gauvain und seine Begleitung den davonreitenden Lancelot einholen (s. oben, 166 RenMontC 15425–29; DurmG 1885–90, 1949–55; LancPrK 255.15–17). Und diese Situation bildet auch den Anlaß für das *Diex vos conduie* Bohorts an einen *home de grant aage*, der ihm entgegenreitet (s. oben, 166 SGraal IV QuesteP 162.5–9). Die *bien venir*-GF ist als Begrüßung des Reisenden – unterwegs oder am Bestimmungsort – häufig, sie ist aber keineswegs auf diese Situation festgelegt[22]. Sie wird etwa gebraucht, wenn Gauvain einem *vallet* begegnet:

(...) et ne fine
D'errer tous seus par la gaudine
Et tant k'eure de prime fu.
Et il esgarde, s'a ueu
Vn uallet ki mout se hastoit,
Ki un chaceor cheuauchoit,

---

[21] Löfstedt 1978, 206.
[22] Löfstedt 1978, 206.

Le greignor ke piech'a ueist.
Et mes sire Gauuains li dist:
«Vallet, bien ueignies!» (...).
(ChevIIEspF 3871–79).

Oder ein Ritter dem Lancelot:

Il [= Lancelot] s'en vet parmi les estranges forez tant qu'il vi[n]t defors un grant chastel qui molt estoit bien seanz, et esgarda devant lui et vit .i. chevalier qui en estoit issuz et chevauchoit grant aleüre, .i. oisel sor son poing, vers la forest. Qant il vit venir Lancelot, si areste. «Sire, fet il, bien vengniez vos! –
(PerlN 4516–20).

Wir nennen drei Beispiele für die Begrüßung am Bestimmungsort. Bertran empfängt Gilebert:

Ez Gillebert qui entra en la vile,
Les degrez monte de la sale perrine.
Voit le Bertrans, si commença a rire;
A sa voiz clere hautement li escrie:
«Bien vieigniez vos, franc chevalier nobile!
(PriseOrABR[1] 1729–33).

Der *vavasor* beherbergt Erec:

Erec pansa que il estoit
preudom: tost le herbergeroit;
par mi la porte antre an la cort.
Li vavasors contre lui cort;
einz qu'Erec li eüst dit mot,
li vavasors salüé l'ot:
«Biax sire, fet il, bien vaingniez.
(ErecR 381–87).

Der Gastwirt läßt die Diebe mit der Beute herein:

RASOIRS
Ostes, ostes, ouvrés nous l'uis!
Vos sas ne revient mie wis,
Ne vous volons pas dechevoir.
LI OSTES
A foi, bien vegniés vous, segneur!
(BodelNicH[3] 1016–19).

Aber die *bien venir*-GF kommt eben auch in anderen Situationen vor. Guinglain zu der *pucele*, die sich nachts seinem Bett nähert:

Fors de la canbre estoit issue,
Si ert au lit Guinglain venue.
Le covertor un petit tire,
Puis li a dit: «Dormés vos, sire?»
Guinglains respont, quant l'ot veüe:
«Pucele, bien soiés venue!
(RenBeaujBelW 4697–4702).

Durmart, der vom Seneschall seines Vaters erzogen wird, nähert sich dessen Frau während der Abwesenheit des Hausherrn:

Quant il voit les palais voidiés
Et qu'il i est sotainement,

En la chambre entre lïement;
Volentiers s'i abandona.
La seneschaucesse i trova.

Seinen Morgengruß erwidert sie mit der *bien venir*-GF:

Bons jors vos soit hui ajornés
Si voirement com je le wel.»
La dame respont sens orguel:
«Sire, bien soiés vos venus.»

(DurmG 226–30, 240–43).

Lancelot begrüßt die *pucele*, die ihn während seiner längeren Krankheit gepflegt hat und die er nun verlassen will:

Au matin quant Lanceloz fu levez, la pucele vint a lui, et quant il la vit, si li dist: «Bele douce amie, bien puissiez vos venir! je m'en voil aler a vostre congié. –

(LancPrM IV 158f.).

Bei der Verabschiedung eines Reisenden begegnen die unterschiedlichsten GFn. Von den nur beim Abschied gebräuchlichen einfachen GFn scheint das seltene *Alez en la garde de Dieu* am ehesten auf die Reisesituation fixiert zu sein. Perlesvaus und seine Schwester sind ein Stück des Weges gemeinsam geritten. Als sich der Weg trennt, verabschiedet die Schwester den Bruder:

(...) Si vous souviegne de nous secorre et aidier, si com vous en verroiz la besoigne. – Damoisele, fet Perlesvaus, se Dex le velt consentir, je vos ederé a mun pouoier. – Sire, fet ele, Dex vous en puist aidier! Mes or vous en iroiz en la garde Nostre Seignor, car vez ci ma voie, qui n'est gueres hantee; (...).

(PerlN 5042–46).

Galaad und Perceval verabschieden Bohort, der einem *chevalier navré* zu Hilfe eilen will:

Et Boorz vient a son cheval et monte et lor dit: «Biau seignor, se je ne reviegn, si ne lessiez mie por ce vostre queste, (...).» Et il dient qu'il aille en la garde Nostre Seignor, car il dui se partiront le matin li uns de l'autre.

(SGraal IV QuesteP 243.33–244.6).

Eine ‹Reise›-GF gebraucht sicherlich auch Guerrehet am Ende eines Gesprächs mit einer *damoisele*:

(...) si s'en retorne tout .i. estroit sentier et commande Guerrehet a Dieu. Et il dist que bonne voie puisse ele tenir et sa compaingnie, si raquelt sa voie touz seus (...).

(LancPrM IV 49)

– uns ist freilich nur dieser eine Beleg bekannt.

Die häufigen Abschiedsformeln wie *Alez a Dieu* oder *A Dieu vos comant* sind dagegen nicht auf die Reisesituation eingeschränkt. So haben wir für letztere GF ja schon Verwendungen als Nachtgruß angeführt (s. oben, 181f.). Wir wollen im folgenden den Gebrauch für einen Reisenden dokumentieren. Guillaume will nach Rom pilgern:

Vint a Karlon, s'a congiet demandé:
«Drois empereres, a moi en entendés:
Jou voel aler a Romme la chité,
Droit a saint Piere, por la merchi crïer,

Pardon me doinst de pechiés terminés.»
Karles respont: «A Damedieu alés.»
(CourLouiscLe 149d–i).

Der Verräter Hardré kehrt von Nivelle nach Paris zurück:

Lors prinst Hardréz congié, li maus traïtres.
Gombaus li dist, ou moult ot felonnie:
«A Deu aléz, biaus sire!»
(AmAmD 308–10).

Tristan verabschiedet Perinis, der Artus eine Botschaft überbringt:

Lors s'est par les degrez fors mis:
«G'en vois au roi Artus, beau sire.
Ce mesage m'i estuet dire:
(...)
Donc n'est-ce bien? – Or va a Dé.»
(TristBérM[4] 3356–58, 3364).

Elie schickt Aiol nach Frankreich:

Or en ires en France, che dist Elies,
Ie uous commanc a dieu, le fil Marie,
Qui le ciel et le tere a establie.
(Aiol[1]F 207–09).

Lunete weist einer *dameisele* den Weg zu Yvain:

Ensi parlant la convoa
tant qu'au droit chemin l'avea
ou mes sire Yvains l'ot lessiee.
Quant jusque la l'ot convoiee
si li dist: «Cest chemin tanroiz
(...)
Or alez, a Deu vos comant,
que je ne vos os siudre avant
que ma dame a moi ne s'iresse.»
Maintenant l'une l'autre lesse:
(YvainR 4979–83, 4997–5000).

Zwei Beispiele nennen wir für die Verwendung von *Alez a Dieu* außerhalb der Reisesituation. Huon entfernt sich für kürzere Zeit von Esclarmonde, um die in der Nähe lagernden Piraten um Brot zu bitten:

Dist a s'amie: «Me dame, ore escoutés;
Jou oi ça gens, si me puist Dix salver.»
Son cief dreça, si les a esgardés.
«Dame, il mengüent, dist Hues, en non Dé;
Je lour irai de lour pain demander.
Tenés vous coie, maintenant me rarés.»
– «Sire, dist ele, alés a Damedé.»
(HuonR 6860–66).

Flordespine gibt vor, sich in ihre Kammer zurückzuziehen:

Ele a dit à Maprin: «Or ne vous ennuit mie,
Je me vois reposer en ma chambre serie;

Je ne dormi bien a .iiii. nuis et demie.»
Et Maprin li respont: «Alés à Dieu, m'amie.»

(GaufrG 8356–59)[23].

Zwei weitere Beispiele geben wir für *A Dieu vos comant*. Lancelot läßt Banin auf seinem Krankenlager zurück, um mit seinem Gastgeber zum Essen zu gehen:

A ces paroles entra laiens .i. vaslés qui dist al seignor: «Sire, li mengiers est pres, il seroit huimés bien tens d'aseoir, se vos voliés.» Lors se dresce li sires, si laisse Banin reposer et enmaine Lancelot avec lui, et Lancelos demande a Banin se il porra venir mengier. «Sire, fet il, nenil ore, mes alés, que je vos commant a Dieu.» Et lors s'en ist Lancelos de laiens (...).

(LancPrM II 240).

Flordespine beendet ihren heimlichen Besuch bei den gefangenen Christen und kehrt in den Hauptsaal zurück:

«Mez or vueil retourner en la sale pavée.
A Jhesu vous quemant, je sui trop demourée.
Bien soi chertainement que je seroi blasmée;
Mès n'i donroie pas une pomme parée.»
(...)
Adonc s'est par la voute ariere acheminée.

(GaufrG 7179–82, 7191).

Anders als die zuletzt genannten GFn werden fast alle überwiegend beim Abschied gebräuchlichen GFn ausschließlich an Reisende gerichtet. Wir nennen an erster Stelle *Dieus vos conduie* mit den bereits zitierten Belegen (s. oben, 165f. YvainR 5798–5801, AuberiTarbé 23.15–24, LancPrM VI 180, BerteH 630–33). Was für die einfache GF gilt, trifft auch auf die aus einem Satzgefüge bestehenden (und dann völlig auf den Abschied fixierten) GFn zu. Eine *recluse* sieht Galaad davonreiten:

Et qant ele en vit Galaad aler, si li dist: «Ore alez a Dieu qui vos conduie! (...).» (...) Si broche cheval des esperons et s'en vet grant oirre come il puet del cheval trere.

(SGraal IV QuesteP 56.15f., 20f.).

Yvain entläßt Bohort:

– Sire, fait mes sire Yvain, puis que vos en volez aler, je vos commanderai a Jhesu Crist qui vos conduie en quel que leu que vos ailliez.» Et il s'em part maintenant o la damoisele por cui il est de cort partiz.

(LancPrM IV 242).

Guenièvre läßt Lancelot nur äußerst widerwillig ziehen, weil sie eine lange Abwesenheit befürchtet:

(...) alez en la garde de Celui qui se laissa traveillier en la saintisme veraie Croiz (...), qui vos conduie a salveté en toz les leus ou vos irez.» – «Dame, fet il, Diex le face par la soie digne pitié!»
Atant se part Lancelot de la reine et vient en la cort aval et voit que si compaignon estoient ja monté ne n'atendoient a movoir que solement por lui.

(SGraal IV QuesteP 24.22–29).

---

[23] Geänderte Interpunktion in GaufrG 8359 *(Alés, à Dieu)*.

Dieus soit garde de vos ist als Abschiedsformel offenbar ebenfalls für Reisende gedacht. Die Wege der Damoisele du Char und Gauvains trennen sich wieder:

> Atant se remetent tot ensanble a la voie e esloignent le chastel une liue galesche. «Damoisele, fet Messire Gavains, qant vos plera s'avré vostre congié. – Sire, fet ele, Dex soit garde de vostre cors, e molt grans merciz de vostre convoiement. – (...) Messire Gavains s'en torne (...).
>
> (PerlN 853–56, 860f.).

Ebenso wie *Dieus vos conduie* verhält sich *Dieus vos meint*. Die Mutter läßt ihren Sohn Perceval nur ungern fortziehen:

> Plorant le baise au departir
> La mere qui molt chier l'avoit,
> Et prie Dieu que il l'avoit.
> «Biax fix, fait ele, Dix vos maint!
>
> (PercR 614–17).

Alphoul kehrt in sein Land zurück. Melior verabschiedet ihn:

> «Sire», ce a dit Meliors,
> «Cil dame Diex qui del sien cors
> Rainst le mont, vos maint a joie
> Si voirement com jel voudroie.
> – Amen, bele», li rois respont.
> A tant departent, si s'en vont;
>
> (GuillPalM 9157–62).

Der Vater läßt seine Tochter für längere Zeit allein, um den Streit zwischen zwei Lehnsleuten zu schlichten (RichF 215–18). Clarisse:

> – «Sire», dist elle, «chieus uous maint
> Qui par tout uoit et lassus maint.»
> Li rois s'en part, (...)
>
> (RichF 241–43).

Auch *Dieus vos rameint* wird im Zusammenhang mit einer größeren Unternehmung, und das heißt: einem Sich-Entfernen gebraucht. Caignet verabschiedet die Diebe vor ihrem Coup:

> LI TAVRENIERS
> Caignet, fai leur un sac avoir,
> Car, se Dieu plaist, bien sera saus.
> CAIGNÉS
> Tien, Cliquet, chis tient deus mencaus.
> Alés, que Dieus vous ramaint tous!
> PINCEDÉS
> Ostes, a Dieu! Priés pour nous,
> Que no cose anuit bien nous viegne.
>
> (BodelNicH[3] 985–90).

Die GF kommt auch innerhalb eines Satzgefüges vor. Guillaume schickt Guïelin durch einen geheimen unterirdischen Gang zu Bertran, der die gefangenen Helden befreien soll:

> – Iras i, frere?» dit Guillelmes le franc;
> Et dist li bers: «Ge irai voirement
> Et le mesaige vos ferai lealment.

– Va dont, beau frere, a Jhesu te commant
Que te ramaint sain et sauf et vivant;
(PriseOrABR[1] 1431–34 mit zusätzlichem Vers in B).

Die Abschiedsbelege der auf keine der beiden Grundsituationen festgelegten GFn *Dieus vos defende de a.r.* und *Dieus vos gart de a.r.* endlich gelten auch Reisenden. Bernier reitet zu Guerri le Sor:

Au departir baisa B. ses fis,
Et puis baisa sa mollier signori,
Et elle lui, plorant des iex del vis.
Et puis li dist: «Cil vous puisse garir
Qui en la crois daingna por nous morir!
Il vous deffende de mort et de perir!»
Dont l'a baisie B. li gentis,
Par tel couvant c'onques puis ne le vit
Dusqu'il fu mors et en la bierre mis,
Con vous porrois en la chanson oïr.
(RCambrM 8335–44).

Der König verläßt das Land, um in Frankreich zu turnieren (BeaumManS 2491). Seine Frau läßt ihn ziehen:

«Dix vous gart de torment et d'ire,
Ensi comme il est rois et sire!»
«Dame,» dist il, «ainsi li plaise!»
(...)
Congié prent, s'est entrés en mer.
(BeaumManS 2593–95, 2599).

Wir nennen noch jeweils einen Beleg mit Satzgefügen. Erec verläßt die Königin, um den fremden Ritter und seinen frechen Zwerg zu verfolgen. Die Königin:

Et la reïne autresimant
a Deu, qui de mal le desfande,
plus de .v^c^. foiz le comande.
Erec se part de la reïne,
del chevalier sivre ne fine;
(ErecR 272–76).

Bohort verläßt den Hof auf Artus' Geheiß. Der Ritter zu Guenièvre:

– Dame, fait Boorz, por Deu merci, certes je ne me meusse des mois de ceanz outre vostre pois; mes ce me fait li rois qui me pria que je secoureusse .i. damoisele. – Puis qu'il est einsi, fait ele, aler vos en convient. Je vos conmant au verai cors Jhesu Crist qui vos gart voz cors de mescheance.»
(LancPrM IV 117).

Der Reisende seinerseits bedenkt den Gesprächspartner mit einer Begrüßungsformel unterwegs und am Ziel der Reise. Eine für den Empfangenden gedachte GF ist *Dieus soit o vos*, die wir weiter unten behandeln (s. unten, 197f.). Eine weitere GF für den, den man ‹antrifft›, ist häufig *Bien soiez vos trovez*. Karl kommt Naimes zur Hilfe:

Ja s'en fuïssent nostre gent deroté,
Quant Nesmes garde par les boays deserté;

Voit Charlemaine, le fort roy coronné,
O grant compaigne de chevaliers armé.
(...)
Et Nesmes est contre le roys alé,
Si le salue et luy a encliné
Et le roy luy, par grant humilité.
Ce li dist Charles: «Bien saiez vous trové!

(AiquinJa 2564–67, 2576–79).

Auf Vorschlag von Gui sucht Aye Ganor auf:

Contre li c'est li rois doucement aclinez,
Puis salua dame Aye (...)
«Sire,» ce dit dame Aie, «bien soiez vous trouvez.

(AyeB 3717f., 3722).

Jehan wird von Blonde erwartet:

Quoi que Blonde ainsi se demente,
S'escoute et ot toute la sente
Venir celui que tant couvoite.
(...)
Jehans n'i a lonc plait tenu,
Ains descent, si l'a saluëe.
«Mes dous cuers, bien soiiés trouvee!»

(BeaumJBlS 2959–61, 2970–72).

Die GF ist freilich nicht in diesem Sinne fixiert. Sie wird nämlich auch für den Ankommenden gebraucht. Berniers Frau begrüßt Julïen, der mit seinem Vater eingetroffen ist:

Quant la dame ot son enfant acolé,
Son fil enbrace qui molt ot de bonté.
Baisiet li a et la bouche et le nés.
«Biax fix,» dist elle, «bien soiés vous trovés;

(RCambrM 8200–03).

Huon kommt in Rom an. Der Papst begrüßt ihn:

Quant l'apostoles oï Huon parler
Que il fu fieus Sewin o le vis cler,
Isnelement le courut acoler:
«Biax niés, dist il, tu soies bien trovés!

(HuonR 2515–18).

Travers kehrt mit dem Schinken heim:

A tot son bacon s'en retorne
Isnelement le droit sentier;
Si l'en reporte tot entier,
Que nule riens n'en fu a dire.
Sa feme li comence a dire:
«Sire, bien soiez vos trouvez!

(HaimBarW 426–31).

Bei Beginn und während seiner Unternehmung richtet der Reisende eine GF an den zurückbleibenden Gesprächspartner. Auch hier findet sich etwa *A Dieu vos comant* als nicht speziell auf diese Situation fixierte GF. Wir haben gesehen, mit welcher GF die Königin Erec auf die Reise schickt (s. oben, 190). Wir tragen jetzt die GF nach, die er selbst an die Zurückbleibende (ErecR 277) richtet:

Dame, je ne puis plus tardier:
sivre m'estuet le chevalier;
je m'an vois, a Deu vos comant.»

(ErecR 269–71).

Spezielle GFn sind dagegen *A Dieu demorez* und *A Dieu remaigniez*. Auberon ist Huon zur Hilfe geeilt und verabschiedet sich wieder:

Et Auberons a Huon apelé:
«Amis, fait il, envers moi entendés.
Ore avés vous faite vo volenté;
Je m'en revois, a Jhesu demourés.
(...)
Atant se sont anbedoi desevré,
Et Hues est ens la chité remés.

*

Rois Auberons de Huon departi,
Si s'en rala arriere en son païs.
Ens la chité est remés Huelins.

(HuonR 4559–62, 4638–42).

Der Engel erscheint, um den Christen im Kampf gegen die Heiden beizustehen. Er verabschiedet sich wieder:

Alés, bien avés commenchié;
Pour Dieu serés tout detrenchié,
Mais le haute couronne arés.
Je m'en vois, a Dieu demourés.

(BodelNicH[3] 432–35).

Der Ritter wird von der Schäferin abgewiesen und zieht wieder ab:

MARIONS
(...)
Pour Dieu, sire, or uous en ales.
LI CHEUALIERS
Bergerete, a Dieu remanes,
Autre forche ne uous ferai.

(AdHaleRobR Hs. P 310–12).

3) GFn für Arbeitende und Bedrängte

Spezielle GFn werden auch verwendet, wenn der Sprecher den Adressaten bei bestimmten Verrichtungen oder in einem bestimmten Zustand antrifft. Wir nennen als dritten Umstand Arbeit und Bedrängnis. Schon Senge 1935 hat *Dieus vos ajut* als einen «Arbeitsgruß» interpretiert (29), d. h. als einen Gruß, der einem Arbeitenden entboten wird. Löfstedt 1978 spricht, wie wir gesehen haben (s. oben, 146), von einer «salutation dite à un souffrant» (207), wobei *souffrant* wohl die Begriffe „Arbeit" und „Leid" umfassen soll. Der Gebrauch als Arbeitsgruß wird in einem mfr. Konversationsbuch bewußt gelehrt:

Et as oeuvrers et labourers, vous direz ainsi:
«Dieux vous ait, mon amy. *Vel sic*: Dieux vous avance, mon compaingnon.

(ManLangG 79).

Die einschlägigen afr. Belege gelten bei der Begrüßung der Hirten. Nicolete geht in den Wald:

(...) si s'endormi dusqu'au demain a haute prime, que li pastorel isçirent de la vile et jeterent lor bestes entre le bos et la riviere, si se traient d'une part (...), si estendirent une cape se missent lor pain sus. Entreusque il mengoient, et Nicolete s'esveille au cri des oisiax et des pastoriax, si s'enbati sor aus.
Bel enfant, fait ele, damedix vos i aït!

(AucS[7] 18.5–12).

Der Ritter zu der Hirtin:

Quant fui pres de la tousete,
dis li manois
«dex ti ait, bregerete,
ci en l'erbois.

(RomPast III 10.17–20).

Der Schiffer spricht die Spione des Grafen (BeaumJBlS 38–50) wohl ebenfalls als ‹Arbeiter› an:

A tant li maronniers s'en part,
A ciaus vient qui sont en esgart.
Avoec lui un baril de vin
Aporta, qui crut sur le Rin.
Mout estoit fors et entestans.
«Signeur, Jhesus vous soit aidans,»
Fait li maroniers, «s'il vous plest.

(BeaumJBlS 3849–55)

Nicht eigentlich als Arbeitsgruß möchte man dagegen zwei weitere Belege gelten lassen. Droïn zu Morhut:

S'a trove Morhut qui manjut.
«Morhut, fet il, «dex ti ajut!»
«Sire» fet il, «bien viegnez vos!

(RenM XI 1143–45)

Der Metzger David nähert sich dem Priester und bittet ihn um Herberge:

Chieus le salue et se li dist:
«Biaus sire que Diex vous aït,
Herbegiés moi par carité,
Si ferés honor et bonté.

(BouchAbevR 59–62, mit Hs. A in 60).

Von den beiden Abschiedsgrüßen entspricht derjenige aus dem *Narbonnais* (s. oben, 157f. NarbS 5999–6002) am ehesten einem Arbeitsgruß. Die verkleideten Christen treten ja als Lasttierführer auf (NarbS 5981f.). – Der einschlägige Beleg des Grußes an eine bedrängte Person entstammt Gautier d'Arras (Löfstedt 1978, 207). Ille befreit Ganor aus den Händen ihrer Feinde:

Li dus vint a la fille au roi,
Qui ert forment en grant esfroi.
Ne set que cuidier ne que croire.
Les uns voit morir et recroire,
Les altres voit et baus et liés.
Li dus s'est molt humelïés

Vers la pucele et se li dit:
«Amie, Dex vos i aït!
Je sui li dus, ne vos cremés.
(GautArrIIIC 5648–56).

In einem zweiten Beleg ermuntert ein *vavasor* seine Kinder, die ihren Vater während der Schlacht aus den Augen verloren haben (GaydonG 2519):

Li vavasors, qui le chief ot locu,
Escrie en haut: «Qu'iestez vos devenu,
Mi bel anfant? Dammeldex vos aiut!
Vez ci vo pere que aviiez perdu.»
Li anfant l'oient, qui sont el bois ramu;
(GaydonG 2884–88).

Und natürlich erfolgt auch der Abschiedsbeleg aus der *Chanson de Guillaume* in einer Situation der Bedrängnis (s. oben, 157).

4) GFn für Kranke und Verletzte

Ein vierter besonderer Umstand ist der Gesundheitszustand des Adressaten. Wir wissen, daß mit den «Wunschgrüßen» auch *garison, sanité, santé, joie et santé,* usw. gewünscht werden kann[24]. Während bei einem zweigliedrigen Ausdruck wie dem zuletzt genannten keine besondere situationelle Fixiertheit erkennbar ist, kommen die zuvor aufgeführten Ausdrücke in Grüßen an Kranke oder Verletzte vor. Wir nennen zuerst einige Begrüßungsformeln. Cleomadés besucht zusammen mit Durban den von ihm im Kampf verwundeten Sartan:

Et Durbans en la chambre vint
ou Sartans gist, salué l'a
Cleomadés et dit li a
que Dieus garison li envoit.
«Sire, fait cil, Dieus vous en oit
et vous croisse honnour et bonté!
Vostre prouece m'a mené
a ce que lever ne me puis
encontre vous. (...)
(CleomH 10364–72).

Ein *chevalier navré*, der auf einer Bahre getragen wird, begegnet König Artus und grüßt ihn. Artus erwidert:

«Biaus sire, fait li rois, Dex vos beneïe et vos doint santé, car grant mestier en avez, ce m'est avis.»
(LancPrK 149.38f.).

Pinçonnet mit Durban bei Sartan (vergleiche oben). Durban:

Lors Pinchonnet par la main prent,
a Sartan l'enmaine erranment
au lieu la ou il se gisoit,
car encor pas garis n'estoit
dou mal que il avoit eü.
Quant il a Pinchonnet veü,

[24] S. oben, erster Teil, II. Kapitel, 42.

tous li cuers de joie li rist.
Pinchonnés le salue et dist
que Dieus santé li envoiast;

(CleomH 14139–47).

Eine *damoisele* führt Lancelot zu dem verwundeten Meliot:

«Meliot, fait la damoisele, ce est Lanceloz du Lac, qui vostre garison vos aporte. – Ha! sire, fet il, bien soiez vos venuz! – Diex vos otroit santé hastivement, fait Lanceloz.

(PerlN 8461–64).

Wir kennen auch einen Abschiedsgruß mit einer zusammengesetzten GF. Lancelot verabschiedet sich von dem verwundeten König Bademagu:

Et li rois dist qu'il fu ouan navrez si fort a .i. tornoiement qu'il fust morz, mais il ot si bon mire qu'il fu tornez a garison, «si porrai par tans chevauchier, si com je cuit. – Sire, fait Lanceloz, il m'en couvient aler de ci, car j'ai .i. mien afaire, si vos conmanderai au cors Nostre Seignor qui vos doinst santé (...).

(LancPrM V 71f.).

Wir wollen aber auch eine GF mit *santé* anführen, die keinem Kranken gilt. Ein Spion erstattet Gloriant Bericht:

Tant esploita le glout qu'en la vile est entré,
Et a trouvé le glout Gloriant l'amiré;
De Mahommet son dieu l'a le glout salué,
Et l'amiral respont: «Mahon te doinst santé!

(GaufrG 10024–27).

5) GFn für Essende und Trinkende

Als fünften Umstand nennen wir den Gruß an Essende und Trinkende. Löfstedt 1978 hat auf das *Gesprächsbüchlein* aufmerksam gemacht, in dem *Diex le vous benie* in diesem Sinne verwendet wird (208):

Et se on vient
sour aucunnui disner
ou desjenner,
ou sour aucune
assamblee
du compaingie
mengant ou bevant,
on die:
«Signeurs ou dames,
Diex le vous benie.»

(DialFrAllemG 10).

Diese Festlegung läßt sich in unserem Korpus nur sehr begrenzt nachweisen. In Frage kommen hier nur Belege, in denen die GF als Eröffnungsgruß gebraucht wird[25]. Ein deutlicher Bezug zum Essen läßt sich in wenigstens drei Passagen feststellen. Guerrehet tritt in ein Zelt ein. Dort wird ein verletzter Ritter von einem Mädchen, einem Knappen und einem Zwerg versorgt:

Et an ice que il manjoit,
Molt bonemant le salua

[25] Den Gegengruß behandeln wir bei der kontextuellen Fixiertheit, s. unten, 237.

Garahés qui leanz antra:
«Sire, fet il, Dex beneïe
Et vos et vostre conpaignie.»
Quant il le voit, si s'an marri;
De sa main le henap feri,
Si que tot le lait fet verser.

(ContPerc¹AR 8724–31).

Der *Roi dou Cor* trifft Artus beim Essen an:

Ceste belle avanture avint
Que li Rois dou Cor a cort vint
Si con li rois sist au mangier.
Si descendi sans atargier
Et est alez tout droit au dois,
Si a parlé conme cortois
Et dist: «Bons rois, Diex beneïe
Vos et la vostre compeignie.»

(ContPerc²ER 19947–54).

Ein Bote vor König Ris:

Aprestes estoit li mangiers,
Et li rois Ris mout hautement...
Si menguent communaumen t.
Li rois siet au dois, si mengue,
Et li messages le salue
Et dist: «Sire, diex beneie
Et uous et uostre compaignie!»

(ChevIIEspF 356–62).

In einem vierten Beleg scheint ebenfalls ein Bezug zum Essen möglich. Ein Ritter vor Artus:

Quant il orent presque mengié et il voldrent oster les tables, si vint laienz li chevaliers que Lanceloz ot conquis au pont (...). Et quant il vint entre les barons, si retorna cele part ou il vit le roi qu'il bien connoissoit, si le salue et li dist que Diex beneie lui.

(LancPrM VI 10).

In anderen Belegen gibt der Kontext keinen Aufschluß darüber, ob der Gegrüßte beim Essen ist oder nicht (AspremLM 4398, ContPerc¹AR 25f.). Wohl ausschließen können wir das aber in einer Passage wie dieser – Auberi vor Pippin –:

Aprés disner sunt venu a Paris
Ou li ostel par la vile sunt pris,
(...)
A la cort mainnent Gerbert, le fil Garin;
Il dessendirent al grant palais marbrin.
Devant le roi vint li dus Auberis,
Par la main tint Gerbert, le fil Garin,
O voit le roi, si l'a a raison mis:
«Drois enpereres, Dieus voz puist beneïr!

(GarLorrV 12051f., 12072–77).

Eine weitere GF, die in zwei Belegen in bemerkenswerter Weise einen Zusammenhang mit Essen und Trinken aufweist, ist *Dieus vos saut et gart et beneïe*. Beide Belege finden sich in der *Chanson d'Aspremont*, jedesmal tritt ein Bote vor einem mächtigen Herrn auf, der beim Essen sitzt:

Li riche rois seeit a son digner.
Li mes comence a porter a parler:
«Porter, beau frere, la moi enz entrer!
Hom sui del rei qui France ad a garder.»
E cil li comence la porte defermer
Nel laissa mie longement apeler:
Il l'a overte, si'l laissa enz entrer.
Cil ne fu mie esbaï de parler,
Mult ducement vait le rei saluer:
«Deus sault e guart li riche roi Cahoer
E beneïe de part Karle le ber!
(AspremLM 1845–55).

Im zweiten Beleg ist sogar die Gotteskomponente auf die Situation abgestimmt:

Quant l'arcevesque entre en la maison,
Devant le duc servent quatre garson:
(...)
E l'arcevesque comença sa raison:
«Cil Dampnedeu qui fist mer e peisson –
Dunt cil vus servent qui devant vus eston –
Sicum il vint a resurreccion,
Il salt et guart le fiz al roi Bo[s]un
E beneïe de part le roi Karlon!
(AspremLM 1992f., 1997–2002).

Es ist sicherlich kein Zufall, daß es gerade ein Geistlicher – der Erzbischof Turpin – ist, der Girard in dieser Weise den Schöpfergott (neben dem Erlöser) in Erinnerung ruft.

2.2.2.2. Ort, Richtung, Zeit

Einige GFn sind in bezug auf Merkmale des Ortes, der Richtung und der Zeit fixiert. Diese Festlegung hängt natürlich großenteils mit derjenigen auf bestimmte Tätigkeiten zusammen.

1) GFn beim Eintritt in ein Haus

Die Beschaffenheit des Ortes, an dem der Gruß erfolgt, spielt wenigstens für eine GF eine Rolle. Das mfr. *Gesprächsbüchlein* lehrt, die GF *Dieus i soit* beim Eintritt in ein Haus zu verwenden (s. Löfstedt 1978, 206f.):

Et se aucune persone
vient sour vous,
a vostre mayson,
ilh dira:
«Diex i soit»
(DialFrAllemG 10).

In dem *Petit Livre* wird die GF beim Eintritt in ein Gasthaus gebraucht:

Ditez ou a il bon hostel. Sire, la devant vous au signe du sine. Or dieu soit ciens! Sire ou dame, hostel pour charite et pour la sainte crois.

(EnsEnfS 12 VIII).

In diesem Sinne werden in unserem Korpus *Dieus soit ceanz, Dieus soit o vos (ceanz)* für die Begrüßung beim Eintritt in einen geschlossenen Raum angewendet. Wir nennen zunächst eine Stelle mit beiden GFn – Auberee begrüßt die Bürgersfrau –:

Lors s'en vait droit a la meson
Au borgois dont dit vous avon;
La vielle avoit bien espié
Que li sire estoit el marchié.
Tantost comme ele entra leenz,
«E Dieus», fet ele, «soit ceenz!
Dieus soit o vous, ma bele dame,

(AubereeC 141–47).

Naimes begrüßt Renaut im Palast:

Naymes entra laens avec sa compaignie;
Là où il vit Renaut, hautement li escrie:
«Sire, Dex soit o vos, li fils sainte Marie.

(RenMontC 14604–06).

Eracle ‹verfolgt› Athanaïs bis in ihr Haus, wo er ihre Tante begrüßt:

Le mescinete va tramblant,
car il pert bien a son samblant
qu'ele a la fors tel cose oïe
dont gaires ne s'est esjoïe;
a grant esfroi en le cambre entre,
(...)
Atant es vos poignant celui;
le dame troeve solement
qui grant duel mainne por noient.
«Dame, fait il, Dieus soit od vos!

(GautArrErR 2601–05, 2616–19).

Als Raum kann auch ein Zelt (*ente* RenMontC 14255, s. oben, 169) fungieren. In zwei Belegen fehlen freilich Hinweise auf eine wie auch immer geartete Behausung. Maugis spricht die Räuber an:

Il a tant esploitié, les larrons consuioit.
«Seignor, ce dist Maugis, Dam[e] Dex o vos soit;

(RenMontC 14299f.).

Der Ritter begegnet der Hirtin sicherlich im Freien:

ausi tost come je la vi,
et je li prix a faire
«Belle, deus soit a ti,
li fils sainte Marie!

(RomPast II 9.7–10).

Eine zweite GF, die beim Eintreten in einen Raum gesprochen wird, findet sich im *Guillaume d'Angleterre*. Der König geht die reichen Händler um ein Essen an:

Et ja estoit pres atornee
La nef, por faire sa jornee,
Quant a aus est li rois venus,
(...)
Por Dieu lor prie en saluant
Que il l'escoutent un petit,
Tant que son besoing lor ait dit:
«Signor, fait il as marceans,
Que Diex vos face bien ceans,

(GuillAnglW 571–73, 576–80).

2) GFn für Kommende und Gehende

Eine GF kann auch deiktisch, d. h. in bezug auf die Bewegung im Raum (Richtung), fixiert sein, durch welche der den Gruß auslösende Kontakt zustandekommt. Bei der Begrüßung wird die *bien venir*-GF demjenigen entboten, dessen Bewegung auf den Sprecher zu gerichtet ist, und zwar unabhängig davon, ob der Sprecher selbst an einem bestimmten Ort verweilt oder sich seinerseits bewegt. Das, was als Zugehen auf den Sprecher zählt, unterliegt freilich teilweise der Interpretation. Wenn etwa der Gastgeber seinem Besucher entgegengeht oder -reitet, so ändert das normalerweise nichts daran, daß nur das Zugehen des Besuchers auf den Gastgeber als Voraussetzung für den Gebrauch der *bien venir*-GF zählt. Evrain geht Erec entgegen und begrüßt ihn:

Li rois Evrains en mi la rue
vint ancontre ax, si les salue:
«Bien vaigne, fet il, ceste rote,
et li sires et la genz tote;
bien vaigniez, fet il, descendez.»

(ErecR 5499–5503).

Zehn Ritter des Königs Ris erwarten die *pucele*:

Puis k'ele a trespase le bos,
A la porte vint demanois
De la cite, mais pas ne rueue
A ouurir le, car ele trueue
.X. cheualiers ki l'atendoient
De par le roi. (...)
Si li dient tuit: «Bien ueignies!»
«Et uous boine auenture aies,
Seignour! (...).»

(ChevIIEspF 943–48, 955–57).

Es ist äußerst ungewöhnlich, daß der Besucher seinerseits aufgrund des Entgegenkommens des Gastgebers diese GF gebraucht. Im ersten unserer beiden dahin gehörenden Belege hängt die Verwendung der *bien venir*-GF sicherlich auch vom Assonanzwechsel ab. Wir haben bereits die Passage zitiert, in der Aye auf Vorschlag Guis Ganor aufsucht. Der heidnische König ehrt die Christin, indem er ihr entgegenreitet (AyeB 3712f.). Sie begrüßt ihn zunächst mit der GF *bien soiez vous trouvez* (s. oben, 191 AyeB 3722). In der Wiederholung der folgenden Laisse sagt Aye aber:

«Sire rois,» fait dame Aie, «bien soiez vous venu.

(AyeB 3726).

Eine nur metrisch bedingte Variation liegt dagegen im nächsten Zitat nicht vor. Die Königin reitet Gauvain entgegen, dessen Ankunft in Clamorgan unmittelbar bevorsteht:

La roine ki fu montee
Sans nuli atendre est alee
Encontre mon seignor Gauuain
Por cui le cuer de ioie a plain.
(...)
Mes sire Gauuains n'atent plus
Puis ke ueue a la roine,
Contre li de haster ne fine
Et dist: «Ma dame, bien uiegnies.»
«Et uous boine auenture aies,
Biaus nies, uous soies bien uenans.»

(ChevIIEspF 2473–76, 2508–13).

Die GF ist in Gauvains Mund hier sehr auffällig. Vielleicht will der galante Ritter betonen, wie sehr er die Geste des Entgegenreitens zu schätzen weiß.

Es kommt vor, daß ein Besucher in einer Behausung ankommt, in der man ihn in einem bestimmten Raum auf die Zusammenkunft mit dem Gastgeber warten läßt. Nähert dieser sich dann dem Gast, so wird er den von auswärts kommenden Gesprächspartner mit der *bien venir*-GF ansprechen. Der Herzog wird in einer *tor quarree* empfangen. Er wird zuerst von einer *damoisele* begrüßt (s. unten!), danach von der Herrin, die auf ihn zukommt:

Et quant il regarde vers la chambre dont la damoisele estoit issue, si en veit venir une dame (...). Et quant li dux voit la dame, si saut encontre li et la dame le prent par la main, si li dist que bien soit il venus et il li rent son salu molt debonairement.

(LancPrM I 181).

Bohort wird im Palast von Corbenic zunächst von Knappen, Rittern und Damen begrüßt. Dann kommt es zur Begegnung mit Pellés:

Lors ne demora gueres que li rois Pellés issi d'unne chambre et fu vestuz moult richement de cote de samit (...). Et li rois de si loing come il le vit si li dist: «Boorz, bien soiez vos venuz! – Sire, Diex beneie vos!» fait il.

(LancPrM V 252).

Aber wir kennen auch Belege, in denen der Gast die *bien venir*-GF verwendet. Brangien geht auf Geheiß Yseuts in die *sale*, um den im Schloß aufgetauchten Irren (Tristan) über seine wahre Identität zu befragen:

Brenguain salt sus: curteise esteit;
E vint en la sale tut dreit,
Mès el n'i trovast serf ne franc,
Fors le fol seant sur un banc.
Li autrë en sunt tuz alé
A lur ostels par la cité.
Brenguain le vait, de luin estut.
E Tristran mult ben la conuit.
Le pel jeta hors de sa main
E puis dit: «Ben vengez, Brenguain.

(FolTristOxfP 601–10)

Brangien bleibt in einiger Entfernung von dem ihr unheimlichen Fremden stehen (FolTristOxfP 607). Vielleicht ist die Verwendung gerade dieser GF ein besonderer Versuch, die Distanz zu überbrücken. Ein zweiter Beleg geht einer oben zitierten Passage unmittelbar voraus (s. 200). Der Herzog trifft mit der *damoisele* zusammen:

> Et maintenant est issue une damoisele d'une chambre qui porte sor son col un mantel d'escarlete et li dux le voit molt bien venir, kar il avoit laiens si grant plenté de chandeiles (...). Li dux se drece encontre la pucele, si la veit de si grant bialté qu'il li est avis qu'ele doie estre dame de laiens, si li dist que bien soit ele venue, et ele respont que Diex le beneie.
>
> (LancPrM I 181).

Ein Ritter möchte das ihm unter bestimmten Bedingungen versprochene Mädchen abholen. Er trifft dessen Mutter in einer *fort tor* (LancPrM IV 31). Sie holt ihre Tochter in deren Kammer ab:

> Pour acomplir la volenté sa dame s'apareille la damoisele au miauz qu'ele pot. Et quant ele s'est si bien acesmee que nule mielz, si vient fors antre lui et sa dame, et ele estoit de si grant biauté que nule plus. Et quant li chevaliers qui por li querre estoit laienz venuz la vit si bele, si li tarda moult qu'il fust de lui saisiz et qu'il l'an eust menee; si dist: «Ma damoisele, bien veingniez.
>
> (LancPrM IV 33).

Schließlich tritt der Fall ein, daß ein Reisender in eine Gegend kommt und hier – etwa in der Herberge, in der er absteigt – von dem Herrn oder einem Bewohner der Gegend aufgesucht wird. Auch in dieser Situation können sowohl der Herr der Gegend als auch der Reisende die *bien venir*-GF benutzen. Pippin wird die Ankunft Blancheflors in Paris gemeldet. Er sucht sie in ihrem *ostel* auf:

> Maintenant monte, n'i ot point de respit,
> Ainz ne fina tant qu'a l'ostel en vint.
> A Blancheflor la pucelle a l'en dit
> Vooir la vient l'enpereres Pepins.
> Adont s'atorne la pucelle gentil,
> Hors de la chanbre encontre le roi vint.
> Li enpereres entre le bras la prist:
> «Ma damoisele, bien puissiez voz venir!»
> «Sire,» dist elle, «la vostre grant merci,
> Qui me daingniez en cest païs veïr!»
>
> (GarLorrV 5729–38).

Karl hat die Herzogin von Burgund nach Sens, sozusagen in ‹seine› Stadt, bestellt. Er trifft später als sie ein:

> Li Rois la vit; si li dist hautement:
> – Franche Duchoise, bien soiés vos venant!
>
> (GirVianeT 35.12f.).

Durmart kommt am Abend in eine Gegend, in der er Ritter bei der Jagd beobachtet. Er spricht einen Knappen an:

> «Vallet, fait il, par ta bonté
> Di moi qui cil chevalier sunt.»

Et li esquiiers li respont:
«Sire, ja le sarés errant.
C'est mesire Bruns de Branlant
Qui ci vint or esbanoier;
Ce sunt o lui si chevalier.
(...)
Que que li Galois entendoit
Al vallet qui li respondoit,
Maintenant vient Bruns de Branlant
Vers monsaignor Durmart amblant.
«Sire, dist il, bien veigniés vos.
Anuit herbergerés o nos;
Ce ne pöés vos contredire.»

(DurmG 9132–38, 9143–49).

Trubert tritt als fahrender Arzt in der Stadt unterhalb des Schlosses auf:

Criant s'en vet aval la vile,
que mires est de toz les maus.
Dou chastel ist li seneschaus,
bien a entendu ce qu'il crie;
vers li s'en vet tout adreciez:
«Mestre, fet il, et bien veigniez!

(Trubert R 1102–07).

Der Bruder Aiglins kommt nach Karlion und berichtet Artus vom Fall der *Douloureuse Garde*. Der sich in Karlion ständig aufhaltende Aiglin kommt an den Hof:

Et lors antra laianz ses freres Aiglyns, qui venoit de son ostel. Et qant il lo voit a genolz devant lo roi, si li dit:
«Biax frere, bien soies tu venuz. Quex besoignz t'a aporté a cort?»

(LancPrK 196.22–25).

Wir nennen drei Belege für den umgekehrten Gebrauch. Gauvain begrüßt in seiner Herberge den *sires del païs* (PercR 5302) und seinen eigenen Gastgeber:

Li uns dalés l'autre s'acoste
Tot maintenant et si s'en vont
Tant que a l'ostel venu sont
Ou mesire Gavains estoit.
Quant mesire Gavains le voit,
Qui molt estoit bien ensaigniez,
Si se lieve et dist: «Bien veigniez.»
Et il le salüent andui,
Puis si s'asieent dalez lui.

(PercR 5292–5300).

Garin empfängt in seinem *ostel* König Boniface und sein Gefolge:

Jusq'a l'ostel ne sont aresteü.
Et Garin fu mout richement vestu
D'un bliäut d'andre mout belement cosu.
Mes Boniface ne l'a pas queneü;
Qu'il ne l'avoit mes a lonc tans veü,
Si fu mout puis enbarni et creü.
Garins le voit, si li a dit salu.

«Sire», fet il, «bien soiez vos venu!»
Et dist li rois: «De rien ne vos salu.
(NarbS 1561–69).

Herzog Oedes sucht Huon in seiner Herberge auf:

Desc'a l'ostel Hondré n'est atargiés;
Le porte trueve et le pont abaisié.
(...)
Droit a l'encontre vint Hues al vis fier,
A haute vois commença a huchier:
«Sire, dist Hues, en non Dieu bien vigniés!»
(HuonR 4182f., 4191–93).

Beim Abschied gibt es ebenfalls auf bestimmte Richtungen festgelegte GFn. Während *A Dieu demorez* und *A Dieu remaigniez* von einem sich entfernenden Sprecher für einen zurückbleibenden Adressaten gebraucht werden (s. oben, 192), wird insbesondere *Alez a Dieu* von einem an einem bestimmten Ort verweilenden Sprecher an einen sich entfernenden Adressaten gerichtet (vergleiche oben, 186). Was bei dieser letzteren GF als Sich-Entfernen gilt, unterliegt wiederum bisweilen der Interpretation. Wenn etwa die an einem Ort verweilende Person den z. B. zu einer Reise aufbrechenden Gesprächspartner dadurch ehrt, daß sie ihn noch ein Stück des Weges begleitet – dies ist der *convoi*[26] –, dann wird der Reisende normalerweise am Ende des *convoi* für den zu seiner Behausung zurückkehrenden Begleiter nicht die GF *Alez a Dieu* wählen. Erec und Enide trennen sich von dem Grafen und Enides Eltern:

Tuit sont monté; et li cuens monte.
Erec chevalche lez le conte
et delez lui sa bele amie,
(...)
Grant joie ont fet au convoier;
avoec Erec volt anvoier
au dessevrer une partie
li frans cuens de sa conpaignie,
por ce qu'annor li feïssent,
se avoec lui s'an alessient;
mes il dist que nul n'an manroit,
ne conpaignie ne queroit
fors que s'amie solemant.
Puis lor dist: «A Deu vos comant.»
(ErecR 1419–21, 1425–34).

Ein *forestier* begleitet Lancelot:

A l'endemain, si tost com li jors aparut, se leva Lancelos et se parti de laiens et commanda tote la maisnie a Dieu, et li sires le convoia.
(LancPrM II 234f.).

Lancelot verabschiedet seinen Begleiter nach einem längeren Gespräch:

---

[26] Zum Abschiedsgeleit s. Peil 1975, 106, 309.

– Or vos commant donc a Dieu, fet Lancelos.» Si se part atant li uns de l'autre et li forestiers s'en retorne en son chastel.

(LancPrM II 237).

In seltenen Fällen geschieht es aber doch, daß der Reisende den Begleiter mit *Alez a Dieu* zurückschickt. Dies ist nur deswegen möglich, weil der zurückbleibende Adressat sich ja tatsächlich vom Sprecher fortbewegt. Insofern beschreibt Löfstedt 1978 die folgende Verwendung nur halb, wenn sie sagt: «*Alez a Dieu*, formule figée peut être dit par quelqu'un qui s'en va lui-même» (205). Gauvain zu einer *pucele*:

«Dame», fait il, «Dieus vos en oie,
Alés a Diu, car je m'en vois!»
Maintenant s'en vait vers le bois
Par .i. sentier grant aleüre,
Et la pucele l'anbleüre
S'en vait a son ostel tot droit.

(VengRagF 5354–59).

Wir kennen zwei weitere Belege, in denen die Begleitung freilich über einen kürzeren *convoi* hinausgeht. Hector in Begleitung eines *vallet*:

L'andemain se leva matin Hestors. Et li vallez fu apareilliez, si li aida a armer. Aprés prist congié do pere au vallet et de sa mere, qui mout est bele dame. Si s'an alerent issi com li vallez savoit la voie, qui maintes foiz l'avoit alee, et errent tant que il vienent en la lande a ore de tierce.

(LancPrK 435.26–30).

Jetzt ist der Zeitpunkt des Abschieds gekommen:

«Sire, a Deu. Et s'il vos plaisoit plus que ge alasse o vos, il me seroit mout bel.»
«Jo sai bien, fait cil, mais alez a Deu, que ge n'ai plus que faire de compaignie fors la Deu.»
Lors s'an retorne li vallez.

(LancPrK 435.38–436.3).

Gauvain und ein *clerc*:

Atant prant congié. Et li hermites envoie son clerc avoc lui tant que il voient Loverzerp. Et li clers se met a la voie, et messires Gauvains aprés, tant que il vienent an la Forest de Brequelande.

(LancPrK 479.6–8).

Gauvain dankt für die Begleitung:

«Or vos an alez, fait il, car assez m'avez amené.»
«Sire, fait li clers, se vos plaisoit, ancor iroie ge plus.»
«No feroiz, feit messires Gauvains. Alez a Deu.»
Lors s'an torne li clers.

(LancPrK 479.16–19).

Die häufigste Abschiedsformel, *A Dieu vos comant*, ist nicht deiktisch festgelegt. Diese Fixierung leisten hier erst vor- oder nachgestellte Sätzchen wie *je m'en vois* oder *alez*[27]. Wir nennen Belege für *je m'en vois*:

---

[27] Senge 1935, 86 führt *Alez, a Dieu vos comant* als eigene GF auf, s. oben, erster Teil, I. Kapitel, 11.

je m'an vois, a Deu vos comant (ErecR 271)
je m'en vois, a Diu vos comant (RenBeaujBelW 3892)
je m'en vois, a Deu vos comant (DurmG 675)
ge m'en vois, a Dieu vos coment (HaimBarW 108)
a Dieu vos conment, je m'en vois (RenR X 9886)
a Damedieu vos commant; ge m'en vois aprés (...) (PerlN 1403f.)
or vos commant je a Dieu, que je m'en vois (LancPrM II 168);

für *je m'en irai*:

or m'an irai, si te comant a Deu (...) (LancR 2938f.)
ge m'an irai, se vos commandera a Deu (LancPrK 555.33)
si vos voel a Deu comander; si m'an irai (LancR 1260f.);

für *va, va donc, va t'en*:

va dont (...), a Jhesu te commant (PriseOrABR[1] 1434)
va t'en (...), a Mahum te comant (AspremLM 2755)
va, a Diu te commanc (EustMoineF 947)
va t'ent, a Deu je te commant (DurmG 15863)
va: a Dieu te conmant (CourtArrF 90)
va, à Dieu te quemant (GaufrG 7957);

für *alez, alez en, alez en donc*:

alés donc tost, (...) je vous comment au roi de paradis (RCambrM 6335f.)
or alez, a Deu vos comant (YvainR 4997)
alez en dont, (...) je vos comment au verai jostissier (AimeriD 3806f.)
alés, que je vos commant a Dieu (LancPrM II 240).

3) Tageszeit-GFn

Die mfr. *Manière de langage* von 1396 lehrt als erstes Konversationsbuch den Gebrauch eines ganzen Paradigmas von Zeitgrüßen:

> Quant un homme encontrera aucuny ou matinee, il luy dira tout courtoisement ainsi:
> «Mon signour, Dieux vous donne boun matin et bonne aventure. *Vel sic*: Sire, Dieux vous doint boun matin et bonne estraine.
> – Mon amy, Dieux vous doint bon jour et bonne encontre.»
> Et à mydy, vous parlerez en cest maniere:
> «Mon signeur, Dieux vous donne bon jour et bonnes heures. *Vel sic*: Sire, Dieux vous beneit et la compaignie.»
>
> (ManLangG 79)

> Et quant il aprochera vers le nuyt, vous direz ainsi:
> «Mon signeur, Dieux vous donne bonnes vespres. *Vel sic*: Dieux vous donne bon soir.
> – Biau filz, bon soir vous donne Dieux.»
> Et quant tu prendras congé de nully pour toute la nuit, tu diras ainsi:
> «Mon signeur, Dieux vous donne bonne nuit.
> – Bonne nuyt vous donne Dieux. *Vel sic*: Dieux vous conduist. *Vel sic*: Alez à Dieu. *Vel sic*: A Dieu vous comande, car je m'en vais coucher.»
>
> (ManLangG 80).

Hier entsprechen bestimmten Tageszeiten *(matinee, mydy, vers le nuyt, pour toute la nuit)* bestimmte GFn. Das AF ist von einem solchen Zustand noch weit entfernt. Es begegnen zwar auch *bon main, bon jor, bon soir* und *bone nuit*, die entsprechenden «Wunschgrüße» bilden aber kein Paradigma mit allgemeiner Geltung in der Grußsituation. So begegnen *bon main* und *bon soir* jeweils nur in einem einzigen Beleg. Patou und Isengrin begrüßen den Bauern (in Wirklichkeit seine Frau). Es ist *granz jorz* (RenR VI 5508):

Et qant el i est parvenue,
por le vilain l'ont coneüe
li dui baron qui l'atandoient
desoz le fou ou il estoient.
Il li ont dit: «Sire vilain,
Dame Dieu vous doint hui bon main!»

(RenR VI 5501–06).

Guillaume wird nach dem Abendessen (EscoufleS 7008ff.) in das Schloß vor den Grafen geholt:

Parmi la sale et parmi l'estre
S'en vont vers la cambre tot droit.
(...)
Tous deffublés est alés ja
U il vit le conte seoir.
«Sire, bone nuit et bon soir,
Fait il, vous doinst Diex et ma dame.»

(EscoufleS 7360f., 7366–69).

Die einzig häufigen Wunschobjekte sind *bon jor* und – schon seltener – *bone nuit*. Wir haben ihren Gebrauch mit einem bestimmten Umstand, dem Zubettgehen und dem morgendlichen Aufstehen, in Zusammenhang gebracht (s. oben, 181ff.). Für eine davon unabhängige Anwendung zu bestimmten Tageszeiten bestehen allenfalls Ansätze. Die GFn mit *bon jor* sind auf die Morgenstunden fixiert. Eine genauere Bestimmung enthält ein schon von Senge 1935 (49) erwähnter Beleg. Durmart und seine Begleitung unterwegs:

Et quant il est tierce passee,
Si ont une lande trovee
Mout bele et trestote reonde;

(DurmG 3055–57).

Sie stoßen auf ein Zelt, in dem sie eine *pucele* antreffen:

Mesire Durmars maintenant
A la tente est venus errant;
Douz pans en a trové haciés.
De son cheval s'est abaissiés,
Tot de plain esgarde laens;
Lors voit un lit qui mout fu gens.
(...)
Mais n'estoit mie seuz li lis,
Ains seoit sus une pucele
Qui mout paroit et jone et bele.
(...)
Un pigne d'ivoire tenoit
La pucele qui se pignoit;
Devant li sert une tosete,
Une mout jone meschinete
Cui li servirs mout bien avient.
Devant la damoisele tient

Un mireor, ce m'est avis,
Dont ele mire son cler vis.
(...)
Mesire Durmars salua
Le pucele lués qu'il vint la.
«Damoisele, dist il, bon jor
Vos doinst Dex par sa grant doçor
Et vostre bele compaignie.»
– «Sire, Jhesus vos beneïe,»
Fait la pucele, si se lieve.

(DurmG 3069–74, 3082–84, 3089–96, 3105–11).

Wir zitieren diese Szene so ausführlich, weil sie sich im *Lancelot do Lac* – mit derselben Zeitangabe *tierce* (LancPrK 372.1) – wiederfindet:

Si chevauche [= Gauvain] tote la matinee juque androit tierce, et lors ist de la forest et vient an une grant riviere et voit enmi la praarie tandu un paveillon mout bel et mout riche. Cele part chevauche messires Gauvains tant qu'il vint a l'uis del paveillon, si met anz sa teste, tot a cheval, et voit el milieu do paveillon une coche aornee de mout grant richece. An cele couche gisoit une damoisele de mout grant biauté, ses chevox parmi ses espaules, qui mout estoient bel, et darrieres li estoit une pucele qui la pignoit a un pigne d'ivoire d'or ovré, et par devant en avoit une qui li tenoit un mireor et un chapel. Quant messires Gauvains voit la damoisele, si li dit que bon jor li doint Dex. Et ele li respont:
«Dex vos beneïe, sire chevaliers, (...).»

(LancPrK 371.39–372.12).

In einem ebenfalls von Senge 1935 (50) erwähnten Beleg scheint die GF sogar am Abend gebraucht zu werden. Die Passage ist freilich nur verderbt überliefert[28]. Eine *pucele* vor König Ris:

Si uoit le roi u se seoit.
Li rois ke ia souspe auoit
E la roine tout ausi.
Cil ki de ce orent serui,
Li canbelans ki la estoient
Les napes ostees auoient,
Et ele uint droit deuant lui:
«Sire, boin ior aies uous hui
Et toute uostre compaignie!»

(ChevIIEspF 1219–27).

Die GFn mit *bone nuit* werden ab der Abenddämmerung und in den Nachtstunden gebraucht. Bei der Verabschiedung Aelis' durch ihre Mutter (EscoufleS 3814, s. oben, 158) heißt es etwa:

Les karoles et li deduit
Durerent tant aprés mangier
Que la dame s'ala couchier.
La nuis estoit auques passee;

(EscoufleS 3798–3801).

Als die von Lancelot abgewiesene *damoisele* sein Bett verläßt (LancPrM II 23, s. oben, 160), ist es ebenfalls schon fortgeschrittene Nacht – die Dienerschaft

---

28 ChevIIEspF, 389: «1220 ist verderbt, oder nach 1221 größere Lücke».

hat längst die Kerzen gelöscht (*chandoilles estaintes*, LancPrM II 23). Die *damoiseles*, die Gauvain so unfreundlich verabschieden (PerlN 1824–26, s. oben, 162), haben den Ritter schon zu Bett gebracht, die Kerzen brennen aber noch (*cierge alumé* PerlN 1811).

In frühere Abendstunden fällt dagegen eine Begrüßung mit *bone nuit*. Ein Knappe wird hinter Gauvain hergeschickt, um ihn zur Umkehr und zur Annahme der Herberge bei der Herrin von Roestoc zu bewegen, die ihn aus Unachtsamkeit hat ziehen lassen. Der Knappe zu Gauvain:

> Et li vallez qui monseignor Gauvain avoit seü chevauche tant que il l'ataint, si li dit: «Sire, sire, bone nuit vos doint Dex, car hui an cest jor avez vos aü assez poine et plus honor.»
>
> (LancPrK 391.31–34).

Die im folgenden ausgesprochene Einladung lehnt der sich zierende Ritter ab mit einer Begründung, die Aufschluß über den Zeitpunkt der Begrüßung gibt:

> «Amis, fait messires Gauvains, gran merciz, mais il n'est mies ancores tans de herbergier a home qui tant a afaire comme ge ai. Ne ge n'ai mies plaies sejornanz, et mes chevaus est, Deu merci, et forz et fres, si porrai chevauchier ancor anuit mout longuement.»
>
> (LancPrK 392.5–8).

Dagegen versichert der Knappe, daß sie erst bei *noire nuit* am Bestimmungsort ankämen (LancPrK 392.10), worauf Gauvain die Einladung annimmt, freilich immer noch darauf insistierend, daß es dann *tans de herbergier* sein müsse (LancPrK 392.16). Was nun die besprochene GF angeht, so ist es natürlich möglich, daß der Knappe sie früher verwendet, als dies üblich ist, und zwar in der Absicht, den Tag ‹älter› zu machen und so Gauvain den Entschluß zur Umkehr zu erleichtern.

2.2.2.3. Geschlecht, Alter, Religion, Status

Einige GFn sind in bezug auf Merkmale fixiert, die den Sprecher bzw. den Adressaten gesellschaftlich definieren.

1) GFn für Frauen und Männer

Je nach dem Geschlecht des Adressaten ergeben sich bei einer Reihe von GFn rein grammatische, das Genus einzelner Komponenten betreffende Variationen, z. B. *bien soiez vos venuz* vs. *venue, beneoiz* vs. *beneoite soiez vos de Dieu* oder *vos soiez li bien venuz* vs. *la bien venue*. Nur an Männer bzw. Frauen gerichtete GFn gibt es offenbar nicht. Eine kaum ins Gewicht fallende Ausnahme ist das *Dex lo face prodome* (LancPrK 159.31) des *chevalier navré* zum jungen Lancelot, das sich nur an eine männliche Person richten läßt.

2) GFn für Kinder und ältere Menschen

Auch GFn, die auf das Alter des Adressaten abgestimmt sind, können nicht leicht ausgemacht werden. Es scheint, als ob GFn mit dem Wunschobjekt *amendement* gerne für Kinder gebraucht werden. Ein Kind – Lancelot – begegnet einem älteren Mann:

Mais n'ot gaires alé qant il ancontra un vavasor sor un palefroi, une verge en sa main, et ot avecques lui deus levriers et un brachet. Li vavasors fu d'aage, et li anfes, si tost com il lo voit, si lo salue. Et cil respont que Dex li doint amandement.

(LancPrK 43.5–9).

Vater und Sohn grüßen einander:

Si tost com li rois i entra,
Jehanet son fil encontra,
Qui en la sale se jouoit,
Comme cil qui set ans avoit.
Mout ert biaus enfes et apris.
Vers son pere le cours a pris,
Se li dist «Sire, bien viegniés!»
Ensi comme il fu ensigniés.
«Dous enfes, ce respont li rois,
Li sires qui est rois des rois
Vous doinst vie et amendement!
Car mout a en vous bel enfant!»

(BeaumManS 5987–98).

In unserem dritten Beleg richtet sich die GF allerdings nicht an ein Kind. Der *povre mercier* tritt vor seinen Herrn, um sich über den Verlust seines Pferdes zu beklagen. Der beantwortet seinen Gruß:

Et li Sires sanz demorée
Respondit moult courtoissemant:
«Biaus amis, bon amandemant
Vos doint Dex; por quoi plorez-vous'?

(MontRayn II 116f.).

Immerhin verrät der Gruß auch hier eine kondeszendente Haltung.

Mit dem Wunschobjekt *vie* wendet sich der Sprecher unter Umständen an einen älteren Menschen, und zwar beim Gebrauch von *doner* und *otroiier* + *longe vie* bzw. *maintenir* und *tenir en* + *vie*. Die Tochter grüßt den Vater:

– «Biax pere, cil vos beneïe
Qui vos fist, et doint longue vie.

(ContPerc[1]AR 1743f.).

Varianten sind S *et vous tiegne en vie* und P *et maintiegne en vie*. Ein Ritter grüßt Artus:

Tot a cheval vint jusqu'au dois
Et dist oiant toz hautemant:
«Rois Artus, cil Dex qui ne mant
Vos gart et vos doint longue vie.»

(ContPerc[1]AR 2256–59).

Die Handschrift S hat hier *et otroit l.*. – Die Verwendung von *doner* + *vie* ohne begleitendes Adjektiv, in einem ein- oder in einem zweigliedrigen Ausdruck (s. oben, BeaumManS 5998), ist dagegen nicht in der genannten Weise festgelegt. – Die Verben *doner, otroiier* und *tenir* + *bone vie* werden in einigen Fällen für ältere Menschen gebraucht. Perceval begegnet einem alten Ritter:

Tout por voir vos racont et di
Qu'il ancontra un chevalier

Molt viel, (...)
Et cil qui venoit l'ambleüre
Le salue premieremant;
Et Percevaux molt bellemant
Li respont: «Diex vos beneïe,
Biaux [sire], et otroit bone vie.»

(ContPerc²ER 20912–14, 20922–26).

Die Handschriften P und S verwenden beide das Verb *doner*. – Beim Abschied wünscht Perceval *bone vie et grant joie* (ContPerc²ER 21039, vergleiche oben, 169). Auch die Tochter, die ihrem Bruder Grüße an den Vater aufträgt, wünscht ihm, daß *Diex le tiegne en boine vie* (GuillPalM 8952, vergleiche oben, 175). Andererseits kennen wir zwei Belege, in denen der Wunsch an jüngere Menschen gerichtet wird. Artus erwidert den Gruß Durmarts:

– «Et Deus qui tot le pooir a,
Fait li rois Artus en rïant,
Vos doinst bone vie et plaisant.»

(DurmG 14586–88),

– hier tritt freilich ein zweites, recht charakteristisches Adjektiv zum Substantiv. – Perceval befreit einen Ritter, der mit den Beinen an einem Baum aufgehängt worden ist, aus seiner mißlichen Lage:

Cil qui de grant dolor se deust
A un molt grant soupir gité;
Le chief a tout amont levé,
Les iauz ovri, si li dist: «Sire,
Diex qui por nos soufri martire
Vos doint bone vie et honor;
Gitié m'avez de grant dolor
Et randue m'avez la vie.

(ContPerc²ER 28282–89).

3) GFn für Laien und Geistliche, GFn für Christen und Heiden

Der Gegensatz von Kirchen- und Laienwelt spielt bei den GFn kaum eine Rolle. Kirchenleute, speziell Mönche, zeichnen sich bisweilen dadurch aus, daß sie einen an sie gerichteten Gruß nur stumm, gestisch beantworten[29]. Man kann sich vorstellen, daß ein Wunsch wie *joie d'amors* normalerweise einem Kirchenmann nicht entboten wird. Umgekehrt ist das einmal belegte *Pes soit o vos* (SGraal IV QuesteP 7.24) von einem Geistlichen zu Laien gesprochen.

Nur literarisch ist natürlich die Art, in der die *chanson de geste* den Gegensatz von christlicher und heidnischer – moslemischer – Welt ausdrückt. Die Christen grüßen bei Gott und den Heiligen, die Heiden bei der angeblichen Vielzahl ihrer Götter[30]. Durch eine GF mit Gottesnamen gibt sich der Sprecher selbst als einer bestimmten religiösen Gemeinschaft zugehörig zu erkennen. Dies spielt dann eine Rolle, wenn diese Zugehörigkeit in Frage steht. Guillaume hält Gerart für einen *sarrasin*:

---

[29] S. oben, zweiter Teil, I. Kapitel, 104 mit Anmerkung 13.
[30] S. oben, erster Teil, II. Kapitel, 36.

Et voit Gerar[t] venir par la cité,
Lou col baisié et lou chief encliné,
Et sor son chief son vert hiame gemei,
Et son escut tranchié et descopei,
Et son hauber ronput et desafrei,
Et son espiet ronput et efroei.
«Molt sanble bien en bataille ait estei;
Sarrasin sanble, bien lo voi a l'armer,
As garnemens que il a andosés.»

(ChevVivT 1057–65).

Als Gerart jedoch im Namen Gottes grüßt:

«Cil Damedeu[s] qui maint en trinitei,
Et qui nos done et solail et clartei,
Il saut et gart lou marchis a[u] cor neis,
Et sa moillier qui siet lés son costel,
Et ses amis, ses contes et ses pers!»

(ChevVivT 1087–91),

entgegnet Guillaume:

– «Amis, beaus freire, et vos soiez salvés!
Crestïens estes, cant vos de Deu parlés;
De vos novelles me dites et contés.»

(ChevVivT 1092–94).

Aiol begegnet einem Pilger, der froh ist, auf einen Christen zu stoßen:

Li pelerins le uit, forment le redouta,
Crient ne fust mauais hon qui uenist por son mal.
A tant es uous Aiol qui bien le salua
De dieu de sainte gloire, qui le mont estora.
Cil ot de dieu parler, mout se reconforta.

(Aiol²F 5634–37).

Huon begrüßt einen christlichen *serjant* in der heidnischen Stadt Tormont. Über den Gruß entwickelt sich sofort ein Gemeinschaftsgefühl zwischen den Gesprächspartnern:

Et Huelins le prist a apieler:
«Amis, fait il, cil Dix te puist salver
Qui de le mort nous vaut tous racater.»
Quant il les ot de Damedieu parler,
A grant mervele les prist a resgarder,
Et puis a dit as barons naturés:
«Segnor, fait il, qui m'avés salué
De cel Segnor qui en crois fu penés
De Celui misme soiiés vous salué.
Mais je vous proi, tot belement parlés;
S'on le savoit et fuisiés avisé,
On vous feroit tous le membres coper.
Mais je croi Dieu, le Roi de maïsté,
Et por le duc ne m'ose demoustrer.»

(HuonR 3970–83).

Einmal wird der zwischen Angehörigen einer Religionsgemeinschaft übliche Gruß von einem derselben Religion anhängenden Adressaten zurückgewiesen.

Die im Namen Mahumets, Tervagans und Apollins erfolgenden Grüße der Boten Baligants, die schon der Erzähler als *malvais saluz* bezeichnet:

Cum il entrerent en la cambre voltice,
Par bel[e] amur malvais saluz firent:
«Cil Mahumet, ki nus ad en baillie,
E Tervagan, (et) Apollin nostre sire,
Salvent le rei et guardent la reïne!»
(RolH 2709–13),

werden von Bramimunde so kommentiert:

Dist Bramimunde: «Or oi mult grant folie.
Cist nostre deu sunt en recreantise,
En Rencesval[s] m[al]vaises vertuz firent:
(RolH 2714–16).

Man erinnert sich daran, daß die Heiden nach ihrer Niederlage ihre eigenen Götter verhöhnt haben (RolH 2580ff.)[31].

Treffen Christen und Heiden aufeinander, so machen die GFn das Trennende zwischen den Gesprächspartnern deutlich. Das zeigt schon die Botschaft Ganelons vor Marsilie. Während Blancandrin ‹heidnisch› grüßt:

Blancandrins vint devant Marsiliun,
Par le pui[n]g tint le cunte Guenelun,
Et dist al rei: «Sals seiez de Mahun
Et d'Apollin qui seintes leis tenuns!
(RolH 414–17),

tritt Ganelon betont als Christ auf und fordert auch Marsilies Übertritt zum Christentum:

Et dist al rei: «Salvez seiez de Deu,
Li glorius, qui devum aürer!
Iço vus mandet Carlemagnes li ber
Que recevez seinte crestiëntét;
(RolH 428–31).

In einer solchen Situation weist der Adressat gelegentlich den Gruß mit einer *correctio* zurück. Gaufrey befragt einen Heiden über Schloß Greillemont:

Es vous .i. Sarrasins que Gaufrey encontra,
Qui moult grant aléure par le chemin ala;
Quant Gaufrey l'a véu, tantost l'aresonna:
«Amis, Jhesus te saut, qui le mont estora!
– Sire, mès Mahommet», le Turc respondu a.
«Amis, chen dist Gaufrey, lequel que te pleira.
Comme a nom cel castel? Ne le me chele ja.
(GaufrG 2174–80).

Machabré grüßt seine heimlich mit den Christen paktierende Tochter Flordespine:

– Fille, dist Machabré, li vostre dieu Cahus
Soit de vostre cors garde, par la soue vertus!
– Chil vous puisse garder», la bele a respondus.

[31] Bancourt 1982, 407.

Et puis dist coiement, c'om ne l'a entendus:
«Ichil soit de moi garde c'om apele Jhesus!
– Comment vous est, ma fille? dist Machabré li drus.
– Sire, dist la puchele, bien, la merchi Cahus;
(GaufrG 8461–67).

Der Sprecher kann dem Angehörigen der fremden Religionsgemeinschaft aber auch dadurch entgegenkommen, daß er sich ihr bei der Wahl des Gottesnamens anpaßt. Blancandrin vor Karl, den er ja von Marsilies Bereitschaft zum Religionsübertritt überzeugen soll:

Blancandrins ad tut premereins parléd,
Et dist al rei: «Salvét seiez de Deu,
Le glorius, que devuns aürer!
Iço vus mandet reis Marsilies li bers:
Enquis ad mult la lei de salvetet,
(RolH 122–26).

Ganor, der später zum Christentum übertreten wird, grüßt seine zukünftige Frau Aye:

«De vostre Dieu Jhesu ou vos creance avez,
E des sainz e des saintes que por lui aorez,
Soit hui le cors dame Aye e ses amis sauvez.»
(AyeB 3719–21).

Huidelon, ein ‹edler› Heide (s. GuiBourgG 2705f.), zu Gui:

Où que il voit Guion, parfont l'a encliné,
En son sarasinois mult biau l'a salué:
«Sire, Diex vous garisse où vo créance avés!
– Amis, ce dist li anfes, Diex vos puisse sauver,
Et face vostre cors bautisier et lever!»
(GuiBourgG 2762–66).

Carahuel, dem die Franken durchaus respektvoll begegnen (EnfOgH 2090), grüßt Karl:

Carahués passe un petitet avant,
Le roi salue hautement en oiant:
«Cil dieus ou sont li crestïen creant
Saut Charlemaine et tout le remanant!
Messagiers sui Corsuble le vaillant,
(...)
Rois, a vous sui venuz par son commant,
A vous m'envoie, escoutez a son mant.
(EnfOgH 2113–17, 2122ff.).

Der Emir, der Huon in den Kampf gegen Agrapart schickt, verabschiedet den Christen gar ‹heidnisch› und ‹christlich›:

«Va t'ent, dist il, Mahoms te puist salver!
Et se li Dieus ke tu dois aourer
Vaut miex que chil que j'ai devant nommé,
Li plus vrais Dix te puist hui ramener.»
(HuonR 6542–45).

Es ist selten, daß ein Christ umgekehrt einem Heiden in dieser Weise entgegenkommt. Bernier dient sich Corsuble an:

B. descent, si l'a bien saluet:
«Cil vous saut, sire, en cui creance avés!»
Et dist Corsubles: «Cil te croisse bonté
Qui fait negier et plovoir et vanter:
Ce fait Mahons et Mahomès no Dex.»

(RCambrM 7670–74).

Und auch der von Gott abgefallene Theophile verabschiedet den Juden (so die Herausgeberin) Salatin im Namen des Gottes, *que tu croiz et aeures* (RutebTheophF 99, s. oben, 162). – Etwas anderes ist es, wenn ein Christ ‹heidnisch› grüßt, um der Entdeckung durch die feindliche Umgebung zu entgehen. Wenn Guillaume als angeblicher Bote Tiebauts vor Aragon auftritt, dann grüßt er mit den Worten:

«Amirauz, sire, franc chevalier vaillant,
Mahom te saut et le deu Tervagant!»

(PriseOrABR[1] 476f.).

In einer analogen Situation verhält sich Geriaume ebenso:

Geriaumes a tos premerains parlé
Sarrasinois, cor il en set asés:
«Cil Mahommés qui tout a a sauver
Et qui nous donne et le pain et le blé,
Il saut et gart Gaudise l'amiré,

(HuonR 6080–84).

Eine GF, die – wie schon Frappier bemerkt – «volontairement ambiguë» ist[32], gebraucht Guillaume vor Orable:

Voit la Guillelmes, tot li mua le sanc.
Il la salue bel et cortoisement:
«Cil Dex vos saut, en cui somes creant!»

(PriseOrABR[1] 668–700).

Daß ein Heide sich als Christ vorstellt, ist ebenfalls belegt. Ganor spioniert in Avignon:

Dame Aie la ducheise s'en repaire de vespres,
Ganor li Arrabis, rois d'Espengne, l'apresse.
«Diex vos saut,» dist il, «dame, onques ne vi si belle!

(AyeB 2389–91).

Wie die folgenden Verse zeigen, gelingt es Ganor nur mit Mühe, seine wahre Identität zu verheimlichen (AyeB 2400–20).

4) GFn für einzelne Berufsgruppen

GFn für einzelne Berufe oder Berufsgruppen kennt das AF nur in Ansätzen. Insofern *Dieus vos ajut* ein ‹Arbeitsgruß› ist, richtet er sich an Arbeiter und Handwerker. Bewußt für Händler gebraucht ist der ‹Wunschgruß› des Königs:

«Signor, fait il as marceans,
Que Diex vos face bien ceans,
Et Diex a tos gaaigne doinst!

(GuillAnglW 579–81),

---

[32] Frappier 1967, 296.

der sich in ähnlicher Form im *Petit Livre* findet[33].

5) GFn für Höher- und Niedrigergestellte

Das AF kennt auch hierarchisch fixierte GFn. Soweit man die hierarchischen Verhältnisse zwischen zwei Gesprächspartnern ohne eingehendere Untersuchungen beurteilen kann[34], sind insbesondere *Dieus vos saut et beneïe, Dieus vos saut et gart* und *Dieus vos saut et gart et beneïe* an eine sozial allenfalls gleich-, zumeist aber höherstehende Person gerichtet. Aimon tritt mit seinen Söhnen vor Karl:

Li dus s'en vint avant, c'on tint à molt sené,
Et salue [le roi] de bone volenté:
«[Cil] Dame Deu de gloire, le roi de majesté,
Ki del limon fist Eve, Adan en ot formé,
Il saut et beneïe le meillor coroné
Ki onques fust el mont n'en la crestienté
Et ici son barnage queil a aüné.
(RenMontC 1741–47).

Die Kupplerin vor der Kaiserin Athanaïs, die erhöht sitzt – das Wort *amont(er)* kommt einschließlich der Erwähnung in der GF viermal in der Szene vor (GautArrErR 4236, 4238, 4245, 4246) –:

et li baron qui o li sont
font venir cele vielle amont.
Tout ce li vient molt bien a gré;
li vielle amonte maint degré
ains qu'ele truist l'empereïs.
La dame sist sor un tapis,
en sus des autres, auques loing;
(...)
Li vielle vient molt tost amont
et dist: «Cil Dius qui maint amont,
il saut ma dame et beneïe,
et ceste siue compaignie!»
Devant la dame estant se met
a genillons (...).
(GautArrErR 4235–41, 4245–50).

Raoul und sein Gefolge vor König Ludwig:

Loeys truevent el faudestuef asis.
Li rois regarde, vit venir les marchis;
Devant venoit R. o le cler vis:
«Cil Diex,» dist il, «qi en la crois fu mis
Il saut et gart le fort roi Loeïs!»
(RCambrM 829–33).

Die Boten Karls vor der Mutter Huons, der Herzogin von Burgund:

Es vous les mes qui moult font a prisier,
En haut parolent, qui bien seurent raisnier:
«Cil Damedix que tout a a baillier,

---

[33] S. oben, erster Teil, II. Kapitel, 76 (Tabelle).

[34] Zu diesem Problem s. unten, II. Kapitel, 284, 291.

Il saut et gart la ducoise al vis fier
et ses enfans et tous ses chevaliers,
De par Karlon qui France a a baillier.»

(HuonR 340–45).

Natürlich witzig gemeint ist die Begrüßung des Kochs durch Rainouart[35]:

Ainc ne finerent si vinrent au fouier,
Et Rainouars commencha a huchier:
«Ciex Diex de glore ki tout a a jugier,
Il saut et gart ce maistre quisinier!

(AliscW Hs. a 3623–26).

Zusätzlich zu den an anderer Stelle zitierten Belegen für die dritte GF (s. oben, 196f.) nennen wir die Begrüßung Eracles durch die Tante Athanaïs'. Sie hält den ihr unbekannten Mann sicherlich für eine hochgestellte Persönlichkeit, dem Athanaïs schutzlos ausgeliefert ist:

[la soie ante]
s'escrie: «Nieche, qui te chace?
Grant pecié fait qui te manache!
Se tes bons pere fust en vie,
juree fuisses et plevie;
or t'estuet souffrir maint dangier,
or te puet on molt laidengier
et dire honte et faire anui.»

(GautArrErR 2609–15).

Sie erwidert den Gruß Eracles (s. oben, 223):

«Vallés, cil Dieus qui maint sor nos
vos salt et gart et beneïe!

(GautArrErR 2620f.).

Der zu *Dieus vos saut* / *Sauvez soiez vos de Dieu* gehörende Status ist schwieriger zu beurteilen. Löfstedt 1978 bezeichnet diese GF als eine «salutation respectueuse», die fähig sei, eine «révérence extrême» auszudrücken (194). Dies trifft z. B. auf die schon zitierten Botengrüße (s. oben, 176f.; vergleiche auch die Belege aus der *Chanson de Roland*, 212) zu. Auch außerhalb dieser speziellen Situation ist der Gebrauch von unten nach oben gut belegt. Wir nennen nur zwei Beispiele. Guilebert vor Guillaume:

Et Gillebert en monte le degré;
Voit le Guillelmes, sel prist a regarder;
Il le vit noir, taint et descoloré
Et megre et pale, velu et descharné;

(PriseOrABR[1] 141–44).

Guillaume glaubt fälschlich, es mit einem heidnischen Boten zu tun zu haben (vergleiche oben, 210f. ChevVivT 1057–65). Der *chetis* (PriseOrABR[1] 148) grüßt ihn:

«Cil Damedex qui fist et vin et blé,
Del ciel nos done et lumiere et clarté,
Et home et feme fet aler et parler,

[35] S. Frappier 1955, 272f.

Il saut Guillelme le marchis au cort nes,
La flor de France et le noble barné,
Les poingneors que ci voi assenblé!

(PriseOrABR[1] 149–54).

Die Menge bereitet Erec, der die *Joie de la cort* wiederhergestellt hat, einen triumphalen Empfang:

Granz fu l'asanblee et la presse:
chascuns d'Erec veoir s'angresse
et haus, et bas, et povre, et riche;
Li uns devant l'autre se fiche,
si le salüent et anclinent,
et dïent tuit, c'onques ne finent:
«Dex saut celui par cui ressort
joie et leesce an nostre cort!
Dex saut le plus boen eüré
que Dex a faire ait anduré!»

(ErecR 6317–26).

Aber es gibt ebenso den Gebrauch von oben nach unten, und zwar dann, wenn von unten nach oben eine der vorher genannten GFn gewählt wird. Ein Knappe grüßt die Königin:

Et cil [s'an vet] sanz dire plus
Un po des chevaliers ansus,
Ou a la reïne trovee,
Si li dist: «Gentix enoree,
Cil qui tot fist par son esgart
De par Gauvain vos saut et gart
Et vostre conpaignie chiere.»
Et la reïne a bele chiere
Respont ancontre: «Dex vos salt,
Et Gauvain face lié et baut.
Est il toz delivres et sains?»

(ContPerc[1]AR 123–33).

Ein Ritter verrät Ogier an Karl:

Tos le degrés en monta du plancer,
Le roi trova entre ses chevaliers;
Il le salue, puis s'est agenoilliés:
«Cil Dame Dex qui tot a juger [sic]
Il salt et gart Kallon le droiturer,
Ses dus, ses contes et ses baron proisiés!»
Et dist li roi: «Dex te salt, amis cher!
Que as, que vels, que demandes, que qier?

(OgDanE 9288–95).

Ein Bote Garins zu Doon:

Où que il voit Doon, chele part est alés,
Et quant il fu devant li, adont s'est arrestés,
et salua Doon com ja oïr pourrés:
«Chil Damedieu de gloire qui en crois fu penés
(...)
Il saut et gart Doon, qui tant a de bontés,

Flandrine et les enfans et lor riche barnés!
– Et Dex te saut, amis! dist Do li adurés.
(GaufrG 129–37).

Und schließlich kennen wir auch Belege, in denen ein Rangunterschied zwischen den Gesprächspartnern nicht festzustellen ist. Wir nennen nur den Grußwechsel zwischen einer *pucele* – der jüngeren Tochter des Herrn der Noire Espine – und Yvain:

Ensi parlant s'est tant hastee,
trestoz ses palefroiz tressüe;
si s'areste, et si le salüe,
et cil li respondi molt tost:
«Dex vos saut, bele, et si vos ost
de cusançon et de pesance!
(YvainR 5042–47)

und denjenigen zwischen Durmart und einem Zwerg. Der Ritter verhöhnt zwar seinen Gesprächspartner, aber offenbar nur mit der Anrede:

Quant il est pres de lui venus,
«Figure, fait il, Deus te saut.»
Et li nains respont en haut:
«Vos aiés grant malaventure
Quant vos me clamastes figure,
Sire chevaliers malsenés.
(DurmG 1792–97).

Eine vorwiegend von oben nach unten gerichtete GF ist nach Löfstedt 1978 *Dieus vos gart*. Die GF ist «utilisée d'égal à égal, de supérieur à inférieur (sie nennt ErecR 1522, AthisH 4979, BeaumManS 5013), plus rarement d'inférieur à supérieur» – Leena Löfstedt zitiert hier EscoufleS 8132f. sowie ContPerc[1]AR 2258f. (196). Die Verwendung von oben nach unten ist ähnlich wie bei *Dieus vos saut* dort recht deutlich, wo die GF als Entgegnung auf eine Begrüßung von unten nach oben vorkommt. König Ludwigs Bote vor dessen Schwester Aalis:

Li mès descent, son cheval aresna;
De par le roi la dame salua:
«Cil Damerdiex qu le mont estora
Et ciel et terre et trestout commanda
Saut la contesce et ciax que amés a
De part le roi qi a garder nos a!
– Diex gart toi, frere, qui le mont estora!
(RCambrM 162–68).

Ein Pilger vor dem mächtigen Lambert:

Lambert trouva, qui molt étoit pensis,
Devant le lit Sonneheut au cler vis;
Et li paumier a saluer l'a pris;
«Cil Deu de gloire, qui en la crois fu mis
Il saut et gart Lambert et ses amis,
Et Sonneheut la bele o le cler vis!»
Lambert respont: – Et Deu gart toi, amis.
Où vas? dont viens et de com fait païs?»
(AuberiTarbé 99.28–35).

Ein *varlet* vor dem Herzog:

A tant dedens la sale entra
Uns varlés grant oirre batant,
Et si venoit molt cler chantant
Ceste chançon par son voloir:
(...)
Quant cis ot sa canchon finie,
Si dist: «Dex saut et beneïe
Le duc et les chevaliers tous!»
Li dus, qui ne fu mie estous,
Li a dit: «Amis, Dex te gart!

(ViolB 5716–25).

Grifon zu Karl:

Kallon a salué, l'emperere au vis fier:
«Chil Damedieu de gloire qui tout a à jugier,
Et qui a chiel et terre et la mer à baillier,
Saut et gart Kallemaine, l'emperere au vis fier,
(...)
– Et Dex te gart, amis, dit Kallez au vis fier.
Comment avés vous nom? Ne me devés noier.
– Par foi! Grifon m'apelent serjant et chevalier,
Que n'ai de toute terre qui vaille .i. seul denier.»

(GaufrG 4973–76, 4981–84).

Andererseits ist die Verwendung von unten nach oben durchaus gut belegt. Ein Bote vor Herzog Dueve:

Où que il vit le duc, si l'a mis à raison.
«Sire, Jhesus vos gart qui estora le mont.

(RenMontC 998f.).

Renart mit Grimbert vor König Noble:

Devant le roi, qant il le vit,
s'agenoilla et puis li dist:
«Rois, Diex, le filz sainte Marie,
et vos et vostre conpaingnie
vos gart et tot vostre barné.»

(RenR VIII 7331–35).

Claresme, Herrin der Gaskogne (GaydonG 8553), grüßt Herzog Gaydon:

Voit le Claresme, si l'a bel salué:
«Cil Dex de gloire, qui tout a estoré,
Il gart le duc et doinst joie et santé!

(GaydonG 8883–85).

Der von Durmart besiegte Creoras unterwirft sich Artus:

Devant le roi s'est arrestés
Creoreas trestos armés.
«Bons rois, fait il, plains de largece,
Dex gart vos et vostre hautece.
Cil qui conquist Brun de Morois
M'envoie a vos, beaz sire rois.

(DurmG 6011–16).

Worin hier eine arrogante Nuance (so Löfstedt 1978, 196) bestehen soll, vermögen wir nicht zu erkennen. – Die Heiden zu ihrem König:

Sarrasin sunt as murs, où se vont apoier,
Et voient l'ost francheis tout environ logier;
Au fort roi des gaians le vont dire et nunchier:
«Mahommet vous gart, sire, qui tout a à jugier!
Je ne soi se Francheis vous veulent guerroier;
Moult en a arivé là jus en chel gravier,
Et sunt, à mon avis, bien .LX. millier.»
(GaufrG 7569–75).

Löfstedt 1978 vermutet, daß eine Grußverteilung wie in:

«Cil Mahumet, ki nus ad en baillie,
E Tervagan, (et) Apollin nostre sire,
Salvent le rei et guardent la reïne!»
(RolH 2711–13)

einen gewissen ‹Rangunterschied› zwischen *Dieus vos saut* und *Dieus vos gart* offenbart (209). Eine Stütze erhält diese Auffassung durch einen Beleg wie RCambrM 162–68 (s. oben, 218). Andererseits verwendet in der *Prise d'Orange* die Redaktion B die GF *Dieus vos gart* häufiger anstelle von *Dieus vos saut* in der Redaktion A (PriseOrABR[1] 152, 477, 670) – sicherlich ohne damit den Text einschneidend verändern zu wollen.

Neben den in diesem Abschnitt bisher besprochenen GFn, die in bezug auf einigermaßen stabile, äußere Personenmerkmale festgelegt sind, gibt es auch solche GFn, deren Verwendung eine Einschätzung der individuellen Beziehung zwischen den Gesprächspartnern manifestiert. Es sind GFn, die eine erhöhte Distanz zum Adressaten ausdrücken. An erster Stelle nennen wir Grüße, die dem Adressaten die Schuld an der Verschlechterung der Beziehung zuweisen. Dem Kaiser ist bekannt geworden, daß Athanaïs in seiner Abwesenheit Ehebruch begangen hat:

Cele s'est vestue et paree
qui durement est esgaree;
molt crient et cremir li estuet.
Vient a son signor com ains puet,
dist lui: «Bien soiés vos venus,
si com drois est, et retenus!
– Et vos si soiiés si trovee
com vos vos estes puis provee
Que je ne parlai mais a vous.
Partie est mais l'amors a vous.
(GautArrErR 4761–70).

Aiol führt seinen Vater wieder mit König Ludwig zusammen, der den Grafen zu Unrecht lange Zeit aus seiner Umgebung verbannt hatte:

Quant le uoit Loeys, si l'en a apele:
«Gentiex hon de boin aire, bien soies uous troues!
Icil soient honi et del cors uergonde,
Qui uous fissent de moi partir et deseurer.»

Et respondi Elies, li cortois et li ber:
«Si soies beneois con deserui l'aues.»
(Aiol²F 8231–36).

Wie distanzierend diese GF wirkt, machen Ludwigs darauf folgende Worte klar:

Loeys respondi: «Sire, grant tort aues;
Car tant grant ami fait mals consaus deseurer.»
(Aiol²F 8237f.).

Eine noch wesentlich unfreundlichere Begrüßung ist natürlich der Fluch[36]. Wir nennen einige Beispiele mit *mal venir*. Haimon kehrt von der Jagd nach Hause zurück und trifft dort seine verfemten Kinder an:

Il les a apelés molt aïrement.
«Enfant, ce dist li dus, vos soies mal veignant.
Que quesistes à moi? ne vos sui bien weillant.
Forjuré vos ai Charle, l'empereor poissant,
Que la guerre feïstes, malvais gar[ç]on faillant.
(RenMontC 3474–78).

Yvains Empfang im chastel de Pesme-Aventure:

et les genz qui venir les voient
trestuit au chevalier disoient:
«Mal veigniez, sire, mal veigniez!
Cist ostex vos fu anseigniez
por mal et por honte andurer,
ce porroit uns abes jurer.
(YvainR 5107–12).

Renart bekommt den Zorn Nobles zu spüren, weil er nur spät und widerwillig der Ladung vor den Hof gefolgt ist:

et Renart qui bien sot parler
le salue cortoisement:
«Icil Dieu, fait il, qui ne ment,
qui fist tot quant que la mer serre,
si gart le meillor roi de terre,
(...).»
Li rois respont sanz atandue:
«Renart, vos savez mout d'erlue.
Or ça, que mal saiez venuz,
fil a putain, vain deceüz,
par mon chief, or este vos pris!
(RenR XIX 18442–46, 18453–57).

Und schließlich drücken natürlich auch die Formeln der Grußverweigerung Distanz aus[37]. Wir nennen drei Beispiele mit *je ne vos salu*. Ein Bote ist von Gui zu Ludwig, mit dem er in Streit liegt, geschickt:

Si s'en entra el tref qui estoit larges,
Iluec trova Looÿs le filz Challe.
Il l'apela, oiant tot le barnage:

---

36 Vergleiche Löfstedt 1978, 215.
37 Vergleiche oben, zweiter Teil, II. Kapitel, 113, 120.

«Droiz empereres, entendez mon langage;
Ne vos salu, n'est pas droiz que le face.
Guiz d'Alemaigne m'envoie por mesage;

(CourLouisABLe 2361–66).

Ein Bote Karls vor König Yon. Er ist der Beschützer der Haimonskinder, deren Herausgabe Karl fordert:

Atant est li mesages sus el palais montés.
Quant voit le roi Yon qui menoit tel fierté.
Li cuers li muert el ventre, si commence à trambler;
(...)
«Sire, rois de Gascoigne, faites paie, si m'oes.
Je ne vos salu mie, ja mar le cuideres.

(RenMontC 5737–39, 5751f.).

Renart ist wieder einmal seinen Verfolgern gerade noch entkommen. Der arg gebeutelte, mißmutige Fuchs begegnet Tibert:

garde si vit une viez rue
Tiebert le chat qui se deduist
sanz compaignie et sanz conduit.
I li a dit par felonie:
«Tiebert, je ne vos salu mie.
Ja mar venrés la u je soie,
car, par mon chief, je vos ferroie
volentiers, se j'en avoie aisse.»

(RenR III^a 4658–4662d).

2.3. Kontext

2.3.1. Gesprächsphase

Nicht jeder Gruß erfolgt im Zusammenhang eines Gesprächs. Unter bestimmten Umständen beschränken sich die Gesprächspartner auf den Austausch von GFn. Unsere literarischen Quellen sind freilich an der Darstellung des bloßen Grußaustausches normalerweise nicht interessiert. Ihnen geht es um den Gruß als Ausgangs- und Endpunkt eines Gesprächs. Es ist ganz bezeichnend, daß das Grüßen im Vorbeigehen (*passing greetings*)[38] eigentlich nie isoliert vorkommt. Die sich unterwegs ‹zufällig› begegnenden Personen der afr. Romane haben sich immer etwas zu sagen. Man denke nur an den Knappen, der Erec und Enide mittags trifft (ErecR 3133–35), sich mit ihnen unterhält (ErecR 3136–80) und dann für sie Quartier im nächsten Burgflecken macht (ErecR 3181–92). Und wenn schon einmal nur ein Grußaustausch berichtet wird, so überrascht es nicht, daß es letzten Endes eben doch nicht bei diesem Wortwechsel bleibt. Die Wege eines Ritters – Griffons – und Lancelots, den eine Alte begleitet, kreuzen sich:

Lors encontrerent sor .I. grant destrier noir .I. chevalier tot desarmé fors de s'espee (...) et quant il vient pres de Lancelot, si le salue et Lancelos lui.

[38] Goffman 1982, 113 (engl. Original Goffman 1971, 75).

Et quant il se sont un poi eslongié, li chevaliers retorne vers Lancelot et li dist: «Sire chevaliers, par la rien que vos plus amés, dites moi comment vos avés non.

(LancPrM II 305).

Lancelot nennt seinen Namen, und es stellt sich natürlich heraus, daß der fremde Ritter gerade auf der Suche nach ihm war.

Kommen einander fremde Menschen, die sich nur für kurze Zeit treffen, schnell ins Gespräch, so erst recht einander bekannte Personen. Daß hier einmal ein Wortwechsel auf den Gruß sich beschränkt, ist eine große Ausnahme. Der Hof erwartet die Ankunft Lancelots. Stattdessen kommt Keu:

Ainsi richement vestuz et si bien acesmez, vint el palais amont et salua le roi de si loing com il le voit et li rois li rendi son salu et li dist que bien soit il venuz; si s'en vait aseoir a la Table Reonde la ou ses sieges estoit.

(LancPrM VI 9f.).

Ein Gespräch folgt hier nicht unmittelbar. Als aber dann ein Ritter am Hof eintrifft, der behauptet, von Keu besiegt worden zu sein, kommt es zu einem Wortwechsel zwischen König und Seneschall:

«Senechax, fait il rois, dist cist chevaliers voir? – En non Dieu, sire, fait Kex, puis que je parti de ceanz ne conquis je chevalier que je a ma dame la roine envoiasse, (...).»

(LancPrM VI 10),

der den Grußaustausch zwischen den beiden als Gesprächseröffnung zur Voraussetzung hat.

Die einzig isolierten Grüße, die unsere Quellen breit darstellen, sind diejenigen, in denen eine größere Gruppe von Menschen und eine einzelne Person sich begegnen oder voneinander Abschied nehmen. Die von Castel Peureus vertriebene Herrin kehrt zurück:

Home et femes sans atargier
S'esmueuent, quant il l'ont ueue.
Et trestoute la gente menue
Saut encontre et dist: «Bien ueignies!»
«Et uous bonne auenture aies,
Seignor!» dist la dame senee.

(ChevIIEspF 8122–27).

Auf Galehots Geheiß wird Lancelot ein glänzender Empfang bereitet:

Et disoient tuit, grant et petit: «Bienveigne la flors des chevaliers do monde», si que li chevaliers en avoit grant honte. Ensi s'en vienent jusque au tré Galehot (...)

(LancPrK 323.37–324.1).

Begrüßung Jehans und Blondes in Dantmartin:

Cascuns disoit: «Li rois del monde
Doinst a Jehan joie et a Blonde!
Bien devons amer et chierir
Qui en cest païs fait venir
Damoisele a si grant biauté;
Miex en vaurra la roialté.»
Ainsi disoient tuit et toutes.
Et Blonde respondoit as routes
Que Dix leur doinst bone aventure.

Ensi la petite ambleüre
Vont tant saluant et parlant
C'a l'ostel vinrent a itant.
(BeaumJBlS 4643–54).

Die Begrüßung des in der *Joie de la cort* triumphierenden Erec haben wir in anderem Zusammenhang analysiert (s. oben, 217). Kurz darauf folgt die Verabschiedung, die ebenfalls nur aus Grüßen besteht (ErecR 6344–55)[39]. Einen anderen kollektiven Abschied schildert Adenet le Roi. Die Ungarn verlassen Paris und kehren in ihre Heimat zurück:

Par un joesdi matin ont lor oirre apresté,
Au partir de Paris ont maint souzpir geté;
Roi Floire et Blancheflour ont a Dieu commandé
Toute gent une et autre qui les ont encontré;
Trestout les beneïssent et estrange et privé.
(BerteH 3421–25).

Umgekehrt verabschiedet Graf Richart die zurückbleibende Menge bei seinem Aufbruch zum Kreuzzug:

Au departir ot grant demonte,
Quant il lor dist: «A Deu, A Deu!»
Li quens de Garanne et cil d'Eu
Se sont pasmé sor lor destriers;
(EscoufleS 318–21).

Sind Grüße Bestandteile von Gesprächen, so gehören sie auf der Makroebene der Gesprächsphasen ‹Eröffnung›, ‹Mitte›, ‹Beendigung› der ersten bzw. der dritten Phase an[40]. Die situationelle impliziert die kontextuelle Fixiertheit. Unseren zahlreichen Textbeispielen läßt sich unschwer entnehmen, daß Begegnungsgrüße normalerweise am Anfang der Gesprächseröffnung stehen. Wir nennen hier nur noch einige Belege, in denen dies ausdrücklich gesagt wird. Der Sprecher grüßt *als erstes*, dann sagt er noch etwas anderes:

Lanval, ki mut fu enseigniez,
Cuntre eles s'en levad en piez.
Celes l'unt primes salué,
Lur message li unt cunté:
(MarieLanvR 67–70).

Mesire Durmars va tot droit
Vers le vallet lués qu'i[l] le voit;
Salüé l'a promierement,
Puis l'araisone belemont.
(DurmG 4157–60).

Salue la premierement,
Apres che le ceval li rent
Et dist que cil li a tramis
Qui (...).
(FergM 4998–5001).

---

[39] S. oben, zweiter Teil, II. Kapitel, 109.
[40] Henne/Rehbock ^{2}1982, 20, 261–266.

Derselbe Tatbestand wird auch etwas anders erzählt. Der Sprecher tut oder sagt noch etwas anderes, *nachdem* er gegrüßt hat:

Molt l'esgarde ententivement,
Sil salue molt bonement;
Aprés le salu si li dit:
(PartonG 7819–21)

Lors encontrerent un cheualier
(...)
Enquist lor apries le salu
Dont il uienent et ki il sont.
(ChevIIEspF 8044, 8048f.).

Doucement enquiert et demande,
Quant il lor ot son salu fait,
Por qu'eles sont en tel dehait,
Ne por qu'eles font si grant duel.
(AtreW 468–71).

Mesire Gavains li demande,
Mais qu'i l'ot salué ançois
Conme debounaire et cortois,
Que il li die, (...).
(AtreW 3698–3701).

Was auf den mündlichen Gruß zutrifft, gilt entsprechend für den schriftlichen Gruß. Die schon zitierte Definition des *salu* nimmt ja ausdrücklich auf seine Position im Brief Bezug (*salus est le commencement de la letre*)[41] Bei der Darstellung von Briefen in der Literatur wird ebenfalls öfter auf diese Position abgehoben:

Al primier chief trovat «Milun»;
De sun ami cunut le nun:
Cent feiz le baisë en plurant,
Ainz qu'ele puïst dire avant!
(MarieMilR 227–30)[42]

Qant vos consel m'avez requis,
Gel vos dorrai sanz terme mis.
En parchemin prendrai un brief:
Saluz avra el premier chief.
(TristBérM[4] 2355–58)

Li rois esvelle son barnage.
Primes manda le chapelain,
Le brief li tent qu'a en la main.
Cil fraint la cire et lut le brief.
Li roi choisi el premier chief,
A qui Tristran mandoit saluz.
(TristBérM[4] 2510–15)[43].

---

[41] S. oben, zweiter Teil, II. Kapitel, 116.

[42] S. dazu die Interpretation bei MarieFabR, 278f.

[43] TristBérM[4] 2514 ist als *«Li roi» choisi el premier chief* zu lesen, analog zu MarieMilR 227. Vergleiche die richtige Übersetzung bei Braet 1974: «En tête, il voit le nom du roi».

Es kommt vor, daß Grüße nicht unmittelbar am Anfang des Gesprächs stehen. Die Gründe für eine Verlegung in Richtung auf die Gesprächsmitte liegen vor allem in den besonderen Umständen der Kontaktaufnahme. So werden Grüße manchmal erst dann gewechselt, wenn die Identität der Gesprächspartner geklärt ist. Lancelot, erfüllt von der Trauer um den Tod Galehauts, erkennt nicht die *damoisele*, die ihn anspricht:

> (...) si encontra une des damoiseles del Lac (...) et ele le conuit bien, si le prent par le pan de la cote et l'areste. «Qu'est ce? fet ele. Ou alés vos ensi? – Ha, damoisele, fet il, laissiés moi mes dolors finer, kar jamés n'avroie joie ne repos en cest siecle. – Parlés, fet ele, a moi.» Et il ne li dit mot, ains se lance outre si qu'il li eschape des mains. Et quant ele l'en vit aler, si li crie: «Je vos deffent, fet ele, par la rien que vos plus amez en cest monde que vos n'ailliés avant tant que vos aiés parlé a moi.» Et il s'areste, si la regarde et quant il la conut, si li dist que bien soit ele venue.
>
> (LancPrM II 213).

Brandeban fordert Saigremors zum Schein heraus, um seinen Mut zu prüfen. Kurz bevor es zum Lanzenstechen kommt, befragt er Saigremors nach seinem Namen:

> Lors prent .I. glaive que il vit devant lui, et quant li chevaliers voit qu'il s'apareille de joster, si le rapele et li dist: «Vostre non me dites, ains que nos aillons ensamble. – J'ai non, fet il, Saigremors li Desreés. – Saigremors, fet il, bials dols amis, que vos soiés li bien venus! Certes vo desirroie je a veoir sor tos homes. –
>
> (LancPrM II 291).

Auch ein Eremit grüßt Gauvain erst, nachdem dieser seinen Namen genannt hat:

> (...) et al soir, vint chiés un hermite que l'en apeloit l'ermite Segre; si vint ançois que li preudom eust ses vespres chantees, si les oï mesire Gauvain molt volentiers. Et quant eles furent dites, li preudom entra en son habitacle et lors demanda a mon seignor Gauvain qui il estoit et de quel païs, et il li dist tote la verité. «Ha, sire, fet li hermites, que vos soiés li bien venus!
>
> (LancPrM II 386).

In einem anderen Fall erfolgt der Gruß just nach der Hälfte der Gesprächsstrecke, die zur Identifikation des Gesprächspartners führt. Yseut schickt Brangien zu dem Verrückten, der sich als Tristan ausgibt. Sie grüßt ihn in dem Moment, als sie nicht mehr daran glauben kann, daß ihr Gegenüber bloß ein Verrückter ist – aber noch bevor sie daran glauben will, daß er wirklich Tristan ist:

> Voit la Tristanz, mout li agree:
> «Dan fol, ma dame vos demande.
> Mout avez hui esté en grande
> De reconter hui vostre vie:
> Plains estes de melancolie.
> Si m'aïst Dex, qui vos pandroit,
> Je cuit que bien esploiteroit.
>
> (FolTristBernP 271–77).

In seiner Antwort gibt Tristan zur Überraschung der Dienerin zu erkennen, daß er ihren Namen kennt. Brangien stutzt:

Brangien si l'a bien agaitié:
Biaus braz, beles mains et biaux piés
Li voit avoir a desmesure;
Bien est tailliez par la çainture:
En son cuer pense qu'il est sage
Et a meillor mal que n'est rage.
«Chevaliers, sire, Dex t'anor
Et doint joie, (...)»
(FolTristBernP 292–99).

Aber auch andere Gründe führen zu einer Aufschiebung des Grußes. Wir nennen nur zwei Beispiele. Jouglet wird vom Kaiser zu Guillaume geschickt. Der förmlichen Begrüßung voraus gehen Freudensbekundungen der sich überraschend wiedersehenden Freunde:

Et Jouglez, qui estoit alez
querre le gentil chevalier,
ainçois qu'il entrast el solier,
quant il ot montez les degrez
del solier, si s'est escriez:
«Dole! chevalier! A Guillame!
Ou est li deduiz dou roiaume,
li solaz et la grant proëce?»
Il saut sus: «Ha, Juglet! q'est ce?
Dont venez vos, biaus doz amis?»
Ses braz li a lors au col mis
et si en fet joie trop grant.
Cil li dit lués de maintenant:
«Que bien puissiez estre venuz!
(GuillDoleL 1472–85).

Bohort befreit Lambegue, seinen *mestre*, aus den Händen fremder Ritter. Sie fliehen zu Pferde. Erst als sie in Sicherheit sind, können sie sich begrüßen:

(...) et quant il sont en la forest bien .IIII. archiees, si dist Lambegues: «Par foi, sire, je me doi molt loer de vos qui vos estes mis en aventure de mort por moi salver, et si nel cuit je mie avoir deservi.» (...) Lors oste Boors son hialme et quant Lambegues le voit, si li cort les bras tendus et li dist: «Ha, bials dolz sire, vos soiés li tres bien venus!
(LancPrM II 258).

Die späte Erkennung spielt für den Zeitpunkt der Begrüßung natürlich auch hier eine Rolle, ist aber wohl nicht ausschlaggebend.

Der Gebrauch einer GF innerhalb des Gesprächs ist dann anders als die bisher besprochenen Fälle zu beurteilen, wenn eine normale Begrüßung am Anfang vorausgeht. Die Wiederholung dient nicht der Kontaktaufnahme, sondern der positiven Bekräftigung des bereits etablierten Kontakts, der aus der Situation heraus plötzlich eine neue Qualität erhält. Die Wiederholung kann schon relativ früh am Anfang des Gesprächs stehen, sie findet sich aber sogar auch in dessen Endphase. Amile begegnet einem Pilger, den er nach Amis fragt:

Un pelerin a li cuens encontré.
(...)
Voit le li cuens, en haut s'est escriéz:

«Pelerins frere, de Deu soiéz sauvez!
En maintes terres iéz venus et aléz.
Par celle foi que tu dois Deu porter,
Veïz tu home qui me puist resambler?»

(AmAmD 83, 90–94).

Der Pilger bejaht die Frage, worauf Amile freudig reagiert:

Trois fois li baise le menton et le nés.
«Pelerins frere, Dex te puisse sauver!

(AmAmD 106f.).

Die Begrüßung Huons mit *tu soies bien trovés* (HuonR 2518), die wir in anderem Zusammenhang zitiert haben (s. oben, 191), ist ebenfalls eine Wiederholung. Anlaß ist die Entdeckung der Verwandtschaft zwischen Huon und dem Papst. Voraus geht:

Hues li est a son encontre alés.
Il le salue de Dieu de maïsté:
«Sire, dist Hues, Dix qui tot puet salver,
Il vous soustiegne en bien et en santé!»
Dist l'apostoles: «Dix te croisse bonté!
Dont es tu, frere, et de quel parenté?»

(HuonR 2505–10).

Hector und ein Knappe treffen zusammen:

Si lo salue, et il lui.
«Biax frere, fait Hestors, savriez me vos novelles d'un chevalier errant qui va an Sorelois?»
«Qui estes vos?» fait li vallez.
«Ge suis, fait il, uns chevaliers de la maisnie lo roi Artu.»
«Bien soiez vos venuz, fait li vallez. Ge vos dirai novelles (...).»

(LancPrK 529.7–12).

Wir nennen drei Belege, in denen die Wiederholung schon recht spät im Gespräch erfolgt. Der Ritter mit den zwei Schwertern kehrt in einem Kloster ein (ChevIIEspF 8280–85; die hier sicher anzunehmende erste Begrüßung wird allerdings nicht geschildert) und findet seine von Brien dorthin gebrachte Schwester wieder. Kurz vor seinem Aufbruch teilt er den Nonnen mit, daß er sie mitnehmen will. Die Äbtissin:

Pres est ses apareillemens
Trestous por li faire nonnain
V encor enqui u demain,
K'il nous ert ensi commande.
Mais quant issi aues oure,
Menes ent bien uostre seror.
Mout sommes lies de s'onnor,
Et uous soiies li bien uenus.»
Ne fu pas longement tenus
Cis plais, k'il s'entrecommanderent
A dieu, (...).

(ChevIIEspF 8470–80).

Ein *forestier*, der Lancelot über Nacht beherbergt hat (LancPrM II 234; auch hier wird die bei der Aufnahme anzunehmende erste Begrüßung nicht geschildert), gibt ihm den *convoi*. Erst jetzt erfährt er, daß sein Gast ein Artusritter ist:

> Lors s'en vont al travers de la forest et vont parlant de maintes choses tant que li preudom li demande dont il est et il dist qu'il est de la maison le roi Artu. «Voire, sire, fet cil, que bien soiés vos venus!
>
> (LancPrM II 235).

Das Gespräch zieht sich noch eine Weile hin (LancPrM II 235–37) und wird dann von Lancelot beendet (vergleiche oben, 203f.). – Simon, in dessen Haus Pippin eingekehrt war:

> Et li rois a Constance et Symon salué,
> Ysabel et Aiglente n'i a pas oublié,
> Car molt avoit le cuer tres sage et avisé.
> Bien voient qu'il est hom de grant nobilité;
> Dist leur qu'il ert au roi de Paris la cité,
> Et que il est maris dedens ce bois ramé;
> Quant il l'ont entendu, forment l'ont honnoré.
>
> (BerteH 2774–80),

gibt dem König das Abschiedsgeleit. Erst jetzt offenbart dieser seine Identität:

> Lors se leva li rois, mais n'a talent qu'il rie;
> Congié prent a Constance, que il plus ne detrie,
> Et Symons le convoie, cui Jhesus beneïe.
> (...)
> Quant li rois fu dou manoir esloingniés,
> Symon en apela, qui bien fu ensaigniés.
> «Symon,» fait il a lui, «vous ne me connoissiés;
> Je sui li rois Pepins, tout de fi le sachiés.»
> Quant Symons l'entendi, joians en fu et liés;
> Sagement s'est Symons vers lui humeliiés:
> «Sire,» fait il au roi, «tres bien venus soiés!
>
> (BerteH 2912–14, 2917–23).

So wie die Begegnungsgrüße normalerweise ganz am Anfang des Gesprächs stehen, so sind die Abschiedsgrüße üblicherweise ganz an dessen Ende plaziert. Das Gespräch wird mit einem Gesprächsschritt beendet, der den Abschiedsgruß enthält. Auch hier beschränken wir uns darauf, Beispiele anzuführen, in denen dieses Faktum – sei es von dem Erzähler, sei es von der betreffenden Person – besonders betont wird. Bernier verabschiedet sich von seiner Frau:

> – Dame,» dist il, «Diex vous gart de torment!»
> Atant departent sens plus de parleme[n]t.
>
> (RCambrM 7650f.).

Bagomedés und eine *pucele*:

> La parole ont atant fenie,
> Si se sont antresalüé
> Et a Damedieu conmandé.
> Bagomedés atant s'an vet;
>
> (ContPerc²ER 28506–09).

Grimbert und Renart:

et je m'en vois, a Dieu soiez.»
Grinzberz s'en va, ne viaut plus dire.

(RenR XIX 18312f.).

Pinçonnet und Durban:

A mon povoir vostre conmant
ferai et a Dieu vous conmant.»
A ce mot est de la sevrés
Pinchonnés et lors est montés.

(CleomH 12069–72).

Unter Umständen inszeniert der Sprecher selbst seinen Abschiedsgruß als letzten Gesprächsbeitrag. Gaydon richtet noch einmal Warnungen an Karl:

«Gentiz rois sire, ce dist li dus Gaydon,
Prennez conseil, Jhesus le voz doinst bon!
Ne créez mie les parens Ganelon;
Li lor conseil ne furent onques bon.
Je n'i sai plus, à Deu voz commandons.»
Atant s'en part Gaydes dou tref Karlon.

(GaydonG 10479–84).

Auberon hat böse Vorahnungen:

Dist Auberons: «Encore plus asés
Averas tu de mal a trespaser;
Che t'avenra par te grant foleté.
Va t'ent a Dieu, je ne t'en dirai el.»
Atant s'en torne et Huelins remest.

(HuonR 3946–50).

Galaad weist gut gemeinte Ratschläge Artus' zurück. Artus:

«Or vos consaut Diex! fet li rois. Car je m'en terai a tant, puis que autrement ne puet estre.»
Et lors sont monté li baron et li chevalier.

(SGraal IV QuesteP 25.3–5).

Eine Alte stört das Gespräch zwischen Ritter und Mädchen:

dont je fui si entrepris
que sor mon pois congie pris,
et dis «a deu, dame, a deu soiez vos.
je n'os parler devant les genz a vos,
car cil qui rien n'i ont en sont jalos.»

(RomPast I 39.55–59).

Andererseits ist es beim Abschied verhältnismäßig leicht möglich, daß auf die Grüße doch noch weitere Gesprächsschritte folgen. Das kann – muß aber nicht – so weit gehen, daß das nach der geplanten Gesprächsbeendigung wieder in Gang gekommene Gespräch mit erneuten GFn oder Andeutungen darüber zu einem endgültigen Ende geführt werden muß. Wir führen einige Beispiele vor. Wistace läßt einen ehrlichen Händler laufen. Vorher beauftragt er ihn noch mit einer Botschaft an seinen Feind, den Grafen von Boulogne:

Trestout rendi au marcheant
Et dist: «Va, a Diu te commanc.
Se m'eüsses de riens menti,

N'en portasses denier de chi;
Mais tu trestout perdu eüsses,
Que ja denier mais n'en reüsses.»
Et li marcheans l'en merchie.
Dist Wistasces: «Vien, si m'afie
C'au conte de Bouloigne iras
(...)
Li marcheans li fiancha
C'au conte de Bouloigne ira.
(...)
Li marcheans a pris congié,
Del moigne se parti tout lié;
(EustMoineF 946–54, 970f., 976f.).

Der *prevost* möchte sich verabschieden. Orgueilleuse willigt ein, knüpft daran aber eine Bedingung:

– «Dame, le congié vueil avoir
De mon cheval aler veoir.»
– «Prevost, dist el, a Dieu le roi,
Mais demain revenez a moi
Et voz deus filles m'amenez
Orendroit, que pas nel laissiez.
(...)
– «Dame, fait il, et ge l'otroi;
Fox serai se nes vos envoi.»
Atant descendent du palais;
(BlancandS 1727–32, 1739–41).

Die Dame del Lac hat Lancelot geheilt. Sie verabschiedet sich von der Königin:

«Dame, ge m'an irai, se vos commandera a Deu. Mais gardez que cist chevaliers ne soit esveilliez tant con il voudra dormir (...).»

Die Königin geht auf diesen Versuch, das Gespräch zu beenden, nicht sofort ein. Sie bittet die ihr fremde Dame, ihre Identität preiszugeben. Diese gibt sich zu erkennen, worauf sich ein längeres Gespräch entwickelt, das mit neuen Abschiedsgrüßen beendet wird:

Mout ont parlé longuement jusque au vespre antre aus deus et mout se sont antracointiees et s'entrofrirent lor servises l'une a l'autre, tant que a ce est amenee la chose que la reine ne puet an nulle maniere retenir la damoiselle. Et qant la reine voit que ansins est, si ne l'an ose plus proier. Si s'antrecommandent a Deu, si monte la Damoiselle do Lac et s'an va entre li et sa compaignie.
(LancPrK 555.33f., 557.21–27).

Blancheflor verbindet ihren Abschiedsgruß mit guten Ratschlägen:

«Fille, a Dieu vous conmant par cui li solaus raie.
Or vous faites amer gent letree et gent laie;
(...)
– Douce mere,» fait ele, «il m'est avis que j'aie
Parmi le cuer dou ventre d'un coutel une plaie.
– Fille,» dist la roÿne, «soiés joians et gaie;
Vous en alés en France, de ce mes cuers s'apaie

K'en nul paÿs n'a gent plus douce ne plus vraie.»
Au departir chascune a plorer se rassaie;
(BerteH 212f., 216–21).

2.3.2. Grußsequenz

Begegnungs- und Abschiedsgrüße vollziehen sich zumeist in Sequenzen, d. h. in der aufeinander bezogenen Abfolge wenigstens zweier Gesprächsschritte, und zwar normalerweise als Eröffnungs- und Gegengruß[44]. Der jeweilige Gesprächsschritt besteht oft nur aus der GF. Es ist aber auch möglich, daß die GF nur einen Teil des Gesprächsschrittes bildet. In diesem Fall ist zumindest beim Eröffnungs- und Gegengruß der Begegnung die Reihenfolge GF + weiterer Sprechakt üblich. Beim Abschluß ist dagegen genauso die umgekehrte Reihenfolge Sprechakt + GF möglich. Wir beschränken uns darauf, Beispiele für die ungewöhnliche Reihenfolge Sprechakt + GF bei der Begrüßung zu geben. Renaut empfängt Boten Karls:

Quant Richars voit les contes, si les va saluer,
Et Renaus les corut bonement acoler.
«Molt faites que cortois que veoir nos venes.
Bien soies vos venu, seignor, en la ferté.
Cist chastiaus est tos vostres, se prendre le voles.»
(RenMontC 11831–35).

Bademagu begrüßt Lancelot, der sich bei der Überquerung der Schwertbrücke große Verletzungen zugezogen hat:

Li rois le vit esvertüer,
si le cort molt tost salüer
et dit: «Sire, molt m'esbaïs
de ce que vos an cest païs
vos estes anbatuz sor nos.
Mes bien veignanz i soiez vos,
(LancR 3325–30).

Durmart besucht die Frau des Seneschalls:

En un romans list et aprent;
Son damisel voit, si se lieve.
«A! Dame, fait il, mout me grieve
Que vos contre moi vos levés.
Bons jors vos soit hui ajornés
Si voirement com je le wel.»
(DurmG 236–41).

Orable erwidert den Gruß Guillaumes:

Dist la roïne: «Baron, venez avant.
Mahom vos saut, a cui le mont apent.»
(PriseOrABR[1] 671f.).

Alexander grüßt König Artus. Die Entgegnung des Herrschers:

---

[44] Henne/Rehbock [2]1982, 19 und 24 mit Bezug auf Arbeiten von Schegloff.

«Amis, fet il, ne refus mie
Ne vos ne vostre conpaignie,
Mes bien veignant soiez vos tuit.
(CligésM 355–57).

Die Botin der Dame del Lac übergibt der Königin einen Schild. Die Königin:

«Si m'aïst Dex, fait la reine, li escuz fait bien a garder, et bone avanture ait la pucele qui lo m'anvoie. Et vos qui li aportastes soiez la bienvenue.
(LancPrK 402.21–23).

Einige GFn sind im Hinblick auf den Platz in der Abfolge der Gesprächsschritte fixiert. Löfstedt 1978 bezeichnet *Dieus vos beneïe* als «salutation-réponse» (212) und vermutet, daß *Bien veigniez* als «deuxième salutation» besonders häufig ist (211). Die vorsichtige Interpretation einer detaillierten Auszählung der wichtigsten GFn (s. Tabelle, 233–35) erlaubt, ein wesentlich genaueres Bild der afr. Verhältnisse zu entwerfen. Es zeigt sich generell, daß

Tabelle[45]:

Grußformel		Gesprächsschritt	Teilzahl	Prozent	Berücksichtigte Zahl	Gesamtzahl	Prozent
Dieus vos ajut		eröff.	3	100,00	3	10	30,00
		erw.	–	–			
Alez a Dieu		eröff.	–	–	6	34	17,65
		erw.	6	100,00			
Vos aiez a.r.	*(aventure)*	eröff.	–	–	25	30	83,33
		erw.	25	100,00			
	(bien)	eröff.	–	–	3	8	37,50
		erw.	3	100,00			
	(jor)	eröff.	5	55,56	9	10	90,00
		erw.	4	44,44			
	weitere eingl. O1	eröff.	2	40,00	5	5	100,00
		erw.	3	60,00			
	mehrgl. O1	eröff.	–	–	6	7	85,71
		erw.	6	100,00			
A.r. puissiez vos avoir		eröff.	–	–	4	5	80,00
		erw.	4	100,00			
Dieus vos beneïe		eröff.	13	16,46	79	82	96,34
		erw.	66	83,54			

45 Bei «Gesprächsschritt» geben wir an, ob die GF eröffnend (= eröff.) oder erwidernd (= erw.) gebraucht wird. Die erste, die jeweilige Teilzahl ausdrückende Prozentzahl ist auf die «berücksichtigte Zahl» (d. h. die Anzahl derjenigen Belege, in denen Eröffnung und Erwiderung zusammen dargestellt werden) bezogen. Die zweite Prozentzahl gibt an, welchen Anteil die berücksichtigte an der Gesamtzahl der Belege ausmacht.

Tabelle (Fortsetzung):

Grußformel		Gesprächsschritt	Teilzahl	Prozent	Berücksichtigte Zahl	Gesamtzahl	Prozent
Beneoiz soiez vos de Dieu		eröff.	3	30,00	10	17	58,82
		erw.	7	70,00			
A Dieu vos comant		eröff.	24	80,00	30	111	27,03
		erw.	6	20,00			
A Dieu soiez vos comandez		eröff.	4	66,67	6	19	31,58
		erw.	2	33,33			
Dieus vos conduie		eröff.	3	42,86	7	13	53,85
		erw.	4	57,14			
Dieus vos consaut		eröff.	–	–	3	8	37,50
		erw.	3	100,00			
Dieus vos croisse a.r.		eröff.	–	–	11	14	78,57
		erw.	11	100,00			
Dieus vos defende de a.r.		eröff.	3	60,00	5	8	62,50
		erw.	2	40,00			
A Dieu demorez		eröff.	3	100,00	3	7	42,86
		erw.	–	–			
A Dieu		eröff.	5	45,45	11	22	50,00
		erw.	6	54,55			
Dieus vos doinst a.r.	*(aventure)*	eröff.	2	7,69	26	26	100,00
		erw.	24	92,31			
	(joie)	eröff.	6	33,33	18	26	69,23
		erw.	12	66,67			
	(jor)	eröff.	21	87,50	24	31	77,42
		erw.	3	12,50			
	weitere eingl. O1	eröff.	11	33,33	33	56	58,93
		erw.	22	66,67			
	mehrgl. O1	eröff.	8	40,00	20	41	48,78
		erw.	12	60,00			
Dieus vos envoit a.r.		eröff.	1	33,33	3	6	50,00
		erw.	2	66,67			
Dieus soit o vos		eröff.	3	100,00	3	10	30,00
		erw.	–	–			
A Dieu soiez		eröff.	–	–	–	6	–
		erw.	–	–			
Dieus soit garde de vos		eröff.	3	50,00	6	9	66,67
		erw.	3	50,00			
Dieus vos gart		eröff.	21	43,75	48	80	60,00
		erw.	27	56,25			

Tabelle (Fortsetzung):

Grußformel	Gesprächsschritt	Teilzahl	Prozent	Berücksichtigte Zahl	Gesamtzahl	Prozent
Dieus vos gart de a.r.	eröff.	2	28,57	7	21	33,33
	erw.	5	71,43			
Dieus vos garisse	eröff.	1	7,14	14	22	63,64
	erw.	13	92,86			
Dieus vos meint	eröff.	2	50,00	4	6	66,67
	erw.	2	50,00			
De Dieu soiez vos onorez	eröff.	–	–	3	5	60,00
	erw.	3	100,00			
Dieus vos otroit a.r.	eröff.	4	40,00	10	13	76,92
	erw.	6	60,00			
Dieus vos saut	eröff.	66	75,86	87	165	52,73
	erw.	21	24,14			
Sauvez soiez vos de Dieu	eröff.	1	33,33	3	9	33,33
	erw.	2	66,67			
Dieus vos puist sauver	eröff.	1	25,00	4	12	33,33
	erw.	3	75,00			
Dieus vos saut et beneïe	eröff.	4	100,00	4	9	44,44
	erw.	–	–			
Dieus vos saut et gart	eröff.	20	86,96	23	45	51,11
	erw.	3	13,04			
Dieus vos saut et gart et beneïe	eröff.	–	–	2	5	40,00
	erw.	2	100,00			
Bien soiez vos trovez	eröff.	9	47,37	19	39	48,72
	erw.	10	52,63			
Bien veigniez	eröff.	48	72,73	66	147	44,90
	erw.	18	27,27			
Bien puissiez vos venir	eröff.	28	96,55	29	51	56,86
	erw.	1	3,45			
Bien soiez vos veignanz	eröff.	6	50,00	12	25	48,00
	erw.	6	50,00			
Bien soiez vos venuz	eröff.	47	66,20	71	196	36,22
	erw.	24	33,80			
Bien puissiez vos estre venuz	eröff.	1	100,00	1	8	12,50
	erw.	–	–			
Vos soiez li bien venuz	eröff.	2	22,22	9	50	18,00
	erw.	7	77,78			

die Fixierung auf die Position des Gegengrußes wesentlich stärker ausgeprägt ist als diejenige auf die Position des eröffnenden Grußes. Hinzu kommt einerseits, daß in dieser Hinsicht fixierte GFn durch syntaktische Verfahren auf den Platz des Gegengrußes festgelegt werden können[46], und andererseits, daß an dieser Stelle bisweilen Dankesformeln für GFn eintreten[47].

Soll als Kriterium der Fixiertheit die Häufigkeit nicht nur in bezug auf die berücksichtigbare Zahl, sondern auch in bezug auf die Gesamtzahl der Vorkommen gelten, so gibt es kaum eine GF, die man als Eröffnungsformel einstufen kann. In Frage kommt allenfalls *Dieus vos doinst a.r.* mit dem Wunschobjekt *(bon) jor*. Als Entgegnungsformeln betrachten wir dagegen *Vos aiez a.r.* mit dem Wunschobjekt *(bone) aventure, Dieus vos beneïe, Dieus vos croisse a.r., Dieus vos doinst a.r.* mit dem Wunschobjekt *(bone) aventure* und *Dieus vos garisse*. Die *bien venir*-GF ist nicht darunter. Wir illustrieren die kontextuelle Fixiertheit dieser Entgegnungsformeln mit einer Reihe von Beispielen.

Bone aventure aiez vos

In anderem Zusammenhang haben wir bereits zitiert: ChevIIEspF 956, 2512, 8126f., (s. oben, 198f., 223); DurmG 1795 (s. oben, 218), LancPrK 59.5f., LancPrM V 153 (s. oben, 180).

Aalardin und Caradoc:

Li chevaliers est descenduz,
Si est molt rïant revenuz
Contre le roi sanz demorer,
Qu'il aimme et vialt molt enorer.
«Caradoc, fet il, bien veigniez.»
– «Sire, bone avanture aiez,
Fet cil, mes molt m'avez hasté.»

(ContPerc[1]AR 2935–41).

Eine *dame* und Gauvain:

Atant mes sire Gauuains uient
En l'ostel et ma dame ua
Encontre lui, quant ueu l'a,
Si dist: «Bien soies uous uenus,
Biaus sire,» et il est descendus.
«Et uous aies boine auenture»
Dist il et uait grant aleure
Por li par les flans acoler.

(ChevIIEspF 4018–25).

Ein Zwerg und Gauvain:

Si com il aprocha le pont du recet, il esgarda e voit .i. naim seoir seur une estage du pont. Il sailli sus. «Messire Gavains, fet il, bien puissiez vos venir! – Biax doz amis, fet il, buenne aventure aiez vos!

(PerlN 1225–27).

---

[46] S. unten, II. Kapitel, 277.
[47] S. unten, II. Kapitel, 278.

Dieus vos beneïe

Wir haben schon zitiert: ContPerc^{2}ᴇR 20925 (s. oben, 210), DurmG 3110, LancPrK 372.12 (s. oben, 207), LancPrM I 181, V 252 (s. oben, 200f.), AdHaleFeuillG 618 (s. oben, 178).

Hervil und Galopin:

> Herviz le voit, si l'a a raison mis:
> «Et Diex te saut, Manüel Galopin!»
> Dist Tranchebise: «Dieus beneïe ti!
>
> (GarLorrV 7749–51).

Ille und Galeron:

> «Puciele», fait il, «Dex vos salt!
> (...)
> – «Amis! et Dex vos beneïe
>
> (GautArrIllC 575, 579).

Renart und Bernart:

> «Bernart, dist Renart, Diex te saut!»
> Et cil lieve la teste en haut;
> «Et Diex te beneie, dist il;
>
> (RenR IX 9031–33).

Guillaume und die beiden *damoiseles*:

> «Bien soiés vos,» fait il, «venues,
> Mes damoiseles ambes dous.
> – Diex vos beneie, amis dous,
> Meliors li a respondu.
>
> (GuillPalM 1462–65).

Galehot, Lancelot und eine *pucele*:

> Si la saluent antr'aus. Et ele dit que Dex les beneïe.
>
> (LancPrK 540.3f.).

Die *dame* und der Priester:

> La dame ert grasse et tendre et bele,
> Qui lou prevoire molt apele
> Et li dist que bien soit venu.
> Et li prestres a respondu:
> «Dame, Jhesu vos beneïe!
>
> (De celui qui bouta la pierre Hs. B 3–7, RychnFabl).

Der Ritter und das Mädchen:

> Hautement la saluai
> de deu le fil Marie.
> el respondi sans delai
> «Jhesus vous beneie.»
>
> (RomPast I 68.11–14).

Dieus vos croisse a.r.

Wir haben schon zitiert: RCambrM 7672f. (s. oben, 214), HuonR 2509 (s. oben, 228), CleomH 10369 (s. oben, 194).

Die Franken und Karl:

Cieulx le saluent et se sont encliné
Et ly roys eulx par moult grant humleté.
«Seignours, dist il, Dieu vous croisse bonté.

(AiquinJa 1117–19).

Dieus vos doinst bone aventure

Bereits zitiert sind: LancPrM V 153 (s. oben, 180), BeaumJBlS 4651 (s. oben, 223).

Ein Diener und Sagremors:

«Sire, de Dieu bon jor aiez.»
Et Sagremor tot a droiture
Dist: «Diex vos doint bone avanture,

(ContPerc³ER 34054–56).

Lancelot und eine *damoisele*:

Quant Lancelos voit la damoisele, si le salue et ele respont que bone aventure li doinst Diex et lui et sa compaignie.

(LancPrM I 254).

Jehan und Blonde:

Jehans est venus dusk'a lui,
Puis li dist que bon jor ait hui.
Et ele li respont a point
Dix bonne aventure li doint.

(BeaumJBlS 863–66).

Dieus vos garisse

Roland und Karl:

Ains ne fina d'esrer, si vint devant Charlon,
De Deu le salua ki sofri passion.
Charles [li] respont tost, n'i fist arestison.
«Amis, cil te garisse, ki vint à raençon.

(RenMontC 4520–23).

Roonel und Renart:

A tant ez vos le mesagier
Roonel qui les leitres porte;
(...)
«Renart, mes sires vos salue,
fait Rooniaus, li miaudres rois
qui soit en la terre as Irois,
c'est li miaudres que j'ainz veïsse.»
Et dist Renart: «Diex le gerisse!

(RenR XIX 17338f., 17346–50).

Aiol und ein Mönch:

A tant e uous Aiol qui le salue bien
De dieu de sainte gloire, qui tout a a baillier.
Li moignes li respont, quant ot leue le cief,
Le caperon sorhauce et si l'a enclinie:
«Cil sire uous garisse, qui tout a a iugier!

(Aiol²F 6583–87).

Boten und König Oton:

A tant es les mesaiges que li viennent devant;
Aquaries parla, qui le language entent,
L'empereor salue bel et cortoisemant:
«Damedeus, nostres sires, a qui le mont apent,
Il saut le roi Oton et sa fille ensement
Et trestoz ceus et celles qui sont si bienvuellant!»
Et li rois li respont mout amiablemant:
«Amis, Deus vos garise par son digne commant!

(FlorenceW 195–202).

II. Kapitel: Grußregeln

Wir gehen zuerst auf die Untersuchung von Grußregeln, d. h. Regeln, die die Rolle und konkrete Organisation des Grüßens betreffen, in verschiedenen Sozialwissenschaften und in der Mediävistik sowie auf die Erwähnung von Grußregeln in der didaktischen Literatur des französischen Mittelalters ein (1.). Anschließend analysieren wir die Grußregeln anhand des Ablaufs der Grußsequenz in unseren Quellen (2.).

1. Grußregeln in verschiedenen Sozialwissenschaften, in der Mediävistik und in der altfranzösischen Didaktik

Die Regeln, nach denen Sprecher und Adressat grüßen, haben wir bisher so weit analysiert, wie sie sich über die Beschreibung der äußeren Fixiertheit der GFn erfassen lassen. Weitere Aspekte des sprachlichen Grußes kommen dann in den Blick, wenn man sich mit ihm als sozialer Tätigkeit überhaupt beschäftigt. Hier geht es um die Rolle und die konkrete Organisation des Grüßens – Wer grüßt wen? Wie wird der Gruß erwidert? Wer grüßt als erster? – in der mittelalterlichen französischen Gesellschaft. Fragen dieser Art sind – natürlich nicht in bezug auf unseren speziellen Gegenstand – in ganz unterschiedlichen Wissenschaften erörtert worden. Wir nennen nur die Ethologie[48], die Ethnologie[49], die ‹Volkskunde›[50] und verschiedene Richtungen der Soziologie[51]. Unter den linguistischen Disziplinen hat sich insbesondere die Gesprächsanalyse Fragestellungen und Methoden dieser Wissenschaften zu eigen

---

48 Eibl-Eibesfeldt ^{5}1978, 200–212; Eibl-Eibesfeldt ^{9}1980, 193–221 (zum Gruß als «bindender Ritus»)

49 Van Gennep 1909 (Réimpr. 1969), 46 zu den Begrüßungsformeln und 50f. zu den Abschiedsformeln; Malinowski ^{10}1960, wo im Zusammenhang mit dem Gruß der durch Jakobson 1960 über die Sprachwissenschaft hinaus bekannt gewordene Begriff der phatischen Funktion eingeführt wird; Firth 1972.

50 Dünninger 1963; Bausinger 1964; Beitl/Beitl ^{3}1974 (Artikel «Gruß», mit Bibliographie). Die bekannte Arbeit von Prause 1930 erschien in der Reihe «Wort und Brauch» der Schlesischen Gesellschaft für Volkskunde.

51 Ortega ^{3}1965, 148–185 mit Bezug auf Spencer 1889 und von Ihering ^{4}1905 (166); Hymes 1979, besonders 78f.; Goffman 1982 (dem Buch ist ein Motto von Herbert Spencer vorangestellt). Überblick bei Luckmann 1979, 56–58 (ohne Erwähnung von Namen wie Spencer, von Ihering oder Ortega).

gemacht[52]. In der mediävistischen Spezialliteratur geht es um die genaue Analyse von Grußregeln nur bei Löfstedt 1978. Ihr Abschnitt zu «le code médiéval de bien saluer et son développement» (202f.) und einiges vom Abschnitt zur «réponse à une salutation» (209–215) lassen sich hier einordnen. Aus einer ganz anderen Richtung kommend, trägt Hupka 1982 etwas zu diesem Thema bei. In seiner Untersuchung der Funktionalität der afr. Zweikasusdeklination am Beispiel von 100 Belegen mit *saluer* beschäftigt er sich auch mit den «Regeln des Grüßens – Wer grüßt wen zuerst?» (102), insofern sie ein «pragmatisches Wissen» konstituieren, das beim Hörverstehen der analysierten Äußerungen eingesetzt wird (104).

Die unserer Untersuchung zugrunde gelegten literarischen Quellen aus afr. Zeit äußern sich wenig über die Rolle und die konkrete Organisation des Grüßens ihrer Epoche. Daß sie aber der Darstellung des Grüßens einen so großen Platz einräumen, ist an sich schon ein beredtes Zeugnis für dessen Bedeutung. Hinsichtlich der *chanson de geste* hat bereits Rychners große Untersuchung im Kapitel «les moyens d'expression: motifs et formules» das Motiv des *salut* und des *congé* zutage gefördert[53]. Eine analoge, möglichst textnahe Analyse des Romans und anderer erzählenden Gattungen könnte die Existenz der genannten Motive auch in diesem Bereich unschwer nachweisen[54]. Noch bemerkenswerter ist schließlich, daß Begegnungs- und Abschiedsgruß nicht nur als Episode in der erzählenden Literatur vorkommen, sondern auch den umfassenden Rahmen für lyrische Formen abgeben[55].

Neben diesen gewissermaßen indirekten gibt es freilich auch direkte afr. Quellen, die Aufschluß über die Rolle des Grüßens geben. Wir gehen zuerst auf Spruchsammlungen und Erziehungslehren, danach auf die *arts d'aimer* ein[56]. Die *Disticha Catonis* (3. Jhdt.), die im Lektürekanon des lateinischen Elementarunterrichts des Mittelalters den ersten Platz einnehmen[57], enthalten als neunte Kurzsentenz die Empfehlung *Saluta libenter*, die sich in allen afr. Übersetzungen des 12. und 13. Jahrhunderts wiederfindet[58], und zwar ohne Erweiterung z. B. in:

---

[52] Allgemeiner Überblick bei Henne/Rehbock ²1982, 7–38. Spezieller Überblick zur Phraseologie bei Pilz 1981, 77–80 und 113–117. Von den oben in Anmerkung 3 genannten Arbeiten gehen auf Ethno- und Soziologie besonders Hartmann 1973, Ferguson 1976, Knuf/Schmitz 1980, Coulmas 1981 und Werlen 1984 ein.

[53] Rychner 1955, 130.

[54] Etwa ausgehend von Peil 1975. Bisherige Arbeiten der strukturalistischen Erzählforschung sind als Ausgangspunkt oft wenig geeignet, da sie sich auf einer zu hohen Abstraktionsebene bewegen, s. dazu Gier 1985, 326–335, besonders 327f. mit Bezug auf Warning 1978. Immerhin behandelt Bruckner 1980, 60–94 «welcome» und «departure» als «hospitality subunits». S. auch Esposito 1982.

[55] S. oben, zweiter Teil, II. Kapitel, 116 mit Anmerkung 33 und 128 mit Anmerkung 52.

[56] Überblicke: Segre 1968, Mancini 1981.

[57] S. *Lexikon des Mittelalters,* Bd. 3 (1985), 1123–1127.

[58] Vergleiche dazu Ruhe 1968. Noch Erasmus zitiert die *Disticha Catonis* im Eingang seiner *Colloquia Familiaria* (1518; Ausgewählte Schriften, 6, Darmstadt 1967, 2): «Non temere docet quidam, ut salutemus libenter.»

Ne tu ne deiz nului gaber, Mais uolent[i]ers tuz saluër.

(Elie 43f.)

Saluez la gent. Afeiteement.

(Everart 14d).

Mit Erweiterung unter Betonung der Aufrichtigkeit in:

La gent daís uolũters saluer. Nent par la resun del encuntrer.
Ne par losenge ne par flatir. Mes de bone uolũte e grant desír.

(Anonymus 57–60).

Die ‹Unschädlichkeit› des Grußes für den Grüßenden unterstreicht:

Salüe la gent volentiers
Et en voies et en sentiers;
Ne te fai tenir por enrievre,
Car cortoisie est e pou grieve.

(Jean de Paris 83–86).

Robert de Ho hat Elie in seinen *Enseignements* benutzt:

Ne tu ne deis nuli gaber,
Mes volenters toz saluer,

(RobHoY 2634f.)[59].

Die Grußempfehlung begegnet weiterhin in verschiedenen afr. Erziehungslehren. Der anglonormannische *Urbain le Courtois*, der seinen Rat mit der Schilderung der Begegnungssituation verknüpft, insistiert besonders stark auf der Bedeutung des Grüßens für das Ansehen der Person des Grüßenden:

Si vous aletz en chiminaunt
Et vos encountrez petit ou grant,
Toste ta bouche overez
Et belement li saluez.
Si vous en alez coy avaunt
E ne responez meyntenaunt,
L'em vous dirra deshonours
E que vous estez dedeignours,
E ke vous estez maunori;
De ceo pensez, jeo vous pri.

(UrbCourt 85–94).

Im *Chastoiement des dames* Roberts von Blois werden die Folgen des Grüßens und des Nicht-Grüßens gegeneinander gestellt. Grüßen ist ein Geben, das nichts kostet, Nicht-Grüßen ist Zeichen von Geiz[60]:

Chescun que vos encontrerez
Saluez debonairemant;
Ce ne vos coste pas granmant
Et molt en est tenuz plus chiers
Cil qui salue volentiers.
N'est pas larges du suen doner,

---

[59] Ruhe 1968, 140.

[60] Zu den Anstandsregeln bei Robert von Blois s. Bumke 1986, I 477ff. – Zum Zusammenhang zwischen Gruß und Gabe s. Eibl-Eibesfeldt [9]1980, 212–215. Vergleiche schon Mauss 1968, 22.

Qui est eschars du saluer.
Envis me donroit cil dis mars,
Qu'est de moi saluer eschars.

(RobBloisChastU 82–90).

Derselbe Gedanke kommt schon bei Chrétien de Troyes (LancR 1561)[61] und im *Roman de Renart* vor. Hier grüßt Renart Tibert,

que biau parler riens ne li coste,
einz le salue mout brïement.

(RenR I 798f.).

Das uns nach Italien führende franko-venetische *Livre d'Enanchet* macht in seinem ersten Teil recht präzise Angaben darüber, wen verheiratete (*dames*) und unverheiratete (*damoyseles*) Frauen grüßen sollen. Die *dames* sollen vornehmere Leute – Ritter – sprachlich und gestisch, einfachere Leute nur gestisch grüßen:

Elles deive[n]t saluer les chivalers ou lor laingues enclinanz lor chief, et l'autre jent ou lor chief simplement; por ce que maint homes dou pouple no s'esdignent d'oir lor voiz.

(EnanchetF 22).

Den *damoyseles* wird größere Zurückhaltung empfohlen. Die sie begleitenden *dames* sagen ihnen, wen sie grüßen sollen:

S'eles vont a eles [= dames] en aucun leu, eles no deivent pas saluer ni ancliner a aucun, s'eles ni sont comandees por elles a droite corteisie; por ce que les graindres deivent saluer. Mes faicent selonc l'ux dou pais, por qu'il trepasse tote cortoisie temporablement.

Werden sie aber gegrüßt, so sollen sie nur mit einem Kopfnicken antworten, um keine unziemliche Rede zu provozieren:

Mes se aucuns les salue, elles i deivent ancliner un poi soulement et plus non, et ce por qu'il no conoist cortoisie, a ce qu'il no les mal parlast.

(EnanchetF 22f.).

Die Unterweisungen an den Knappen (*vaslet*) beschäftigen sich ausschließlich mit dem Botengruß. Der Knappe soll den Empfänger nur im Auftrag seines Herrn, nicht aber selbst grüßen[62]:

Mes s'il vient tramis por son sangnor a nului por aucun feit, il ne doit pas saluer celui ou il veit, ainz dire son mesage; por ce qu'il lo salue de part son sangnor, qant il li apresente ce por quoi il li a tramis.

Die GF des Empfängers darf er mit einer Dankesformel quittieren:

Et s'il dit: – Bien sis-tu venuz! – il doit dire: – Mesire, vostre merci.

Auch bei der Bitte um Abschied muß er eine bestimmte Formel benutzen, die ihn offenbar als Boten ausweist:

Mes au congié doit-il dire: – Ge voil aler ou vostre grace, – et autre non; por q'il n'est digne d'autre congié, tant com il est iqui por autrui.

(EnanchetF 24).

---

[61] S. oben, erster Teil, II. Kapitel, 73.
[62] Vergleiche unsere Belege oben, I. Kapitel, 175–178.

Auch die – teilweise auf Ovid, teilweise auf Andreas Capellanus beruhenden – *arts d'aimer* enthalten Grußlehren. Sie weisen dem Gruß eine Rolle einerseits bei der Kontaktaufnahme der beiden Liebenden, andererseits bei der Pflege des ‹Umfelds› der geliebten Person zu. In beiden Fällen geht es darum, im Ansehen der umworbenen Frau zu steigen. Eine besonders ausführliche Anweisung zur Anknüpfung des Gesprächs mit einer Frau findet sich bei Drouart la Vache, der sich hier eng an Andreas anlehnt[63]:

Se li bas desirre a aler
A la basse, ainsi doit parler:
Premiers il la salüera
Au plus bel que il savera.
Mais j'enseigne generaument
A vous, qui volez estre amant,
Que, quant salüee averés
Celui qui d'amours proierés,
Que vous a lui ne parlés pas
D'avoir s'amour isnel le pas
Car ce affiert a fole fame.
Quant salüee avras ta dame
Noblement .i. peu te tairas,
Et, s'el vieut parler, la lairas (...).
(DrouartB 723–36).

Die Einschmeichelung beim Gesinde, die schon Ovid empfiehlt[64], behandelt die *Clef d'Amors*:

Aies amiables et chieres
les genz ta dame et ses chanbrieres.
Saluër doiz par son droit non
chascune, comment qu'el ait non.
(ClefD 1481–84)

und Guiart:

Cele dois tu amer que t'amie amera,
Saluer ses voisines qu'ele acompaignera,
Prometre et biau parler et chacuns lors dira:
«Bien ait qui ce vallet norri et alleta.»
(ArtAimGuiartK 69–72)

Ceus de l'ostel salue la ou tu les verras,
Et, s'il i maint pucele, cele n'oublie pas;
Sovent parole a li et si promet a tas:
C'est la chose par quoi plus i esploiteras.
(ArtAimGuiartK 77–80).

Bei Jakes d'Amiens findet sich eine Stelle, nach der sich der Mann gleichzeitig der Aufmerksamkeit der Frau und ihres Mannes oder Freundes empfehlen soll:

Et quant avient que il est tart
Et la compaignie depart,

---

63 *De Amore* (rec. E. Trojel, ed. alt., München 1975), Lib. prim., Cap. VI, A (19).
64 *Ars amat.* (Tusculum-Bücherei), Lib. sec., 251–254.

Adont la dois tu convoier
Et li estraindre et embracier,
Et li di: «Dame, bonne nuit
Vous doinst nostre Sires anuit;
Vo compaigne tout ensement.»
Et s'elle a mari, hautement,
u ami, boine nuit li proie
Tout hautement, si que on l'oie,
Mais entre tes dens tout en bas
La male nuit li proieras.

(JacAmArtK 239–250).

Im Vergleich zu diesen Ratschlägen sind diejenigen Amors' im *Roman de la Rose* des Guillaume de Lorris wesentlich allgemeiner gehalten. Er empfiehlt im Grunde nichts anderes als das für Gruß und Gegengruß geltende *Saluta libenter* der *Disticha Catonis*:

Soies cortois et acointables,
de paroles douz et resnables
et au granz genz et aus menues;
et quant tu iras par les rues,
gart que tu soies coutumiers
de saluer les genz premiers.
Et s'aucuns avant te salue,
si n'aies pas ta bouche mue,
ainz te garnis de saluz rendre
sanz demorer et sanz atendre.

(RoseLL 2087–96).

Jean de Meung greift diese Lehre auf:

saluz doi tost doner et rendre;

(RoseML 10375).

2. Beschreibung der Grußregeln

Wir untersuchen drei uns wesentlich erscheinende Aspekte, nämlich 1. die Grußwürdigkeit (2.1., wer grüßt wen?), 2. den Aufbau der Grußsequenz (2.2., wie wird der Gruß erwidert?) und 3. die Reihenfolge der Sprecher beim Grüßen (2.3., wer grüßt als erster?).

2.1. Grußwürdigkeit

2.1.1. Begrüßung

2.1.1.1. Allgemeines

Die gesellschaftliche und persönliche Achtung, die das ‹Zugänglichkeitsritual› des Grußes ausdrückt[65], bringen sich in der Begegnungssituation erstens Perso-

[65] Goffman 1973, 64–105, besonders 79f. Darauf aufbauend Brown/Levinson 1978, s. dazu Werlen 1984, 325–327.

nen entgegen, die einander kennen, und zweitens Personen, die einander zwar unbekannt sind, die aber den Kontakt zueinander suchen oder aufgrund situationeller Bedingungen unausweichlich in Kontakt treten müssen. Ohne ein Zeichen irgendwie gearteter Mißachtung zu sein, unterbleibt der Gruß also zwischen einander unbekannten Personen, denen ein Kontakt weder wünschenswert noch aufgrund des situationellen Rahmens notwendig scheint. Die wesentlichen Aspekte dieser Regeln illustriert eine Passage aus dem Anfang des *Erec*. Erec folgt einem Ritter und seiner Begleitung in eine befestigte Stadt. Die Bevölkerung kennt den Ritter und begrüßt ihn. Dem unbekannten Erec wird keine Aufmerksamkeit zuteil:

> De si loing com il venir voient
> le chevalier qu'il conuissoient,
> son nain et sa pucele o soi,
> ancontre lui vont troi et troi;
> tuit le conjoent et saluent;
> mes contre Erec ne se remuent,
> qu'il ne le conuissoient pas.
> (ErecR 361–67).

Wenig später wendet sich Erec an einen *vavasor* – es ist Licoranz, sein späterer Schwiegervater – in der Absicht, ihn um Herberge zu bitten. Erec sucht den Kontakt mit dem älteren Mann, dieser erkennt das und kommt ihm beim Gruß zuvor. Das macht ihn *deboneres, gentix et frans* (ErecR 378):

> Un petit est avant passez,
> et vit gesir sor uns degrez
> un vavasor auques de jorz,
> mes molt estoit povre sa corz;
> (...)
> Erec pansa que il estoit
> preudom: tost le herbergeroit;
> par mi la porte antre an la cort.
> Li vavasors contre lui cort;
> einz qu'Erec li eüst dit mot,
> li vavasors salüé l'ot:
> «Biax sire, fet il, bien vaingniez.
> Se o moi herbergier daingniez,
> vez l'ostel aparellié ci.»
> (ErecR 373–76, 381–89).

2.1.1.2. Aus- und Unterlassung des Grußes

Unterbleibt der Gruß in Fällen, in denen er erwartbar ist, so ist damit nicht unbedingt eine negative Absicht verbunden. So überspringt der Sprecher etwa den Gruß, um *medias in res* zu gehen. Der Teufel, der Perceval in Gestalt einer hübschen Frau versucht, möchte durch die Grußunterlassung sicherlich keinen schlechten Eindruck machen, sondern seine Wirkung auf den Ritter steigern:

> Et quant il est a l'entree, si i voit seoir une damoiselle de trop grant biauté, et fu vestue si richement come nule mielz.

Et si tost come ele voit venir Perceval, si se lieve encontre lui et li dit sanz saluer: «Perceval que fetes vos ci?

(SGraal IV QuesteP 105.8–12).

Manchmal will der Sprecher einen Gruß durchaus ‹anbringen›, wird aber vom Adressaten, der seinerseits gleich zur Sache kommen möchte, daran gehindert. Der König zu seinem Seneschall, der endlich von einer Reise – aus Dole – zurückkehrt, und mit dem er seine Heiratspläne besprechen will:

Li rois l'a en paroles mis
ainçois qu'il le puist saluer:
«C'est dou venir et de l'aler,
seneschal, fet il, ce me samble.»

(GuillDoleLe 3464–67).

Gauvain empfängt die Abgesandten Artus', der sich auf die Seite der falschen Guenièvre geschlagen hat:

Quant il les voit venir, si saut encontre ançois qu'il l'aient salué, si les acole andeus l'un aprés l'autre et lor prie por Dieu qu'il li dient bones noveles.

(LancPrM I 115).

Wesentlich häufiger kommt es vor, daß ein Sprecher aus physischen oder psychischen Gründen unfähig ist, zu grüßen oder einen Gruß zu erwidern. Der Gefolgsmann des Grafen von Boulogne, der Wistasse dingfest machen sollte, kehrt geschlagen und geschunden zu seinem Herrn zurück. Er kann weder Rede noch Antwort stehen:

Atant es vous son escuier
Trestout soillié desci as braies.
Dist li quens: «Bonne aventure aies!
Si m'as ore de priés sivi.
As tu le moigne aconsivi?»
Cil fu corchiés, ne pot mot dire.
Li quens li recommenche a dire:
«Respont, dyable», dist li quens.

(EustMoineF 1615–22).

Interessanter sind die Fälle, in denen übergroße Freude, Erstaunen, Überraschung oder Trauer dem Sprecher wenigstens für einige Zeit die Sprache verschlagen. Ynabele sieht endlich ihren Sohn wieder:

Mout tres a point la salua
et sa mere mot ne sonna,
car n'avoit de parler povoir;
a terre la couvint cheoir
si tost que ele vit celui
qu'ele amoit plus que li n'autrui,
car ses cors porter ne povoit
la joie que ses cuers avoit.

(CleomH 14795–802).

Eine *damoisele* erwidert den Gruß Lancelots nicht, von dem sie glaubt, daß er seinem Tod entgegenreitet:

(...) il salue la damoisele, quant il l'aproche, et ele ne dist mot, ainz le resgarde, quar tant li samble biaux qu'ele an devient toute esbahie, si s'areste por lui mielz veoir et il s'an merveille por quoi ele le resgarde einsi, si li dist: «Damoisele, que vos en samble? – Certes, sire, fait ele, il me samble que ce est granz domages quant .I. si biaux cors d'ome vait a sa mort et a sa honte:

(LancPrK IV 233).

Die *dame* von Garandigan spricht einen Mönch an, der sie nicht wahrnimmt, weil er seine Stunden sagt (ChevIIEspF 1179). Als er dann doch auf sie aufmerksam wird, ist er wegen ihrer Schönheit eine Weile sprachlos und grüßt sie dann nur unter Vorbehalt:

Il s'areste et quant il le uit,
Si ne dist de grant piece mot,
Bien cuida et merueille en ot
Ke ce fust fantosmes u fee,
K'il ne cuidoit que estre nee
Peust si biele creature.
Il le respont: «Boine auenture
Aies tu, se boine cose ies.»

(ChevIIEspF 1182–89).

Gaheriet überrascht den Bewacher der gefangengesetzten Artusritter:

Il est laienz entrez touz armez et salue le vallet; et il est si esbahiz, quant il le voit, qu'il ne set qu'il doie dire; si s'an velt foïr, quant Gaheriez le prant as mains (...).

(LancPrM V 33).

Bohort will ein Versprechen einlösen, indem er gegen seinen Willen die Königin entführt. Die Königin grüßt den plötzlich vor ihr auftauchenden Ritter, Bohort kann den Gruß nicht erwidern:

Et ele le salue et li dist: «Dieu vos saut, sire chevaliers!» Et il est si plains de lermes et tant dolens que il ne li puet respondre .I. mot; et si la regarde il molt ententivement, ne remaint por plor qu'il face.

(LancPrM II 269).

Natürlich kommt es in solchen Situationen leicht zu Mißverständnissen. Die Dame del Lac grüßt Lancelot aus Trauer darüber nicht, daß er sie bald verlassen wird – was er selbst noch gar nicht weiß. Lancelot glaubt dagegen, daß seine Erzieherin ihn aus Zorn schneidet. Wir zitieren zuerst die Szene der Grußunterlassung und dann die Interpretation Lancelots, der sich entfernen will und von der Dame aufgehalten wird:

Il vient en la cort, o sa dame lo voit qui l'atandoit; et qant ele lo voit, si l'an vient l'eive del cuer as iauz amont. Ele se lieve de la place, que ele ne l'atant pas, et s'an entre en la grant sale, si s'est apoiee au chief et pense illuec mout longuement. Et Lanceloz vient aprés li. (...) Il la salue, mais ele ne li dit un mot, ne nel regarde. Et il s'an mervoille trop, car il avoit apris que ele li corroit encontre baisier et acoler de quel que part que il venist.

(LancPrK 139.33–37, 140.2–5)

«Dame, fait il, il m'estoit avis que vos estiez vers moi correciee qant vos ne voliez a moi parler; et puis que ge fusse mal de vos, çaianz n'avoie ge nul talant de demorer.»

(LancPrK 140.33–35).

Das Schlüsselwort für die Beschreibung des Zustandes der Dame del Lac ist das Verb *penser* (LancPrK 139.36). In der afr. Literatur begegnet eine ganze

Reihe von derart sinnenden, gedankenversunkenen, ‹gedankenvollen›[66] Personen, die dem Zugänglichkeitsritual des Grußes verschlossen gegenüberstehen[67]. Chrétiens Werk bietet drei Beispiele. Enide beschließt, auf die untröstliche Freundin Maboagrains, des von Erec besiegten Ritters, zuzugehen:

Molt fist Enyde que cortoise:
por ce que pansive la vit
et seule seoir sor le lit,
li prist talanz que ele iroit
a li, si li demanderoit
de son afeire et de son estre,
(ErecR 6146–51).

Enides Gruß wird erst nach einer ganzen Weile erwidert:

Enyde come de bon eire
la salüe; cele ne pot
de grant piece respondre mot,
car sopir et sanglot li tolent
qui molt l'anpirent et afolent.
Grant piece aprés li a randu
la dameisele son salu,
(ErecR 6178–84).

Perceval reitet in die Burghalle. Dabei heißt es von Artus:

Et li rois Artus ert assis
Au chief de la table pensis,
Et tuit li chevalier rioient
Et li un as autres gaboient
Fors il, qui pensis fu et mus.
(PercR 907–11).

Der König reagiert weder auf Percevals ersten noch auf seinen zweiten Gruß:

Sel salua si come il sot.
Li rois pensa et ne dist mot,
Et cil autre fois l'araisone;
Li rois fort pense et mot ne sone.
(PercR 923–26).

Erst als Perceval durch ein ungeschicktes Reitmanöver Artus stört, wacht dieser aus seinen Gedanken auf:

Si a tot son pensé laissié
Et dist: «Biax frere, bien veigniez.
Je vos pri qu'a mal ne teigniez
Che qu'a vostre salu me teuc;
D'ire respondre ne vos peuc,

---

66 Man vergleiche dazu das Lied Klärchens in Goethes *Egmont* (Dritter Aufzug):
Freudvoll
Und leidvoll,
Gedankenvoll sein (...).

67 Wir berücksichtigen nur solche Belege, in denen der Erzähler ausdrücklich auf den Nicht-Gruß eingeht. Vergleiche zu dem Motiv schon Wechssler 1909, 253–256 mit apr., afr., ait. und mhd. Belegen sowie in neuerer Zeit Kennedy 1978.

Que li pire anemis que j'aie,
Qui plus me het et plus m'esmaie,
M'a chi ma terre contredite;

(PercR 940–47).

Beim dritten Beleg aus Chrétien handelt es sich um die berühmte Blutstropfenszene[68]. Diesmal ist es Perceval selbst, der in Gedanken versunken ist (PercR 4224–26). Gauvain gelingt es, den fremden Ritter anzusprechen. Das Bemerkenswerte daran ist, daß er gerade nicht eine konventionelle GF verwendet, sondern daß er die Grußsituation thematisiert. Percevals Sinnen wird dadurch überwunden, daß es nicht ignoriert, sondern reflektiert wird:

Et mesire Gavains se trait
Vers lui tot souavet amblant,
Sans faire nul felon samblant,
Et dist: «Sire, je vos eüsse
Salüé, s'autretel seüsse
Vostre cuer com je sai le mien.

(PercR 4432–37).

Freilich hätte Gauvain mit dieser Strategie kaum Glück gehabt, wenn nicht Percevals Sinnen ohnehin schon etwas nachgelassen hätte (PercR 4422–31). Im übrigen sagt Gauvain ganz deutlich, daß der Sinnende ein Recht auf die Respektierung seines Zustandes hat (PercR 4457–61). – Der positive Ausgang der Begegnung wird entweder durch das freiwillige und großmütige (Artus) oder durch das vom Gesprächspartner einfühlend bewirkte Einlenken (Enide, Gauvain) herbeigeführt. Unter Umständen tritt auch ein Vermittler auf. Eine Botin der Herrin von Galvoie grüßt Artus vergeblich:

Quant il orent eu le premier mes, si entra laienz une damoisele qui salua le roi de par la dame de Galvoie; et li rois pensoit si durement qu'il n'en oï mie. Et quant la damoisele le vit, si cuida qu'il le feist par desdaing; si s'em part atant et s'en voloit aler (...).

(LancPrM IV 114).

Lucan gelingt es aber, den König zum Sprechen zu bringen:

«Sire, vos pensez moult durement. Diex doinst que ce soit biens!» Et li rois lieve la teste et li demande que il velt. «Sire, fait il, il a ceanz une damoisele qui volentiers parlast a vos. – Faites la venir avant», fait li rois. Et il si fait. Et quant ele vint pres del roi, si li dist: «Sire, la dame de Galvoie vos salue (...).

(LancPrM IV 114).

Gewissermaßen unentschieden endet die Begegnung Gauvains mit einem sinnenden Ritter. Gauvain grüßt ihn dreimal erfolglos (ContPerc[1]AR 5851–58). Darauf beschließt er, dieses Kuriosum auf sein Pferd zu schnallen, um es dem König vorzuführen (ContPerc[1]AR 5870f.). Als jedoch Gauvain Hand an den Fremden legt, wehrt der sich, so daß der Artusritter schließlich unverrichteter Dinge weiterzieht:

Atant se rest a terre assis
Et tantost fu einsi pansis

---

[68] Vergleiche dazu Kellermann [2]1967, 170f.; Frappier 1968, 181; Roloff 1973, 155–164.

Comë il devant le trova.
Messire Gauvains l'esgarda,
Si s'an mervoille duremant.
Sa venison arrieres prant
Et a guerpi le chevalier,
Si s'an comance a repeirier.

(ContPerc[1]AR 5889–96).

Wir analysieren zwei Belege mit negativem Ausgang. Der sinnende Gauvain erwidert den Gruß Mathamas' nicht:

(...) si avint qu'il chevalcha par devant Mathamas qui estoit a sa porte, ne onques ne li dist mot, et si l'avoit Mathamas salué. Quant Mathamas vit ce, si cuida qu'il le feist par orgueil qu'il ne li deignast respondre (...).

(LancPrM II 346).

Mathamas läßt seine Waffen holen, verfolgt und stellt Gauvain. Es kommt zum Kampf, in dessen Verlauf der Angreifer unterliegt (LancPrM II 347f.). Auch hier verteidigt also der Sinnende sein Recht. – In unserem zweiten Beleg endet die Begegnung jedoch mit dem Tod des Sinnenden. Arramant erklärt Lancelot, warum er einen Knappen entführt hat:

Il est voirs que j'avoie avantier .I. mien frere jovene vaslet qui molt estoit bials enfés et preus; si chevalchoit .I. jor tos sols par devant le paveillon ou vos avés anuit esté, et lors encontra, si com il me dist puis, cel vaslet iluecques. Et li enfés, qui mes freres estoit, avoit oï noveles de moi que j'estoie ocis, si pensoit si durement qu'il ne salua pas le vaslet qui devant les paveillons estoit. Et cil le tint a trop grant desdaing, si li corut maintenant sus et le m'envoia si navré qu'il ne vesqui puis que trois jors.

(LancPrM II 232).

2.1.1.3. Verweigerung des Grußes

Der Gruß unterbleibt bewußt, wenn der Sprecher keinen Kontakt zum Gesprächspartner aufnehmen will. Wir sprechen dann von Grußverweigerung. Die Gründe dafür sind vielfältig. Ganz allgemein und schematisch lassen sie sich als Sprecher und Adressat trennende ‹Verhaltens-› und ‹Seins›weisen fassen. Entweder tragen die Gesprächspartner konkrete Konflikte aus oder sie gehören gleichsam ganz verschiedenen Welten an, zwischen denen es keine Brücke gibt. Im Einzelfall läßt sich freilich nicht leicht entscheiden, welchen dieser beiden Faktoren wir für die jeweilige Grußverweigerung verantwortlich machen sollen, da es natürlich Interdependenzen zwischen ihnen gibt.

Bei den durch bestimmte Verhaltensweisen hervorgerufenen Grußverweigerungen nennen wir zunächst einige Beispiele, in denen der Konflikt zum Zeitpunkt der Begegnung schon manifest ist. So grüßt der Vater den Sohn nicht, weil dieser einen von ihm nicht gebilligten Lebenswandel führt. Jozefens zu Durmart:

Li rois respont ireement:
«Gars, je ne te salu noient.
Ne jamais jor ne t'amerai
Deci adont qu'en toi verrai
Proëce et sens et cortoisie;

Mais de tot ce n'i voi je mie.
Tu aimes luxure et perece;
Dehés ait bealtés sens proëce.
Tres beaz malvais, enten a moi:
Sez que doit faire filz de roi?

(DurmG 451–60)

– und es folgt eine Erziehungslehre. Der Lehnsherr – er selbst oder sein Bote – straft den pflichtvergessenen Lehnsmann ebenfalls mit Grußverweigerung. Ein Bote Pippins richtet seine Worte an Fromont, ohne ihn zu grüßen:

Ez le message qui enz ou tré se mist.
O voit Fromont, celle part est guenchis.
Pas nel salue, mais fierement li dist:
«Enten, Fromons, ci m'envoie Pepins,
Li enperere de cui tu dois tenir.
Par moi te mande que ta foi as menti,
Sanz son congié que tu as fame pris,
Par ton orguel as son baron asis.

(GarLorrV 3879–86).

Renart begegnet König Noble und Isengrin:

si les salüe gentement:
«Bien vaingniez, sire, voirement,
fait il, et vostre conpaingnie.
– Renart, je ne vos salu mie
fel Renart, l'en vos deüst pandre,
qant vos m'avez tant fait atandre
sanz venir et sanz repairier.

(RenR XVIII 16585–91).

Claudas und seine Lehnsleute:

Atant s'an vait Phariens et anvoie les barons a Claudas. Et qant il les voit, si lor dit sanz saluer:
«Seignor, vos iestes tuit mi home, si vos ai mout amez; et vos avez tant vers moi mespris q'a poines porroit estre amandé, se ge voloie si haut monter l'amende com li forfaiz lo requerroit; mais ge ne lo voil pas si haut monter.

(LancPrK 122.4–9).

Hernaut zu Grifon:

Mès quant Grifes i vint, pas ne le salua.
«Ahy! mauvès, dist il, vous me lessastes là
Entre paiens felons, tous jours m'en souvendra;
En vous ne tint il mie que ochis ne fu là.

(GaufrG 3151–54).

Der Herrscher selbst wird für unrechtes Handeln mit Grußverweigerung bestraft – durch einen Geistlichen:

Lors monta li rois et ala ancontre lui a grant compaignie de gent, et lo salua simplement; mais li preudom ne li randié mie son salu, ainz dist come correciez:
«Ne de vos ne de vostre salu n'ai ge cure, ne pas ne l'ain, car vos iestes li plus vis pechierres de toz les autres pecheors. Et bien vos parra, car tote enor terriene avez ja aprochié de perdre.»

(LancPrK 283.8–13).

Und der Geistliche erklärt Artus, daß er die Rechte der Schwachen und Armen nicht verteidigt. – Schließlich verweigert auch die Herrin ihrem treulosen Geliebten den Gruß. Die Botin Laudines vor der Artusgesellschaft:

si dist que sa dama salue
le roi et mon seignor Gauvain
et toz les autres, fors Yvain,
le mançongier, le guileor,
le desleal. le tricheor,
qu'il l'a guilee et deceüe;

(YvainR 2718–23).

Es gibt natürlich auch ganz anders gelagerte Konflikte, die zur Grußverweigerung führen. Wir nennen eine kleine Auswahl, die möglichst verschiedene Anlässe illustrieren soll. In einer berühmten Szene wirft die Damoisele sor la mule Perceval vor, beim Fischerkönig geschwiegen zu haben[69]. Wie im zuletzt genannten Beleg schließt sie den Ritter aus einer größeren Gemeinschaft aus und fordert sogar seine Ächtung:

Le roi et ses barons salue
Tos ensamble comunement,
Fors que Percheval solement,
Ains dist desor la mule fauve:
«Ha! Perchevax, Fortune [est] cauve
Detriers et devant chavelue.
Et dehais ait qui te salue
Ne qui nul bien t'ore ne prie,
Que tu ne la recheüs mie
Fortune quant tu l'encontras.

(PercR 4642–51).

Guigambresil klagt Gauvain des heimtückischen Mordes an:

Guigambresils le roi conut,
Sel salua si come il dut;
Mais Gavain ne salua mie,
Ainz l'apele de felonnie
Et dist: «Gavains, tu oceïs
Mon seignor, et si le feïs
Issi que tu nel desfias.

(PercR 4755–61).

Der *forestier* überrascht die Königskinder Lovel und Marin beim Wildern:

Contre lui s'est Loviaus dreciés
Et Marins, si l'ont salué;
Caut le virent et tressué
D'ire et de maltalent qu'il ot.
A lor salu ne respont mot,
Ains lor dist: «Pris estes a mort;

(GuillAnglW 1832–37).

---

[69] Kellermann ²1967, 110; Frappier 1968, 182f.; Köhler ²1970, 197f.; Roloff 1973, 139–155.

Der vor seinen Vater zitierte Durmart (s. oben, 251f.) wird von der Hofgesellschaft verspottet. Er straft sie dafür mit Nichtbeachtung:

> Quant il voient venir Durmart,
> Trestuit en getent lor eschars
> Li uns a l'atre coiement,
> Et Durmars nes proisa noient.
> Outre s'en va le chief levé,
> Qu'il n'i a home salüé
> Deci qu'il vint devant son pere
> Qui ne li fist pas chiere clere.
>
> (DurmG 439–46).

Lambegue liefert sich Claudas aus, um so den Frieden zwischen dem Herrscher und seinen Lehnsleuten zu ermöglichen (vergleiche oben, 252). Aber selbst in dieser Situation macht er kein Hehl aus seiner unerbittlichen Feindschaft gegen den Usurpator:

> Lanbegues vient devant Claudas, mais il ne s'agenoille pas, ne mot ne dit, mais s'espee a del fuerre traite, si la regarde et commença a sospirer, et lors la giete as piez Claudas sanz dire plus.
>
> (LancPrK 127.21–24).

Dieses provokante Verhalten nötigt Claudas freilich Respekt ab (s. LancPrK 128.15–19). – König Carmant läßt den frechen Eindringling – Cleomadés –, der sich vor seiner Tochter als der erwartete König Bleopatris ausgegeben hat, ergreifen:

> Ne fist pas samblant esfreé
> Cleomadés, mais salué
> a le roi mot courtoisement;
> mais ne li respondi noient
> li rois, ains dist c'om le presist.
>
> (CleomH 3479–83).

Unter Umständen ist der Konflikt zum Zeitpunkt der Begegnung noch verdeckt. Die Grußverweigerung ist dann eine Art Vorsichtsmaßnahme, durch die sich der Sprecher die Freiheit seines Handelns erhält. Der Sprecher darf dem Adressaten nämlich nur dann feindlich gegenübertreten, wenn er ihn zuvor nicht gegrüßt hat. Hat er gegrüßt, dann sind ihm die Hände gebunden. Wir zeigen das an einem Beispiel. Durmart und ein großer Ritter begrüßen sich. Durmart stellt Fragen nach der Königin von Irland und erhält darauf zur Antwort:

> «Beaz amis, lasse m'ent en pais!
> Ja de li ne me parler mais;
> Je ne sui pas ses messagiers.
> Quidiés que soie noveliers?
> Certes, grant folie pensastes
> Quant por novelier m'enterchastes.
> Ce que je vos ai salüé
> Vos avra hui mout deporté;
> Se salüé ne vos avoie,
> Cele teste vos trancheroie.»
>
> (DurmG 1855–64).

In zwei Fällen sagt der Sprecher ausdrücklich, daß er aus dem genannten Grund nicht grüßt. Gauvain trifft auf einen fremden Ritter. Dieser erklärt ihm, daß er andere Ritter prinzipiell nicht grüßt, bevor er ihren Namen kennt. Er sucht nämlich Gauvain, um mit ihm zu kämpfen und ihn zu besiegen. Nur so kann er die Anerkennung seiner *dame* gewinnen. Ein unvorsichtiger Gruß könnte ihn daran hindern, diese Absicht durchzuführen:

Or aues oi tout de plain,
Por quoi a uous ne uoel parler,
Car lors me poroit apieler
Mes sire Gauuains par raison,
Se il uoloit, de traison,
Se ie resalue l'auoie
Et puis a lui me combatoie.
(ChevIIEspF 2914–20).

Wie stets gibt sich Gauvain zu erkennen und es kommt zum Kampf. – Isengrin lauert den Hammeln Bernart und Belin auf, die natürlich wissen, welche Gefahr ihnen droht:

Belins si fu li plus coarz;
premierement parla Bernarz:
«Bien vaingniez vos, biau sire lous.
– Je ne vos salu mie endous:
ja beste ne saluerai
puis que je mangier la vodroi.
(RenR V 5319–24)

Eine ganze Reihe von Belegen läßt sich in dieser Weise als ‹vorsichtige› Grußverweigerung werten. Acorïande fordert für Alexander die Krone von dessen Bruder Alis zurück. Alis widersetzt sich und wird herausgefordert:

El palés est venuz tot droit
Et trueve assez qui le conjot,
Mes ne respont ne ne dit mot
A nul home qui le conjoie,
Einçois atant tant que il oie
Quel volanté et quel corage
Il ont vers lor droit seignorage.
Jusqu'a l'empereor ne fine,
Il ne salue, ne ancline,
Ne empereor ne l'apele:
(...)
«Alis, fet il, Dex me confonde,
Se la chose remaint ensi.
De par ton frere te desfi,
(CligésM 2434–43, 2478–80).

Hector geht auf eine Gruppe von Menschen zu, die an der Bahre eines von ihm erschlagenen Ritters stehen. Daß Hector der Mörder ist, erkennen die Trauernden aber erst, als die Wunden des Toten wieder aufbrechen:

Si se part atant do nain et s'an va avant par devant la biere et les salue. Et il ne dient mot. Et an ce que il passa outre, et les plaies au mort, qui ja puoient, s'escrievent a seignier. Et li nains commance a crier: «Prenez lo murtrier. Prenez lo murtrier.» (LancPrK 467.39–468.3).

Lancelot und seine Begleitung fordern von einem Ritter, der sich schon geweigert hat, sie zu beherbergen, die Freilassung Yvains:

> Et Lanceloz ne le salue mie, mais toutes voies li dist: «Biaux sire, nos vos avions mandé par nostre escuier que vos nos herbergissiez, mes il samble qu'il ne vos plest mie. Por ce le me couvient il a laissier, mais toutes voies nos voldrions vos proier que voz .I. de noz compaingnons que vos tenez em prison nos randissiez par amors avant que nos en feissions plus.»
>
> (LancPrM V 15).

Seine neuerliche Weigerung führt zum Kampf, in dem er unterliegt.

Auch die viel tiefer gehende Grußverweigerung bei Gesprächspartnern, zwischen denen unüberbrückbare ‹wesens›mäßige Gegensätze bestehen, kennt viele Facetten. Wir nennen an erster Stelle die Begegnung zwischen Christen und Heiden. Der Papst macht dem heidnischen König Galafre ein Friedensangebot:

> Iluec trova le riche roi Galaffre;
> Pas nel salue, nen est droiz qu'il le face.
> Li riches rois par fierté le regarde.
> Li apostoles de maintenant l'aresne:
> «Sire», fet-il, «je sui ci un mesage
> Dieu et saint Pere, qui des ames est garde;
> De seue part vos vueil dire un mesage
> Que retornez (...).»
>
> (CourLouisABLe 451–58).

Umgekehrt grüßt auch der heidnische König Galindre Karl nicht:

> Li viels Galindres icil parla avant:
> «Chevaliers, frere, sor cel ceval ferrant
> Qui si alés les altres detraiant,
> Mostrés moi Karle, le rice roi poissant.
> Jo nel conois; por ce le vos demant.»
> Li rois respont haltement, en oiant:
> «Veés moi chi, ne m'alés plus querant.»
> Dist li paiens: «Assés en voi sanlant.
> Ne vos salu, car je ne vos aim tant.
> Mesages somes al fort roi Agolant.
>
> (AspremwB 7817–26).

Eracles Boten schlagen dem persischen König Chosroès einen Zweikampf zwischen ihrem Herrn und dessen Sohn vor. Dabei betonen sie die Gegensätze zwischen Christen und Heiden:

> Cil qui le mius a entendu
> l'afaire en son sarrasinois
> dist en oiant: «Biau sire rois,
> Eracles li preus et li sages
> nos tramist ci en cest message,
> ne il nul salu ne te mande,
> ne je, des puis qu'il ne conmande,
> ne te voel mie saluer,
> car tu viens occire et tuer
> et lui et se crestiienté,

mais n'iert mie a te volenté!
Tu penses un et il pense el,
sel comperont ne sai li quel.

(GautArrErR 5534–46).

Huon begrüßt den Renegaten Oede, der den Gruß wohl bewußt nicht erwidert:

«Sire, dist Hues, en non Dieu bien vigniés!»
– «Vasal, dist Oedes, plus pres ne m'aprociés.
Crestiiens estes et je sui uns paiens:
Jou ne te puis amer ne tenir chier,

(HuonR 4193–96).

In ähnlicher Weise stoßen im arthurischen Roman die Artus- und ihre Gegenwelt aufeinander. Wir erwähnen etwa die Herausforderung Artus' durch Meleagant, den Königssohn aus Gorre, dem Land, «von welchem niemand wiederkehrt»[70]:

Li chevaliers a tel conroi
s'an vint jusque devant le roi
la ou antre ses barons sist,
nel salua pas, einz li dist:
«Rois Artus, j'ai en ma prison,
de ta terre et de ta meison,
chevaliers, dames et puceles;

(LancR 47–53).

In einem anderen Roman tritt ein Bote des Königs Ris d'Outre-Ombre auf:

Au roi s'en uint tout droitement
Et ne laisse k'il esraument
Tout son mesaige ne li die.
«Rois, dist il, ne te salu mie,
Ie sui messages le roi Ris
D'Outre-Ombre.» (...)

(ChevIIEspF 203–08),

der in provozierender Weise die Unterwerfung Artus' fordert. – Hierher gehört auch die Konfrontation Artus' mit Galehaut, dem riesenhaften Sohn der Bele Jaiande[71]. Der Bote Galehauts zu Artus:

Li chevaliers fu armez fors ses mains et sa teste, et vient tres devant lo roi, s'espee ceinte, ne salue pas lo roi, ançois li dit, tres devant sa table:
«Rois, a toi m'anvoie li plus preuzdom qui orandroit vive de son aage – c'est Galehouz, li filz a la Jaiande. Et si te mande que tu li randes tote ta terre, (...).»

(LancPrK 263.34–39).

An dritter Stelle reihen wir die Begegnungen mit Außenseitern der Gesellschaft ein. Den Ausschluß als Vorgang können wir im Zusammenhang mit der Grußverweigerung an zwei Belegen demonstrieren. Der Orgueilleus glaubt, daß seine Freundin dem fremden *vallés galois* (PercR 3850) weit mehr als den Kuß zugestanden hat. Seitdem tötet er jeden Ritter, der sie anspricht. Zuvor

---

70 LancR 641. S. dazu Frappier 1968, 127, 136; Haug 1978, besonders 43–46.
71 Frappier 1973a, besonders 187.

aber erzählt er ihnen von der Schande der Freundin. Bei der zweiten Begegnung mit Perceval weist die Freundin des Orgueilleus seinen Gruß zurück, weil sie ihn damit in Todesgefahr bringt:

«(...) je sui
Tant chetive et tant ai d'anui
Que nus ne me doit salüer;
D'angoisse me covient süer
Quant nus m'araisne ne esgarde.»
(PercR 3791–95).

Wünscht hier die *damoisele* selbst, geächtet zu werden, um nicht indirekt am Tod eines anderen schuldig zu werden, so wird der Karrenritter von den anderen ausgegrenzt. Man erinnert sich, was Chrétien über die Strafe der Karre sagt:

et cele estoit a ces comune,
ausi con li pilori sont,
a ces qui murtre et larron sont,
et a ces qui sont chanp cheü,
et as larrons qui ont eü
autrui avoir par larrecin
ou tolu par force an chemin:
(LancR 326–332).

So wird Lancelot in der ersten Burg, die er nach der Besteigung der Karre betritt, im Gegensatz zu Gauvain nicht begrüßt:

Tot maintenant que eles virent
mon seignor Gauvain, si li firent
grant joie, et si le salüerent,
et del chevalier demanderent:
«Nains, qu'a cist chevaliers meffet
que tu mainnes come contret?»
(LancR 435–40).

Man vergleiche die Parallelstelle im Prosa-*Lancelot*:

Et Lancelos les salue. Et l'une li dist: «Si m'aït Dieus, sire chevaliers, vos vos deuissiés molt bien garder de nos saluer. – Damoisele, por quoi? fet il. – Por ce, fet ele, que vos avés esté en charete: si estes honis en tos lieus.»
(LancPrM II 13).

Ein weiteres in diesen Zusammenhang gehörendes Beispiel ist die Begegnung Aiols mit Wegelagerern. Hier sind es die Außenseiter, die sich weigern zu grüßen:

A tant e uous Aiol qui les salue bien
De de de sainte gloire, qui la sus maint el ciel.
«Par mon cief, dist li lere, chou ne uous a mestier,
Vous ne uostre salu ne pris iou .i. denier.
(Aiol²F 1834–37).

Bemerkenswert ist auch ein weiterer Zusammenstoß Aiols mit *larons*. Denn hier droht der Ritter, auf die Grußverweigerung mit Waffengewalt zu reagieren, – worauf sie sich ängstlich als Mönche und Laienbrüder ausgeben, denen das Sprechen verboten sei:

Aiols a les larons ensamble salues,
Ains ne li respondi nus des gloutons faes.
(...)
«Signor, che dist Aiols, mout grant tort en aues!
Qui de dieu uous salue, si ne me respondes.
Gardes que uous n'aies uers moi nul mal pense!
Par icel saint apostle c'on quiert en Noiron pre,
A ceste moie espee qui me pent a mon les
Vous quic si estormir ains qu'il soit auespre,
Ia li mieudre de uous ne s'en pora uanter,
Que uous n'aies les cies et les menbres copes.»

(Aiol²F 5721f., 5725–32),

[Robaut:]
Ia somes nous conuers, et rendu et rieule,
Si ne deuons a home ne plaidier ne parler,
Il nous est en capitle desfendu et uee,
Ne nostre obedienche ne uolons trespasser.»

(Aiol²F 5745–48).

Während in den beiden letzten Belegen die Außenseiter sich selbst ab- und ausgrenzen, zeigt die folgende Passage wiederum die umgekehrte Perspektive. Der unglücklich herumirrende König Guillaume, in diesem Fall der Außenseiter, wird von Händlern, die er doch freundlich gegrüßt hat, rüde abgewiesen:

Ne por quant les a salués.
Cil escrïent: «Tués, tués
Ce vif diable, ce larron,
Ja n'i ait espargnié baston
Qu'il n'en soit batus et roisciés;
Et bras et gambes li froissiés;
Et de vos ne se puist estordre!

(GuillAnglW 955–61).

In gewisser Weise sind auch die Zwerge der Romane Außenseiter, die vielfach als im Gegensatz zur höfischen Gesellschaft stehend gezeigt werden. Auch hier sind es die Außenseiter, die sich selbst von der höfischen Welt abgrenzen. Dodinel begegnet einem Zwerg, der ihn nicht grüßt und ihn durch unhöfisches Verhalten gegenüber einer *damoisele* provoziert:

Li nains estoit petis et tors et bochus et si hidolz que Dodinials s'en merveille molt; si le salue, mais li nains ne li respont mot, ains se tret pres de la damoisele, si le prent par mi les espaules et la velt baisier a force, (...).

(LancPrM II 299f.).

Die *damoisele* wehrt sich, Maruc le Ros, der Herr des Zwergs, stellt sich jedoch auf dessen Seite, so daß Dodinel die Verteidigung der *damoisele* übernimmt und Maruc im Kampf besiegt. – Der Zwerg des Tertre Deveé erwidert den Gruß Lancelots mit einem Schlag auf seinen Helm, was Lancelot aber nur zu einer ironischen Reaktion herausfordert:

Et Lanceloz salue le nain, quant il le voit, et li nains saut sus moult iriez et prant un baston qui delez lui estoit, si hauce et fiert Lancelot par mi le hiaume a .II. poinz, car moult estoit foibles et de povre vertu. Et Lanceloz saut avant et li oste le baston des poinz, puis li demande por quoi li l'a feru. «Feru? fait li nains. En avez vos honte? – Si m'aïst Diex, fait Lanceloz, ainz j'ai grant honor, quant si haute persone com vos estes a mis main en moi.

(LancPrM V 99).

Die Grußverweigerung muß nicht immer in weitere Feindseligkeiten münden. Es ist im Gegenteil möglich, daß sie zum Anlaß genommen wird, Konflikte und Gegensätze aus dem Weg zu räumen. Wir gehen zuerst auf zwei Belege ein, in denen ein konkreter Konflikt friedlich beigelegt wird. Hector ist in der Burg der Estroite Marche eingeschlossen. Er versucht, eine Tür einzuschlagen, als plötzlich der Burgherr hinter einer beiseite geschobenen *porte coleïce* sichtbar wird. Hector geht zu ihm hin:

Hestors salue lo prodome et sa compaignie, mais il ne li rant mies son salut. «Ha! sire, sont tel li chevalier de vostre païs, fait li viauz, qui estiez devenuz charpentiers por ma porte coper?

(LancPrK 444.31–34).

Die Haltung des Alten ändert sich erst, als er erfährt, daß Hector ein Ritter Guenièvres ist:

Et il li dist que il estoit des chevaliers la reine.
«A la qel reine?» dist li sires do chastel.
Et il dist: a la fame lo roi de Logres.
Lors se dreça li sires ancontre lui et li dit que bien soit il venuz.

(LancPrK 445.9–13).

Galehodin verweigert Gauvain und seinen Gefährten den Gruß, weil er zu Recht vermutet, daß sie einige seiner Leute getötet haben:

«Sire chevaliers, je ne vos salu mie, car je ne sai se vos estes de çaux qui ont mes homes occis et an mon chastel meismes. Certes si grant honte ne fu mes faite a prince de terre.

(LancPrM V 199).

Er läßt sich aber überzeugen, daß die Ritter rechtmäßig gehandelt haben, und verzeiht ihnen:

«Sire, por Deu ne vos poist de ce que je vos ai meffait et sachiez que je nel feisse en nule manniere, se je cuidasse que ce fussiez vos:

(LancPrM V 201).

Aber selbst tiefgreifende Gegensätze können überbrückt werden. Brangien bringt Tristan zu Yseut, die nicht glauben will, daß der *fol* ihr Geliebter ist. Sie grüßt ihn nicht und wird deswegen von ihrer Dienerin getadelt:

Mout boenemant et sanz losange
La salua, a quel que praigne:
«Dex saut, fait cë il la raïne,
Avoc li Brangien sa meschine!
(...)
Cele se taist, qui mot ne sone.
Voit la Brangiens, si l'araisone:
«Dame, fait ele, quel sanblant
Faites au plus loial amant
Qui onques fust ne ja mais soit?

(FolTristBernP 338–41, 358–62).

Yseut läßt sich erst durch das Vorzeigen des Ringes und durch die Begrüßungsszene zwischen Tristan und seinem Hund Husdent überzeugen:

Ysiaut conut bien l'anelet
Et vit la joie del brechet
Quë il fait: a pol ne s'anrage.
Or s'aperçoit en son corage
C'est Tritans a cui el parole.
(FolTristBernP 540–44).

Geriaume warnt Huon davor, den zwergenhaften König Auberon zu grüßen, selbst wenn dieser ihn durch allerlei Zauber dazu bewegen sollte:

Se ne volés a son gent cors parler,
Il en sera tant forment tormentés
Que moult grant hide en vo cuer en arés,
Car il fera et plovoir et venter,
Arbres brisier et fort esquarteler.
Et aprés çou qu'il ara si ouvré,
Vous fera il une riviere tel
C'on i poroit grant navie mener
Et par sanblant un grant batel de mer.
(...)
Gardés tres bien nesun mot ne sonnés;
Car se parliés, c'est fine verités,
Ja mais de lui delivres ne serés,
Car a respondre trestout perdu avés.»
(HuonR 3190–98, 3205–08)

Es geschieht alles so, wie Geriaume es vorhergesagt hat. Auberon grüßt die Franken und fordert sie zum Gegengruß auf (HuonR 3281–86). Als sie fliehen wollen, entfacht er einen Sturm und zaubert ihnen einen Fluß in den Weg. Auberon erneuert seine Aufforderung, wieder ohne Erfolg (HuonR 3367–71). Erst beim dritten Mal und nach der Zusicherung, den Franken zu helfen (HuonR 3455–99), lenkt Huon ein:

– «Sire, dist Hues, vous soiés bien trouvés.»
Dist Auberons: «Diex te puist honnorer.
Hues, biax frere, bien m'as hui salué;
Onqes salus ne fu, par verité,
Mix remeris, par Dieu de maïsté,
Ne si tres bien que cis ert, en non Dé.»
(HuonR 3500–05).

2.1.2. Abschied

Welche Person grußwürdig ist, entscheidet sich bei der Kontaktaufnahme. Bei der Kontaktbeendigung gibt es keine neue Wahl. Der Abschiedsgruß wird derjenigen Person entboten, mit der man einen Kontakt angeknüpft und aufrechterhalten hat. Und wie der Begegnungs-, so unterbleibt auch der Abschiedsgruß in einer Reihe von Fällen. Der Sprecher grüßt etwa nicht, um sich der Bitte des Gesprächspartners um Abschied entgegenzustellen. Häufig geht es dabei um die Bekundung eines mehr oder weniger ernstgemeinten

Interesses an der Fortsetzung des Kontaktes. Wir gehen zuerst auf Belege ein, in denen der Angesprochene die – unterschiedlich lange – Aufschiebung des Aufbruchs erreicht. Der als Christ verkleidete Ganor will sich verabschieden:

> Or weil je congié prandre, que de l'aler est drois.»
> E respont la duchoise: «Biaus amis, non ferois.
> Par bonne charité anuit mais demourois,
> E le matin au jor aler vous en porrois.
> (...)
> Elle les fait mener chiez Garin Bonnefoi,
> Le prevost de la ville, la ou ses filz estoit,
> Guyonnet li ainznés, li preus e li cortois.
>
> (AyeB 2438–41, 2446–48).

Antoine und Hugue:

> Antoines de Coloigne a congié demandé,
> Mais Huguez li cortois ne li a pas doné,
> Ançois a avec lui .IIII. jorz sejorné;
> Al quinte s'en ala, n'[i] a plus demoré.
>
> (ParDuchG 3097–3100).

Oede schiebt Huons Abreise hinaus, angeblich um seine Leute für einen gebührenden Abschied zusammenzurufen, in Wirklichkeit um Huon töten zu lassen (HuonR 4329f.):

> Li enfes Hues s'est par matin levés;
> Vint a son oncle por congié demander.
> «Biax niés, dist Oedes, encore atenderés,
> Je ferai ja de mes barons mander.»
> – «Sire, dist Hues, tout a vo volenté.»
>
> (HuonR 4315–19).

Die *dame* von Montpellier zögert zweimal den Aufbruch Aelis' und ihrer Begleitung hinaus:

> – «Dame, a Dieu; or nos en iron.»
> – «Non ferés, ains arés soupé.»
> (...)
> Ele ra la pucele prise
> Par la main, si se sont assises.
> La nuis vint, les tables sont mises;
> Levent, s'asistrent au souper.
> (...)
> Ml't vousist bien avoir a oste
> La dame la bele Aelis,
> Et si que sa couche et ses lis
> Li fust mi partis volentiers.
> Li serjant qui ont les mestiers
> S'en vont souper en la depense.
> Bele Aelis qui tot el pense
> Demande la dame congié.
> «Vos n'irés ains avront mangié
> Nostre vassal et no serjant
> Ki ja vos enmenront jouant.»
>
> (EscoufleS 5728f., 5734–37, 5750–60).

Die Besucher werden noch beschenkt, dann erst willigt die *dame* in den Abschied ein:

Congié ont demandé et pris
A lor dame qui lor douna
Ml't bonement, et si lor a
Priiet que tot seürement
La reviengnent veoir souvent,
Ke li ostex est trestos leur,
Ce sachent bien; (...)

(EscoufleS 5798–5804).

Hector hat Synados vor seinen Gegnern gerettet. Obwohl er eigentlich weiterziehen möchte, nimmt er Synados' Einladung an:

Lors lo commande Hestors a Deu, car mout a a errer, si ne li covient mies que il demort.
«Ha! sire, fait li chevaliers, ge ne voudroie mies por un autel chastel comme cil la est que vos en alessiez issi, se vos an nule maniere voliez remanoir. (...).»
Tant prient Hestor et il et si chevalier que il dit que il remanra hui mais; et il an sont mout lié.

(LancPrK 439.29–33, 439.38–440.1).

In anderen Fällen möchte der Angesprochene den Gesprächspartner zwar aufhalten, insistiert aber nicht, wenn dieser darauf besteht fortzugehen. Der Papst und Huon:

– «Sire, dist Hues, nous en avons asés;
Nous en irons, a Jhesu demorés.»
Dist l'apostoles: «Biax dos niés, non ferés;
Desc'a demain aveuc moi remanrés,
Et le matin vous en porés aler.»
– «Sire, dist Hues, por noient em parlés;
(...)
Dist l'apostoles: «Va t'ent a Damedé!

(HuonR 2608–13, 2619).

Artus und Durmart:

Congié demande li Galois,
Mais ne li done pas li rois,
Ains li proie de demorer,
Et la roïne o le vis cler
L'en va proiant mout docement.
Mais tot ce ne lor vaut nïent,
Car li Galois s'en vuet partir
Por achiever son grant desir.

(DurmG 10319–26);

nach der Überreichung von Geschenken bricht Durmart auf:

Al departir le roi encline,
Et lui et la gentil roine
A Damedeu a commandé
Et monsaignor Gavain et Ke.

(DurmG 10335–38).

Ein Ritter und Galehaut:

Et lors prent congié li uns de l'autre, car li pruedom nel set tant proier qu'il vueille remanoir, qui molt volentiers le retenist, s'il puist estre. Mes Galehout s'en vet (...). (LancPrM I 365).

Schließlich gibt es den Fall, daß der Angesprochene insistiert, der Gesprächspartner jedoch trotzdem aufbricht. Er erzwingt die Einwilligung zum Abschied durch die Drohung, im offenen Streit oder eben heimlich fortzugehen. Cligés möchte wie sein Vater zu Artus reisen. Alis stellt sich dem Wunsch entgegen (CligésM 4182f., 4186f.), willigt dann aber doch ein. Cligés:

Et sachiez bien certenemant
Que, se vos ne m'an envoiez
Et le don ne m'an otroiez,
Que g'irai sanz vostre congié.
– Biax niés, einçois le vos doing gié,
Quant je vos voi de tel meniere
Que par force ne par proiere
Ne vos porroie retenir.
(CligésM 4218–25).

Gonselin will seinen Pflegesohn Lovel nicht fortziehen lassen. Lovel:

Mais saciés bien, u jou arai
Congié de vos sans plus atendre,
U j'en ira sans congié prendre;
En larecin u en enblee
M'en irai une matinee,
Se vos congié ne me donés.
(GuillAnglW 1596–1601).

Gonselin zeigt sich immer noch widerwillig (GuillAnglW 1602f.), Lovel bricht aber schließlich doch mit seiner Zustimmung auf. – Yvain erzwingt bekanntlich von Laudine den Abschied – die Erlaubnis, in die Bretagne zurückzukehren (YvainR 2548) – durch die List des *don contraignant* (YvainR 2554f.)[72]. Laudine muß Yvain fortgehen lassen, kann ihm aber zumindest eine Frist für die Rückkehr setzen – eine Frist, die er bekanntlich nicht einhält.

Es kommt auch vor, daß eine Person tatsächlich heimlich aufbricht, um einer Kontroverse um den Abschied zu entgehen[73]. Im *Bel Inconnu* spielt ein solcher heimlicher Aufbruch eine wesentliche Rolle. Guinglain erklärt sich bereit, Blonde Esmerée durch den *fier baiser* von ihrer Schlangengestalt zu erlösen. Auf dem Weg zu ihr befreit er die Pucele as Blances Mains, eine Fee, die Herrin der Ile d'Or ist. Sie möchte Guinglain heiraten. Der Ritter will aber sein ursprüngliches Vorhaben nicht aufgeben und verläßt auf Anraten von Helie, der Boten von Blonde Esmerée, die Burg der Fee heimlich (RenBeaujBelW 2472–85). Später bereut Guinglain diese Handlungsweise, und zwar zum ersten Mal kurz vor der Probe des *fier baiser*:

Bien me devroie aporpenser
Por celi qui tant doi amer,
La Damoissele as Blances Mains,

[72] Frappier 1973b. S. allgemein dazu (mit Bezug auf Frappier) Ménard 1981.
[73] Vergleiche auch Peil 1975, 103f. («Der heimliche Aufbruch»).

Dont je parti come vilains.
Jo l'en irai merchi rover,
Se de ci me puis escaper;
(RenBeaujBelW 3117–22);

ein zweites Mal einige Zeit danach, als die Heirat mit Blonde Esmerée schon beschlossene Sache ist:

Mais or se diut a desmesure
Por la Pucele as Blances Mains;
(...)
Si l'enpensa durement bien
Que il s'en departi de lui
Sans congié; molt en a anui.
(RenBeaujBelW 3680f., 3686–88).

Als Guinglain zur Ile d'Or zurückkehrt, empfängt ihn die Fee mit harschen Worten:

– Coment, fait cele, estes vos cil
Qui si m'eüstes enpor vil,
Et qui fist si tres grant outrage
A moi et a tot mon lingnage
Qu'ensi de moi vos en enblastes
Que congié ne me demandastes?
(RenBeaujBelW 4041–46).

Sie straft Guinglain in der Folgezeit mit Nichtachtung, gewährt dann aber wieder eine Annäherung. Der Ritter bittet um Vergebung:

«Dame, fait il, tant con vos plot
Le m'avés fait cier conperer
Que ne vauc congié demander,
Quan je alai le secors faire.
Ma doce dame debonnaire,
Car vos prenge pitié de moi,
(RenBeaujBelW 4394–99).

Und noch einmal wird auf den heimlichen Aufbruch Bezug genommen. Guinglain fällt einem Zauber zum Opfer. Die Fee klärt ihn darüber auf:

Ceste painne vos ai je faite,
Que vos avés issi grant traite,
Por la honte que me fessistes,
Que vos issi de moi partistes.
(RenBeaujBelW 4917–20).

In *Durmart le Galois* will sich der Held auf der Suche nach der Königin nicht aufhalten lassen. Nachdem er das Turnier gewonnen hat, verläßt er Blanches Mores, ohne sich von seinen Gefährten und Artus zu verabschieden:

Lués que fine amors le commande
A nului congié ne demande,
Car mout durement le hastoit
Fine amors qui sa dame estoit,
Et il se paine utreement
De faire son commandement.
(DurmG 8829–34).

Cleomadés möchte an seiner Suche nach Clarmondine nicht gehindert werden. Da er höflichen Bitten zum längeren Verweilen nicht widerstehen könnte, bricht auch er heimlich auf:

> Aprés mengier a pris congié
> a Durbant et non a autrui,
> car ne veut c'on sache de lui
> le point que il se mouveroit,
> car mout durement redoutoit
> que prieres ne l'arrestassent
> outre son gré et detriassent;
> car a envis escondissoit
> riens, puis que dame l'en prioit
> ne damoisele ne pucele,
> ja ne fust de si grant querele,
> que il ne feïst son povoir
> d'acomplir trestout lor vouloir.
>
> (CleomH 12020–32).

In den bisher besprochenen Belegen geht es der betreffenden Person darum, durch die Verweigerung der Abschiedsformel den Zeitpunkt der Kontaktbeendigung überhaupt selbst zu bestimmen. In den folgenden Beispielen besteht dagegen über den Zeitpunkt kein Zweifel. Bei der Unterlassung ist unter Umständen Unachtsamkeit im Spiel. Lancelot hat versäumt, sich vor seinem Aufbruch von Guenièvre zu verabschieden. Er tritt noch einmal vor die Königin und bittet um Entschuldigung für seine *folie* (LancPrK 165.12). Guenièvre:

> «Biax dolz amis, fait la reine, vos iestes si juenes hom que l'an vos doit bien pardoner un tel mesfait, et gel vos pardoign mout volentiers.»
> (...)
> «Dame, fait il, des or m'en irai a vostre congié.»
> «A Deu, fait ele, biax douz amis.»
>
> (LancPrK 165.16–18, 165.22f.).

Später wird Lancelot sagen, daß er durch diese Formel (*cest mot*) – gemeint ist wohl vor allem die Anredeformel – in Liebe zu Guenièvre entbrannt ist (LancPrK 345). – In einem anderen Beleg wird die Unachtsamkeit durch eine dritte Person erzwungen. Lancelot hat sich verpflichtet, einer Alten zu folgen, wann immer sie es will (LancPrM II 228). Als Lancelot die Königin aus den Händen eines fremden Ritters befreit, verlangt die Alte unverzüglich die Einlösung der Verpflichtung:

> Atant s'en vet la vielle si tost comme li chevals puet corre et crie a Lancelot: «Or tost, fet ele, Lancelos, aquités vostre foi.» Quant Lancelos ot pris son tor, si regarde la vielle qui ja estoit loing plus d'une archiee; et il point aprés le cheval, c'onques ne regarda sa plaie ne ne prent congié ne a un ne a autre, ains s'en vet grant aleure aprés.
>
> (LancPrM II 274).

Wie bei der Begrüßung, so spielen auch beim Abschied bestimmte physische und psychische Regungen eine Rolle. Der Sprecher ist etwa aus Enttäuschung, Schmerz, Trauer oder Schande unfähig, beim Abschied zu grüßen. Der Hof verabschiedet die Witwe des verstorbenen Grafen Richart:

Li congiés fu petis et cors
Qu'ele prist a l'empereor.
L'emperere, por la dolor,
Ne li pot onques soner mot.
Bele Aelis, qui ml't l'amot,
Li dist a grant paine: «A Dieu, dame.»
Or s'en va la plus triste fame
Ki ainques fust ne jamais soit.

(EscoufleS 2628–35).

Guillaume und sein Neffe trennen sich grußlos, als letzterer aufbricht, um Guillaumes Schwester Lienor für ihr angeblich schändliches Verhalten zu strafen:

Il vint au roncin et tost monte
sanz plus reprendre la parole.
Tot le chemin s'en vet vers Dole,
iriez de l'oncle q'a lessié,
dont il fera mout, au plessié,
grant doel quant il i ert venuz,
que plorant est de l'uis issuz,
n'onques ne conmanda a Deu
li niés l'oncle, n'il le neveu.

(GuillDoleL 3856–64).

Der Herzog von Clarence scheitert an der *esprueve* (LancPrM I 229) von Escalon le Tenebros, worauf ihn seine Begleitung wortlos verläßt:

Et quant la damoisele le voit, si li dist: «Ha, sire chevaliers, comment revenés vos?» Et il est si estordis qu'il ne li puet respondre et ele le mesaesme molt durement et l'apele coart, et il en a molt grant honte (...). Et la damoisele le lait atant, si s'en torne sans plus dire.

(LancPrM I 233, 234).

Der unbekannte rote Ritter (Hector) verläßt als Sieger das Turnier. Selbst Gauvain hat sich ihm beugen müssen. Ob dieser Schande entfernt er sich grußlos vom Platz:

Et quant mesire Gauvain fu remontés, si a si grant duel et si grant honte qu'il n'ose remanoir en la place, ains s'en vet sans congié prendre aprés le chevalier qui abatu l'a (...).

(LancPrM II 364).

Guillaume wird von der *dame* abgewiesen:

Dist la dame: «Par seint Omer,
Molt vos covient a jeüner,
Que se devant lors ne mengiez
Que vos aiez mes amistiez,
Ce n'ert, si con j'ai enpensé,
S'erent soiez li noveau blé.»
Guillaumes fors de la cha[n]bre ist;
Onques point de congié ne prist.

(Guillaume au Faucon, ReidFabl 329–36).

Cromparts Werbung um Marine ist endgültig abgelehnt worden:

Crompars ot que Cleomadés
li dist, s'en fu tous abaubis,

sans congié s'est de la partis.
Mas et dolans fu et honteus;
tout aussi conme li pris leus
qui n'ose nului regarder
se parti d'iluec sans parler.

(CleomH 4364–70).

Aus denselben Gründen bricht der Sprecher manchmal heimlich auf. Galïene hat vergeblich um Fergus geworben. Um ihren Schmerz zu verbergen, verläßt sie den Hof ihres Onkels heimlich:

Apres dist que demain au jor
Sans congie de cort partira
Que ja ses oncles nel sara.
Si s'en ira en Lodian,
Que ja avoit passe un an
Que n'avoit este chies son pere.

(FergM 1996–2001).

Fergus erfährt später von ihrer heimlichen Abreise. Der Onkel:

Entresque je vos convoioie,
S'enbla de cort, ne sai por choi.
Onques n'en prist congie a moi,
Ne okison nule n'i sai.

(FergM 2571–74).

In einem anderen Beleg vermeiden zwei Könige beim Abschied den Kontakt mit der schmerzerfüllten Gastgeberin:

De la se sont parti li roi,
de la sale issirent andoi.
De la roÿne pas ne prirent
congié, car pour ice le firent
que ele si grant duel faisoit
Que nus a li parler n'osoit,
n'encore pas veü n'avoient
celes que il avoir devoient.

(CleomH 2611–18).

Die Verweigerung des Abschiedsgrußes kann ferner Zeichen des Zerwürfnisses zwischen den Gesprächspartnern sein. Häufig ist es ein von Beginn an feindlich gesinnter Bote, der grußlos wieder aufbricht. Aliaumes Botschaft an Acelin endet mit der gegenseitigen Herausforderung (CourLouisABLe 1813–18). Er verläßt das *ostel* Acelins:

Respont Aleaumes: «Dahé ait qui vos crient!»
De la cort ist, onques n'i quist congié.
Acelins fist sa gent apareillier.
Li frans Aleaumes est montez el destrier,
Par mi les rues s'en vet sanz delaier.

(CourLouisABLe (1835–39).

Die Boten Marciles fordern die Übergabe Ayes und werden von Ganor abschlägig beschieden:

«Sire, nous en irons. Grant painne te conmence
Quant si te veus destruire por une seule fame,
Si con ce laissa faire roi Paris por Elainne.»
(...)
E li mes s'en tornerent, n'ozent congié atendre,
E sont venus au port e en lor nef en entrent;
(AyeB 1719–21, 1734f.).

Die Botin Laudines verläßt Yvain ebenso grußlos, wie sie gekommen ist (s. oben, 253):

puis si comande a Deu le roi
et toz les autres, fors celui
cui ele leisse en grant enui.
(YvainR 2780–82).

Bertran tritt als Bote Karls vor Desïer. Als Berron Karl verhöhnt, verläßt Bertran den Palast:

– Tais, glos licieres, dist Bertrans a Berron,
Car tele spee me pent chi au giron,
Dont je sai bien castoier un brecon.»
A icest mot s'en torna li frans hom;
De congié prendre n'i ot tenu raison,
Ains les desfie de part le roi Kallon.
(OgDanE 4453–58).

Es führen natürlich auch ganz andere Gründe zu einem grußlosen, feindseligen Auseinandergehen. Im Brand von Origny ist Berniers Mutter umgekommen. Bernier verläßt daraufhin seinen Herrn Raoul:

Son esquier a B. huchié:
«Or tost mes armes et mon hauberc doublier,
Ma bonne espée et mon elme vergié!
De ceste cort partirai san congié.»
(RCambrM 1724–27).

Die Freundin des Orgueilleus, die das Unglück ahnt, das ihr nach Percevals rüdem Auftreten droht:

Et cele pleure et dist que ja
A Dieu ne le comandera,
Car il li convenra por lui
Avoir grant honte et grant anui
(PercR 773–76).

Eine *damoisele* stiehlt einem Jäger einen Hund und ist auch auf Drängen ihres Begleiters nicht bereit, ihn wieder herauszugeben:

Lors respondi la damoisele:
«Parler vos oi de grant folie,
Car le bracet n'ara il mie.»
Li venere s'en vait atant
Sans congié prendre maintenant,
Et dist entre ses dens: «Sans faille,
Ne l'en menrés pas sans bataille.»
(RenBeaujBelW 1360–66).

2.2. Aufbau der Grußsequenz

Wir haben den Aufbau der Grußsequenz bisher nur insoweit behandelt, als er für den Gebrauch einzelner GFn bestimmend ist. Im folgenden geht es uns dagegen unabhängig von der kontextuellen Fixiertheit der GFn ganz allgemein um die Regeln, nach denen Gesprächspartner Grüße bei der Begegnung und beim Abschied austauschen. Wir behandeln nacheinander die Regeln für die Anzahl der Gesprächsschritte (2.2.1.) und für die Wahlmöglichkeiten der GF in den einzelnen Gesprächsschritten (2.2.2.).

2.2.1. Anzahl der Gesprächsschritte

2.2.1.1. Begrüßung

Bei der Begrüßung besteht die Grußsequenz normalerweise aus zwei Gesprächsschritten, dem Eröffnungs- und dem Gegengruß. Wir sind im Verlauf unserer Untersuchung des öfteren auf diese fundamentale Struktur gestoßen[74]. Die Grußsequenz besteht selten aus mehr als zwei Schritten. Eine bloße Wiederholung der üblichen Struktur ergibt sich dann, wenn auf den Gruß mit einer Grußverweigerung geantwortet wird. Der Sprecher grüßt dann unter Umständen erneut, weil er hofft, doch noch eine Antwort zu erhalten. Wir nennen das erfolglose dreimalige Grüßen Gauvains (s. oben, 250f.):

Il le salue bien an haut:
«Chevaliers, fet il, Dex vos saut.»
Onques cil mot ne respondit.
Messire Gauvains li a dit:
«Chevaliers, Dex vos beneïe.»
Mes cil ne li respondi mie.
La tierce foiz le salua,
Mes cil ainz mot ne li sona.

(ContPerc[1]AR 5851–58).

---

[74] S. oben, erster Teil, II. Kapitel, 45f., 48, 65–68; zweiter Teil, II. Kapitel, 107, 118f., 124, 126, 132; dritter Teil, I. Kapitel, 144f. und 232–239. Wie der Gruß den Gegengruß geradezu ‹erzwingt›, erzählt in erschütternder Weise die Geschichte des Danziger Rabbiners, dem ein Bekannter aus Friedenszeiten an der Auschwitzer Todesrampe begegnet – in SS-Uniform:

> Suddenly the rabbi had a great urge to see the face of the man with the snow-white gloves, small baton, and steely voice who played God and decided who should live and who should die. He lifted his eyes and heared his own voice speaking:
> «Good morning, Herr Müller!»
> «Good morning, Herr Rabbiner!» responded a human voice beneath the S.S. cap adorned with skull and bones. «What are you doing here?» A faint smile appeared on the rabbi's lips. The baton moved to the right – to life. The following day, the rabbi was transferred to a safer camp.
> The rabbi, now in his eighties, told me in his gentle voice: «This is the power of a good-morning greeting. A man must always greet his fellow man.»
> (*Hasidic Tales of the Holocaust,* edited by Yaffa Eliach, New York 1982, 109f.).

Anstelle der üblichen Struktur oder deren Wiederholung finden sich manchmal Sequenzen mit drei Schritten. Der Mutter Guillaumes wird die Ankunft des Seneschalls angekündigt. Sie grüßt den hohen Würdenträger (1. Schritt). Der tritt als Bote des Kaisers und Guillaumes auf (2. Schritt), deren Grüße von ihr erwidert werden (3. Schritt):

el le salue en el le pas,
et dit que bien soit il venuz.
«Dame, je vos aport saluz
de par mon segnor tot avant,
et puis aprés dou miex vaillant
chevalier c'onques portast mere.
– Sire, beneois soit l'emperere
et vos, et tot quanqu'a lui monte.
Et Damedex le gart de honte
com le mellor prince de terre!»
(GuillDoleL 3290–99).

In einer in anderem Zusammenhang bereits zitierten Stelle begrüßt Morgue Croquesot und erkundigt sich nach dem Ergehen Hellekins (1. Schritt). Croquesot beantwortet die Frage und richtet Grüße Hellekins aus (2. Schritt), die Morgue erwidert (3. Schritt)[75]. Der Dreischritt begegnet selbst dann, wenn keiner der beiden Gesprächspartner Bote ist. Floredespine begrüßt ihren Vater (1. Schritt), er erwidert den Gruß (2. Schritt), sie erneuert ihren Gruß (3. Schritt) – freilich mit einem Hintergedanken[76]:

«Pere, dist la puchele, bien soiez vous venus,
Et vous et Gloriant à la fiere vertus!
– Fille, dist Machabré, li vostre dieu Cahus
Soit de vostre cors garde, par la soue vertus!
– Chil vous puisse garder», la bele a respondus.
Et puis dist coiement, c'om ne l'a entendus:
«Ichil soit de moi garde c'om apele Jhesus!
(GaufrG 8459–65).

Wenn es als geradezu obligatorisch erscheint, daß der Gruß durch einen Gegengruß ergänzt wird, so ist es um so wichtiger zu zeigen, daß der Gruß unter bestimmten Bedingungen ohne Grußerwiderung bleibt. Insbesondere der Gruß, den die Menge dem einzelnen entbietet, braucht nicht unbedingt erwidert zu werden. In den bereits behandelten vier Belegen[77] wird der Gruß zweimal beantwortet (ChevIIEspF 8122–27, BeaumJBlS 4636–54), zweimal bleibt er ohne Erwiderung (ErecR 6317–27, LancPrK 323.33–39). Die Fakultativität der Antwort zeigt sehr schön ein Beleg aus dem *Yvain*. Die Menge und Artus:

Tot an tor fu la presse espesse,
et disoient trestuit a tire:
«Bien veigne li rois et li sire

[75] S. oben, I. Kapitel, 178.
[76] S. oben, I. Kapitel, 212f.
[77] S. oben, I. Kapitel, 221f.

des rois et des seignors del monde.»
Ne puet estre qu'a toz responde
li rois (...)
(YvainR 2370–75).

Bei der Begegnung zweier einzelner Personen bleibt ein Gruß oft dann ohne Antwort, wenn der ihn enthaltende Gesprächsschritt aus noch wenigstens einem weiteren Sprechakt besteht[78]. Der Gesprächsschritt des Partners bezieht sich dann nur auf diesen Sprechakt:

A: Gruß
+ weiterer Sprechakt
B: Sprechakt

Wir nennen Belege, in denen dieser weitere Gesprächsschritt eine Frage, Bitte oder Forderung ist. Amis und ein Hirte:

	Voit le li cuens, si l'a mis a raison:
Gruß	«Amis biaus frere, li cors Deu bien te donst,
Frage	Viz tu passer par ici un franc hom
	Qui me resamble d'aler et de fason?
Antwort	– Naie voir, sire, li bergers li respont,
	Si m'aït Dex, n'i vi hui se voz non.

(AmAmD 150–55).

Tristan und die Seeleute:

	Atant es vus Tristran li pruz.
Gruß	Dit lur: «Sennurs, Deu vus guard tuz!
Frage	En quel part irés vus, Deu l'oie?
Antwort	– En Engleterre, funt cil, a joie!»

(FolTristOxfP 75–78).

Huon und die Piraten:

	Il vient a ciaus, se les a salués:
Gruß	«Signor, dist il, cil Dix vous puist salver
	Qui tot le mont a sous lui a garder!
Bitte	Je vous requier de vo pain me donnés.»
Gewährung	Et cil respondent: «Tu en aras asés,
	Mais or nous di qui t'a chi amené.»

(HuonR 6869–74).

Blancandin und ein Bürger:

	Blanchandins vint a la cité,
	Si a un borgois encontré.
Gruß	«Sire, dist l'enfes, bien vigniez,
Bitte	Por amor Dieu, quar m'ensaigniez
	Le meillor ostel de la vile.»
	Et li borgois respont par guile,
	Comme qui savoit trop de gas:
	«Ou est, fist cil, vostre harnas?
	Ge vos voi ci tot seul venir.
	Se riche ostel volez tenir,

[78] Werlen 1984, 238 trifft eine analoge Feststellung für Begrüßungen in Telefongesprächen.

Gewährung	Alez vos en chiés le prevost.

(BlancandS 881–91).

Aude und Trubert:

	Tot meintenant qu'ele vint la
	la pucele le salua:
Gruß	«Amis, fet ele, Deus vos gart!
Forderung	La chievre amenez, ceste part
	si venez parler a ma dame
	la duchesse, qu'ele vos mande.
Frage	– Mande? fet cil, que me velt ele?

(TrubertR 133–39).

Natürlich sind auch ganz andere Sprechakte möglich. Boten und Gui:

	Guion ont salué li courtois mesagier
	Qui la mer ont passee, venus sunt des l'autrier:
Gruß	«Damedieu vous saut, Sire, qui tout a à baillier!
Botschaft	Ja vous mande Ganor et dame Aye au vis fier,
	Mar soufferrez damage, honte ne encombrier;
	Tant com puissent par mer à estoire nagier
	N'arez si bon voisin ne puissiez damagier.»
Kommentar	«Amis», ce dist Guion, «or en ai grant mestier –
	Une pucele avoie que vouloie à moillier,
	Kalles la m'a tolue et fet grant encombrier –
	Or me ditez Ganor et Aye sa moillier,
	Se il onques m'amerent, or me viengnent aidier.»

(GuiNantᴍM 1683–94)

Die fremden Ritter und der junge Perceval:

	Cil s'arestent et il s'en passe
	Vers le vallet grant aleüre,
Gruß	Si le salue et asseüre
Beruhigung	Et dist: «Vallet, n'aiez paor.»
Korrektur	– «Non ai je, par le Salveor,
	Fait li vallés, en cui je croi.

(PercR 168–73).

Gascelin und der König:

	Devant le Roi vint Gascelin le ber.
	Il s'ajenouille; si l' prent à saluer:
Gruß	«Bon Roi, dist il, Deu vous puist honorer!
	Por vostre ami me deussiés clamer.
	Mès losengier m'ont fet vers vous irier.
	Sé j'ai meffet, dont me doiés blasmer,
	Vostre vouloir ferai sans targier.
Geständnis	J'ocis Lambert, ne vous quier à noier,
	Comme celui que ne devoie amer.»
Frage	Et dist li Rois: «Je vous voel demander
	Comment vous vint en coer ne en penser
	Qu'en mon conduit l'osastes adeser?»

(AuberiTarbé 131.32–132.8).

Durmart und der archier:

	Maintenant li dist li archiers:
Gruß	«Bien vegniés vos, beaz sire chiers.

Angebot	Si vos plaist o nos a descendre
	Et de nostre vïande prendre,
	Je vos donrai a grant foison
	Et pain et vin et venison.
	(...)
	Ci sui herbergiés en tel guise
	Que j'ai vïande et vin assez
	Dont vos arés, se vos volez.
	La livreson de mon destrier
	Vos partirai sens engignier
	Por doner a vostre cheval.»
	– «Foi que doi Deu l'esperital,
	Fait mesires Durmars li frans,
	Mout estes cortois et vaillans
	Cant vos ce m'avés presenté,
Dank	Et je vos en sai mout bon gre.»

(DurmG 10481–86, 10506–16).

2.2.1.2. Abschied

Auch der Abschied erfolgt als Gruß und Gegengruß. Dreischritte wie bei der Begrüßung sind uns nicht begegnet. Der Gruß der Menge bleibt – seltener als bei der Begrüßung – gelegentlich ohne Antwort. Guillaume und seine Begleiter werden verabschiedet:

Grant duel i a ains qu'il s'en tort
Des chevaliers et des puceles;
En plorant dïent cil et celes:
«A Dieu, Guilliaume, a Dieu, biau mestre,
A Dieu tuit!» Lors issent de l'estre,
Et li serjant qu'il vindrent querre.

(EscoufleS 1908–13).

Wie bei der Begrüßung bleibt beim Abschied der Gegengruß dann aus, wenn der voraufgehende Gesprächsschritt einen Sprechakt neben dem Gruß enthält. Der Partner bezieht sich dann unter Umständen nur auf diesen Sprechakt. Ein Ritter und der junge Lancelot:

Gruß Bitte	«A Deu vos commant dons, fait li chevaliers, car ge m'en vois; mais si tost com vos avroiz la damoiselle veüe, que vos en venez a Nohaut.»
Zusicherung	«Si ferai ge,» fait il.
	Lors s'an torne li chevaliers d'une part, et li vallez d'autre entre lui et ses escuiers.

(LancPrK 169.29–34).

Eine *damoisele* und Lancelot:

Gruß; Bitte Zusicherung	Et al matin, si tost com li jors parut cler, se leva Lancelos et se parti de la damoisele, quant il fu armés; et ele le commande molt a Dieu et li pria qu'il s'en revenist par li al repairier; et il dist que si feroit il, s'il pooit. Si se remet en son chemin (...)

(LancPrM II 223).

Anders als bei der Begrüßung kann beim Abschied nicht nur der Gegen-, sondern auch der Eröffnungsgruß ausbleiben. Dies ist dann der Fall, wenn der einzige vorkommende Gruß als Erwiderung auf einen Sprechakt zählt, der das Gesprächsende einleitet, ohne selbst ein Gruß zu sein:

A: Sprechakt
B: Gruß

Als weitgehend formelhaften Sprechakt haben wir in diesem Sinne die Bitte um den *congié* behandelt[79]. Wir nennen hier noch Belege, in denen diese Struktur nicht berichtend, sonder szenisch dargestellt ist. Naimes und Karl:

	Dus Namles de Baiviere a le roi apelé:
Bitte	«Sire drois emperere, congié nous soit donnés.
	(...)
	Il a dit à ses hommes: «Franc chevalier menbré,
Gruß	A Damedieu de glore soiés vous commandé.»
	Lor s'en tornent li conte quant il furent armé;
	(FierK 2322f., 2331–33).

Artus entläßt Lancelot (hier folgt noch eine Sequenz „Zusage der Hilfe – Dank"):

Bitte	«Sire, fait cil, a vostre congié.»
Gruß	«Alez a Dieu, fait li rois, et saluez moi vostre dame et si li dites que
Zusage	(...) ge l'an envoierai o deus o trois o tant [Ritter] com ele voudra.»
Dank	«Granz merciz, sire,» fait il.
	(LancPrK 164.1–6).

An die Stelle der formelhaften Bitte tritt häufig die bloße Ankündigung des Aufbruchs. Auch hier funktioniert der Gruß des Partners als Zustimmung und Erwiderung. Guillaume und Ludwig:

Ankündigung	Ge m'en irai en Espaigne estraier;
	Vostre iert la terre, sire, se la conquier.
Gruß	«Alez, beau sire, a Damedieu del ciel.
	(CharroiM 756–58).

Gorhant und die Königin:

	A la reïne en est venu errant:
Ankündigung	«Reine, dame, jo vois veer li Franc.» –
Gruß	«Va t'en, fait ele, a Mahum te comant,
	(...)
	Par les herberges s'en est issu amblant.
	(AspremLM 2753–55, 2759).

Im folgenden Beleg ist die Ankündigung mit einer formelhaften *fausse comparaison* versehen[80]. Der Seneschall und die Mutter Guillaumes:

	Ou palefroi noir come meure
	monta, quant il ot pris congié:
Ankündigung	«Dame, fet il, or m'en vois gié
	com cil qui est a toz jors vostre.
Gruß	– Biau sire, a saint Pierre l'apostre
	voisiez vos et vo conpegnon!»
	(GuillDoleL 3380–85).

[79] S. oben, zweiter Teil, II. Kapitel, 132–134.

[80] Zu dieser Stelle vergleiche Love 1984, 250.

Ein einzelner Abschiedsgruß kommt oft im Zusammenhang mit einer Frage-Antwort-Sequenz vor. Wer von den beiden Gesprächspartnern der Grüßende ist – der Fragende oder der Antwortende –, kann dabei wechseln. Nur selten zählt der Gruß selbst als Antwort auf eine Frage. Tristan verabschiedet Perinis, der Artus eine Botschaft überbringt. Perinis teilt Tristan deren Inhalt mit und schließt mit den Worten:

Donc n'est-ce bien? – Or va a Dé.»

(TristBérM[4] 3364).

Häufiger begegnet der Gruß als auf die Antwort folgender Gesprächsschritt, mit dem der Sprecher seine Zufriedenheit ausdrückt und zeigt, daß er keine weitere Frage mehr stellt. Die Heiden und die verkleideten Franken:

Frage	I lor demande: «O avez vos trovee
	Cele richece que ci avez trosee?»
Antwort	Et dist Romanz: «Ja ne vos ert celee:
	El est Felis le roi de Valsegree.
	Por lui avom mainte vile robee;
	Tant avom fet, que l'avom conquestee.»
Gruß	«Alez,» font cil, «n'i fetes demoree,
	A Mahomet, qui mainte ame a salvee!»
	Et Frans s'an pasent oltre.

(NarbS 6024–32).

Im folgenden Beleg ist die Frage indirekt formuliert. Eine Alte und Lancelot:

Frage	Or vos en poés aler, mais que vos m'aiés dit vostre nom.» Et il se nome
Antwort	molt a envis et totes voies li dist qu'il a non Lancelot del Lac.
Gruß	«Alez a Dieu», fet ele.

(LancPrM II 229).

Umgekehrt kann der Antwortende durch die Hinzufügung eines Grußes im selben Gesprächsschritt deutlich machen, daß er keine weitere Frage mehr erwartet. Die *pucele* Cadocs ist Erec dankbar:

	Sire, bien nos devez avoir
	andeus conquis et moi et lui;
	vostre devons estre anbedui
	por vos servir et enorer.
Frage	Mes qui porroit guerredoner
	ceste desserte nes demie?»
	Erec respont: «Ma douce amie,
Antwort	nul guerredon ne vos demant;
Gruß	amedeus a Deu vos comant,
	que trop cuit avoir demoré.»
	Lors a son cheval trestorné,
	si s'an va plus tost que il puet.

(ErecR 4526–37).

Auberon weint beim Abschied. Huon stellt ihn zur Rede:

Frage	Il li demande: «Gentis sire, c'avés?
	Mauvaise ciere faites au desevrer;
	Si ne sai, sire, por coi tel duel menés.»
Antwort	Dist Auberons: «Amis, vous le sarés.
	Foi que doi Diu, mon cuer o vous portés;

Gruß	Alés a Dieu, je ne puis plus parler.»
Dont s'en tornerent li quatorse adobé.
(HuonR 3768–74).

Die Frau des Bauern weist den Boten des Königs den Weg:

Frage «Dame, ou le porrons nous trover?»
Antwort «Aus chans le porrez encontrer:
Quant vous istrez de ceste cort,
Tout ainsi con cil ruissiaus cort,
Par defors cele gaste rue,
Toute la premiere charrue
Que vous troverez, c'est la nostre.
Gruß Alez! a saint Pere l'apostre»,
Fet la dame, «je vous commant.
Et cil s'en vont esperonant,
Tant qu'il ont le vilain trové.
(MireC 165–75).

2.2.2. Wahl der Grußformel

Der Sprecher trifft die Wahl der GF nach den bei der Beschreibung der äußeren Fixiertheit ermittelten situationellen und kontextuellen Kriterien. Darüber hinausgehende Regeln gibt es für die Wahl des Gegengrußes. Hier interessiert vor allem die Frage, inwiefern der Gegengruß mit dem Eröffnungsgruß identisch oder von ihm verschieden ist und ob selbst bei Verschiedenheit der Gegengruß dennoch strukturell auf den Gruß bezogen ist. Eine Antwort muß getrennt in bezug auf die Komponentenwahl, -anzahl (einschließlich der Anzahl von Ausdrücken innerhalb einer Komponente und der Anzahl von GFn in Gruß und Gegengruß) und -reihenfolge gegeben werden. Wir brauchen an dieser Stelle auf den zuletzt genannten Aspekt der Komponentenreihenfolge nicht mehr näher einzugehen, weil wir schon in der sprachlichen Untersuchung gezeigt haben, wie das AF allgemein das Verfahren anwendet, beim Gegengruß nicht dieselbe, sondern eine zum Eröffnungsgruß partiell oder völlig spiegelbildliche Wortstellung zu wählen[81]. Wir untersuchen daher im folgenden nur noch Komponentenwahl und -anzahl.

2.2.2.1. Komponentenwahl

Postuliert man das Auftreten desselben Ausdrucks in der Schlüsselkomponente „Verb" als Kriterium für die „Identität" von Gruß und Gegengruß, so gilt zwar gerade wegen der äußeren Fixiertheit sicherlich nicht die Behauptung von Löfstedt 1978, wonach «en principe, toute formule peut être retournée par toute autre formule» (211), zweifellos sind jedoch die Kombinationsmöglichkeiten recht groß. Wir nennen als anschauliches Beispiel diejenigen GFn, die

---

[81] S. oben, erster Teil, II. Kapitel, 65–68.

sich als Erwiderung auf die häufige, vorwiegend als Eröffnung vorkommende Begegnungsformel *Dieus vos saut* finden. Es sind dies:

Bone aventure vos aviegne (ChevIIEspF 424f.), *Vos aiez a.r.* (GautArrIllC 5186, PercR 3783, LancPrK 59.5f.), *Dieus vos beneïe* (PriseOrABR[1] 155, GarLorrV 3448, 7751, Aiol[1]F 1547, GautArrIllC 579, RenR IX 9033, AtreW 2998, BlancandS 908, LancPrK 54.18, 149.38), *Dieus vos croisse a.r.* (RCambrM 7672, GuiBourgG 2894, ParDuchG 2986), *Dieus vos doinst a.r.* (ChevIIEspF 985, AtreW 2998f., LancPrK 149.38), *Dieus vos gart* (RCambrM 168, 2153, AthisH 4979, ParDuchG 933, 1410), *Dieus vos garisse* (Aiol[2]F 1737, 9595, FlorenceW 202), *Vos soiez onorez* RenMontC 3759), *Dieus vos saut* (s. unten, 327f.), *Dieus vos saut et gart* (TristBérM[4] 3402f.), *Bien veigniez* (GaufrG 9654), *Bien veignant* (PriseOrDR 353, 551, GaufrG 8643), *Bien soiez vos venuz* (Aiol[2]F 9504, GaufrG 8412), *Vos soiez li bien venuz* (LancPrK 59.5).

Es ist sogar möglich, daß auf den Gruß nicht mit einer der zahlreichen Gruß-, sondern mit einer anderen, Bestätigung, Bekräftigung oder Dank ausdrückenden Formel geantwortet wird. Löfstedt 1978 nennt *Dieus le uous mire* (RichF 4986) und *Dius vos en oie* (VengRagF 5354, BeaumManS 1204; 214)[82]. Wir kennen zusätzlich[83]:

Amen (GuillPalM 9161), *Ensi soit il* (GarLorrV 8125), *Dieus le face* (LancPrM IV 158, SGraal IV QuesteP 24.25f., 119.6), *Granz merciz* (GarLorrV 841, 5755), *Vostre merci* (GarLorrV 921, 2731, 13169), *La vostre grant merci* (GarLorrV 5737, 9792, 12690, 13339, 15274, 16365) *Ainsi li* [Gott] *plaise* (BeaumManS 2595), *Dieu en sovieigne* (PerlN 189), *Dex vos i vaille* (GuillDoleL 4078).

Obwohl die äußere Fixiertheit die Möglichkeit einschränkt, in Gruß und Gegengruß dieselbe GF zu verwenden, so macht das AF hiervon doch noch weniger Gebrauch, als dies vorstellbar wäre. Wir unterscheiden zwischen wörtlicher Wiederaufnahme (*Dieus vos saut – Dieus vos saut* bzw. *Dieus saut vos*) und Wiederaufnahme mit Ersetzung bzw. Auslassung (*Dieus vos saut – Et vos [si face]*). Diese zweite Möglichkeit haben wir unter sprachlichen Gesichtspunkten bereits analysiert[84]. Der Typ *Et vos si face* begegnet mit den GFn:

Dieus vos beneïe (PartonG 5982), *Dieus vos doinst a.r.* (LancPrK 464.35), *Dieus vos gart* (GarLorrV 13886), *Dieus vos saut* (PriseOrCER 452);

der Typ *et vos* mit den GFn:

Bons jorz vos soit hui ajornez (LancR 1290), *A Dieu vos comant* (RCambrM 6337, ErecR 3429, RenBeaujBelW 4504), *Dieus vos doinst a.r.* (PerlN 270), *Dieus vos saut* (YvainR 5048, Aiol[2]F 9320, BueveAgnS 2977, ParDuchG 208), *Bien puissiez vos venir* (PerlN 1365).

Im folgenden gehen wir nur noch auf die wörtliche Wiederaufnahme ein, wobei wir völlige oder wenigstens annähernd völlige Identität nicht nur der Verb-, sondern auch der (Nicht-)Wunschobjektkomponente fordern. Wir kennen Belege mit:

---

82 Weitere Belege: RenMontC 16953, YvainR 4624, 5244f., ContPerc[2]ER 26217, CleomH 3355f., 10368; vergleiche TL VI 1035, s.v. *oïr*.

83 Zu den Dankesformeln in GarLorrV s. Senge 1935, 63f.

84 S. oben, erster Teil, II. Kapitel, 46, 48.

Dieus vos beneïe

Da die GF vorwiegend als Erwiderung auftritt, ist es bemerkenswert, daß es eine Passage gibt, in der sie unzweifelhaft in Gruß und Gegengruß vorkommt. Ein Ritter (Lancelot) und Guenièvre:

> Et qant il vit la reine, si li dit:
> «Damedeu vos beneoie.»
> Et ele respont mout matement que Dex beneoie lui.
>
> (LancPrK 207.13–15)[85].

A Dieu

Die Diebe haben ihre Beute wieder an ihren Platz zurückgebracht.

> RASOIRS
> A Dieu, Cliquet!
> CLIKÉS
> A Dieu, Rasoir!
>
> (BodelNicH^3 1377).

Ritter und Marion:

> LI CHEUALIERS
> (...)
> A dieu, bergiere.
> MAR[I]ONS
> A dieu, biau sire.
>
> (AdHaleRobR 386).

Dieus vos doinst a.r.

Grußwechsel, bei denen in beiden Grüßen auch die Wunschobjektkomponenten gleich sind, kommen selten vor. Jozefens und die Königin begrüßen einander. Die GFn sind annähernd gleich:

> Li rois Jozefens le salue
> Lués maintenant qu'il l'a veüe.
> «Dame, dist il, en cest jor d'ui
> Vos doinst Deus joie sens enui.»
> Et la roïne respondi:
> «Sire, Deus vos doinst joie ausi.»
>
> (DurmG 14095–100).

Der Ritter grüßt mit zwei GFn, von denen die *pastoure* eine in ihrer Antwort wiederverwendet:

> Vers li m'en voix sens targier,
> biaul la saluoie:
> «belle, deus vos doinst boen jor
> et vos doinst grant joie.»
> «sire, deus l'otroie
> et vos doigne ancui boen jor
>
> (RomPast II 11.12–17).

In zwei weiteren Belegen ist der Grußwechsel mit identischen GFn zumindest wahrscheinlich. Der Gegengruß ist nicht selbst angeführt, sondern nur berichtend dargestellt. Gauvain wird für die Nacht verabschiedet:

---

85 LancPrM VII 352 weist denselben Grußwechsel auf.

(...) e la dame li dist que buene nuit li donast Dex, e il li respondi ensement. (PerlN 1264f.).

Der Abt begrüßt Bohort am Morgen:

(...) li abes, qui ne l'avoit pas oublié, vint a lui et li dist que bon jor li donast Diex. Et Boort li redist autel. (SGraal IV QuesteP 183.26f.).

Dieus vos soit garanz

Huon begrüßt einen *peneant* (Geriaume):

Hues li enfes en est pasés avant
Et le salue de Dieu le roi poisant:
«Preudom, chil Dix qui espandi son sanc
Por peceours, jor de venredi grand,
Vous soit au cors et a l'ame garant!»
(HuonR 2960–64).

Dieser erwidert mit derselben GF, verwendet freilich einen anderen Gottesnamen:

A haute vois se va lors escriant:
«Damoisiaus sire, cil Dix vous soit garant
Qui de la Vierge nasqui en Belleant!
(HuonR 2969–71).

Dieus vos gart

Berart verwendet zwei GFn, deren erste Floredespine in ihrer Entgegnung wiederaufnimmt. Die Gottesnamen sind sich ähnlicher als im vorhergehenden Beleg, aber doch nicht völlig identisch:

Berart voit la puchele, si la salua bel:
«Chil Damedieu de gloire qui fourma Daniel
Il gart cheste puchele et li otroit son bel!»
La puchele respont belement et isnel:
«Sire, chil Dieu vous gart qui fourma Israel!
(GaufrG 9072–76).

Dieus vos saut

Die GF wird häufiger paarig gebraucht. Guillaume und Orable:

Il la salue bel et cortoisement:
«Cil Dex vos saut, en cui somes creant!»
Dist la roïne: «Baron, venez avant.
Mahom vos saut, a cui le mont apent.»
(PriseOrABR[1] 669–72).

Bernier (unerkannt) und seine Frau:

Cortoisement la salua B.:
«Cil vous saut, dame, qui tot puet justicier.»
Elle respont: «Et Diex te saut, paumier.
(RCambrM 7176–78).

Zwei Boten vor dem Herzog:

Il saluent le duc à loi d'om sené:
«Cil Damedex de gloire qui an croiz fu penez,

Cil vos saut, jentis hon, et tot vostre barné!
– Et Damedex saut vos, li rois de majesté!
(ParDuchG 2891–94).

Der Gegengruß nimmt die Umstellung vor, die wir eingangs dieses Abschnitts erwähnt haben (s. oben, 278) und die wir in der sprachlichen Untersuchung mit einem parallelen Grußwechsel belegen konnten (ContPerc¹AR 4199–4202)[86]. Isengrin und Rainsent:

Qant a lui vint, si la salue:
«Diex saut, fait il, Rainsent ma drue.
– Et Dex vos saut, sire Isangrin,
(RenR XVI 14997–99).

Und schließlich wechseln auch ein Ritter und eine Hirtin identische Grüße:

puis li dis «dex vous saut, bergiere.
(...)
El ne fu pas esbahie,
si dist «dex vos saut, vassal;
(RomPast II 68.6, 9f.).

Bien soiez vos trovez
Guillaume und sein Neffe grüßen einander mit derselben GF. Der Neffe:

«Li ques est ores Guillelmes au cor neis?
– Voi me ci, freire.» dist li cuens honorés.
Et cil respont: «Bien soiez vos trovés!
Mes oncles estes, frans chevaliers manbrés,
De par mé mere, la roïne a vis cler:
Ce fut Florete, fille Aymeri lou ber.»
Guillelmes l'ot, grant joie en a moné.
«Biaus niés, dist il, bien soiez vos trovés!»
(PriseOrDR 1082–89).

In einem weiteren Beleg liegt nur annähernde Gleichheit vor, da im Gegengruß eine andere Variante der GF gebraucht wird. Nicolete und Aucassin:

Biax doux amis, bien soiiés vos trovés!
Et vos, bele douce amie, soiés li bien trovee!
(AucS⁷ 26.4f.).

Bien venir-GF
Wir kennen zwei Belege mit annähernder Gleichheit. Gauvain und die Königin[87]:

Et dist: «Ma dame, bien uiegnies.»
«Et uous boine auenture aies,
Biaus nies, uous soies bien uenans.»
(ChevIIEspF 2511–13).

Gauvain begrüßt die Veve Dame und ihre Tochter:

Messire Gavains les voit venir si descent. «Dame, fet il, bien puissiez vos venir, e vostre conpeignie.»
(PerlN 1049f.).

---

[86] S. oben, erster Teil, II. Kapitel, 67.
[87] Vergleiche oben, I. Kapitel, 200.

Anstelle der Mutter antwortet die Tochter:

«Sire, fet la damoisele a Monseigneur Gavain, bien soiez vos venuz.

(PerlN 1053f.).

Werden in Gruß und Gegengruß zwei GFn mit derselben Verb-, aber verschiedener (Nicht-)Wunschobjektkomponente verwendet, so kann der entsprechende Ausdruck des Gegengrußes eine Überbietung des Ausdrucks des eröffnenden Grußes sein. Ein solches paradigmatisches *renchérissement* ist Löfstedt 1978 im MF begegnet (210):

Celui Dieu qui fist ciel et terre
Sire, vous ait en bon jour
mis
(Le Roy) Le roy de gloire
Vous ait mis en bonne sepmaine;

(MirND 43, 1276).

Uns sind keine vergleichbaren Belege aus dem AF bekannt. Wir können allenfalls auf einen Grußwechsel verweisen, in dem das in der Wunschobjektkomponente vorkommende *adjectif qualificatif* wenn nicht gesteigert, so doch wenigstens amplifiziert wird. Allerdings wird in den beiden Grüßen nicht dasselbe Verb gebraucht:

La dame san faire sejor
Li dist: «Diex vos doint hui bon jor.»
Sagremor n'i est delaiez,
Ainz dist: «Dame, ausi bon l'aiez
Come je lo vorroie avoir;

(ContPerc³ER 34313–17)[88].

2.2.2.2. Komponentenanzahl (einschließlich der Anzahl der Ausdrücke in einer Komponente und der Anzahl der Grußformeln in Gruß und Gegengruß)

In den meisten Fällen ist es wohl Zufall, ob Gruß und Gegengruß über dieselbe oder eine verschiedene Anzahl von Elementen auf diesen drei Ebenen verfügen. Immerhin hat Löfstedt 1978 gezeigt, daß bei Verwendung von *Dieus vos doinst a.r.* die Wunschobjektkomponente des Gegengrußes ganz bewußt einen Ausdruck mehr als der Gruß enthalten kann. Sie nennt etwa für dieses – wir sagen: syntagmatische – *renchérissement* (210):

«Pere ou mere,
(...)
Diex vous doinst
boin jour.»
Li reponse:
«Boin jour
vous doinst Diex
et boin aventure.»

(DialFrAllemG 9),

[88] Vergleiche oben, erster Teil, I. Kapitel, 39.

und:

dist la pucele: «Dex te mete,
chevaliers, joie el cuer parfite,
de la riens qui plus te delite.»
Cil qui volantiers l'ot oïe
li respont: «Dex vos beneïe,
pucele, et doint joie et santé.»
(LancR 2790–95).

In diesem afr. Beleg betrifft die Überbietung – bei Verwendung zweier verschiedener Verben (*metre* vs. *doner*) – nicht nur die Wunschausdrücke (*joie parfite* vs. *joie et santé*), sondern auch die Anzahl der GFn insgesamt (*Dieus vos mete a.r. en a.l.* vs. *Dieus vos beneïe + Dieus vos doinst a.r.*).

Wir sind nicht in der Lage, hinsichtlich der Wunschobjektkomponente weitere völlig analoge Belege zu nennen. Die Überbietung betrifft allenfalls die Zahl der Ausdrücke – ohne Wiederaufnahme des Ausdrucks aus der Eröffnung und bei Verschiedenheit des Verbs:

(...) salué l'a
Cleomadés et dit li a
que Dieus garison li envoit.
«Sire, fait cil, Dieus vos en oit
et vous croisse honnour et bonté!
(CleomH 10365–69).

Eine solche Überbietung liegt auch mit einem Nicht-Wunschobjekt vor:

«Sire, Dix vous doint boine nuit,
Et de cose qu'il vous anuit
Vous desfenge par sa poissanche!
– De mal, d'anui et de pesanche
Desfenge vous, Sire Selvestre.
(MontRayn II 90).

Etwas anders stellen sich die Verhältnisse für die von Löfstedt gar nicht in den Blick genommene Verbkomponente dar. Hier kommt es vor, daß auf ein *Dex saut* ein *Dex (...) saut et gart* (TristBérM^4 3398, 3402f.) und auf ein *Dex vos saut et gart* ein *Dieus saut et gart (...) et beneïe* (ContPerc^{1}AR 1635, 1640f.) folgt. Der umgekehrte Fall, daß auf ein *Dieus vos saut et gart* mit einem *Dieus vos saut* oder *Dieus vos gart* geantwortet wird, ist freilich häufiger[89]. Wir sprechen hier konsequenterweise von Unterbietung.

Einen weiteren interessanten Fall von Überbietung liefern Abschiedsformeln. Hier stehen sich einfache und komplexe (d.h. aus einem Satzgefüge bestehende) GF gegenüber. Erec:

«je m'an vois, a Deu vos comant.»
Et la reïne autresimant
a Deu, qui de mal le desfande,
plus de .v^c. foiz le comande.
(ErecR 271–74).

---

[89] S. oben, I. Kapitel, 217f.

Aimeri:

> «Je vos comment au verai jostissier.
> – Et ge vos, sire, a Deu le droiturier,
> Qui vos desfande de mort et d'enconbrier.»
>
> (AimeriD 3807–09).

Richart:

> Richars commande a dieu sa mere,
> Et elle lui au souurain pere
> Qui le gart hui de mesceanche.
>
> (RichF 2605–07).

Und schließlich kommt es häufiger – wie oben in LancR 2790–95 – vor, daß auf eine mit zwei GFn geantwortet wird, so in *Dex vos gart* vs. *Dieus vos beneïe (...) et doint longue vie* (ContPerc[1]AR 1742–44) oder in *Dix vos saut* vs. *Dix vous beneïe (...) et vous doinst honor* (AtreW 2996, 2998f.).

2.3. Reihenfolge der Sprecher beim Grüßen

Wir beschränken uns auf die Untersuchung der Reihenfolge der Sprecher beim Begrüßen (Wer begrüßt wen als erster?). Wir gehen zuerst auf die von Hupka 1982 für Chrétien de Troyes festgestellten Regeln kritisch ein (2.3.1.) und kommentieren anschließend Einzelbelege (2.3.2.).

2.3.1. Das Werk Chrétiens de Troyes

Nach Hupka 1982 zeigt sich, daß bei Gesprächspartnern unterschiedlichen Ranges der «gesellschaftlich Niedrigerstehende den sozial Höherstehenden zuerst grüßt» (102). In der Umkehrung dieser Reihenfolge sieht Hupka eine Durchbrechung des normalen Verhaltenskodexes, die für den Niedrigerstehenden eine «besondere Auszeichnung» (104) darstellt. Sind die Gesprächspartner sozial gleichgestellt oder in ihrer sozialen Identität einander unbekannt, so grüßt diejenige Person zuerst, die an der anderen ein «Interesse» (103) hat oder sie zuerst wahrnimmt (104). Die Erstellung dieser Regeln setzt die Bestimmung der sozialen Position der Gesprächspartner – und zwar unabhängig von der Reihenfolge des Grüßens – voraus. Wir geben Hupkas Schema wieder (s. unten, 286) und gehen seine Beispiele durch, um zu zeigen, daß hierbei Schwierigkeiten auftreten können.

Die Bestimmung des Königs als ranghöchster Person ist unproblematisch. Die Tatsache, daß er von allen übrigen Personen normalerweise zuerst gegrüßt wird, ist die wichtigste Stütze für die erste der oben genannten Regeln. Von den verschiedenen Beispielen (*messages / vaslet / chevalier / dameisele / dame* → *roi*) halten wir den Grußwechsel zwischen *dame* und *roi* für besonders einprägsam[90]. Yvain lädt den König ein (YvainR 2304–11). Er schickt einen *escuier*

[90] Vergleiche die Interpretation bei Peil 1975, 49f.

voraus, damit ein gebührender Empfang vorbereitet wird (YvainR 2316–21). Zuerst kommt dem König das Volk entgegen (YvainR 2331–39), dann folgt die Begrüßung durch die *dame* – Laudine:

> et ele le salue et dit:
> «Bien veigne, par cent mile foiz,
> li rois mes sire, et beneoiz
> soit mes sire Gauvains, ses niés.
> – Et vostre cors et vostre chiés,
> fet li rois, bele criature,
> ait joie et grant boene aventure.»
> (YvainR 2380–86).

Die von Hupka angesetzte Kategorie *chevalier* umfaßt bei Chrétien ganz unterschiedliche soziale Positionen. Zu ihr gehören alle männlichen Adligen, die durch den Ritterschlag in diese ‹Ordnung› aufgenommen worden sind, und zwar von der niedrigsten bis zur höchsten sozialen Stufe[91]. Unter den Enide und ihre Kusine begrüßenden Rittern ist neben Erec, Maboagrain und Guivret auch der *roi* Evrain (ErecR 6294–99, *chevalier* → *dame*). Eine deutliche, an der Bezeichnung *chevalier* allein ablesbare Abgrenzung ergibt sich daher allenfalls gegenüber dem Nicht-Ritter (*sergent, escuier/vaslet* → *chevalier*). Deren Unterordnung geht aus dem Beispiel des *Erec* sehr schön hervor. Chrétien stellt den meist *escuiers* genannten Mann als recht wohlhabend dar (ErecR 3118–22). Er unterwirft sich freiwillig dem Ritter. Freiheit und Dienst sind hier kein Widerspruch: Seine *fran-chise* (ErecR 3133) besteht eben in seinem – des *ser-genz* – *bel ser-vise* (ErecR 3157). Er reitet bewußt auf Erec und Enide zu, um sie zu verköstigen und ihnen zu dienen. Zu dieser Haltung gehört natürlich, daß er den Ritter als erster grüßt:

> Puis s'apansa de grant franchise:
> ancontre ax a sa voie anprise,
> si les salue come frans
> et dist (...).
> (ErecR 3133–36).

An dieser Stelle ordnen wir auch die Reihenfolge *vaslet* → *vavassor* ein, denn der Rangunterschied zwischen Perceval und Gornemans beruht natürlich auf der Differenz zwischen Ritter und Nicht-Ritter (PercR 1362).

Innerhalb der Ordnung des Rittertums ergibt sich der soziale Rang des *chevalier* aus seiner Position in der Hierarchie des Feudalsystems, Natürlich ist Guigambresil dem König Artus, bei dem er Klage gegen Gauvain führt, untergeordnet (*chevalier* → *roi*, PercR 4755f.). Aber grüßt der *vavasor* Licoranz den ihm unbekannten Erec aus Gründen der sozialen Inferiorität (Burgherr *[vavassor]* → *chevalier*?) Der tatsächlich existierende Rangunterschied ist zum Zeitpunkt der Kontaktaufnahme nicht evident. Im Gegenteil: Erec wird erst einige Zeit später stolz auf seine Abstammung verweisen:

---

[91] Zum Rittertum in Frankreich in der zweiten Hälfte des 12. Jahrhunderts s. Flori 1983. Vergleiche auch Duby 1978, besonders 352–370 mit Verweis auf Chrétien de Troyes.

Schema[92]:

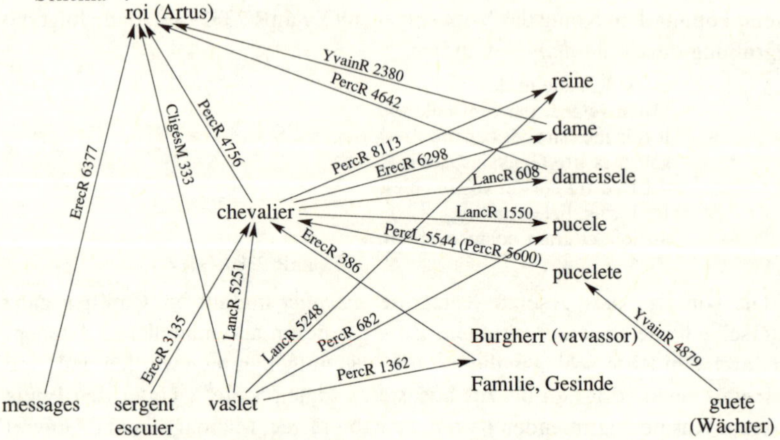

> Puis dist: «Sire, vos ne savez
> quel oste herbergié avez,
> de quel afeire et de quel gent.
> Filz sui d'un riche roi puissant:
> mes peres li rois Lac a non,
> Erec m'apelent li Breton;
> de la cort le roi Artus sui,
> bien ai esté trois anz a lui.
> (ErecR 647–54).

So ist es eher die höfische Gesinnung des kleinen Edelmannes, die ihn dazu führt, den Fremden anzusprechen[93].

Ebenso wie der *vavasor* sollen nach Hupka auch dessen Familie bzw. Gesinde dem *chevalier* untergeordnet sein (Familie, Gesinde → *vavassor*). Diese Einordnung ist völlig einleuchtend in bezug auf die Begrüßung des Ritters durch das sicherlich nicht-adlige Gesinde:

> A tant a la porte passee
> et voit la mesniee amassee
> qui tuit a l'encontre li vont;
> salüé, et descendu l'ont,
> (YvainR 4669–72).

Die adlige Familie eines *vavasor* ist dagegen nicht so leicht einzuordnen, da sie in sich selbst nicht völlig homogen ist. In der ersten von Hupka aus dem *Lancelot* angeführten Passage wird der Held von der als *dame* (LancR 2046, 2058) bezeichneten Frau des auch *chevalier* genannten *vavasor* (LancR 2016) und den Kindern begrüßt, die Chrétien mit den Worten

---

92 S. Hupka 1982, 103: «Die Rangordnung der Begrüßung nach Chrétien». Wir haben PercL nach PercR umzitiert.

93 Vergleiche Peil 1975, 37, der stärker auf Erecs Empfang durch Frau und Tochter (Enide) eingeht.

trois vaslez et deus chevaliers,
et deus filles gentes et beles
qui ancor estoient puceles.

(LancR 2048–50)

einführt. In der zweiten Passage ist es die *boene dame* (LancR 2512) bzw. *dame* (LancR 2520) genannte Frau eines Ritters, die Lancelot zuerst begrüßt (LancR 2517). Sollte nicht auch in diesen Fällen weniger der Rang als vielmehr die Höflichkeit das ausschlaggebende Kriterium für die Reihenfolge des Grüßens sein?

Diese Belege deuten schon an, wie schwierig die Rangverhältnisse zwischen *chevalier* und weiblichen Adligen zu beurteilen sind. Die von Hupka in Anlehnung an Grisay 1969 vorgenommene Unterordnung von *pucelete* einerseits, die Überordnung von *pucele, dameisele, dame* und *reine* andererseits suggeriert eine Klarheit der Abstufung, die so nicht gegeben ist. In gewisser Weise räumt auch Hupka das ein, wenn er sagt, daß zwischen «*chevalier* und *pucele*, bzw. *dameisele* kein so großer Rangunterschied» bestehe, «als daß er nicht häufig durch das Interessekriterium aufgehoben werden könnte» (104). Die *pucelete* (→ *chevalier* PercR 5600) ist die jüngere Tochter des Tibaut de Tintagueil. Dort, wo die Hs. A diesen Ausdruck gebraucht (PercL 5540), verwendet die Hs. T *damoisele* (PercR 5596). Daneben finden sich noch die Bezeichnungen *pucele* – *Pucele as Mances Petites* (PercR 4989) –, *damoisele petite* (PercR 5547) und sogar – mit leichter Ironie –*petite dame* (PercR 5249). Wenn sie Gauvain untergeordnet ist, dann als *pucelete* weniger dem *chevalier* als vielmehr dem Erwachsenen. Ihr Vater sagt von ihr *enfes est, niche chose fole* (PercR 5358), Gauvain redet sie mit *mes enfes dols et debonaire* an (PercR 5363). Die von einem Ritter begrüßte *pucele* (*chevalier* → *pucele* LancR 1550) wird auch *dameisele* (LancR 1510) genannt. Über ihren sozialen Rang können wir wenig sagen. Sicher ist jedoch, daß der in sie verliebte Ritter ein ‹Interesse› daran hat, sie anzusprechen und als erster zu grüßen[94]. Dieses Kriterium gilt auch für das von Hupka gewählte Beispiel der Beziehung *chevalier* → *dameisele* (LancR 608). Gauvain und Lancelot sprechen die *dameisele* an, weil sie von ihr über den Verbleib von Guenièvre unterrichtet werden wollen. Die Begrüßung einer *dame* durch einen *chevalier* haben wir bereits angesprochen (s. oben, 285f.). Wir können nicht sehen, worin hier die soziale Unterordnung der Männer unter die Frauen bestehen soll. Sie sind im Gegenteil höherer Abstammung. Dies wird auch in den Versen deutlich, in denen Enide ihr Verhältnis zu Erec charakterisiert:

voir, mes sires est filz de roi,
et si me prist et povre et nue;
par lui m'est tex enors creüe
qu'ainz a nule desconseilliee
ne fu si granz apareilliee.

(ErecR 6258–62).

---

[94] S. oben, erster Teil, II. Kapitel, 73.

Den Grund dafür, daß die höherstehenden Männer die niedrigerstehenden Frauen zuerst grüßen, sehen wir darin, daß die Gesellschaft durch den Sinneswandel von Enides Kusine die *Joie de la cort* ohne Trübung genießen kann[95]. Unproblematisch ist dagegen die Einschätzung der Reihenfolge *chevalier* → *reine*. Gauvain begrüßt als erster die fremde Königin. Bemerkenswert ist freilich deren höfliche Selbsterniedrigung nach der Begrüßung:

Quant mesire Gavains l'esgarde,
D'aler contre li ne se tarde,
Si le salue et ele lui.
Et ele dist: «Sire, je sui
Dame aprés vos de cest palais;
La seignorie vos en lais,
Car vos l'avez bien deservie.
(PercR 8111–17).

Wir haben die Mehrzahl der die Frauen betreffenden Beziehungen bereits abgehandelt. Es verbleiben noch Grußwechsel, bei denen zwischen den beteiligten Personen hierarchische Abstufungen deutlich erkennbar sind. Der *vallés*, der die *pucele* als erster grüßt (*vaslet* → *pucele*), ist der junge Perceval (PercR 682). Die Gesprächspartnerin – die Freundin des Orgueilleus – wird im übrigen auch *pucelete* (PercR 671) und *damoisele* (PercR 679) genannt. Genauso ist die *guete* der von ihm gegrüßten *pucele* (*guete* → *pucele*) untergeordnet (YvainR 4879). Auch diese *pucele* wird einmal als *dameisele* bezeichnet (YvainR 4924). Ein Rangunterschied besteht schließlich auch zwischen dem Boten Lancelots und der Königin (*vaslet* → *reine*, LancR 5248).

Die Umkehrung der eindeutig durch den Rangunterschied vorgegebenen Reihenfolge analysiert Hupka auf einer höheren und einer niedrigeren Ebene. Wir gehen auf ein jeweils besonders überzeugendes Beispiel ein. Erec reitet mit Enide durch den Wald, in dem die Artusgesellschaft eine Jagd veranstaltet. Keu versucht vergeblich, den fremden Ritter mit Gewalt zum König zu bringen. Gauvain gelingt dies mit einer List[96]. Er sorgt dafür, daß das Königszelt abgebrochen und auf Erecs vorgesehenem Weg wiederaufgebaut wird. So kommt es zur Begegnung mit dem Königspaar, wobei Artus seine besondere Wertschätzung des Ritters durch den Erstgruß ausdrückt:

Tantost li rois ist de son tré;
molt ont Erec pres ancontré.
Quant Erec voit le roi venant,
a terre descent maintenant,
et Enyde rest descendue.
Li rois les acole et salue,
et la reïne dolcemant
les beise et acole ausimant;
(ErecR 4179–86).

Der Anführer der fünf Ritter möchte Perceval nach den von ihnen gesuchten

[95] Vergleiche Frappier 1968, 86, 89f.; Köhler ²1970, 146f.
[96] S. Busby 1980, 53f.

cinc chevaliers et trois puceles (PercR 185) fragen. Als Perceval die Ritter sieht, hält er sie für Engel (PercR 138) und fällt zum Zeichen der Anbetung vor ihnen auf den Boden (PercR 155–58). Der *maistres des chevaliers* glaubt dagegen, daß es der fremde *vallet* mit der Angst zu tun bekommt (PercR 161f.). Dies ist der Grund, warum er auf den niedrigerstehenden Perceval zugeht und ihn sofort grüßt (PercR 170, s. oben, 273).

Grußwechsel gleichrangiger oder in ihrem sozialen Status einander unbekannter Personen betreffen bei Chrétien aufgrund der «Struktur der Romanhandlung» (Hupka 1982, 103) vor allem Ritter. Bei den von Hupka beigebrachten Belegen handelt es sich ausschließlich um Begegnungen ‹fahrender› Ritter. Ein Beispiel dafür, daß derjenige zuerst grüßt, der am anderen ein ‹Interesse› hat, ist die Begegnung, in der ein unbekannter Ritter (Lancelot) von Gauvain ein Pferd fordert:

> Li chevaliers a salüé
> mon seignor Gauvain primerains,
> et puis lui mes sire Gauvains.
> Et li chevaliers s'arestut
> qui mon seignor Gauvain conut,
> si dist: «Sire, don ne veez
> con mes chevax est tressüez
> et tex qu'il n'a mes nul mestier?
> Et je cuit que cist dui destrier
> sont vostre; or si vos prieroie,
> (...)
> le quel que soit, me baillessiez.»
> (LancR 274–83, 287).

Folgt man unseren Einwänden gegen die Annahme eines Rangunterschiedes zwischen einem ‹fahrenden› Ritter und einem *vavasor* bzw. bestimmten weiblichen Adligen, so erhöht sich die Zahl von Grußwechseln zwischen gleichrangigen Personen beträchtlich. Es zeigt sich dann auch, daß man das den Gruß auslösende Kriterium des Interesses sehr weit fassen muß. Beim Interesse geht es nicht nur um den eigenen Nutzen oder Vorteil, sondern auch um die dem anderen zuteil werdende Aufmerksamkeit und Beachtung – man denke nur an die Begrüßung Erecs durch Licoranz (s. oben, 285).

Hupka erfaßt mit seinem Korpus fast alle der bei Chrétien realisierten Grußbeziehungen. Wir ergänzen seine Darstellung an einigen Punkten, wobei es immer um Begegnungen mit Rangunterschied geht. So finden sich weitere, von Hupka nicht näher untersuchte hierarchische Beziehungen innerhalb des Feudalsystems. Wir nennen etwa die Begrüßung des Herrn von Tintagueil durch den *vavasor* Garin und dessen Sohn Hermant:

> Si s'en aloient ambedui
> A la cort si come il soloient,
> Qu'a lor seignor parler voloient,
> Si l'encontrent enmi la rue.
> Et li vavasors le salue,
> Si li demande ou il aloit.
> (PercR 5258–63),

und die Begrüßung des Königspaars durch Enides Eltern (in Begleitung Erecs und Enides):

jusque devant le roi s'an vindrent,
si le salüent maintenant,
et la reïne ansemant
que delez lui seoit an coste.
(ErecR 6536–39).

Weiterhin grüßt der fahrende Ritter Erec (er tritt sein väterliches Erbe erst viel später an) den Grafen zuerst, der ihn in seiner Herberge aufsucht:

A trois conpaignons seulemant
vint li cuens, qu'il n'amenoit plus.
Erec contre lui leva sus,
qui molt estoit bien afeitiez,
si li dist: «Sire, bien vaigniez.»
Et li cuens resalua lui;
(ErecR 3260–65).

Vergleichbar ist schließlich die Begrüßung des Herrn von Tintagueil und seiner Begleiter durch Gauvain (PercR 5296–5300)[97].

Als hierarchisch abgestuft können wir auch die Beziehungen zwischen Gesprächspartnern ansehen, die verschiedenen Generationen angehören. Hupka kennt die einschlägigen Belege, analysiert sie aber nicht unter diesem Gesichtspunkt. Es sind neben der schon besprochenen Passage aus dem *Perceval* (s. oben, 287) zwei Ausschnitte aus dem *Erec*. König Lac reitet seinem Sohn Erec entgegen. Die Wahl des Verbs *s'antresalüer* drückt laut Hupka die «Freiheit von Rangproblemen» (104) aus. Man kann darin aber auch den Verzicht des Königs auf Vorrang dargestellt sehen:

Tant galoperent et corrurent,
qu'il s'antre virent et conurent,
li rois son fil, et ses filz lui.
A pié descendent anbedui,
si s'antre beisent et salüent;
(ErecR 2291–95).

Erec und Enide empfangen Enides Eltern am Artushof und grüßen sie als erste:

Erec et Enyde les voient,
ancontre vont, plus ne deloient,
si les salüent et acolent,
molt dolcemant les aparolent
et font joie, si com il durent.
(ErecR 6529–33).

Unser Ergebnis ist: Insgesamt treffen Hupkas Regeln durchaus zu. Im Detail treten jedoch Schwierigkeiten auf. Die Beurteilung der Reihenfolge im jeweiligen Beleg erfordert eine Kenntnis der ‹Ideologie›[98] des betreffenden Werkes,

---

97 S. oben, I. Kapitel, 202.

98 Im Sinne von Duby 1978, 20. Zur Situierung (freilich auch zur Kritik) dieses Begriffs s. Kerner 1982.

die zwar prinzipiell über den Wortschatz der Personenbezeichnungen erschließbar ist, sich aber gleichwohl nicht ohne weiteres am unmittelbaren Kontext der *saluer*-Belege ablesen läßt.

2.3.2. Ausgewählte Einzelbelege aus unserem Korpus

Es versteht sich von selbst, daß die bei Chrétien festgestellten Regeln nicht a priori auf andere Werke übertragen werden dürfen. Es ist zwar sicherlich nicht unplausibel, daß diese Regeln auch anderswo Geltung haben, im Einzelfall müßte aber immer noch das werkspezifische hierarchische Verhältnis zweier Gesprächspartner bestimmt und die Beurteilung der Reihenfolge daraus abgeleitet werden. Wenn dieses methodische Vorgehen jedoch eine genaue Kenntnis der ‹Ideologie› eines jeden Werks voraussetzt, so ist leicht einsehbar, daß die Aufgabe in unserem Rahmen nicht umfassend gelöst werden kann. Wir nehmen uns daher im folgenden nicht mehr vor als die Interpretation von solchen Einzelbelegen, aus denen das hierarchische Verhältnis der Gesprächspartner möglichst unmittelbar hervorgeht. Zur Demonstration dieses Verhältnisses ist nicht selten die Wiedergabe längerer Textpassagen nötig. Wir behandeln nacheinander Fälle, in denen der Niedrigerstehende den Höherstehenden und in denen der Höherstehende den Niedrigerstehenden zuerst grüßt.

2.3.2.1. Der Niedrigerstehende grüßt den Höherstehenden als erster

Das Volk grüßt seine Herrschaft zuerst: Ein alter Ritter kündigt den Bewohnern von Castel Peureus die Rückkehr ihrer rechtmäßigen Herrin an. Die von einem Statthalter Briens unterjochten Leute gehen ihr entgegen und begrüßen sie – womit sie ihrer unverbrüchlichen Treue zu ihr Ausdruck geben (ChevII-EspF 8122–27)[99]. – Das Volk von Le Mans zieht seiner wiedergefundenen Herrin entgegen:

> Encontre sont venu cil dou Mans baudement,
> Leur dame ont saluee bel et courtoisement;
>
> (BerteH 3262f.).

Das Volk von Beruïc empfängt seine Herrschaft:

> Trestuit keurent sour le rivage
> Pour recueillir leur signerage,
> Qui de nes es batiaus entrerent
> Et as avirons tant siglerent
> Que des nes issent el sablon
> Ou il trouverent maint baron
> Qui criërent a haute vois:
> «Bien viegne mesire li rois!
> Et bien soit madame venue
> Qui par traïson fu perdue!
> Bien soit nos damoisiaus venus

---

[99] S. oben, I. Kapitel, 223.

Qui avoeques li fu perdus!
Ensement li rois de Hongrie
Lui et toute sa compaignie
Soit bien venue en cest païs!

(BeaumManS 8397–8411).

Bedienstete grüßen ihre Herren zuerst. Ydoine beauftragt Garinet, Amadas zu suchen. Aus der Passage geht hervor, daß der *vallet* ihr in besonderer Weise ergeben ist:

Un de ses plus privés apele,
Le vallet qui dist la nouvele
Amadas pour coi esgara,
Car en lui forment se fia,
Et mult estoit loiaus vallés.
Il estoit noumés Garinés;
Ele l'avoit mis a ceval.
Il se met a jenous aval
Devant sa dame isnelement.
Ele li dist, tout em plorant,
Tant face pour l'amor de li
Que il aut querre son ami,
Se il la veut de mort garir.

(AmYdR 2583–95).

Bei der Rückkehr von seiner Mission grüßt er seine Herrin als erster:

Droit a Nevers est repairiés
Dont il estoit dolens meüs;
Or i est tous liés revenus.
(...)
A itant est entrés par l'us
Garinés, qui tost le salue.
Quant el le voit, tot li remue
Le cuer de joie et de dolour,
Car ele a et joie et paour:
Ne set s'il [Amadas] est u mors u vis.

(AmYdR 2879–81, 2888–93).

Auch Amadas wird von Ydoine zunächst als *vallet* (AmYdR 226) behandelt. Amadas' Vater ist der Seneschall von Ydoines Vater, des Herzogs von Burgund:

Cil dus avoit un senescal
Preu et vaillant et mult loial;
(...)
Bourgongne ot toute a gouverner.
Ne tenoit pas toute s'ouneur
Dou duc, que plus tint a signeur:
D'autres signeurs terre tenoit.

(AmYdR 35f., 42–45).

Entsprechend ist auch Amadas Ydoine untergeordnet – Grund genug für Ydoine, Amadas' Liebe abzulehnen[100]:

[100] S. Schmolke-Hasselmann 1981, 301f. zu *Amadas et Ydoine* sowie 297–300 zu *Jehan et Blonde,* woraus unser nächstes Beispiel entnommen ist.

Pucele sui de haut parage:
Ne puis trouver en mon corage
Qu'en tel maniere amer te doie,
Que ja loee n'en seroie,
Mais blasmee de toute gent,
Car j'ameroie bassement;
Et d'autre part, en cuer ne l'ai.
(AmYdR 532–38).

Die Rangverhältnisse spiegeln sich auch im Grußverhalten wider. Bei einem Fest beauftragt der Herzog Amadas, seiner Tochter ein Gericht zu servieren. Amadas grüßt die *damoisele*:

Devant la damoisele vint,
Salue la, du mes qu'il tint
Le fist de par le duc present;
Et la pucele boinement
Le reçoit et celui merchie:
(AmYdR 221–25).

Das Verhältnis zwischen Jehan und Blonde kann ähnlich beschrieben werden. Blonde ist die Tochter des Grafen von Oxford, dem sich Jehan als *povres jentiex hom* (BeaumJBlS 139) auf der Suche nach einem *maistre* (BeaumJBlS 142) unterstellt. Einmal in den Dienst genommen, wird er später der gräflichen Tochter zugeteilt (BeaumJBlS 210–13). Auch hier kommt das Rangverhältnis in der Reihenfolge des Grüßens zum Ausdruck. Jehan grüßt Blonde stets als erster, z. B.:

Un jour le vint seule veoir
Et dessur s'esponde seoir,
Et il du pooir que il a
Mout durement la bienviegna.
(BeaumJBlS 719–22).

Natürlich ist Robin, Jehans Diener, ihr erst recht untergeordnet. Blonde besucht Jehan und wird von Robin begrüßt:

Et Blonde sans plus de demeure
De la cambre ou ses lis ert ist
Et entre en cele ou Jehans gist.
Une lampe en une verriere
Li rendoit un peu de lumiere;
Fors que Robin leans n'avoit.
Quant il sa dame venir voit,
Lieve soi et si le salue.
(BeaumJBlS 1150–57).

Wir nennen noch zwei Fälle der Unterordnung des *vallet*, in denen der Höherstehende freilich nicht der eigene Herr ist. Ein Bote Briens macht für Gauvain in einer Burg Quartier, die einem Verwandten seines eigenen Herrn gehört (ChevIIEspF 3981):

Et uient au castel maintenant
Et trueue la dame seant,
Si le salue (...)
(ChevIIEspF 4001–03).

Amadas feiert mit dem *borjois* von Lucca und dessen Nachbarn. Sie erblicken einen *garçon mult bien atourné* (AmYdR 4051), der sie freilich nicht beachtet. Amadas ruft ihn herbei. Der *vallet* kommt und grüßt die Gesellschaft – aber wohl nur, weil er in Amadas einen ihm übergeordneten Ritter erkennt:

Li vallés fu preus et cortois:
Bien voit que il n'est pas borjois,
Ains set bien qu'il est chevaliers;
Cortoisement et volentiers
Guencist a lui outre la rue.
Lui et les autres tous salue
Et dist (...)
(AmYdR 4071–77).

Auch höher gestellte ‹Beamte› grüßen ihre Herren zuerst. Orgueillose d'amors ist Herrin von Tormadai. Der *prevost*, ein wohlhabender Bürger (*borjois* BlancandS 1757), ist ihr untergeordnet. Die hierarchischen Verhältnisse werden offengelegt, als Orgueillose erwägt, von ihm die Auslieferung Blancandins zu verlangen:

Bien m'est revenuz a la mein;
En cel borc a pris son ostal,
Mais ge li cuit faire molt mal;
Que se li prevoz nel me rent,
Il me rendra son tenement.
(BlancandS 1012–16).

Als sie den *prevost* kommen läßt, grüßt der sie als erster:

Atant a por lui envoié
Un damoisel proz et vaillant,
Et li prevoz vient maintenant;
Entre en la chanbre qui fu bele
Et salue la damoisele,
Et cele li respont molt tost:
«Et Diex vos gart, sire prevost.
Venez vos apoier lez moi.»
(BlandcandS 1450–57).

Bemerkenswert ist das Verhältnis zwischen Blancandin und dem *prevost*. Blancandin ist ein Königssohn (BlancandS 23–34). Bei seiner ersten *aventure* wird er zum Ritter geschlagen (BlancandS 269f.). Als er auf seiner Fahrt nach Tormadai kommt, macht er keinen großen Eindruck auf einen Bürger, den er grüßt und um Auskunft bittet (BlancandS 882–902). Blancandin scheint dem *prevost* zunächst untergeordnet zu sein. Dem entspricht nicht nur die Reihenfolge des Grüßens, sondern auch die wechselseitige Anrede (*gentix hom* + *vos* vs. *amis* + *tu*):

Blanchandins vient la droitement,
Sel salua cortoisement.
«Gentix hom, sire, Diex vos salt!»
Ce dist Blanchandins qui molt valt;
Et li prevoz li respondi:

«Amis, Diex beneïe ti!
Di moi, que demandes, que quierz?»
(BlancandS 903–09),

Erst als er den Bürger im Zweikampf besiegt hat, wird er als wenigstens gleichberechtigt anerkannt. So wird Orgueillose berichtet:

«Damoisele, vos ne savez?
Un damoisel proz et senez
S'est chiés le prevost herbegiez;
Mais il fu primes essaiez.
De son cheval le defola;
En son ostel a force entra.
Or le tient le prevost molt chier;
Dejoste lui siet au mengier,
S'il fait a ses filles servir
De ce qu'il li vient a plaisir.»
(BlancandS 995–1004).

Das Verhältnis zwischen den beiden wird geradezu umgekehrt, als der reiche Bürger seinem Gast nicht nur eine Ritterausrüstung schenkt, sondern sich auch erbietet, als sein Knappe (*escuier* BlancandS 1195) in den Kampf gegen Alimodés zu ziehen. Wesentlich später macht sich Blancandin zum Herrn von Tormadai (BlancandS 4976–81). Damit wird er auch im formalen Sinn der Herr des *prevost*. Dieses neue Verhältnis geht aus einer weiteren Grußszene hervor. Der *prevost* eilt zu Blancandin, um über den Verrat Subiiens zu berichten:

Es vos sus el palais auçor
Le boin provost de Tormadai
Qui tant avoit le cuer verai
De son signor toudis aidier.
Quant voit son signor droiturier,
Si le salue gentement.
Quant Blancandins l'ot et entent,
Et il a reconnut son oste,
Si l'assis, jouste s'acoste:
«Provos, dist il, bien vegniés vos;
(BlancandS 5950–59).

In der *Manekine* begegnet ein weiterer *prevos*. Er nimmt sich Joïes an und verspricht ihr, sie vor seinen *signour* (BeaumManS 1216) zu bringen. Als er dann vor den König tritt, grüßt er als erster:

Li prevos devant lui s'en vient,
Qui la bele par le main tient.
Premiers a saluë le roy,
Puis les barons qui sont o soy.
(BeaumManS 1249–52).

Die Beziehung eines Seneschalls zu seinem Herrn illustrieren wir mit einem Beispiel. Die Königin von Garadigan hat die Freiheit ihrer Stadt zurückerlangt. Sie ruft ihr Gefolge zu sich:

Ele fait deuant li mander
Ses damoiseles et ses gens.

Ses baillius ki n'ert pas dolens
Le fist mout deboinairement.
Mout i uinrent ioieusement
Comme gent de prison issue.
Et li senescaus le salue
Comme sa dame (...)

(ChevIIEspF 1048–55).

Zwei weitere Belege zeigen einen Seneschall in Über- bzw. Unterordnung zu Personen, zu denen kein direktes Herrschafts- oder Abhängigkeitsverhältnis besteht. Wir sind schon in anderem Zusammenhang näher auf die Passage eingegangen, in der die Mutter Guillaumes den kaiserlichen Seneschall empfängt und ihn als erste begrüßt, weil er weit über ihr steht (s. oben, 271, GuillDoleL 3290–99). Im Prosa-*Lancelot* schickt Claudas seinen *maistre seneschal* zu den Königskindern Lionel und Bohort und gibt dabei genaue Verhaltensanweisungen:

«Seneschax, alez me tost querre les deus filz au roi Bohort et si menez avocques vos tel compaignie de chevaliers et de vallez et de serjanz com il doit mener qui veit querre filz de roi, et avocques aus faites lor deus maistres venir.»

(LancPrK 60.25–28).

Die hier schon anklingende Unterordnung zeigt sich dann in der Grußszene selbst:

Et lors vint avant li seneschauz, et quant il vit Lyonel, il s'agenoille devant lui, comme cil qui mout estoit preuz et vaillanz.
«Sire, fait il, messires li rois vos salue, (...).»

(LancPrK 64.2–5).

Innerhalb der Familie grüßen Kinder ihre Eltern zuerst. Dies gilt etwa für die Tochter Guerris le Sor:

Vint a son pere, ce li a pris a dire:
«Bien vegniés, sire, vos et vo compangnie.
– Ma bele fille, et Dex vos beneïe!»

(RCambrM 5574–76);

die Tochter Briols:

Une soue fille a trovee,
Qui unes estaiches ovroit,
Et de si grant biauté estoit
Con s'elle fust serainne ou fee;
Ancontre som pere est levee,
Si le salue hautemant.

(ContPerc²ER 26362–67);

die Tochter eines alten Ritters:

Et quant ele voit son pere, si li cort les braz tandus et li dist: «Biax douz pere, bien soiez vos venuz!

(LancPrM IV 15);

schließlich Cleomadés:

Cleomadés a salué
le roi Marcadigas son pere,

qui onques n'ot pensee avere,
et li fist joie si grant
com peres doit faire a enfant.

(CleomH 5678–82).

In der Familie gibt es sicherlich auch andere Abstufungen. So grüßen die Kinder Pippins ihre vermeintliche Großmutter zuerst:

Ez vous les filz le roy chevauchant par la rue,
A pié sont descendu souz une ente fueillue,
Chascuns d'aus la roÿne courtoisement salue.
«Dame,» ce dist li rois, «honnor vous est creüe,
Cil doi sont mi enfant de vo fille ma drue.»
Quant Blancheflour les voit, tous li sans li remue;
Li cuers ne l'i trait point que joie en ait eüe,
Maigrement les salue, tous li cors li tressue.

(BerteH 1928–35).

Wahrscheinlich steht auch der Bruder über der Schwester. Um so bemerkenswerter ist es, daß sich dieses Verhältnis durch den aus der Heirat resultierenden sozialen Aufstieg der Schwester umkehren kann. Guillaume tritt vor die Frau des Kaisers:

– Com buer m'ajorna ciz jors d'ui,
fet il, quant ge voi ma seror
cui mis sires fet tant d'onor,
qui l'a assise lez sa coste!»
De son biau col son mantel oste,
sil vet saluer a genouls.
«Mes biaus freres, mes cuers, mes douz,
fet ele, bien soiez venuz!»

(GuillDoleL 5260–67).

Außerhalb der Familie grüßen normalerweise Kinder Erwachsene zuerst. Ein sehr schönes Beispiel enthält der *Perlesvaus*. An ihm kann man geradezu ablesen, wie einem Kind das Grüßen beigebracht wird. Ein Eremit zu seinem kleinen Neffen:

Oez, fet il, biax niés. Veez ci Monseigneur Gavain, le vostre desirrier. Venez a lui e si li fetes joie.» (…) E vient a Monseigneur Gavain, e Messire Gavains le reçoit entre ses braz. «Sire, fet li enfes, bien soiez vos venuz.

(PerlN 1592f., 1595–97).

Bemerkenswert sind auch die Grußwechsel mit dem jungen Lancelot. Das Kind grüßt seine ‹Ersatz›mutter zuerst (LancPrK 46.22, 140.2), ebenso einen alten *vavasor* (LancPrK 43.8) und Lambegue, den Neffen Phariens und Erzieher Bohorts – der diese Artigkeit sogleich kommentiert:

Qant la dame ot Lancelot laissié, il s'an vient a Lanbegue, si lo salue et li fait joie mout grant, si qu'il dit c'onques mais nul anfant de son aage ne vit cui il poïst autretant prisier.

(LancPrK 107.19–22).

Andererseits grüßt ein *biax vallez de prime barbe* (LancPrK 41.33) Lancelot zuerst. Hier ist nicht der ohnehin geringe Altersunterschied, sondern das Gefühl der sozialen Inferiorität ausschlaggebend:

Cil pensa bien que li anfes estoit mout hauz hom, si li dist:
«Biax sire, que Dex vos doint onor. Ne vos chaut ja qui ge soie, car certes ge sui assez povres (...).»

(LancPrK 42.1–4).

2.3.2.2. Der Höherstehende grüßt den Niedrigerstehenden als erster

Wenn der Höherstehende den Niedrigerstehenden zuerst grüßt, so interessieren vor allem die Gründe für diese Umkehrung der normalen Reihenfolge. Ein häufiges Motiv ist Dankbarkeit für einen erwiesenen Dienst. So grüßt der Auftraggeber den von einer gefährlichen Mission zurückkehrenden Boten häufig zuerst:

A Soissons la cité fu l'ampereres mainne;
Là l'ont trové li mès au jor de dïemainne.
Quant les voit l'amperere, molt grant joie en demainne,
«Bien vaingniez vos,» fait il, «mi dru et mi demainne!
Commant estes estors de cele gent farainne?»

(SaisnM 678–82);

Bertran:

Le roi trova ou seoit au disner:
Tot entor lui ses contes et ses pers
Et ses demaines, ses dus et ses privés.
Kallon le Mainnes est contre lui levés:
«Amis, dist il, ben soié vus trovés.»
Et li dux Namon a grant joie mené.
«Sire Bertran, ce dist Kallon li bers,
De vos novelles, et car nus en contés.»

(OgDanE 4740–47);

Guenièvre:

Et quant ele vit Tarquin entrer ou palais, il ne fait mie a demander se ele ot grant joie, et li dist que bien soit il venuz. Et il li ancline et salue come sa dame, puis la tret a une part et li dist qu'il veut a lui parler priveement.

(LancPrM V 168).

In diesen Belegen spielt natürlich auch die Ungeduld des zuerst Grüßenden mit, der möglichst schnell die Neuigkeiten des Boten erfahren will. Ungeduld führt auch den Empfänger einer Botschaft dazu, dem Gruß des untergeordneten Boten zuvorzukommen. Bertran sieht Gilebert aus Orange kommen:

A sa voiz clere hautement li escrie:
«Bien viegniez vos, franc chevalier nobile!
Ou est mes oncles a la chiere hardie?
Et Guïelin? nel me celer tu mie.»

(PriseOrABR[1] 1732–35).

Die Ungeduld kann durchaus negative Züge tragen. Gauvain schickt Yvain und Guigan zu Guiromelant. Sie sollen seine Bereitschaft zum Kampf erklären:

Einz que mot li poïssent dire
Et que il fussent descendu,

Lor a dit: «Bien soiez venu.»
Yvains respont come senez:
«Sire, desvanciz nos avez;
Message somes voiremant,
Si deüssiens premieremant
Vos salüer. Or est ensi:
Gauvains vos mande, jel vos di,
Prez est d'aquiter sa fiance.»
Et cil respont sanz demorance:
«Et ge toz prez. (...).»
(ContPerc[1]AR 686–97).

Dank gilt auch dem Niedrigerstehenden, der Waffenhilfe geleistet hat. Die Würdenträger fordern vom Kaiser Aufmerksamkeit für Ille:

Si con cil de l'ost s'en revienent,
Endroit l'empereor se tienent
Et dïent a l'empereor:
«Sire, faites celui anor
Qui vos fu ja si mal venus;
Car il nos a tols sostenus
Et si nos a rendu l'empire.
Or tost encontre lui, bials sire!»
Al roi ne vient ne cuens ne dus
Qui ne l'en die autant u plus.
Quant Ylle voit, ses mains li tent,
Si le salue haltement;
Et cil qui molt li a valu,
Li rent encontre gent salu.
(GautArrIllC 2430–43).

Ein weiteres Motiv ist das der Entschuldigung oder Reue. Der Höherstehende hat sich etwas zuschulden kommen lassen und will den Niedrigerstehenden versöhnen. Eracle besitzt tatsächlich die Pferdekenntnis, die ihm niemand hat abnehmen wollen. Der Kaiser leistet dem *varlet* Abbitte:

encontre le varlet en vait.
Quant il le voit, grant joie en fait,
molt bonement l'acole et baise
tantost com ot et liu et aise.
«Amis, fait il, bien viegnes tu!
Petit en faut que je ne tu
ne faiç morir de male mort
tous ceus qui t'ont blamé a tort.
(GautArrErR 1821–28).

Die fränkischen Gesandten gelangen nach Pavia. Es kommt zu Reibereien mit Boniface. Der König entschließt sich aber zu einer versöhnlichen Haltung und sucht die Franken in ihrer Herberge auf:

Et qant li conte les ont aperceu,
Contre le roi sont maintenant issu.
Li rois lor dit molt gentement salu:
«De Damedeu, le verai roi Jesu,

Qui toz jorz est et totes eures fu,
Soiez gardé, franc chevalier menbru!
(AimeriD 2320–25).

Der Bischof setzt reumütig Theophile wieder in sein Amt ein. Er grüßt als erster[101]:

Or se lieve l'evesque contre Theophile
et li rent sa dignité et dist:
[LI EVESQUES]
Sire, bien puissiez vous venir!
THEOPHILES
Si sui je. Bien me soi tenir:
Je ne suis pas cheüs par voie.
LI EVESQUES
Biaus sire, de ce que j'avoie
Vers vous mespris jel vous ament,
(RutebTheophF 320–24).

Der Höherstehende wendet sich auch dann als erster an den Niedrigerstehenden, wenn er etwas von ihm will – z. B. eine Auskunft. Durmart und ein *vallet*:

Mesire Durmars va tot droit
Vers le vallet lués qu'i[l] le voit;
Salüé l'a promierement,
Puis l'araisone belement.
«Vallés, fait il, parole a moi:
Se Dex te doinst joïr de toi,
Saroies tu nule novele
D'une vermelle tente bele
Que perdue ai dedens cest bois?»
(DurmG 4157–65).

Bohort und ein *escuier*:

(...) si chevalche jusqu'a droite tierce, si encontre .I. escuier sor .I. maigre roncin, si le salue et cil lui. «Bials amis, fet il, dure mes guere ceste forest?
(LancPrM II 168).

Lancelot und zwei Schäfer:

Mais aprés vespres regarda devant lui et vit a senestre partie .II. pastors qui gardoient bues et vaches. Il torne cele part et les salue et lor demande s'il a nul ostel pres d'iluec ou l'en peust herbergier.
(LancPrM II 237f.).

Pippin hat sich im Wald verirrt (BerteH 2622) und trifft auf eine ihm unbekannte *pucele* – Berte. Um den Abstand zu dem vermeintlich einfachen Mädchen zu verringern, verheimlicht der König zunächst seine Identität:

Et li rois la salue molt tres courtoisement,
Et Berte conme sage au roi son salu rent.
«Bele», ce dist Pepins, »n'aiez esfreement!
Je sui des gens le roy ou douce France apent,
J'ai ma route perdue, s'en ai le cuer dolent.

---

[101] S. oben, erster Teil, II. Kapitel, 94f.

Sauriiés vous ci pres maison ne chasement
Ou je peüsse avoir aucun rassenement?
(BerteH 2658–64).

Aber nicht nur eigennützige Motive führen zur Umkehrung der üblichen Reihenfolge. So gibt es auch aus Mitleid Erstgrüße des Höherstehenden. Partonopeu wird von Urraque in halbtotem Zustand aufgefunden:

El s'aparçoit qu'est chose vive
Et por paor un pou l'eschive.
Puis vient plus pres et miech l'avise;
A l'entercier a paine mise.
Uns hom est, ce li est avis,
Mais el ne puet trover le vis;
(PartonG 5953–58).

Sie entdeckt es doch:

Kant la pucelle voit son vis,
Dont seit ke c'est alcuns chaitis.
«Amis, fait ele, Dex vos saut!»
(PartonG 5973–75).

Während der Vater den Sohn mit Nichtachtung straft, grüßt ihn die Mutter:

La ou il vit le roi seant,
Si cum il dut le salua.
Ains li rois ne le regarda
Ne de riens ne le respondi.
Et Durmars le laissa ensi;
Vers la roïne en va todroit.
Et quant la roïne le voit,
«Bealz filz, fait ele, bien veigniés!
(DurmG 746–53).

Der Vater nimmt den verlorenen Sohn gnädig wieder auf:

COURTOIS. Ha! biaus dous peres, ves moi chi,
vo fil Cortois l'eschaitivé,
qui tant a vers vous estrivé
et ouvré sor vostre deffois.
LE PÈRE. Biaus dous fieus, par cent mile fois
soies tu li bien revenus!
(CourtArrF 610–15).

Und schließlich hat das ‹Übersehen› des Rangunterschiedes bisweilen auch einen von solchen Motiven völlig freien Wert in sich. Der Irre (Tristan) wird zum König gebracht. Während dessen Gefolge sich recht derbe Späße mit ihm erlaubt, behandelt Marc ihn gutmütig:

Plusurs sailent, cuntre li vunt,
En sa guisse saluet l'unt,
Puis si amenerent le fol
Devant le rai, le pel al col.
Markes dit: «Ben vengez, amis.
Dunt estes vus? K'avez si quis?»
(FolTristOxfP 263–68).

Gauvain und ein Knappe:

> Et mes sire Gauuains li dist:
> «Vallet, bien ueignies!» Cil a honte
> Et s'esmerueille de quel conte
> Il l'auoit salue auant,
> Se le respont de maintenant:
> «Sire, boine auenture aies!»
>
> (ChevIIEspF 3878–83).

Artus kommt dem Gruß der Dame del Lac zuvor:

> Ensi appareilliee et de cors et de palefroi est la dame devant lo roi venue. Et delez li fu li vallez, et fu vestuz d'un blanchet breton qui mout fu bons. (...) La dame abat sa guinple devant sa boche et salue lo roi, et non pas si tost que il ne l'eüst ançois saluee que ele lui.
>
> (LancPrK 152.23–25, 27f.).

Zusammenfassung des dritten Teils

Wir halten als wichtigstes Ergebnis fest, daß der Reichtum der afr. GFn nicht nur ein Charakteristikum ihrer Sprache, sondern ebenso ihrer Funktion ist. Die im Wortschatz des sprachlichen Grußes teilweise angelegte Opposition von „Begrüßen" und „Verabschieden" spiegelt sich bei den GFn als Gegensatz von Begegnungs- und Abschiedsformeln wider. Neben den eindeutig auf eine dieser beiden Grußsituationen fixierten Formeln gibt es aber auch solche, die in mehr oder minder hohem Maße beide Funktionen übernehmen können. Es ist bisher nur in Ansätzen gesehen worden, daß der Gebrauch der GFn über diese allgemeine äußere Fixiertheit hinaus an eine Vielzahl von Umständen des Sprechens und Handelns gebunden ist. Es gibt GFn, die auf bestimmte Tätigkeiten, Ereignisse oder das Befinden des Adressaten festgelegt sind (GFn für Zubettgehende und Aufstehende, GFn im Zusammenhang mit Reisen und Unternehmungen, GFn für Arbeitende und Bedrängte, für Kranke und Verletzte, für Essende und Trinkende); ferner solche, die im Zusammenhang mit Merkmalen von Ort, Richtung und Zeit geäußert werden (GFn beim Eintritt in ein Haus, GFn für Kommende und Gehende, Tageszeit-GFn); schließlich solche, deren Gebrauch – in manchen Fällen allerdings nur ansatzweise – von Geschlecht, Alter, Religion und Status des Adressaten abhängt (GFn für Frauen und Männer, für Kinder und ältere Menschen, für Laien und Geistliche, für Christen und Heiden, für bestimmte Berufsgruppen sowie für Höher- und Niedrigergestellte).

Die situationelle Fixiertheit der GFn impliziert auf der Makroebene der Gesprächsphasen ihre Bindung an die Gesprächseröffnung bzw. -beendigung. Unter bestimmten Umständen erfolgt jedoch eine Verlegung des Grußes weg von den Gesprächsrändern in Richtung auf die Gesprächsmitte. Auf der mittleren Ebene der Gesprächssequenzen stellen wir die bisher weitgehend unbekannte Fixiertheit einzelner GFn auf die Position des Gegengrußes dar. Daneben gibt es syntaktische Verfahren, um eine in dieser Hinsicht normalerweise unfixierte GF auf diese Position festzulegen.

Der Sprecher richtet sich beim Gebrauch der GFn nicht nur nach den genannten situationellen und kontextuellen Kriterien. Er befolgt außerdem speziell den Gruß betreffende Gesprächsregeln: die Grußregeln. Die ‹schöne› und die didaktische Literatur des französischen Mittelalters legt durch ihre ausführliche Thematisierung und in ihrer Vielfalt eindrucksvolle Gestaltung des sprachlichen Grußes ein beredtes Zeugnis von der herausragenden Rolle dieser elementaren sprachlichen Tätigkeit im Umgang der Menschen untereinander ab. Wir beschreiben, nach welchen Kriterien der Gesprächs- als Grußpartner gewählt (Bekanntschaft, Interesse, Situation), in welcher Weise ein Gruß entgegnet (Gegengruß, aber auch andere Formen der Entgegnung), die Reihenfolge der Gesprächspartner bei Gruß und Gegengruß bestimmt wird (sozialer Rang, Interesse). Wesentlichen Aufschluß über diese Regeln geben nicht nur die Textstellen, in denen ihre Befolgung dargestellt wird, sondern ebenso – wenn nicht mehr – jene zahlreichen und hier besonders berücksichtigten Passagen, die der Schilderung ihrer Durchbrechung und Aufhebung gelten.

Vierter Teil: Materialsammlung

In Parallelität zum ersten und zum zweiten Teil besteht unsere Materialsammlung aus einem Inventar der GFn (I. Kapitel) und aus einem zweiten Inventar, in dessen Zentrum die ausgewählten Bezeichnungen des sprachlichen Grußes stehen (II. Kapitel). Wir verdeutlichen an einem Textausschnitt, welche Informationen unsere Inventare enthalten und wie sie sich auf das erste Kapitel und die Abschnitte des zweiten Kapitels verteilen. Aelis und Ysabel:

1 Bele Aelis lués, [tot errant],
2 La [salue] [comme cortoise].
3 (…)
4 [Ses salus li rent] [bounement]:
5 «Damoisele, [cil qui ne ment
6 Vos doinst santé, joie et richece].

(EscoufleS 4898f., 4911–13)

→ 6 Grußformel: I. Kapitel
→ 2,5 Bezeichnung des sprachlichen Grußes: II. Kapitel, 1.
→ 3 Charakterisierung des Sprechers (bzw. Adressaten): II. Kapitel, 2.1.
→ 1,4 Charakterisierung der Handlung: II. Kapitel, 2.2.

Der Textausschnitt enthält keine Beispiele für den Gebrauch von Bezeichnungen in Formeln (z. B. *A vos salue*), die wir ebenfalls im II. Kapitel, 1., behandeln.

Die Inventare bieten in systematischer Übersicht das Material, das unseren Untersuchungen zugrunde liegt. In den Textteilen (erster bis dritter Teil) haben wir auf die Inventare verwiesen, wo immer es uns notwendig schien. Die Inventare können aber auch unabhängig von den Textteilen für ganz andere Untersuchungen sowie in Wörterbüchern verwendet werden. Wir haben sie deshalb so eingerichtet, daß sie selbständig benutzbar sind.

Grundlage der Materialsammlung ist das in der Bibliographie verzeichnete und dort auch näher erläuterte Korpus. Die betreffenden Werke wurden teils selbständig und einigermaßen systematisch (freilich ohne Computerunterstützung), teils kursorisch (freilich mehr als nur punktuell) exzerpiert. Hinsichtlich der GFn haben wir die Materialsammlung von Senge 1935 eingearbeitet und sie bei einer großen Anzahl von Werken zum Teil ganz erheblich vervollständigt. Die anderen Arbeiten zum afr. Gruß haben uns gelegentlich auf einen Beleg – sei es eine GF, sei es eine Bezeichnung des sprachlichen Grußes – aufmerksam gemacht. Gdf und TL haben uns Belege für GFn geliefert, die wir innerhalb unseres Korpus nicht haben nachweisen können. Alle aus anderen Arbeiten übernommenen Belege sind von uns überprüft und gegebenenfalls nach den von uns verwendeten Ausgaben umzitiert worden. Die recht häufigen Fehler bei Maria Senge, insbesondere ungenaue oder falsche Stellenangaben, sind stillschweigend berichtigt worden.

I. Kapitel: Das Inventar der altfranzösischen Grußformeln

Das GF-Inventar ist alphabetisch angelegt. Als Eintrag werden fast ausschließlich die Ausdrücke für eine Wunschhandlung bzw. ein Wunschgeschehen und diejenigen für ein Wunsch- bzw. Nicht-Wunschobjekt berücksichtigt. Die einzelnen Artikel bestehen nach dem Eintrag potentiell aus drei Bauteilen, nämlich 1. der Angabe der einzelnen • GFn, 2. der Angabe ihrer Ⓛ lexikalischen Varianten und ihrer Ⓢ syntaktischen Struktur, 3. den → Verweisen. Je nach Bedarf reduzieren wir die Artikel um ein oder mehrere Bauteile.

Eine GF wird bei dem Eintrag eingeordnet, der ihre Schlüsselkomponente bildet, also normalerweise beim Ausdruck für die Wunschhandlung oder das Wunschgeschehen (*Dieus vos [i] ajut* unter AIDIER a. à a.r.). Aus Satzgefügen bestehende GFn behandeln wir unter der Schlüsselkomponente des untergeordneten Satzes (*Alez a Dieu qui vos conduie* unter CONDUIRE a.). Kennen wir wenigstens zwei Belege einer GF, so normalisieren wir die eingetragene Form hinsichtlich Gottesname (*Dieus*) und Adressatenbezeichnung (*vos*). Andernfalls belassen wir die GF in der Form des Belegs.

Bei der Angabe der lexikalischen Varianten (z. B. bei *Dieus vos doinst a.r.*) trennen wir zwischen * eingliedrigen (*joie*) und ** zwei- bzw. mehrgliedrigen (*joie et bone aventure*) ◊ Ausdrücken, die wir wiederum in alphabetischer Reihenfolge aufführen. Bei den zwei- und mehrgliedrigen Ausdrücken wird der gesamte Ausdruck jeweils unter dem ersten Glied eingetragen (*joie et bone aventure* unter ◊ *joie*), beim zweiten Glied ↗ verweisen wir auf diese Stelle (◊ *joie* ↗ *aventure*).

Im syntaktischen Teil geben wir die einzelnen □ Wortstellungen mit Hilfe von Symbolen an, die wir bereits im ersten Teil der Arbeit verwendet haben (V, VA, S, O1, O2, O1p, O2p, CC, CA, CN, ADJ, ADV, ART, SUB; a, b, c, … a′; x, y, z; s. oben, Technische Vorbemerkung).

So beschreiben wir die Wortstellung von *Dieus vos (i) ajut* als S O1p V. Wir verwenden den Index p nur, um bei der Stellung O V ein pronominales von einem nominalen Objekt zu unterscheiden (*Dieus vos saut et gart*: S O1p V vs. BodelNicH[3] 339f. *Mahom toi et te maisnie saut et gart*: S O1 V). S geben wir auch dann an, wenn es gar nicht durch einen besonderen Ausdruck repräsentiert, sondern nur in der Verbform enthalten ist (PriseOrabR[1] 1434 *a Jhesu te commant*: O2 O1p V S). Bei aus Satzgefügen bestehenden GFn bezieht sich die syntaktische Beschreibung nur auf den untergeordneten Satz (PercR 1697 *Or va a Dieu, qui te conduie*: S O1p V).

Verweise auf Gdf und TL sowie Stellenregister plazieren wir bei GFn mit lexikalischen Varianten erst jeweils nach den einzelnen Varianten, bei GFn ohne lexikalische Varianten aber unmittelbar nach der betreffenden GF. Belege geben wir im lexikalischen und im syntaktischen Teil an, und zwar getrennt für die einzelnen Zeiträume 1100–1150, 1150–1200, 1200–1250, 1250–. Ist eine GF insgesamt selten, so sind wir unter Umständen gezwungen, in beiden Teilen dieselben Belege zu zitieren.

Mit → verweisen wir von Ausdrücken der (Nicht-)Wunschkomponente auf diejenigen für die Wunschhandlung bzw. das Wunschgeschehen, d. h. also von einer Nicht-Schlüsselkomponente auf die Schlüsselkomponente. So verweisen wir unter AFOLER darauf, daß *afoler* innerhalb einer GF mit der Schlüsselkomponente *garir* vorkommt. Wir machen zusätzlich kenntlich, daß diese GF als Satzgefüge eine Verknüpfung (= V) zweier einfacher GFn bildet (AFOLER: → *garir* (V) *de mort et d'afoler*). Wir verweisen aber auch von einer Schlüsselkomponente auf eine andere Schlüsselkomponente, und zwar sowohl bei einfachen GFn mit zwei oder mehreren Verben (unter GARDER a. auf → *sauver et garder*) als auch bei aus Satzgefügen bestehenden GFn (unter COMANDER a. à a. auf → *conduire*, wo sich • *Je vos comant a Dieu qui [qu'il] vos conduie* findet).

Das GF-Inventar führt dem Benutzer die sprachliche Struktur einer einzelnen GF, aber auch die strukturellen Beziehungen zwischen den GFn vor. Es gibt dem Benutzer Kriterien in die Hand, eine einzelne, ihn besonders interessierende GF sprachlich zu beurteilen.

Die oben zitierte GF EscoufleS 4912f. *Cil qui ne ment vos doinst santé, joie et richece* führen wir unter DONER a.r. à a. bei der GF • *Dieus vos doinst a.r.* im Ⓛ lexikalischen Teil und hier wiederum bei den ** mehrgliedrigen Ausdrücken unter ◊ santé auf. Innerhalb des lexikalischen Teils wird auf diesen Ort noch unter ◊ joie ↗ santé und unter ◊ richece ↗ santé verwiesen. In der in EscoufleS 4912f. belegten Form ist die GF in unserem Korpus nur ein einziges Mal belegt. Sucht der Benutzer die Einträge JOIE, RICHECE und SANTÉ auf, so wird er einerseits feststellen, daß das Wunschobjekt *richece* tatsächlich nur in dem vorliegenden Beleg vorkommt. Andererseits zeigt sich, daß *joie* und *santé* sehr häufige Wunschobjekte sind, die gerade auch kombiniert auftreten. Analysiert der Benutzer die Syntax der GF (S O2p V O1) und sucht den entsprechenden Abschnitt □ S O2p V O1 im Ⓢ syntaktischen Teil auf, so kann er verläßlich nachprüfen, daß diese im AF übliche Wortstellung auch häufig für die gewählte GF ist.

AFOLER

→ garir (V) de mort et d'afoler.

AIDIER a. à a.r.

- *Dieus vos (i) ajut* Ⓢ
  (Gdf I 181b s.v. *aidier* «sous forme optative» GaydonG 2886)
  (1100–1150: 1 – ChGuillM 2452f.; 1150–1200: 2 – GautArrIllC 5655, RenM XI 1144; 1200–1250: 7 – GaydonG 2886, AimeriD 3478, AucS[7] 18.12, 22.5, 24.25, BouchAbevR Hss. AT 60, RomPast III 10.19f.)

Ⓢ □ S O1p V

1100–1150

ChGuillM 2452f.	– Ahi,» dist Willame, «cel seignur te aiut Qui la sus maint, e ça jus fait vertuz!»
1150–1200	
GautArrIllC 5655	«Amie, Dex vos i aït!
RenM XI 1144	Morhut, fet il, dex ti ajut!
1200–1250	
AimeriD 3478	«Baron,» fet il, «Mahomez vos aie!
AucS[7] 18.12	Bel enfant, fait ele, damedix vos i aït!
BouchAbevR Hs. AT 60	Biaus sire, que Diex vos aït!
RomPast III 10.19f.	«dex ti ait, bregerete, ci en l'erbois.

- *Mahom vos puist aidier* Ⓢ
  (1200–1250: 1 – NarbS 5999)

Ⓢ □ S O1p VA V

1200–1250

NarbS 5999–6000	«Alez,» font il, «Mahom vos puist aidier!» Et cil s'an pasent oltre.

- *Jhesus vous soit aidans* Ⓢ
  (1250–: 1 – BeaumJBlS 3854)

Ⓢ □ S O1p VA V

1250–

BeaumJBlS 3854	«Signeur, Jhesus vous soit aidans,»

AÏE Ⓢ

- *Puis les commande à Diu que lor soit en aïe* Ⓢ
  (TL I 229, 28–30 s.v. *äie* ChevCygneH 309f.)
  (1150–1200: 1 – ChevCygneH 309f.)

Ⓢ □ S O2p V SUB

1150–1200

ChevCygneH 309f.	Puis les commande à Diu, le roi de paradis Que lor soit en aïe, bons pere et bons amis.

→ faire aïe; → doner force et aïe; → doner secor et aïe.

a.r. AJORNER à a.

● *A.r. vos soit (hui) ajornez* Ⓛ Ⓢ

Ⓛ* ◊ jor

bon jor

(TL I 269, 9f. s.v. *ajorner* LancR 1288)

(1150–1200: 1 – LancR 1288, 1200–1250: 1 – DurmG 240f.)

1150–1200

LancR 1288 «Boens jorz vos soit hui ajornez»,

1200–1250

DurmG 240f. Bons jors vos soit hui ajornés,
Si voirement com je le wel.»

** ◊ jor ↗ salu

◊ salu

bon saluz et bon jor

(1150–1200: 1 – RenR XI 12012f.)

1150–1200

RenR XI 12012f. si li dist: «Sire, bon saluz
et bon jor vos soit ajornez.

Ⓢ □ S O2p VA ADV V

1150–1200

LancR 1288 «Boens jorz vos soit hui ajornez»,

1200–1250

DurmG 240f. Bons jorz vos soit hui ajornés
Si voirement com je le wel.»

ALER à a.

● *Alez a Dieu* Ⓢ

(TL II 1918, 24 *«a Dieu (beim Abschied)»* s.v. *Dieu*; 1918, 24f. CharroiM 673; 30f. VengRagF 5355; 31–33 AmYdR 5389)

(1100–1150: 3 – CourLouiscLe 149i, CharroiM 673, 758; 1150–1200: 9 – RCambrM 6472, RenMontC 8052, 12149, 15466, PriseOrABR[1] Hs. B 1777, ChevVivT 1248, AmAmD 310, TristBérM[4] 3364, AthisH 9377; 1200–1250: 20 – OgDanE 1761, NarbS 6030f., HuonR 2619, 3773, 3949, 5424, 6866, 8798, GuillDoleL 3384f., ChevIIEspF 10274, AmYdR 5389, LancPrK 436.1, 479.18, 485.18f., LancPrM II 90, 229, IV 190, 221, 376, SPierJonglW 371; 1250–: 2 – BerteH 3248, GaufrG 8359)

Ⓢ □ V CC

1100–1150

CharroiM 673 «Alez, beau sire, au glorïeus du ciel!

1150–1200

PriseOrABR[1] Hs. B 1777 – Va dont, beau frere, a Dieu le roi amant!»

TristBérM[4] 3364 (...) – Or va a Dé.»

1200–1250

HuonR 2619 Dist l'apostoles: «Va t'ent a Damedé!

ChevIIEspF 10273f. «Vallet, dist il, dix le sequeure!
Et ua a diu.» Lors ne demeure
(...)

LancPrM II 90	– Alez a Dieu, fet mesire Gauvain, kar de moi n'avés vos garde.»
SPierJonglW 371	Alez a Dieu, je n'en ai cure!
1250–	
GaufrG 8359	Et Maprin li respont: «Alés, à Dieu, m'amie.»
□ CC V	
1100–1150	
CourLouiscLe 149i	Karles respont: «A Damedieu, alés.»
1150–1200	
AmAmD 310	«A Deu aléz, biaus sire!»
1200–1250	
HuonR 8798f.	Dist l'apostoles: «Hues, a Dieu alés; Forment me poise que plus ne demorés.»
GuillDoleL 3384f.	– Biau sire, a saint Pierre l'apostre voisiez vos et vo conpegnon!»
1250–	
BerteH 3248	«A! douce dame, a Dieu», font il, «vous en alés.

→ atorner, → comander, → conduire, → defendre, → doner, → garant (estre), → garder.

→ doner bien aler et venir et la droite voie tenir.

AMENDEMENT

→ doner amendement; → doner bon amendement; → doner vie et amendement.

a.r. AMENDER à a.

a.r. → croistre et amender.

AMENER a.

● *Diex vos ameint* Ⓢ

(1200–1250: 1 – SGraal IV QuesteP 99.18f.)

Ⓢ □ S O2p V

1200–1250	
SGraal IV QuesteP 99.18f.	«Sire, bien soiez vos venuz! Diex vos ameint!»

ATORNER a.r. à a.r.

● *Or alez donc a Deu qui vostre pesance et vostre ire vos atort a joie* Ⓢ

(TL II 1918, 26–28 s.v. *Dieu*, *«a Dieu (beim Abschied)»*, YvainR 4621–23)

(1150–1200: 1 – YvainR 4621–23)

Ⓢ □ S O1 O2p V O2

1150–1200	
YvainR 4621–23	– Or alez donc a Deu, biaus sire, qui vostre pesance et vostre ire, se lui plest, vos atort a joie!

AVANCEMENT

→ doner avancement.

a.r. AVENIR à a.

● *Bone aventure vos aviegne* Ⓢ
(1200–1250: 2 – ViolB 371, ChevIIEspF 424f.)

Ⓢ □ S V O2
1200–1250
ChevIIEspF 424f. — A dit: «Boine auenture auiegne
Ma dame et toi!» (...)

□ O2p S V
1200–1250
ViolB 371 — «Et vous bonne aventure avigne,»

AVENTURE

bone aventure → avenir, → venir; → avoir, → doner (auch V) bone aventure; → avoir male aventure; → avoir grant bone aventure; → avoir grant male aventure; → doner bone aventure et bone encontre; → doner bone aventure et joie; → avoir, → venir à honte et à male aventure; → avoir, → doner, → otroiier, → venir à joie et à bone aventure; → avoir joie et grant bone aventure; → doner, → otroiier bon jor et bone aventure; → avoir onor et bone aventure; → avoir bone aventure, onor et joie fine et pure.

AVOIIER a. de a.r.

● *Dix vous avoit de çou que vous alés querrant* Ⓢ
(1200–1250: 1 – AtreW 4924f.)

Ⓢ □ S O1p V O2
1200–1250
AtreW 4924f. — «Sire, dist il, Dix vous avoit
De çou que vous alés querrant.»

AVOIR a.r.

● *Vos aiez a.r.* Ⓛ Ⓢ

Ⓛ* ◊ aventure
bone aventure
(TL I 722, 26f. s.v. *aventure «Abschiedsgruß»* ChevIIEspF 344)
(1150–1200: 2 – PercR 3992, ContPerc¹AR 2940; 1200–1250: 23 – ContPerc³ER 37526, ChevIIEspF 344, 956f., 1188f., 2512, 3883, 4023, 7793–95, 8126f., EustMoineF 1618, PerlN 1227f., 3086, 3562, 3901, 4520f., 4537, 5415, 6759, Hss. BrP 8453, LancPrK 59.5f., 402.21f., LancPrM V 153, SGraal IV QuesteP 250.9)
1150–1200
PercR 3992–94 — «Or va, que bone aventure aies,
Fait Perchevax, si pense d'el,
Que je querrai aillors hostel.»

1200–1250
EustMoineF 1617 — Dist li quens: «Bonne aventure aies!

LancPrM V 153 – Seingnor, fait ele, bonne aventure ait li rois Claudas, come riches rois et cortois!

grant bone aventure

(1200–1250: 3 – ChevIIEspF 1730, 2229–31, LancPrK 520.34–36)

1200–1250

ChevIIEspF 1730f. Et a dit: «Grant boine auenture
Ait il et uous ki m'aparles.

LancPrK 520.34–36 Et il dit que grant bone avanture ait ele, «comme la plus bele dame que ge onques veïsse, ne qui soit o mont au mien escient.»

male aventure

(1150–1200: 1 – PercR 7017)

1150–1200

PercR 7016f. Quel c'onques voie que je tiegne,
Li tuens cors ait male aventure.»

grant malaventure

(1200–1250: 1 – DurmG 1795)

1200–1250

DurmG 1795f. «Vos aiés grant malaventure
Quant vos me clamastes figure,

◊ *bien*

(TL I 967, 2f. s.v. *bien «Gruß»* ComtePoitMich 34; 3 FergM 3719; 14–17 *«bien ait gesegnet sei»*, RouA III 3196)

(1150–1200: 2 – Aiol[1]F 2637, GautArrIllC 5186; 1200–1250: 6 – FergM 3719, BlancandS Hss. CP 2267, 5850, 6223, 6396, LancPrM II 278)

1150–1200

Aiol[1]F 2637 «Amis, che dist Aiols, bien ait uos cies!

GautArrIllC 5186f. – «Biel dolç segnor, bien aiés vos
De Damerdeu qui maint sor nos!

1200–1250

BlancandS Hss. CP 2267 Ce li a li rois respondu:
«Vallet, dist il, bien aies tu;

LancPrM II 278 – Bien aiés vos, fet ele, chevaliers, se vos n'estes des malvais coars (...).

◊ *ce que il [= li cuers] voldroit*

(1150–1200: 1 – PercR 3783)

1150–1200

PercR 3782f. «Sire, qui salüee m'as,
Tes cuers ait ce que il voldroit,

◊ joie

bone joie

(1200–1250: 1 – PerlN Hs. Br 4732f.)

1200–1250

PerlN Hs. Br 4732f. Bone joie aiez vos, fet Perceval.

◊ jor

beneoist jor

(1150–1200: 1 – RenR XI 12007)

1150–1200

RenR XI 12006f. (...) bien saiez vos venuz
et que beneoist jor aiez.»

bon jor

(1200–1250: 3 – ContPerc^{3}ER 34054, ChevIIEspF 1226f., RenR XVIII 16220f.; 1250–: 5 – EnfOgH 7320, BeaumManS 388, BeaumJBlS 864, CleomH 14696f., 16810)

1200–1250

ContPerc^{3}ER 34054 «Sire, de Dieu bon jor aiez.»

RenR XVIII 16220f. «Bon jor, fait il, aiez vos hui,
Renart, barat! (...)

1250–

EnfOgH 7320 Dist l'apostoles: «Charles, bon jor aiés,

CleomH 16810 «Sire, fait il, bon jour aiez!»

ausi bon l'aiez come je lo vorroie avoir

(1200–1250: 1 – ContPerc^{3}ER 34316f.)

1200–1250

ContPerc^{3}ER 34313–17 La dame san faire sejor
Li dist: «Diex vos doint hui bon jor.»
Sagremor n'i est delaiez,
Ainz dist: «Dame, ausi bon l'aiez
Come je lo vorroie avoir;

◊ nuit

bone nuit

(1150–1200: 1 – RenM XIII 1356; 1200–1250: 1 – EscoufleS 3814)

1150–1200

RenM XIII 1356 Et dit «bone nuit aies vos!»

1200–1250

EscoufleS 3814 «Fille, boine nuit aies tu,

◊ onor (*enneur*)

(1200–1250: 1 – PerlN 1248)

1200–1250

PerlN 1248 – Dame, fet il, e vos aiez enneur toz jors.

** ◊ aventure ↗ honte, ↗ joie, ↗ onor

bone aventure, enor et joie fine et pure

(1150–1200: 1 – AthisH 19725f.)

1150–1200

AthisH 19725–28 «Et vos aiez bone aventure,
Enor et joie fine et pure,
Et vos et vostre conpeignie,
Qui de beauté est bien garnie!»

◊ honte

honte e male aventure

(1200–1250: 1 – PerlN 1297f.)

1200–1250

PerlN 1297f. – E vos aiez, fet il honte e male aventure com la plus desloiax qui vive, (...)

◊ joie ↗ aventure

joie et bone aventure

(1150–1200: 1 – PercR 4021; 1200–1250: 1 – PerlN 4732f.)
1150–1200
PercR 4021–23 Que joie et bone aventure ait
Cil qui de vos present m'a fait,
Et vos soiez li bien venus.
1200–1250
PerlN 4732f. – Joie et bone aventure aiez vos, fet Perceval.

joie et grant boene aventure
(1150–1200: 1 – YvainR 2386)
1150–1200
YvainR 2384–86 – Et vostre cors et vostre chiés,
fet li rois, bele criature,
ait joie et grant boene aventure.»

joie e honor
(1200–1250: 1 – PerlN 6867f.)
1200–1250
PerlN 6867f. – E vos aiez joie e honor, fait li rois.
◊ onor ↗ aventure, ↗ joie

enneur e bone aventure
(1200–1250: 1 – PerlN Hs. Br 1248)
1200–1250
PerlN Hs. Br 1248 – Dame, fet il, e vos aiez enneur e bone aventure.»

Ⓢ □ S V O1
1150–1200
PercR 7016f. Quel c'onques voie que je tiegne,
Li tuens cors ait male aventure.»
YvainR 2384–86 – Et vostre cors et vostre chiés,
fet li rois, bele criature,
ait joie et grant boene aventure.»
1200–1250
PerlN 3562 – Sire, et vos aiez bone aventure, fet Lanceloz.
PerlN 6867f. – E vos aiez joie e honor, fait li rois.

□ S O1 V
1200–1250
ChevIIEspF 8126f. «Et uous bonne auenture aies,
Seignor!» dist la dame senee.

□ O1 V S
1150–1200
PercR 3992–94 «Or va, que bone aventure aies,
Fait Perchevax, si pense d'el,
Que je querrai aillors hostel.»
PercR 4021–23 Que joie et bone aventure ait
Cil qui de vos present m'a fait,
Et vos soiez li bien venus.
RenR XI 12006f. (...); bien saiez vos venuz
et que beneoist jor aiez.»
1200–1250
ChevIIEspF 3883 «Sire, boine auenture aies!»

ChevIIEspF 1226f.	«Sire, boin jor aies uous hui Et toute uostre compaignie!»
PerlN 3085f.	– Damoisele[s], dist Clamadoz, bone aventure aiez vos.
LancPrK 59.5f.	«Damoisele, vos seiez la bienvenue et boenne aventure ait vostre danmoisele ou vostre dame qui que ele soit.
PerlN 4732f.	– Joie et bone aventure aiez vos, fet Perceval.
RenR XVIII 16220f.	«Bon jor, fait il, aiez vos hui, Renart, barat! (...)
1250–	
EnfOgH 7320	Dist l'apostoles: «Charles, bon jour aiés,
BeaumManS 388	«Fille,» fait il, «boin jour aiiés!»
□ a V O1 et a' et b	a ... et a' et b = S
1150–1200	
AthisH 19725–28	«Et vos aiez bone aventure, Enor et joie fine et pure, Et vos et vostre conpeignie, Qui de beauté est bien garnie!»

● *A.r. puissiez vos avoir* Ⓛ Ⓢ

Ⓛ*◊ aventure

bone aventure

(1200–1250: 2 – PerlN Hss. C(P) 1015, Hs. P 1227f.)

1200–1250	
PerlN Hss. C(P) 1015	– Buenne aventure puisies vous avoir, fet Messires Gavains.

◊ jor

bon jor

(1200–1250: 1 – PrestreAlisMé 216)

1200–1250	
PrestreAlisMé 216–219	«Sire, bon jor puissiez avoir de par celui qui vos salue, qui est vostre amie et vo drue, de par Marion au cors gent.»

** ◊ aventure ↗ joie

◊ joie

joie et bone aventure

(1200–1250: 2 – PerlN Hs. C 702, Hs. C 4116f.)

1200–1250	
PerlN Hs. C 4116f.	– Dame, fet il, joie et bone ave[n]ture puissies vos avoir!

Ⓢ □ O1 VA S V

1200–1250	
PerlN Hss. C(P) 1015	– Buenne aventure puisies vous avoir, fet Messires Gavains.
PrestreAlisMé 216	«Sire, bon jor puissiez avoir

● *Tele destinee vous soit destinee que vous aiez joie d'amours* Ⓢ
(TL II 1768, 11–13 s.v. *destinee* CleomH 3352–54)

(1250–: 1 – CleomH 3352–54)
Ⓢ □ S V O1
1250–
CleomH 3352–54 – Biau sire, tele destinee
vous soit destinee a tous jours
que vous aiez joie d'amours!

BARNAGE
→ croistre t'onor et ton barnage.

BAUT
→ faire lié et baut.

BEL
→ otroiier son bel.

BENEÏÇON
→ doner grant beneïçon.

BENEÏR a.

- *Dieus vos beneïe* Ⓢ
(1150–1200: 33 – AspremLM 4398, RCambrM 5576, 8199, PriseOrABR[1] 155, PriseOrDR 1403, AliscW 2932, GarLorrV 3448, 7751, 10125, Aiol[1]F 1547, ThèbesC Hs. P 9205–08, SSagesOctK 3414f., GautArrIllC 579, 1328f., 5238, GautArrErR 5898, LancR 2794, PercR 1364, 7381–83, ContPerc[1]AR 25f., Hs. P 1639–41, 1743f., 2260, 5855, 8727f., ContPerc[1]P Hs. Montpellier 12577 III 13561, 14307f., ContPerc[2]ER 19953f., 20925, PartonG 5979f., AthisH 9786, RenR IX 9033, BodelNicH[3] 340f.; 1200–1250: 44 – Aiol[2]F 8790, ContPerc[3]ER 34910, 38820, ChevIIEspF 361f., DurmG 3110, 9150f., AtreW 2998, GuillPalM 1464, 2601f., 7094f., 7855–57, BlancandS 908, AucS[7] 18.13, 22.6, 24.26, PerlN 2262, LancPrK 54.18, 149.38, 152.29, 207.14, 207.15, 255.18f., 320.23, 372.12, 410.13f., 540.4, LancPrM I 181, 187, II 116, 134, 146, IV 79, 196, 285, 366, Hs. S 382, V 74, 154, 252, VI 10, SGraal IV QuesteP 1.8, 49.6f., 88.30, De celui qui bota la pierre Hs. B éd. RychnerFabl 7; 1250: 5 – BeaumManS 7224, RichF 1092, AdHaleFeuillG 618, AdHaleRobR 424, RomPast I 68.14)

Ⓢ □ S O1p V
1150–1200
PriseOrDR[1] 1403 «Gilebert, freire, Jhesu te beneïe!
GautArrIllC 5238 – Segnor, et Dex vos beneïe!
RenR IX 9033 «Et Diex te beneie, dist il;
1200–1250
AtreW 2998 – Chevalier, Dix vous beneïe,
LancPrK 54.18 «Dex vos beneïe, fait il, biaus sire, (...)»
De celui qui bota la pierre Hs. B 7 RychnerFabl
Dame, Jhesu vous beneïe
1250–
BeaumManS 7224 «Sire, Jhesus vous beneïe!

AdHaleRobR 424	Marote, Dieus te beneie!
RomPast I 68.14	«Jhesus vous beneie.»
□ S V O1	
1150–1200	
Aiol[1]F 1547	«Et dieus benie uous! Aiols a dit,
ThèbesC Hs. P 9207f.	Sire, dist ele, «Diex benie La damoisèle com m'amie
GautArrIllC 1328f.	«Sire», dist il, «Dex beneïe Toi et ta biele compagnie!»
PercR 1364	– «Diex beneïe toi, biax frere,»
1200–1250	
AspremontLM 4398	«Deu beneïe l'emperere Karlon!» –
ChevIIEspF 361f.	Et dist: «Sire, diex beneie Et uous et uostre compaignie!»
BlancandS 908	«Amis, Diex beneïe ti!
LancPrM V 252	– Sire, Diex beneie vos!»
1250–	
AdHaleFeuillG 618	Dieus beneïe vous et lui!
□ O1 V S	
1150–1200	
PriseOrABR[1] 155	– Amis, beau frere, toi beneïe Dé!
BodelNicH[3] 340f.	Et toi beneïe, Auberons!
□ S a V (et a') et b a … (et a') et b = O1	
1150–1200	
ContPerc[2]ER Hss. PT 19953f.	Si (T Et) dist: «Rois, Dex vos beneïe Et vostre bele compeignie.»
1200–1250	
GuillPalM 2601f.	«Signor, et Diex vos beneie Et vos et vostre compaignie.»

● *De Dieu soiez vos beneoiz* Ⓢ
(TL I 919, 23f. s.v. *benëir* YvainR 2382f., 24–26 YvainR 5398–5400)
(1150–1200: 12 – AspremwB 8152, SaisnM 1804, GarLorrV 2095, 3678, GautArrErR 5897, 6102f., YvainR 2338f., 2382f., 5398–5400, PercR 1672f., 5806f., 6690; 1200–1250: 5 – GuiBourgG 431, Aiol[2]F 8236, GuillDoleL 3296, PerlN 10007f., LancPrK 174.37)

Ⓢ □ S VA V	
1150–1200	
GarLorrV 3678	Dist Auberis: «Vos soiez beneïs!
□ V VA S CA	
1200–1250	
PerlN 10006–08	Perlesvaus les salue, e li chevaliers respont que beneoiz soit il du Sauveeur du mont e de sa doce mere.
□ V VA S	
1150–1200	
SaisnM 1804	«Emperere de France, beneoiz soies-tu!
GautArrErR 5897	«Crois, beneoite soies tu!

YvainR 2382f. (...) et beneoiz
soit mes sire Gauvains, ses niés.

1200–1250
LancPrK 174.37 «Sire, fait ele, beneoiz soit messires li rois (...).»
□ CA VA S V
1150–1200
PercR 6690f. – «De Dieu soiez vos beneoite,
Fait mesire Gavains, pucele.

1200–1250
GuiBourgG 431 «Baron, de Mahomet soyez vos benéis!»
□ CA VA a V et a′ et b a ... et a′ et b = S
1150–1200
YvainR 5398–5400 de quan que Dex puet feire et dire
soiez vos beneoiz clamez,
et vos et quan que vos avez!»
□ ADV VA S V
1200–1250
Aiol^{2}F 8236 «Si soies beneois con deserui l'aues.»

- *Dieus vos puist beneïr* Ⓢ
(1150–1200: 2 – GarLorrV 12077, 12088; 1200–1250: 1 – GuiBourgG 2866)

Ⓢ □ S O1p VA V
1150–1200
GarLorrV 12077 «Drois enpereres, Dieus voz puist beneïr!
□ S VA O1 V
1200–1250
GuiBourgG 2866 «Seignor, Damediex puisse les vos cors benéir!

- *Cil vos beneïe qui vos fist, et maintiegne en vie* Ⓢ
(1150–1200: 1 – ContPerc^{1}AR Hs. P 1743f.)

Ⓢ □ S O1p V
1150–1200
ContPerc^{1}AR Hs. P 1743f. – «Biax pere, cil vos beneïe
Qui vos fist, et maintiegne en vie.

- *Diex beneye et saut et gart Gauvain et toi* Ⓢ
(1150–1200: 1 – ContPerc^{1}AR Hs. S 38f.)

Ⓢ □ S V O1
1150–1200
ContPerc^{1}AR Hs. S 38f. «Amis, fet il, Diex beneye
Et saut et gart Gauvain et toi;

→ garder et beneïr, → sauver et beneïr, → sauver et garder et beneïr.

BIEN

→ avoir, → faire, → venir à bien; → doner de ses biens, → doner grant bien; → rendre (V) les biens que a. a fait; → envoiier autant de bien come a. desire; → sostenir en bien et en santé; → doner joie et bien; → doner, → envoiier, → otroiier onor et bien; → doner bien faire; → doner volenté de bien faire.

BONTÉ

→ croistre bonté; → croistre onor et bonté.

CE

→ avoiier de ce que a. quiert; → avoir, → doner ce que a. voudroit.

CHOSE

→ defendre, → garder de chose qui enuit a.

COMANDER a./a.r. à a.

- *A Dieu vos comant* Ⓢ

(Gdf II 191bc; TL II 579, 36f. s.v. *comander* WaceNicD 1180; 38f. RomPast I 56.29; 43–45 CoincyChristO 3713; TL II 1918, 42f., s.v. *Dieu* BarbMéon III 406, 259) (1150–1200: 32 – AspremLM 2755, 4746, SaisnM 1607, RCambrM 6336, 7648f., RenMontC 7054, 9353, 10524, 15220, PriseOrABR[1] Hs. A 1434, 1777, Hs. B 1794, GarLorrV 5752, Aiol[1]F 208f., ThèbesC Hs. P 9536, SSagesOctK 2234f., 3394f., GautArrIllC 3980, ErecR 271, 1434, 2734, 2755, 3428, 4534, YvainR 4997, ContPerc[1]AR 6642, RenBeaujBelW 2456, 3892, 4504, RenR X 9886, 11119, HaimBarW 108; 1200–1250: 65 – GuiBourgG 1274, GaydonG 10483, OgDanE 8879f., AimeriD 3807, NarbS 582f., 1079, Aiol[2]F 1665, FlorenceW 5266, 5267, 5271–73, AuberiTarbé 52.28f., HuonR 7088, EscoufleS 3780, 3818, GuillDoleL 4076f., ChevIIEspF 9049, DurmG 675, 5465, 9309, 15863, FergM 5735, EustMoineF 947, 1594, BlancandS 2118, PerlN 535, 1403f., 1555f., 1910, 5748, LancPrK 43.32, 169.29, 555.33, LancPrM I 262, II 168, 210, 234, 237, 240, 264, 293, 371, 403, IV 169, 231, 242, V 42, 57, 65, 82, 115, 131, VI 136, 179, 186, 236, 237, SGraal IV QuesteP 152.4, 273.1f., BouchAbevR 477, MireC 172f., TroisAvMé 258, TrubertR 646, CourtArrF 90, Hs. B 36 (après 90), RomPast I 56.29; 1250–: 14 – BerteH 212, GaufrG 1454, 2001, 4807, 5862, 6733, 7180, 7957, 9336, EnfOgH 2035, CleomH 9008, 12070, 13556f., RomPast III 50.32)

Ⓢ □ S O1p V O2

1150–1200	
Aiol[1]F 208f.	Ie uous commanc a dieu, le fil Marie, Qui le ciel et le tere a establie.
1200–1250	
OgDanE 8879f.	«Castel, dist il, je te comant a Dé, Le gloriëus, le roi de maesté:
LancPrM II 240	«. . . , mes alés, que je vos commant a Dieu.»
RomPast I 56.29	je vos conmant au creator.»

□ O2 S O1p V

1200–1250	
DurmG 15863	Va t'ent, a Deu je te commant;
MireC 172f.	Alez! a saint Pere l'apostre», Fet la dame, «je vous commant.»

□ O2 O1p V S

1150–1200	
PriseOrABR[1] 1434	– Va dont, beau frere, a Jhesu te commant;
GautArrIllC 3980–82	A Deu de lasus vos commanc, Mais revenés se je vos manc,

	Que par vos soions apaisié.»
RenR X 9886	a Dieu vos conment, je m'en vois.»
HaimBarW 108	Ge m'en vois, a Dieu vos coment.»
1200–1250	
HuonR 7088	Dist Malabruns: «A Jhesu vous commant.
EscoufleS 3780	«Fiex, fait ele, a Dieu te commant.
LancPrK 43.32	Alez, a Deu vos coment.»
TrubertR 646	«Je m'en vois, a Dieu vos commant.
CourtArrF 90	Biaus fieus, va: a Dieu te conmant.
1250–	
GaufrG 7957	Puis li dit après: «Va, à Dieu te quemant.
CleomH 12069f.	A mon povoir vostre conmant ferai et a Dieu vous conmant.»
RomPast III 50.32	au vrai cors deu vos comant.»
□ O1p V S O2	
1150–1200	
ErecR 2755f.	Toz et totes vos comant gié a Deu, …
1200–1250	
LancPrM II 264	«Boors, vos commant a Dieu.
□ O2 V S O2	
1150–1200	
SSagesOctK 2234–36	A diu, qui fist pardon longhis, Commanch iou ton cors et ta vie Car douchement maues norrie.
1200–1250	
GuillDoleL 4076f.	«Bele fille, a saint Honoré conmant ton cors, quel part qu'il aille.
□ O2 a V S (et a') et b	a … (et a') et b = O1
1150–1200	
RenBeaujBelW 3892f.	Je m'en vois, a Diu vos comant Et vos et tos vos conpaignons.»
1250–	
CleomH 13556f.	A cest mot a Dieu vous conmant et trestoute la conpaignie.»
□ ADV O1p V S O2	
1200–1250	
LancPrM II 168	«Or vos commant je a Dieu, que je m'en vois.

• *A Dieu soiez vos comandez* Ⓢ
(Gdf II 191b; TL II 579, 40 s.v. *comander* BaudCondS 27, 247)
(1150–1200: 7 – FierK 2332, 4172, RCambrM 4359, RenMontC 4759, Aiol[1]F 1267f., ErecR 4342, BodelNicH[3] 395; 1200–1250: 12 – NarbS 5087, AuberiTarbé 23.18, HuonR 3756, ParDuchG 713, 878, DurmG 1461, 4300, 9328, AtreW 649, 747, 2069, AmYdR 6453)

Ⓢ □ O2 VA S V	
1150–1200	
FierK 2332	«A Damedieu de glore soiés vous commandé.»

ErecR 4342 A Deu soiez vos comandez.
BodelNicH[3] 395 Alons, a Mahommet soiions nous commandé!
1200–1250
HuonR 3755f. Dist Auberons: «Hues, vous en irés;
A Damediu soiiés vous commandés.»
AtreW 648f. «Amis, fait il, errer m'estuet:
A Diu soiiés vous commandé;

□ O2 VA V S
1150–1200
Aiol[1]F 1266–68 «Damoiseus de boin aire, uous en ires,
A damelde de gloire soit commandes
Tes cors et ta proeche et ta bontes!

- *A Danpnedeu vus puisse jo comander* Ⓢ
(1100–1150: 1 – ChGuillM 3374)

Ⓢ □ O2 O1p VA S V
1100–1150
ChGuillM 3374 A Danpnedeu vus puisse jo comander.

- *Si vos voel a Deu commander* Ⓢ
(1150–1200: 1 – LancR 1260)

Ⓢ □ ADV O1p VA S O2
1150–1200
LancR 1260f. Si vus voel a Deu comander;
si m'an irai.» Lors si se lieve;

- *Alez a saint Pere l'apostre ou je vos commant* Ⓢ
(1200–1250: 1 – MireMé 164f.)

Ⓢ □ O2 S O1p V
1200–1250
MireMé 164f. Alez a saint Pere l'apostre,
fet ele, ou je vos commant!»

→ conduire, → defendre, → doner, → garde (avoir en), → gardëor (estre), → garder (de), → garir, → garir et sauver (V), → maintenir, → otroiier, → prester, → ramener, → rendre, → retorner, → revëoir.

CONDUIRE a.

- *Dieus vos conduie* Ⓢ
(TL II 665, 38f. s.v. *conduire* YvainR 5800f.)
(1150–1200: 3 – RenMontC 15429, YvainR 5800f., TristThomW Douce 1298; 1200–1250: 8 – NarbS 750, 6016, AuberiTarbé 23.24, DurmG 1955, LancPrK 255.17, LancPrM IV 158, VI 180, SGraal IV QuesteP 162.8; 1250–: 2 – BerteH 631, GaufrG 9524)

Ⓢ □ S O1p V
1150–1200
RenMontC 15429 «Amis, cil te conduie qui confondi Cayn.
TristThomW Douce 1298f. Deus vus conduie, nostre sire,
E sein e salf il vus remaint.»

1200–1250
NarbS 750 — Cil les conduie qui an la croiz fu mis!»
DurmG 1955 — «Dex vos conduie, beaz doz sire.»
LancPrK 255.17 — «Dex vos conduie, biax sire,» fait messires Gauvains.
1250–
BerteH 631 — Damedieus vous conduise par sa douce amistié!»
□ ADV O1p V S
1200–1250
NarbS 6016 — «Or vos conduie Mahom et Apolin!»
LancPrM VI 180 — – Or vos conduie Diex, fait ele, en tel leu ou vos le [= Lancelot] truisiez, (...)»

- *Dieus vos conduie et rameint* Ⓢ
(1150–1200: 1 – AthisH 9397f.; 1200–1250: 1 – LancPrM IV 376)

Ⓢ □ S O1p V
1150–1200
AthisH 9396–98 — Alez, que Deus vos soit garanz
Et vos conduise a sauve voie
Et rameint, si que liez en soie!»
□ ADV O1p x et O1p y   x et ... y = V
1200–1250
LancPrM IV 376 — (...) alez au cors Jhesu Crist, si vos conduie et vos remaint a sauveté, si que je soie liez de vostre venue.»

- *Alez a Dieu qui vos conduie* Ⓢ
(1150–1200: 1 – PercR 1697; 1200–1250: 1 – SGraal IV QuesteP 56.16)

Ⓢ □ S O1p V
1150–1200
PercR 1696f. — Et dist: «Puis que l'alers t'agree,
Or va a Dieu, qui te conduie,
1200–1250
SGraal IV QuesteP 56.16 — «Ore alez a Dieu qui vos conduie!

- *Je vos comant a Dieu qui (qu'il) vos conduie* Ⓢ
(1200–1250: 3 – AimeriD 1566–68, LancPrM IV 242, VI 156)

Ⓢ □ S O1p V
1200–1250
AmeriD 1566–68 — Et Aymeris si les commende a Dé,
Le glorieus, le roi de majesté,
Qui les conduie trestoz a sauveté.
LancPrM IV 242 — – Sire, fait mes sire Yvain, puis que vos en volez aler, je vos commanderai a Jhesu Crist qui vos conduie en quel que leu que vos ailliez.»
LancPrM VI 156 — (...) et les conmanda moult a Dieu qu'il les conduie en quel que leu qu'il aillent (...)

- *Alez en la garde de Dieu qui vos conduie* Ⓢ
(1200–1250: 2 – LancPrM II 293, SGraal IV QuesteP 24.22–25)

Ⓢ □ S O1p V
1200–1250
SGraal IV QuesteP 24.22–25
(...) alez en la garde de Celui qui se laissa traveillier en la saintisme veraie Croiz por delivrer l'umain lignage de la pardurable mort, qui vos conduie a salveté en toz les leus ou vos irez.»

CONSEILLIER a.

- *Dieus vos consaut* Ⓢ
(TL II 729, 34f. s.v. *conseillier* ContPerc[4]B 1492f.; 36f. GuillTobR 688)
(1200–1250: 7 – LancPrK 485.18; SGraal IV QuesteP 25.3, 47.11f., 57.13, 162.9, BouchAbevR 56, CourtArrF 430; 1250–: 1 – AdHaleRobR 383)

Ⓢ □ S O1p V
1200–1250
SGraal IV QuesteP 162.9 — (...) si li respont que Diex le conseut.
BouchAbevR 56 — – A foi, sire, et il vos consaut!»
CourtArrF 430 — A foi, Cortois, Dieus te consaut!
1250–
AdHaleRobR 383 — Bergiere, et Diex vous consaut!
□ ADV O1p V S
1200–1250
SGraal IV QuesteP 57.13f. — «Or vos conseut Diex, fet Perceval, (...)

- *Dieus vos puist conseillier* Ⓢ
(1150–1200: 1 – RCambrM 75; 1200–1250: 1 – PerlN 4019f.)

Ⓢ □ S O1p VA A
1150–1200
RCambrM 75 — «Franche contese, Diex te puist consellier!
1200–1250
PerlN 4019–21 — – Damoisele, fet li rois, Dex vos puist consellier par son plesir et par sa volenté, et je meïsmes i vol bien entente metre.»

- *Deus te consaut et gart* Ⓢ
(1200–1250: 1 – DurmG 1467)

Ⓢ □ S O1p V
1200–1250
DurmG 1467 — «Beaz fiz, Deus te consaut et gart.»

CORAGE
→ doner del revenir corage et volenté.

CORONER a.

- *Que la vostre ame soit de Dieu coronee* Ⓢ
(1250–: 1 – BerteH 1181)

Ⓢ □ S VA CA V
1250–
BerteH 1181 «Sire, que la vostre ame soit de Dieu coronee!

CRËANCE
→ metre en a. crëance et saint Esperit.

CROISTRE a.r. à. a., a.r. CROISTRE à a.

- *Dieus vos croisse a.r.* Ⓛ Ⓢ

Ⓛ* ◊ *bonté*
(TL I 1060, 26f. s.v. *bonté* Mitt. 61, 24; TL II 1084, 38 s.v. *croistre* AimeriD 664)
(1150–1200: 2 – RCambrM 7672–74, RenMontC 4009; 1200–1250: 8 – AiquinJa 1119, GuiBourgG 329, 2894, AimeriD 664, GirVianeT 49.21, FlorenceW 2280, HuonR 2509, ParDuchG 2986)
1150–1200
RenMontC 4009 «Frere, dist Aalars, Dex vos croise bonté.
1200–1250
HuonR 2509 Dist l'apostoles: «Dix te croisse bonté!
◊ onor
vostre honeur
(1200–1250: 1 – PerlN 1597)
1200–1250
PerlN 1597 – Dex vos croisse vostre honeur,» fet Messire Gavains.
◊ *vertus*
(1150–1200: 1 – GarLorrV 12777)
1150–1200
GarLorrV 12777 Rigaus respont: «Dieus voz croisse vertus!»
** ◊ barnage ↗ onor
◊ bonté ↗ onor
◊ onor
t'onur e tun barnage
(TL VI 1134, 19–21 s.v. *onor* RouA 1120)
(1150–1200: 1 – RouA 1120)
1150–1200
RouA 1120 «Rou», dist il, «Deus te volt creistre t'onur e tun barnage.
honnour et bonté
(1250–: 1 – CleomH 10369)
1250–
CleomH 10368f. «Sire, fait cil, Dieus vous en oit
et vous croisse honnour et bonté!

Ⓢ □ S O2p V O1
1150–1200
GarLorrV 12777 Rigaus respont: «Dieus voz croisse vertus!»
1200–1250
HuonR 2509 Dist l'apostoles: «Dix te croisse bonté!
PerlN 1597 – Dex vos croisse vostre honeur,» fet Messire Gavains.

1250–
CleomH 10368f. «Sire, fait cil, Dieus vous en oit
et vous croisse honnour et bonté!

- *Grant seignorie vos croit et vos amende* Ⓢ
(1200–1250: 1 – FlorenceW 3212)
Ⓢ □ S O2p x et O2p y x ... et y = V
1200–1250
FlorenceW 3212 «Sire, grant seignorie vos croit et vos amende.

CUISENÇON
→ oster de cuisençon et de pesance.

DEDUIT
→ doner bon encontre et tot le deduit qu'on puet avoir et jor et nuit.

DEFENDRE a. de a.r.

- *Dieus vos defende de a.r.* Ⓛ Ⓢ

Ⓛ*◊ chose
cose qu'il vous anuit
(Gdf IX C 288c s.v. *defendre* MontRayn II 90)
(1200–1250: 1 – MontRayn II 90 = Du Prestre et du Chevalier 1351f.)
1200–1250
MontRayn II 90 (Du Prestre et du Chevalier 1350–52)
«Sire, Dix vous doint boine nuit
Et de cose qu'il vous anuit
Vous desfenge par sa poissanche!

◊ faire a.r.
tout mal faire
(1150–1200: 1 – ThèbesC Hs. P 9109–12)
1150–1200
ThèbesC Hs. P 9109–12 «Jupiter, Mars et Apollons,
Et li dame des ciés Junons,
Et tout icil ki od aus regnent
De tout mal faire te desfendent!

◊ mal
toz maux
(1150–1200: 1 – ContPerc²ER 21038)
1150–1200
ContPerc²ER 21038 Diex vos desfande de toz maux

◊ *mort*
(1200–1250: 1 – GirVianeT 130.32–34)
1200–1250
GirVianeT 130.32–34 Cil Dame Deus qui fist ciel et rousée,
Te doinst victoire en iceste jornée,
Et de mort te deffande!

◊ *vilonnie*

(1200–1250: 1 – GaydonG 3938f.)
1200–1250
GaydonG 3938f. «Cil Dex de glore, qui vint de mort à vie,
Deffende, sire, vo cors de vilonnie!»

** ◊ enui ↗ mal

◊ mal

mal, anui et pesanche
(1200–1250: 1 – MontRayn II 90 = Du Prestre et du Chevalier 1353f.)
1200–1250
MontRayn II 90 (Du Prestre et du Chevalier 1353f.)
– De mal, d'anui et de pesanche
Desfenge vous, Sire Selvestre.

◊ mort

mort et peril
(1150–1200: 1 – GarLorrV 8122f.)
1150–1200
GarLorrV 8122f. «Sire,» fet ele, «Dex, qui en crois fu mis,
Vos deffende hui de mort et de peril

mort et perir
(1150–1200: 1 – RCambrM 8340)
1150–1200
RCambrM 8340 «Il vous deffende de mort et de perir!»

◊ peril ↗ mort

◊ perir ↗ mort

◊ pesance ↗ mal

Ⓢ □ S O1p V O2
1150–1200
RCambrM 8340 «Il vous deffende de mort et de perir!»
ContPerc²ER 21038 Diex vos desfande de toz maux

□ S O2 O1p V
1150–1200
ThèbesC Hs. P 9109–12 «Jupiter, Mars et Apollons,
Et li dame des ciés Junons,
Et tout icil ki od aus regnent
De tout faire te desfendent!

□ S V O1 O2
1200–1250
GaydonG 3938f. «Cil Dex de glore, qui vint de mort à vie,
Deffende, sire, vo cors de vilonnie!»

□ O2 O1p V S
1200–1250
GirVianeT 130.32–34 Cil Dame Deus qui fist ciel et rousée,
Te doinst victoire en iceste jornée
Et de mort te deffande!

MontRayn II 90 (= Du Prestre et du Chevalier 1350–52)
«Sire, Dix vous doint boine nuit
Et de cose qu'il vous anuit
Vous desfenge par sa poissanche!

□ O2 V S O1
1200–1250
MontRayn II 90 (= Du Prestre et du Chevalier 1353f.)
– De mal, d'anui et de pesanche
Desfenge vous, Sire Selvestre.

● *Alez a Dieu qui (qu'il) vos defende de a.r.* Ⓛ Ⓢ

Ⓛ*◊ *mal*
(1200–1250: 1 – LancPrM I 272)
1200–1250
LancPrM I 272 – Alés donc, fet li vavasor, a Dieu qui de mal vos defende, (...).

** (Ergänzungssatz) *ne soiés afolé, ne n'Oliver ne mors ne mal menés*
(1200–1250: 1 – GirVianeT 89.34–90.1)
1200–1250
GirVianeT 89.34–90.1 – Bias niès, dist Karle, à Dame Deu alés!
Que vos deffande, ne soiés afolé,
Ne n'Olivier ne mors ne mal menés!

Ⓢ □ S O1p V O2
1200–1250
GirVianeT 89.34–90.1 – Bias niès, dist Karle, à Dame Deu alés!
Que vos deffande, ne soiés afolé
Ne n'Olivier ne mors ne mal menés!

□ S O2 O1p V
1200–1250
LancPrM I 272 – Alés donc, fet li vavasor, a Dieu qui de mal vos defende, (...).

● *Je vos comant a Dieu qui (qu'il) vos defende de a.r.* Ⓛ Ⓢ

Ⓛ*◊ *enui*
(TL III 696, 13f. s.v. *enui* JourdBlH 2665)
(1150–1200: 1 – JourdBlH 2664f.; 1200–1250: 1 – EscoufleS 347f.; 1250–: 2 – RichF 245f., 873f.)
1150–1200
JourdBlH 2663–65 Li arcevesques qui de bon cuer l'ama
Au departir a deu le commanda
Qui d'annui le deffande.

1200–1250
EscoufleS 347f. Il les baise puis les commande
A Dieu qui d'anui les deffande.

1250–
RichF 245f. A dieu ki d'anui le deffende,
Plus de .xiii. fois le commande.

◊ *mal*
(1150–1200: 1 – ErecR 272–74; 1200–1250: 1 – AtreW Hs. A 5479–81)
1150–1200
ErecR 272–74 Et la reïne autresimant
a Deu, qui de mal le desfande,
plus de .v^c^. foiz le comande.

1200–1250

AtreW Hs. A 5479–81 | (...) si vous conmant
Au gloriox, le tot poisçant,
Ki nos desfende tos de mal.»

◊ *mort*

(1150–1200: 1 – Aiol[1]F 2490–92; 1200–1250: 1 – LancPrK 604.8–10)

1150–1200

Aiol[1]F 2490–92 | A de de sainte gloire soit commandes
Tes cors et ta proeche et ta bontes,
Que de mort te desfenge par sa bonte,

1200–1250

LancPrK 604.8–10 | (...) et lo comande a celui qui de la Virge nasqui, qu'il de mort lo desfande et li doint force et poir que il la puisse delivrer de ce peril ou ele est.

◊ *vice*

(1250–: 1 – RichF 239f.)

1250–

RichF 239f. | «A dieu te commanch ie, Clarisse,
Qui toi deffenge de tout uisse.»

◊ *vilenie*

(1150–1200: 1 – Aiol[1]F 447–49; 1200–1250: 1 – GaydonG 10862f.)

1150–1200

Aiol[1]F 447–49 | Ie uous commant a dieu, le fil Marie,
Qui le chiel et la tere a establie,
Qu'il deffenge uo cors de uilonie.»

1200–1250

GaydonG 10862f. | Gaydon commande au fil sainte Marie
Qu'il li deffende son cors de vilonnie.

** ◊ encombrier | ↗ honte, ↗ mort

◊ honte

honte et encombrier

(Gdf III 111c s.v. *encombrier* FloovG 174f.)

1150–1200

FloovG 174f. | Et puis l'ai commandé à Deu le droiturier,
Qu'i desfande son cors de honte et d'anconbrier.

◊ mort

mort et encombrier

(1200–1250: 2 – AimeriD 3808f., Aiol[2]F 4673f.)

1200–1250

Aiol[2]F 4673f. | Li rois les commanda al pere droiturier,
Qu'il desfenge lor cors de mort et d'encombrier.

mort et prison

(1200–1250: 1 – LancPrK 560.20–22)

1200–1250

LancPrK 560.20–22 | (...) si lo commande a celui qui an la Croiz fu mis, que il de mort et de prison lo deffande.

mort et torment

(1150–1200: 1 – Aiol[1]F 323–25)

1150–1200
Aiol[1]F 323–25 — Ie uous commanc a dieu omnipotent
Qui fist et mer et ciel et tere et uent,
Qui de mort uous deffenge et de torment.

◊ prison — ↗ mort
◊ torment — ↗ mort
◊ (Ergänzungssatz) *ne soies mors ne pris ne afoles*
(1150–1200: 1 – Aiol[1]F 2490–93)

1150–1200
Aiol[1]F 2490–93 — A de de sainte gloire soit commandes
Tes cors et ta proeche et ta bontes,
Que de mort te desfenge par sa bonte,
Ne soies mors ne pris ne afoles,

Ⓢ □ S O1p V O2
1200–1250
AimeriD 3807–09 — «Je vos comment au verai jostissier.
– Et ge vos, sire, a Deu le droiturier,
Qui vos desfande de mort et d'enconbrier.»

1200–1250
AtreW Hs. A 5479–81 — (...) si vous conmant
Au gloriox, le tot poisçant,
Ki nos desfende tos de mal.»

1250–
RichF 239f. — «A dieu te commanch ie, Clarisse,
Qui toi deffenge de tout uisse.»

□ S O2 O1p V O2 (apo koinu)
1150–1200
Aiol[1]F 2490–93 — A de de sainte gloire soit commandes
Tes cors et ta proeche et ta bontes,
Que de mort te desfenge par sa bonte,
Ne soies mors ne pris ne afoles,

□ S O2 O1p V
1150–1200
JourdBlH 2663–65 — Li arcevesques qui de bon cuer l'ama
Au departir a deu le commanda
Qui d'annui le deffande.

ErecR 272–74 — Et la reïne autresimant
a Deu, qui de mal le desfande,
plus de .v^{c}. foiz le comande.

1200–1250
EscoufleS 347f. — Il les baise puis les commande
A Dieu qui d'anui les deffande.

LancPrK 604.8–10 — (...) et lo comande a celui qui de la Virge nasqui, qu'il de mort lo desfande et li doint force et pooir que il la puisse delivrer de ce peril ou ele est.

1250–
RichF 873f. — Et sa femme le recommande
A dieu qui d'anui le deffende.

□ S a O1p V et b a ... et b = O2
1150–1200
Aiol[1]F 323–25 | Ie uous commanc a dieu omnipotent
Qui fist et mer et ciel et tere et uent,
Qui de mort uous deffenge et de torment.

□ S V O1 O2
1150–1200
Aiol[1]F 447–49 | Ie uous commant a dieu, le fil Marie,
Qui le chiel et la tere a establie,
Qu'il deffenge uo cors de uilonie.»

1200–1250
Aiol[1]F 4673f. | Li rois les commanda al pere droiturier,
Qu'il desfenge lor cors de mort et d'encombrier.

- *Dieus soit ensanble o ti qui voz desfende de mort et de peril* Ⓢ
(1150–1200: 1 – GarLorrV 10210f.)

Ⓢ □ S O1p V O2
1150–1200
GarLorrV 10210f. | «Sire,» dist elle, «Dieus soit ensanble o ti,
Qui voz desfende de mort et de peril!»

DEMORER à a.

- *A Dieu demorez* Ⓢ
(1150–1200: 1 – BodelNicH[3] 435; 1200–1250: 6 – HuonR 2609, 4562, 7156, 7160, 8796, CourtArrF Hs. A 428)

Ⓢ □ CC V
1150–1200
BodelNicH[3] 435 | Je m'en vois, a Dieu demourés.
1200–1250
HuonR 2609 | Nous en irons, a Jhesu demorés.»
CourtArrF Hs. A 428 | Bials ostes, a Dieu demorés!
□ V CC
1200–1250
HuonR 7160 | Demeure a Dieu, ne te puis conforter.»

DEPORT
→ doner joie et deport.

DESROI
→ garder (V) de desroi.

DESTINEE
→ avoir (V) joie d'amors; → metre en bone destinee.

DIEU

- *A Dieu*
(TL II 1918, 24 *«a Dieu (beim Abschied)»* s.v. *Dieu;* 1918, 42f. BarbMéon III 406,

259; 1918, 44 GuillDoleL 1280, 1281; 1918, 44f. GarLorrV 12177; 1918, 45–47 CristalB 1555f.)

(1150–1200: 4 – GarLorrV 12177, BodelNicH³ 989, 1377, 1377; 1200–1250: 15 – EscoufleS 319, 327, 1911f., 2633, 4020, 5728, GuillDoleL 1280, 1281, BlancandS 1729, LancPrK 165.23, 345.35, 345.36, 435.38, TroisAvMé 259, CourtArrF 89; 1250–: 5 – BerteH 137, BeaumJBlS 1963, BeaumManS 3848, AdHaleRobR 386, 386)

1150–1200

GarLorrV 12177	Et dist li rois: «A Dieu, Gerbers cousin.»
BodelNicH³ 989	Ostes, a Dieu!

1200–1250

EscoufleS 327	«A Deu, A Deu, font il, biau sire.»
LancPrK 435.38	«Sire, a Deu.
TroisAvMé 259	– A Dieu, biaus douz mestre.»
CourtArrF 89	Adieu, biaus peres, je m'en vois.

1250–

BerteH 137	«Sire,» dist ele, «a Dieu! Saluez moi mon frere,
BeaumJBlS 1963	Et Jehans dist: «A Diu, amie!»
AdHaleRobR 386	A Dieu, bergiere. (Ma[i]rions:) A Dieu, biau sire

→ aler, → comander, → demorer, → estre, → remanoir, → rendre a Dieu.

DOLOR

→ garder de dolor; → garder de dolor et d'ire.

DONER a.r. à a.

● *Dieus vos doinst a.r.* Ⓛ Ⓢ

Ⓛ*◊ amendement

amandement

(1200–1250: 1 – LancPrK 43.8f.)

1200–1250

LancPrK 43.8f.	Et cil respont que Dex li doint amandement.

bon amandement

(Gdf VIII C 102a s.v. *amendement* MontRayn II 116)

(1200–1250: 1 – MontRayn II 116 = Du Povre Mercier 82f.)

1200–1250

MontRayn II 116 (= Du Povre Mercier 82f.)

«Biaus amis, bon amandement
Vos doint Dex; (...).»

◊ avancement

bon avancement

(1200–1250: 1 – DurmG 14262)

1200–1250

DurmG 14262	Dex vos doinst bon avancement!»

◊ aventure

bone aventure

(1200–1250: 23 – EscoufleS 7376, ContPerc³ER 34056, ChevIIEspF 5191–93, DurmG 6284f., 14236, PerlN Hs. Be(BrP) 888, Hs. Br 1227f., Hs. Br 1264, 8453, LancPrK 382.1, 410.21, 484.5, LancPrM I 19, 254, II 24, 228, 241, 311, 355, 396,

414, IV 41, V 153; 1250–: 2 – BeaumJBlS 866, 4651)

1200–1250

EscoufleS 7376	«Bone aventure vous doinst Dex,
LancPrM I 19	– Damoisele, fet li rois, quels que je soie, bone aventure vos doinst Diex;

1250–

BeaumJBlS 865f.	Et ele respont a point Dix bonne aventure li doint.

malaventure

(1150–1200: 1 – RenBeaujBelW 2908f.)

1150–1200

RenBeaujBelW 2908f.	«Cil Damesdius, qui fist le mont, Vos doinst a tos malaventure!»

◊ beneïçon

grant beneïçon

(1200–1250: 1 – RenR XIII 13772–74)

1200–1250

RenR XIII 13772–74	«Sire rois, grant beneïçon vos doint le fil sainte Marie et toute vostre conpaignie.»

◊ bien

bien

(1150–1200: 1 – AmAmD 151; 1200–1250: 1 – SegrMoineV 104)

1150–1200

AmAmD 151	«Amis biaus frere, li cors Deu bien te donst,

1200–1250

SegrMoineV 104	«Sire, dist el, Diex bien vos dont.

de ses biens

(1200–1250: 1 – ViolB 1096f.)

1200–1250

ViolB 1095–97	Lors li a dit: «Biele Eurïaut, Diex li peres, ki maint en haut, Vous doint de ses biens! Je vous lais.»

grant bien; grant biens

(1150–1200: 2 – GautArrIllC 1330, ContPerc[1]AR 704; 1200–1250: 1 – GuillPalM 8435)

1150–1200

GautArrIllC 1330	– «Amis, et Dex te doinst grans biens!

1200–1250

GuillPalM 8434f.	«Signor, et Diex grant bien vos dont Et il vos gart (...).

◊ ce

ço que vostres cuers veult

(1150–1200: 1 – RenBeaujBelW 4250f.)

1150–1200

RenBeaujBelW 4250–52	«Li Rois del ciel omnipotent Vos doinst ço que vostres cuers veult De cele rien dont plus se deut.

ce que uous uauries
(1200–1250: 1 – ChevIIEspF 4326f.)
1200–1250
ChevIIEspF 4326f. Et dist: «Diex uous gart tous ensamble
Et doinst ce que uous uauries.»

◊ encontre
bon encontre
(Gdf III 114c «chance favorable; sorte de salut pour souhaiter du bonheur» s.v. *encontre*; TL III 235, 11 *«Gruß»* s.v. *encontre*; 235, 11–15 ContPerc[3]ER 33148)
(1250–: 1 – RichF 2258f.)
1250–
RichF 2258f. «Amis,» dist elle, «bon encontre
Vous doinst Ihesu Cris li sauuere,

◊ encontree
bone encontree
(TL III 236, 16f. s.v. *encontree* ClarisA 4391)
(1200–1250: 1 – AimeriD 2548–50; 1250–: 1 – ClarisA 4391)
1200–1250
AimeriD 2548–50 «Cil Damedex qui mainte ame a sauvée,
Et qui fist ciel et terre et mer salée,
Gart toz ces contes, et doint bone encontrée!
1250–
ClarisA 4387–91 Quant li vielz quens les voit venir,
Belement lor dist: «Bien veigniez!
Molt me semblez bien enseigniez.
Dont estes et de quel contree?
Que dieux vous doint bone encontree!»

◊ esploitier
bien esploitier
(1100–1150: 1 – CharroiM 674f.)
1100–1150
CharroiM 673–75 «Alez, beau sire, au glorïeus du ciel!
Jhesus de gloire vos doint bien esploitier,
Et si vos doint sain et sauf reperier!»

◊ faire ↗ volenté de bien faire
bien fere
(1200–1250: 1 – PerlN 844f.)
1200–1250
PerlN 844f. – Dex vos doinst bien fere,»

◊ force
force contre vos anemis
(1150–1200: 1 – GarLorrV 8122–24)
1150–1200
GarLorrV 8122–24 «Sire», fet ele, «Dex, qui en crois fu mis,
Vos deffende hui de mort et de peril
Et vos doinst force contre vos anemis!»

forche de resqueurre de a.
(1150–1200: 1 – BodelNicH[3] 115–118)

1150–1200
BodelNicH[3] 115–118 Roys, chil Mahom qui te fist né
Saut et gart toi et ten barné
Et te doinst forche de resqueurre
De chiaus qui te sont courut seure

force que le puisses vengier
(1150–1200: 1 – GarLorrV 11114f.)
1150–1200
GarLorrV 11114f. «Niers,» dist la dame, «Dieus te gart d'enconbrier
Et te doinst force que le puisses vengier!

◊ *gäaigne*
(TL IV 7, 1–3 s.v. *gäaigne* GuillAnglW 581)
(1150–1200: 1 – GuillAnglW 581)
1150–1200
GuillAnglW 580f. Que Diex vos face bien ceans,
Et Diex a tos gaaigne doinst!

◊ *honte*
(1200–1250: 1 – LancPrM II 307)
1200–1250
LancPrM II 307 «Ha, chevaliers, honte te doinst Diex!»

◊ joie
joie
(1200–1250: 12 – FolTristBernP 298f., ChevIIEspF 985, DurmG 5221, 11989, 14097f., 14100, PerlN Hs. Br 2262, LancPrK 16.3, 48.37, LancPrM IV 2, SGraal IV QuesteP 172.8f., De celui qui bota la pierre Hs. K RychnerFabl 80f., 1250–: 3 – BeaumJBlS 4643f., BeaumManS 5833–35, AdHaleRobR 90)
1200–1250
ChevIIEspF 985 «Dix uous doint ioie, damoisele.»
LancPrM IV 2 «Sire chevalier, Dex vos doint joie, qar il m'est avis que vos en avez grant mestier au semblant que je vos voi fere.
De celui qui bota la pierre Hs. K RychnerFabl 80f.
Et dist: «Biaus peres, Deus vos saut
Et doint joie et enneur vos face!
1250–
BeaumManS 5833–35 «Sire,» dist il, «li rois des cix
Qui est en tere apelés Dix
Vous doinst joie, (...).»
AdHaleRobR 90 Bregiere, Diex vous en doint joie.

joie d'amors
(1200–1250: 1 – RomPast III 50.25–27)
1200–1250
RomPast III 50.25–27 «sire, deus vos doinst honor
et medisans mete en biere
et nos doinst joie d'amors.»

la joie qui tous jours duerra
(1250–: 1 – EnfOgH 4662f.)

1250–
EnfOgH 4662f. «Cil dieus», fait ele, «qui tout le mont forma
Li doinst la joie qui tous jours duerra!»

joie si tregrande con je voldroie
(1200–1250: 1 – DurmG 755f.)

1200–1250
DurmG 755f. – «Dame, fa[i]t il, Deus vos doinst joie
Si tregrande con je voldroie.»

joie plus qu'il ne m'en remaint
(1150–1200: 1 – PercR 618f.)

1150–1200
PercR 617–19 «Biax fix, fait ele, Dix vos maint!
Joie plus qu'il ne m'en remaint
Vos doinst il ou que vos ailliez.»

grant joie
(1150–1200: 1 – PercR 8301–03; 1200–1250: 3 – RomPast I 46.19f., II 11.15, 43.16; 1250–: 1 – BeaumManS 4849f.)

1150–1200
PercR 8301–03 – «Grant joie, dame, vos doinst cil
Qui en terre tramist son fil
Por essalchier crestïenté.

1200–1250
RomPast I 46.19f. «sire, deux grant joie vos dont
de la riens dun plus vos est bel;

1250–
BeaumManS 4849f. «Biaus preudons, et icil vous doinst
Grant joie au cuer, dont je n'ai point.»

plus grant joie que vos n'aiiez
(1200–1250: 1 – PerlN 1548f.)

1200–1250
PerlN 1548f. – Damoisele, fet il, Dex vos doinst plus grant joie que vos n'aiiez.»

bone joie fine
(1200–1250: 1 – DurmG 14546f.)

1200–1250
DurmG 14545–47 – «Sire, dist la bele roïne,
Dex vos doinst bone joie fine,
Et bien soit venus Procidas.»

◊ jor

beneoit jor
(1200–1250: 1 – ChevIIEspF 5109)

1200–1250
ChevIIEspF 5109 «Ke diex uous doinst beneoit ior!

bon jor
(1150–1200: 2 – PercR 2083, ContPerc²ER 21423f.; 1200–1250: 24 – GuillDoleL 4230, ViolB 1703f., ContPerc³ER 34314, DurmG 450, 3107–09, 5408, PerlN 963, LancPrK 372.10f., 384.8, 464.34, 477.30f., LancPrM II 24, 146, IV 22, 190, 220, V 5, 219, VI 124, SGraal IV QuesteP 183.26f., RenR Hs. L VI 5506, 5506b,

RomPast II 11.14, 11.17; 1250–: 3 – BeaumManS 781f., AdHaleRobR 12, RomPast III 45.23f.)

1150–1200

PercR 2083 «Sire, Dex vos doinst hui bon jor,

1200–1250

GuillDoleL 4230 (...) Que bon jor vos doint Dex!»

LancPrM II 24 (...) si li dist que Diex li doinst buen jor (...).

RenR Hs. L VI 5506–5506b Dex vos doint bon jor l'andemain.
Ele respont: «Biax doz seignor,
Damedex vos doint hui bon jor.»

RomPast II 11.14f. «belle, deus vos doinst boen jor
et vos doinst grant joie.»

1250–

AdHaleRobR 12 Bergiere, Diex vous doinst bon jour.

RomPast III 45.23–25 bele, dex vos dont bon jor
ki tos biens renovelle
et si vos gart de dolor.

tres bon jor

(1200–1250: 1 – RomPast I 56.58f.)

1200–1250

RomPast I 56.58f. «dame», fait il, «que tres bon jor
vos doinst cil cui j'aim et aor.»

◊ main

bon main

(1200–1250: 1 – RenR VI 5506)

1200–1250

RenR VI 5505f. Il li ont dit: «Sire vilain,
Dame Dieu vos doint hui bon main!»

◊ *maleiçon*

(1200–1250: 1 – GuiBourgG 1899)

1200–1250

GuiBourgG 1892, 99 «Cil Damediex de gloire qui Longis fist pardon,
(...)
Huidelon, toi confonde et doinst maléiçon!

◊ nuit

bone nuit

(1150–1200: 1 – RenM XIII 640; 1200–1250: 5 – PerlN 1264, LancPrK 391.33, LancPrM II 23, 195, MontRayn II = Du Prestre et du Chevalier 1350)

1150–1200

RenM XIII 640 Sire, dex vos doinst bone nuit!

1200–1250

LancPrM II 23 «Or vos dormez, fet ele, que Diex vos doinst bone nuit.»

MontRayn II 90 (= Du Prestre et du Chevalier 1350–52)
«Sire, Dix vous doint boine nuit
Et de cose qu'il vos anuit
Vous defenge par sa poissanche!

◊ onor

onor

(1150–1200: 4 – PercR 5490f., ContPerc²LR 21424, AthisH 19857f., RenM X 1032f.; 1200–1250: 3 – AtreW 1686–88, 2999, LancPrM II 60; 1250–: 2 – RomPast III 45.27, 50.25)

1150–1200

PercR 5490f. (...) et dist: «Diex vos salt
Et doinst honor hui en cest jor.

RenM X 1032f. «Cil dex qui meint en trinite»
Fet Renart «si vos doinst henor!

1200–1250

AtreW 1686–88 «Cil Dix, fait il, vous doinst honor,
Biax sire, qui por nous sauver
Se laisça en la crois pener.

LancPrM II 60 «Bials sire, fet il, en grant aventure vos estes mis por la grant honor que vos atendés et Diex la vos doinst, mes que dolor n'en aie, kar jel voldroie.

1250–

RomPast III 45.27–29 «sire, deus vos dont honor
et si vos gart de tristor:
ceste priere est belle.»

si grant honor con je voil et destin

(1150–1200: 1 – SaisnM 895–98)

1150–1200

SaisnM 895–98 «Baron,» dist l'ampereres, «cil dex qui est sans fin
Vos doint si grant honor, con je voil et destin,
Les barons de Herupe et toz cex de lor lin,
Si con la millor gent qui ainc beüst de vin.»

◊ prendre a.r.

panre vengison

(1200–1250: 1 – GuiBourgG 948–54)

1200–1250

GuiBourgG 948–54 «Cil Damediex de gloire, qui Longis fist pardon,
Et suscita de mort le cors saint Lasaron,
Si herberja saint Pere el chief de pré Noiron,
Marie Madelaine féis[t] lo vrai pardon,
Si comme ce est voirs et nous bien le créon,
Rois, si vous doint il panre des paiens vengison,
Et de ceus qui ne croient la sainte Asension,

◊ repairier

sain et sauf repairier

(1100–1150: 1 – CharroiM 674f.; 1150–1200: 1 – RenMontC 14590f.)

1100–1150

CharroiM 673–75 «Alez, beau sire, au glorïeus du ciel!
Jhesus de gloire vos doint bien esploitier,
Et si vos doint sain et sauf reperier!»

1150–1200

RenMontC 14590f. Or doint Jhesus de gloire qui à mort fu ravi,

Sains et sauf repairier, que n' soiens honi.»

◊ rescorre ↗ force

◊ rien

la riens que voz plus desirrez

(1200–1250: 1 – GaydonG 8886f.)

1200–1250

GaydonG 8886f. – Danme, cil Dex dont m'avez salué
Voz doinst la riens que voz plus desirrez!»

◊ *santé*

(1200–1250: 1 – LancPrK 149.38f.; 1250–: 1 – GaufrG 10027)

1200–1250

LancPrK 149.38f. «Biaus sire, fait li rois, Dex vos beneïe et vos doint santé, car grant mestier en avez, ce m'est avis.»

1250–

GaufrG 10027 Et l'amiral respont: «Mahon te doinst santé!

◊ *sejorner*

(1150–1200: 1 – YvainR 3805)

1150–1200

YvainR 3805f. et Dex vos i doint sejorner
tant que vos an puisiez torner.»

◊ vengison ↗ prendre

◊ *victoire*

(1200–1250: 1 – GirVianeT 130.32f.)

1200–1250

GirVianeT 130.32f. Cil Dame Deus, qui fist ciel et rousée,
Te doinst victoire en iceste jornée,

◊ vie

vie

(1200–1250: 1 – BlancandS 5580)

1200–1250

BlancandS 5580 He! Blancandins, Diex te doinst vie!

bone vie

(1150–1200: 1 – ContPerc[2]ER Hs. P 20925f.; 1200–1250: 1 – GuiBourgG 3053)

1150–1200

ContPerc[2]ER Hs. P 20925f. Li respont: «Diex vos beneïe,
Biaux [sire], et vos donst bone vie.»

1200–1250

GuiBourgG 3053 – Dame, dist Huidelon, Diex vous doinst bonne vie.»

longe vie

(1150–1200: 2 – ContPerc[1]AR 1744, ContPerc[1]AR 2258f.)

1150–1200

ContPerc[1]AR 2258f. «Rois Artus, cil Dex qui ne mant
Vos gart et vos doint longue vie.»

bone vie et plaisant

(1200–1250: 1 – DurmG 14586–88)

1200–1250

DurmG 14586–88 – «Et Deus, qui tot le pooir a,
Fait li rois Artus en rïant,

Vos doinst bone vie et plaisant.»

cele vie q'a sa [= Dieu] merci vos puisciés acorder

(1150–1200: 1 – AspremwB 11053–57)

1150–1200

AspremwB 11053–57 «Icils bels sires qui Deu se fait clamer
Et vint en tere por son pueple salver
Et en la virgene se degna aombrer
Vos doinst en tere cele vie mener
Q'a sa merci vos pusciés acorder,

◊ volenté

volenté de bien fere

(1200–1250: 1 – PerlN 187–89)

1200–1250

PerlN 187–89 – Sire, fet ele, Dex soit garde de vos, e vos lest revenir, e vos doinst volenté de bien fere, par coi vostre los soit essauciez qi molt est descreüz.

** ◊ aïe ↗ force, ↗ secor

◊ aler

bien aler et venir et le droite voie tenir

(1150–1200: 1 – PercR 9152–54)

1150–1200

PercR 9152–54 Or va, que li sires des rois
Te doinst bien aler et venir
Et le droite voie tenir.»

◊ amendement ↗ vie

◊ aventure ↗ joie, ↗ jor

bone aventure et bon encontre

(1200–1250: 1 – GuillDole 1588f.)

1200–1250

GuillDole 1588f. «Bone aventure et bon encontre
vos doint hui Dex!» font li borjois.

boin'aventure et joie

(1250–: 1 – BeaumManS 1202)

1250–

BeaumManS 1202f. «Pucele, cil Diex qui ne ment
Vous doinst boin'aventure et joie!»

◊ bien ↗ joie, ↗ onor

◊ corage

del revenir corage et volenté

(1150–1200: 1 – CligésM 4226f.)

1150–1200

CligésM 4226f. Or vos doint Dex del revenir
Corage et volenté par tans.

◊ deduit ↗ encontre

◊ deport ↗ joie

◊ encombrier ↗ honte

◊ encontre ↗ aventure

bon encontre et tot lo deduit c'on puet avoir et jor et nuit

(Gdf III 114c s.v. *encontre*: *bon encontre*: «chance favorable; sorte de salut pour souhaiter du bonheur», Mule, ms. de Berne 354, fo 35d)
(1150–1200: 1 – Méon I Mule 1074–76)

1150–1200

Méon I Mule 1074–76 — Sire, fet-ele, bon encontre
Vos doint Diex, et tot lo deduit
C'on puet avoir et jor et nuit!

◊ force

force et aüe

(1200–1250: 1 – NarbS 865–67)

1200–1250

NarbS 865–67 — «Cil Damedieu par qui nos est randue
Vie durable, qui nos estoit tolue,
Vos gart, segnor, et doint force et aüe!

◊ honte

et honte et encombrier

(1200–1250: 1 – ChevIIEspF 4116f.)

1200–1250

ChevIIEspF 4116f. — «Gauuains, cil sire qui te fist
Te doinst et honte et encombrier!

◊ joie — ↗ aventure, ↗ jor, ↗ onor, ↗ santé, ↗ vie

joie et bone aventure

(1150–1200: 2 – PercR 8544–46, RenR XI 12016f.; 1200–1250: 4 – GuillDoleL 4409f.; PerlN 269f., 702, 2343f.)

1150–1200

PercR 8544–46 — «Biax sire, icil Diex qui vos fist
Bel sor tote autre creature
Vos doinst joie et bone aventure.»

RenR XI 12016f. — Sire, je di que Dieu vos maint
et doint joie et bone avanture.

1200–1250

GuillDoleL 4409f. — «Ma dame, fet il, biaus amis,
doint Dex joie et bone aventure!»

PerlN 269f. — «Damoisele, fet il, Dex vos doinst joie e buenne aventure.

joie et bien

(1200–1250: 1 – ViolB 3484)

1200–1250

ViolB 3484 — «Sire, Dex vous doinst joie et bien!

joie et deport

(1150–1200: 1 – GautArrIllC 5658)

1150–1200

GautArrIllC 5658 — Et Dex vos doinst joie et deport!

joie et onor

(1150–1200: 2 – PercR 4587–89, ContPerc²ᴇR 32213; 1200–1250: 1 – AtreW 2594f.)

1150–1200

PercR 4587–91 — Et dist: «Diex doinst joie et honor

A la plus bele, a la meillor,
De totes les dames qui i soient,
Tesmoinz toz icels qui le voient
Et toz ciaus qui veüe l'ont.»

1200–1250
AtreW 2594f. «Cil Dix, fait il, qui ne menti,
Bele, vous doinst joie et honor.

grant joie et grant onor
(1150–1200: 1 – ContPerc[1]AR 2980f.; 1200–1250: 1 – GuillDoleL 981–83)
1150–1200
ContPerc[1]AR 2980f. – «Dame, li verais Dex puissanz
Vos doint grant joie et grant enor.»
1200–1250
GuillDoleL 981–83 «Frere, dit il, l'empereor
doint Diex grant joie et grant honor
autant com mes cuers en desire.

joie et santé
(1150–1200: 2 – LancR 2794f., PercR 4396f.; 1200–1250: 1 – GaydonG 8884f.)
1150–1200
LancR 2794f. li respont: «Dex vos beneïe,
pucele, et doint joie et santé.»
1200–1250
GaydonG 8884f. «Cil Dex de gloire, qui tout a estoré,
Il gart le duc et doinst joie et santé!

joie et santé assés plus qu'il ne m'en demeure
(1250–: 1 – BeaumManS 2518f.)
1250–
BeaumManS 2518f. «Or vous doinst Dix joie et santé
Assés plus qu'il ne m'en demeure!»

joie et santé et venir a sa volanté
(1150–1200: 1 – YvainR 5795f.)
1150–1200
Yvain 5794–97 et si li orent et destinent
que Dex li doint joie et santé
et venir a sa volanté
en quelque leu qu'il onques aut.

◊ jor

et bon jor et bone avanture
(1200–1250: 1 – ContPerc[3]ER 33149–51)
1200–1250
ContPerc[3]ER 33149–51 Et bon jor et bone avanture
Vos doint cil qui a sa faiture
Forma primes Adan et Eve.»

bon jor e joie
(1200–1250: 1 – PerlN Hs. C 616–18)
1200–1250
PerlN Hs. C 616–18 «Sire, fet ele, li Sauverres du mont vos doinst bon jor e joie, e ma dame la roïne e toz cex de ceste sale por

amor de vos;

bon jour et honour

(TL IV 1775, 35–37 s.v. *jor* RomPast II 5.16)

(1200–1250: 1 – RomPast II 5.16f.)

1200–1250

RomPast II 5.16f. — et di «deus vos doinst bon jour
et honour.

◊ nuit — ↗ ostel

bone nuit et bon soir

(1200–1250: 1 – EscoufleS 7368f.)

1200–1250

EscoufleS 7368f. — «Sire, bone nuit et bon soir,
Fait il, vous doinst Diex et ma dame.»

◊ onor — ↗ joie, ↗ jor, ↗ vie

enor et bien

(1150–1200: 1 – AthisH 14646)

1150–1200

AthisH 14645f. — Cil le salüent, il respont
Que Deus enor et bien lor dont.

oneur e joie

(1200–1250: 1 – PerlN 616–18)

1200–1250

PerlN 616–18 — «Sire, fet ele, li Sauverres du mont vos doinst oneur e joie, e ma dame la roïne e toz cex de ceste sale por amor de vos;

tant d'onor et de joie comme je avoir en voroie

(1200–1250: 1 – DurmG 14542–44)

1200–1250

DurmG 14541–44 — «Douce dame, fait li Galois,
Deus, qui Sire est de tos les rois,
Vos doinst tant d'onor et de joie
Comme je avoir en voroie.»

honeur et longe vie

(1150–1200: 1 – ContPerc[1]LR 2254f.)

1150–1200

ContPerc[1]LR 2254f. — «Rois, amis, cil Dex qui ne ment
Vos doinst honeur et longe vie.»

oneur e joie e buene aventure

(1200–1250: 1 – PerlN Hss. Be(BrP) 616–18)

1200–1250

PerlN Hss. Be(BrP) 616–18 — »Sire, fet ele, li Sauverres du mont vos doinst oneur e joie et buene aventure, e ma dame la roïne e toz cex de ceste sale por amor de vos;

honor, santé et joie

(1150–1200: 1 – ContPerc[2]ER 26212f.)

1150–1200

ContPerc[2]ER 26212f. — «Sire, cil Diex qui toz nos fist
Vos doint honor, santé et joie,

◊ ostel

et boen ostel et boene nuit
(1150–1200: 1 – YvainR 3760f.)
1150–1200
YvainR 3760–63 – Sire, fet ele, Dex vos doint
et boen ostel et boene nuit
et de chose qui vos enuit,
si con je le desir, vos gart.»

◊ revenir ↗ corage
◊ richece ↗ santé
◊ santé ↗ joie, ↗ onor

santé, joie et richece
(1200–1250: 1 – EscoufleS 4912f.)
1200–1250
EscoufleS 4912f. «Damoisele, cil qui ne ment
Vos doinst santé, joie et richece.

◊ secor

secors et aie
(1200–1250: 1 – ChevIIEspF 8992–95)
1200–1250
ChevIIEspF 8992–95 «Ma dame, cil dix ki uous fist
Vous saut et uostre compaignie
Et uous doinst secors et aie
De uos pensers en cest ior d'ui!

◊ soir ↗ nuit
◊ tenir a.r. ↗ aler
◊ venir ↗ aler
◊ venir a sa volenté ↗ joie
◊ vie ↗ onor

vie et amendement
(1250–: 1 – BeaumManS 5996f.)
1250–
BeaumManS 5995–97 «Dous enfes,» ce respont li rois,
Li sires qui est rois des rois
Vous doinst vie et amendement!

bone vie et grant joie
(1150–1200: 1 – ContPerc^{2}ER 21037–39)
1150–1200
ContPerc^{2}ER 21037–39 – «Sire, ce li dit Percevaux,
Diex vos desfande de toz maux
Et doint bone vie et grant joie.»

bone vie et honor
(1150–1200: 1 – ContPerc^{2}ER 28286f.)
1150–1200
ContPerc^{2}ER 28286f. Diex qui por nos soufri martire
Vos doint bone vie et honor;

Ⓢ □ S O2p V O1

1100–1150

CharroiM 674f. Jhesus de gloire vos doint bien esploitier,
Et si vos doint sain et sauf reperier!»

1150–1200

SaisnM 895–98 «Baron,» dist l'ampereres «cil dex qui est sans fin
Vos doint si grant honor, con je voil et destin,
Les barons de Herupe et toz cex de lor lin,
Si con la millor gent qui ainc beüst de vin!»

PercR 2083 «Sire, Dex vos doinst hui bon jor,

PercR 4396f. Por dire: «Sire, Diex vos saut
Et il vos doinst joie et santé,»

RenM X 1032f. «Cil dex qui meint en trinite»
Fet Renart «si vos doinst henor!

RenR XI 12016f. Sire, je di que Dieu vos maint
et doint joie et bone avanture.

BodelNicH^3 115–18 Roys, chil Mahom qui te fist né
Saut et gart toi et ten barné
Et te doinst forche de resqueurre
De chiaus qui te sont courut seure

1200–1250

NarbS 865–67 «Cil Damedieu par qui nos est randue
Vie durable, qui nos estoit tolue,
Vos gart, segnor, et doint force et aüe!

DurmG 6284f. Et mesire Durmars respont
Que Deus lor doinst bone aventure.

AtreW 2594f. «Cil Dix, fait il, qui ne menti,
Bele, vous doinst joie et honor.

LancPrM II 24 (...) si li dist que Diex li doinst buen jor et il li dist que Diex li doint buene aventure.

PerlN 2343f. – Diex vos doinst joie et bone aventure,» fait Monsaignor Gavains.

De celui ... Hs. K 80f. Biaus peres, Deus vos saut
Et doint joie et enneur vos face!

RomPast II 43.16 «belle, dex vos dont grant joie.»

1250–

BeaumManS 5833–35 «Sire,» dist il, «li rois des cix
Qui est en tere apelés Dix
Vous doinst joie, (...).

BeaumManS 5995–98 «Dous enfes,» ce respont li rois,
Li sires qui est rois des rois
Vous doinst vie et amendement!

□ S O1 O2p V

1150–1200

AmAmD 151 «Amis biaus frere, li cors Deu bien te donst,

1200–1250

GuillPalM 8434f. «Signor, et Diex grant bien vos dont
Et il vos gart. (...)

RomPast I 46.19f.	«sire, deux grant joie vos dont de la riens dun plus vos est bel;
1250–	
BeaumJBlS 865f.	Et ele li respont a point Dix bonne aventure li doint.
□ S O2 O1 V	
1150–1200	
GuillAnglW 580f.	Que Diex vos face bien ceans, E Diex a tos gaaigne doinst!
□ S V O1 O2	
1150–1200	
AthisH 19857–60	Bilas respont: «Deus doint enor A si prodome, a tel seignor, Cui tant vasal, con je ci voi, Siuent et servent au tornoi!»
PercR 4587–91	Et dist: «Diex doinst joie et honor A la plus bele, a la meillor, De totes les dames qui soient, Tesmoinz toz icels qui le voient Et toz ciaus qui veüe l'ont.»
1200–1250	
ChevIIEspF 5191–93	Et dist: «Diex doinst boine auenture La plus tres biele creature De toutes autres damoiseles.»
□ O1 O2p V S	
1150–1200	
PercR 8301–03	– «Grant joie, dame, vos doinst cil Qui en terre tramist son fil Por essalchier crestïenté.
1200–1250	
DurmG 14235f.	«Sire, dist la bele gentiex, Bone aventure vos doinst Diex!»
GuillDoleL 1588f.	«Bone aventure et bon encontre vos doint hui Dex!» foont li borjois.
LancPrM II 146	«Sire, bon jor vos doinst Diex.»
PerlN 702	– Sire, fet ele, joie e buenne aventure vos doinst Dex!
1250–	
RichF 2258f.	«Amis,» dist ele, «bon encontre Vous doinst Ihesu Cris li sauuere,
□ O2 V S O1	
1200–1250	
GuillDoleL 4409f.	«Ma dame, fet il, biaus amis, doint Dex joie et bone aventure!»
□ S a V O1 et b et c a … et b et c = O2	
1200–1250	
PerlN 616–18	«Sire, fet ele, li Sauverres du mont vos doinst oneur e joie, e ma dame la roïne e toz cex de ceste sale por amor de vos;

□ S V a O1 et b   a ... et b = O2

1250–

BeaumJBlS 4643f. Cascuns disoit: «Li rois del monde
Doinst a Jehan joie et a Blonde!

□ a O2p V S et b

1150–1200

Méon I Mule 1074–76 Sire, fet-ele, bon encontre
Vos doint Diex, et tot lo deduit
C'on puet avoir et jor et nuit!

□ O1 a V S (et a') et b   a ... (et a') et b = O2

1200–1250

DurmG 3107–09 «Damoisele, dist il, bon jor
Vos doinst Dex par sa grant doçor
Et vostre bele compaignie.»

EscoufleS 7368f. «Sire, bone nuit et bon soir,
Fait il, vous doinst Diex et ma dame.»

LancPrM I 254 (...) et ele respont que bone aventure li doinst Diex et lui et sa compaignie.

□ ADV O2p V S O1

1150–1200

ClígésM 4226f. Or vos doint Dex del revenir
Corage et volenté par tans.

1200–1250

GuiBourgG 948, 953 «Cil Damediex de gloire, qui Longis fist pardon
(...)
Rois, si vous doint il panre des paiens vengison,

LancPrK 410.21 «Por ce vos doint Dex, fait ele, bone avanture.»

1250–

BeaumManS 2518f. «Or vous doinst Dix joie et santé
Assés plus qu'il ne m'en demeure!»

● *Alez a Deu qui bone aventure vos doint* Ⓢ
(1200–1250: 1 – LancPrK 271.20)

Ⓢ □ S O1 O2p V

1200–1250

LancPrK 271.20 «Alez, fait messire Yvains, a Deu, qui bone aventure vos doint.»

● *Je vos comant a Dieu qui vos doinst a.r.* Ⓛ Ⓢ

Ⓛ*◊ *santé*
(1200–1250: 1 – LancPrM V 72)

1200–1250

LancPrM V 72 (...) si vos conmanderai au cors Nostre Seignor qui vos doinst santé (...)

** ◊ force
force et pooir que il la puisse delivrer de ce peril
(1200–1250: 1 – LancPrK 604.8–10)

1200–1250

LancPrK 604.8–10 — (...) et lo comande a celui qui de la Virge nasqui, qu'il de mort lo desfande et li doint force et pooir que il la puisse delivrer de ce peril ou ele est.

◊ pöoir — ↗ force

Ⓢ □ S O2p V O1

1200–1250

LancPrM V 72 — (...) si vos conmanderai au cors Nostre Seignor qui vos doinst santé (...).

→ ramener, → reveöir.

DELIVRER a.

→ doner force et pöoir que a. puet delivrer a. d'un peril.

DUEL

→ oster un duel; → venir à duel et à honte.

ENCOMBRIER

→ garder (auch V) d'encombrier; → garder et sauver de mortel encombrier; → garder d'encombrier et de mal; → garder (V) d'enui et d'encombrier; → defendre de (V), → doner honte et encombrier; → defendre (V) de mort et d'encombrier; → garder de mortel peril et d'encombrier et de prison.

ENCONTRE

→ doner bon encontre; → doner bon encontre et tot le deduit qu'on puet avoir et jor et nuit; → doner bone aventure et bon encontre.

ENCONTREE

→ doner bone encontree.

ENTRETROVER a.

→ otroiier (V) s'entretrover.

ENUI

→ defendre (V) d'enui; → garder (V) d'enui et d'encombrier; → defendre de mal, d'enui et de pesance.

ENVOIIER a.r. à a.

- *Dieus vos envoit a.r.* Ⓛ Ⓢ

Ⓛ*◊ bien

autant de bien conme ge desir et covoit

(1200–1250: 1 – ContPerc³ER 38820f.)

1200–1250

ContPerc³ER 38820–22 — (...) «Diex vos beneïe,
Et autant de bien vos anvoit
Conme ge desir et covoit,

◊ *garison*
(1250–: 1 – CleomH 10367)
1250–
CleomH 10365–67 (...) salué l'a
Cleomadés et dit li a
que Dieus garison li envoit.

◊ *joie*
(1150–1200: 1 – RenM V 17)
1150–1200
RenM V 17 Et damediex vous envoit joie!»

◊ *santé*
(1250–: 1 – CleomH 14147)
1250–
CleomH 14146f. Pinchonnés le salue et dist
que Dieus santé li envoiast;

** ◊ bien ↗ onor
◊ force ↗ onor
◊ joie ↗ onor
◊ onor

hounour et bien
(1200–1250: 1 – ViolB 1592f.)
1200–1250
ViolB 1592–95 «Sire, cil Dex qui fist le mont,
Il vous envoit hounour et bien,
Que chi n'en trouverés vous rien,
Que de rien faire nel savons.

honor, force et vertu et toute joie
(1200–1250: 1 – ContPerc^{4}B 1488f.)
1200–1250
ContPerc^{4}B 1487–89 Saluez moi le roi Artu;
Que Deus honor, force et vertu
Et toute joie li envoit!»

◊ vertu ↗ onor

Ⓢ □ S O2p V O1
1150–1200
RenM V 17 Et damediex vous envoit joie!»
1200–1250
ViolB 1592f. «Sire, cil Dex qui fist le mont,
Il vous envoit hounour et bien,

□ S O1 O2p V
1200–1250
ContPerc^{4}B 1488f. Que Deus honor, force et vertu
Et toute joie li envoit!»

1250–
CleomH 10366f. (...) et dit li a
que Dieus garison li envoit.

ESPERIT

→ metre en a. creance et saint Esperit.

ESPLOITIER

→ doner bien esploitier.

ESTRE en a.l., ESTRE o a., ESTRE à a.

- *Dieus soit ceenz* Ⓢ
  (1200–1250: 1 – AubereeC 146)

Ⓢ □ S V CC

1200–1250

AubereeC 146 — «E Dieus», fet ele, «soit ceenz!

- *Dieus soit o vos (ceant)* Ⓢ
  (1150–1200: 5 – RenMontC 14260, 14300, 14606, GautArrErR 2619, RenR I 2668; 1200–1250: 5 – Aiol^{2}F 5273, AubereeC 147, MeunClercsMé 101, MontRayn I 290, RomPast II 9.9f.)

Ⓢ □ S V CC

1150–1200

RenMontC 14606 — «Sire, Dex soit o vos, li fils sainte Marie.

GautArrErR 2619 — «Dame, fait il, Dieus soit od vos!

RenR I 2668 — «Diex sait o vous, fait il, ceant!»

1200–1250

Aiol^{2}F 5273 — «Mahomes soit o uous, seur douche, amie gente!

AubereeC 147 — Dieus soit o vous, ma bele dame,

RomPast II 9.9f. — «Belle, deus soit a ti,
li fils sainte Marie!

□ S CC V

1150–1200

RenMontC 14300 — «Seignor, ce dist Maugis, Dam[e] Dex o vos soit;

- *Dex soit a vostre armer* Ⓢ
  (1200–1250: 1 – DurmG 3343)

Ⓢ □ S V CC

1200–1250

DurmG 3343 — «Sire, Dex soit a vostre armer;

- *A Dieu soiez* Ⓢ
  (TL II 1918, 34–36 s.v. *Dieu* RomPast I 39.57)
  (1150–1200: 2 – TristThomW Douce 997, RenR XIX 18312; 1200–1250: 4 – EscoufleS 3782, 6074, LancPrM II 168, RomPast I 39.57)

Ⓢ □ CC V S

1150–1200

TristThomW Douce 997f. — A Deu seiez! Jo m'en irrai
Querre Tristran quel troverai.

RenR XIX 18312 — et je m'en vois, a Dieu soiez.»

1200–1250

EscoufleS 3782f. — A Dieu soiés et vos et ele
Se le cuidiés veoir jamais.»

LancPrM II 168 — «Or vos commant je a Dieu, que je m'en vois. A Dieu soiés vos, damoisele;

RomPast I 39.57 et dis «a deu, dame, a deu soiez vos.

→ defendre.

FAIRE a.r. à a., FAIRE a. d'a.m.

• *Dieus vos face a.r.* Ⓛ Ⓢ

Ⓛ* ◊ *aïe*

(1150–1200: 1 – PartonG 2025)

1150–1200

PartonG 2025f. Et Dex vos gart et face aïe
Que ja France ne soit honie.»

◊ *bien*

(1150–1200: 1 – GuillAnglW 580)

1150–1200

GuillAnglW 579–81 «Signor, fait il as marceans,
Que Diex vos face bien ceans,
Et Diex a tos gaaigne doinst!

◊ *onor*

(1200–1250: 1 – De celui qui bota la pierre Hs. K RychnerFabl 80f.)

1200–1250

De celui qui bota la pierre Hs. K RychnerFabl 80f.
Et dist: «Biaus peres, Deus vos saut
Et doint joie et enneur vos face!

◊ *pardon*

(1200–1250: 1 – AiquinJa 106)

1200–1250

AiquinJa 106 «Sire, dist il, Dieu vous face pardon!

Ⓢ □ S O2p V O1

1150–1200

GuillAnglW 579–81 «Signor, fait il as marceans,
Que Diex vos face bien ceans,
Et Diex a tos gaaigne doinst!

1200–1250

AiquinJa 106 «Sire, dist il, Dieu vous face pardon!

□ S O1 O2p V

1200–1250

De celui qui bota la pierre Hs. K RychnerFabl 80f.
Et dist: «Biaus peres, Deus vos saut
Et doint joie et enneur vos face!

• *Dieus vos face d'a.m.* Ⓛ Ⓢ

Ⓛ* ◊ *lié*

(1200–1250: 1 – LancPrK 384.9)

1200–1250

LancPrK 384.9 «Dame, fait il, Dex vos face liee.

◊ *prodome*

(1200–1250: 1 – LancPrK 159.31)

1200–1250
LancPrK 159.31 Et cil dit que Dex lo face prodome.

** ◊ baut ↗ lié

◊ haitié ↗ sain

◊ lié

lié et baut

(1150–1200: 1 – ContPerc[1]AR 132)

1150–1200
ContPerc[1]AR 131f. (...) «Dex vos salt,
Et Gauvain face lié et baut.

◊ sain

sain et haitié

(TL IX 66, 36f. *«sain et haitié»* s.v. *sain*; 38–40 LancR 938f.)

(1150–1200: 1 – LancR 938f.)

1150–1200
LancR 938f. et cil respont: «Sainne et heitiee,
dameisele, vos face Dex.»

Ⓢ □ S O1p V ADJ/SUB
1200–1250
LancPrK 159.31 Et cil dit que Dex lo face prodome.
LancPrK 384.9 «Dame, fait il, Dex vos face liee.

□ ADJ O1p V S
1150–1200
LancR 938f. et cil respont: «Sainne et heitiee,
dameisele, vos face Dex.»

□ O1 V S ADJ
1150–1200
ContPerc[1]AR 131f. (...) «Dex vos salt,
Et Gauvain face lié et baut.

→ doner bien faire; → defendre de tot mal faire.

FORCE

→ doner, → prester force contre a.; → prester force al regne maintenir; → doner force de rescorre; → doner force et aïe; → doner (V) force et pöoir que a. puet delivrer a. d'un peril; → prester (V) force et victoire; → envoiier onor, force et vertu et tote joie.

GÄAIGNE

→ doner gäaigne.

GARANT estre à a.

- *Dieus vos soit garanz* Ⓢ

(1150–1200: 1 – AthisH 9396; 1200–1250: 3 – BueveAgnS 830, HuonR 2962–64, 2970f.)

Ⓢ □ S O2p VA SUB
1150–1200

AthisH 9396–98 | Alez, que Deus vos soit garanz
Et vos conduise a sauve voie
Et rameint, si que liez en soie!»

1200–1250
HuonR 2962–64 | «Preudom, chil Dix qui espandi son sanc
Por peceours, jor de venredi grand,
Vous soit au cors et a l'ame garant!»

- *Or en alés a Dieu qui en tos perilx vos soit garans a l'ame et al cors* Ⓢ
(1200–1250: 1 – LancPrM II 248)

Ⓢ □ S O2p V SUB
1200–1250
LancPrM II 248 | Or en alés a Dieu, qui en tos perilx vos soit garans a l'ame et al cors;

GARDE: aler en la GARDE de a., avoir a. en sa GARDE, estre GARDE de a.

- *Alez en la garde de Dieu* Ⓢ
(TL IV 127, 5f. s.v. *garde* AlexArsL 584, DEAF G2 158 s.v. *garde* AlexArsL 584)
(1150–1200: 1 – AlexArsL 584; 1200–1250: 2 – PerlN 5045, SGraal IV QuesteP 244.5f.)

Ⓢ □ S V CC
1150–1200
AlexArsL 584f. | «Alez, fait il, en la garda de Dé,
Au creator sïez vos commandé.»

1200–1250
PerlN 5045 | Mes or vous en iroiz en la garde Nostre Seignor,

- *Diex l'ait en(s) se garde* Ⓢ
(1150–1200: 1 – ThèbesC Hs. P 9400)

Ⓢ □ S O1p V SUB
1150–1200
ThèbesC Hs. P 9399–9401 | Or a escrit: «Au roi d'Arcade
Mande ke Diex l'ait en(s) de garde
Antigoné le soer le roi;

- *Au Seingnor vous commant qui vos ait en garde* Ⓢ
(TL IV 127, 8–10 s.v. *garde* ClarisA 431; DEAF G2 158 s.v. *garde* ClarisA 431)
(1250–: 1 – ClarisA 430f.)

Ⓢ □ S O1p V SUB
1250–
ClarisA 430f. | «Frere, au seingnor sanz finement
Vous commant, qui vos ait en garde!»

- *Dieus soit garde de vos* Ⓢ
(1150–1200: 2 – RCambrM 8197f.; GarLorrV 12188f.; 1200–1250: 6 – FlorenceW 5274, PerlN 187f., 855f., 2479f., 5047f., 5749f.; 1250–: 1 – GaufrG 8461f.)

Ⓢ □ S V SUB CN
1200–1250
PerlN 855f. – Sire, fet ele, Dex soit garde de vostre cors,
□ a V CN SUB et b a ... et b = S
1150–1200
GarLorrV 12188f. Dist la roïne: «Jhesus, qui ne menti,
Soit de voz garde et li sains Esperis!

□ S V CN SUB
1250–
GaufrG 8461f. – Fille, dist Machabré, li vostre dieu Cahus
Soit de vostre cors garde, par la soue vertus!

→ conduire.

GARDËOR (estre)

- *Je vous conmant a Dieu qui en cors et en ame en soit gardere* Ⓢ
(1250–: 1 – BerteH 146f.)

Ⓢ □ S VA SUB
1250–
BerteH 146f. Je vous conmant a Dieu qui est vrais gouvernere,
Qui en cors et en ame en soit dou tout gardere.»

GARDER a., GARDER a. de a.r.

- *Dieus vos gart* Ⓢ
(TL IV 146, 5 s.v. *garder* ErecR 1522f.; DEAF G2 173 s.v. *garder* «avec Dieu ou Mahomet comme sujet»)
(1100–1150: 1 – RolH 2711–13; 1150–1200: 23 – RCambrM 168, 835, 2153, RenMontC 999, PriseOrABR[1] Hs. B 149–54, Hs. B. 476f., Hs. B 670, PriseOrCER 136–41, GarLorrV 4654, 10106, 13885, ThèbesC Hs. P 9113, ErecR 1522f., YvainR 5339f., FolTristOxfP 76, ContPerc[1]AR 1628f., 1742, 2258f., PartonG 2025, AthisH 4979–81, RenR VIII 7333–35, XIX 18091f., 18444–47; 1200–1250: 43 – GuiBourgG 328, 4106f., GaydonG 5931f., 8884f., AimeriD 2069–71, 2548–50, GirVianeT 25.24–26, 103.24f., NarbS 837, 865–67, 1165–68, 2823f., 7977–83, Aiol[2]F 5639, ElieF 843f., FlorenceW, Hs. M 202, Hs. M 2275–77, 5190, AuberiTarbé 15.3, 63.14, 99.34, HuonR 2692, ParDuchG 933, 1410, EscoufleS 8132–35, ViolB 1703–05, 5725, ChevIIEspF 4326, DurmG 4301, 6014, AtreW 1689, GuillPalM 580, 8435, BlancandS 1456, 1647, 5576, PerlN 888, 1544, SGraal IV QuesteP 119.6, AubereeC 270, SegrMoineV Hs. Pf 104, TrubertR 135, MontRayn I 290; 1250–: 13 – GaufrG 4142, 4981, 7109, 7572, 8702f., 8709–20, 9073f., 9076, 10643f., BeaumManS 5021–23, CleomH 14838f., AdHaleRobR 13, RutebTheophF 99f.)

Ⓢ □ S O1p V
1150–1200
PriseOrABR[1] Hs. B 670 Mahom vos gart, a cui le mont apent.»
ContPerc[1]AR 1628f. «Cil gloriëx Dex qui ne mant
Vos gart, ma dolce amie chiere.»
RenR XIX 18091f. et dist: «Sire, cil Diex vos gart
qui toz les biens torne a sa part;

1200–1250	
HuonR 2692	«Cil vous gart, sire, qui ens la crois fu mis.»
AtreW 1689	– Amis, fait il, et Dix vous gart.
PerlN 888	«Damoisele, fet il, Dex vos gart!
AubereeC 270	«Ma bele fille, Dieus te gart»,
1250–	
GaufrG 4142	«Baudré, Mahom vous gart! qui vous fet retourner
RutebTheophF 99f.	Cil Diex que tu croiz et aeures Te gart, s'en ce propos demeures!
□ S V O1	
1100–1150	
RolH 2711–13	«Cil Mahumet, ki nus ad en baillie, E Tervagan, (et) Apollin nostre sire, Salvent le rei et guardent la reïne!»
1150–1200	
RCambrM 168	– Diex gart toi, frere, qui le mont estora!
PriseOrceR 136–41	«Cil Dame Diex qui nos done clarté Et nos envoie et le vin et le blé, Et homme et feme est a sa volenté, C'est Jhesu Crist qui de virgene fu né, Il gart Guillelme et lui et ses privés, La fleur de France que chi voi aüné!
RenR XIX 18444–49	«Icil Dieu, fait il, qui ne ment, qui fist tot quant que la mer serre, si gart le meillor roi de terre, ce est mesires li lïons, a tesmoinz de toz cez barons, çaus qui sont tenu a preudome.
1200–1250	
NarbS 1165–68	«Cil Damedex qui le mont estora, Eve et Adan et son pueple forma, Soleill et lune et clarté nos dona Gart roi Yon, a qui sui venuz ça!»
NarbS 7977–83	«Cil Damedieu qui forma tote gent Et ciel et terre et tot le firmament, Soleil et lune et estoile luisant, A celui sont Crestian atendant, Gart Aymeri le franc conte puissant Et Hermanjart la contesse avenant De par Buevon le hardi conbatant!
AuberiTarbé 99.34	Lambert respont: – Et Deu gart toi, amis.
DurmG 6013f.	«Bons rois, fait il, plains de largece, Dex gart vos et vostre hautece.
EscoufleS 8132–35	«Cil qui vos mist l'amë u cors, Fait li castelains, gart le conte Et quanqu'apent et quanqu'amonte A sa bele chevalerie.»
GuillPalM 580f.	«Cil Diex qui tot le mont fait sien, Il gart ton cors.» (...)

1250–
GaufrG 10643–45 «Chil Damedieu, dist il, qui tout a à jugier
Gart les amis Kallon, le bon roi droiturier,
Ses anemis confonde et les vueille abessier!

□ S a V (et a′) et b (et c) a … (et a′) et b (et c) = O1
S et a et b ab V et c et a et b ab … et c = O1
1150–1200
AthisH 4979–81 Cil li respont: «Et Deus le gart
Et tote chose de sa part
Et toi mëismes, biaus amis!
RenR VIII 7333–35 «Rois, Diex, le filz sainte Marie,
et vos et vostre conpaingnie
vos gart et tot vostre barné.»
1250–
CleomH 14837–39 Dist Clarmondine: «Douce dame,
Dieus vous gart en cors et en ame,
et vous et vos filles aussi!

● *De Damedeu soiez gardé* Ⓢ
(1200–1250: 1 – AimeriD 2323–25)
Ⓢ □ CA VA S V
1200–1250
AimeriD 2323–25 «De Damedeu, le verai roi Jesu,
Qui toz jorz est et totes eures fu,
Soiez gardé, franc chevalier menbru!

● *Chil [= Cahu] vous puisse garder* Ⓢ
(1250–: 1 – GaufrG 8463)
Ⓢ □ S O1p VA V
1250–
GaufrG 8463 – Chil vous puisse garder», la bele a respondus.

● *Dieus vos gart de a.r.* Ⓛ Ⓢ
Ⓛ*◊ chose
chose qui vos enuit
(1150–1200: 1 – YvainR 3760–63)
1150–1200
YvainR 3760–63 – Sire, fet ele, Dex vos doint
et boen ostel et boene nuit
et de chose qui vos enuit,
si con je le desir, vos gart.»

◊ *dolor*
(1250–: 1 – RomPast III 45.23–26)
1250–
RomPast III 45.22–26 tot en riant li dis «ma damoiselle,
bele, dex vos dont bon jor
ki tos biens renovelle
et si vos gart de dolor,
belle gentis pucelle.»

◊ *encombrier*
(1100–1150: 1 – CourLouisABLe 2106; 1150–1200: 4 – RCambrM 7182, RenMontC 2200, 5048, GarLorrV 11114; 1200–1250: 1 – AuberiTarbé 118.6)
1100–1150
CourLouisABLe 2106 «Dux», dit Guillelmes, «Diex te gart d'encombrier!
1150–1200
RenMontC 2200 «Naime, ce dist li rois, Dex vos gart d'encombrier
1200–1250
AuberiTarbé 118.6 Dist Fouquere: – Deu vous gart d'encombrier.»
◊ *honte*
(1200–1250: 1 – GuillDoleL 3298)
1200–1250
GuillDoleL 3298f. Et Damedex le gart de honte
com le mellor prince de terre!»

◊ mal
tous maus
(1200–1250: 1 – ViolB 691)
1200–1250
ViolB 691 Li dist: «Dex vous gart de tous maus!»
◊ *torment(e)*
(1150–1200: 2 – RCambrM 7650, RenMontC 14260)
1150–1200
RenMontC 14260 «Signor, Diex soit o vos et vos gart de tormente
◊ *tristor*
(TL X 666, 36–38 s.v. *tristor* RomPast III 45.28)
(1250–: 1 – RomPast III 45.28)
1250–
RomPast III 45.27–29 «sire, deus vos dont honor
et si vos gart de tristor:
ceste priere est belle.»

◊ vilonie
toute vilennie
(1250–: 1 – GaufrG 7382)
1250–
GaufrG 7382 «Damedex gart vo cors de toute vilennie!»

** ◊ dolor
dolor et ire
(TL II 1918, 45–47 s.v. *Dieu* CristalB 1555f.)
(1200–1250: 1 – CristalB 1556)
1200–1250
CristalB 1555f. Il li dïent: «A Dieu, beaus sire,
Et vos gart de dolor et d'ire!»

◊ encombrier ↗ peril
enconbrier et mal
(1200–1250: 1 – HuonR 2681f.)
1200–1250
HuonR 2681f. «Sire, dist il, cil Diex qui tot crea,
Il gart vo cors d'enconbrier et de mal.»

◊ haschiee ↗ mort
◊ ire ↗ dolor, ↗ torment
◊ mal ↗ encombrier
mal et painne nouvelle
(1200–1250: 1 – GaydonG 8943–45)
1200–1250
GaydonG 8943–45 «Sire, dist elle, li fiuls à la Pucelle,
C'est Jhesu Cris, qui pechéors apelle,
Voz gart de mal et de painne nouvelle!

◊ mort
mort et haschie
(1200–1250: 1 – GaydonG 10422–25)
1200–1250
GaydonG 10422–25 «Sire, dist il, Jhesus, li fiuls Marie,
Gart vostre cors de mort et de haschie
Et touz iceuls, nel lairai nel voz die,
Qui bonnement sont en vo compaingnie!

mort et tormant
(1200–1250: 1 – GirVianeT 84.31f.)
1200–1250
GirVianeT 84.31f. – Cil Dame Deus, qui ne faut ni ne mant,
Gart vostre cors de mort et de tormant!

◊ peine ↗ mal
◊ peril
mortel peril et encombrier et prison
(TL III 227, 1–4 s.v. *encombrier* PercR 2154–57)
(1150–1200: 1 – PercR 2154–57)
1150–1200
PercR 2154–57 «Biax sire, icele vraie crois,
Ou Diex soffri pener son fil,
Vos gart hui de mortel peril
Et d'encombrier et de prison,

◊ prison ↗ peril
◊ torment ↗ mort
torment et ire
(1250–: 1 – BeaumManS 2593)
1250–
BeaumManS 2593f. «Dix vous gart de torment et d'ire,
Ensi comme il est rois et sire!»

Ⓢ □ S O1p V O2
1100–1150
CourLouisABLe 2106 «Dux», dit Guillelmes, «Diex te gart d'encombrier!
1150–1200
RenMontC 2200 «Naime, ce dist li rois, Dex vos gart d'encombrier.
PercR 2154–57 «Biax sire, icele vraie crois,
Ou Diex soffri pener son fil,
Vos gart hui de mortel peril
Et d'encombrier et de prison,

1200–1250

GaydonG 8943–45 «Sire, dist elle, li fiuls à la Pucelle,
C'est Jhesu Cris, qui pechéors apelle,
Voz gart de mal et de painne nouvelle!

ViolB 691 Li dist: «Dex vous gart de tous maus!»

1250–

BeaumManS 2593 «Dix vous gart de torment et d'ire

RomPast III 45.27–29 «sire, deus vos dont honor
et si vos gart de tristor:
ceste priere est belle.»

□ S O2 O1p V

1150–1200

YvainR 3760–63 – Sire, fet ele, Dex vos doint
et boen ostel et boene nuit
et de chose qui vos enuit,
si con je le desir, vos gart.»

□ S V O1 O2

1200–1250

HuonR 2681f. «Sire, dist il, cil Diex qui tot crea,
Il gart vo cors d'enconbrier et de mal.»

1250–

GaufrG 7382 «Damedex gart vo de toute vilennie!»

□ S V a O2 et b a ... et b = O1

1200–1250

GaydonG 10422–25 «Sire, dist il, Jhesus, li fiuls Marie,
Gart vostre cors de mort et de haschie
Et touz iceuls, nel lairai nel voz die,
Qui bonnement sont en vo compaingnie!

● *Dieus vos gart et beneïe* Ⓢ
(1200–1250: 2 – GuiBourgG 1892–98, ViolB Hs. D 5722f.; 1250–: 2 – GaufrG 8698–701, RichF 4815f.)

Ⓢ □ S V O1

1200–1250

GuiBourgG 1892, 96–98 «Cil Damediex de gloire qui Longis fist pardon,
(...)
Si gart et benéie l'emperéor Karlon,
Et Naimon à la barbe, et Ogier et Sanson,
Rollant et Olivier, le barnage Guion,

ViolB Hs. D 5722 Sy dist: «Dex gart et beneïe
Le duc et ses chevaliers tous!»

1250–

GaufrG 8698, 99–701 «Chil Mahommet, dist il, en qui estes créant,
(...)
Chil gart et benéie le fort roi Gloriant,
Et le roi Machabré, qui tant par est vaillant,
Et trestout le barnage que je voi chi séant.

RichF 4815f. «Diex gart,» fait il, «et beneye
La flour de la cheualerie!

• *Dieus vos gart et garisse* Ⓢ
(1200–1250: 2 – GuillPalM 7094–96, 8952f.)

Ⓢ □ S V O1
1200–1250
GuillPalM 8952f. — Que Diex le tiegne en boine vie
Et gart et garisse son cor;

• *Li verais Dex vos gart et saut* Ⓢ
(1150–1200: 1 – ContPerc[1]AR 1737f.)

Ⓢ □ S O1p V
1150–1200
ContPerc[1]AR 1736–38 — Vint a la tante et dist: «Pucele,
Li verais Dex vos gart et saut
Qui maint leissus el ciel an haut.»

• *Jhesus li droituriers te gart e salve de mortel enconbrier* Ⓢ
(1200–1250: 1 – OgDanE 3713f.)

Ⓢ □ S O1p V
1200–1250
OgDanE 3713f. — «Va t'ent, biaus fix, Jhesus li droituriers
Te gart e salve de mortel enconbrier,

• *Alés al creator del monde qui vos gart* Ⓢ
(1200–1250: 1 – LancPrM II 234)

Ⓢ □ S O1p V
1200–1250
LancPrM II 234 — – Or alés donc, fet cil, al creator del monde qui vos gart
en quel lieu que vos soiés.»

• *Alez a Dieu qui (qu'il) vos gart de a.r.* Ⓛ Ⓢ

Ⓛ* ◊ *derroi*
(1150–1200: 1 – RenMontC 14337)
1150–1200
RenMontC 14337 — A Dame Dex alez, qu'i vos gar[t] de derroi.

◊ liien
mauvés lïen
(1200–1250: 1 – CourtArrF Hs. B 28f. après 90)
1200–1250
CourtArrF Hs. B 28f. (après 90)
Frere, va a saint Julïen,
qui te gart de mauvés lïen.

Ⓢ □ S O1p V O2
1150–1200
RenMontC 14337 — A Dame Dex alez qu'i vos gar[t] de derroi.
1200–1250
CourtArrF Hs. B 28f. (après 90)
Frere, va a saint Julïen,
qui te gart de mauvés lïen.

● *Je vos comant a Dieu qui (qu'il) vos gart de a.r.* Ⓛ Ⓢ

Ⓛ*◊ *anconbrier*

(1150–1200: 1 – LancR 2938f.)

1150–1200

LancR 2938f. Or m'an irai, si te comant
a Deu, qui d'anconbrier te gart.»

◊ *meschëance*

(1200–1250: 1 – LancPrM IV 117; 1250–: 1 – RichF 2606f.)

1200–1250

LancPrM IV 117 Je vos conmant au verai cors Jhesu Crist qui vos gart voz cors de mescheance.»

1250–

RichF 2605–07 Richars commande a dieu sa mere,
Et elle lui au souurain pere
Qui le gart hui de mesceanche.

** ◊ encombrier ↗ enui

◊ enui

enui et enconbrier

(1200–1250: 1 – AimeriD Hs. C 3807–09)

1200–1250

AimeriD Hs. C 3807–09 «Je vos comment au verai jostissier.
– Et ge vos, sire, a Deu le droiturier,
Que il vos gart d'enui et d'enconbrier.»

◊ honte

honte et mal

(1200–1250: 1 – AtreW 5479–81)

1200–1250

AtreW 5479–81 (...); si vos conmant
Au gloriox, le roi poisçant,
Ki vous gart de honte et de mal.»

◊ mal ↗ honte

Ⓢ □ S O1p V O2

1200–1250

AimeriD Hs. C 3807–09 «Je vos comment au verai jostissier.
– Et ge vos, sire, a Deu le droiturier,
Que il vos gart d'enui et d'enconbrier.»

AtreW 5479–81 (...) si vos conmant
Au gloriox, le roi poisçant,
Ki vous gart de honte et de mal.»

1250–

RichF 2605–07 Richars commande a dieu sa mere,
Et elle lui au souurain pere
Qui le gart hui de mesceanche.

□ S O2p V O1 O2

1200–1250

LancPrM IV 117 Je vos conmant au verai cors Jhesu Crist qui vos gart voz cors de mescheance.»

□ S O2 O1p V
1150–1200
LancR 2938f. — Or m'an irai, si te comant
a Deu, qui d'anconbrier te gart.»

→ conseillier et garder, → sauver et garder, → sauver et garder et beneïr, → sauver et garder et maintenir.

GARIR a. de a.r.

- *Dieus vos garisse* Ⓢ
(1100–1150: 1 – PelCharlA 305; 1150–1200: 7 – RenMontC 3828, 4523, 18031, GarLorrV 10588, AyeB 3300–02, Aiol^{1}F 500–02, RenR XIX 17350; 1200–1250: 14 – GuiBourgG 842, 2764, OgDanE 12306f., GirVianeT 35.14, 80.4, 103.24–26, Aiol^{2}F 1737, 6587, 9595, FlorenceW 202, 3368, 6146, GuillPalM 8709, PerlN 8307–09)

Ⓢ □ S O1p V
1100–1150
PelCharlA 305 — «Sire, Deu vu garise!» (...)
1150–1200
RenMontC 3828 — Dame Dex vos garisse ki en crois fu dreciés.»
RenR XIX 17350 — Et dist Renart: «Diex le gerisse!
1200–1250
FlorenceW 3368 — «Amis, Deus te garise! (...)

□ S O1 V
1200–1250
OgDanE 12306f. — – Sire, dist ele, cil Dex qi iert et fu
Vo cors garisse, q'ainc si prodon ne fu.

□ S V O1
1150–1200
AyeB 3300–02 — «Cil nostre Mahonmet qui nos feit les vertus,
E feit oïr les sours e bien parler les mus,
Il saut le roi Ganor e garisse Baudus.
1200–1250
GirVianeT 103.24–26 — – Cil Dame Deus, qui pardon fist Longis,
Guart Karlemain li Roi de St Denis,
Et si garisse Dan Girart le marchis,

□ ADV V S O1
1200–1250
PerlN 8307–09 — – Sire, fait li chevaliers, or garisse Diex vostre cors, car vos alez en grant peril;

- *Cil [= Dieus] vous puisse garir* Ⓢ
(1150–1200: 1 – RCambrM 8338f.)

Ⓢ □ S O1p VA V
1150–1200
RCambrM 8338f. — Et puis li dist: «Cil vous puisse garir
Qui en la crois dangna por nous morir!

- *Je vos commant a Dé qu'il garisse vo cors de mort et d'afoler* Ⓢ
(1150–1200: 1 – RenMontC 12203–05)
Ⓢ □ S V O1 O2
1150–1200
RenMontC 12203–05 «Biaus niés, dist l'empereres, je vos commant à Dé
Qui en la sainte Virge prist incarnalité,
Qu'il garisse vo cors de mort et d'afoler.»

- *A Mahomet soiés vous conmendés que il vous puisse et garir et sauver* Ⓢ
(1150–1200: 1 – RCambrM 7735f.)
□ S O1p VA V
1150–1200
RCambrM 7735f. «A Mahomet soiés vous conmendés,
Que il vous puisse et garir et sauver.»

GARISON
→ envoiier garison.

HAITIÉ
→ faire sain et haitié.

HONTE
honte → avoir; → garder de honte; → venir à honte et à male aventure; → defendre de (V), → doner honte et encombrier; → garder (V) de honte et de mal; → venir à duel et à honte.

IRE
→ garder de dolor et d'ire; pesance et ire → atorner à joie; → garder de torment et d'ire.

JOI
→ otroiier (V) joi, lëece et santé.

JOIANT
→ otroiier estre joiant et lié.

JOIE
→ atorner à (V), → doner, → envoiier, → maintenir en, → metre, → torner à joie; → avoir (V), → doner joie d'amors; → doner la joie qui toz jors durra; → doner joie si tres grant come a. voudroit; → otroiier joie de paradis; → metre el cuer joie parfite; → doner joie plus qu'il n'en remaint à a.; bone joie → venir, → avoir bone joie; grant joie → venir, → doner, → recevoir à grant joie; → doner plus grant joie que a. n'ait; → metre en a.l. joie tel que a. vuet et desire; → doner bone joie fine; → avoir, → doner, → otroiier, → venir à joie et à bone aventure; → avoir joie et grant bone aventure; → doner joie et bien; → doner joie et deport; → avoir, → doner, → otroiier joie et onor; → doner grant joie et grant onor; → doner joie et santé; → doner joie et santé assez plus qu'il n'en demeure à a.; → doner joie et santé et venir à sa volenté; → doner bone aventure et joie; → doner bon jor et joie; → doner onor et

joie; → doner tant d'onor et de joie come a. en avoir voudroit; → doner bone vie et grant joie; → doner onor, santé et joie; → doner santé, joie et richece; → avoir bone aventure, onor et joie fine et pure; → envoiier onor, force et vertu et tote joie.

JOIOS

cist jorz estre → liez et joios.

JOR

→ avoir, → doner beneoit jor; bons jorz → ajorner, → avoir, → doner bon jor; → avoir aussi bon jor come a. le voudroit avoir; → doner tres bon jor; cist jorz estre → liez et joios; → doner, → otroiier bon jor et bone aventure; → doner bon jor et joie; → doner bon jor et onor; bons saluz et bons jorz → ajorner.

LËECE

otroiier (V) joi, lëece et santé.

LEVER

- *Bien soiez vos levez* Ⓢ

(TL V 373, 41 s.v. *lever «aus dem Bett sich erheben, aufstehen»*; 374, 2–4 PercR 8296)
(1150–1200: 1 – PercR 8296; 1200–1250: 2 – DurmG 11988, LancPrM IV 154)

Ⓢ □ ADV VA S V

1150–1200	
PercR 8296	«Sire, bien soiez vos levez,
1200–1250	
DurmG 11988	«Sire, bien soiés vos levés.»
LancPrM IV 154	«Ma damoisele, bien soiez vos levee.

- *A tres bonne heure puissiez vous hui estre levee* Ⓢ

(1250–: 1 – CleomH 3350f.)

Ⓢ □ CC VA S V

1250–	
CleomH 3350f.	«Bele, fait il, a tres bonne heure puissiez vous hui estre levee!

LIÉ

- *Cist jors vos soit liez et joieus* Ⓢ

(TL V 409, 21–23 s.v. *lié* PercR 8298)

Ⓢ □ S O2p V ADJ

1150–1200	
PercR 8298–300	Cist jors vos soit liez et joieus. Ce doinst icil glorïeus pere Qui de sa fille fist sa mere.»

→ faire lié; → faire lié et baut; → otroiier estre joiant et lié.

LIIEN

→ garder (V) de mauvais liien.

MAIN

→ doner bon main.

MAINTENIR a. en a.r.

- *Dieus vos maintiegne en a.r.* Ⓛ Ⓢ

Ⓛ* ◊ *joie*
(1200–1250: 1 – DurmG 3852)
1200–1250

DurmG 3852f.	– «Sire, dist li Galois gentiex, En joie vos maintiegne Diex.»

◊ *vie*
(1150–1200: 1 – ContPerc¹AR Hs. P 1743f.)
1150–1200

ContPerc¹AR Hs. P 1743f.	– «Biax pere, cil vos beneïe Qui vos fist, et maintiegne en vie.

Ⓢ □ S O1p V CC
1150–1200

ContPerc¹AR Hs. P 1743f.	– «Biax pere, cil vos beneïe Qui vos fist, et maintiegne en vie.

□ CC O1p V S
1200–1250

DurmG	– «Sire, dist li Galois gentiex, En joie vos maintiegne Diex.»

- *Au verai cors Jhesucrist vos comant qui vos maintiegne en son servise* Ⓢ
(1200–1250: 1 – SGraal IV QuesteP 252.14f.)

Ⓢ □ S O1p V CC
1200–1250

SGraal IV QuesteP 252.14f.	Au verai cors Jhesucrist vos comant, qui vos maintiegne en son servise.»

→ beneïr et maintenir; → sauver et garder et maintenir.

MAL

→ defendre (V) de mal; → defendre, → garder de toz maus; → garder de mal et de peine novele; → garder d'encombrier et de mal; → garder (V) de honte et de mal; → defendre de mal, d'enui et de pesance; → defendre de tot mal faire.

MALËIÇON

→ doner malëiçon.

MALEÏR a., MAUDIRE a.

- *Dieus vos maleïe, Dieus vos maudie* Ⓢ
(1150–1200: 2 – GarLorrV 3830, RenBeaujBelW 2827)

Ⓢ □ S O1p V
1150–1200

GarLorrV 3830	«Fiex a putain, Dieus maleïe ti!

RenBeaujBelW 2826f. | Trestout biel vos salueront.
Vos respondés: «Dius vos maudie!»

MENER a.

● *Dieus vos maint* Ⓢ
(1150–1200: 2 – PercR 617, RenR XI 12016; 1200–1250: 3 – GaydonG 3989f., ContPerc⁴B 1485, GuillPalM 9158–60; 1250–: 1 – RichF 241f.)

Ⓢ □ S O1p V

1150–1200

PercR 617–19 — «Biax fix, fait ele, Dix vos maint!
Joie plus qu'il ne m'en remaint
Vos doinst il ou que vos ailliez.»

RenR XI 12016f. — Sire, je di que Dieu vos maint
et doint joie et bone avanture.

1200–1250

GaydonG 3989f. — «Cil Dex, fait elle, qui le mont estora,
Voz maint à joie tout là où voz plaira!»

ContPerc⁴B 1485–87 — Et Deus a joie vous i maint!
Par Dieu lassus qui el ciel maint,
Saluez moi le roi Artu;

1250–

RichF 241f. — – «Sire», dist elle, «chieus uous maint
Qui par tout uoit et lassus maint.»

MESCHËANCE
→ garder (V) de meschëance.

METRE a.r. en a., METRE a.r. à a. en a.l., METRE a. en a.r.

● *Dieus mete a.r. en vos* Ⓛ Ⓢ

Ⓛ*◊ joie
joie tele com il vialt et desirre
(1150–1200: 1 – ContPerc¹AR 1806f.)

1150–1200

ContPerc¹AR 1805–07 — Cil li ra dit: «Ma dolce suer,
Dex mete joie an vostre cuer
Tele com il vialt et desirre.»

** ◊ crëance
créance et saint Espir
(1200–1250: 1 – GuiBourgG 433)

1200–1250

GuiBourgG 433 — «Amis, Diex mete en toi créance et saint Espir,
◊ esperit — ↗ crëance

Ⓢ □ S V O1 CC

1150–1200

ContPerc¹AR 1805–07 — Cil li ra dit: «Ma dolce suer,
Dex mete joie an vostre cuer
Tele com il vialt et desirre.»

◊ S V CC O1
1200–1250
GuiBourgG 433 «Amis, Diex mete en toi créance et saint Espir,

- *Dex te mete joie el cuer parfite* Ⓢ
(1150–1200: 1 – LancR 2790f.)

Ⓢ □ S O2p V O1 CC
1150–1200
LancR 2790–92 dist la pucele: «Dex te mete,
chevaliers, joie el cuer parfite,
de la rien qui plus te delite.»

- *Dieus vos mete en a.r.* Ⓛ Ⓢ

Ⓛ* ◊ destinee
bonne destinee
(1150–1200: 1 – GuiNantMM 772f.)
1150–1200
GuiNantMM 772–74 Et le roi respont, «De Dieu soiés sauvee,
Par son plesir vous meite en bonne destinee
Quer assez estez bele et de corps bien moullee.»

◊ sanité
en plus grant sanité que je ne vous voi
(1250–: 1 – BeaumManS 4845–47)
1250–
BeaumManS 4845–48 «Cil Dix qui maint en trınıte
Vous mete en plus grant sanité
Que je ne vous voi, dame ciere,
Si comme il pert a vostre ciere!»

Ⓢ □ S O1p V O2
1250–
BeaumManS 4845–48 «Cil Dix qui maint en trinité
Vous mete en plus grant sanité
Que je ne vous voi, dame ciere,
Si comme il pert a vostre ciere!»

□ CC O1p V S O2
1150–1200
GuiNantMM 772–74 Et le roi respont, «De Dieu soiés sauvee,
Par son plesir vous meite en bonne destinee
Quer assez estez bele et de corps bien moullee.»

MORT

→ defendre (auch V) de mort; → garir (V) de mort et d'afoler; → defendre (V) de mort et d'encombrier; → garder de mort et de haschiee; → defendre de mort et de peril; → defendre de mort et de perir; → defendre (V) de mort et de prison; → defendre (V), → garder de mort et de torment(e).

NUIT

→ avoir, → doner bone nuit; → otroiier male nuit; → doner bone nuit et bon soir; → doner bon ostel et bone nuit.

ONOR

→ avoir, → croistre, → doner, → faire onor; → doner si grant onor come a. vuet et destine; → avoir onor et bone aventure; → croistre onor et barnage; → doner, → envoiier, → otroiier onor et bien; → croistre onor et bonté; → doner onor et joie; → doner tant d'onor et de joie come a. en avoir voudroit; → doner onor et longe vie; → avoir, → doner, → otroiier joie et onor; → doner grant joie et grant onor; → doner bon jor et onor; → doner bone vie et onor; → doner onor, santé et joie; → envoiier onor, force et vertu et tote joie; → avoir bone aventure, onor et joie fine et pure.

ONORER a.

- *Dieus vos onort* Ⓢ

(1150–1200: 1 – TristBérM^4 2832; 1200–1250: 1 – FolTristBernP 298f.)

Ⓢ □ S O1p V

1150–1200	
TristBérM^4 2832	Li miens amis, que Dex t'enort!
1200–1250	
FolTristBernP 298f.	«Chevaliers, sire, Dex t'anor Et doint joie, (...)

- *De Dieu soiez vos onorez* Ⓢ

(1150–1200: 2 – RenMontC 2797, 3759; 1200–1250: 3 – GuiBourgG 1699, HuonR 8611, DurmG 3348f.)

Ⓢ □ S VA V

1150–1200	
RenMontC 3759	«Amis, dist li rois Yus, vos soies honorés.
1200–1250	
HuonR 8611	Et dist Guirrés: «Vous soiiés honnorés.»

□ CA VA S V

1200–1250	
GuiBourgG 1699	«Baron, de Mahomet soiez vos honoré!
DurmG 3348f.	De Damedeu le roi celestre Soit li vostre cors honorés.

- *Dieus vos puist onorer* Ⓢ

(1200–1250: 5 – NarbS 534, AuberiTarbé 131.34, HuonR 3501, 4842, 8747)

Ⓢ □ S O1p VA V

1200–1250	
HuonR 3501	Dist Auberons: »Diex te puist honnorer.

- *Dix vos veule onnorer* Ⓢ

(1200–1250: 1 – HuonR 2719)

Ⓢ □ S O1p VA V

1200–1250	
HuonR 2719	Dist Huelins: «Dix vos veule onnorer!

ORE

→ lever à tres bone ore.

OSTEL

→ doner bon ostel et bone nuit.

OSTER a. de a.r., OSTER a.r. à a. de a.l.

- *Dex vos ost de cusançon et de pesance* Ⓢ
  (1150–1200: 1 – YvainR 5046f.)

Ⓢ □ ADV O1p V S O2
1150–1200

YvainR 5046f.	«Dex vos saut, bele, et si vos ost de cusançon et de pesance!

- *Dex cest duel vos ost del cuer (et tort a joie)* Ⓢ
  (1150–1200: 1 – YvainR 5241–43)

Ⓢ □ S O1 O2p V CC
1150–1200

YvainR 5241–43	Et il lor dit: «Dex, s'il li plest, cest duel que ne sai don vos nest, vos ost del cuer et tort a joie.»

OTROIIER a.r. à a.

- *Dieus vos otroit a.r.* Ⓛ Ⓢ

Ⓛ*◊ bel
son bel
(1250–: 1 – GaufrG 9073f.)
1250–

GaufrG 9073f.	«Chil Damedieu de gloire qui fourma Daniel Il gart cheste puchele et li otroit son bel!»

◊ honte
grant honte
(1150–1200: 1 – RenMontC 16952)
1150–1200

RenMontC 16949–52	«Icil Dex, ce dist il, que toz li mons apele, Saut lo roi Charlemaigne et sa maisnie bele, S'il n'i a traïtor qui contre Dex revele; Mais celx otroit grant honte, [doint] lor fresche novele.»

◊ joie
joie de paradis
(1200–1250: 1 – PerlN 1568f.)
1200–1250

PerlN 1568f.	– Dex vos otroit la joie de paradis,» fet Messire Gavains.

◊ nuit
male nuit
(1200–1250: 1 – PerlN 1825f.)
1200–1250

PerlN 1825f.	(...) e eles s'en partent, e dient que male nuit li otroit Dex comme mauvés chevalier e failli e recreant;

◊ *santé*
(1200–1250: 1 – PerlN 8463f.)
1200–1250
PerlN 8463f. – Diex vos otroit santé hastivement, fait Lanceloz.

◊ vie
bone vie
(1150–1200: 1 – ContPerc²ER 20925f.)
1150–1200
ContPerc²ER 20925f. Li respont: «Diex vos beneïe,
Biaux [sire], et otroit bone vie.»
longue vie
(1150–1200: 1 – ContPerc¹AR Hs. S 2258f.)
1150–1200
ContPerc¹AR Hs. S 2258f. «Rois Artus, Dex qui tout apent
Vos gart et otroit longue vie.»

** ◊ aventure ↗ joie, ↗ jor
◊ bien ↗ onor
◊ joie
joie et bone aventure
(1200–1250: 2 – PerlN Hss. BePBrN 702, PerlN 4116f.)
1200–1250
PerlN 4116f. – Dame, fet il, joie et bone ave[n]ture vos otroit Dex!
joie e annor
(1200–1250: 1 – PerlN 9681)
1200–1250
PerlN 9681 – Dame, fet Perlesvaus, Diex vos otroit joie e annor!
◊ jor
bon jor e buenne aventure
(1200–1250: 1 – PerlN 6866f.)
1200–1250
PerlN 6866f. «Misire Artus de Bretaigne, bon jor e buenne aventure
vos otroit hui Dex! fait la mainnee da[moisele].
◊ onor ↗ joie
enor et bien
(1150–1200: 1 – ContPerc¹AR 1803)
1150–1200
ContPerc¹AR 1802f. (...) «Pucele,
Dex vos otroit enor et bien.»
◊ (Ergänzungssatz) *que vos soiés joian[t] et lie*
(1200–1250: 1 – DurmG 15348f.)
1200–1250
DurmG 15348f. – «Dame, fait il, Dex vos otroit
Que vos soiés joian[t] et lie.

Ⓢ □ S O2p V O1
1150–1200
ContPerc¹AR Hs. S 2258f. «Rois Artus, Dex qui tout apent
Vos gart et otroit longue vie.»

1200–1250

DurmG 15348f.	– «Dame, fait il, Dex vos otroit Que vos soiés joian[t] et lie.
PerlN 8463f.	– Diex vos otroit santé hastivement, fait Lanceloz.
PerlN 9681	– Dame, fet Perlesvaus, Diex vos otroit joie e annor!

□ O1 O2p V S

1200–1250

PerlN 1825f.	(...) e eles s'en partent, e dient que male nuit li otroit Dex comme mauvés chevalier e failli e recreant;
PerlN 4116f.	– Dame, fet il, joie et bone ave[n]ture vos otroit Dex!

- *Si vos comant a Nostre Seignor qui nos otroit que nos nos puissons entretrover prochainnement* Ⓢ
  (1200–1250: SGraal IV QuesteP 245.27f.)

Ⓢ □ S O2p V O1

1200–1250

SGraal IV QuesteP 245.27f.	Si vos comant a Nostre Seignor, qui nos otroit que nos nos puissons entretrover prochainnement.

- *A dieu vous renç qui vous otroit joi, leeche et santé* Ⓢ
  (TL VI 1404, 6f., s.v. *otroiier* Bueve1S 2595 *«u. öft.»*)
  (1200–1250: 1 – Bueve1S 2595)

Ⓢ □ S O2p V O1

1200–1250

Bueve1S 2594f.	A dieu vous renç, le roi de majesté, Qui vous otroit joi, leeche et santé.»

PAIS

- *Pes soit o vos* Ⓢ
  (vgl. TL VII 54, 12f. s.v. *pais* PassionK 433)
  (1200–1250: 1 – SGraal IV QuesteP 7.24)

Ⓢ □ S V CC

1200–1250

SGraal IV QuesteP 7.23f.	Si dist si tost come il fu en mi le palés: «Pes soit o vos!»

PARDON

→ faire pardon.

PEINE

→ garder de mal et de peine novele.

PERIL

→ garder de mortel peril et d'encombrier et de prison; → defendre (auch V) de mort et de peril; → doner (V) force et pöoir que a. puet delivrer a. d'un peril.

PERIR

→ defendre de mort et de perir.

PESANCE

→ oster a. de cuisençon et de pesance; pesance et ire → atorner (V) a joie.

PÖOIR

→ doner (V) force et pöoir que a. puet delivrer a. d'un peril.

PRENDRE a.r.

→ doner prendre vengison.

PRESTER a.r. à a.

● *Dieus vos prest a.r.* Ⓛ Ⓢ

Ⓛ*◊ force

force contre tes anemis
(1150–1200: 1 – GarLorrV 3226–28)

1150–1200
GarLorrV 3226–28 «Cil Damedieus qui tot le monde fist,
Et trestout puet sauver et garantir,
Il te prest force contre tes anemis!

force al regne maintenir
(1150–1200: 1 – GarLorrV 1254–56)

1150–1200
GarLorrV 1254–56 «Cil Damedieus, qui de l'aigue fist vin,
Il saut et gart l'enperor Pepin,
Et li prest force al regne maintenir!

◊ *vertu*
(1200–1250: 1 – NarbS 6616f.)

1200–1250
NarbS 6616f. «Sire,» fet il, «cil Dex vos prest vertu
Qui tozjorz est et totes eures fu!»

Ⓢ □ S O2p V O1

1150–1200
GarLorrV 3226–28 «Cil Damedieus qui tot le monde fist,
Et trestout puet sauver et garantir,
Il te prest force contre tes anemis!

1200–1250
NarbS 6616f. «Sire,» fet il, «cil Dex vos prest vertu
Qui tozjorz est et totes eures fu!»

● *I les comande a Dieu qui lor prest force et vitoire* Ⓢ
(1200–1250: 1 – NarbS 6686–88)

Ⓢ □ S O2p V O1

1200–1250
NarbS 6686–88 I les comande a Dieu le roi puisant
Qui hui ce jor par son dine coment
Lor prest force et vitoire.

PRISON

→ defendre (V) de mort et de prison; → garder de mortel peril et d'encombrier et de prison.

PRODOME

→ faire prodome.

RAMENER a.

- *Dieus vos rameint* Ⓢ
(1150–1200: 3 – PercR 2154–58, TristThomW Douce 1299, BodelNicH^{3} 988; 1250–: 1 – GaufrG 4808)

Ⓢ □ S O1p V
1150–1200
TristThomW Douce 1298f. Deus vus conduie, nostre sire,
E sein e salf il vus remaint!»
BodelNicH^{3} 988 Alés, que Dieus vous ramaint tous!
1250–
GaufrG 4807f. «Dame, je vous quemant au disne roi Jhesu.
– Sire, chil vous ramaint par la soue vertu!»

- *Li plus vrais Dix te puist hui ramener* Ⓢ
(1200–1250: 1 – HuonR 6545)

Ⓢ □ S O1p VA V
1200–1250
HuonR 6543–45 Et se li Dieus ke tu dois aourer
Vaut miex que chil que j'ai devant nommé,
Li plus vrais Dix te puist hui ramener.»

- *Je vos comant a Dieu qui vos (me) rameint* Ⓢ
(1150–1200: 3 – PriseOrABR^{1} Hs. B 1434–34a, Aiol^{1}F 2490–95, RenR I 1142f.; 1200–1250: 1 – GaydonG 9785f.)

Ⓢ □ S O1p V
1150–1200
PriseOrABR^{1} Hs. B 1434–34a
– Va dont, beau frere, a Jhesu te commant
Que te remaint sain et sauf et vivant;
RenR I 1142f. a Damedieu toz vos conmant,
qui me ramaint si con je soil.»
1200–1250
GaydonG 9785f. Franc les commandent à Deu le justiciere
Qui les ramaint et sains et saus arriere.

- *Jhesus de gloire vos doint bien esploitier que vos ramaint* Ⓢ
(1100–1150: 1 – CharroiM Hs. B 758–60)

Ⓢ □ S O1p V
1100–1150
CharroiM Hs. B 758–60 – Alez, beau sire, au gloïreux del ciel.

Jhesus de gloire vos doint bien esploitier,
Que vos ramaint sain et sauf et entier!»

- *A dieu vous renç qui me ramaint* Ⓢ
  (TL VIII 247, 8–10 s.v. *ramener* Bueve1S 2161)
  (1200–1250: 1 – Bueve1S 2160f.)

Ⓢ □ S O1p V
1200–1250

Bueve1S 2160f.	A dieu vous renç, qui tout le mont forma, Qui me ramaint, quant ses plaisirs sera.»

RECEVOIR a.

bien → venir et à (grant) joie recevoir.

RECONDUIRE a.

- *Li rois les commanda au glorieus du ciel qu'il les puis[t] raconduire* Ⓢ
  (1200–1250: 1 – GuiBourgG 3552f.)

Ⓢ □ S O1p V
1200–1250

GuiBourgG 3552f.	Li rois les commanda au glorieus du ciel, Qu'il les puis[t] raconduire sain et saus et entiers.

REMANOIR à a.

- *A Dieu remaigniez* Ⓢ
  (TL II 1918, 24 *«a Dieu (beim Abschied)»* s.v. *Dieu*; 1918, 36 BarbMéon I 135 = BodelCongés éd. Ruelle 16; 1918, 37f. BarbMéon I 372, 474 = CourtArrF 428; 1918, 38 AdHaleRobR Hs. P 311)
  (1200–1250: 1 – CourtArrF 428; 1250–: 1 – AdHaleRobR 311)

Ⓢ □ CC V

1200–1250	
CourtArrF 428	Bials ostes, a Dieu remaingniés!
1250–	
AdHaleRobR Hs. P 311	Bergerete, a Dieu remanés.

RENDRE a.r. à a., RENDRE a. à a.

- *A Damedieu de gloire soit vos cors conmandés qui vous rende les biens que vous fais nous avés* Ⓢ
  (1250–: 1 – BerteH 3249f.)

Ⓢ □ S O2p V O1
1250–

BerteH 3248–50	«A! douce dame, a Dieu», font il, «vous en alés. A Damedieu de gloire soit vos cors conmandés, Qui vous rende les biens que vous fais nous avés!»

- *A Dieu vous rench* Ⓢ
  (TL II 1918, 24 s.v. *Dieu «a Dieu (beim Abschied)»*; 1918, 40f. SoneG 715)
  (1250–: 1 – SoneG 715)

Ⓢ □ O2 O1p V S
1250–
SoneG 715 — A Dieu vous rench, ma damoisielle,»
→ otroiier, → ramener.

REPAIRIER

→ doner sain et sauf repairier.

RESCORRE a.

→ doner force de rescorre.

RETENIR a.

bien → venir et retenir.

RETORNER

- *A Mahom te quemant qui te lest retourner* Ⓢ
  (1250–: 1 – GaufrG 4197–99)

Ⓢ □ S O1p VA V
1250–
GaufrG 4197–99 — Et respont l'amiral: «A Mahom te quemant
Et mon dieu Apolin, Jupin et Tervagant,
Qui te lest retourner par ton quemandement.»

REVENIR

- *Dex vos lest revenir* Ⓢ
  (1200–1250: 1 – PerlN 187f.)

Ⓢ □ S O1p VA V
1200–1250
PerlN 187f. — «Sire, fet ele, Dex soit garde de vos, e vos lest revenir, e vos doinst volenté de bien fere, par coi vostre los soit essauciez qi molt est descreüz.»

- *Par cent mile fois soies tu li bien revenus* Ⓢ
  (1200–1250: 1 – CourtArrF 614f.)

Ⓢ □ CC VA S ART ADV + V
1200–1250
CourtArrF 614f. — Biaus dous fieus, par cent mile fois
soies tu li bien revenus!

REVËOIR a.

- *Jhesus de gloire vos doint bien esploitier que vos revoie* Ⓢ
  (1100–1150: 1 – CharroiM 759f.)

Ⓢ □ S O1p V
1100–1150
CharroiM 758–60 «Alez, beau sire, a Damedieu del ciel.
Jhesus de gloire vos doint bien esploitier,
Que vos revoie sain et sauf et entier!»

- *[Je la] reconmant a Diu tant que je le revoie* Ⓢ
(1150–1200: 1 – GautArrErR 2706f.)
Ⓢ □ S O1p V
1150–1200
GautArrErR 2705–07 Je l'ai demandee et demant
et comandee et reconmant
a Diu tant que je le revoie.»

RICHECE
→ doner santé, joie et richece.

RIEN
→ doner la rien que a. plus desire.

SAIN, NE
→ faire sain et haitié.

SALU
bons saluz et bons jorz → ajorner.

SANITÉ
→ metre a. en plus grant sanité que a. ne voit.

SANTÉ
→ doner (auch V), → envoiier, → otroiier santé; → sostenir en bien et en santé; → doner joie et santé; → doner joie et santé assez plus qu'il n'en demeure à a.; → doner santé, joie et richece; → doner joie et santé et venir à sa volenté; → doner onor, santé et joie; → otroiier (V) joi, lëece et santé.

SAUVER a.

- *Dieus vos saut* Ⓢ
(Gdf X 622c s.v. *sauver* «Dieus te salt, formule de salutation ou de souhait», 622c BueveAgnS 79; TL IX 242, 42 s.v. *sauver «als Grußformel [vgl. Schiller Grüßen]»*; 46–49 ChGuillM 35; 49–52 PercR 767; 242, 52–243, 1 FloovG 987; 8f. ViolB 1482; 9–14 RenclMiH 75, 7; 14f. RomPast II 12, 62; 15f. ParDuchG 207f.; 16f. ParDuchG 1409; 21f. BueveAgnS 79; 22–25 AimonFlH 2434, 2435; 25–28 RigomerF 6814 *«mit Anm.»*)
(1100–1150: 2 – RolH 2711–13, ChGuillM 35; 1150–1200: 84 – AspremLM 942–46, 4399, AspremwB 7120, RCambrM 164–67, 2149–52, 6811, 7177, 7178, 7671, 8174f., RenMontC 1047, 1371–74, 3758, 12503f., 16949f., PriseOrABR[1] 149–54, 477, 670, 672, 1276, PriseOrCER 449–51, 648–54, 657, PriseOrDR 100f., 351f., 549, AliscW

2638–45, Hs. a 3679f., GarLorrV 3299f., 3446, 4439, 5405, 5464–67, 7750, 11037, 16018, AyeB 2391, 3300–02, GuiNantMM 1685, 1942, 2165, AmAmD 2484f., Aiol[1]F 1546, GautArrIllC 575, 5171, GautArrErR 2544, ErecR 6323f., 6325f., CligésM 3650, 6599, YvainR 5046, 5798, 5927, 5937, PercR 767, 3778, 4396, 5490, 7971–74, TristBérM[4] 3398–3400, ContPerc[1]AR 131, 2903, 4200, 4202, 5852, ContPerc[1]P III Hs. Montpellier 12577, 13559, 14305f., ContPerc[2]ER 21466, RenBeaujBelW 2903–05, PartonG 5975, AthisH 290, 4974–78, RenR I 2405, VII 5617, VII[b] 6841, IX 9031, X 9415, 9710, 10413, XII 13046, BodelNicH[3] 315f., 324, 327f., 711; 1200–1250: 70 – AiquinJa292, GuiBourgG 1374, 1802, 2892f., 3580, GaydonG 179–81, 1242–48, 10199–202, OgDanE 3374–76, 4088–95, 9294, 9368–70, AimeriD Hs. C 3273–75, GirVianeT 34.13, Aiol[2]F 1735, 9320, 9495f., 9594, 10489–91, FlorenceW 197–200, 2275–77, 3601–03, 5338, BueveAgnS 79, 2409–19, 2976, ParDuchG 207, 932, 1409, 1776, 2623–25, 2892f., 2894, 2985, ViolB 1482, FolTristBernP 340f., ChevIIEspF 411, 983, 5186–89, 8992f., DurmG 1793, 5412, FergM 2392, AtreW 35–37, 2996f., EustMoineF 1556, BlancandS 905, LancPrK 54.11f., 58.35–37, 149.34–37, 162.8f., LancPrM I 19, 29, 97, 101, II 269, 393, V 206, RenR XVI 14998, 14999, BouchAbevR 55, 121, De celui qui bota la pierre RychnerFabl Hs. K 80, RomPast II 4.14, 12.62, 15.16–20, 23.14f., 31.13, 68.6, 68.10; 1250–: 9 – GaufrG 137, 2177, 8411, 8642, 9644, EnfOgH 2115f., BeaumJBlS 3650, RichF 4485, RomPast I 69.11)

Ⓢ □ S O1p V

1150–1200

PriseOrABR[1] 670	«Cil Dex vos saut, en cui somes creant!»
GautArrErR 2544	«Puceles, Damedieus vous saut!
RenR VII[b] 6841	Dex vos saut, pansez del bien faire.»
BodelNicH[3] 327–29	Chis Mahommés qui tout gouverne Te saut, riches roys d'Olifferne, De par le roy, qui te semont!
1200–1250	
OgDanE 9294	Et dist li roi: «Dex te salt, amis cher!
AtreW 35–37	«Rois, fait soi, cil sire vous saut, Cil qui gouverne bas et haut Le ciel et la mer et la terre.
LancPrK 54.11f.	«Rois Artus, fait il, Dex te saut comme lou plus preudome et lou meilleur qui onques fust, se ne fust une seule chose.»
BouchAbevR 55	Fait li bouchiers, et Dix vous saut!
RomPast II 4.14	et li dix «deus vos sault, belle!
1250–	
GaufrG 137	– Et Dex te saut, amis! dist Do li adurés.
BeaumJBlR 3650	A dit au conte: «Dix vous saut!»
□ S V O1	
1100–1150	
ChGuillM 35	«Deu salt Tedbalt al repeirer de vespres!
1150–1200	
PriseOrABR[1] 149–54	«Cil Damedex qui fist et vin et blé, Del ciel nos done et lumiere et clarté, Et home et feme fet aler et parler, Il saut Guillelme le marchis au cort nes,

	La flor de France et le noble barné,
	Les poingneors que ci voi assenblé!
YvainR 5937	«Dex salt le roi et sa mesniee!
RenBeaujBelW 2903–05	«Dius saut, Dius saut le chevalier
	Qui est venus la dame aidier,
	De la mainnie Artus le roi!»
AthisH 289	«Amis, fet il, et Deus saut toi!»
BodelNicH[3] 315f.	Mahom saut l'amiral del Coine,
	De par le roy, (...)
1200–1250	
OgDanE 3374–76	«Cil Dame Dex qi tot a a jugier
	Il salt le roi e sa france moillier.
	Es trestos chaus qu'il a a justichier!
FolTristBernP 340f.	«Dex saut, fait cë il, la raïne,
	Avoc li Brangien sa meschine!
LancPrM I 19	«Diex saut le roi Artu et sa compaignie, salve l'onor et la droiture ma dame, come celui qui est li plus preudom del monde, se ne fust une sole chose.
RenR XVI 14998	«Diex saut, fait il, Rainsent ma drue.
1250–	
GaufrG 9645–47	«Chil Damedieu de gloire qui fist parler l'ymage,
	Et prist char en la vierge Marie, qui fu sage,
	Chil, saut le preus Gaufrey, et il et son barnage!
RomPast I 69.11	«dame, deus saut vo cors le gai:
□ O1p V S	
1250–	
GaufrG 8642	Et Lion lor dit: «Tous vous saut Tervagant.»
□ a O1p V et b a ... et b = S	
1150–1200	
PriseOrABR[1] 476f.	«Amirauz, sire, franc chevalier vaillant,
	Mahom te saut et le deu Tervagant!»
□ S a V et b (et c et d) a ... et b (et c et d) = O1	
1150–1200	
AthisH 4974–78	Si li dit: «Sire, Deus vos saut
	Et vostre fil Prophilïas
	De part le riche roi Bilas,
	Et vostre fame et la pucele,
	Par cui amor ses cuers revele!»
1200–1250	
BueveAgnS 2409	«Deu vus salve, sire roi, e vostre baronez,
AtreW 2996f.	«Biax sire, fait il, Dix vous saut,
	Et vostre bele conpaignie.
LancPrK 162.8f.	«Rois Artus, fait il, Dex te saut et tote ta compaignie de par la dame de Nohaut a cui ge sui.
□ a V S et b a ... et b = O1	
1150–1200	
PercR 7971–74	«Ma dame la roïne saut
	Cil Sire en cui nus biens ne faut,

Et vos come la bien parlant
Et la cortoise et l'avenant.

□ a e V et b et f a ... et b = S, e ... et f = O1
1150–1200
PriseOrcᴇR 449–51 «Ammiraus, sire, franc chevalier vallant,
Mahom te saut et ton dieu Tervagant,
Et ton barnage que chi voi en estant!»

● *Sauvez soiez vos de Dieu* Ⓢ
(TL IX 242, 42 s.v. *sauver «als Grußformel [vgl. Schiller Grüßen],* 42–46 RolH 123; 243, 25–28 RigomerF 6814 *«mit Anm.»*; 28–31 RigomerF 9255 *«mit Anm.»*)
(1100–1150: 4 – RolH 123f., 416f., 428f., 676; 1150–1200: 4 – ChevVivT 1092, AyeB 3719–21, GuiNantᴍM 772, AmAmD 91; 1200–1250: 1 – ParDuchG 774)

Ⓢ □ S VA V
1150–1200
ChevVivT 1092 «Amis, beaus freire, et vos soiez salvés!

□ V VA S CA
1100–1150
RolH 123f. Et dist al rei: «Salvét seiez de Deu,
Le glorius, que devuns aürer!

□ CA VA S V
1150–1200
AyeB 3719–21 «De vostre Dieu Jhesu ou vos creance avez,
E des sainz e des saintes que por lui aorez,
Soit hui le cors dame Aye e ses amis sauvez.»

AmAmD 91 «Pelerins frere, de Deu soiéz sauvéz!
1200–1250
ParDuchG 774 «Sire dus de Saint Gile, de Deu soiez sauvez!

● *Dieus vos puist sauver* Ⓢ
(1150–1200: 3 – AspremwB 3922, FierK 4281, AmAmD 107; 1200–1250: 6 – GuiBourgG 2765, AimeriD 2072f., HuonR 3971f., 6542, 6870f., 7359; 1250–: 3 – GaufrG 4154, 8704, EnfOgH 4337f.)

Ⓢ □ S O1p VA V
1150–1200
AmAmD 107 «Pelerins frere, Dex te puisse sauver!
1200–1250
HuonR 3971f. «Amis, fait il, cil Dix te puist salver
Qui de le mort nous vaut tous racater.»
1250–
EnfOgH 4337f. «Ogier,» fait ele, «cil Dieus vous puist sauver
Qui tout puet faire et tout puet gouverner!»

● *Dieus vos saut et beneïe* Ⓢ
(1150–1200: 6 – RenMontC 1743–47, 6108–10, 9508–12; GautArrErR 4246–48, PercR 2831–33, BodelNicH³ 321f.; 1200–1250: 3 – GuiBourgG 948–55, 1872–74, ViolB 5722f.)

Ⓢ □ S O1p V
1150–1200
BodelNicH[3] 321–23 | Mahom te saut et beneïe,
Riches amiraus d'Orkenie,
Par le roy, qui secours te mande!

□ S V O1
1150–1200
RenMontC 1743–47 | «[Cil] Dame Deu de gloire, le roi de majesté,
Ki del limon fist Eve, Adan en ot formé,
Il saut et beneïe le meillor coroné
Ki onques fust el mont n'en la crestienté
Et ici son barnage queil a aüné.
PercR 2831–36 | Et dist: «Diex salt et beneïe
Le meillor roi qui soit en vie,
Le plus large et le plus gentil,
Si le tesmoignent cist et cil
Devant cui ont esté retraites
Les bones oevres qu'il a faites.
1200–1250
ViolB 5722f. | Si dist: «Dex saut et beneïe
Le duc et les chevaliers tous!»
GuiBourgG 948–55 | «Cil Damediex de gloire, qui Longis fist pardon,
Et suscita de mort le cors saint Lasaron,
Si herberja saint Pere el chief de pré Noiron,
Marie Madelaine féis[t] lo vrai pardon,
Si comme ce est voirs et nous bien le créon,
Rois, si vous doint il panre des paiens vengison,
Et de ceus qui ne croient la sainte Asension,
Et saut et benéie l'emperéor Charlon!
□ S x a et y et b   a ... et b = O1, x ... et y = V
1150–1200
GautArrErR 4246–48 | et dist: «Cil Dius qui maint amont,
il saut ma dame et beneïe,
et ceste siue compaignie!»

- *Dieus vos saut et gart* Ⓢ
(Gdf X 622c s.v. *sauver* «Dieus te salt, formule de salutation ou de souhait», 622c AimeriD 705; TL IX 242, 42 s.v. *sauver «als Grußformel [vgl. Schiller Grüßen]»*; 243, 2–4 FloovG 1231; 4–8 FloovG 2431)
(1150–1200: 23 – FierK 2571–73, RCambrM 65f., 832f., 2237–39, 8243–46, RenMontC 511–17, PriseOrᴅR 95–99, AliscW Hs. a 3625f., ChevVivT 1087–91, GarLorrV 1254f., 5977–79, 7891–93, 8772–74, 12399–401, MarieLanvR Hs. S 490af., TristBérM[4] 3402f., ContPerc[1]ᴀR 38f., 127–29, 1635f., Hs. P 1639f., AthisH Hs. C 4742, BodelNicH[3] 115f., 339f.; 1200–1250: 20 – AiquinJa 280–91, GuiBourgG 833f., GaydonG 3494–503, OgDanE 9291–93, AimeriD 705–07, Hs. C 2323–25, 3273–75, GirVianeT 44.13f., 49.18–20, NarbS 2356–58, 2789–92, Aiol[2]F 5107f., FlorenceW 3360–62, AuberiTarbé 63.9–13, 99.31–33, HuonR 342–45, 1015–19, 6082–84, ParDuchG 2270f., 2519f.; 1250–: 2 – GaufrG 132–36, 4974–77)

Ⓢ □ S O1p V
1150–1200
GarLorrV 5977–79 «Dame,» font il, «cil Dieus de paradis
Qui en la croiz painne et ahan sofri,
Voz saut et gart par la soie merci!»
ContPerc[1]AR 1635f. «Cil Dex vos saut et gart, pucele,
Qui si vos fist et gente et bele.»
1200–1250
Aiol[2]F 5107f. Si dites Lusiane, la bele o le cler uis,
Que dieus le saut et garde, qui onques ne menti,
□ S O1 V
1150–1200
BodelNicH[3] 339f. Roys, Mahom toi et te maisnie
Saut et gart!
□ S V O1
1150–1200
PriseOrDR 95–99 «Cil Damedeus qui tout a a salver,
Qui fist lou monde et lou trosne torner,
Si salt et gart Guillelmë au cor neis,
La flor de France, lou bruit et lou barné,
Les poigneors que voi ci assanblé!
MarieLanvR Hs. S 490af. «Cil Diex qui fet cler et oscur
Il saut e gart le roi Artur.
BodelNicH[3] 115–18 Roys, chil Mahom qui te fist né
Saut et gart toi et ten barné
Et te doinst forche de resqueurre
De chiaus qui te sont courut seure
1200–1250
OgDanE 9291–93 «Cil Dame Dex qui tot a juger
Il salt et gart Kallon le droiturer,
Ses dus, ses contes et ses baron proisiés!»
1250–
GaufrG 132–36 «Chil Damedieu de gloire qui en crois fu penés
Et nous donne du chiel et le vin et li blés
Et les poissons de mer, dont vous estes disnés,
Il saut et gart Doon, qui tant a de bontés,
Flandrine et les enfans et lor riche barnés!
□ S a V et b a ... et b = O1
1150–1200
TristBérM[4] 3402f. «Et Dex,» fait il, «esperitables
La saut et gart, et toi, amis!

- *Dieus vos saut et gart et beneïe* Ⓢ
(1150–1200: 5 – AspremLM 1854f., 1998–2002, GautArrErR 2620f., ContPerc[1]AR 1639–41, ContPerc[1]P III Hs. Montpellier 11577, 13968–70)

Ⓢ □ S O1p V
1150–1200
GautArrErR 2620f. – Vallés, cil Dieus qui maint sor nos
vos salt et gart et beneïe!

□ S a V et b   a ... et b = O1
1150–1200
ContPerc[1]P III Hs. Montpellier 13968–70   «Pucele, Diex qui vous fist nestre
Vous saut et gart et bénéie,
Et vostre bele conpaignie!

□ S x et y O1 et z   x et y ... et z = V
1150–1200
AspremLM 1998–2002   «Cil Dampnedeu qui fist mer e peisson –
Dunt cil vus servent qui devant vus eston –
Sicum il vint a resurreccion,
Il salt et guart le fiz al roi Bo[s]un
E beneïe de part le roi Karlon!

ContPerc[1]AR 1639–41   «Cil Sires qui fist soir et main
Saut et gart monseignor Gauvain
Et vos aprés, et beneïe.»

● *Cil Damedex de gloire qui forma Lazaron saut et gart et mantiengne l'empereor Charlon* Ⓢ
(1150–1200: 1 – RenMontC 16706–08)

Ⓢ □ S V O1
1150–1200
RenMontC 16706–09   «Cil Damedex de gloire qui forma Lazaron,
Saut et gart et mantiengne l'empereor Charlon,
Et tote sa maisnie que ci voi environ,
Se anemis n'i a que nos ne quenoisson.

→ garder et sauver, → garir et sauver (V).

SECOR

→ doner secor et aïe.

SEIGNIER a.

● *Dieus vous seint* Ⓢ
(1200–1250: 1 – BodelFablN II Hs. H 29)

Ⓢ □ S O1p V
1200–1250
BodelFablN II Hs. H 29   «Sire», fet-ele, «Dieus vous seint!»

● *De Dieu soiez vos seigniez* Ⓢ
(TL IX 333, 1 s.v. *seignier «mit dem Zeichen des Kreuzes versehen, bekreuzigen, segnen»*; 51f. RenR VII[b] 7171)
(1150–1200: 1 – RenR VII[b] 7171; 1200–1250: 1 – GuiBourgG 1238f.)

Ⓢ □ CA VA S V
1150–1200
RenR VII[b] 7171   «Dant Brun, de Dieu saiez saingniez!

□ a VA S V et b   a ... et b = CA

1200–1250
GuiBourgG 1238f. «Enfant, ce dist li rois, de Dieu soiez seigniez
Et de la sainte crois où il fut traveilliez;

SEIGNORIE
→ croistre et amender grant seignorie.

SEJORNER en a.l.
→ doner sejorner.

SERVISE
→ maintenir a. en son servise.

SOIR
→ doner bone nuit et bon soir.

SOSTENIR a. en a.r.

● *Dix vous soustiegne en bien et en santé* Ⓢ
(1200–1250: 1 – HuonR 2507f.)
Ⓢ □ S O1p V CC
1200–1250
HuonR 2507f. «Sire, dist Hues, Dix qui tot puet salver,
Il vous soustiegne en bien et en santé!»

TENIR a.r., TENIR a. en a.r.

● *Bonne voie puisse ele tenir et sa compaingnie* Ⓢ
(1200–1250: 1 – LancPrM IV 49)
Ⓢ □ O1 VA a V et b a … et b = S
1200–1250
LancPrM IV 49 Et il dist que bonne voie puisse ele tenir et sa compaingnie, (…)

● *Dieus vos tiegne en a.r.* Ⓛ Ⓢ
Ⓛ*◊ vertu
vertu
(1200–1250: 1 – DurmG 9330)
1200–1250
DurmG 9330 «Sire, Dex vos tiegne en vertu.»
bone vertu
(1200–1250: 1 – DurmG 14582f.)
1200–1250
DurmG 14581–83 «Sire, dist il al roi Artu
Deus vos tiegne en bone vertu
Et monsaignor le roi mon pere;
◊ vie
vie
(1150–1200: 1 – ContPerc¹ᴀR Hs. S 1743f.)

1150–1200
ContPerc[1]AR Hs. S 1743f. – «Biax pere, Diex vos beneïe
Qui tout fist, et vous tiegne en vie.

boine vie
(1200–1250: 1 – GuillPalM 8952)
1200–1250
GuillPalM 8950–52 Et salus a mandé son pere,
L'empereor de Rooumenie:
Que Diex le tiegne en boine vie

Ⓢ □ S O1p V CC
1150–1200
ContPerc[1]AR Hs. S 1743f. – «Biax pere, Diex vos beneïe
Qui tout fist, et vous tiegne en vie.

1200–1250
DurmG 9330 «Sire, Dex vos tiegne en vertu.»

□ S a V CC et b a … et b = O1
1200–1250
DurmG 14581–83 «Sire, dist il al roi Artu
Deus vos tiegne en bone vertu
Et monsaignor le roi mon pere;

TORMENT(E)

→ garder de torment(e); → garder de torment et ire; → defendre (V), → garder de mort et de torment.

TORNER a.r. à a.r.

● *Dex cest duel vos ost del cuer et tort a joie* Ⓢ
(TL X 430, 40 s.v. *torner «umkehren, verkehren [übertr.]»*; 42–44 YvainR 5241–43)
(1150–1200: 1 – YvainR 5241–43)

Ⓢ □ S O1 O2p V O2
1150–1200
YvainR 5241–43 Et il lor dit: «Dex, s'il li plest,
cest duel que ne sai don vos nest,
vos ost del cuer et tort a joie.»

TRISTOR

→ garder de tristor.

TROVER a.

● *Bien soiez vos trovez* Ⓢ
(1100–1150: 1 – CourLouisABLe Hs. B 1556; 1150–1200: 10 – RCambrM 8203, RenMontC 1752, PriseOrDR 288, 1084, 1089, 1091, AliscW Hs. bBTdeCm 6394, ChevVivT Hs. B 1092, AyeB 3722, HaimBarW 431; 1200–1250: 23 – AiquinJa 2579, OgDanE 4532, 4744, 9412, NarbS 5648, Aiol[2]F 8232, FlorenceW 4942, HuonR 2518, 2718, 2740, 3500, 4279, 4534, 5489, 6093, 6687, 8161, 8213, 8610, 8746, 8997, ParDuchG 1550, AucS[7] 26.4; 1250–: 5 – GaufrG 726f., 1212, 5809, BeaumJBlS 2972, BeaumManS 6520)

Ⓢ □ S VA ADV V
1150–1200
ChevVivT Hs. B 1092 – «Amis, freire, vos soiez bien trouvez!
1200–1250
HuonR 2518 «Biax niés, dist il, tu soies bien trovés!
□ ADV VA S V
1100–1150
CourLouisABLe Hs. B 1556 Sire, dist il, bien soiez vos trouvé
1150–1200
PriseOrDR 288 Dist Arragon: «Bien soient il trové!
HaimBarW 431 Sire, bien soiez vos trouvez!
1200–1250
HuonR 8213 «Sire, dist ele, bien soiés vous trové!
AucS^7 26.4 Biax doux amis, bien soiiés vos trovés!
1250–
BeaumManS 6519f. «M'amie la bien esprovee,»
Dist li rois, «bien soiiés trouvee!
□ ADV VA a V et a' et b et c a ... et a' et b et c = S
1250–
GaufrG 726f. Puis li a dit: «Gaufrey, bien soiés vous trouvés
Et vous et vostre gent et vo riche barnés.

- *Vos soiez li bien trovez* Ⓢ
(1150–1200: 2 – PercR 4593–95, RenR XIV 14462; 1200–1250: 1 – AucS^7 26.5)

Ⓢ □ S VA ART ADV + V
1150–1200
PercR 4593–95 «Et vos soiez li bien trovez,
Come chevaliers esprovez
De haute proëce et de bele.»
RenR XIV 14462 vos saiez li tres bien trové,
1200–1250
AucS^7 26.5 Et vos, bele douće amie, soiés li bien trovee!

- *Mal soiez vos trovez* Ⓢ
(TL V 943, 43–45 s.v. *mal «Verwünschungen»* BarbMéon IV 17, 514)
(1200–1250: 1 – LancPrM IV 215; 1250–: 1 – GaufrG 5768)

Ⓢ □ ADV VA S V
1200–1250
LancPrM IV 215 (...) et ele lor dist que mal soient il trové comme desloiaux chevaliers et larrons.
1250–:
GaufrG 5768 «Et se che estes vous, mal soiés vous trouvé!»

- *Et vos si soiiés si trovee com vos vos estes provee* Ⓢ
(1150–1200: 1 – GautArrErR 4767–69)

Ⓢ 1150–1200
GautArrErR 4767–69 – Et vos li soiiés si trovee
com vos vos estes puis provee
que je ne parlai mais a vous.

bien → venir et bien trover.

VENGISON

→ doner prendre vengison.

VENIR d'a.m., VENIR à a.r., a.r. VENIR à a.

- *Bien veigniez* Ⓢ

  (1150–1200: 49 – SaisnM 681, 3860, 3926, RCambrM 5575, 6810, 8282, RenMontC 13824, 13830, 13943, 14887, 15168, 16717, PriseOrABR^{1} 1733, GarLorrV 2599, 12090, 12277, 13168, 13338, 13422, ThèbesC 2532, SSagesOctK 291, 2154, 3358, GautArrErR 1825, ErecR 387, 3264, 5501f., 5503, YvainR 2336, 2372f., 2381, 4881f., LancR 2517, 5316, PercR 941, 4557, 5298, 7922, FolTristOxfP 267, 610, ContPerc^{1}AR 2939, 2969, ContPerc^{2}ER 29886, RenBeaujBelW 2600, AthisH 10133, 19457, 19723, RenM II 674, BodelNicH^{3} 1019; 1200–1250: 87 – GuiBourgG 3276, AimeriD 2326, GirVianeT 37.32, 60.34, 61.5, NarbS 4914, 6015, AuberiTarbé 15.5, HuonR 348, 424, 4193, ParDuchG 103. 2928, EscoufleS 5623, ViolB 923, 1590, ContPerc^{3}ER 33212, 38818, ChevIIEspF 955, 2511, 2777, 3197, 3590, 3879, 4063, 4337, 4765, 6389, 8125, 8515f., DurmG 753, 1954, 3849, 5825, 6282, 9147, 9896, 10482, 11340, 14234, 14260, FergM 42, 731, AmYdR 2688, GuillPalM 7092f., BlancandS 883, 1646, 5959, PerlN 4520, 4537, LancPrK 240.4, 323.28, 474.12, LancPrM I 196, 227, II 68, 129, 129f., 204, 278, 310, 397, IV 33, 61, 162, V 234, 252, SGraal IV QuesteP 49.3 180.9, 199.4, 199.22, 217.18, RenR V 5321, XIII 13704, 14453, XVIII 16586, AubereeC 152, 482, Du Chevalier qui fit RychnerFabl Hs. C 255, HainAnR 57, PresteAlisMé 57, SPierJonglW 58, TrubertR 333, 475, 1107, 2469, RomPast II 102.15; 1250–: 11 – GaufrG 6916, 9654, BeaumJBlS 4931, BeaumManS 387, 5993, 8404, RichF 1091, 3937, 4797, AdHaleFeuillG 614, AdHaleRobR 423)

Ⓢ □ ADV S V

1200–1250

ParDuchG 2928	«Seignor, bien vos vignez! (...)

□ ADV V S

1150–1200

RCambrM 5575	«Bien vegniés, sire, vos et vo compangnie.
PriseOrABR^{1} 1733	«Bien vieigniez vos, franc chevalier nobile!
ThèbesR 2476	«Sire, fet il, bien veingniez vous!
LancR 5316	«Bien vaingne mes sire Gauvains,
RenM II 674	«Sire» fait il, «bien vegnes vos!»
BodelNicH^{3} 1019	A foi, bien vegniés vous, segneur!

1200–1250

HuonR 348	«Segnor, dist ele, en non Diu, bien vigniés!
ChevIIEspF 8515f.	Et dist: «Biaus sire, bien uegnies Et ces dames! (...)
EscoufleS 5623	Fait la dame: «Bien veigniés vos.
LancPrM I 196	«Bien viegne li buens chevaliers qui nostre seignor nos a gari!»
SGraal IV QuesteP 49.3	Et totes li dient: «Sire, bien veignoiz vos!
RenR V 5321	«Bien vaingniez vos, biau sire lous.
RenR XVIII 16586f.	«Bien vaingniez, sire, voirement, fait il, et vostre conpaingnie.

PrestreAlisMé 57 — s'a dit: «Sire, bien viegnoiz vos!
RomPast II 102.15 — «bien viegne», fait il, «m'amie,
1250–
RichF 1091 — «Bien uignies uous et uo mesnie.»
RichF 3937 — «Bien uignies uous, sire,» fait elle.

- *Bien puissiez vos venir* Ⓢ
(1150–1200: 24 – RCambrM 6547, GarLorrV 840, 920, 2730, 3677, 4653, 5694, 5736, 6854, 7065, 7927, 7991, 8430, 9823, 11089, 11138, 11609, 12140, 13373, 14338, 15273, 16110, 16364, RenR XIV 14458f.,; 1200–1250: 25 – GuiBourgG 2864, Aiol[2]F 7992, HuonR 711, ChevIIEspF 6186, PerlN 701f., 980, 1014, 1050, 1227, 1296f., 1364f., 1568, Hs. Br 2261f., 3085, 3436, 3509, 3900f., 4732, 6758f., 8452, 8881, 9680, LancPrK 563.31, LancPrM IV 158, V 97; 1250–: 2 – BerteH 2103, RutebTheophF 320)

Ⓢ □ ADV VA S V
1150–1200
GarLorrV 840 — Qui li escrie: «Bien puissiez voz venir!»
RenR XIV 14458f. — Sire, bien puissiez vos venir
come mes amis et mes druz,
1200–1250
HuonR 711 — Si m'aït Dieus, bien puisiés vous venir.
ChevIIEspF 6186 — Et dist: «Bien puissies uous uenir,
PerlN 1014 — «Sire, bien puissiez vos venir!
1250–
BerteH 2103 — «Mere,» ce dist la serve, «bien puissiez vous venir!»
RutebTheophF 320 — Sire, bien puissiez vous venir!
□ ADV VA a V et b   a … et b = S
1200–1250
PerlN 701f. — «Damoisele, bien puissiez vos venir e la vostre conpeignie! –

- *Bien soiez vos veignanz* Ⓢ
(Gdf I 647a s.v. *bienveignier* «bienvenu» GerbMetz 527 ed. Stengel)
(1150–1200: 14 – AspremwB 6179, RenMontC 3451, PriseOrABR[1] Hs. B 672, PriseOrDR 328, 353, 551, 1488, ErecR 6382f., CligésM 357, LancR 1551–53, 2442, 3330, ContPerc[1]AR 2979, GuillAnglW 3014; 1200–1250: 7 – GirVianeT 35.13, NarbS 6254, AuberiTarbé 149.20, ChevIIEspF 2513, 7571, LancPrK 442.4–6, 554.35f.; 1250–: 4 – GaufrG 4256, 4944, 7985, 8643)

Ⓢ □ S VA ADV + V
1150–1200
LancR 1551–53 — et dit: «La riens que je plus vuel,
don moins ai joie, et plus me duel,
soit bien veignanz, don qu'ele veingne.»
1200–1250
ChevIIEspF 2513 — Biaus nies, uous soies bien uenans.»
□ ADV VA S V
1150–1200
PriseOrDR 1488 — – Sire Bertrans, bien soiez vos vignant!»

ContPerc[1]AR 2979	«Caradoc, bien soiez veignanz.»
1200–1250	
NarbS 6254	«Biax filz Guillames, bien soiez vos venant!
1250–	
GaufrG 4256	Dont a dit à Tierri: «Bien soiez vous venant.
□ ADV + V VA S	
1150–1200	
ErecR 6382f.	Li rois respont: «Bien veignant soient, come baron vaillant et preu:
LancR 2442	«Bien veignanz soiez vos, biax sire.»
1200–1250	
ChevIIEspF 7571	Et li dist: «Bien ueignans soies,
□ CC VA S ADV + V	
1150–1200	
PriseOrABR[1] Hs. B 672	De Mahomet soiez vous bien veignant
□ ADV + V S	
1150–1200	
PriseOrDR 328	Dist il chascon: «Chevalier, bien vignant,
GuillAnglW 3014	Et li dist: «Dame, bien viegnans!
1200–1250	
LancPrK 442.4–6	«Bienveignant li bons chevaliers qui a secorreü mon seignor et ma dame de lor anemis.»
LancPrK 554.35f.	«Bienvaignant, dame.»
1250–	
GaufrG 4944	Et a dit à Grifon: «Biaus ostez, bien veignant.»

- *Bien soiez vos venuz* Ⓢ
(1100–1150: 1 – CourLouisABLe 629; 1150–1200: 32 – AspremwB 8094, 8132, 8190, RenMontC 11834, AliscW CXCI[a] 16, GarLorrV 11408, 12689, 12776, AyeB 1940, 3726, 3744, JourdBlH 310, ThèbesC Hs. A 13454, GautArrIllC 4819, 5237, CligésM 6222, YvainR 3803f., ContPerc[1]AR 688, 4725f., ContPerc[2]ER 19956, 21535, 23590, RenBeaujBelW 4702, GuillAnglW 1910, 2398, 3015, AthisH 9830, 19736, 19855, RenR I 796, 2914, XI 12007; 1200–1250: 141 – GuiBourgG 3052, OgDanE 6468, GirVianeT 53.7, 157.4, NarbS 1568, 6618, 7364, Aiol[2]F 9504, BueveAgnS 896, AuberiTarbé 102.30, HuonR 3560, ParDuchG 945, EscoufleS 8158, 8190f., GuillDoleL 3291, 5267, OmbreL 318f., ChevIIEspF 4015, 4021, 11223, DurmG 243, 9611, 14547, FergM 1592, AtreW 6264, 6516, ChevBarAnL 215, GuillPalM 1462, 2820, 8708, EustMoineF 1908, BlancandS Hs. P 1456, 2044, 2267, 2299, 3102f., 4582, PerlN 1054, 1548, 1596f., 2261f., 2343, 2534, 3561, 8463, LancPrK 153.1, 196.24, 381.40, 394.14, 445.13, 463.26f., 463.36f., 476.32f., 482.37, 484.3, 485.31f., 505.6, 505.9, 518.16, 520.33f., 524.6, 529.12, 537.34, LancPrM I 180, 181, 181, 256, 299, II 41, 144, 162, 163, 164, 168, 171f., 210, 211, 213, 222, 224, 235, 238, 238, 241, 357, 365, 375, 375, 396, 415, IV 15, 24, 41, 42, 65, 65f., 75, 75, 133f., 141, 145, 147, 188, 204, 208, 215, 347, 366, Hs. S 382, 384, 385, 391, V 32, 44, 168, 252, 253f., 279, 293, VI 9, 10, 20, SGraal IV QuesteP 4.24, 7.30, 7.31, 11.12f., 21.22f, 99.18f., 112.12f., 168.21, 198.4, 250.16f., 259.20, 268.4, RenR XVIII 16216f., BorgOrlMé 73, ChevRobR 63, Guillaume au Faucon ReidFabl 407, De celui qui bota la pierre RychnerFabl Hs. B 5, RomPast II 57.64, VillehF § 270; 1250–: 22 – BerteH 2923, GaufrG 2879, 3792, 5360,

6947, 7039, 7107f., 7379, 8412, 8459f., EnfOgH 7319, BeaumJBlS 2639, 5385, BeaumManS 7216, 8405, 8407, 8409–11, CleomH 4640f., 10376, RichF 3739, 4984f., AdHaleFeuillG 907)

Ⓢ □ S VA ADV + V

1150–1200

GuillAnglW 3015	– Sire, et vos soiiés bien venus!

1200–1250

HuonR 3560	Hues, biaus frere, tu soies bien venu;
LancPrM I 180	«En non Dieu, fet li vaslés, vos soiés tres bien venus, que vos avrois ostel et buen et bel.»

1250–

RichF 3739	«Biaus filz, tu soyes bien uenus!»

□ ADV VA S V

1100–1150

CourLouisABLe 629	«Beau niés», dist il, «bien soiez vos venu!

1150–1200

AyeB 1940	«Frans crestiens,» dist il, «bien soiez vos venus.
GautArrIllC 4819	Ains dist: «Bien soiés vos venus!
RenR I 794–97	Ausi com venisiez de Rome ou de saint Gile hautement, bien saiez venuz bonement com a haut jor de Pantecoste»;

1200–1250

GirVianeT 53.7	– Biaus niès, dist-il, bien soiés vos venus!
GuillDoleL 5266f.	«Mes biaus freres, mes cuers, mes douz, fet ele, bien soiez venuz!»
LancPrM I 256	«Sire, bien soiés vos venus, (...)»
SGraal IV QuesteP 7.30f.	«Sire, bien soiez vos venuz se ceste parole est veraie, et bien soit li chevaliers venus!
BorgOrlMé 73	«Bien soiez vous, dist el, venuz!»
RomPast II 57.64	«Sire, bien soies vos venus,
VillehF § 270	Et l'empereres Alexis respondi que bien fust il venuz come ses fils:

1250–

GaufrG 2879	Il li a escrié: «Bien soiés vous venu!
RichF 4984f.	«Bielle, bien soiies uous uenue Plus de .C. fois,» fait li uassaus.
AdHaleFeuillG 907	Sire, bien soiés vous venus!

□ ADV VA V S

1150–1200

GarLorrV 12689	«Bien soit venus, mes niers et mes amis!»
AthisH 19855f.	«Bien soit venuz en ma maison Li rois et tuit si conpeignon!»

1200–1250

DurmG 14545–47	– «Sire, dist la bele roïne, Dex vos doinst bone joie fine, Et bien soit venus Procidas.»

RenR XVIII 16216f. «Or ça, que bien sait hui venue,
fait Renart, ceste compaignie!»

1250–
GaufrG 7379 «Par foi, bien soit venue toute la compengnie!»

□ ADV + V VA S
1200–1250
AuberiTarbé 102.30 – Sire, dist il, bien venu soiez vous!
1250–
EnfOgH 7319 «Sire,» fait il, «tres bien venus soiiés!»
CleomH 4639–41 Lors li dist, ne n'atendi plus,
que cens mile fois bien venus
soit il (...).

□ ADV VA a V (a′) et b a ... (a′) et b = S
1150–1200
GuillAnglW 1910f. – Enfes, fait il, bien es venus,
Tu et tes freres avoec toi.

1200–1250
EscoufleS 8158 Bien soit il venus et la bele,
BlancandS 3102f. «Amis, bien soiez vos venuz,
Dist ele, et vostre compaignie;

1250–
GaufrG 7107f. «Bien soiés vous venue en la nostre prison,
Vous et vo chambellenc, qui est de grant renon.

□ CC VA S ADV + V
1200–1250
LancPrK 476.32f. «Ha! sire, fait li hermites, sor toz les autres chevaliers
soiez vos bienvenuz, car si devez vos bien estre (...)»

□ CC VA ADV + V S
1200–1250
EscoufleS 8190f. Par .D. fois soit bien venue
Ma damoisiele hui en cest jour.

- *Bien puissiez vos estre venuz* Ⓢ
(1200–1250: 7 – EscoufleS 1397, GuillDoleL 1485, PerlN 1493f., 3269, 3914, 4116, 6436f.; 1250: 1 – BeaumManS 5279)

Ⓢ □ ADV VA S V
1200–1250
GuillDoleL 1485 «Que bien puissiez estre venuz!
PerlN 1493f. – Or tost, sire, font il, que bien puissiez vos estre venuz!

□ ADV VA a V et b a ... et b = S
1200–1250
PerlN 6436f. Sire, fait ele, bien puisiez vos estre venuz, e vostre compaignie.»

- *Vos soiez li bien veignanz* Ⓢ
(1200–1250: 2 – ChevIIEspF 9406f., AmYdR 3801; 1250: 1 – BeaumJBlS 2973–75)

Ⓢ □ S VA ART ADV + V
1200–1250

AmYdR 3800f. Et dist en haut: «Biaus ciers amis,
Vous soiiés or li bien venans;

1250–
BeaumJBlS 2973–75 «Biaus dous amis», ce respont Blonde,
Et vous deseur tous ciaus du monde
Soiiés ici li bienviengnans!»

- *Vos soiez li bien venuz* Ⓢ
(1150–1200: 4 – GarLorrV 7998, 12084, PercR 2545, 4023; 1200–1250: 45 – ContPerc³ER 34911, 38055, ChevIIEspF 8477, 10819, 11662f., PerlN 1060f., Hs. Br 3561, LancPrK 59.5, 160.16f., 174.37f., 187.39–188.1, 227.36, 235.2, 402.22f., 418.10, 503.27, 509.17, 528.14, 530.21, 556.6, LancPrM II 52, 107, 107, 161, 195, 258, 283, 291, 386, 399, IV 6, 185, 185, 273, 332, 355, V 5, 16, 47, 105, 252, 294, SGraal IV QuesteP 227.19, 250.22, Du Chevalier qui fit RychnerFabl Hs. I 337; 1250: 1 – RichF 5435)

Ⓢ □ S VA ART ADV + V
1150–1200
PercR 2545 Et vos soiés li bien venu.
1200–1250
LancPrK 59.5 «Damoisele, vos seiez la bienvenue (...).»
Du Chevalier qui fit RychnerFabl Hs. I 337
«Sire, vous soiez li bien venus,

□ S ART ADV + V VA
1200–1250
ChevIIEspF 11662f. «Et uous li bien uenus soies,
Dist li rois, par .c. mile fois!

□ ART ADV + V VA S
1150–1200
GarLorrV 12084 Et dist li rois: «Li bien venus soit il!
1250–
RichF 5435 «Li bien uenus,» font il, «soiies!
□ CC VA S ART ADV + V
1200–1250
LancPrM II 107 «Ha, sire, sor tos les chevaliers del monde soiés vos li tres bien venus comme la flors de la terriene chevalerie!

- *Mal veigniez* Ⓢ
(TL V 943, 35 n.v. *mal «Verwünschungen»* YvainR 5109)
(1150–1200: 1 – YvainR 5109)

Ⓢ □ ADV V S
1150–1200
YvainR 5109 «Mal veigniez, sire, mal veigniez!

- *Mal soiez vos veignanz* Ⓢ
(1150–1200: 1 – RenMontC 3475; 1250: 1 – GaufrG 5446)

Ⓢ □ ADV VA S V
1250–
GaufrG 5446 Puis li a escrié: «Mal soiés vous venant!

□ S VA ADV + V
1150–1200
RenMontC 3475 «Enfant, ce dist li dus, vos soies mal veignant.

- *Mal soiez vos venuz* Ⓢ
(TL V 943, 32–35 s.v. *mal «Verwünschungen»* YvainR 5178)
(1150–1200: 3 – YvainR 5178, RenR XIX 18455, BodelNicH[3] 543; 1200–1250: 2 – AuberiTarbé 46.22, AtreW 1768; 1250–: 1 – AdHaleFeuillG 926)

Ⓢ □ S VA ADV + V
1200–1250
AuberiTarbé 46.22 – Reïne Dame, vous soiez mal venue!
□ ADV VA S V
1150–1200
YvainR 5175–78 si li dit: «Venez tost, venez
qu'an tel leu estes arivez
ou vos seroiz bien retenuz,
et mal i soiez vos venuz.»
RenR XIX 18455f. Or ça que mal saiez venuz,
fil a putain, vain deceüz,
BodelNicH[3] 543 A foi, mau soiés vous venus!
1200–1250
AtreW 1768f. Puis dist: «Mal soiés vous venu,
Sire fol gars mesafaitiés;
1250–
AdHaleFeuillG 926 Taisiés; que mal soiés vos venus!

- *Vos soiés li mal venus* Ⓢ
(1200–1250: 1 – LancPrM II 412)

Ⓢ □ S VA ART ADV + V
1200–1250
LancPrM II 412 Que vos soiés li mal venus!

- *Seurement uenes* Ⓢ
(1200–1250: 1 – Aiol[2]F 10497)

Ⓢ □ ADV V S
1200–1250
Aiol[2]F 10497 «Amis, sire message, seurement uenes!

- *A bien veigniez vos* Ⓢ
(1250–: 2 – RichF 5303, AdHaleFeuillG 614)

Ⓢ □ CC V S
1250–
RichF 5303 «Sire,» dist il, «a bien uignies!
AdHaleFeuillG 614 A bien viegnes tu, Croquesot.

- *A joie e a buenne aventure puissiez vos venir* Ⓢ
(1200–1250: 1 – PerlN Hs. C 1247f.)

Ⓢ □ CC VA S V

1200–1250
PerlN Hs. C 1247f. «Sire, a joie e a buenne aventure, fet ele, puissiez vos venir.

- *A joie e a buenne aventure soiez venuz* Ⓢ
(1200–1250: 1 – PerlN Hs. Br 1247f.)
Ⓢ □ CC VA S V
1200–1250
PerlN Hs. Br 1247f. «Sire, a joie e a buenne aventure, fet ele, soiez venuz.

- *A a.r. puissiez vos estre venuz* Ⓛ Ⓢ
Ⓛ** ◊ aventure ↗ honte, ↗ joie
◊ duel
dol et honte
(1200–1250: 1 – PerlN Hs. C 3262f.)
1200–1250
PerlN Hs. C 3262f. «Sire, fet ele, a vostre dol et a vostre honte puissiés vos estre venuz ça dedenz!»
◊ honte ↗ duel
honte et male aventure
(1200–1250: 1 – PerlN 3262f.)
1200–1250
PerlN 3262f. «Sire, fet ele, a vostre honte et a vostre male aventure puissiez vos estre venuz ça dedenz!»
◊ joie
joie e buenne aventure
(1200–1250: 1 – PerlN 1247)
1200–1250
PerlN 1247f. «Sire, a joie e a buenne aventure, fet ele, puissiez vos estre venuz.
Ⓢ □ CC VA S V
1200–1250
PerlN 1247f. «Sire, a joie e a buenne aventure, fet ele, puissiez vos estre venuz.

- *Bien soiez vos venuz et a joie receuz* Ⓢ
(1150–1200: 1 – GautArrIllC Hs. P 5172f.; 1250–: 1 – CleomH 14835f.)
Ⓢ □ ADV + x VA S et CC y x … et … y = V
1250–
CleomH 14835f. et li dist que tres bien venue
soit et a joie receüe.
□ ADV VA S ADV + x et CC y x et … y = V
1150–1200
GautArrIllC Hs. P 5172f. Molt par soiés vos bien venus
Et a grant joie recheüs,

- *Bien soiez vos venuz et retenuz* Ⓢ
(1150–1200: 2 – GautArrIllC 5172f., GautArrErR 4765f.)

Ⓢ □ ADV VA S V
1150–1200
GautArrErR 4765f. dist lui: «Bien soiés vos venus,
si com drois est, et retenus!
□ ADV VA S ADV + x et CC y x et ... y = V
1150–1200
GautArrIllC 5172f. Molt soiés vos ci bien venus
Et a grant joie retenus,

● *Bien soiez vos venue et bien trovee* Ⓢ
(1200–1250: 1 – SegrMoineV 100f.)
Ⓢ □ ADV VA S x et ADV + y x et ... y = V
1200–1250
SegrMoineV 100f. «Dame, bien soiez vos venue,
Dist li moignes, et bien trovee.»

● *A.r vos viegne* Ⓛ Ⓢ
Ⓛ* ◊ aventure
bonne aventure
(1200–1250: 1 – ViolB Hs. D 3261f.)
1200–1250
ViolB Hs. D 3261f. «A foi! bonne aventure vienne
A vous si con mes cuers desire!»
◊ joie
joie
(1200–1250: 1 – ViolB Hs. C 3603)
1200–1250
ViolB Hs. C 3603 «Belle, fait il, joie vous vigne!
bonne joie
(1200–1250: 2 – ViolB 3261f., 3603)
1200–1250
ViolB 3261f. «A foi! bonne joie vous vigne,
Ensi com mes cuers le desire!»
grant joie
(1200–1250: 1 – ViolB Hs. C 3261f.)
1200–1250
ViolB Hs. C 3261 «Ha! sire, grant joie vous vigne
Ensi comme vo cuers desire!»
Ⓢ □ S O2p V
1200–1250
ViolB 3603 «A foi! bonne joie vous vigne!
□ S V O2
1200–1250
ViolB Hs. D 3261f. «A foi! bonne aventure vienne
A vous si con mes cuers desire!»
→ doner bien aler et venir et la droite voie tenir; → doner joie et santé et venir à sa volenté.

VERTU

→ croistre, → prester, → tenir en vertu; → tenir en bone vertu; → envoiier onor, force et vertu et tote joie.

VICE

→ defendre (V) de tot vice.

VICTOIRE

→ doner victoire; → prester (V) force et victoire.

VIE

→ doner, → maintenir, → tenir en vie, → doner, → otroiier, → tenir en bone vie; → doner, → otroiier longe vie; → doner cele vie que a. à sa merci se puisse acorder; → doner bone vie et plaisant; → doner vie et amendement; → doner bone vie et grant joie; → doner bone vie et onor; → doner onor et longe vie.

VILENIE

→ defendre (auch V) de vilenie; → garder de tote vilenie.

VOIE

bone voie → tenir; → doner bien aler et venir et la droite voie tenir.

VOLENTÉ

→ doner volenté de bien faire; → doner del revenir corage et volenté; → doner joie et santé et venir a sa volenté.

WILEKOME

(Gdf VIII 334 a s.v. *wilecome* BodelNicH[3] 661, RenR XIII 13704, AdHaleRobR 520, SegrMoineV 601)
(1150–1200: 2 – RenR I 793, BodelNicH[3] 661; 1200–1250: 3 – GuillDoleL 2594f., RenR XIII 13704, SegrMoineV 601; 1250–: 1 – AdHaleRobR 520)

- *Wilekome*

1150–1200	
RenR I 793	«Tibert, dist Renart, huilecome!
BodelNicH[3] 661	Or cha! Pinchedé, willecomme!
1200–1250	
GuillDoleL 2594f.	Vos i oïssiez dire tant «Wilecome!» et «Godehere!»
RenR XIII 13704f.	«Willecome, bien vaigne tu, Renart; (...)»
SegrMoineV 601	Chascun li crie: «Wilecomme!»
1250–	
AdHaleRobR 520	(...) Rois, walekomme.

II. Kapitel: Das Inventar der Bezeichnungen des sprachlichen Grußes

Wir inventarisieren nacheinander die Bezeichnungen des sprachlichen Grußes (1.) sowie die Charakterisierungen des Sprechers bzw. des Adressaten (2.1.) und der Grußhandlung (2.2.). Die Aufbereitung des Materials entspricht den beim GF-Inventar befolgten Prinzipien. Sie ist aber im Detail weniger aufwendig. Bei den Bezeichnungen berücksichtigen wir gegebenenfalls den formelhaften Gebrauch (soweit er nicht schon im I. Kapitel behandelt worden ist) und verteilen die Belege entsprechend auf die Abschnitte A und B (SALUER: A • *saluer a.*, B • *A vos salue*). Entfällt einer dieser beiden Abschnitte, so geben wir das an (A –. B –.). Unter A können wir uns jeweils auf ein Stellenregister beschränken, weil die bei den Charakterisierungen (nach den dortigen Stellenregistern) aufgeführten Belege zwangsläufig zahlreiche Bezeichnungen des sprachlichen Grußes enthalten. Unter B geben wir Stellenregister und Belege. Wir behandeln die Belege weniger differenziert als bei den GFn. So verzichten wir auf die gesonderte Angabe von syntaktischen und lexikalischen Varianten.

1. Die Bezeichnungen des sprachlichen Grußes

1.1. *Bienvignier a.*

A

(Gdf I 646c s.v. *bienveignier* DurmG 5726; TL I 970, 34–36 s.v. *bienvignier* ViolB 370)

(1200–1250: 14 – OgDanE 2394, ViolB 370, 3260, 3602, DurmG 741, 1840, 3826, 5246, 5726, 9440, 12787, 15360, RdeClariL XXXIII 31, CVI 20; 1250–: 6 – BeaumJBlS 133, 722, 4639, 4642, 4659, 5776).

B (s. oben, I. Kapitel).

1.2. *Comander a. à Dieu*

A

(vgl. Gdf II 191b–c; TL II 579, 39 s.v. *comander* RomPast II 6.60)

• *comander a. à Dieu*

(1100–1150: 9 – PelCharlA 848, ChGuillM 1069, 1082, 1492, 1512, 1552, 1560, 2067, CharroiM 783; 1150–1200: 74 – AspremLM 2356, FierK 355, 357, 4037, 4048,

RCambrM 5765, 5842, RenMontC 173, 4324, 4820, 10690, 12545, 12581, 14517, PriseOrcER 368, PriseOrDR 224f., AliscW 934, 2039, 3939, 6856, 7327f., 8273, 8444, GarLorrV 10228f., 11081, GuiNantMM 39, Aiol[1]F 544, 1284, 1624, ThèbesC 1222, MarieFraisneR 174, MarieElidR 930, GautArrIllC 3987, ErecR 1437, 2246, 2760, 3415, 4277, 4348, 5818, CligésM 4248, YvainR 272f., 2780–82, 4164f., 4808, 5789, LancR 701f., 929f., 1938f., 2941, 5297, PercR 2646f., 5641, 5655, TristThomW Douce 497, FolTristOxfP 954, ContPerc[1]AR 7573, 9433f., ContPerc[2]ER 22544f., 23108, 23116–20, 28206f., 30458, 32026, RenBeaujBelW 1842, 2840, 3645, PartonG 2956, 5172, 6944, AthisH 540, RenR III[a] 4632f., X 11389, XVII 15312; 1200–1250: 194 – AiquinJa 1752, GuiBourgG 1678, 2191, GaydonG 3346, 3682, 3988, OgDanE 3705, 4585, GirVianeT 131.23, NarbS 607, 1127, 1149, 1394–95, 1420, 1668, 2286, Aiol[2]F 1698, 1817, 6535, 7729f., 8218, 10980, FlorenceW 4896, 6390, BueveAgnS 2813, HuonR 4652, 4737, 5325, 6541, 9150, ParDuchG 779, EscoufleS 6330f., GuillDoleL 3863f., 4086f., 4106f., ViolB 1743, 4326, 5045f., ChevIIEspF 1166, 7221, 8690f., 9306f., 10307, 10419, DurmG 1375f., 1752, 3457f., 4085, 6959f., 9333, 9334f., 9350, 10336–38, AtreW 661, 3563, AmYdR 5359f., GuillPalM 8956, 8961, 9064, 9129, 9144–46, 9147f., 9152–54, 9194f., 9562, BlancandS 2113, AucS[7] 28.15f., PerlN 361, 681f., 973f., 1212f., 1414f., 1615f., 1648f., 3424, 3552f., 3620f., 4180, 4489, 4902f., 6133f., 9859, 10100f., 10157, 10160f., LancPrK 6.7f., 53.31f., 127.8, 154.31, 159.30f., 218.18, 227.8f., 253.23, 308.25, 308.39, 330.14, 350.1, 371.32, 387.3, 396.6, 406.25, 422.8, 434.29, 439.29, 442.30f., 465.7f., 465.20, 500.31, 501.10, 502.3f., 514.15f., 524.38f., 529.19, 540.19, LancPrM I 222, 374, II 50, 59, 76, 123, 130, 133, 155, 168, 183, 200, 223, 234f., 240, 252, 254, 263, 264, 281, 340, 348, 390, 391, IV 4, 33, 40, 49, 66, 70, 77, 87, 91, 91, 118, 126, 144, 182, 185, 213, 229, 233, 237, 243, 247, 284, 346, 346, 384, V 46, 72, 146, 208, 209, 213, 279, 289, VI 178, 186, SGraal IV QuesteP 8.22f., 23.31f., 26.13f., 31.20, 46.19, 130.12, 139.26f., 145.17, 167.25, 177.10, 183.16, 187.33, 198.23f., 262.8f., 265.13, RenR XVIII 15981, De celui qui bouta la pierre éd. RychnFabl Hs. K 65f., SegrMoineV 149, TrescesMé 47, TrubertR 221f., 2663; 1250–: 40 – BerteH 1145, 1640, 1722, 2967, 3423f., 3432, GaufrG 259, 314, 1313f., 4642, 5316, 5413f., 5878, 6078, 6130, 7184, 7523, 7810, 7843, 8351, 9348, 9441, 9752, 10300, 10421f., EnfOgH 4596, 7689f., 7703, 8137f., 8188, BeaumManS 422, 1017, CleomH 9862, 10767, 10827, 12693f., RichF 581, 584, 872, 2605).

li uns comande l'autre à Dieu
(1150–1200: 2 – LancR 701f., 2941; 1200–1250: 5 – NarbS 1420, GuillPalM 9129, PerlN 973f., 4180, LancPrM II 168; 1250–: 1 – EnfOgH 8188).

A comande B à Dieu et B A
(1150–1200: 1 – ErecR 2760; 1200–1250: 20 – EscoufleS 6330f., GuillDoleL 4106f., ChevIIEspF 1166, PerlN 4902f., LancPrK 422.8, 442.30f., 465.20, 501.10, 502.3f., 514.15f., 524.38f., 529.19, 540.19, LancPrM II 50, 123, 130, 252, IV 346, SGraal IV QuesteP 130.12, SegrMoineV 149; 1250–: 2 – GaufrG 5413f., 8351f.).

- *recomander a. à Dieu*
(1150–1200: 3 – ErecR 4278, 5819, RenBeaujBelW 2841; 1200–1250: 1 – ChevIIEspF 9054; 1250–: 1 – RichF 873f.).

- *soi comander à Dieu*
(1200–1250: 1 – GuillPalM 9528f.; 1250–: 1 – BerteH 2454).

- *s'entrecomander à Dieu*
  (1150–1200: 6 – ErecR 1457, 3908, LancR 6705f., PercR 6331, ContPerc²ᴇR 22200, 28507f.; 1200–1250: 16 – Aiol²F 5697, ChevIIEspF 8479f., GuillPalM 9094, LancPrK 44.39, 178.28, 396.12f., 432.35, 466.10, 519.3, 557.25f., LancPrM I 273, 347, II 264, IV 31, SGraal IV QuesteP 25.25f., 249.13; 1250–: 1 – BeaumJBlS 1974).

  B (s. oben, I. Kapitel).

1.3. *Congié* + Verb

S'ACHEMINER + CONGIÉ

A

- *s'acheminer par le congié de a.*
  (1150–1200: 1 – LancR 5048)

  B –.

ALER en a.l. + CONGIÉ

A

- *aler en a.l. par le congié de a.*
  (1250–: 1 – CleomH 4228)

  B –.

S'EN ALER + CONGIÉ

A

- *s'en aler au congié de a., s'en aler par le congié de a., s'en aler sans congié*
  (TL II 690, 18f., s.v. *congié* YvainR 609; 19f. YvainR 4773; 27–29 GuillAnglW 278)
  (1150–1200: 6 – RenMontC 18220, CligésM 4221, YvainR 609, 4773, TristThomW Douce 1009, GuillAnglW 278; 1200–1250: 2 – ChevIIEspF 8485f., LancPrK 117.1)

B

- *Je m'en vois à vostre congié*
  (TL II 690, 22–25, s.v. *congié* YvainR 5456f.)
  (1150–1200: 2 – Yvain 5456f., PercR 772; 1200–1250: 1 – EustMoineF 730)

  1150–1200

PercR 772	Je m'en vois a vostre congié.»

  1200–1250

EustMoineF 730	Je m'en vois a vostre congié.»

- *Je m'en voil aler a vostre congié*
  (1200–1250: 1 – LancPrM IV 158f.)

  1200–1250

LancPrM IV 158f.	«Bele douce amie, bien puissiez vos venir! je m'en voil aler a vostre congié. –

- *Je m'en irai à vostre congié*
  (1200–1250: 4 – EscoufleS 5712f., PerlN 843, LancPrK 165.22, SGraal IV QuesteP 24.19f.; 1250–: 1 – CleomH 3238)
  1200–1250
  EscoufleS 5712f. «Dame, fait ele, a vo congié,
  Se il vos plaist, nos en irons;
  SGraal VI QuesteP 24.19f. – «Dame, fet il, je m'en iré a vostre congié, quant vos plaira.»
  1250–
  CleomH 3237f. Et puisque veüe vous ai,
  a vostre congié m'en rirai,

- *A vostre congié*
  (1200–1250: 1 – LancPrK 164.1)
  1200–1250
  LancPrK 164.1 «Sire, fait cil, a vostre congié.»

- *Al congé deu alez*
  (vgl. TL II 691, 12–15 s.v. *congié*)
  1200–1250
  BueveAgnS 3367 «Sire», dist Boves, «al congé deu alez

- *Or en ires a dieu congiet*
  (TL II 691, 15f., s.v. *congié* Aiol[1]F 162)
  (1150–1200: 2 – Aiol[1]F 162, 220)
  1150–1200
  Aiol[1]F 220 Or en ires en France a dieu congie,

- *Al Dampnedeu congié*
  (1100–1150: 1 – ChGuillM 2422)
  1100–1150
  ChGuillM 2422f. «Sire Willame, al Dampnedeu congié!
  Par main a l'albe munte sur tun destrer,

- *Al Jhesu et al mien*
  (1100–1150: 1 – RolH 339)
  1100–1150
  RolH 337–40 «Sire,» dist Guenes, «dunet mei le congiéd!
  Quant aler dei, n'i ai plus que targer.»
  Ço dist li reis: «Al Jhesu et al mien.»
  De sa main destre l'ad asols et seignét,

ATENDRE + CONGIÉ

A

- *atendre le congié de a.*
  (1150–1200: 1 – RenMontC 3169)

B –.

AVOIR + CONGIÉ

A

- *avoir congié de a., avoir le congié de a.*
  (vgl. TL II 690, 29–31 s.v. *congié*)
  (1150–1200: 6 – AliscW 7426, MarieMilR 360, ErecR 2239, YvainR 2545, TristBérM[4] 3608, GuillAnglW 1596f.; 1200–1250: 5 – AuberiTarbé 52.32, GuillDoleL 5623f., LancPrM VI 43, 158, 187; 1250–: 1 – BeaumManS 2523)

B

- *S'avré vostre congié*
  (1200–1250: 1 – PerlN 854f.)
  1200–1250
  PerlN 854f. — «Damoisele, fet Messire Gavains, qant vos plera s'avré vostre congié. –

- *Si cungié puis de vus aveir*
  (1150–1200: 1 – MarieElidR 529f.)
  1150–1200
  MarieElidR 528–30 — Puis m'en irai en ma cuntree,
Kar ne voil mie remaneir,
Si cungié puis de vus aveir.»

- *Le congié vueil avoir de (...)*
  (1200–1250: 1 – BlancandS 1727f.)
  1200–1250
  BlancandS 1727–29 — – «Dame, le congié vueil avoir
De mon cheval aler veoir.»
– «Prevost, dist el, a Dieu le roi,

- *Tot plain congié avez de moi*
  (1150–1200: 1 – AthisH 9390)
  1150–1200
  AthisH 9389f. — Enfant, alez! Jel vos otroi.
Tot plain congié avez de moi;

- *Congié aiez et de Deu et de mi*
  (1150–1200: 1 – ChevVivT 418)
  1150–1200
  ChevVivT 418f. — «Congié aiez et de Deu et de mi:
Si voist chascons lai ou est ses plaisirs.

CRËANTER + CONGIÉ

A –.

B

- *Je vos creant le congié (de a.r.)*
  (TL II 1022, 35–37 s.v. *crëanter* YvainR 2564f.)

(1150–1200: 1 – YvainR 2564f.)
1150–1200
YvainR 2560–65 | Congié meintenant li requiert
mes sire Yvains, de convoier
le roi, et d'aler tornoier,
que l'an ne l'apialt recreant.
Et ele dit: «Je vos creant
le congié jusqu'a un termine.

DEFENDRE + CONGIÉ

→ (A) veer et defendre le congié à a.

DEMANDER + CONGIÉ

A

● *demander congié à a., demander le congié à a.*
(vgl. GdF IX 156a s.v. *congié*; TL II 690, 16–18 s.v. *congié* YvainR 5792)
(1100–1150: 5 – ChGuillM 2957, CourLouisABLe 252, 1426, CourLouiscLe 149d, 1126; 1150–1200: 38 – AspremLM 1554, 3108, 3177, AspremwB 7677, FierK 354, RCambrM 155, 366, 1216, 5611, 7646, RenMontC 6167, AliscW 4809f., 8271, ChevVivT 1252, 1293, GarLorrV 2586, 4247, GuiNantMM 634, AmAmD 311, 580, 3287, SSagesOctK 3168, MarieDousAmR 130, GautArrIllC 4597, ErecR 2245, YvainR 274, 5792, LancR 118, 930, TristBérM[4] 3521, ContPerc[1]AR 9434, ContPerc[2]ER 32025, RenBeaujBelW 2357, 3794, 4046, 4396, PartonG 9039, AthisH 539; 1200–1250: 55 – GuiBourgG 3115, 3116, 4090, GaydonG 3334f., OgDanE 3078, 9482, 9483, AimeriD 1565, GirVianeT 12.25, 34.23, NarbS 606, 1408, Aiol[2]F 4672, 8217, FlorenceW 735, 4800, 5815, 6387, 6389, BueveAgnS 2676, 3042, 3364, 3446, 3801, HuonR 551f., 574, 4316, 6758, 8794f., 10522, ParDuchG 2810, 2923, 3097, EscoufleS 5757, ViolB 5044, DurmG 4880, 8830, 9828, 10319, FergM 2016f., 6304, AtreW 3134, BlancandS 469, LancPrK 378.16, LancPrM I 186, II 133, 183, 199, 240, 247, VI 178, SGraal IV QuesteP 129.22, BouchAbevR 321, TrubertR 2039, 2660; 1250–: 9 – GaufrG 3754, 7806, 8350, 10454, BeaumJBlS 1457, 5252, RichF 871, 3234f., 3987).

● *demander congié à a. de a.r.*
(1150–1200: 1 – ThèbesC 1199; 1200–1250: 1 – LancPrK 329.15f.; 1250–: 1 – GaufrG 10417f.)
1150–1200
ThèbesC 1198–1200 | Aler en vueut querre son dreit:
Congié en demande le rei,
Et il en a doné l'otrei.

1200–1250
LancPrK 329.15f. | Et lors demande Galehot congié de ses genz aler veoir.
Et li rois li done.

1250
GaufrG 10417–19 | Berart du Mont Didier, à la chiere membrée,
A demandé congié d'aler en sa contrée;
Gaufrey li a donné, va s'ent sans demourée.

- *demander et priier congié à a. de a.r.*
(1150–1200: 1 – PartonG 1906)
1150–1200

PartonG 1902–07	(...) Quant del roi Cloëvis li menbre; De lui veïr a desirier, Ne s'en puet longes consirier. Quant vint la nuit, sel dist s'amie Et congié l'en demande et prie. Et ele dist: «Amis, alés;

B

- *Je vos demant congié, je vos demant le congié*
(Gdf IX 297c s.v. *demander* CourLouisABLe 232; TL II 690, 13–16 s.v. *congié* CourLouisABLe 232)
(1100–1150: 1 – CourLouisABLe 232; 1150–1200: 2 – CligésM 4217, PercR 8824f.; 1200–1250: 6 – GuiBourgG 1273, BueveAgnS 3717, AuberiTarbé 52.6, 152.14, LancPrK 302.3, LancPrM IV 158)

1100–1150	
CourLouisABLe 232f.	«Droiz empereres, je vos demant congié, Quar il m'estuet errer et chevauchier
1150–1200	
CligésM 4217	Por ce le congié vos demant,
1200–1250	
BueveAgnS 3717	«Sire, si vus plet, le congé vus demand.»
LancPrM IV 158	«Biax sire, fait Lanceloz, je m'en voldrai demain aler, si vos demant congié. –

- *Vostre congié voil demander*
(1150–1200: 1 – RenR XVII 15342)

1150–1200	
RenR XVII 15340–42	par Dieu le fil sainte Marie ne puis ci longement durer: vostre congié voil demander.»

- *Uostre congié*
(TL II 691, 17f. s.v. *congié* Aiol[1]F 1936)
(1150–1200: 1 – Aiol[1]F 1936)

1150–1200	
Aiol[1]F 1936	«Sainte crois beneoite, uostre congie!

- *si vos en demant le congié*
(1150–1200: 1 – PercR 8325; 1200–1250: 1 – ChevIIEspF 10116f.)

1150–1200	
PercR 8323–25	– «Dame, fait il, je wel aler A la damoisele parler, Si vos en demant le congié.»

1200–1250

ChevIIEspF 10116f.	Et dist: «Dame, aler m'en conuient, Si uous en demanc le congie,

- *Le congié demanch et ruis*

(TL VIII 1519, 46f. s.v. *rover* ViolB 5043)
(1200–1250: 1 – ViolB 5043)
1200–1250

ViolB 5041–43	Dist Gerars: «Bien vous puis jurer Que jou plus demourer ne puis; Mais le congié demanch et ruis.»

→ (A) prendre et demander congié à a., → (A, B) querre et demander congié à a.

DEPARTIR + CONGIÉ

A

- *departir par le congié de a., departir sans congié*

(1150–1200: 2 – SaisnM 4511, RenBeaujBelW 3687f.)

B –.

DONER + CONGIÉ

A

- *doner congié à a., doner le congié à a.*

(vgl. Gdf IX 156a)
(1100–1150: 6 – ChGuillM 2958, 2964, CourLouisABLe 238, CourLouiscLe 1130, CharroiM 222, 672; 1150–1200: 30 – AspremLM 3109, FierK 355, RenMontC 172, 4679, 5372, 14719, AliscW 4809g, 4823, 8272, AyeB 3829, AmAmD 312, 581, ThèbesC 1200, MarieElidR 642, 691, MarieGuigR 388, GautArrIllC 4158, 4600, ErecR 2228, 2247, CligésM 4268, YvainR 1531f., 3313, LancR 931, 2010, TristThomW Douce 128, ContPerc[1]AR 9435, GuillAnglW1601, RenR VIII 8764, XVII 15252; 1200–1250: 35 – GuiBourgG 4090, GaydonG 10468, OgDanE 3079, Aiol[2]F 10170, FlorenceW 736, 3583, 6388, 6390, BueveAgnS 2677, HuonR 3655, ParDuchG 3098, EscoufleS 4204, 5799f., GuillDoleL 2049, 5625f., ViolB 302f., ChevIIEspF 10414f., DurmG 6063, 10320, FergM 1256, 2794, 5575, AmYdR 2447f., 6976f., LancPrK 130.7f., LancPrM II 183, 199, V 246, VI 76f., 178, SGraal IV QuesteP 79.28, 129.22, PrestreForceR 139, TrubertR 2040, VillehF § 449; 1250–: 3 – BeaumJBlS 5253, 6089, CleomH 4505)

- *doner congié à a. de a.r.*

(1200–1250: 2 – FergM 891, LancPrK 329.16; 1250–: 2 – GaufrG 10419, CleomH 8117)
1200–1250

FergM 889–91	Et vint au roi comgie rouver D'aler en la vile osteler. Li rois li donne bonnement:
LancPrK 329.15f.	Et lors demande Galehot congié de ses genz aler veoir. Et li rois li done.

1250–
GaufrG 10417–19 — Berart du Mont Didier, à la chiere membrée,
A demandé congié d'aler en sa contrée;
Gaufrey li a donné, va s'ent sans demourée.

CleomH 8115–17 — sachiez mout li plot durement
que si tres debonairement
li donne de l'aler congié.

B

- *Donez moi congié, donez moi le congié*
  (TL II 690, 9–11, s.v. *congié* und TL II 2012, 41f. s.v. *doner* RolH 337; TL II 690, 11–13 s.v. *congié* RolH 2177)
  (1100–1150: 5 – RolH 337, 2177, PelCharlA 216, 251, 844; 1150–1200: 3 – RenMontC 10666, AliscW 7304, ErecR 2756; 1200–1250: 1 – FergM 2790; 1250–: 2 – GaufrG 4196, 9322)
  1100–1150
  RolH 337 — «Sire,» dist Guenes, dunet mei le congiéd!
  1150–1200
  RenMontC 10666 — Dones moi le congié, (...)
  ErecR 2755f. — Toz et totes vos comant gié
  a Deu, si me donez congié,
  1200–1250
  FergM 2790 — Donnes moi congiet, je m'en vois.»
  1250–
  GaufrG 4196 — «Donnés moi le congié, s'en iroi maintenant.»

- *Congié nous soit donnés*
  (1150–1200: 1 – FierK 2323)
  1150–1200
  FierK 2323 — «Sire drois emperere, congié nous soit donnés.

- *Si vos pri que vos me doingniez congié*
  (1200–1250: 1 – LancPrM V 156)
  1200–1250
  LancPrM V 156 — (...) je n'ai mestier de targier, si vos pri que vos me doingniez congié; (...)

- *Preer vus voil que congié me donez*
  (1100–1150: 1 – ChGuillM 1276)
  1100–1150
  ChGuillM 1275f. — «Seignurs, frans homes, pur amur Deu,
  preer vus voil que congié me donez;

- (indirekte Rede)
  (1150–1200: 1 – LancR 2008f.)
  1150–1200
  LancR 2008f. — Lors li dit cele qu'il li doint
  congié, si s'an ira arriere;

- *Si uous pri ke uous me doignies congie de (...)*
(TL II 2012, 42f. s.v. *doner* AmYdR 2965)
(1200–1250: 2 – ChevIIEspF 10122f., AmYdR 2965)
1200–1250
ChevIIEspF 10122f. Si uous pri ke uous me doignies
Congie d'aler.» (...)

- *Je vos doins congié*
(1150–1200: 1 – CligésM 4221f.; 1200–1250: 1 – GuiBourgG 175f.)
1150–1200
CligésM 4218–22 Et sachiez bien certenemant
Que, se vos ne m'an envoiez
Et le don ne m'an otroiez,
Que g'irai sanz vostre congié.
– Biax niés, einçois le vos doing gié,
1200–1250
GuiBourgG 175f. «Qui or s'an veut en France ariere retorner,
Je lor doins bon congié, je ne lor puis véer;

- *Nel [= congié] vos doing gié*
(TL II 690, 24f. s.v. *congié* YvainR 5458)
(1150–1200: 1 – YvainR 5458)
1150–1200
YvainR 5456–59 Qant il dit: «Sire, je m'an vois,
s'il vos plest, a vostre congié.
– Amis, ancor nel vos doing gié,
fet li sires de la meison.

- *Je t'en doing le congié*
(1150–1200: 1 – RenMontC 4558)
1150–1200
RenMontC 4554–58 Je m'en irai por vos à Colloigne le sié.
Se je truis les Saines, ja n'i seront laisié.
L'empereres l'entent, s'a Rollant embracié;
.IIII. fois le baisa par molt grant amistié.
«Dous niés, dist l'emperere, je t'en doing le congié.»

S'EN ENTRER en a.l. + CONGIÉ

A

- *s'en entrer en a.l. par le congié de a.*
(1150–1200: 1 – CligésM 244)

B –.

GRËER + CONGIÉ

A

- *grëer le congié à a.*
  (1250–: 1 – EnfOgH 8190)

  B –.

SOI GUAITIER + CONGIÉ

A

- *soi guaitier d'un congié*
  (1150–1200: 1 – YvainR 2550)

  B –.

OTROIIER + CONGIÉ

A

- *otroiier congié à a., otroiier le congié à a.*
  (1150–1200: 3 – CligésM 4173, LancR 4086, ContPerc²ᴇR 29077; 1200–1250: 2 – GuiBourgG 3116, LancPrK 378.16).

B

- *Jel [= congié] otroi*
  (1150–1200: 1 – RenR XVII 15347; 1200–1250: 1 – LancPrM IV 158)

1150–1200	
RenR XVII 15344–47	«Biaus oncles douz, je vos requier congié; sant Jaque irai requerre, pelerins serai par la terre.» Dist Isangrin: «Et je l'otroi.»
1200–1250	
LancPrM IV 158	(...) je m'en voldrai demain aler, si vos demant congié. – Sire, fet il, jel vos otroi, (...)

PARTIR + CONGIÉ

A

- *partir par le congié de a., partir sans congié*
  (1150–1200: 2 – RCambrM 1727, RenMontC 402; 1200–1250: 1 – FergM 1997)

  B –.

SOI PARTIR + CONGIÉ

A

- *soi partir par le congié de a.*
  (1250–: 1 – BeaumJBlS 2134f.)

  B –.

S'EN PARTIR + CONGIÉ

A

- *s'en partir par le congié de a.*
(1200–1250: 4 – PerlN 5484f., LancPrK 302.16, LancPrM IV 24, SGraal IV QuesteP 2.1; 1250–: 1 – CleomH 4366)

B –.

PRENDRE + CONGIÉ

A

- *prendre congié à a., prendre le congié à a., prendre congié de a., prendre le congié de a.*
(Gdf IX 156a s.v. *congié* RolH 2764; TL II 690, 1–3 s.v. *congié* LancR4085; TL VII 1742, 2f. s.v. *prendre* CligésM 1759)
(1100–1150: 3 – RolH 2764, CourLouiscLe 1129, CharroiM 671; 1150–1200: 156 – AspremLM 1417, 2752, SaisnM 809, 951, 1165, 1173, 1976, 2040, 3043, 3092, 3580, 4052, 6015, 6145, 6515, 8069, RCambrM 89, 367, 5635, RenMontC 275, 4394, 6168, 15244, 16655, 17841, PriseOrABR[1] 391, PriseOrCER 358, GarLorrV 3412, 5067, 13232, 13508, 14024, AyeB 1067, 2673, 3165, 3225, 3854f., AmAmD 308, Aiol[1]F 556, 884, 1259, 1418, 1491, 3672, 3941, ThèbesC Hs. A 2905 (après O 1794), 4403, Hs. A 12285 (après O 8600), SSagesOctK 355, MarieBisclR 213, MarieElidR 310, 620, 676, MarieLanvR 193, MarieMilR 43, 313, 503, MarieYonR 195, GautArrIllC 270f., 611, 2591, 3547, 3711, 4157, 4282, GautArrErR 2130, 2569, 3176, 4361, 4650, ErecR 2223, 3427, 5217, 5248f., 5253, 5255, 6345, 6353, ClígésM 76f., 1759, 2384, 2643, 4319, 5026, 6625, YvainR 2617, 2699, LancR 591–93, 2195, 2986f., 4085, 5284f., 5287, PercR 600, 764, 2922, 3308, 5350, 5653, 6205, TristThomW Cambridge 36, Douce 725, 1302, TristBérM[4] 2913, 3608, 4287, ContPerc[1]AR 1732, 2093f., 2498, 2547, 3048, 4485, 7004, ContPerc[2]ER 20767, 21952, 22522, 23107, 24127, 25382f., 26056, 26516, 27370, 27580, 28041, 28364, 28464, 29074f., 29241, 29681, 30010, 30457, 30958, RenBeaujBelW 273f., 1363f., 1489, 1865, 2375, 2382, 3643, GuillAnglW 1598, 1641, PartonG 3841, 5103, 6791, 7603, 7777, AthisH 9425, 14862, 18425, 19815f., RenR I 1129, 1520, XIX 17251, 17317, 18055, HaimBarW 163; 1200–1250: 252 – AiquinJa 397, 1031, GaydonG 991f., 3124, 3987, 4006, 8343, 10535, OgDanE 1636, 2134, 3703, 4457, NarbS 1661, 5500, Aiol[2]F 1625f., 4610, 6541, 10978, FlorenceW 5264, 6373, BueveAgnS 2608, 3374, AuberiTarbé 153.33, HuonR 1748f., 3937, 4651, 6250, 6756, 8721, 9149, EscoufleS 180, 253, 263, 310f., 758, 1327–29, 1459, 2628f., 3819, 4205, 5318, 5890, 6032f., 6084f., 6455, 7392f., 7977, 8656, 8721, GuillDoleL 1239, 1278f., 1815, 2046, ViolB 692, 1472, 2254f., 2495, 3470, 4607f., 5105–07, 6596, ChevIIEspF 436, 2360–63, 2371, 2892, 3445, 3870f., 4592, 5133, 5168f., 5353, 7067, 7235, 7245f., 8690, 8858, 10112f., 11352f., 12331, DurmG 694, 1206, 1373f., 1564, 3447, 3694, 4829, 5058, 5371f., 6077, 6934, 10339, 11316, 15173, 15869, FergM 554, 616f., 1475f., 5344, AtreW 2962, 5443, AmYdR 1350, 3012, 4097, 5398, GuillPalM 581, 2707, 2764, 2875, 3111, 3825, 3845, 4497, 6796, 7543, 8948, 8968, 9012, 9042–44, 9059, 9151, 9469–72, 9474, 9499, EustMoineF 34, 546, 976, 1844, AucS[7] 16.6, 18.40, 28.15, PerlN 681, 971f., 1127f., 1203, 1211, 1293f., 1485, 1615, 1648, 1682, 1752, 1977f., 2255, 2279, 2598f., 2614, 2801, 2854f., 3073f., 3423, 3552, 3617f., 3696, 3757, 3828, 4139f.,

4232, 4531f., 4892f., 5614, 5702, 5737, 6381, 6513, 7173f., 7799f., 8248, 8492, 8612, 8926, 9001, 9935, 10156f., LancPrK 25.36, 27.8, 37.12, 110.18f., 153.29, 163.30f., 164.12, 164.32f., 165.14f., 165.27f., 210.22, 220.20, 241.14, 246.26f., 253.22f., 294.3, 311.17, 313.17, 339.1, 350.7, 356.2f., 379.6f., 403.24, 406.24, 407.29f., 407.35, 408.1, 409.8, 421.4, 422.4, 435.27f., 442.28, 465.6f., 473.31, 479.6, 500.30f., 502.9, 517.37–518.1, 521.23, 526.26, 532.5, LancPrM I 32, 150, 168, 222, 228, 237, 244, 270, 354, 365, 374, II 38, 240, IV 46, 144, 159, V 131, 236, SGraal IV QuesteP 87.11, 261.20, De Bérenger éd. RychnerFabl Hs. A 126, BouchAbevR 242, 468, 475, Du Chevalier qui fit éd. RychnerFabl. Hs. C 169, Hs. I 495, Hs. I 718, PrestreAlisMé 130, 233, SegrMoineV 271, TroisAvMé 265, RdeClari III 21, VI 43, CVI 37, VillehF § 32, 44, 189, 300; 1250–: 72 – BerteH 136, 172, 179, 229, 520, 552, 1639, 1654, 2913, 3432, GaufrG 10461, 10509, EnfOgH 1540, 2026, 2342, 3555, 3911, 4332, 4592, 7391, 7495, 7520, 7522, BeaumJBlS 98, 619, 3675, 3882, 4876f., 4921, 5572f., 6087–89, BeaumManS 378, 2599, 3025, 3166, 3175, 3871–73, 7871, 7875, 8375f., 8377–79, CleomH 2586, 2613f., 5452, 6146, 8149f., 8151, 8153, 9859, 10822f., 12020f., 13841, 13906f., 14064f., 15024–26, 15461–63, 15464, 15523, 16884f., 18227f., 18229, 18230f., 18239f., 18253, 18319–21, 18329–31, 18345–47, RichF 1271, 1827, 3039, 3041, 5080)

- *prendre congié à a. de a.r.*
(1150–1200: 1 – YvainR 2547f.; 1200–1250: 1 – BueveAgnS 3798)
1150–1200

YvainR 2546–48	ou face folie ou savoir, ne leira que congié ne praigne de retorner an la Bretaigne.

1200–1250

BueveAgnS 3798	de aler en son pais Terri ad pris congé;

- *prendre et demander congié à a.*
(TL II 690, 4f., s.v. *congié* FergM 1255)
(1150–1200: 3 – MarieElidR 659f., CligésM 79f., ContPerc²ER 25961; 1200–1250: 3 – EscoufleS 6038–41, FergM 1255, 1479)

B

- *Je prent congié, je prent congié à vos*
(1150–1200: 2 – LancR 89, 99; 1200–1250: 3 – EscoufleS 6313, PerlN 7540f., LancPrM II 5; 1250–: 1 – AdHaleFeuillG 556)
1150–1200

LancR 89f.	or praing congié, si m'an irai que ja mes ne te servirai;

1200–1250

EscoufleS 6312f.	Or est ensi la cose enprise Que jou preng congié ains mon terme.»
PerlN 7540f.	(...); e a vos meïsmes pren je comgié com a celi en qui servise je volroie estre, (...)

1250–

AdHaleFeuillG 555f.	Biaus fieus, alons dormir un pau, Si prendons congié a tous

- *Je vueil prendre congié à vos*
  (1150–1200: 1 – AyeB 2438; 1250–: 1 – AdHaleFeuillG 4)
  1150–1200
  AyeB 2438 — Or weil je congié prandre, que de l'aler est drois.»
  1250–
  AdHaleFeuillG 4 — Mais je voeil a vous tous avant prendre congiet.

- *Je vieng prandre congié a vos*
  (1200–1250: 1 – LancPrM IV 190)
  1200–1250
  LancPrM IV 190 — «Sire, je vieng prandre congié a vos (...).»

- *Congié prandre m'estuet*
  (1150–1200: 1 – LancR 4078)
  1150–1200
  LancR 4078 — et dit: «Congié prandre m'estuet,

- *Droiz est qu'a vos congié praigne*
  (1150–1200: 1 – CligésM 4282)
  1150–1200
  CligésM 4282f. — Mes droiz est qu'a vos congié praigne
  Com a celi a cui ge sui toz.»

PRIIER + CONGIÉ

A –.

B

- *Congié proi*
  (1150–1200: 1 – CligésM 4265)
  1150–1200
  CligésM 4265 — Congié vos quier, et congié proi,

- *Si vos prieroie congié de (...)*
  (1150–1200: 1 – LancR 6693f.)
  1150–1200
  LancR 6692–97 — Or, douce amie deboneire,
  par amors si vos prieroie
  congié d'aler, et g'i iroie,
  s'il vos pleisoit, molt volantiers.
  – Lancelot, biax dolz amis chiers,
  fet la pucele, jel vuel bien;

→ (A) demander et priier congié à a. de a.r.

QUERRE + CONGIÉ

A

- *querre congié à a., querre le congié à a.*
  (vgl. TL VIII 73, 18f. s.v. *querre* ErecF 2279 = ErecR 2223, s. oben s. *prendre congié à / de a.)*

(1100–1150: 2 – CourLouisABLe 1836, CharroiM 221; 1150–1200: 4 – ThebesC 2356, 7712, GautArrIllC 3549, YvainR 3312; 1200–1250: 3 – GaydonG 6129, ChevIIEspF 10412, GuillPalM 8946)

- *querre congié à a. de a.r.*
  (1150–1200: 1 – PartonG 4213)
  1150–1200
  PartonG 4207–10, 4213 — Se li est grans corages pris
  De s'en raler en son païs.
  Et nel wet pas celer s'amie
  Et tient a grant bien qu'il li die;
  (...)
  Congié l'en quiert, s'en wet raler,

- *querre et demander congié à a.*
  (1150–1200: 1 – CligésM 4247)

- *querre et rover congié à a.*
  (1150–1200: 1 – LancR 5046)

B

- *Congié vos quier*
  (1150–1200: 1 – CligésM 4265)
  1150–1200
  CligésM 4265 — Congié vos quier, et congié proi,

- *Congié vos quier et demant*
  (1150–1200: 1 – GautArrIllC 3563)
  1150–1200
  GautArrIllC 3563 — Congié vos quier, sire, et demant,

REQUERRE + CONGIÉ

A

- *requerre congié à a., requerre le congié à a.*
  (TL VIII 961, 39f. s.v. *requerre* ErecR 2217)
  (1150–1200: 2 – AyeB 3828, ErecR 2217; 1250–: 1 – EnfOgH 7382f.)

- *requerre congié à a. de a.r.*
  (1150–1200: 1 – YvainR 2560–62)
  1150–1200
  YvainR 2560–65 — Congié maintenant li requiert
  mes sire Yvains, de convoier
  le roi, et d'aler tornoier,
  que l'an ne l'apialt recreant.
  Et ele dit: «Je vos creant
  le congié jusqu'a un termine.

B

- *Je vos requier congié*
(1150–1200: 1 – RenR XVII 15344f.)
1150–1200

RenR XVII 15344f.	«Biaus oncles douz, je vos requier congié; (...)

- *Congié vous volrai requerre*
(1200–1250: 1 – ViolB 3546)
1200–1250

ViolB 3546f.	Mais congié vous volrai requerre, C'aler m'estuet m'amie querre,

ROVER + CONGIÉ

A

- *rover congié à a., rover le congié à a.*
(Gdf VII 255c s.v. *rover* RCambrM 310; TL VIII 1519, 2–4 s.v. *rover* ErecR 5213)
(1150–1200: 3 – RCambrM 310, AliscW 4809c, ErecR 5213; 1200–1250: 1 – GaydonG 8625; 1250–: 3 – EnfOgH 7943, 8189, CleomH 15855)

- *rover congié à a. de a.r.*
(TL VIII 1519, 16f. s.v. *rover* FergM 889)

FergM 889–91	Et vint au roi comgie rouver D'aler en la vile osteler. Li rois li donne bonnement:

B –.

→ (B) demander et rover congié à a., → (A) querre et rover congié à a.

VEER + CONGIÉ

A

- *veer le congié à a.*
(1100–1150: 1 – ChGuillM 2958; 1150–1200: 1 – AliscW 4809g)

- *veer et desfendre le congié à a.*
(Gdf VIII 158c s.v. *veer* PercR 2923)
(1150–1200: 1 – PercR 2923)

B

- *Jo nel vus os veër*
(1100–1150: 1 – PelCharlA 845)
1100–1150

PelCharlA 844f.	Le cunget nus dunet: nus en cuvent aler!» E dist Hugue li Forz: «Jo nel vus os veër.»

- *Je ne (le) [= congié] puis véer*
  (Gdf VIII 158b s.v. *veer* GuiBourgG 176)
  (1200–1250: 1 – GuiBourgG 176)
  1200–1250
  GuiBourgG 175f. «Qui or s'an veut en France ariere retorner,
  Je lor doins bon congié, je ne lor puis véer;

VOLOIR + CONGIÉ

A –.

B

- *Le congié volons*
  (1150–1200: 1 – AyeB 2217)
  1150–1200
  AyeB 2217 «Le congié volons, sire, car de l'aler est drois.»

1.4. Verben des Bittens und Wünschens + Ausdruck für ein Wunschobjekt

A

DESTINER a.r. à a.

- *destiner bone aventure à a.*
  (1200–1250: 1 – EscoufleS 7928f.)
  1200–1250
  EscoufleS 7928f. Cascunne et cascuns qui le vit
  Li destinent bone aventure.

ORER a.r. à a.

- *orer bone aventure à a.*
  (Gdf V 628c s.v. *orer* EscoufleS 6078f., GuillDoleL 4528; TL VI 1243, 52–1244, 2 s.v. *orer* GuillDoleL 2310)
  (1200–1250: 3 – EscoufleS 6078f., GuillDoleL 2310, 4528)
  1200–1250
  GuillDoleL 4528 li vont orant bone aventure.

- *orer bon jor à a.*
  (Gdf V 628c s.v. *orer* TrubertR 76)
  (1150–1200: 1 – RenR I 1530; 1200–1250: 1 – TrubertR 76)
  1150–1200
  RenR I 1529f. en piez se dresce de paor
  et si li a euré bon jor,
  1200–1250
  TrubertR 75f. ainz a le mestre salué
  et cil li a bon jor horé.

- *orer bone honor et bone aventure à a.*
(1200–1250: 1 – SGraal IV QuesteP 265.27f.)
1200–1250
SGraal IV QuesteP 265.26–28 — Si le conjoïssent et li orent bone honor et bone aventure, et il a ax.

PRIIER a.r. à a.

- *priier joies et honors à a.*
(vgl. TL IV 1720, 2–8 s.v. *joie* PartonG 3843, «*doner joies a aucun jem. Glück wünschen* [?]»)
(1150–1200: 1 – PartonG 3843)
1150–1200
PartonG 3841–43 — Puis prent congié si s'en retorne;
Li paien en sont triste et morne.
Joies li prïent et honors

B (s. oben, I. Kapitel).

1.5. *Salu* + VERB

a.r. ABELIR à a. + SALU

A

- *uns saluz abelir à a.*
(1150–1200: 1 – PercR 766)

B –.

a.r. AGREER à a. + SALU

A

- *uns saluz agreer à a.*
(1150–1200: 1 – ContPerc²ᴇR 24790; 1200–1250: 1 – EnfOgH 4660)

B –.

APORTER + SALU

A

- *aporter un salu à a., aporter saluz à a.*
(1200–1250: 1 – LancPrK 402.22; 1250–: 2 – RichF 456f., 1626)

- *aporter saluz à a. de par a.*
(1150–1200: 1 – SaisnM 2218)

B

- *Je vos ving aporter [= saluz]*
  (1150–1200: 1 – AspremwB 10813f.)
  1150–1200
  AspremwB 10813f. — «Li emperere vos fait salus mander
  Et je meïsmes les vos ving aporter.

- *Je vos aport saluz de par A*
  (1150–1200: 1 – PercR 7376f.; 1200–1250: 1 – GuillDoleL 3292–95)
  1150–1200
  PercR 7376f. — Si dist: «Sire, je vos aport
  salus de par ces damoiseles,
  1200–1250
  GuillDoleL 3292–95 — «Dame, je vos aport saluz
  de par mon segnor tot avant,
  et puis aprés dou miex vaillant
  chevalier c'onques portast mere.

- *De par les tiens t'aportons salus et amour*
  (1200–1250: 1 – EscoufleS 8600f.)
  1200–1250
  EscoufleS 8600f. — «Sire, font il, de par les tiens
  T'aportons salus et amour.

ARAISNIER + SALU

A

- *araisnier a. sans saluz*
  (TL IX 123, 31–33 s.v. *salu* FergM 5171)
  (1200–1250: 1 – FergM 5171)

B –.

AVOIR + SALU

A

- *avoir un salu*
  (1200–1250: 1 – DurmG 1977; 1250–: 1 BerteH 3346)

B –.

I AVOIR + SALU

A

- *i avoir saluz*
  (1150–1200: 1 – TristBérM[4] 2358)

B –.

CURE AVOIR + SALU

A

- *n'avoir cure d'un salu*
  (1200–1250: 1 – LancPrK 283.16)

B

- *De vostre salu n'ai ge cure*
  (1150–1200: 1 – RenR XI 12018)
  1150–1200

RenR XI 12016–18	Sire, je di que Dieu vos maint et doint joie et bone avanture. – De vostre salu n'ai ge cure,

- *ne de vos ne de vostre salu n'ai ge cure*
  (1200–1250: 1 – LancPrK 283.11)
  1200–1250

LancPrK 283.9–11	(...) et lo salua simplement; mais li preudom ne li randié mie son salu, ainz dist come correciez: «Ne de vos ne de vostre salu n'ai ge cure, ne pas ne l'ain, (...)

DIRE + SALU

A

- *dire un salu, dire saluz*
  (TL IX 122, 50f. s.v. *salu* MarieElidR 404; 122, 52–123, 1 MarieElidR 781)
  (1150–1200: 4 – PriseOrcᴇR 119, MarieElidR 404, 781, PartonG 9290; 1200–1250: 2 – GuiBourgG 1801, NarbS 1567)

- *dire saluz à a. de a.*
  (TL IX 122, 48 s.v. *salu* MarieLaustR 142)
  (1150–1200: 2 – MarieLaustR 142, PartonG 8583)

B

- *Dites à B saluz de ma part*
  (TL IX 123, 8f. s.v. *salu* TristThomW Douce 1195)
  (1150–1200: 1 – TristThomW Douce 1195; 1200–1250: 1 – BueveAgnS 193)
  1150–1200

TristThomW Douce 1195	Dites li saluz de ma part,
1200–1250	
BueveAgnS 192–94	«Frere», dist il, «a la dame de Haumtone tost irez de la mei part saluz lui dirrez e ceste teste ov vus lui porterez.»

- *Di li [= à B] par moi salus et amistié*
  (1150–1200: 1 – RCambrM 5623)
  1150–1200

RCambrM 5622f.	«Sus el palais m'en iras a B.; Di li par moi salus et amistié,

- *Et si li [= à B] dites salus et amistés de par (A)*
  (1200–1250: 1 – HuonR 8828f.)
  1200–1250
  HuonR 8826–30 «Amis, dist Hues, savés que vos ferés?
  L'abbé demande tant que l'aies trové,
  Et si li dites salus et amistés
  De par Huon de Bordiaus la chité,
  Qui chi revient d'outre le Rouge mer;

- *Si li [= à B] dites que je li mant salus*
  (vgl. TL V 1036, 22–25 s.v. *mander* und TL IX 124, 7–10 s.v. *salu*)
  (1200–1250: 1 – EscoufleS 3573f.)
  1200–1250
  EscoufleS 3573f. Si li dites que je li mant
  Salus, (...)

- *Si li [= à B] dites que je li mant saluz et amistiés*
  1200–1250
  LancPrM II 234 Et vos, sire, fet il al chevalier vermeil, si tost com vos verrois Melian, si li dites que je li mant saluz et amistiés (...)

ENTENDRE + SALU

A

- *entendre le salu de par a.*
  (1200–1250: 1 – GuillPalM 8431f.)

B –.

ENVOIIER + SALU

A –.

B

- (indirekte Rede) *Tanz saluz li (= à B) emvei*
  (TL IX 123, 8–12 s.v. *salu* TristThomW Douce 1197)
  (1150–1200: 1 – TristThomW Douce 1197)
  1150–1200
  TristThomW Douce 1197f. De cuer tanz saluz li emvei
  Que nule ne remaint od mei.

ESCRIRE + SALU

A

- *i escrire saluz par a.*
  (vgl. TL IX 123, 2f., s.v. *salu*)
  (1150–1200: 1 – TristBérM[4] 2648)

B –.

ESTRENER + SALU

A

- *estrener a. d'un salu*
(Gdf IX 566c s.v. *estrener* PartonG 6971; TL III 1474, 35f. s.v. *estrener* PartonG 6971)
(1150–1200: 1 – PartonG 6971)

B –.

FAIRE + SALU

A

- *faire un salu à a.*
(Gdf X 620a s.v. *salu* RolH 2710; TL IX 122, 31–35 s.v. *salu* RolH 2710)
(1100–1150: 1 – RolH 2710; 1150–1200: 2 – AspremLM 2855, SaisnM 7789; 1200–1250: 1 – AtreW 469; 1250–: 6 – BerteH 1909, 3044, EnfOgH 352, 3412, CleomH 16380, 16625f.)

- *faire un salu à a. de Dieu*
(1200–1250: 1 – NarbS 6615; 1250–: 2 – EnfOgH 1958, 2354)

- *faire saluz à a. de par a.*
(1250–: 2 – BerteH 697f., CleomH 6165f.)

B –.

MANDER + SALU

A

- *mander saluz à a.*
(TL IX 123, 48–50 s.v. *salu* VillehF § 107)
(1150–1200: 5 – PriseOrABR[1] Hs. B 528, GuiNantMM 2686, ThèbesC Hs. P 9397 (après O 7240), TristBérM[4] 2360, 2515; 1200–1250: 7 – NarbS 608, EscoufleS 8467f., GuillPalM 8949–51, PerlN 3859, 6648, 7470f., LancPrK 312.22; 1250–: 1 – CleomH 15459)

- *mander saluz et drüerie à a.*
(1150–1200: 1 – AthisH 9803f.)

- *mander amistiez et salus à a.*
(1150–1200: 1 – GuiNantMM 2141)

- *mander grans amistiez et grans salus à a.*
(1250–: 1 – CleomH 15320f.)

- *mander amour et amistiez et salus à a.*
(1250–: 1 – CleomH 14980f.)

B

- *A vos mande saluz*

(TL V 1036, 10–12 s.v. *mander* und TL IX 122, 46f. s.v. *salu* PercR 7924f.; TL IX 122, 44f. s.v. *salu* PercR 5793; 124, 23–26 DurmG 6019)

(1150–1200: 16 – RCambrM 6308f., RenMontC 15171, PriseOrcᴇR 497, AliscW 1896, 8231–33, 8243–46, GarLorrV 4224f., 12089, GuiNantᴍM 1759, ErecR 4073f., PercR 4046–48, 5793, 7924f., RenBeaujBelW 177f., AthisH 1801, 9795; 1200–1250: 21 – NarbS 2817, EscoufleS 6000f., GuillDoleL 974–77, 1486f., ChevIIEspF 412–14, 6707f., DurmG 5102, 6019, AmYdR 1736–39, 1740–42, EustMoineF 2223, BlancandS 3003f., 3104, PerlN 632f., LancPrK 402.13f., LancPrM II 276, IV 155, 352, V 148, SGraal IV QuesteP 30.33, VillehF § 293; 1250–: 2 – GaufrG 5364, BeaumManS 3109f.)

1150–1200

GuiNantᴍM 1758f. — «Que fet Gui de Nantueil, mez amis et mez drus?»
«Par foi, biau Sire rois, il vous mande salus –

ErecR 4073f. — la reïne et li rois vos mandent
saluz, (...)

1200–1250

NarbS 2817 — Saluz vos mende com a son droit segnor,

ChevIIEspF 6707–09 — Et dist: «Dame, salus uous mande
Li uostre fix ki mout demande
De uous, (...)

SGraal IV QuesteP 30.33–31.1

«Sire, saluz vos mande li bons chevaliers as armes blanches, cil par qui li rois Baudemagus fu navrez, (...).»

1250–

GaufrG 5364 — «Salut vous mandent tuit li nobile baron,

BeaumManS 3108–10 — (...) et tels mos il i mist
Que li senescaus salus mande
A son signour, (...)

- *A vos mande saluz et amistiez*

(vgl. TL V 1036, 17f. s.v. *mander*)

(1150–1200: 2 – RenMontC 6085, 6150; 1250–: 2 – GaufrG 151f., BeaumManS 2997–3000)

1150–1200

RenMontC 6084f. — Si i metes tot çou que vos conter m'oes:
Que je mant à Karlon salus et amisté;

1250–

GaufrG 150–52 — «Chen devise le brief qui chi est aportés,
Que Garins de Monglane, qui fu vostre privés,
Vous mande moult de fois salus et amistés;

BeaumManS 2996–3001 — S'escrit, et commencha a dire:
«Au roi d'Escoche, son signour,
A cui Diex doinst joie et honnour,
Mande salus et amistié
Li senescax qu'il a laissié
Pour garder sa tere et sa fame.

- *(A) saluz mande prime et amor (à B)*
  (1150–1200: 1 – TristBérM[4] 2553–55)
  1150–1200
  TristBérM[4] 2553–55 — Tristran, li niés nostre seignor,
  Saluz mande prime et amor
  Au roi et a tot son barnage:

- *(A) vus mande cum druz amisté, servise e saluz*
  (1150–1200: 1 – TristThomW Douce 1437f.)
  1150–1200
  TristThomW Douce 1437–40
  Tristran vus mande cum druz
  Amisté, servise e saluz
  Cum a dame, cum a s'amie
  En qui main est sa mort e sa vie.

- *(A) vos a salus mandé*
  (1150–1200: 1 – AspremwB 10696)
  1150–1200
  AspremwB 10696f. — «Li dus Girars vos a salus mandé
  Con a meldre ome qui en cest jor soit né.

- *(A) vos fait salus mander*
  (1150–1200: 1 – AspremwB 10813)
  1150–1200
  AspremwB 10813f. — «Li emperere vos fait salus mander
  Et je meïsmes les vos ving aporter.

- *A vos mande saluz par moi*
  (1150–1200: 3 – GautArrErR 5328, ContPerc[1]AR 27f., RenR I 1581f.; 1200–1250: 1 – BlancandS 4584)
  1150–1200
  GautArrErR 5327f. — dist li: «Eracle, esvelle toi!
  Dius te mande salus par moi
  RenR I 1580–82 — «Sire, dist il, entent a moi:
  salu te mande Loradins
  par moi qui sui bons pelerins.
  1200–1250
  BlancandS 4583f. — Que fait ma dame, dites moi?»
  – «El vos mande saluz par moi.

- *A vos mande saluz et amistiez par moi.*
  (1200–1250: 6 – GuiBourgG 3140, GaydonG 8379, OgDanE 9371, HuonR 430, 2723f., 8843f.)
  1200–1250
  HuonR 2722–24 — – «Sire, por Dieu, dist Hues, entendés:
  li apostoles de Romme la chité
  Par moi vous mande salus et amisté.»

- *(A) vos mande amistiez e salus de (Dieu)*
  (1150–1200: 1 – AyeB 1941–45)
  1150–1200
  AyeB 1941–45 — Li rois Ganors vos mande amistiez e salus
  De cel seignor du ciel que vos reclamés plus,
  Que vos creez trestuit, qui ou ciel fait vertus,
  E fet par toutes terres miracles e vertus,
  Croistre jardins e blez e reverdir le fus.»

- *De par (Dieu) vous mande salus (A)*
  (1250–: 1 – BeaumJBlS 5308–15)
  1250–
  BeaumJBlS 5308–15 — «Sire,» dist il, «de par celui
  Qui est sires poësteïs
  Vous mande salus Loëÿs
  Qui de France est sires clamés,
  Et cil dont vous estes amés,
  Vostres genres, et vostre fille
  Qui vostre païs pas n'aville
  Pour chou se dedens est entree.

- *(A) nul salu ne te mande*
  (1150–1200: 1 – GautArrErR 5539)
  1150–1200
  GautArrErR 5536–41 — dist en oiant: «Biau sire rois,
  Eracles li preus et li sages
  nos tramist ci en cest message,
  ne il nul salu ne te mande,
  ne je, des puis qu'il ne conmande,
  ne te voel mie saluer,

METRE + SALU

A

- *i metre saluz*
  (1200–1250: 1 – EscoufleS 8582)

B –.

PASSER + SALU

A

- *passer un salu*
  (1250–: 2 – CleomH 16157, 16849)

B –.

PERDRE + SALU

A

● *perdre un salu*
(1200–1250: 1 – LancPrK 410.19)

B –.

PORTER + SALU

A –.

B

● *De moi li [= à B] porte (...) saluz*
(1150–1200: 1 – TristBérM⁴ 3353)
1150–1200

TristBérM⁴ 3353f.	De moi li porte plus saluz Qu'il n'a sor moi botons menuz.

● *Jeo vus porte saluz de (A)*
(Gdf X 620a s.v. *salu* BueveAgnS 112; vgl. TL IX 123, 1 s.v. *salu*)
(1200–1250: 1 – BueveAgnS 112)
1200–1250

BueveAgnS 112	«Dame, jeo vus porte saluz de l'emperur;

PRISIER + SALU

A –.

B

● *Vous ne uostre salu ne pris iou .i. denier*
(1200–1250: 1 – Aiol²F 1837)
1200–1250

Aiol²F 1834–37	A tant e uous Aiol qui les salue bien De de de sainte gloire, qui la sus maint el ciel. «Par mon cief, dist li lere, chou ne uous a mestier, Vous ne uostre salu ne pris iou .i. denier.

RECEVOIR + SALU

A

● *recevoir un salu*
(1250–: 1 – EnfOgH 3413f.)

B –.

RECORDER + SALU

A

● *recorder saluz à a.*
(1200–1250: 1 – PerlN 3858f.)

B –.

SOI REHAITIER + SALU

A

- *soi rehaitier de saluz*
  (Gdf VI 751c s.v. *rehaitier* MarieMilR 272; TL VIII 648, 9f. s.v. *rehaitier* und TL IX 122, 49f. s.v. *salu* MarieMilR 272)
  (1150–1200: 1 – MarieMilR 272)

B –.

REMERIR + SALU

A

- *remerir un salu*
  (Gdf VII 3b s.v. *remerir* HuonR 3503f.; TL VIII 730, 32–35 s.v. *remerir* HuonR 3503f.)
  (1200–1250: 1 – HuonR 3503f.)

B –.

RENDRE + SALU

A

- *rendre un salu à a.*
  (TL VIII 790, 10f. s.v. *rendre* und TL IX 122, 43f. s.v. *salu* ErecR 6183f.; TL VIII 790, 11–13 s.v. *rendre* PercR 6774f.; 13–15 LancR 1556f.; TL IX 123, 30f. s.v. *salu* FergM 258; 34–36 OmbreL 325; 124, 20–23 DurmG 743)
  (1150–1200: 33 – AspremwB 6180, GautArrIllC 2249, 2443, GautArrErR 2071, ErecR 6183f., 6346, LancR 1556f., 4587, PercR 6774f., TristThomW Douce 922, ContPerc¹AR 1644, 4458f., ContPerc²ER 22314, 23605, 25730, 26376, 28100, 29314, 29380f., 29383, 30741, 31449, 31539, 31662, RenBeaujBelW 79, 173, 1559, 4249, 4358, 5069f., AthisH 9785, 9829, 13773; 1200–1250: 62 – OgDanE 6467, AimeriD 951, AuberiTarbé 149.8, EscoufleS 1398f., 4911, 8138, OmbreL 325, ViolB 3186, ChevIIEspF 2793, DurmG 743, 9220, 11192, 15361, FergM 258, 5437f., AmYdR 2689, GuillPalM 8604, 9140, PerlN 963, 3041, 3639f., 6297, LancPrK 46.22f., 49.1, 54.16f., 283.10, 320.24f., 391.35, 444.32, 470.33, LancPrM I 181, II 146, 163, 170, 176, 178, 224, 263, 375, 393, IV 22, 190, 204, 230, 278, V 75, 219, 252, 254, 274, VI 9f., 124f., 153, SGraal IV QuesteP 31.28f., 47.4, 133.2, 151.28f., 155.4, 180.22f., 217.18f., BorgOrlMé 75, BouchAbevR 123; 1250–: 17 – BerteH 256, 1180, 2659, GaufrG 887, 4806, 8410, EnfOgH 4226, 7467, BeaumManS 5983, CleomH 2130, 3187, 6795, 9511, 12800–02, 13252, 16366f., 16811f.)

- *rendre un salu à a. de Dieu*
  (1150–1200: 3 – AyeB 3740f., ContPerc²ER 26482f., 27240f.)

- *rendre saluz de par a.*
  (1150–1200: 1 – ContPerc²ER 23468f.)

B

- *Ce salu ne vos ran ge mie*
(1150–1200: 1 – RenR VIII 7348)
1150–1200
RenR VIII 7333–35, 7348f. «Rois, Diex, le filz sainte Marie,
et vos et vostre conpaingnie
vos gart et tot vostre barné.»
(...)
«Ce salu ne vos ran ge mie,
rous venimeus, de pute foi;

SOI RENDRE + SALU

A

- *soi rendre saluz*
(1200–1250: 1 – GuillPalM 3846)

B –.

RESPONDRE + SALU

A

- *respondre à un salu*
(1150–1200: 1 – ContPerc²ER 27713f.)

- *respondre a.r. à un salu*
(TL IX 124, 26f. s.v. *salu* DurmG 6237f.)
(1200–1250: 1 – DurmG 6237f.)

B –.

SALUER + SALU

A

- *saluer a. d'un salu*
(1150–1200: 1 – LancR 4586)

B

- *Saluez moi (B) (...) de saluz*
(1200–1250: 1 – LancPrM IV 148)
1200–1250
LancPrM IV 148 Et saluez moi vostre cousin d'autant de saluz comme l'an porroit penser (...).

SOUTE RENDRE + SALU

A

- *soute rendre d'un salu*
  (TL IX 1021, 26–29 s.v. *soute* PartonG 5283)
  (1150–1200: 1 – PartonG 5283)

B –.

SOI TAISIR + SALU

A

- *soi taisir à un salu*
  (1150–1200: 1 – PercR 943)

B –.

TRANSMETRE + SALU

A

- *transmetre un salu à a.*
  (1200–1250: 1 – AmYdR 1541f.)

B –.

VALOIR + SALU

A

- *uns saluz valoir a.r.*
  (1200–1250: 1 – FlorenceW 1708)

B –.

1.6. *Saluer a.*

A

- *saluer a.*
  (Gdf X 620b s.v. *saluer* RolH 121; TL IX 126, 26–30 s.v. *salüer* OgDanE 4086; 33–35 RolH 121; 43–45 YvainR 5828; 45–49 YvainR 2380; 49–51 LancR 50; 126, 52–127, 2 LancR 594; 2–6 PercR 685; 6–9 MarieGuigR 304; 9 MarieGuigR 475; 10–12 MarieEquitR 39; 37–39 TristBérM[4] 234; 39–41 TristBérM[4] 4427; 41f. FergM 256)
  (1100–1150: 6 – RolH 121, PelCharlA 302, CourLouisABLe 452, CourLouiscLe 79, 2044, 2099; 1150–1200: 287 – AspremLM 1853, 1916, 3478, 3732, AspremwB 7152, 8189, 11052, SaisnM 303, 480, 893, 894, 1321, 4341, 6445, RCambrM 64, 2148, 2236, 6785, 6806, 7176, 7670, RenMontC 287, 1046, 1742, 2213, 6107, 9507, 11831, 12007, 12502, 12934, 13942, 14659, 16705, 16948, PriseOrABR[1] 148, 669, PriseOrCER 448, 647, PriseOrDR 94, 548, AliscW 2364a, 2881, 7611, ChevVivT 1086, GarLorrV 2696, 2729, 3225, 3298, 3382, 3445, 3801, 3881, 4222, 5367, 5404, 5463, 5646, 7890, 8269,

8771, 9520, 10105, 10124, 11036, 11137, 12398, 13968, 16017, AyeB 1350, 3718, GuiNantMM 188, 529, 658, 771, 1683, 1941, 2164, AmAmD 1374, 1509, 2483, Aiol[1]F 1545, ThèbesC Hs. 201 (après O 158), Hs. A (après O 158) 413, 1250, 1269, 3898, 4384, Hs. A 6266 (après O 4578), Hs. P 9107 (après 7240), Hs. P 9179 (après O 7240), Hs. A 11448 (après y 11090), Hs. A 12279 (après O 8600), Hs. A 12284 (après O 8600), 10027, SSagesOctK 103, 463, 1115, 2059, 2460, 3042, 3413, 3652, 4934, MarieGuigR 304, 475, MarieEquitR 39, MarieLanvR 69, MarieElidR 656, 1108, GautArrIllC 2250, 2441, 2499, GautArrErR 2050, 2176, 2654, 5894, ErecR 365, 386, 788, 1181, 2298, 3135, 3965, 4067, 4184, 5483, 5485, 5500, 5508, 6179, 6298, 6321, 6349, 6351, 6354, 6377, 6531, 6537, CligésM 333, 2224, 2442, 5068, 5069, 6221, YvainR 198, 2061, 2333, 2380, 3801, 4672, 4681, 4879, 5008, 5044, 5237, 5828, 6667, LancR 50, 274, 437, 594, 608, 936, 1550, 1559, 2061, 2517, 3326, 5248, 5299, 6799, PercR 170, 685, 923, 1036, 1362, 1831, 3013, 3458, 3782, 3793, 4436, 4642, 4648, 4757, 5262, 5299, 5600, 5718, 6137, 6773, 8043, 8113, 8416, 8543, 8923, TristThomW Douce 921, TristBérM[4] 234, 2850, 4427, FolTristOxfP 264, ContPerc[1]AR 693, 4283, 4457, 4462, 4763, 4777, 5851, 5857, 8405, 8725, 8999, ContPerc[2]ER 20710, 20923, 21422, 21611, 21751, 22311, 22442, 22655, 22984, 22999, 23211, 23585, 23853, 23909, 24473, 24524, 24789, 26210, 26367, 26507, 27360, 27525, 27711, 27998, 28326, 28615, 29311, 30061, 30127, 30432, 30529, 31059, 31447, 31538, 31660, 31725, 32185, RenBeaujBelW 77, 171, 848, 1558, 2597, 2826, 3302, 3540, 3998, 4248, 4356, 5068, 5188, 5190, 6117, 6155, GuillAnglW 576, 955, 1833, 1884, 2169, 2397, 3157, PartonG 5281, 7820, 9018, AthisH 9778, 9812, 10323, 14594, 14645, RenR I 799, I 2856, III[a] 4463, VIII 8638, XIX 18264, 18443; 1200–1250: 455 – AiquinJa 279, 1117, 2577, 2747, GuiBourgG 327, 430, 832, 947, 1372, 1697, 1800, 1871, 1891, 2763, 2891, 3765, GaydonG 1241, 3351, 3681, 3856, 4231, 8711, 8714, 8883, OgDanE 4086, 9290, 9367, 9958, AimeriD 2547, GirVianeT 39.8, NarbS 864, 1008, 1164, 1237, 2080, 2355, 2788, 6557, 7700, Aiol[2]F 1734, 5721, 8893, 8896, 9319, 9593, 10488, FlorenceW 197, 929, 2274, 3211, 3359, 3407, 3600, 4343, 4941, 5337, 6173, BueveAgnS 111, 197, 2408, 2865, 2975, 3528, AuberiTarbé 46.21, 99.30, 131.33, HuonR 327, 1014, 2448, 2680, 3445, 3459, 3502, 4841, 6869, 7358, ParDuchG 206, 931, 1408, 1775, 1812, 2269, 2518, 2790, 2891, EscoufleS 513, 4899, 5621, 8030, GuillDoleL 1123, 2890, 3290, 3465, 4519, 4552, 5265, ViolB 348, 687, 766, 1538, 3183, 3258, 3482, 4668, 5118, 6155, 6206, FolTristBernP 339, ChevIIEspF 360, 1054f., 1177, 1232, 2519, 2776, 2779, 2904, 2922, 3881, 4003, 4054, 5907, 6060, 6386, 7785, 8511, 8592, 8811, 9405, 10284, 10601, DurmG 444, 448, 747, 1603, 1861, 1863, 3105, 3889, 4125, 4159, 4356, 5095, 5246, 5725, 6235, 6554, 8756, 8759, 9167, 9219, 9442, 9608, 9680, 9682, 9893, 10095, 11190, 11338, 12384, 14095, 14550, 14579, 14596, 15332, FergM 256, 653, 729, 920, 1291, 1588, 2391, 4998, 5435, 6048, 6167, AtreW 696, 2870, 3699, 4090, 4241, 4922, 5025, AmYdR 222, 440, 666, 2889, 3033, 3048, 4076, GuillPalM 686, 7853, 8578, 8955, 8957, 9061, 9082, 9095, EustMoineF 441, 780, 2006, BlancandS 216, 529, 904, 1454, 2266, 5955, 6327, 6405, PerlN 701, 999, 1014, 1433, 1734, 1778, 2811, 3041, 3204, 3639, 3715, 4253, 4269, 4577, 4916, 5414, 6296, 7404, 7418, 7585, 8019, 8172, 9829, 10007, LancPrK 43.8, 46.22, 48.36, 105.5, 107.20, 122.5, 140.2, 149.32, 152.27, 152.28, 162.7, 184.8, 197.24, 215.28, 216.38, 216.40, 220.35, 223.38, 226.7, 226.37, 234.20, 242.30, 245.23, 263.35, 272.36, 283.9, 328.36, 340.18, 340.28, 340.30, 410.12, 428.11, 433.8, 433.40, 444.31, 462.19, 467.40, 470.33, 480.15, 491.20, 505.8, 529.7, 532.31, 540.3, 544.38, 564.22, LancPrM I 16, 115, 187, 222, 254, 268, 299, 350, II 13, 13, 19, 20, 40, 46, 51, 55, 108, 112, 116, 134, 156, 163, 168, 170, 176, 177, 178, 200,

200, 209, 211, 228, 232, 237, 242, 249, 263, 265, 269, 278, 283, 286, 288, 294, 299, 305, 325, 326, 330, 346, 351, 355, 371, 390, 390, 393, 401, 404, 405, 414, IV 2, 6, 13, 48, 59, 62, 74, 79, 85, 85, 85, 126, 142, 168, 177, 185, 196, 220, 230, 233, 254, 272, 278, 281, 285, 297, 338, 339, 347, 367, 375, V 5, 15, 26, 33, 33, 42, 47, 54, 64, 65, 74, 75, 81, 97, 99, 117, 146, 153, 154, 168, 219, 253, 274, 279, 287, 293, VI 9, 10, 74, 153, 178, 181, 217, 225, 235, SGraal IV QuesteP 1.8, 12.24, 21.21, 31.28, 47.4, 88.29, 99.18, 105.12, 119.5, 129.30, 132.18, 133.2, 151.28, 155.4, 162.7, 168.21, 172.8, 180.22, 183.6, 217.17, 217.29, 217.30, 248.7, RenR XIII 13767, 13769, XVI 14997, XVIII 16215, 16585, De Bérenger... RychnerFabl Hs. A 98, BouchAbevR 59, Du Chevalier... RychnerFabl Hs. C 334, Hs. C 357, Hs. I 362, De la Demoiselle... RychnerFabl. Hs. B 55, De Guillaume au Faucon ReidFabl 187, 190, 406, PrestreAlisMé 55, SegrMoineV 99, TrubertR 75, 455, 472, 2085, RomPast I 39.40, 46.17, II 5.15, 11.13, 31.12, RdeClariL XXXIII 31, LIII 7, CVI 20; 1250–: 98 – BerteH 126, 255, 1608, 1930, 1935, 2564, 2658, 3263, GaufrG 131, 1064, 3151, 4466, 4973, 5749, 6628, 7318, 7815, 9072, 9644, EnfOgH 471, 2114, 2403, 3602, 4224, 4487, 6985, 7041, 7466, 8083, BeaumJBlS 129, 1157, 2637, 2971, 4117, 4653, 4929, 5130, 5719, 5842, BeaumManS 780, 1199, 1251, 2635, 3035, 3200, 3369, 3478, 4133, 5060, 5628, 5885, 5982, CleomH 448, 452, 2128, 3186, 3274, 3367, 3480, 4945, 5678, 6094, 6673, 6763, 6906, 9510, 9681, 10365, 10979, 11028, 12798, 12987, 12990, 13250, 13963, 14146, 14795, 15057, 15078, 15367, 15571, 15711, 15762, 15793, 16365, 16381, 16383, 16629, 16843, 17080, RichF 1085, 3315, 3935, 4100, 4209, 4483, 4547, 4983)

li uns salue l'autre

(1150–1200: 3 – GautArrIllC 2499, ErecR 2298, RenBeaujBelW 5190; 1200–1250: 6 – FlorenceW 6173, DurmG 1603, GuillPalM 8578, 9095, LancPrK 328.36, LancPrM VI 181; 1250–: 1 – EnfOgH 7041)

A salue B et B A

(1150–1200: 11 – MarieGuigR 475, GautArrErR 2654, ErecR 4067, YvainR 6667, LancR 274–76, PercR 1036f., 1831, 3458f., 8113, ContPerc[1]AR 4283, ContPerc[2]ER 22999; 1200–1250: 52 – AiquinJa 1117f., 2577f., FlorenceW 929f., GuillDoleL 1123, ViolB 3183f., 5118f., ChevIIEspF 8591–93, AtreW 5025, PerlN 1433, 1734, 4253, 4916, LancPrK 184.4, 215.28, 216.40, 220.35f., 223.38, 226.7, 234.20, 433.8, 433.40, 480.15f., 529.7, 532.31, 544.38, 564.22, LancPrM I 268, II 19, 20, 40, 55, 112, 168, 177, 200, 209, 249, 305, 326, 330, 351, 401, IV 48, 62, 74, 126, 168, 177, V 81, 293, VI 225, 235; 1250–: 1 – BeaumManS 3369)

- *saluer a. de par a.*

(TL VII 176, 19–21 s.v. *par* YvainR 4746)

(1150–1200: 10 – RCambrM 163, RenMontC 14960, 15264f., GautArrIllC 4212, 4271f., 5514f., YvainR 4746f., ContPerc[2]ER 28612f., 30966, AthisH 13906; 1200–1250: 26 – GaydonG 4100, NarbS 5646f., Aiol[2]F 10566, EscoufleS 1394f., 1930, 3341, 5996f., DurmG 11061, 12715, GuillPalM 2595–99, 7454f., 8425–30, 8689f., LancPrK 401.37f., LancPrM I 245, II 304, IV 114, 145, 153, 295, V 183, VI 198, SGraal IV QuesteP 252.6f., MireC 132, 176, VillehF § 458; 1250–: 9 – BerteH 205, 2988, GaufrG 1304, EnfOgH 3487f., 4659, CleomH 12243, 14175–77, 15358f., RichF 5112)

- *saluer a. de part a.*

(TL VII 358, 34f., s.v. *part* MarieElidR 425; 359, 5f. MarieElidR 417)

(1150–1200: 3 – ThèbesC Hs. P 9189f. (après O 7240), MarieElidR 417, 425; 1200–1250: 1 – VillehF § 141)

- *saluer a. de Dieu*
  (TL IX 128, 20–22 s.v. *salüer* RomPast I 61.46; 22f. RomPast I 68.11; 23f. GaydonG 3936; 24f. FergM 2561; 37f. OgDanE 1065)
  (1150–1200: 20 – RenMontC 3757, 4398, 4521, 18030, PriseOrABR[1] Hs. B 1275, PriseOrCER 135, GarLorrV 2094, 3828, GuiNantMM 132, Aiol[1]F 3764, GautArrErR 2069f., ContPerc[2]ER 21519f., 23603f., 25728f., 25867, 30732f., 31658f., 32210f., 32302f., AthisH 19853; 1200–1250: 24 – GaydonG 3932, 3936, 10197, OgDanE 1065, 10198, NarbS 5646, 6594, Aiol[2]F 1834f., 5636f., 5716f., 5726, 6583f., FlorenceW 925, 5189, 6143f., HuonR 2506, 2691, 2961, 3285f., 3405, 4020, 7106, FergM 2561, 3479f., 1250–: 6 – BerteH 1090, 1179, GaufrG 5443f., 10026, RomPast I 61.46, 68.11f.)

- *saluer a. de par Dieu*
  (1200–1250: 2 – AimeriD 3852f., FergM 4348f.)

- *saluer a. de cele lei mortal, saluer a. de la loi mescreant, saluer a. de la loi paiennie*
  (TL V 590, 29f. s.v. *loi* und TL IX 128, 34f. s.v. *salüer* EnfOgH 1429; TL IX 128, 32f. s.v. *salüer* AimeriD 3477; 35f. OgDanE 3487)
  (1150–1200: 1 – AspremLM 1498; 1200–1250: 1 – AimeriD 3477; 1250–: 2 – EnfOgH 1429, 3487)

- *saluer a. en la loi de Mahom (en la loi sarrazine, em sa loi, en la loi que il ont, en la loi dont lor menbre)*
  (TL V 590, 25–27 s.v. *loi* und TL IX 128, 26–29 s.v. *salüer* PriseOrABR[1] Hs. A 1275; TL V 590, 27–29 s.v. *loi* und TL IX 128, 31f. s.v. *salüer* Aiol[2]F 5272; TL IX 128, 29f. s.v. *salüer* OgDanE 1053)
  (1150–1200: 3 – SaisnM 3006, PriseOrABR[1] Hs. A 1275, AyeB 1629; 1200–1250: 2 – OgDanE 1053, Aiol[2]F 5272)

- *saluer a. a la loy paienie*
  (1150–1200: 1 – PriseOrCER 1348)

- *saluer a. selonc sa loi*
  (1150–1200: 1 – AthisH 289)

- *resaluer a.*
  (1150–1200: 9 – ErecR 3265, PercR 4596, ContPerc[2]ER 20641, 21521, 23855, 30436, 30736, RenBeaujBelW 3303, 3542; 1200–1250: 4 – ChevIIEspF 2911, 2919, 4334, AtreW 2871)

- *soi saluer*
  (1150–1200: 2 – AspremwB 8151, ErecR 4068)

- *s'entresaluer*
  (1150–1200: 5 – ErecR 2295, 6401, YvainR 4961, ContPerc[1]AR 9177, ContPerc[2]ER 28507; 1200–1250: 4 – GuillPalM 9558, LancPrM II 178, 206, IV 59; 1250–: 1 – BeaumJBlS 3063)

B

- *Je vos salu*
  (TL IX 127, 2–6 s.v. *salüer* PercR 682)
  (1150–1200: 2 – PercR 682, RenR I 1235–37; 1200–1250: 1 – PerlN 4017f.; 1250–: 1 – RutebTheophF 474)
  1150–1200
  PercR 682f. — Dist: «Pucele, je vos salu,
  Si com ma mere le m'aprist.
  RenR I 1235–37 — «Rois, dist Renart, je vos salu
  com cil qui plus vos a valu
  que tuit li baron de l'ampire.
  1200–1250
  PerlN 4017f. — «Sire, fet ele, je vos salu com la plus esfreé(e) damoisele et la plus desconsellie que onques veïssiez, ...
  1250–
  RutebTheophF 474 — Dame, je te salu!

- *D'Apolin et de Mahom te salu*
  (1150–1200: 1 – BodelNicH^{3} 349f.)
  1150–1200
  BodelNicH 349f. — Roys, d'Apolin et de Mahom
  Te salu con tes liges hom,

- *De Dieu soiez vos saluez*
  (1200–1250: 3 – OgDanE 1467–70, HuonR 3282, 3977f.)
  1200–1250
  HuonR 3282 — Du Roi du monde soiiés vous salué.

- *Je ne vos salu*
  (vgl. TL IX 127, 33–35 s.v. *salüer*)
  (1100–1150: 2 – CourLouisABLe 2365, CourLouiscLe 1557; 1150–1200: 3 – AspremwB 7825, RenMontC 5752, RenR III^{a} 4662a; 1200–1250: 10 – GuiBourgG 3288, NarbS 1569, Aiol^{2}F 8823, ChevIIEspF 206, 2783, DurmG 452, LancPrM V 199, RenR V 5322, XIII 13709, XVIII 16588)
  1100–1150
  CourLouisABLe 2365 — Ne vos salu, n'est pas droiz que le face.
  1150–1200
  AspremwB 7825 — Ne vos salu, car je ne vos aim tant.
  RenR III^{a} 4662a — «Tiebert, je ne vos salu mie.
  1200–1250
  GuiBourgG 3288 — «Biaus niés, dist Huidelon, je ne vous salu mie.
  DurmG 452 — «Gars, je ne te salu noient.
  LancPrM V 199 — «Sire chevaliers, je ne vos salu mie, (...)
  RenR V 5322 — – Je ne vos salu mie endous:

- *Je ne te voel mie saluer*
  1150–1200
  GautArrErR 5540f. — ne je, des puis qu'il ne conmande,
  ne te voel mie saluer,

- *Saluez B*

(1150–1200: 3 – AspremLM 3123, 3267, PercR 5731)

1150–1200

AspremLM 3123f.	«Salüez Karle li riche roi coroné, Le meillor prince que hui cest jor soit né!
PercR 5731	Salüés le premieremant,

- *B saluerez*

(1150–1200: 1 – ContPerc^{1}AR 6655; 1200–1250: 1 – FergM 4980)

1150–1200	
ContPerc^{1}AR 6655	La reïne salüerez
1200–1250	
FergM 4977–80	Et dist «Vallet, forment m'agree Une dame que la sus voi Car li menes or de par moi Cest destrier: sel salueras

- *Saluez moi B*

(Gdf X 620b s.v. *saluer* BlancandS [?]; TL IX 127, 44f. s.v. *salüer* BerteH 1646)
(1150–1200: 8 – AspremwB 7428, GarLorrV 12194, 13501f., AmAmD 3011f., GautArrErR 4357, PercR 3956, TristThomW Douce 1272, RenBeaujBelW 3887; 1200–1250: 28 – GuiBourgG 1469, 3108, Aiol^{2}F 5113, AuberiTarbé 122.21, HuonR 2891, 5308, ParDuchG 1306, EscoufleS 3639f., 3781, 4027, 5982, ChevIIEspF 434f., DurmG 4838, 11055, GuillPalM 585, PerlN 2853, 10092, LancPrK 164.2, 169.26f., 218.13, 435.33, 478.34, LancPrM II 168, 276, V 146, SGraal IV QuesteP 8.19f., 154.2f., 278.27f.; 1250–: 2 – BerteH 137f., 1646)

1150–1200	
AspremwB 7428	«Alés Karle, se le me salüés.
GautArrErR 4356f.	mais le sorplus me porte lués a mon ami sel me salue
1200–1250	
Aiol^{2}F 5113	Salues moi le roi qui Franche a a tenir,
EscoufleS 3781	Salue moi ma damoisele.
SGraal IV QuesteP 8.18–20	Et saluez moi toz cels dou saint hostel et mon oncle le roi Pellés et mon aiol le Riche Roi Pescheor,
1250–	
BerteH 137	«Sire,» dist ele, «a Dieu! Saluez moi mon frere,

- *B me saluerez*

(1150–1200: 5 – ThèbesC Hs. P 9538 (après O 7240), MarieElidR 381, PercR 2315, 8797, ContPerc^{2}ER 28374f.; 1200–1250: 1 – HuonR 2900; 1250–: 2 – BerteH 2960, CleomH 13354–56)

1150–1200	
MarieElidR 381	Mil feiz le me saluërez.»
1200–1250	
HuonR 2900	Et ma moillier se me saluerés,
1250–	
BerteH 2960	Constance vostre fenme molt me saluerés,

- *De ma part B saluez*

(TL VII 358, 38f. s.v. *part* und TL IX 126, 36f. s.v. *salüer* RolH 361)
(1100–1150: 1 – RolH 361; 1150–1200: 1 – TristBérM[4] 687; 1200–1250: 2 – ParDuchG 1282, BlancandS 4131)

1100–1150	
RolH 361	De meie part ma muiller saluëz.
1150–1200	
TristBérM[4] 687	Niés, de ma part le salüez,
1200–1250	
ParDuchG 1282	«Et de la moie part moult bien la saluez.
BlancandS 4131	De moie part la salüez

- *Saluez B de par moi*

(TL VII 176, 24f. s.v. *par* PercR 1198)
(1150–1200: 3 - SaisnM 2854, GarLorrV 1800, PercR 1198; 1200–1250: 5 - NarbS 5088f., DurmG 5908–10, LancPrM II 234, 303, V 145; 1250–: 1 - RichF 1550)

1150–1200	
SaisnM 2854	Depar moi saluëz le mainne ampereor,
PercR 1197f.	Et portés sa colpe le roi, Si le salüés de par moi;
1200–1250	
NarbS 5088f.	Por amor Dieu, de par moi saluëz Toz mes .vi. freres con vos les reverrez.
DurmG 5908–10	De par celui le salüés Qui par armes conquist l'atr'ier Brun de Morois en son vergier.
LancPrM II 234	si le salués de par moi.
1250–	
RichF 1550	«Et de par moi si le salue,

- *Tu le [= B] salüeras de par moi*

(1150–1200: 1 – PercR 9108f.)

1150–1200	
PercR 9108f.	Et quant tu le salüeras De par moi, si ara grant joie.

- *Si me salue de par moi (B)*

(1200–1250: 1 – LancPrM II 304)

1200–1250	
LancPrM II 304	si me salue de par moi ma dame la roine Genievre.»

- *(B) me saluerois de par (moi)*

(1200–1250: 1 – LancPrM I 186)

1200–1250	
LancPrM I 186	Cele damoisele me saluerois de par sa dame de la Blanche Tor,

- *Salue le [= B] de Deu (...) et de par moi et de (...)*

(1200–1250: 1 – AimeriD 3836–38)

11200–1250

AimeriD 3836–38	«Salue le de Deu qui tot forma, Et de par moi qui t'ai envoié la, Et d'Aymeri son neveu qu'il ama.

- *(B) me salüez de (moi)*

(1150–1200: 1 – TristBérM[4] 3540f.)

1150–1200

TristBérM[4] 3540f.	Vostre dame me salüez De son demoine soudoier,

- *Et si vous pri, B me saluez*

(1100–1150: 1 – ChGuillM 3378; 1200–1250: 1 – HuonR 2588f.; 1250–: 1 – CleomH 12045f.)

1100–1150	
ChGuillM 3378	Pur Deu, vus pri, Guibur me saluez;
1200–1250	
HuonR 2588f.	Et si vous pri, pour Dieu de maïsté, Plus de cent fois se le me salués.
1250–	
CleomH 12045f.	«Et Sartan et sa fenme aussi me saluez, je vous en pri.»

- *Je vos pri que B de par moi saluez*

(1200–1250: 1 – GaydonG 8431f.; 1250–: 1 – CleomH 6143f.)

1200–1250	
GaydonG 8431f.	«Por Deu voz proi, quant dosnoier irez, Que Esmerée de par moi saluez;
1250–	
CleomH 6143f.	Je vous pri que quant le veez, que de par moi le saluez.»

- *Et vos pri que vos me saluez B*

(1200–1250: 2 – LancPrM VI 197, SGraal IV QuesteP 273.2–4)

1200–1250

SGraal IV QuesteP 273.2–4	(...) et vos pri, se vos venez a la cort le roi Artu, que vos me saluoiz monseignor Lancelot mon pere et ceus de la Table Reonde.»

- *Dites à B que je le salu*

(1150–1200: 1 – RCambrM 6288; 1200–1250: 5 – LancPrK 100.4f., 311.6f., LancPrM I 305, V 63, 165)

1150–1200	
RCambrM 6288	«Et si li dis que nous (la) saluon.
1200–1250	
LancPrM I 305	(...) si li di que je le salu (...)

- (indirekte Rede) *A prie C qu'il li salut B*
(1150–1200: 1 – ErecR 1816f.; 1200–1250: 5 – EscoufleS 6463–65, ViolB 4320f., PerlN 4895–97, LancPrK 479.19f., LancPrM II 264; 1250–: 1 – CleomH 12039–41)

1150–1200	
ErecR 1816f.	et si lor dist molt et pria que son oste li saluassent
1200–1250	
EscoufleS 6463–65	En plorant la vielle li prie Que s'il voit sa fille et s'amie, Que por Diu, li salut ansdeus.
LancPrK 479.19f.	Et messires Gauvains li dit que il li salut son seignor.
1250–	
CleomH 12039–41	au departir Durbant pria qu'il li salut, quant la verra, sa fenme, que pas ne l'oublie;

- (indirekte Rede) *A prie C qu'il salut B de par lui*
(1150–1200: 1 – YvainR 5022f.; 1200–1250: 1 – FergM 5998–6002)

1150–1200	
YvainR 5022f.	(...) et si li prïent qu'ele, de par ax, le salut;
1200–1250	
FergM 5998–6002	Fergus d'une cose li prie Que par le castiel s'en alast Et la pucele saluast Sans non de par le chevalier Qui ainc le pot plus corecier.

- (indirekte Rede) *(A) li [= C] a molt proié qu'il li salut (B) de par lui*
(1200–1250: 1 – PerlN 3621f.)

1200–1250	
PerlN 3621f.	(...), si li a molt proié qu'il li salut son pere et son neveu de par lui, quant il les verra, et Monsegnor Gavain,

- *Ne saluëz mie (B) de nostre part*
(1150–1200: 1 – SaisnM 662)

1150–1200	
SaisnM 662	Mais ne saluëz mie Karlon de nostre part!

- *A vos salue*
(1150–1200: 7 – SaisnM 518f., ThèbesC Hs. P 9191f. (après O 7240), PercR 9013, RenBeaujBelW 4253, AthisH 5037, 13763, RenR XIX 17346; 1200–1250: 23 – EscoufleS 1838–40, GuillDoleL 1016, ChevIIEspF 1724, BlancandS 4617, 6215f., LancPrK 64.5, 380.35f., 404.9f., 408.27, 462.26, 559.14, LancPrM I 22, 115f., II 80, 205, IV 114, VI 49, 49, 59, 154, SGraal IV QuesteP 97.6f., PrestreAlisMé 217–19, TrubertR 2054; 1250–: 2 – CleomH 14152f., AdHaleFeuillG 617)

1150–1200

SaisnM 517–19	Tuit .III. somes mesage Karlon de Saint-Denise Qui assez vos salue de bon cuer sanz faintise Et toz les Hurepois qu'il aimme molt et prise.
PercR 9012f.	Uns chevalier[s] le vos envoie Par amors et si vos salue
RenR XIX 17346	«Renart, mes sires vos salue,

1200–1250

GuillDoleL 1015f.	la letre si li a leüe: «Li empereres vos salue;
LancPrM I 115f.	«Sire, mesire vos salue come son home lige, come son chier neveu et come celui qu'il aime sor tos homes (...)
TrubertR 2054	«Sire, Goulïas vos salue,

1250–

CleomH 14152f.	~ C'est Cleomadés vraiement, sire, fait il, qui vous salue.»
AdHaleFeuillG 617	Si vous salue; (...)

- *A vos salue par moi*
(vgl. TL IX 128, 43–46 s.v. *salüer*)
(1200–1250: 2 – ViolB 770, LancPrM V 153)
1200–1250

ViolB 770	«Dame, il vous salue par moi
LancPrM V 153	«Damoisele, fet li uns, mes sire li rois Claudas vos salue par nos qui a lui somes (...)

- *Je vous salu de par Dieu (...) de par (A)*
(1250–: 1 – BeaumManS 8021–23)
1250–

BeaumManS 8021–23	«Dame,» dist il, «je vous salu De par Dieu qui nous a valu, De par les barons d'Ermenie

- *Seiez saluez de part (A)*
(1150–1200: 1 – ThèbesC 10029f.)
1150–1200

ThèbesC 10029f.	«Reis, seiez saluez trés bien De part le duc Atheniien!

- *(A) dist que ne laissaisse mie que ne vous [= B] saluasse*
(1200–1250: 1 – ViolB 4363f.)
1200–1250

ViolB 4363f.	«Et dist que ne laissaisse mie, Pour Diu, que ne vous saluasse

- *A me dist que je vos saluasse de par lui*
(1150–1200: 2 – PercR 4061–63, ContPerc²ER 22418f.; 1200–1250: 2 – DurmG 11386f., LancPrM VI 58; 1250–: CleomH 15438f.)

1150–1200	
PercR 4061–63	Et il li dist: «Cil me proia, Pucele, qui cha m'envoia, Que de par lui vos saluaisse;
1200–1250	
DurmG 11386f.	Mout docement me vint proier Que de par lui vos saluasse
LancPrM VI 58	(...) la fille au roi Pellés me dist que je vos saluasse de par li (...).
1250–	
CleomH 15438f.	Et le roi aussi et sa suer nous dist que nous saluïssiens.

- (indirekte Rede) *C dit que A salue B*
(TL IX 128, 39–42 s.v. *salüer* YvainR 2718–20)
(1150–1200: 2 – LancR 5258f., YvainR 2718–20; 1200–1250: 3 – LancPrK 239.4–6, LancPrM II 84, RdeClariL III.11f.; 1250–: 1 – BeaumManS 3098)

1150–1200	
LancR 5258f.	et dit que Lanceloz salue le roi, come son boen seignor,
• 1200–1250	
LancPrK 239.4–6	et dist que la pucele qui remest en la Dolereuse Garde salue Lancelot del Lac, lo fil lo roi Ban de Benoyc, (...).
1250–	
BeaumManS 3098f.	Dist que li seneskax salue Son signeur (...).

2. Charakterisierungen des Sprechers, des Adressaten und der Handlung

2.1. Sprecher und Adressat

2.1.1. Sprecher

AFAITIER

- *bien afaitié*
saluer a. come:
(1150–1200: 1 – GarLorrV 5646)

1150–1200	
GarLorrV 5645f.	Troeve l'abé qu'en sa chaiere siet. Il le salue conme bien afaitié,

→ sage et afaitié.

AMER a.

- *chilz qui l'ainme sans raison*
  aporter un salu à a. come:
  (1250–: 1 – RichF 457)
  1250–
  RichF 456f. — Sa fille haut salut aporte
  Con chilz qui l'ainme sans raison,

- *cele qui plus l'ainme que nule rien vivant eu monde*
  mander saluz à a. come:
  (1200–1250: 1 – PerlN 7470f.)
  1200–1250
  PerlN 7470f. — Ele li mande par .i. suen privé mesaje saluz conme cele qui plus l'ainme que nule rien vivant eu monde;

- *cele qui tant l'amoit com nus cuers plus puet amer anfant qui de sa char ne soit*
  randre un salu à a. come:
  (1200–1250: 1 – LancPrK 46.23f.)
  1200–1250
  LancPrK 46.22–24 — Il salue sa dame, et ele li rant son salu comme cele qui tant l'amoit com nus cuers plus puet amer anfant qui de sa char ne soit.

- *cil qui vos aime et prise*
  A vos mande saluz come:
  (1200–1250: 1 – GuillDoleL 977)
  1200–1250
  GuillDoleL 974–77 — «Li empereres d'Alemaigne,
  de par cui ciz briez est venuz,
  vos mande, sire, mil saluz
  come cil qui vos aime et prise.

APENSEMENT

- *cele qui estoit de grant apensement*
  rendre un salu à a. come:
  (Gdf I 332b s.v. *apensement* BerteH 257; TL I 439, 50f. s.v. *apensement* BerteH 257)
  (1250–: 1 – BerteH 257)
  1250–
  BerteH 255–57 — Berte vont saluer bel et courtoisement;
  Conme sage et courtoise chascun son salu rent,
  Com cele qui estoit de grant apensement;

APENSER a.r.

- *cil ki bien fu apensés*
  saluer a. come:
  (1200–1250: 1 – ViolB 6154)

1200–1250
ViolB 6154–56 | Con cil ki bien fu apensés,
Le roi salua hautement
Et tous les autres ensement.

APRENDRE a.r.

- *bien apris*

prendre congié à a. come:
(1250–: 1 – CleomH 15462)
1250–
CleomH 15461–63 | Li messagier ont congié pris
sagement conme bien apris
au roi et a ceaus qui la furent,

saluer a. come:
(1250–: 1 – CleomH 15792)
1250–
CleomH 15792–94 | Li message com bien apris
orent mout a point saluee
done Ynabele la senee,

→ cortois et bien apris, → sage et bien apris.

AVISER a.r.

→ cortois et avisé, → sage et avisé.

CHEVALIER

- *chevalier sené*

saluer a. come:
(1200–1250: 1 – FlorenceW 2274)
1200–1250
FlorenceW 2273f. | Esmerez vit Florence, que tant ot grant biauté;
Gentement la salue con chevalier sené:

CORTOIS

- *cortois*

saluer a. come:
(1150–1200: 1 – ContPerc²ER 28614; 1200–1250: 2 – EscoufleS 4899, DurmG 9609; 1250–: 1 – CleomH 3273)
1150–1200
ContPerc²ER 28614–17 | Et puis aprés conme cortois
A la roïne salüee
Et toute la riche asamblee,
Fors seulemant le senechal.

1200–1250
DurmG 9607–09 | Encontre le roi se leva
Li Galois qui le salua
Mout sagement comme cortois.

1250–
CleomH 3273f. et Cleomadés com courtois
les salua trestoutes trois;

- *celle qui molt est cortoise*
resaluer a. come:
(1150–1200: 1 – ContPerc²ER 30737)
1150–1200
ContPerc²ER 30734–37 La damoiselle n'i atant
Ne tant ne quant, ainz se leva
Et molt bel le resalua
Con celle qui molt est cortoise.

- *cortois et bien apris*
prendre congié à a come:
(TL I 469, 32f. s.v. *aprendre* LancR 592)
(1150–1200: 1 – LancR 592; 1250–: 1 – CleomH 18345)
1150–1200
LancR 591–93 Li chevalier congié ont pris
come cortois et bien apris
a la dameisele, (...)
1250–
CleomH 18345–47 Conme courtois et bien apris
ot li rois Cleomadés pris
tel congié k'a lui aferi;
saluer a. come:
(1200–1250: 1 – FergM 1589)
1200–1250
FergM 1588f. Sel salua molt hautement
Comme cortois et bien apris:

- *courtois et avisez*
saluer a. come:
(1250–: 1 – CleomH 9509)
1250–
CleomH 9509–11 Conme courtois et avisez
a ceaus dou chastel saluez,
et cil son salu li rendirent.
→ debonaire et cortois, → sage et cortois.

DAMOISELE

- *la plus esfreé(e) damoisele et la plus desconsellie*
je vos salu come:
(1200–1250: 1 – PerlN 4017f.)
1200–1250
PerlN 4017f. «Sire, fet ele, je vos salu com la plus esfreé[e] damoisele et la plus desconsellie que onques veïssiez, (...).»

DEBONAIRE

- *de bon eire*
  saluer a. come:
  (1150–1200: 1 – ErecR 6178)
  1150–1200
  ErecR 6178f. Enyde come de bon eire
  la salüe; (...)

- *debounaire et cortois*
  saluer a. come:
  (1200–1250: 1 – AtreW 3700)
  1200–1250
  AtreW 3698–3701 Mesire Gavains li demande,
  Mais qu'i l'ot salué ançois
  Conme debounaire et cortois,
  Que il li die, (...).

DRU, DRUE

- *druz*
  (A) vus mande cum (...) amisté, servise e saluz:
  (1150–1200: 1 – TristThomW Douce 1437)
  1150–1200
  TristThomW Douce 1437–40
  Tristran vus mande cum druz
  Amisté, servise e saluz
  Cum a dame, cum a s'amie
  En qui main est sa mort e sa vie.

- *cil qui molt est ses druz*
  mander saluz à a. come:
  (1200–1250: 1 – BlancandS 3004)
  1200–1250
  BlancandS 3003f. Blanchandins li mande saluz,
  Comme cil qui molt est ses druz;

- *la plus dolereuse drue*
  A vos mande saluz come:
  (1200–1250: 1 – AmYdR 1741)
  1200–1250
  AmYdR 1740–42 Salus d'amors vous mande autans
  Com la plus dolereuse drue
  Qui soit au jour d'ui sous la nue.

ESCÏENT

- *de bon escïent*
  rendre un salu à a. come:
  (1250–: 1 – EnfOgH 4225)

1250–
EnfOgH 4225f. Et li Danois, com de bon escïent,
A Gloriande a point son salu rent.

ESMAIIER a.

- *esmaiiés*
saluer a. come:
(1200–1250: 1 – AmYdR 666)
1200–1250
AmYdR 665f. A basse vois, a chief de pose,
La salue comme esmaiiés.

FELON

- *fel*
prendre congié à a. come:
(1150–1200: 1 – ErecR 3427)
1150–1200
ErecR 3427f. Come fel prant a lui congié:
«A Deu, fet il, vos comant gié.»

FRANC

- *frans*
saluer a. come:
(1150–1200: 1 – ErecR 3135)
1150–1200
ErecR 3134–36 ancontre ax a sa voie anprise,
si les salue come frans
et dist (…).

GENTIL
→ pro et gentil.

OME

- *ome enseignié*
rendre un salu à a. à loi de:
(1200–1250: 1 – DurmG 742)
1200–1250
DurmG 742f. Et il a loi d'ome enseignié
A trestos lor salus rendi;

- *ome fier*
saluer a. à loi de:
(1200–1250: 1 – GuiBourgG 1871)
1200–1250
GuiBourgG 1871 Gentement le salue, à guise d'ome fier:

- *homme mari*
  saluer a. à loi de:
  (1200–1250: 1 – HuonR 1014)
  1200–1250
  HuonR 1014 — Karle salue a loi d'homme mari:

- *omme sené*
  saluer a. à loi de:
  (1200–1250: 2 – FlorenceW 3359, ParDuchG 2891)
  1200–1250
  FlorenceW 3359 — Gentement la salue a loi d'omme sené:

- *tes liges hom*
  D'Apolin et de Mahom te salu con:
  (1150–1200: 1 – BodelNicH³ 350)
  1150–1200
  BodelNicH³ 349f. — Roys, d'Apolin et de Mahom
  Te salu con tes liges hom,

PORPENSER

- *porpensés*
  saluer a. come:
  (TL VII 1532, 39–42 s.v. *porpenser* DurmG 9441)
  (1200–1250: 1 – DurmG 9441)
  1200–1250
  DurmG 9441f. — Et il comme bien porpensés
  Les a hautement salüés.

PRISIER a.
→ amer et prisier a.

PRO

- *preus et gentis*
  saluer a. come:
  (1200–1250: 1 – Aiol²F 8893)
  1200–1250
  Aiol²F 8893 — Heruieus le salua comme preus et gentis.

RASSËOIR
→ sage et rassis.

ROI

- *roi courtois et sachant et avisé et biau parlant*
  faire un salu à a. come:
  (1250–: 1 – CleomH 16627f.)

1250–
CleomH 16625–28 | Leur saluz a ceus qui la furent
firent la ou faire le durent,
conme roi courtois et sachant
et avisé et biau parlant.

- *courtois rois et sachans*
saluer a. come:
(1250–: 1 – CleomH 16364)
1250–
CleomH 16364f. | Conme courtois rois et sachans
a la roÿne saluee,

SAGE

- *sage*
rendre un salu à a. come:
(1250–: 1 – BerteH 2659)
1250–
BerteH 2659 | Et Berte conme sage au roi son salu rent.
saluer a. come:
(1150–1200: 1 – ErecR 6377)
1150–1200
ErecR 6376f. | le roi trova et sa gent tote,
si le salüe come sages,

- *sage et bien afeitiee*
saluer a. come:
(1150–1200: 1 – LancR 937)
1150–1200
LancR 936f. | La dameisele le salue
come sage et bien afeitiee,

- *sage et bien apris*
prendre congié à a. come:
(1200–1250: 2 – ViolB 2255, 5107)
1200–1250
ViolB 2253–55 | Par devant la sale entaillie
Monte Gerars, congié a pris
Comme sages et bien apris;

- *sage et bien avisee*
saluer a. come:
(1250–: 1 – CleomH 6905)
1250–
CleomH 6905–07 | conme sage et bien avisee
a la mere au roi saluee
et sa suer, (...)

- *sage et courtoise*
  rendre un salu à a. come:
  (1250–: 1 – BerteH 256)
  1250–

BerteH 256f.	Conme sage et courtoise chascun son salu rent, Com cele qui estoit de grant apensement;

- *sage et rassis*
  requerre congié à a. come:
  (TL VIII 319, 14f. s.v. *rassëoir* EnfOgH 7383)
  (1250–: 1 – EnfOgH 7383)
  1250–

EnfOgH 7381–83	Lors vint avant li rois de Saint Denis Vers l'apostole, congié li a requis Moult humblement com sages et rassis.

- *sage et sené*
  rendre un salu à a. come:
  (1250–: 2 – BerteH 1180, CleomH 16366)
  1250–

BerteH 1180	Son salu li rent Berte conme sage et senee:
CleomH 16366–68	et ele com sage et senee a point son salu li rendi, tout ainsi qu'il i aferi.

  saluer a. come:
  (1200–1250: 1 – AimeriD 2547)
  1200–1250

AimeriD 2547	Si les salue comme sage et senée:

SAVOIR faire a.r.

- *cil qui savoit bien dire sa raison*
  saluer a. come:
  (1200–1250: 1 – RenR XIII 13770f.)
  1200–1250

RenR XIII 13769–71	le roi salue hautement, si conme cil qui sagement savoit bien dire sa raison:

- *cil qui bien le sot faire*
  saluer a. come:
  (1200–1250: 2 – DurmG 8757, Du Chevalier qui fist... éd. RychnerFabl Hs. I 363)
  1200–1250

DurmG 8756f.	Il le salue sagement Comme cil qui bien le sot faire,
Du Chevalier qui fist ... RychnerFabl Hs. I 361–63	Contre li tantost s'en ala Et molt tres bel le salua Com cele qui bien le sot faire.

- *cil qui savoit ce c'on faire et laissier devoit*
  saluer a. come:
  (1250–: 1 – CleomH 12991f.)
  1250–
  CleomH 12988–92 — Et Cleomadés sagement
  vers la roÿne s'enclina,
  li et sa fille salua
  conme cil qui a droit savoit
  ce c'on faire et laissier devoit.

- *cil qui bel set parler*
  saluer a. come:
  (1200–1250: 1 – DurmG 14580)
  1200–1250
  DurmG 14578–80 — Sachiés qu'il ne s'areste pas,
  Ains les vait mout tost salüer
  Comme cil qui bel set parler.

SENÉ

- *sené*
  prendre congié à a. come:
  (1250–: 1 – EnfOgH 2342)
  1250–
  EnfOgH 2342 — Lors prent congié Carahués com senés.
  → sage et sené.

VALOIR a.r. à a.

- *cil qui plus vos a valu que (...)*
  je vos salu come:
  (1150–1200: 1 – RenR I 1236f.)
  1150–1200
  RenR I 1235–37 — «Rois, dist Renart, je vos salu
  com cil qui plus vos a valu
  que tuit li baron de l'ampire.

2.1.2. Adressat

AÏE
ma → santé et m'aïe.

AMER a.

- *celui qu'ele plus aimme que toz çaux del monde*
  A vos mande saluz come à:
  (1200–1250: 1 – LancPrM IV 352)

1200–1250

LancPrM IV 352 — Quant il voit le brief sor le peron, si le prant et le desploie et trove que sa dame la roine li mande salut com a celui qu'ele plus aimme que toz çaux del monde (...).

son → ome lige, son chier nevo et cel qu'il aime sor toz omes.

AMI, AMIE

- *ami*

  A vos mande saluz come à:
  (1200–1250: 1 – AmYdR 1736)
  1200–1250
  AmYdR 1736–39 — El vous mande com a ami,
  Par fin corage, autant salus
  Com ot esté a tous les drus
  Mandé puis les premiers amans;

- *son ami et son dru*

  Bien puissiez vos venir come:
  (1200–1250: 1 – RenR XIII 14459)
  1200–1250
  RenR XIII 14458f. — Sire, bien puissiez vos venir
  come mes amis et mes druz,

  saluer a. come:
  (TL II 2088, 29–31 s.v. *dru* FergM 257)
  (1200–1250: 1 – FergM 257)
  1200–1250
  FergM 256f. — Li rois le voit, si le salue
  Comme son ami et son dru.

- *mes chiers amis et mes druz*

  Bien soiez vos venuz come:
  (1150–1200: 1 – ContPerc[1]AR 4726)
  1150–1200
  ContPerc[1]AR 4725f. — Et dist: «Keus, bien soiez venuz
  Con mes chiers amis et mes druz.

- *m'amie*

  Dieus vos beneïe come:
  (1150–1200: 1 – ThèbesC Hs. P 9208)
  1150–1200
  ThèbesC Hs. P 9207f. — «Sire,» dist èle, «Diex benie
  Le damoisèle, com m'amie!

- *la söe dolce amie*

  mander saluz et drüerie à a. come à:
  (1150–1200: 1 – AthisH 9804)

1150–1200
AthisH 9803f. | Saluz li mande et drüerie
Çome a la söe dolce amie,

- *sa boine chiere amie*
A vos salue come:
(1200–1250: 1 – EscoufleS 1839)
1200–1250
EscoufleS 1838–40 | «Dame, l'emperere me sire
Comme sa boine chiere amie
Vos saluë, (...)

→ tenir a. à seignor et à ami, → dame, s'amie.

AVENIR a.r. à a.

la bien → parlant et la cortoise et l'avenant.

AVOË

- *celui qui est nostre avoez*
Dieus vos saut come:
(1200–1250: 1 – GaydonG 10201)
1200–1250
GaydonG 10199–201 | «Cil Danmledex, qui en crois fu penez,
Il saut Karlon, le fort roi coronné,
Comme celui qui est nostre avoez,
Cui noz devons et foi et loiauté!

BARON

- *baron vaillant et preu*
Bien soiez vos veignant come:
(1150–1200: 1 – ErecR 6383)
1150–1200
ErecR 6382f. | Li rois respont: «Bien veignant soient,
come baron vaillant et preu:

BIEN

- *celui qui bien estait*
prendre congié à a. come à:
(1200–1250: 1 – AmYdR 1300)
1200–1250
AmYdR 1298–1300 | Tant ke fu tans du departir,
Le congiet prist et si s'en vait
Com a celui qui bien estait.

BON

le plus → prodome et le meillor.

CHEVALIER

- *chevaliers esprovez de haute proëce et de bele*

Vos soiez li bien trovez come:
(TL III 1262, 1–3 s.v. *esprover* PercR 4594)
(1150–1200: 1 – PercR 4594)
1150–1200

PercR 4593–95 — «Et vos soiez li bien trovez,
Come chevaliers esprovez
De haute proëce et de bele.»

- *le meillor chevalier qui (...)*

Vos aiez a.r. come:
(1200–1250: 1 – ContPerc^{3}ER 37527–29)
1200–1250

ContPerc^{3}ER 37526–31 — «Sire, bone avanture aiez,
Conme li miaudres chevaliers
Qui soit, de plus de trois milliers
Qui ceanz sont venuz combatre
Por ceste grant mervoille abatre
Que vos ci achevee avez.»

Bien puissiez vos venir come:
(1200–1250: 1 – LancPrM V 97)
1200–1250

LancPrM V 97 — (...) et cil li dist que bien puist il venir com li mieldres chevaliers qui onques portast armes, (...).

- *li plus vaillans des chevaliers terriens*

Bien veigniez come:
(1200–1250: 1 – LancPrM II 310)
1200–1250

LancPrM II 310 — «Ha, sire, bien veigniés vos sor tos les homes del monde, comme li plus vaillans des chevaliers terriens!

- *mauvés chevalier e failli e recreant*

Dieus vos otroit a.r. come:
(1200–1250: 1 – PerlN 1826)
1200–1250

PerlN 1825f. — (...) e dient que male nuit li otroit Dex comme mauvés chevalier e failli e recreant;

- *desloiaux chevaliers et larrons*

Mal soiez vos trovez come:
(1200–1250: 1 – LancPrM IV 215)
1200–1250

LancPrM IV 215 — (...) et ele lor dist que mal soient il trové comme desloiaux chevaliers et larrons.

CONSEILLIER a.

le meillor → roi et le plus leal et le plus poissant, et cel qui conseille les desconseilliez et maintient et secors et aïe.

CORTOIS

la bien → parlant et la cortoise et l'avenant.

DAME

- *dame*

saluer a. come:
(1200–1250: 1 – SGraal IV QuesteP 168.21)
1200–1250

SGraal IV QuesteP 168.21	Et il la salue come dame;

- *la plus bele dame que (...)*

Vos aiez a.r. come:
(1200–1250: 1 – LancPrK 520.34f.)
1200–1250

LancPrK 520.34–36	Et il dit que grant bone avanture ait ele, «comme la plus bele dame que ge onques veïsse, ne qui soit o mont au mien escient.»

- *sa dame*

saluer a. come:
(1200–1250: 2 – ChevIIEspF 1055, LancPrM V 168)
1200–1250

ChevIIEspF 1054f.	Et li senescaus le salue comme sa dame, (...).
LancPrM V 168	Et il li ancline et salue come sa dame, (...).

saluez moi B come:
(1200–1250: 1 – ChevII EspF 435)
1200–1250

ChevIIEspF 434f.	(...), si le me salues Comme ma dame a cui ie sui.»

- *dame, s'amie*

(A) vos mande amisté, servise e saluz cum à:
(1150–1200: 1 – TristThomW Douce 1439)
1150–1200
TristThomW Douce 1437–40

Tristran vus mande cum druz
Amisté, servise e saluz
Cum a dame, cum a s'amie
En qui main est sa mort e sa vie.

- *sa dame et sa drue*

A vos salue come:
(1200–1250: 1 – BlancandS 6216)

1200–1250
BlancandS 6215f. Blancandins, dame, vos salue
Comme sa dame et com sa drue.

DESLEAL

- *la plus desleal*
  Vos aiez a.r. come:
  (1200–1250: 1 – PerlN 1297f.)
  1200–1250
  PerlN 1297f. – E vos aiez, fet il, honte e male aventure com la plus desloiax qui vive, (...).
  Dites à B que je le salu come:
  (1200–1250: 1 – LancPrM V 63)
  1200–1250
  LancPrM V 63 «Biaux amis, tu diras a ta dame que Lanceloz del Lac qui de laienz s'en vait la salue si com saluer la doit, si conme la plus desloial del monde.

DRU, DRUE

son → ami et son dru, mon chier → ami et mon dru, sa → dame et sa drue.

FIL

- *ses fils*
  Bien soiez vos venuz come:
  (1200–1250: 1 – VillehF § 270)
  1200–1250
  VillehF § 270 Et l'empereres Alexis respondi que bien fust il venuz come ses fils:

FLOR

- *la flors de la terriene chevalerie*
  Vos soiez li bien venuz come:
  (1200–1250: 1 – LancPrM II 107)
  1200–1250
  LancPrM II 107 «Ha, sire, sor tos les chevaliers del monde soiés vos li tres bien venus comme la flors de la terriene chevalerie!

- *la flors des chevaliers del monde*
  Bien soiez vos venuz come:
  (1200–1250: 1 – LancPrM I 299)
  1200–1250
  LancPrM I 299 «Sire, bien soiés vos venus comme la flors des chevaliers del monde.»

GUERRIER

- *nobile guerrier*
  Bien soiez vos venuz come:
  (1250–: 1 – GaufrG 7039)
  1250–
  GaufrG 7038f. «Sire Berart, dist il, nobile chevalier,
  Bien soiez vous venu com nobile guerrier;

LARRON
desleaus → chevaliers et larrons.

MAINTENIR a.r.
le meillor → roi et le plus leal et le plus poissant, et cel qui conseille les desconseilliez et maintient et secors et aïe.

NEVO
son → ome lige, son chier nevo et cel qu'il aime sor toz omes.

OME

- *l'ome el monde estrange que il plus aimment*
  A vos salue come:
  (1200–1250: 1 – LancPrM VI 49)
  1200–1250
  LancPrM VI 49 «Sire, li Roumain vos saluent conme l'ome el monde estrange que il plus aimment (...)

- *meldre ome*
  (A) vos a salus mandé con à:
  (1150–1200: 1 – AspremwB 10697)
  1150–1200
  AspremwB 10696f. «Li dus Girars vos a salus mandé
  Con a meldre ome qui en cest jor soit né.

- *son home lige, son chier neveu et celui qu'il aime sor tos homes*
  A vos salue come:
  (1200–1250: 1 – LancPrM I 116)
  1200–1250
  LancPrM I 115f. «Sire, mesire vos salue come son home lige, come son chier neveu et come celui qu'il aime sor tos homes (...).

PARLER

- *la bien parlant et la cortoise et l'avenant*
  Dieus vos saut come:
  (TL VII 293, 11–13 s.v. *parler* PercR 7973)
  (1150–1200: 1 – PercR 7973f.)

1150–1200
PercR 7971–74 «Ma dame la roïne saut
Cil Sire en cui nus biens ne faut,
Et vos come la bien parlant
Et la cortoise et l'avenant.

PRODOME

- *celui qui est li plus preudom del monde*
  Dieus vos saut come:
  (1200–1250: 1 – LancPrM I 19)
  1200–1250
  LancPrM I 19 «Diex saut le roi Artu et sa compaignie, salve l'onor et la droiture ma dame, come celui qui est li plus preudom del monde, se ne fust une sole chose.

- *lou plus preudome et lou meilleur qui onques fust*
  Dieus vos saut come:
  (1200–1250: 1 – LancPrK 54.11f.)
  1200–1250
  LancPrK 54.11f. «Rois Artus, fait il, Dex te saut comme lou plus preudome et lou meilleur qui onques fust, se ne fust une seule chose.»

ROI

- *roi*
  A vos mande saluz par moi come à:
  (1150–1200: 1 – ContPerc[1]AR 27)
  1150–1200
  ContPerc[1]AR 27f. Saluz vos mande com a roi
  Gauvains, li vostres niés, par moi.»

- *lo meillor roi des terriens rois*
  Dieus vos beneïe come:
  (1200–1250: 1 – LancPrK 152.29f.)
  1200–1250
  LancPrK 152.29f. «Sire, fait ele, Dex vos beneïe comme lo meillor roi des terriens rois.

- *riches rois et cortois*
  Vos aiez a.r. come:
  (1200–1250: 1 – LancPrM V 153)
  1200–1250
  LancPrM V 153 – Seingnor, fait ele, bonne aventure ait li rois Claudas, come riche rois et cortois!

- *lo meillor roi et li plus leiaus et li plus puissanz et celui qui conseille les desconseilliez et les desconseilliees et maintiens et secors et aides*
  Dieus vos saut come:
  (1200–1250: 1 – LancPrK 149.34–37)
  1200–1250
  LancPrK 149.34–37 «Rois Artus, fait il, Dex te saut comme lo meillor roi qui soit, a tesmoig de totes genz, et li plus leiaus et li plus puissanz, et comme celui qui conseille les desconseilliez et les desconseilliees, et maintiens et secors et aides.»

SANTÉ

- *ma santé et m'aiue*
  Bien soiez vos venuz come:
  (1200–1250: 1 – De Guillaume au Faucon éd. ReidFabl 408)
  1200–1250
  Guillaume au Faucon éd. ReidFabl 407f.
  «Dame, bien soiez vos venue
  Conme ma senté et m'aiue;

SEIGNOR

- *seignor*
  transmetre un salu à a. come à:
  (1200–1250: 1 – AmYdR 1542)
  1200–1250
  AmYdR 1541f. Le duc tramet le missaudour
  Et un salu, com a signour;

  saluer a. come:
  (1150–1200: 1 – AthisH 9779)
  1150–1200
  AthisH 9778–80 Ces de la chambre a salüez,
  Savis premiers come seignor
  Et puis les autres tot entor.

- *son seignor*
  prendre congié à a. come à:
  (1200–1250: 1 – EscoufleS 6084)
  1200–1250
  EscoufleS 6084f. A cascun comme a son seignour
  Prent congié par beles paroles.

  A vos mande saluz come à:
  (1200–1250: 1 – VillehF § 293)
  1200–1250
  VillehF § 293 «Sire, li dux de Venise et li cuens Loeys missires et li autre baron qui sunt dedenz Costantinople vos mandent saluz come a lor seignor;

- *son boen seignor*
  (indirekte Rede) C dit que A salue B come:
  (1150–1200: 1 – LancR 5259)
  1150–1200
  LancR 5258f. — et dit que Lanceloz salue
  le roi, come son boen seignor,

- *son droit segnor*
  A vos mande saluz come à:
  (1200–1250: 1 – NarbS 2817)
  1200–1250
  NarbS 2817 — Saluz voz mende com a son droit segnor,
  → tenir a. à seignor et à ami.

SERVISE

- *celi en qui servise je volroie estre*
  je prent congié à vos come à:
  (1200–1250: 1 – PerlN 7540f.)
  1200–1250
  PerlN 7540f. — (...) e a vos meïsmes pren je comgié com a celi en qui servise je volroie estre, (...)

TENIR a. à a.r.

- *celui cui il tient a seignor et a ami*
  A vos salue come:
  (1200–1250: 1 – LancPrK 404.10)
  1200–1250
  LancPrK 404.9f. — «Sire, li chevaliers qui se combatié por cele dame la a Segurades vos salue comme celui cui il tient a seignor et a ami, (...)

TOT

- *celi cui ge sui toz*
  droiz est qu'a vos congié praigne com a:
  (1150–1200: 1 – CligésM 4283)
  1150–1200
  CligésM 4282f. — Mes droiz est qu'a vos congié praigne
  Com a celi cui ge sui toz.»

VËOIR a.

- *cele qu'il desirre a veoir sor toutes autres*
  A vos salue come:
  (1200–1250: 1 – LancPrM V 149)

1200–1250
LancPrM V 149 «Dame, sor toutes les dames que Lanceloz veist .I. an a et demi vos salue il come cele qu'il desirre a veoir sor toutes autres, (...).

2.2. Handlung

AMISTIÉ

- *par moult grans amistiés*
  saluer a.:
  (1150–1200: 1 – AmAmD 1374)
  1150–1200
  AmAmD 1374 Ami saluent par moult grans amistiés,

AMOR

- *par bel(e) amur*
  faire un salu à a.:
  (1100–1150: 1 – RolH 2710)
  1100–1150
  RolH 2709f. Cum il entrerent en la cambre voltice,
  Par bel[e] amur malvais saluz li firent:

- *en droite amor*
  A vos mande saluz:
  (1200–1250: 1 – DurmG 5102)
  1200–1250
  DurmG 5102 Salus vos mande en droite amor.

- *par amur et par bien*
  saluer a.:
  (TL I 363, 46f. s.v. *amor* RolH 121)
  (1100–1150: 1 – RolH 121)
  1100–1150)
  RolH 120f. Et li message descendirent a piéd,
  Sil saluërent par amur et par bien.

- *en amor et en foi*
  saluer a.:
  (1150–1200: 2 – AspremwB 7152, RCambrM 6806)
  1150–1200
  RCambrM 6805f. Li sor Gr. en vint a lui tot droit;
  Cel salua en amor et en foit:

par → bien et par amor.

ANGOISSOS

- *trop angoissosement*
  prendre congié à a.:
  (1200–1250: 1 – LancPrK 409.8)
  1200–1250
  LancPrK 409.7f. — La dolor que la dame a en son cuer ne vos porroie mies dire, si prant congié trop angoissosement, et li vallez d'autre part.

APRENDRE a.r. à a.

- *si com ma mere le m'aprist*
  je vos salu:
  (1150–1200: 1 – PercR 683)
  1150–1200
  PercR 681–83 —
  Et li vallés, qui niches fu,
  Dist: «Pucele, je vos salu,
  Si com ma mere le m'aprist.

AREST

- *sans arrest*
  prendre congié à a.:
  (1250–: 1 – BeaumJBlS 5572)
  1250–
  BeaumJBlS 5572f. —
  Dont prendent congié sans arrest
  Li dui chevalier maintenant,

ARESTE

- *sans arreste*
  bienvignier a.:
  (1250–: 1 – BeaumJBlS 4659)
  1250–
  BeaumJBlS 4658f. —
  Es vous les deus sereurs Jehan
  Qui le bienviegnent sans arreste.

ARESTER a.

- *sans arrester*
  prendre congié à a.:
  (1250–: 1 – CleomH 14064)
  1250–
  CleomH 14064f. —
  Et Pinchonnés sans arrester
  prent dou roi congié, lors s'en part,

- *sans point de l'arester*
  prendre congié à a.:
  (1200–1250: 1 – HuonR 8721)
  1200–1250

HuonR 8721	Congiet ont pris sans point de l'arester;

ASSEZ

- *assez*
  saluer a.:
  (1150–1200: 1 – SaisnM 4341; 1250–: 1 – BeaumManS 4133)
  1150–1200

SaisnM 4340f.	Li haut baron de France i sont tuit assamblé, Où voient .B., assez l'ont salüé,
1250–	
BeaumManS 4132f.	Liés fu li rois quant il les voit, Assés fu lueques saluës.

  A vos salue:
  (1150–1200: 1 – SaisnM 518)
  1150–1200

SaisnM 517f.	Tuit .III. somes mesage Karlon de Saint-Denise Qui assez vos salue de bon cuer sanz faintise

ATENDRE a.

- *sans atendre*
  prendre congié à a.:
  (1200–1250: 1 – ChevIIEspF 11352)
  1200–1250

ChevIIEspF 11352f.	Lors prendent congie sans atendre As cheualiers et s'en partirent,

- *sans plus atendre*
  avoir congié de a., prendre congié à a.:
  (1150–1200: 1 – GuillAnglW 1597; 1200–1250: 1 – ChevIIEspF 2360; 1250–: 1 – CleomH 8149)
  1150–1200

GuillAnglW 1596–98	Mais saciés bien, u jou arai Congié de vos sans plus atendre, U j'en ira sans congié prendre;
1200–1250	
ChevIIEspF 2360–63	Et li rois Ris sans plus atendre A la roine congiet prent Et a toutes communement Ki es chambres laiens estoient,
1250–	
CleomH 8149f.	Cleomadés sans plus atendre vint a son pere congié prendre

saluer a.:
(1150–1200: 1 – ContPerc²ER 23585)
1150–1200
ContPerc²ER 23584f. Contre lui vient a grant esploit,
Sou salua sams plus atandre.

AVENIR à a.

- *avenanment*

saluer a.:
(1150–1200: 2 – ThèbesC Hs. P 9107 (après O 7240), MarieElidR 1108)
1150–1200
MarieElidR 1108 Avenantment le salua,

BAS

- *en bas*

rendre un salu à a.:
(1200–1250: 1 – BorgOrlMé 75)
1200–1250
BorgOrlMé 74f. Cil s'est de haut parler tenuz,
se li rent ses saluz en bas.

BEL

- *bel*

saluer a.:
(1100–1150: 1 – CourLouiscLe 79; 1150–1200: 4 – GuiNantMM 529, SSagesOctK 4934, RenBeaujBelW 2826, AthisH 10323; 1200–1250: 3 – GaydonG 8883, NarbS 1237, RomPast II 11.13; 1250–: 2 – GaufrG 5749, 9072)
1100–1150
CourLouiscLe 79 Bel le salue et toz ses chevaliers;
1150–1200
GuiNantMM 529 Gui ne fu pas vilains, ains l'a bel saluee;
RenBeaujBelW 2825f. Tantost con venir vos verront
Trestout biel vos salueront.
1200–1250
GaydonG 8883 Voit le Claresme, si l'a bel salué:
RomPast II 11.12f. Vers li m'en voix sens targier,
biaul la saluoie:
1250–
GaufrG 5749 Lors s'en vint à Robastre, si l'a bel salué:
saluer a. de Dieu:
(1200–1250: 2 – AimeriD 3852, Aiol²F 5716)
1200–1250
Aiol²F 5716f. A tant e uous Aiol qui bel les salua
De dieu de sainte gloire, qui tout le mont forma.

- *mout bel*
  saluer a.:
  (1200–1250: 7 – GuiBourgG 2763, GaydonG 3681, 4232, GirVianeT 39.8, NarbS 1164, 6557, HuonR 2680, 1250–: 2 – GaufrG 4466, BeaumManS 1199)

1200–1250	
HuonR 2680	Hues le voit, moult bel le salua:
1250–	
GaufrG 4466	Gaufrey vint à Robastre, moult bel le salua,
BeaumManS 1199–1201	Li prevos mout bel le salue, Qui mout avoit lange esmolue A paller bel et sagement:

  saluer a. de Dieu:
  (1200–1250: 1 – NarbS 5646)

1200–1250	
NarbS 5646	De Dieu de gloire l'a mout bel salué

  resaluer a.:
  (1150–1200: 1 – ContPerc²ER 30736)

1150–1200	
ContPerc²ER 30736f.	Et molt bel le resalua Con celle qui molt est cortoise.

- *tresbiau*
  saluer a.:
  (1200–1250: 1 – FlorenceW 929)

1200–1250	
FlorenceW 929	La ou il voit le roi tresbiau le salua,

- *molt tres bel*
  saluer a.:
  (1200–1250: 1 – Du chevalier… éd. RychnerFabl Hs. I 362)

1200–1250	
Du chevalier… Hs. I 362f.	Et molt tres bel le salua Com cele qui bien le sot faire.

- *au plus bel qu'ele pot*
  saluer a.:
  (1200–1250: 1 – PerlN 6296)

1200–1250	
PerlN 6296	el le salue au plus bel qu'ele pot, e la roïne autresi.

- *au plus bel qu'il sot*
  saluer a.:
  (1200–1250: 2 – LancPrM II 355, VI 235)

1200–1250	
LancPrM VI 235	Il la saluent au plus bel qu'il savoient et ele els ausi.

- *bel et cortoisement*
  rendre un salu à a.:
  (1200–1250: 1 – SGraal IV QuesteP 133.2)

1200–1250
SGraal IV QuesteP 133.2 si le salue, et cil li rent son salu bel et cortoisement.
saluer a.:
(1150–1200: 2 – PriseOrABR[1] 669, PriseOrCER 647; 1200–1250: 5 – GaydonG 8714, NarbS 2355, 2788, FlorenceW 197, HuonR 327; 1250–: 3 – BerteH 255, 1608, 3263)
1150–1200
PriseOrABR[1] 669 Il la salue bel et cortoisement:
1200–1250
NarbS 2355 I les salue bel et cortoisement.
1250–
BerteH 255 Berte vont saluer bel et courtoisement;
saluer a. de Dieu:
(1250–: 1 – GaufrG 5443)
1250–
GaufrG 5443f. Aliaume les salue bel et courtoisement
De Dieu le gloriex, à qui le monde apent.

- *bel et gent*

saluer a.:
(1150–1200: 1 – ContPerc[2]ER 22984)
1150–1200
ContPerc[2]ER 22982–84 Chevalier vienent de toz lez
Et escuier et autre gent,
Qui le salüent bel et gent,

- *biau et joï*

saluer a.:
(1200–1250: 1 – AmYdR 3048)
1200–1250
AmYdR 3047f. Li ostes vient encontre li,
Biau la salua et joï;

- *bel et a point*

saluer a.:
(1250–: 2 – EnfOgH 8083, CleomH 16384)
1250–
EnfOgH 8083 Bel et a point le sorent saluer.
CleomH 16383f. les autres dames salua
bel et a point; (...)

- *belement*

saluer a.:
(1150–1200: 2 – SaisnM 1321, ContPerc[2]ER 23853; 1200–1250: 5 – GaydonG 8711, NarbS 864, AtreW 696, AmYdR 3033, SGraal IV QuesteP 47.4; 1250–: 1 – GaufrG 9644)
1150–1200
SaisnM 1321 Belemant les conjoit et mercie et salue;
ContPerc[2]ER 23853 Si le salue bellemant,

1200–1250

GaydonG 8711f. — Gaydon salue, belement, à haut ton,
Et le barnaige entor et environ.

AtreW 696 — Il le salue belement.

SGraal IV QuesteP 47.3f. — si encontre un home povrement vestu et de grant aage
qui le salue belement.

1250–

GaufrG 9644 — Belement les salue Salemon sans outrage:

saluer a. de par a.:

(1200–1250: 1 – EscoufleS 3340)

1200–1250

EscoufleS 3340f. — Belement, en l'oreille destre,
Le salue de par s'amie

saluer a. em sa loi:

(1200–1250: 1 – OgDanE 1053)

1200–1250

OgDanE 1052f. — A l'amiraus est venue tot droit,
Si le salue belement em sa loi:

- *mout belement*

prendre congié à a.:

(1200–1250: 2 – GuillDoleL 1278, BouchAbevR 468)

1200–1250

GuillDoleL 1278f. — Mout a belement congié pris
a sa seror et a sa mere:

BouchAbevR 468f. — Il prist congié molt belement
A moi quant il s'en dut aler.

respondre à un salu.

(1150–1200: 1 – ContPerc^{2}ER 27714)

1150–1200

ContPerc^{2}ER 27712–14 — Celle s'e(s)t un petit teüe,
Et puis aprés a respondu
Molt bellemant a son salu.

saluer a.:

(1200–1250: 2 – GuillDoleL 2890, BlancandS 6405)

1200–1250

GuillDoleL 2890f. — Mout l'ont belement salué
tuit cil et celes qui l'esgardent.

saluer a. de Dieu:

(1150–1200: 1 – ContPerc^{2}ER 23604)

1150–1200

ContPerc^{2}ER 23603f. — De Dieu lou roi de maïsté
L'a molt bellemant salüé.

→ bien et bel, → noblement et bel.

BIEN (adv.)

- *bien*

respondre a.r. à un salu:
(1200–1250: 1 – DurmG 6237)
1200–1250
DurmG 6237f. Guivrés lor a bien respondu
Ce qu'il doit a chascun salu.

saluer a.:
(1150–1200: 4 – RCambrM 64, 7670, ChevVivT 1086, YvainR 198; 1200–1250: 6 – Aiol²F 8896, FlorenceW 3211, HuonR 3502, ParDuchG 931, 2269, 2790)
1150–1200
RCambrM 64 Bien le saluent, en ex n'ot q'ensaignier:
YvainR 198f. Ne l'oi mie bien salüé,
quant il me vient a l'estrié prendre,
1200–1250
Aiol²F 8896 Heruiels fu mout cortois, si l'a bien salue;

saluer a. de Dieu:
(1200–1250: 4 – NarbS 6594, Aiol²F 1834, 5636, 6583)
1200–1250
Aiol²F 5636f. A tant es uous Aiol qui bien le salua
De dieu de sainte gloire, qui le mont estora.

- *mout bien*

saluer a.:
(1150–1200: 1 – ContPerc²ᴇR 28326)
1150–1200
ContPerc²ᴇR 28326f. Et je les saluai molt bien,
Si con l'an doit prodome fere.

de ma part B saluez:
(1200–1250: 1 – ParDuchG 1282)
1200–1250
ParDuchG 1282 «Et de la moie part moult bien le saluez.

- *trés bien*

seiez saluez de part (A):
(1150–1200: 1 – ThèbesC 10029)
1150–1200
ThèbesC 10029f. «Reis, seiez saluez trés bien
de part le duc Atheniien!

- *au miex k'il pot*

saluer a.:
(1150–1200: 1 – ThèbesC Hs. P 9108 [après O 7240])
1150–1200
ThèbesC Hs. P 9107f. Le roi salue avenanment,
Au miex k'il pot, mout saigement:

- *et bien et bel*
  rendre un salu à a.:
  (1200–1250: 1 – EscoufleS 1399)
  1200–1250
  EscoufleS 1398f. Li boins quens lor rent lor salus
  bien et bel, qui estoit ml't sages.

  saluer a.:
  (1200–1250: 1 – EscoufleS 5621)
  1200–1250
  EscoufleS 5620f. Ele n'est pas trop enraisnie
  Ki la salue et bien et bel:

- *bien et cortoisement*
  saluer a.:
  (1150–1200: 1 – PriseOrdR 548)
  1150–1200
  PriseOrdR 548 I la salue bien et cortoisement:

- *molt bien et molt cortoissement*
  rendre un salu à a.:
  (1200–1250: 1 – FergM 5438)
  1200–1250
  FergM 5437f. Neporquant son salu li rent
  Molt bien et molt cortoissement.

BIEN (n.)

- *par bien et par amors*
  saluer a.:
  (1100–1150: 1 – CourLouisABLe 2099)
  1100–1150
  CourLouisABLe 2099 Sel salüez par bien et par amors;
  par → amor et par bien.

BOCHE

- *de boche*
  rendre un salu à a.:
  (1150–1200: 1 – LancR 1557)
  1150–1200
  LancR 1554–57 N'est mie droiz que cele teingne
  vers lui sa parole si chiere
  que ele ne li rande arriere,
  au moins de boche, son salu.

- *de sa boce*
  saluer a.:
  (1150–1200: 1 – AspremwB 10912)

1150–1200
AspremwB 10911–14 S'en avoit une empainte ne botee
Ne de sa boce l'eüst nis saluëe,
Ains l'en seroit la cosse pardonee
Que de ma barbe se il l'avoit tiree.

de → cuer et de boche.

BON

- *bonement*

s'entrecomander à Dieu:
(1150–1200: 1 – LancR 6706)
1150–1200
LancR 6705f. Lors a Deu qui onques ne mant
s'antrecomandent boenemant.

doner congié à a., prendre congié à a.:
(1150–1200: 4 – MarieElidR 642, GautArrIllC 4158, GautArrErR 4650, ContPerc[1]AR 4485; 1200–1250: 1 – DurmG 1374; 1250–: 1 – BeaumManS 8376)
1150–1200
GautArrErR 4649f. Lors s'entrebaisent docement
et prendent congié bonement.

1200–1250
DurmG 1373f. Mesire Durmars congié prent
A celz del palais bonement,

1250–
BeaumManS 8375f. As Hermins prisent sans derroy
Boinement congié li dui roy.

doner congié à a. de a.r.:
(TL I 1050, 48f. s.v. *bon* FergM 891)
(1200–1250: 1 – FergM 891)
1200–1250
FergM 889–91 Et vint au roi comgie rouver
D'aler en la vile osteler.
Li rois li donne bonnement:

rendre un salu à a.:
(1200–1250: 1 – EscoufleS 4911)
1200–1250
EscoufleS 4911 Ses salus li rent bounement:

saluer a.:
(1150–1200: 1 – ContPerc[1]AR 4777; 1200–1250: 4 – DurmG 6554, 9682, AtreW 4992, BlancandS 529; 1250–: 1 – BeaumManS 780)
1150–1200
ContPerc[1]AR 4777 Salüé vos ai bonemant,
1200–1250
BlancandS 529f. S'il vos salüent bonement,
Si les responnez simplement,

1250–
BeaumManS 780 Li rois boinement le salue.

resaluer a.:
(1200–1250: 1 – AtreW 2871)
1200–1250
AtreW 2871 Cil bonement les resalue:

● *mout bonement*
doner congié à a., prendre congié à a.:
(1150–1200: 2 – GautArrIllC 611, ContPerc[1]AR 9435; 1200–1250: 1 – EscoufleS 5800)
1150–1200
GautArrIllC 611 Congiet a pris molt bonement;
1200–1250
EscoufleS 5798–5800 Congié ont demandé et pris
A lor dame qui lor douna
Ml't bonement, (...)
rendre un salu à a.:
(1200–1250: 1 – PerlN 3640)
1200–1250
PerlN 3639f. (...), si salua les chevaliers et les damoiseles, et il li rendirent son salu molt bonement.
saluer a.:
(1150–1200: 3 – SSagesOctK 463, ContPerc[1]AR 8725, PartonG 7820; 1200–1250: 3 – ChevIIEspF 2776, DurmG 3889, AtreW 4091)
1150–1200
PartonG 7820 Sil salue molt bonement;
1200–1250
ChevIIEspF 2776f. Salue l'a mout boinement
Et dist: «Biaus sire, bien ueignies!»

● *boenemant et sanz losange*
saluer a.:
(1200–1250: 1 – FolTristBernP 338)
1200–1250
FolTristBernP 338f. Mout boenemant et sanz losange
La salua, a quel que praigne:

BONTÉ

● *par bonté*
saluer a.:
(1150–1200: 1 – ThèbesC Hs. A 12284 [après O 8600])
1150–1200
ThèbesC Hs. A 12283f. (après O 8600)
Le don reçut a mout bon gré,
Et ceus salue par bonté.

BRIEF

- *briement*

  rendre un salu à a.:
  (1200–1250: 1 – DurmG 11192)
  1200–1250

DurmG 11191f.	I[l] les a mout beal respondu, Si lor rent briement lor salu,

- *mout briement*

  saluer a.:
  (1150–1200: 1 – RenR I 799)
  1150–1200

RenR I 799	einz le salue mout briement.

CORTOIS

- *cortoisement*

  comander a. à Dieu:
  (1250–: 1 – EnfOgH 4596)
  1250–

EnfOgH 4596	Courtoisement l'ont a Dieu commandé.

  prendre congié à a.:
  (1250–: 1 – EnfOgH 1540)
  1250–

EnfOgH 1538–40	Quant assez orent et parlé et raisnié A Gloriande au gent cors afaitié, Courtoisement a pris a li congié.

  saluer a.:
  (Gdf IX 229b s.v. *courtoisement* EnfOgH 471; TL II 922, 42f. s.v. *cortois* FergM 729; 43f. EnfOgH 471)
  (1150–1200: 7 – RCambrM 7176, GarLorrV 11036, ThèbesC Hs. A 413 [après O 158], 3898, 10027, RenR VIII 8638, XIX 18443; 1200–1250: 5 – ViolB 348, 3258, DurmG 448, FergM 729, BlancandS 904; 1250–: 7 – BerteH 1930, EnfOgH 471, CleomH 3365, 6673, 6763, 12798, 16843)
  1150–1200

GarLorrV 11036	Il la salue cortoisement et dist:
ThèbesC 3898	Salua la corteisement:
RenR VIII 8637f.	La ou vit Noble belement, le salue cortoisement.

  1200–1250

DurmG 447f.	Devant le roi s'engenoilla Cortoisement le salua:

  1250–

BerteH 1930	Chascuns d'aus la roÿne courtoisement salue.
CleomH 6673–75	Courtoisement l'ont saluee et ele com bien avisee les respont mout tres doucement.

resaluer a.:
(1200–1250: 1 – ChevIIEspF 4335)
1200–1250

ChevIIEspF 4334–37	Si n'est pas du resaluer Courtoisement li castelains Esbahis ne fols ne uilains, Ains dist: «Biaus sire, bien uengnies!

- *assez cortoisement*

rendre un salu à a.:
(1200–1250: 1 – LancPrM V 274)
1200–1250

LancPrM V 274	Et Lanceloz salue la damoisele, si tost com il entra leanz, et ele li rent son salu assez cortoisement.

- *mout cortoisement*

rendre un salu à a.:
(1200–1250: 2 – LancPrM II 163, 170; 1250–: 1 – CleomH 12802)
1200–1250

LancPrM II 163	Et Boors qui vient droit a lui le salue et cil li rent son salu molt cortoisement.

1250–

CleomH 12800–02	Li rois qui fu courtois et nes a a chascun des trois rendu mout courtoisement son salu.

saluer a.:
(1200–1250: 2 – ViolB 5119, LancPrM II 351; 1250–: 1 – CleomH 3481)
1200–1250

ViolB 5118f.	Si les salua erranment, Et il lui molt courtoisement,
LancPrM II 351	Et quant ele encontre Hestor, si le salue molt cortoisement et il li.

1250–

CleomH 3479–81	Ne fist pas samblant esfreé Cleomadés, mais salué a le roi mout courtoisement;

- *mout tres courtoisement*

saluer a.:
(1250–: 3 – BerteH 2658, EnfOgH 3602, 4224)
1250–

BerteH 2658	Et li rois la salue molt tres courtoisement,

- *au plus cortoisement qu'il puet*

rendre un salu à a.:
(1200–1250: 1 – SGraal IV QuesteP 31.29)
1200–1250
SGraal IV QuesteP 31.27–29

Et quant il voit venir Galaad, si li vient a l'encontre et le salue, et il li rent son salu au plus cortoisement qu'il puet.

→ bel et cortoisement; → bien et cortoisement, mout → bien et mout cortoisement.

CUER

- *de cuer*

saluer a.:
(1200–1250: 1 – Du chevalier... éd. RychnerFabl. Hs. C 357)
1200–1250
Du Chevalier... Hs. C 356f.

N'i a chevalier ne serjant
Qui de cuer ne l'eit salué;

(indirekte Rede) tanz saluz li [= à B] emvei:
(1150–1200: 1 – TristThomW Douce 1197)
1150–1200
TristThomW Douce 1197f. De cuer tanz saluz li emvei
Que nule ne remaint od mei.

- *de bon cuer*

saluer a.:
(1200–1250: 1 – FlorenceW 6173)
1200–1250
FlorenceW 6173 Li uns salue l'autre de bon cuer, ce m'est vis.

A vos salue:
(1150–1200: 1 – SaisnM 518)
1150–1200
SaisnM 517f. Tuit .III. somes mesage Karlon de Saint-Denise
Qui assez vos salue de bon cuer sanz faintise

- *de son loial cuer*

saluer a.:
(1200–1250: 1 – DurmG 12384)
1200–1250
DurmG 12384–87 De son loial cuer le salue
La bele roïne en pensant,
Mais ele ne fait nul semblant
Qu'ele ait a lui nule pensee,

- *de verai cuer certain*

saluer a. de Dieu:
(1200–1250: 1 – FlorenceW 6143)
1200–1250
FlorenceW 6143f. L'empereor salue de verai cuer certain
De Damedeu de gloire, que tot a en sa main.

- *de cuer et de boche*

saluer a.:
(1150–1200: 1 – LancR 1550)
1150–1200

LancR 1549–53	Tot maintenant que il l'aproche, de cuer la salue et de boche et dit: «La riens que je plus vuel, don moins ai joie, et plus me duel, soit bien veignanz, don qu'ele veingne.»

DEBONAIRE

- *debonairement*

doner congié à a.:
(1200–1250: 2 – GuillDoleL 5626, LancPrM II 199)
1200–1250

GuillDoleL 5623–27	Puis voudrent le congié avoir li baron de l'empereriz; a cours moz et par mout biauz diz lor dona debonairement, et l'empereres ensement.
LancPrM II 199	(...); et lors se leva et ala oïr messe. Et quant il l'ot oïe, si prent ses armes et demande congié al roi; et il li done debonairement.

saluer a.:
(vgl. Gdf IX 277c s.v. *debonairement*)
(1150–1200: 1 – ErecR 5483; 1200–1250: 1 – ChevIIEspF 1232)
1150–1200

ErecR 5482–84	Outre s'an vet sanz delaier, saluant deboneiremant toz et totes comunalmant;

1200–1250

ChevIIEspF 1232	Debonairement le salue

- *mout debonairement*

comander a. à Dieu:
(1150–1200: 1 – LancR 702)
1150–1200

LancR 700–02	A tant se departent tuit troi, s'a li uns l'autre comandé molt deboneiremant a Dé.

rendre un salu à a.:
(1200–1250: 1 – LancPrM I 181)
1200–1250

LancPrM I 181	(...), si li dist que bien soit il venus et il li rent son salu molt debonairement.

● *si tres debonairement*
doner congié à a. de a.r.:
(1250–: 1 – CleomH 8116)
1250–
CleomH 8115–17 sachiez mout li plot durement
que si tres debonairement
li donne de l'aler congié.

DEMANOIS

● *demanois*
prendre congié à a.:
(1200–1250: 1 – EscoufleS 4205)
1200–1250
EscoufleS 4204f. Il done congié as messages,
Et cil le prennent demanois,

DESROI

● *sans desroi*
prendre congié à a.:
(1250–: 1 – BeaumManS 8375)
1250–
BeaumManS 8375f. As Hermins prisent sans derroy
Boinement congié li dui roy.

saluer a.:
(1250–: 1 – BeaumManS 5982)
1250–
BeaumManS 5980–82 Et ala tant que il ne fine
Devant que il conut le roy,
Si le salue sans derroy;

DESTINEE

● *par bonne destinee*
saluz moi B:
(1250–: 1 – BerteH 1646)
1250–
BerteH 1646f. Saluez moi roi Floire par bonne destinee
Et Blancheflor ma dame, la roÿne senee;

DEVOIR

● *si come il doit*
saluer a.:
(1150–1200: 4 – PercR 4756, TristBérM[4] 2850, ContPerc[2]ER 26507, RenR I 2856;
1200–1250: 1 – DurmG 747)

1150–1200
PercR 4755f. Guigambresils le roi conut,
Sel salua si come il dut;
RenR I 2856 salüé l'on si con il durent:
1200–1250
DurmG 746f. La ou il vit le roi seant,
Si cum il dut le salua.

A vos salue:
(1200–1250: 1 – LancPrM I 22)
1200–1250
LancPrM I 22 «Sire, la roine Genievre, la fille al roi Leodagan, salue le roi Artu, si com ele doit, et tote sa compaignie des barons et des chevaliers.

DIT

- *par mout biauz diz*
  doner congié à a.:
  (1200–1250: 1 – GuillDoleL 5625)
  1200–1250
  GuillDoleL 5623–27 Puis voudrent le congié avoir
  li baron de l'empereriz;
  a cours moz et par mout biauz diz
  lor dona debonairement,
  et l'empereres ensement.

DOUZ

- *doucement*
  comander a. à Dieu:
  (1200–1250: 1 – NarbS 1395; 1250–: 2 – BerteH 2967, GaufrG 7184)
  1200–1250
  NarbS 1394f. Au departir l'a s'amie acolé
  Et docement a Jesu comendé.
  1250–
  BerteH 2967 Doucement fu dou roi a Jhesu conmandés;
  saluer a.:
  (1150–1200: 1 – AspremwB 8189; 1200–1250: 1 – ParDuchG 1812)
  1150–1200
  AspremwB 8189 Il les saluënt dolcement, volentiers.
  1200–1250
  ParDuchG 1812 Doucement les salue, asi sont lez à lez;

- *mout doucement*
  comander a. à Dieu:
  (1200–1250: 3 – GuillPalM 9146, LancPrM II 133, 155)
  1200–1250
  GuillPalM 9144–46 Le roi d'Espaigne et son barnage

	Et la roine dame Brande
	Mult doucement a Dieu commande,
LancPrM II 133	(...), si vint al roi et a la roine demander congié. Et li rois le commande molt dolcement a Dieu et la roine ausi, et il s'en vet.

saluer a.:
(1150–1200: 5 – AspremLM 1853, 1916, TristThomW Douce 921, RenBeaujBelW 848, 3540; 1200–1250: 1 – ViolB 687)

1150–1200	
AspremLM 1853	Mult ducement vait le rei saluer:
TristThomW Douce 920f.	Il vent vers eus u il les veit,
	Salue les mult ducement,
1200–1250	
ViolB 686–88	En la sale entra erranment
	Et salua molt douchement
	Le conte et tous les chevaliers.

saluer a. de Dieu:
(1150–1200: 1 – ContPerc²ER 25728)

1150–1200	
ContPerc²ER 25728f.	Et molt doucemant la salue
	De Dieu lou roi omnipotent;

DROIT

- *a droit*

saluer a.:
(1200–1250: 1 – OgDanE 1466)

1200–1250	
OgDanE 1465f.	Desciendus est au maistre tref le roi;
	Il entra dens, sel salua a droit:

DUR

- *mout durement*

bienvignier a.:
(1250–: 1 – BeaumJBlS 722)

1250–	
BeaumJBlS 721f.	Et il du pooir que il a
	Mout durement la bienviegna.

ENVIZ

- *envis*

doner congié à a.:
(1200–1250: 1 – FlorenceW 736)

1200–1250	
FlorenceW 735f.	Isnellemant et toust ont congié demandé;
	Mout en pesa au roi, envis lor a donné.

- *non envis*
  soi saluer:
  (1150–1200: 1 – AspremwB 8151)
  1150–1200
  AspremwB 8151 — Il se saluënt volentiers, non envis:

- *a enviz*
  doner congié à a., otroiier congié à a.:
  (1150–1200: 1 – ContPerc²ᴇR 29077; 1200–1250: 2 – AmYdR 6976, TrubertR 2040)
  1150–1200
  ContPerc²ᴇR 29075–77 — Au roi son oncle a congié pris,
  Et a la reïne au cler vis,
  Qui a anviz li otroia,
  1200–1250
  AmYdR 6974–77 — Amadas en Borgoigne vait,
  Que le cuer a joieus et lié.
  Mult se doune a envis congié
  La contesse, ce fait samblant.
  TrubertR 2039f. — congié demande si s'en va.
  Li dus a enviz li dona.

- *moult a enviz*
  (1200–1250: 1 – LancPrM V 246)
  doner congié à a.:
  (1200–1250: 1 – LancPrM V 246)
  1200–1250
  LancPrM V 246 — (…) et se parti de leanz a grant painne, car moult a enviz li donnerent congié li frere et la suer, (…)

- *ne… a enviz*
  saluer a.:
  (1200–1250: 1 – FlorenceW 5337)
  1200–1250
  FlorenceW 5337 — Escot la salua, nel fist pas a enviz:

ERRER

- *errant*
  prendre congié à a.:
  (1200–1250: 1 – GaydonG 8343)
  1200–1250
  GaydonG 8343 — Congié ont prins li troi vassal errant,
  saluer a.:
  (1250–: 2 – CleomH 3366, RichF 4100)
  1250–
  RichF 4100 — Le roy errant a salue.
  saluer a. de par a.:
  (1250–: 2 – EnfOgH 4659, CleomH 14175)

1250–
EnfOgH 4658f. Et si tres tost que vers li aproucha,
De par Ogier errant le salua.
CleomH 14175–77 De par Cleomadés errant
salua la fenme Durbant
Pinchonnés, pas ne l'oublia,

- *tot errant*
saluer a.:
(1200–1250: 1 – EscoufleS 4898)
1200–1250
EscoufleS 4898f. Bele Aelis lués, tot errant,
La salue comme cortoise.

- *erranment*
prendre congié à a.:
(1150–1200: 1 – AspremLM 1417)
1150–1200
AspremLM 1416f. Les napes traient, li rois ad mangé
E li message prent erraument congé
rendre un salu à a.:
(1250–: 1 – CleomH 16811)
1250–
CleomH 16811f. Et li rois Carmans erranment
Meniadus son salu rent.
saluer a.:
(1200–1250: 3 – ViolB 3183, 5118, PrestreAlisMé 54; 1250–: 1 – BeaumJBlS 4929)
1200–1250
ViolB 5118f. Si les salua erranment,
Et il lui molt courtoisement,
PrestreAlisMé 54f. Et li chapelains arroment
avoit la dame saluee;
1250–
BeaumJBlS 4928f. Dusques au roi en vint tot droit,
Si le salua erroment.

FEINTISE

- *sanz faintise*
A vos salue:
(1150–1200: 1 – SaisnM 518)
1150–1200
SaisnM 517f. Tuit .III. somes mesage Karlon de Saint-Denise
Qui assez vos salue de bon cuer sanz faintise
sans → mal et sans feintise.

FIER

- *fierement*
  saluer a.:
  (1200–1250: 2 – GuiBourgG 1891, AuberiTarbé 46.21)
  1200–1250
  GuiBourgG 1890f. Après Guion parla Bertrans, li fils Naimon;
  Fierement salua le paien Huidelon:

FOI
  en → amor et en foi.

FOIZ

- *.c. foiz*
  (vgl. TL III 1995, 17 s.v. *foiz «cent foiz (grüßen, segnen, bitten u. dgl.)»*)
  comander a. à Dieu:
  (1150–1200: 1 – ErecR 3415)
  1150–1200
  ErecR 3414f. De lez li s'est li cuens dreciez,
  si la comande a Deu .c. foiz,

- *plus de cent fois*
  rendre un salu à a.:
  (1200–1250: 1 – GuillPalM 8604)
  1200–1250
  GuillPalM 8604 Plus de cent fois li rent salus.
  saluez moi B
  (1200–1250: 1 – HuonR 2589)
  1200–1250
  HuonR 2588f. Et si vous pri, pour Dieu de maïsté,
  Plus de cent fois se le me salués.

- *mil feiz*
  B me saluerez:
  (1150–1200: 1 – MarieElidR 381)
  1150–1200
  MarieElidR 381 Mil feiz le me saluërez.»

- *sis mil feiz*
  saluer a.:
  (1150–1200: 1 – MarieElidR 656)
  1150–1200
  MarieElidR 656 E sis mil feiz le salua.

- *cent mille foiz*
  comander a. à Dieu:
  (1150–1200: 1 – ContPerc²ER 23120)

1150–1200

ContPerc²ER 23116–20 A celui qui soufri martire
An croiz et se laisa pener
Por som pueple d'anfer giter,
Et qui seur toz est puissanz rois,
Le conmandent cent mille foiz.

- *moult de fois*

A vos mande saluz et amistiez:
(1250–: 1 – GaufrG 152)
1250–
GaufrG 150–52 «Chen devise le brief qui chi est aportés,
Que Garins de Monglane, qui fu vostre privés,
Vous mande moult de fois salus et amistés;

FORT

- *forment*

saluer a. de par a.:
(1250–: 1 – BerteH 205)
1250–
BerteH 205 De par vous vostre pere forment saluerai.

GENT

- *gent*

saluer a.:
(1150–1200: 1 – GautArrIllC 2499)
1150–1200
GautArrIllC 2499 Li uns d'als gent l'autre salue.

- *gentement*

saluer a.:
(TL IV 268, 26–28 s.v. *gent* adj. Var. ErecF 6597)
(1150–1200: 5 – SaisnM 6445, GuiNantMM 771, 1941, 2164, ContPerc²ER 24524; 1200–1250: 10 – GuiBourgG 832, 1871, AimeriD 704, Aiol²F 1734, 10488, FlorenceW 2274, 3359, 4941, BlancandS 5955, RenR XVIII 16585)
1150–1200
GuiNantMM 771 Gentement le salue, au pié li est alee,
ContPerc²ER 24523–25 Contre lui toutes se leverent
Et gentemant lou salüerent
Conme prodome doivent fere.
1200–1250
GuiBourgG 832 Gentement le salue, ne l'a pas ranposné:
BlancandS 5954f. Quant voit son signor droiturier,
Si le salue gentement.
RenR XVIII 16584f. encontre vait les sauz menuz,
si les salüe gentement:

- *mout gentement*

saluer a.:
(1150–1200: 4 – GautArrErR 2050, ContPerc¹AR 8999, ContPerc²ER 20638, RenBeaujBelW 1558)
1150–1200

GautArrErR 2049f.	Quant il voient lor avoué, molt gentement l'ont salué.

- *au plus gentement qu'il puet*

rendre un salu à a.:
(1200–1250: 1 – LancPrM V 254)
1200–1250

LancPrM V 253f.	(...), ainz ala vers Boorz et le salue et li dist que bien soit il venuz, et il li rent son salu au plus gentement qu'il puet.

→ bel et gent.

GENTIL

- *gentiument*

saluer a.:
(Gdf IV 264a s.v. *gentilment* RomPast II 31.12; TL IV 276, 33–36 s.v. *gentil* RomPast II 31.12)
(1200–1250: 3 – OgDanE 9958, BueveAgnS 111, RomPast II 31.12)
1200–1250

BueveAgnS 110f.	Quant il vit la dame, si l'ad mis a reisun, gentilement la salue tot en genulun.
RomPast II 31.12	gentilment la saluai:

GRÉ

- *de bon gré*

doner congié à a.:
(TL IV 587, 11–13 s.v. *gré* FergM 1256)
(1200–1250: 1 – FergM 1256)
1200–1250

FergM 1254–56	A la pucele maintenant A congié pris et demande: Ele li done de bon gre.

- *de son gré*

doner congié à a.:
(1200–1250: 1 – AmYdR 2447)
1200–1250

AmYdR 2447f.	Et il li done de son gré Congié de boine volenté.

- *de gré et volentiers*
  doner congié à a.:
  (TL IV 585, 4–6 s.v.*gré* CharroiM 222)
  (1100–1150: 2 – CharroiM 222, 672)
  1100–1150
  CharroiM 671f. — A Looÿs va prendre le congié;
  Li rois li done de gré et volantiers:

  → volentiers et de gré.

HARDI

- *hardiement*
  saluer a.:
  (1200–1250: 1 – TrubertR 471)
  1200–1250
  TrubertR 471–74 — hardiement, teste levee,
  a la duchesse saluee
  par cortoisie touz premiers
  puis le duc et ses chevaliers.

HAUT

- *haut*
  saluer a.:
  (1200–1250: 3 – GuiBourgG 1697, 1800, 2891)
  1200–1250
  GuiBourgG 1800 — Atant es les enfans, qui l'ont haut salué;

- *an haut*
  saluer a.:
  (1150–1200: 1 – ContPerc^{2}ER 22442)
  1150–1200
  ContPerc^{2}ER 22442f. — Le prodom an haut salüerent,
  E il est ancontr'aus alez.

- *bien an haut*
  saluer a.:
  (1150–1200: 1 – ContPerc^{1}AR 5851)
  1150–1200
  ContPerc^{1}AR 5851–53 — Il le salue bien an haut:
  «Chevaliers, fet il, Dex vos saut.»
  Onques cil mot ne respondit.

- *hautement*
  bienvignier a.:
  (1200–1250: 2 – DurmG 741, 15360)
  1200–1250
  DurmG 740f. — Encontre lui mout tost alerent,

Si l'ont haltement bienveignié,

rendre un salu à a. de Dieu:
(1150–1200: 2 – ContPerc²ER 26482, 27240)
1150–1200
ContPerc²ER 26482f. Hautemant li randi saluz
De Dieu lou roi de maïsté,

saluer a.:
(1150–1200: 3 – GautArrIllC 2441, ContPerc²ER 26367, 30432, 1200–1250: 7 – ViolB 6155, DurmG 6235, 9442, 11190, 11338, RenR XIII 13769, RomPast II 5.15; 1250–: 2 – EnfOgH 2114, RichF 4483)
1150–1200
GautArrIllC 2440f. Quant Ylle voit, ses mains li tent,
Si le salue haltement;
1200–1250
DurmG 9440–42 Mout hautement l'ont bienvegnié,
Et il comme bien porpensés
Les a hautement salüés.
RenR XIII 13769–71 le roi salue hautement,
si conme cil qui sagement
savoit bien dire sa raison:
RomPast II 5.13–15 Vers la pastoure tornai
quant la vi en son destour;
hautement la saluai
1250–
EnfOgH 2113f. Carahués passe un petitet avant,
Le roi salue hautement en oiant:
RichF 4482f. Et li cheualiers uient mout toz,
Qui l'enfant hautement salue.

saluer a. de Dieu:
(1250–: 1 – RomPast I 68.11)
1250–
Rompast I 68.11f. Hautement la saluai
de deu le fil Marie.

saluer a. de par Dieu:
(1150–1200: 1 – PriseOrcER 135)
1150–1200
PriseOrcER 135 Il le salue hautement de par Dé:

saluer a. en une loi:
(1150–1200: 1 – AyeB 1629)
1150–1200
AyeB 1629 Hautement les saluent en la loi que il ont.

- *mout hautement*

bienvignier a.:
(1200–1250: 3 – DurmG 3826, 9440, 12787; 1250–: 1 – BeaumJBlS 4642)
1200–1250
DurmG 3825f. Contre le Galois se drecierent,
Mout haltement le bienveignierent;

1250–
BeaumJBlS 4641f. Jehan et s'amie encontrerent;
Mout hautement les bienvignierent.

rendre un salu à a.:
(1150–1200: 2 – ContPerc^{2}ER 23468, 26376)
1150–1200
ContPerc^{2}ER 26376 Molt hautemant li rant saluz.

saluer a.
(TL IV 1022, 52–1023, 3 s.v. *haut* YvainR 2333)
(1150–1200: 5 – YvainR 2333, ContPerc^{2}ER 27360, 29311, 30529, 32185; 1200–1250: 7 – FergM 1588, PerlN 701, 1014, 1734, 3715, 5414, 8172f.)
1150–1200
YvainR 2333–35 si salüent molt hautemant
le roi Artus premieremant
et puis sa conpaignie tote:
1200–1250
FergM 1588f. Sel salua molt hautement
Comme cortois et bien apris:
PerlN 700f. Luesqu'il aprocha la damoisele, si la salua molt hautement:

saluer a. de par a.:
(1150–1200: 1 – ContPerc^{2}ER 28612)
1150–1200
ContPerc^{2}ER 28612f. Molt hautemant le salua
De par Perceval lou Galois,

saluer a. de Dieu:
(1150–1200: 4 – ContPerc^{2}ER 30732, 31659, 32210, 32303)
1150–1200
ContPerc^{2}ER 30731–33 Quant Gauvains l'a bien esgardee,
Molt hautemant l'a salüee
De Dieu lou roi omnipotant.

resaluer a.:
(1150–1200: 1 – ContPerc^{2}ER 30436)
1150–1200
ContPerc^{2}ER 30434–36 Gauvains, qui toz li cuers esclaire
De sa biauté qu'il a veüe,
Molt hautemant la resalue,

ISNEL

- *en el le pas*

saluer a.:
(1200–1250: 1 – GuillDoleL 3290)
1200–1250
GuillDoleL 3290 el le salue en el le pas,

- *isnelement*

prendre congié à a.:
(1250–: 2 – BeaumJBlS 3882, BeaumManS 3166)
1250–
BeaumJBlS 3881f. et quant il a d'aus tout apris,
Isnelement a congié pris.

saluer a.:
(1250–: 1 – BeaumManS 5060)
1250–
BeaumManS 5059f. «Quant je la vi, n'i deluai;
Isnelement le saluay,

● *isnellemant et toust*
demander congié à a.:
(1200–1250: 1 – FlorenceW 735)
1200–1250
FlorenceW 734f. Li enfant s'en entrerent en la bone cité,
Isnellemant et toust ont congié demandé;

JOÏR

→ bel et joï.

LIÉ

● *mout liement*
saluer a.:
(1250–: 1 – CleomH 12987)
1250–
CleomH 12986f. Et quant li rois les a veües,
mout les salua liement.

saluer a. de par a.:
(1200–1250: 1 – EscoufleS 1395)
1200–1250
EscoufleS 1394f. De par l'empereor de Romme
Salué l'ont ml't liement;

LOSENGE

→ bonement et sans losenge.

MAIGRE

● *maigrement*
saluer a.:
(Gdf X 106b s.v. *maigrement* BerteH 1935; TL V 793, 5f. s.v. *maigre* BerteH 1935)
(1250–: 1 – BerteH 1935)
1250–
BerteH 1933–35 Quant Blancheflour les voit, tous li sans li remue;
Li cuers ne l'i trait point que joie en ait eüe,
Maigrement les salue, tous li cors li tressue.

- *maintenant*

prendre congié à a.:
(1250–: 1 – BeaumJBlS 5573)
1250–

BeaumJBlS 5572f.	Dont prendent congié sans arrest Li dui chevalier maintenant,

prendre et demander congié à a.:
(1200–1250: 1 – FergM 1254)
1200–1250

FergM 1254f.	A la pucele maintenant A congié pris et demande:

requerre congié à a. de a.r.:
(1150–1200: 1 – YvainR 2560)
1150–1200

YvainR 2560–63	Congié maintenant li requiert mes sire Yvains, de convoier le roi, et d'aler tornoier, que l'an ne l'apialt recreant.

rendre un salu à a.:
(1200–1250: 1 – LancPrM II 224)
1200–1250

LancPrM II 224	Et lors issi del greignor paveillon .I. chevaliers tos desarmés qui li dist que bien soit il venus, et il li rent maintenant son salu.

saluer a.:
(1150–1200: 9 – SSagesOctK 1115, 2059, 2460, 3413, 3652, ErecR 5508, 6537, PercR 8043, RenBeaujBelW 77; 1200–1250: 4 – GaydonG 3351, ChevIIEspF 9405, DurmG 14096, LancPrM II 393)
1150–1200

ErecR 5506–09	Li rois Evrains pas n'antreprist, quant il vit Enyde venant; si la salue maintenant et corrut aidier au descendre;

1200–1250

GaydonG 3350f.	En sa voie a marchéans encontrez. Ferraus les a maintenant saluez.
ChevIIEspF 9404f.	Et en ce k'il uienent ilueques, Il les salue maintenant:
LancPrM II 393	Et la ou il vit Hestor, si le salua maintenant (...).

saluer a. de par a.
(1200–1250: 1 – DurmG 12715)
1200–1250

DurmG 12714–16	Le roi Artu i a trové, Si le salue maintenant De par le riche roi Nogant;

- *tot maintenant*
prendre congié à a.:
(TL V 837, 12f. s.v. *maintenant* PercR 764)
(1150–1200: 1 – PercR 764)
1150–1200

PercR 761–64	Et cil menga tant com lui plot Et but tant que assez en ot Et prist congié tot maintenant, Si recovri le remanant.

MAL

- *sans mal et sans faintise*
prendre congié à a.:
(1250–: 1 – BerteH 172)
1250–

BerteH 171f.	S'est devant le roi Floire son pere a genols mise, En plorant prent congié sans mal et sans faintise.

MAT

- *molt matement*
saluer a.:
(1150–1200: 1 – PercR 8923)
1150–1200

PercR 8922f.	Si a cuer et talent changié, Que molt matement le salue

MOT

- *a cours moz*
doner congié à a.:
(1200–1250: 1 – GuillDoleL 5625)
1200–1250

GuillDoleL 5623–27	Puis voudrent le congié avoir li baron de l'empereriz; a cours moz et par mout biauz diz lor dona debonairement, et l'empereres ensement.

MOUT

- *mout*
bienvignier a.:
(1250–: 1 – BeaumJBlS 5776)
1250–

BeaumJBlS 5776	Le conte mout bienvegnié ont.

comander a. à Dieu:
(1200–1250: 7 – LancPrM II 130, 223, 240, 264, 348, V 72, RenR XVIII 15981)
1200–1250

LancPrM II 264	Et il le commande molt a Dieu et li prie qu'ele li salut molt sa dame.
RenR XVIII 15979–81	A ces paroles s'an depart Bertouz li maires de Renart, si le commande mout a Dé,

saluer a.:
(1200–1250: 1 – GuillPalM 8955)
1200–1250

GuillPalM 8954f.	Et la roine Melior A li Grijois mult saluee

saluez moi B:
(1150–1200: 1 – TristThomW Douce 1272; 1200–1250: 1 – PerlN 2853)
1150–1200

TristThomW Douce 1272	E Brengvein mult me saluez.

1200–1250

PerlN 2853	Saluez moi molt, fait Lanceloz, les .ii. damoiseles.

B me saluerez:
(1250–: 1 – BerteH 2960)
1250–

BerteH 2960	Constance vostre fenme molt me saluerés,

(indirekte Rede) A prie C qu'il li salut B:
(1200–1250: 1 – LancPrM II 264)
1200–1250

LancPrM II 264	Et il le commande molt a Dieu et li prie qu'ele li salut molt sa dame.

NOBLE

- *mult noblement*

saluer a. de par a.:
(1200–1250: 1 – GuillPalM 2596)
1200–1250

GuillPalM 2595–99	Puis le saluent li message Mult noblement et son barnage De par le riche empereor Qui de Gresse tenoit l'ounor Et de par son fil ensement.

- *noblement et bel*

saluer a.:
(1250–: 1 – GaufrG 7815)
1250–

GaufrG 7815	Robastre noblement et bel la salua,

NOM

- *par non*

saluer a.:
(1200–1250: 1 – DurmG 14550)
1200–1250

DurmG 14548–50	Aprés cel mot ne se faint pas De mostrer sa gent bial semblant; Chascun vait par non saluant.

- *par son nom*

comander a. à Dieu:
(1200–1250: 2 – EscoufleS 6330, GuillDoleL 4087)
1200–1250

GuillDoleL 4086f.	En plorant, chascun et chascune conmande par son non a Deu.

saluer a.:
(1150–1200: 1 – ErecR 6354; 1200–1250: 1 – FergM 6167)
1150–1200

ErecR 6354f.	toz les salüe par lor nons, et il li tuit comunemant.

1200–1250

FergM 6165–68	Parmi la sale vint tot droit Au dois u li rois se seoit. Si le salue par son non Et tot le barnage environ.

- *sans non*

(indirekte Rede) A prie C qu'il salut B de par lui:
(1200–1250: 1 – FergM 6001)
1200–1250

FergM 5998–6002	Fergus d'une cose li prie Que par le castiel s'en alast Et la pucele saluast Sans non de par le chevalier Qui ainc le pot plus corecier.

OUTRAGE

- *sans outrage*

saluer a.:
(1250–: 1 – GaufrG 9644)
1250–

GaufrG 9644	Belement les salue Salemon sans outrage:

PAROLE

- *par beles paroles*

prendre congié à a.:
(1200–1250: 1 – EscoufleS 6085)

1200–1250
EscoufleS 6084f. A cascun comme a son seignour
Prent congié par beles paroles.

PEINE

- *a painne*
doner congié à a.:
(1200–1250: 1 – FergM 5575)
1200–1250
FergM 5573–75 Quant Fergus ot, por nul
Ne feroit celi remanoir,
Congie li a donne a painne.

- *a grant peine*
doner congié à a.:
(1200–1250: 1 – GuillDoleL 2049)
1200–1250
GuillDoleL 2046–49 Il prist congié un jor devant
que li tornoiement dut estre;
l'emperere ama tant son estre
q'a grant paine li a doné.
rendre un salu à a.:
(1200–1250: 1 – LancPrM II 393)
1200–1250
LancPrM II 393 Et Hestor li rent son salu a grant paine.

- *a mout grant paine*
rendre un salu à a.:
(1200–1250: 1 – LancPrK 320.24f.)
1200–1250
LancPrK 320.24f. Et cil lo regarde an travers, si li a randu a mout grant paine.

- *a poines*
saluer a.:
(1200–1250: 1 – LancPrK 340.28)
1200–1250
LancPrK 340.27f. Et li chevaliers tranble si durement que a poines puet la reine saluer, (...).

POINT

- *a point*
prendre congié à a.:
(1250–: 1 – CleomH 18228)
1250–
CleomH 18227f. Au bon roi Carmant congié prirent
a point, quant de la se partirent,

rendre un salu à a.:
(1250–: 3 – EnfOgH 4226, 7467, CleomH 16367)
1250–

EnfOgH 4225f.	Et li Danois, com de bon escïent, A Gloriande a point son salu rent.
CleomH 16366–68	et ele com sage et senee a point son salu li rendi, tout ainsi qu'il i aferi.

saluer a.:
(1250–: 1 – CleomH 15057)
1250–

CleomH 15057	et cil a point les salua

saluer a. de par a.:
(1250–: 1 – BerteH 2988)
1250–

BerteH 2988f.	De par le roi Pepin a point le salua, Et lui et la roÿne, les lettres lor donna.

- *mout a point*
saluer a.:
(1250–: 1 – CleomH 15793)
1250–

CleomH 15792–94	Li message com bien apris orent mout a point saluee done Ynabele la senee,

- *tres a point*
saluer a.:
(1250–: 1 – EnfOgH 4487)
1250–

EnfOgH 4486–88	De tout fu moult Carahués apensés, De lui fu Charles tres a point salués, Car moult estoit courtois et avisés.

- *mout tres a point*
saluer a.:
(1250–: 1 – CleomH 14795)
1250–

CleomH 14795	Mout tres a point la salua

- *a point et sagement*
faire saluz à a. de par a.:
(1250–: 1 – CleomH 15715)
1250–

CleomH 15714f.	de par le roi Carmant salu li font a point et sagement.

→ bel et a point.

POVRE

- *mout povrement*
  (1200–1250: 1 – LancPrK 340.30f.)
  1200–1250

  LancPrK 340.29–31 — Et li seneschauz la salue, et li autres, mais c'est mout povrement, et fiche ses iauz an terre comme hontous.

RAISON

- *par molt belle raison*
  saluer a.:
  (1150–1200: 1 – RCambrM 6785)
  1150–1200
  RCambrM 6785 — Il la salue par molt belle raison;

- *par mult fiere raison*
  saluer a.:
  (1200–1250: 1 – GuiBourgG 947)
  1200–1250
  GuiBourgG 946f. — Bertrans parla premiers, qui fu fils de baron,
  Et salua le roi par mult fiere raison:

SAGE

- *sagement*
  prendre congié à a.:
  (1250–: 1 – CleomH 15462)
  1250–
  CleomH 15461–64 — Li messagier ont congié pris
  sagement conme bien apris
  au roi et a ceaus qui la furent,
  la ou il congié prendre durent.

  rendre un salu à a.:
  (1250–: 1 – EnfOgH 7466)
  1250–
  EnfOgH 7466f. — Il la saluent, et ele sagement
  A chascun d'eaus a point son salu rent.

  saluer a.:
  (1200–1250: 2 – DurmG 8756, 9892; 1250–: 1 – BerteH 126)
  1200–1250
  DurmG 8756f. — Il le salue sagement
  Comme cil qui bien le sot faire,

  1250–
  BerteH 125f. — A nostre gent françoise la fist li rois moustrer
  Et no François la vont sagement saluer;

- *mout sagement*

saluer a.:
(1150–1200: 1 – ThèbesC Hs. P 9108 (après O 7240); 1200–1250: 1 – DurmG 9609)
1150–1200

ThèbesC Hs. P 9107f.	Le roi salue avenanment, Au miex k'il pot, mout saigement:

1200–1250

DurmG 9607–09	Encontre le roi se leva Li Galois qui le salua Mout sagement comme cortois.

a → point et sagement.

SALUER a.

- *si conme saluer le doi*

Dites à B que je le salu:
(1200–1250: 2 – LancPrM V 63, 165)
1200–1250

LancPrM V 165	Or t'en va dont au roi Claudas et li diras que je le salu, si conme saluer le doi, car je ne li fis onques mal ne laidure et il m'a fet honte et vilounie sanz ce que ne li avoie mie deservi.

SAVOIR a.r.

- *si come il sot*

saluer a.:
(1150–1200: 1 – PercR 923)
1150–1200

PercR 922f.	Et cil tantost vers lui ala, Sel salua si come il sot.

SIMPLE

- *simplement*

saluer a.:
(1200–1250: 2 – EustMoineF 780, LancPrK 283.9)
1200–1250

EustMoineF 780	Il les salue simplement,
LancPrK 283.8f.	Lors monta li rois et ala ancontre lui a grant compaignie de gent, et lo salua simplement;

- *mout simplement*

saluer a.:
(1150–1200: 1 – RenBeaujBelW 171; 1200–1250: 1 – ViolB 3184)
1150–1200

RenBeaujBelW 170–72	Devant le roi vint la pucele; Molt le salua sinplement Et ses conpaignons ensement,

1200–1250
ViolB 3183f. Si le salua erranment,
Et ele lui molt simplement;

SOPLE

- *souplement*
faire un salu à a.:
(TL IX 848, 49–51 s.v. *sople* EnfOgH 352)
(1250–: 1 – EnfOgH 352)
1250–
EnfOgH 350–53 Li messagier sont a pié descendu,
Devant Charlon en vienent irascu;
Moult souplement firent le roi salu.
«Sire,» font il, «mal nous est avenu;

TARGIER

- *sanz targier*
resaluer a.:
(1150–1200: 1 – ContPerc²ER 23855)
1150–1200
ContPerc²ER 23853–55 Si le salue bellemant,
Et la damoiselle ansemant
Le resalue sanz targier.

TON

- *à haut ton*
saluer a.:
(1200–1250: 1 – GaydonG 8711)
1200–1250
GaydonG 8711f. Gaydon salue, belement, à haut ton,
Et le barnaige entor et environ.

TOST

- *tost*
rendre un salu à a.:
(1150–1200: 1 – LancR 4587)
1150–1200
LancR 4586f. d'un dolz salu l'a saluee.
Et ele un autre tost li rant,

saluer a.:
(1200–1250: 1 – AmYdR 2889)
1200–1250
AmYdR 2888f. A itant est entrés par l'us
Garinés, qui tost le salue.

- *mout tost*

demander congié à a., doner congié à a.:
(1150–1200: 1 – AmAmD 581; 1200–1250: 1 – LancPrM I 186)
1150–1200

AmAmD 580f.	Il vont au roi por congié demander, Nostre empereres lor a moult tost donné.

1200–1250

LancPrM I 186	Lors li baille la dame l'anel et il le prent et demande congié molt tost, et ele meesmes est montee por lui convoier, (...)

rendre un salu à a.:
(1150–1200: 1 – ContPerc²ER 22314; 1200–1250: 2 – LancPrM II 176, IV 190)
1150–1200

ContPerc²ER 22312–14	Elle n'an est point esfree(e), Ainz li respont delivremant Et son salu molt tost li rant.

1200–1250

LancPrM IV 190	(...) et li dist que bon jor li donnast Diex et il li randi son salu molt tost;

saluer a.:
(1150–1200: 1 – LancR 3326)
1150–1200

LancR 3325f.	Li rois le vit esvertüer, si le cort molt tost salüer

→ isnelement et tost.

UMBLE

- *humlement*

saluer a.:
(1150–1200: 1 – PartonG 5281)
1150–1200

PartonG 5278–82	Od lui s'en vienent envoisier: Et cant voient qu'il n'en a cure, Hontous en sunt a demesure. Il le salüent humlement, Et il ne lor respont noient;

- *moult humblement*

requerre congié à a.:
(1250–: 1 – EnfOgH 7383)
1250–

EnfOgH 7381–83	Lors vint avant li rois de Saint Denis Vers l'apostole, congié li a requis Moult humblement com sages et rassis.

UMELITÉ

- *par grant humilité*

(1200–1250: 1 – AiquinJa 2578)

1200–1250
AiquinJa 2577f. | Si le salue et luy a encliné
Et le roy luy, par grant humilité.

- *par moult grant humleté*
(1200–1250: 1 – AiquinJa 1118)
1200–1250
AiquinJa 1117f. Cieulx le saluent et se sont encliné
Et ly roys eulx par moult grant humleté.

VIGOROS

- *viguereusement*
rendre un salu à a.:
(1200–1250: 1 – SGraal IV QuesteP 248.8)
1200–1250
SGraal IV QuesteP 248.6–9 Et quant il l'aproche, si le salue de si loign come il le pot oïr. Et li preudons li rent son salu assez plus viguereusement que Lancelot ne cuidast qu'il le poïst fere (...).

VOLENTÉ

- *de bone volenté*
doner congié à a.:
(1150–1200: 1 – AliscW 8272; 1200–1250: 1 – AmYdR 2448)
1150–1200
AliscW 8271f. Li messagier ont congié demandé,
Li rois leur done de bone volenté;

1200–1250
AmYdR 2447f. Et il li done de son gré
Congié de boine volenté.

saluer a.:
(1150–1200: 1 – RenMontC 1742)
1150–1200
RenMontC 1741f. Li dus s'en vint avant, c'on tint à molt sené,
Et salue le roi de bone volenté:

VOLENTIERS

- *volentiers*
doner congié à a.:
(1200–1250: 2 – LancPrM II 183, SGraal IV QuesteP 129.22)
1200–1250
SGraal IV QuesteP 129.21f.
Et quant il est apareilliez, il prent ses armes et monte et demande congié au preudome. Et cil li done volentiers;

saluer a.:
(1150–1200: 1 – AspremwB 8188)

1150–1200
AspremwB 8188 Il les saluënt dolcement, volentiers.
soi saluer:
(1150–1200: 1 – AspremwB 8151)
1150–1200
AspremwB 8151 Il se saluënt volentiers, non envis.

- *molt volentiers*
doner congié à a. de a.r.:
(1150–1200: 1 – LancR 2183)
1150–1200
LancR 2182f. Et li pere an done congié
molt volentiers a enbedeus.

- *tres volenters*
(1100–1150: 1 – PelCharlA 302)
1100–1150
PelCharlA 302 Lu rei Hugun salue, le Fort, tres volenters:

- *volentiers et de gré*
doner congié à a.:
(1150–1200: 1 – AmAmD 312; 1200–1250: 2 – OgDanE 3079, FlorenceW 6388)
1150–1200
AmAmD 311f. Hardréz s'en va, s'a congié demandé,
Gombaus li donne volentiers et de gré.

1200–1250
OgDanE 3077–79 Et li rois est a Rome retornés,
A l'apostole por congié demander:
Romain li donent volentiers et de gré;

(je vos doins congié):
(1150–1200: 1 – AliscW 7310)
1150–1200
AliscW 7304f., 7310 «Cousin,» dist il, «le congié me dounés,
Tant que je soie en mon païs alés,
(...)
Dist Rainouars: «Volentiers et de gres.

de → gré et volentiers.

Bibliographie

1. Primärliteratur

Soweit möglich geben wir nicht nur die Sigel (s. oben, Technische Vorbemerkung, Xf.), sondern auch die Datierungen nach dem DEAF. In zwei Fällen weichen wir dabei vom DEAF ab. ChGuillM (DEAF: 3e t. 12e s.) datieren wir mit Frappier 1955, 151 auf «première moitié du XIIe siècle». Für AspremwB (DEAF: ca. 1270), Verse 6155–11376, setzen wir die Datierung der Fassung AspremLM (DEAF: ca. 1188) an, da schon die GF-Belege von AspremwB, Verse 1–6154, mit denjenigen von AspremLM weitgehend übereinstimmen.

Die Sigel der kursorisch exzerpierten Texte versehen wir mit einem nach- und hochgestellten *.

1.1. Korpus

1.1.1. *Chanson de geste*

1100–1150

Karlsepen:
RolH ca. 1100
Das altfranzösische Rolandslied, nach der Oxforder Handschrift herausgegeben von Alfons Hilka (Sammlung romanischer Übungstexte, 3/4), Tübingen, siebente, verbesserte Auflage besorgt von Gerhard Rohlfs 1974.
PelCharlA ca. 1150
Le Voyage de Charlemagne à Jérusalem et à Constantinople, Texte publié avec une introduction, des notes et un glossaire par Paul Aebischer (Textes Littéraires Français, 115), Genève – Paris 1965.

Wilhelmsepen:
ChGuillM «première moitié du XIIe siècle» (Frappier 1965, 151)
La Chanson de Guillaume, publiée par Duncan McMillan, 2 Bände (Société des Anciens Textes Français), Paris 1949–1950.
CourLouisABLe 2e t. 12e s. (CourLouisCLe) in
Les Rédactions en vers du Couronnement de Louis, Édition avec une introduction et des notes par Yvan Lepage (Textes Littéraires Français, 261), Genève – Paris 1978.
CharroiM mil. 12e s.
Le Charroi de Nîmes, Chanson de geste du XIIe siècle, éditée d'après la rédaction AB

avec introduction, notes et glossaires par Duncan McMillan (Bibliothèque Française et Romane, Série B, 12), Paris, deuxième édition revue et corrigée 1978.

1150–1200

Karlsepen:
AspremLM ca. 1188 in

André de Mandach, *Naissance et développement de la chanson de geste en Europe, III. Chanson d'Aspremont,* Manuscrit Venise VI et textes anglo-normands inédits British Museum Additional 35289 et Cheltenham 26119, *A. Les Cours d'Agoland et de Charlemagne, IV. B.–C. La Guerre contre Agoland* (Publications Romanes et Françaises, 134, 156), Genève 1975–1980.

AspremwB, Verse 6155–11376, ca. 1188 (s. oben, 492)

La Chanson d'Aspremont, Chanson de geste du XIIe siècle, Texte du manuscrit de Wollaton Hall, édité par Louis Brandin, 2. Band (Les Classiques Français du Moyen Age, 19), Paris, deuxième édition revue 1924.

SaisnM* fin 12e s. (mais v. 3136 p.–ê. 13e s.)

Jean Bodels Saxenlied, Teil I unter Zugrundelegung der Turiner Handschrift von neuem herausgegeben von F. Menzel und E. Stengel, Teil II unter Beigabe der abweichenden Redaktion der beiden Pariser Handschriften von neuem herausgegeben von E. Stengel (Ausgaben und Abhandlungen aus dem Gebiet der romanischen Philologie, 99–100), Marburg 1906–1909.

Empörerepen:
FierK* 3e t. 12e s.

Fierabras, Chanson de geste, publiée pour la première fois d'après les manuscrits de Paris, de Rome et de Londres par A. Kroeber et G. Servois (Les Anciens Poètes de la France, 5), Paris 1860.

RCambrM fin 12e s.

Raoul de Cambrai, Chanson de geste, publiée par Paul Meyer et A. Longnon (Société des Anciens Textes Français), Paris 1882.

RenMontC* ca. 1195

La Chanson des Quatre Fils Aymon, d'après le manuscrit La Vallière avec introduction, description des manuscrits, notes aux textes et principales variantes (...) par Ferdinand Castets, Genève, Réimpression 1974 (ursprünglich Montpellier 1909).

Wilhelmsepen:
PriseOrABR[1] fin 12e s. (PriseOrCER, PriseOrDR) in

Claude Régnier, *Les Rédactions en vers de la Prise d'Orange,* Paris 1966.

AliscW* 3e t. 12e s.

Aliscans, Kritischer Text von Erich Wienbeck, Wilhelm Hartnacke, Paul Rasch, Halle a.d.S. 1903.

ChevVivT* ca. 1200

La Chevalerie Vivien, Chanson de geste, publiée par A.-L. Terracher, I Textes, Paris 1909.

Verschiedene Themen:
GarLorrV* 3e t. 12e s.

Garin le Loheren, According to Manuscript A (Bibliothèque de l'Arsenal 2983) with Text, Introduction, and Linguistic Study by Josephine Elvira Vallerie, Ann Arbor 1947.

AyeB ca. 1200

Aye d'Avignon, Chanson de geste anonyme, Édition critique par S. J. Borg (Textes Littéraires Français, 134), Genève 1967.

GuiNantMM* 4e q. 12e s. in

Gui de Nanteuil, Chanson de geste, Édition critique par James R. McCormack (Textes Littéraires Français, 161), Genève 1970.

AmAmD ca. 1200

Ami et Amile, Chanson de geste, publiée par Peter F. Dembowski (Les Classiques Français du Moyen Age, 97), Paris 1969.

Aiol1F ca. 1160 in

Aiol et Mirabel und Elie de saint Gille, Zwei altfranzösische Heldengedichte mit Anmerkungen und Glossar (...) zum ersten Mal herausgegeben von Wendelin Foerster, Heilbronn 1876–1882.

1200–1250

Karlsepen:

AiquinJa* déb. 13e s.

Aiquin ou la conquête de la Bretagne par le roi Charlemagne, Édition du manuscrit 2233 de la B.N.Fr. avec introduction et notes par Francis Jacques (avec la collaboration de Madeleine Tyssens) (Senefiance, 8), Aix-en-Provence, Paris 1979.

GuiBourgG 1e m. 13e s.

Gui de Bourgogne, Chanson de geste, publiée pour la première fois d'après les manuscrits de Tours et de Londres par F. Guessard et H. Michelant (Les Anciens Poètes de la France, 1), Paris 1858.

GaydonG* ca. 1232

Gaydon, Chanson de geste, publiée pour la première fois d'après les trois manuscrits de Paris par F. Guessard et S. Luce (Les Anciens Poètes de la France, 7), Paris 1862.

Empörerepos:

OgDanE* 1er t. 13e s.

La Chevalerie d'Ogier de Danemarche, Canzone de gesta, edita per cura di Mario Eusebi (Testi e Documenti di Letteratura Moderna, 6), Milano – Varese 1963.

Wilhelmsepen:

AimeriD* déb. 13e s.

Aymeri de Narbonne, Chanson de geste, publiée d'après les manuscrits de Londres et de Paris par Louis Demaison, 2 Bände (Société des Anciens Textes Français), Paris 1887.

GirVianeT* déb. 13e s.

Le Roman de Girart de Viane, publié par P. Tarbé, Reims 1850.

NarbS* déb. 13e s.

Les Narbonnais, Chanson de geste, publiée pour la première fois par Hermann Suchier, 2 Bände (Société des Anciens Textes Français), Paris 1898.

Verschiedene Themen:

Aiol2F déb. 13e s.

siehe oben, 600 Aiol1F.

FlorenceW* 1er q. 13e s.

Florence de Rome, Chanson d'aventure du premier quart du XIIIe siècle, publiée par A. Wallensköld, 2 Bände (Société des Anciens Textes Français), Paris 1907–1909.

BueveAgnS* 1er t. 13e s.

Der anglonormannische Boeve de Haumtone, zum ersten Male herausgegeben von Albert Stimming (Bibliotheca Normannica, 7), Halle 1899.
AuberiTarbé* 2ᵉ t. 13ᵉ s.

Le Roman d'Aubery le Bourgoing, publié par P. Tarbé, Reims 1849.
HuonR 2ᵉ t. 13ᵉ s.

Huon de Bordeaux, édité par Pierre Ruelle (Université Libre de Bruxelles, Travaux de la Faculté de Philosophie et Lettres, 20), Bruxelles – Paris 1960.
ParDuchG 1ᵉ m. 13ᵉ s.

Parise la Duchesse, Chanson de geste, deuxième édition revue et corrigée d'après le manuscrit unique de Paris par F. Guessard et L. Larchey (Les Anciens Poètes de la France, 4), Paris 1860.

1250–

Karlsepos:
BerteH ca. 1275

Albert Henry, *Les Œuvres d'Adenet le Roi,* Band IV *Berte aus grans piés* (Université Libre de Bruxelles, Travaux de la Faculté de Philosophie et Lettres, 23), Bruxelles – Paris 1963.

Empörerepen:
GaufrG* 2ᵉ m. 13ᵉ s.

Gaufrey, Chanson de geste, publiée pour la première fois d'après le manuscrit unique de Montpellier par F. Guessard et P. Chabaille (Les Anciens Poètes de la France, 3), Paris 1859.
EnfOgH* 1276

Albert Henry, *Les Œuvres d'Adenet le Roi,* Band III *Les Enfances Ogier* (Rijksuniversiteit te Gent, Werken uitgegeven door de Faculteit van de Letteren en Wijsbegeerte, 121ᵉ Aflevering), Brugge 1956.

1.1.2. Versroman

1150–1200

Antiker Roman:
ThèbesC ca. 1160

Le Roman de Thèbes, publié d'après tous les manuscrits par Léopold Constans, 2 Bände (Société des Anciens Textes Français), Paris 1890.
SSagesOctK* 3ᵉ t. 12ᵉ s.

Li Romans des sept sages, herausgegeben von Heinrich Adelbert Keller, Tübingen 1836.

Marie de France:
MarieGuig / Equit / Fraisne / Biscl / Lanv / DousAm / Yon / Laust / Mil / Chait / Chievre / ElidR ca. 1165

Les Lais de Marie de France, publiés par Jean Rychner (Les Classiques Français du Moyen Age, 93), Paris 1968.

Gautier d'Arras:
GautArrIllC ca. 1165

Ille et Galeron, par Gautier d'Arras, publié par Frederick A. G. Cowper (Société des Anciens Textes Français), Paris 1956.

GautArrErR ca. 1175

Gautier d'Arras, *Eracle,* publié par Guy Raynaud de Lage (Les Classiques Français du Moyen Age, 102), Paris 1976.

Chrétien de Troyes:

ErecR ca. 1170

Les Romans de Chrétien de Troyes édités d'après la copie de Guiot, Band I *Erec et Enide,* publié par Mario Roques (Les Classiques Français du Moyen Age, 80), Paris 1953.

CligésM ca. 1176

Les Romans de Chrétien de Troyes édités d'après la copie de Guiot, Band II *Cligés,* publié par Alexandre Micha (Les Classiques Français du Moyen Age, 84), Paris 1957.

YvainR ca. 1177

Les Romans de Chrétien de Troyes édités d'après la copie de Guiot, Band IV *Le Chevalier au lion (Yvain),* publié par Mario Roques (Les Classiques Français du Moyen Age, 89), Paris 1960.

LancR ca. 1177

Les Romans de Chrétien de Troyes édités d'aprés la copie de Guiot, Band III *Le Chevalier de la charrete,* publié par Mario Roques (Les Classiques Français du Moyen Age, 86), Paris 1958.

PercR ca. 1180

Chrétien de Troyes, *Le Roman de Perceval ou le Conte du Graal,* publié d'après le ms.fr. 12576 de la Bibliothèque Nationale par William Roach (Textes Littéraires Français, 71), Genève-Paris, seconde édition revue et augmentée 1959.

Tristanstoff:

TristThomW ca. 1170

Thomas, *Les Fragments du Roman de Tristan* (poème du XIIe siècle), édités avec un commentaire par Bartina H. Wind (Textes Littéraires Français, 92), Genève – Paris 1960.

TristBérM^4^ 4e q. 12e s.

Béroul, *Le Roman de Tristan,* Poème du XIIe siècle, édité par Ernest Muret, quatrième édition revue par L. M. Defourques [= Lucien Foulet und Mario Roques] (Les Classiques Français du Moyen Age, 12), Paris 1947.

FolTristOxfP fin 12e s. in

Les Tristan en vers (Tristan de Béroul, Tristan de Thomas, Folie Tristan de Berne, Folie Tristan d'Oxford, Chèvrefeuille de Marie de France), Édition nouvelle comprenant texte, traduction, notes critiques, bibliographie et notes par Jean Charles Payen (Classiques Garnier), Paris, édition revue et augmentée 1982.

Weitere arthurische Romane:

ContPerc^1^AR* av. 1200 in

The Continuations of the Old French «Perceval» of Chrétien de Troyes, Band III/1 *The First Continuation,* Redaction of Mss ALPRS, edited by William Roach, Philadelphia 1952.

ContPerc^2^ER* ca. 1200 in

The Continuations of the Old French «Perceval» of Chrétien de Troyes, Band IV *The Second Continuation,* edited by William Roach, Philadelphia 1971.

Verschiedene Themen:
RenBeaujBelW ca. 1200

Renaut de Beaujeu (?), *Le Bel Inconnu,* Roman d'aventures, édité par G. Perrie Williams (Les Classiques Français du Moyen Age, 38), Paris 1929.

GuillAnglW* ca. 1170

Chrétien de Troyes (?), *Guillaume d'Angleterre,* Roman du XIIe siècle, édité par Maurice Wilmotte (Les Classiques Français du Moyen Age, 55), Paris 1927.

PartonG* av. 1188

Partonopeu de Blois, A French Romance of the Twelfth Century, edited by Joseph Gildea O.S.A., 2 Bände (I, II/1 und 2), Villanova/Pennsylvania 1967–1970.

AthisH* ca. 1200

Li Romanz d'Athis et Prophilias (L'Estoire d'Athenes), nach allen bekannten Handschriften zum ersten Male vollständig herausgegeben von Alfons Hilka, 2 Bände (Gesellschaft für romanische Literatur, 29, 40), Dresden 1912–1916.

1200–1250

Jean Renart:
EscoufleS ca. 1201

Jean Renart, *L'Escoufle,* Roman d'aventure, nouvelle édition d'après le manuscrit 6565 de la Bibliothèque de l'Arsenal par Franklin Sweetser (Textes Littéraires Français, 211), Genève 1974.

GuillDoleL ca. 1209

Jean Renart, *Le Roman de la Rose ou de Guillaume de Dole,* édité par Félix Lecoy (Les Classiques Français du Moyen Age, 91), Paris 1962.

OmbreL ca. 1221

Jean Renart, *Le Lai de l'Ombre,* par Félix Lecoy (Les Classiques Français du Moyen Age, 104), Paris 1979.

Gerbert de Montreuil:
ViolB* ca. 1228

Le Roman de la Violette ou de Gerart de Nevers, par Gerbert de Montreuil, publié par Douglas Labaree Buffum (Société des Anciens Textes Français), Paris 1928.

Arthurische Romane:
ContPerc^{3}ER* «not earlier than 1211, and probably a decade or more after that date» (ContPerc^{3}ER, XIII)

The Continuations of the Old French «Perceval» of Chrétien de Troyes, Band V *The Third Continuation* by Manessier, edited by William Roach, Philadelphia 1983.

FolTristBernP déb. 13e s. in

s. oben, 496 FolTristOxfP.

ChevIIEspF* 1er t. 13e s.

Li Chevaliers as devs espees, Altfranzösischer Abenteuerroman, zum ersten Mal herausgegeben von Wendelin Foerster, Halle a/S. 1877.

DurmG* 1er t. 13e s.

Durmart le Gallois, Roman arthurien du treizième siècle, publié par Joseph Gildea O.S.A., 2 Bände, Villanova 1965–1966.

FergM* 1er t. 13e s.

Fergus, Roman von Guillaume Le Clerc (?), herausgegeben von Ernst Martin, Halle 1872.

AtreW mil. 13e s.

L'Atre périlleux, Roman de la Table Ronde, édité par Brian Woledge (Les Classiques Français du Moyen Age, 76), Paris 1936.

Verschiedene Themen:

AmYdR* déb. 13e s.

Amadas et Ydoine, Roman du XIIIe siècle, édité par John R. Reinhard (Les Classiques Français du Moyen Age, 51), Paris 1926.

GuillPalM* déb. 13e s.

Guillaume de Palerne, publié d'après le manuscrit de la Bibliothèque de l'Arsenal à Paris par H. Michelant (Société des Anciens Textes Français), Paris 1876.

EustMoineF 2e q. 13e s.

Wistasse le Moine, Altfranzösischer Abenteuerroman des XIII. Jahrhunderts, nach der einzigen Pariser Handschrift von neuem herausgegeben von Wendelin Foerster und Johann Trost (Romanische Bibliothek, 4), Halle a.S. 1891.

BlancandS 1er t. 13e s.

Blancandin et l'Orgueilleuse d'Amour, Roman d'aventures du XIIIe siècle, nouvelle édition critique, d'après plusieurs manuscrits en vers par Franklin P. Sweetser (Textes Littéraires Français, 112), Genève – Paris 1964.

1250–

BeaumJBlS* ca. 1275

BeaumManS* ca. 1280 in

Œuvres poétiques de Philippe de Remi, Sire de Beaumanoir, publiées par Hermann Suchier, 2 Bände (Société des Anciens Textes Français), Paris 1884–1885.

CleomH* ca. 1285

Albert Henry, *Les Œuvres d'Adenet le Roi,* Band V *Cleomadés* (Université Libre de Bruxelles, Travaux de la Faculté de Philosophie et Lettres, 46), Bruxelles 1971.

RichF* fin 13e s.

Richars li Biaus, zum ersten Male herausgegeben von Wendelin Foerster, Wien 1874.

1.1.3. Prosaroman

1200–1250

AucS^{7}* 1e m. 13e s.

Aucassin et Nicolette, Texte critique accompagné de paradigmes et d'un lexique, par Hermann Suchier, Paderborn ^{7}1909.

PerlN déb. 13e s.

Le Haut Livre du Graal: Perlesvaus, edited by William A. Nitze and T. Atkinson Jenkins, 2 Bände, Nachdruck New York 1972 (ursprünglich Chicago 1932–1937).

LancPrK erste Hälfte des 13. Jahrhunderts (s. LancPrK II, 41–45)

Lancelot do Lac, The Non-Cyclic Old French Prose Romance, edited by Elspeth Kennedy, 2 Bände, Oxford 1980.

LancPrM erste Hälfte des 13. Jahrhunderts

Lancelot, Roman en prose du XIIIe siècle, Édition critique avec introduction et notes par Alexandre Micha, Bände I, II, IV, V, VI (Textes Littéraires Français, 247, 249, 278, 283, 286), Paris – Genève 1978–1980.

SGraal IV QuesteP ca. «1220» (SGraal IV QuesteP, III)

La Queste del Saint Graal, Roman du XIIIe siècle, édité par Albert Pauphilet (Les Classiques Français du Moyen Age, 33), Paris 1923.

1.1.4. *Roman de Renart*

RenR

Le Roman de Renart, Première Branche, Branches II–VI, Branches VII–IX, Branches X–XI, Branches XII–XVII, Branches XVIII–XIX, éditées d'après le manuscrit de Cangé par Mario Roques, 6 Bände (Les Classiques Français du Moyen Age, 78, 79, 81, 85, 88, 90), Paris 1948–1963.

1150–1200
RenR I, II, III^{a}, III^{b}, IV, VII, VII^{a}, VII^{b}, VIII, IX, X, XI, XII, XIV, XVII, XIX 4e q. 12e s.

1200–1250
RenR XVIII déb. 13e s.
RenR III, V, VI, XIII, XV, XVI 1e m. 13e s.

1.1.5. *Fabliau*

1150–1200
HaimBarW fin 12e s. in

Trois Fabliaux (Saint Pierre et le jongleur, De Haimet et de Barat et Travers, Estula), Éditions critiques par Martha Walters-Gehrig (Beihefte zur Zeitschrift für romanische Philologie, 102), Tübingen 1961.

1200–1250
BouchAbevR 13e s.

Eustache d'Amiens, *Du Bouchier d'Abevile,* Fabliau du XIIIe siècle, Texte critique et édition diplomatique des cinq manuscrits par Jean Rychner (Textes Littéraires Français, 219), Genève 1975.

SegrMoineV 13e s.

Du Segretain Moine, Fabliau anonyme du XIIIe siècle, Édition critique d'après tous les manuscrits connus par Veikko Väänänen (Annales Academiæ Scientiarum Fennicæ, B, 62/2), Helsinki 1949.

TrubertR 1e m. 13e s.

Douin de Lavesne, *Trubert,* Fabliau du XIIIe siècle, Édition avec introduction, notes et glossaire par Guy Raynaud de Lage (Textes Littéraires Français, 210), Paris – Genève, 1974.

AubereeC ca. 1200, MireC mil. 13e s. in

Zwei altfranzösische Fablels (Auberee, Du Vilain Mire), neu herausgegeben von Hans Helmut Christmann (Sammlung romanischer Übungstexte, 47), Tübingen, 2., ergänzte Auflage 1974.

BorgOrlMé, PrestreAlisMé, MeunClercMé, MireMé, TrescesMé, TroisAvMé in MénardFabl «XIIIe siècle» (MénardFabl, 12)

Fabliaux français du Moyen Age, Édition critique par Philippe Ménard, Band I (Textes Littéraires Français, 270), Genève 1979.

De Guillaume au Faucon in ReidFabl «probably towards the middle of the thirteenth century» (ReidFabl, 119)

Twelve Fabliaux from Ms.F.Fr. 19152 of the Bibliothèque nationale, edited by T.B.W. Reid (French Classics), Manchester 1958.

ChevRobR, HainAnR, PrestreForceR in RohlfsFablels 13e s.

Gerhard Rohlfs, *Sechs altfranzösische Fablels* (Sammlung romanischer Übungstexte, 1), Halle/Saale 1925.

De Bérenger ..., De celui qui bota la pierre, Du chevalier ..., De la demoiselle qui ... in RychnerFabl «un ensemble chronologiquement non différencié, datant en gros du XIIIe siècle» (RychnerFabl I, 8)

Jean Rychner, *Contribution à l'étude des fabliaux, Variantes, remaniements, dégradations,* 2 Bände (Université de Neuchâtel, Recueil de travaux publiés par la Faculté des Lettres, 28), Neuchâtel – Genève 1960.

SPierJonglW 1e m. 13e s. in

s. oben, 499 HaimBarW.

1.1.6. Drama

1150–1200

BodelNicH[3] fin 12e s.

Le «Jeu de saint Nicolas» de Jehan Bodel, Introduction, édition, traduction, notes, glossaire complet, tables par Albert Henry (Académie Royale de Belgique, Mémoires de la Classe des Lettres, Collection in-8°, 2e série, 65/2), Bruxelles, troisième édition remaniée 1981.

1200–1250

CourtArrF déb. 13e s.

Courtois d'Arras, Jeu du XIIIe siècle, édité par Edmond Faral (Les Classiques Français du Moyen Age, 3), Paris [2]1911.

1250–

RutebTheophF ca. 1261

Rutebeuf, *Le Miracle de Théophile,* Miracle du XIIIe siècle, édité par Grace Frank (Les Classiques Français du Moyen Age, 49), Paris 1925.

AdHale FeuillG 1276

Das «Jeu de la Feuillée» von Adam de la Halle, Kritischer Text mit Einführung, Übersetzung, Anmerkungen und einem vollständigen Glossar von Otto Gsell, Dissertation Würzburg, Würzburg 1970.

AdHaleRobR ca. 1285 in (bei Zitaten führen wir Zeichensetzung in die diplomatische Abschrift ein)

Die dem Trouvere Adam de la Halle zugeschriebenen Dramen: «Li jus du pelerin», «Li gieus de Robin et de Marion», «Li jus Adan», Genauer Abdruck der erhaltenen Handschriften, von A. Rambeau (Ausgaben und Abhandlungen aus dem Gebiete der romanischen Philologie, 58), Marburg 1886.

1.1.7. Lyrik

1200–1250, 1250–

RomPast*

Altfranzösische Romanzen und Pastourellen, herausgegeben von Karl Bartsch, Leipzig 1870.

1.1.8. Historiographie

1200–1250

VillehF ca. 1210

Villehardouin, *La Conquête de Constantinople,* éditée et traduite par Edmond Faral, 2 Bände (Les Classiques de l'Histoire de France au Moyen Age, 18–19), Paris 1938–1939.

RdeClariL déb. 13ᵉ s.

Robert de Clari, *La Conquête de Constantinople,* éditée par Philippe Lauer (Les Classiques Français du Moyen Age, 40), Paris 1924.

1.2. Weitere Quellen

1.2.1. Altfranzösische Übersetzungen der *Disticha Catonis*

Elie, Everart, Anonymus 12. Jahrhundert in

Maître Elie's Überarbeitung der ältesten französischen Übertragung von Ovid's Ars amatoria, herausgegeben von H. Kühne und E. Stengel, nebst *Elie's de Wincestre, eines Anonymus und Everarts Übertragungen der Disticha Catonis,* herausgegeben von E. Stengel (Ausgaben und Abhandlungen aus dem Gebiete der romanischen Philologie, 47), Marburg 1886.

Jean de Paris 13. Jahrhundert

Die Übersetzung der Distichen des Pseudo-Cato von Jean Paris, zum erstenmal herausgegeben von Jacob Ulrich, Romanische Forschungen 15, 1905, 41–69.

1.2.2. Erziehungslehren

RobHoY 13. Jahrhundert

M.-V. Young, *Les Enseignements de Robert de Ho dits Enseignements Trebor,* Dissertation Zürich, Paris 1901.

UrbCourt 13ᵉ s. in

H. Rosamond Parsons, *Anglo-Norman Books of Courtesy and Nurture,* Publications of the Modern Language Association of America 44, 1929, 383–455.

RobBloisChastU 2ᵉ t. 13ᵉ s., in

Jacob Ulrich, *Robert von Blois sämmtliche Werke,* zum ersten Male herausgegeben, Band III, Berlin 1895.

EnanchetF av. 1252

Das «Livre d'Enanchet», nach der einzigen Handschrift 2585 der Wiener Nationalbibliothek herausgegeben von Werner Fiebig (Berliner Beiträge zur Romanischen Philologie, 8.3/4), Jena und Leipzig 1938.

1.2.3. *Arts d'aimer*

JacAmArtK 2ᵉ t. 13ᵉ s.

L'Art d'amors und Li Remedes d'amours, Zwei altfranzösische Lehrgedichte von Jacques d'Amiens, nach der Breslauer Handschrift zum ersten Male vollständig herausgegeben von Gustav Körting, Leipzig 1868.

ClefD ca. 1280

La Clef d'amors, Texte critique avec introduction, appendice et glossaire par A. Doutrepont (Bibliotheca Normannica, 5), Halle 1890.

DrouartB 1290

Li Livres d'amours de Drouart la Vache, Texte établi d'après le manuscrit unique de la Bibliothèque de l'Arsenal par R. Bossuat, Paris 1926.

ArtAimGuiartK fin 13e s.

Louis Karl, *L'art d'amors par Guiart,* Zeitschrift für romanische Philologie 44, 1924, 181–187.

1.2.4. Rosenroman

RoseLL ca. 1230, RoseML ca. 1275

Guillaume de Lorris et Jean de Meun, *Le Roman de la rose,* publié par Félix Lecoy, 3 Bände (Les Classiques Français du Moyen Age, 92, 95, 98), Paris 1970.

1.2.5. Brunetto Latini

BrunLatC ca. 1265

Brunetto Latini, *Li Livres dou tresor,* Édition critique par Francis J. Carmody, Nachdruck Genève 1975 (ursprünglich Berkeley – Los Angeles 1948).

1.2.6. Mittelfranzösische Konversationsbücher

DialFrFlamG ca. 1340, DialFrAllemG ca. 1420 in

Le «Livre des mestiers» de Bruges et ses dérivés, Quatre anciens manuels de conversation publiés par Jean Gessler, Bruges 1931.

ManLangG 1396

La Manière de langage qui enseigne à bien parler et écrire le français, Modèles de conversations composés en Angleterre à la fin du XIVe siècle et réédités par Jean Gessler, Bruxelles – Paris, Louvain 1934.

EnsEnfS 1399 in

Edmund Stengel, *Die ältesten Anleitungsschriften zur Erlernung der französischen Sprache,* Zeitschrift für neufranzösische Sprache und Literatur 1, 1879, 1–40.

2. Sekundärliteratur

Fritz Abel, *L'adjectif démonstratif dans la langue de la Bible latine. Étude sur la formation des systèmes déictiques et de l'article défini des langues romanes* (Beihefte zur Zeitschrift für romanische Philologie, 125), Tübingen 1971.

Mario Alinei, *Il sistema allocutivo dei saluti in italiano, inglese e olandese,* Lingua e Stile 12, 1977, 199–213.

Jean-Claude Anscombre, *Délocutivité benvenistienne, délocutivité généralisée et performativité,* Langue Français 42, 1979, 69–84.

Gérald Antoine, *La coordination en français,* 2 Bände, Paris 1959–1962.

C. W. Aspland, *A Syntactical Study of Epic Formulas and Formulaic Expressions Containing the -ant Forms in Twelfth Century French Verse,* St. Lucia, Queensland 1970.

Erich Auerbach, *Mimesis. Dargestellte Wirklichkeit in der abendländischen Literatur* (Sammlung Dalp, 90), Bern und München [5]1971.

Paul Bancourt, *Les musulmans dans les chansons de geste du Cycle du Roi,* 2 Bände, Aix-en-Provence, Marseille 1982.

Paul Bancourt, *Le thème de l'ambassade insolente dans les chansons de geste françaises et la littérature arabo-turque,* in Essor et fortune de la chanson de geste dans l'Europe et l'Orient latin, Actes du IXe Congrès International de la Société Rencesvals pour l'étude des épopées romanes, Padoue-Venise, 29 août – 4 septembre 1982, Band I (préparé par Alberto Limentani et al.), Modena 1984, 267–275.

Hermann Bausinger, *Zum Brauch des Grüßens,* Der weiße Turm 6, 1964, 15–19.

Heinrich Bechtoldt, *Der französische Wortschatz im Sinnbezirk des Verstandes (die geistliche und lehrhafte Literatur von ihren Anfängen bis zum Ende des 12. Jahrhunderts),* Romanische Forschungen 49, 1935, 21–180.

Richard Beitl (unter Mitarbeit von Klaus Beitl), *Wörterbuch der deutschen Volkskunde,* Stuttgart [3]1974.

J.-L. Roland Bélanger, *Damedieus. The Religious Context of the French Epic. The Loherain Cycle Viewed against Other Early French Epics* (Histoire des Idées et Critique Littéraire, 152), Genève 1975.

Émile Benveniste, *Les verbes délocutifs,* in É. B., *Problèmes de linguistique générale,* Band I (Collection Tel), Paris 1966, 277–285.

Walther Bolhöfer, *Gruß und Abschied in althochdeutscher und mittelhochdeutscher Zeit,* Dissertation Göttingen 1912.

Herman Braet, Béroul: *Le roman de Tristan. Version complète en français moderne* (Ktēmata, 1), Gand 1974.

Penelope Brown / Stephen Levinson, *Universals in Language Usage: Politeness Phenomena,* in Questions and Politeness. Strategies in Social Interaction, edited by Esther N. Goody, Cambridge, London, New York, Melbourne 1978, 56–289.

Charles Brucker, *«Sage» et son réseau lexical en ancien français (des origines au XIIIème siècle). Étude historique, sémantique, stylistique et comparative du vocabulaire intellectuel et moral,* 2 Bände, Lille – Paris 1979.

Matilda Tomaryn Bruckner, *Narrative Invention in Twelfth-Century French Romance. The Convention of Hospitality (1160–1200)* (French Forum Monographs, 17), Lexington (Kentucky) 1980.

Ferdinand Brunot, *Histoire de la langue française des origines à nos jours,* Band I, *De l'époque latine à la Renaissance,* Paris, nouvelle édition 1966 ([1]1905),

Joachim Bumke, *Höfische Kultur. Literatur und Gesellschaft im hohen Mittelalter,* 2 Bände, München 1986.

Jacob Burckhardt, *Über das Studium der Geschichte.* Der Text der «Weltgeschichtlichen Betrachtungen» auf Grund der Vorarbeiten von Ernst Ziegler nach den Handschriften herausgegeben von Peter Ganz, München 1982.

Harald Burger (unter Mitarbeit von Harald Jaschke), *Idiomatik des Deutschen* (Germanistische Arbeitshefte, 16), Tübingen 1973.

Harald Burger / Annelies Buhofer / Ambros Sialm, *Handbuch der Phraseologie,* Berlin, New York 1982.

Glyn Sheridan Burgess, *Contribution à l'étude du vocabulaire pré-courtois* (Publications Romanes et Françaises, 110), Genève 1976.

Keith Busby, *Gauvain in Old French Literature* (Degré second, 2), Amsterdam 1980.

Jacques Chaurand, *Les verbes-supports en ancien français: «doner» dans les œuvres de Chrétien de Troyes,* Lingvisticae Investigationes 7, 1983, 11–46.

Hans Helmut Christmann, *Sprachwissenschaft, Literaturwissenschaft, Stilistik. Rückblick und Ausblick,* Sprachkunst 11, 1980 (a), 173–191.

Hans Helmut Christmann, *Zum italienischen Konjunktiv im Hauptsatz,* in Romanica europaea et americana. Festschrift für Harri Meier 8. Januar 1980, herausgegeben von Hans Dieter Bork, Artur Greive, Dieter Woll, Bonn 1980 (b), 123–135.

Hans Helmut Christmann, *Altfranzösisches Wörterbuch (Tobler-Lommatzsch),* in Wörterbücher der deutschen Romanistik, herausgegeben von Helmut Stimm und Manfred Briegel (Deutsche Forschungsgemeinschaft, Rundgespräche und Kolloquien), Weinheim 1984, 19–30.

Hans Helmut Christmann, *Sprachwissenschaft im Dienst der Mediävistik – Sprachwissenschaft als Mediävistik,* in Zusammenhänge, Einflüsse, Wirkungen. Kongreßakten zum ersten Symposium des Mediävistenverbandes in Tübingen 1984, herausgegeben von Joerg O. Fichte, Karl Heinz Göller und Bernhard Schimmelpfennig, Berlin, New York 1986, 1–26.

Maria-Elisabeth Conte, *Délocutivité, performativité, contre-performativité,* in É. Benveniste aujourd'hui. Actes du Colloque International du C.N.R.S., Université François Rabelais, Tours, 28–30 septembre 1983, Band I (Bibliothèque de l'Information Grammaticale), éd. Guy Serbat, Paris 1984, 65–76.

Baudouin de Cornulier, *La notion de dérivation délocutive,* Revue de Linguistique Romane 40, 1976, 116–144.

Eugenio Coseriu, *Bedeutung und Bezeichnung im Lichte der strukturellen Semantik,* in Sprachwissenschaft und Übersetzen. Symposion an der Universität Heidelberg, 24. 1.–26. 2. 1969, herausgegeben von Peter Hartmann und Henri Vernay (Commentationes Societatis Linguisticae Europaeae, 3), München 1970, 104–121.

Eugenio Coseriu, *Textlinguistik. Eine Einführung,* herausgegeben und bearbeitet von Jörn Albrecht (Tübinger Beiträge zur Linguistik, 109), Tübingen, 2., durchgesehene Auflage 1981.

Florian Coulmas, *Routine im Gespräch. Zur pragmatischen Fundierung der Idiomatik,* Wiesbaden 1981.

DEAF – Kurt Baldinger, *Dictionnaire étymologique de l'ancien français, G1–G4,* Tübingen – Paris 1974–1982.

Rudolf Diepenbeck, *Beiträge zur Kenntnis der altfranzösischen Umgangssprache des späteren Mittelalters,* Dissertation Kiel 1900.

Georges Duby, *Les trois ordres ou l'imaginaire du féodalisme* (Bibliothèque des Histoires), Paris 1978.

Otto Ducháček, *Latin «bellus» – vieux français «bel»,* Studia Neophilologica 30, 1958, 175–191.

J. Dünninger, *Gruß und Anrede,* Der Deutschunterricht 15, 1963, 21–35.

André Duplat, *Étude stylistique des formules de salutation chez Chrétien de Troyes,* Travaux de Linguistique et de Littérature 13, 1975, 107–143.

Irenäus Eibl-Eibesfeldt, *Grundriß der vergleichenden Verhaltensforschung. Ethologie,* München, Zürich, 5., überarbeitete und erweiterte Auflage 1978.

Irenäus Eibl-Eibesfeldt, *Liebe und Haß. Zur Naturgeschichte elementarer Verhaltensweisen* (Serie Pieper), München ^{9}1980.

Gerhard Ernst, *Prolegomena zu einer Geschichte des gesprochenen Französisch,* in Zur Geschichte des gesprochenen Französisch und zur Sprachlenkung im Gegenwartsfranzösischen, herausgegeben von Helmut Stimm (Zeitschrift für französische Sprache und Literatur, Beiheft 6, N.F.), Wiesbaden 1980, 1–14.

Edoardo Esposito, *Les formes d'hospitalité dans le roman courtois (du «Roman de Thèbes» à Chrétien de Troyes),* Romania 103, 1982, 197–234.

Charles A. Ferguson, *The Structure and Use of Politeness Formulas,* Language in Society 5, 1976, 137–156.

FEW – Walther von Wartburg, *Französisches etymologisches Wörterbuch. Eine Darstellung des galloromanischen Sprachschatzes,* Tübingen, später Basel 1928ff.

Raymond Firth, *Verbal and Bodily Rituals of Greeting and Parting,* in The Interpretation of Ritual. Essays in Honour of A. J. Richards, edited by J. S. La Fontaine, London 1972, 1–38.

Jean Flori, *L'Idéologie du glaive. Préhistoire de la chevalerie* (Travaux d'Histoire Ethico-politique, 43) Genève 1983.

Wendelin Foerster, *Wörterbuch zu Kristian von Troyes' sämtlichen Werken* (revidiert und neubearbeitet von Hermann Breuer), Tübingen, unveränderte Auflage [5]1973.

Pierre Fouché, *Le verbe français. Étude morphologique* (Tradition de l'Humanisme, 4), Paris, nouvelle édition entièrement refondue et augmentée 1967.

Lucien Foulet, *Petite syntaxe de l'ancien français* (Les Classiques Français du Moyen Age, 2e Série: Manuels), Paris, troisième édition revue 1928.

Jean Frappier, *Les chansons de geste du cycle de Guillaume d'Orange,* Band I, *La Chanson de Guillaume, Aliscans, La Chevalerie Vivien,* Paris 1955; Band II, *Le Couronnement de Louis, Le Charroi de Nîmes, La Prise d'Orange,* Paris, seconde édition revue et augmentée 1967.

Jean Frappier, *Chrétien de Troyes* (Connaissance des Lettres), Paris, nouvelle édition revue et augmentée, illustrée 1968.

Jean Frappier, *Le personnage de Galehaut dans le «Lancelot en prose»,* in J. F., *Amour courtois et Table ronde* (Publications Romanes et Françaises, 126), Genève 1973 (a), 181–208.

Jean Frappier, *Le motif du «don contraignant» dans la littérature du moyen âge,* in J. F., *Amour courtois ...,* Genève 1973 (b), 225–264.

Roland Gäßler, *Varianten der Formeln zur Kontaktaufnahme,* in Kongreßberichte der 7. Jahrestagung der Gesellschaft für Angewandte Linguistik Trier 1976, Band IV, Kontrastive Linguistik und Fehleranalyse, Psycholinguistik, Stuttgart 1977, 19–29.

Baudouin de Gaiffier, *La légende de S. Julien l'Hospitalier,* Analecta Bollandiana 63, 1945, 145–219.

Baudouin de Gaiffier, *La légende de S. Julien l'Hospitalier. Notes complémentaires,* Analecta Bollandiana 94, 1976, 5–17.

Ernst Gamillscheg, *Zum romanischen Artikel und Possessivpronomen,* in *Ausgewählte Aufsätze* von E. G. (Zeitschrift für französische Sprache und Literatur, Supplementheft, 15), Jena – Leipzig 1937, 43–78.

Ernst Gamillscheg, *Historische französische Syntax,* Tübingen 1957.

H. Garfinkel, *Studies in Ethnomethodology,* Englewood Cliffs (New Jersey) 1967.

Gdf – Frédéric Godefroy, *Dictionnaire de l'ancienne langue française (et de tous ses dialectes du IXe au XVe siècle),* 10 Bände, Paris 1880–1902.

Arnold van Gennep, *Les rites du passage. Étude systématique des rites de la porte et du seuil, de l'hospitalité (...),* Paris, La Haye 1909.

Albert Gier, *Nachwort: Die Fabliaux; Profil einer Gattung: Vornehmes Publikum, volkstümliche Stoffe und komische Helden,* in *Fabliaux. Französische Schwankerzählun-*

gen des Hochmittelalters, ausgewählt, übersetzt und kommentiert von A. G. (Universal-Bibliothek Reclam, 8058), Stuttgart 1985, 303–335.

Erving Goffman, *Interaction Rituals. Essays on Face-to-Face Behavior,* Garden City (New York) 1967 (deutsche Übersetzung: *Interaktionsrituale. Über das Verhalten in direkter Kommunikation,* Frankfurt am Main 1973).

Erving Goffman, *Relations in Public. Microstudies of the Public Order,* London 1971 (deutsche Übersetzung: *Das Individuum im öffentlichen Austausch. Mikrostudien zur öffentlichen Ordnung* [Suhrkamp Taschenbuch Wissenschaft, 396], Frankfurt am Main 1982).

Grand Robert – Paul Robert, *Dictionnaire alphabétique et analogique de la langue française,* 9 Bände, Paris, deuxième édition entièrement revue et enrichie par Alain Rey 1985.

Auguste Grisay / Georges Lavis / Micheline Dubois-Stasse, *Les dénominations de la femme dans les anciens textes littéraires français* (Publications de l'Institut de Lexicologie Française de l'Université de Liège), Gembloux 1969.

Elisabeth Gülich / Käthe Henke, *Sprachliche Routine in der Alltagskommunikation. Überlegungen zu ‹pragmatischen Idiomen› am Beispiel des Englischen und des Französischen,* Die Neueren Sprachen 78, 1979, 513–530 (I), 79, 1980, 2–33 (II).

Pierre Guiraud, *L'ancien français* (Que sais-je?, 1056), Paris 1963.

Pierre Guiraud, *L'assiette du nom dans la Chanson de Roland, II. Le démonstratif,* Romania 88, 1967, 59–83.

Dietrich Hartmann, *Begrüßungen und Begrüßungsrituale. Überlegungen zu Verwendungsweisen sprachlicher Symbolik in kommunikativen Handlungsmustern,* Zeitschrift für germanistische Linguistik 1, 1973, 133–162.

Helmut Hatzfeld, *Deuten Stilelemente in Chrétiens «Perceval» auf eine strukturelle Einheit?,* in Medium Aevum. Festschrift für Hans Rheinfelder, herausgegeben von Heinrich Bihler und Alfred Noyer-Weidner, München 1963, 140–160.

Walter Haug, *«Das Land, von welchem niemand wiederkehrt». Mythos, Fiktion und Wahrheit in Chrétiens «Chevalier de la Charete», im «Lanzelet» Ulrichs von Zatzikhoven und im «Lancelot»-Prosaroman* (Untersuchungen zur deutschen Literaturgeschichte, 21) Tübingen 1978.

Walter Haug, *Literaturtheorie im deutschen Mittelalter, von den Anfängen bis zum Ende des 13. Jahrhunderts. Eine Einführung* (Germanistische Einführungen in Gegenstand, Methoden und Ergebnisse der Disziplinen und Teilgebiete), Darmstadt 1985.

Franz Josef Hausmann, *Einführung in die Benutzung der neufranzösischen Wörterbücher* (Romanistische Arbeitshefte, 19), Tübingen 1977.

Wilhelm Havers, *Handbuch der erklärenden Syntax. Ein Versuch zur Erforschung der Bedingungen und Triebkräfte in Syntax und Stilistik* (Indogermanische Bibliothek, Erste Abteilung, I. Reihe, 20), Heidelberg 1931.

Siegfried Heinimann, *«Dulcis». Ein Beitrag zur lateinisch-romanischen Stilgeschichte des Mittelalters,* in Studia Philologica. Homenaje ofrecido a Dámaso Alonso por sus amigos y discípulos con ocasión de su 60° aniversario, Band II, Madrid 1961, 215–232.

Sieglinde Heinz, *Determination und Re-präsentation im Altfranzösischen* (Romanica Monacensia, 21), München 1982.

Helmut Henne / Helmut Rehbock, *Einführung in die Gesprächsanalyse (Sammlung Göschen, 2212),* Berlin, New York, zweite, verbesserte und erweiterte Auflage 1982.

Albert Henry, *Le pluriactanciel en ancien français. Contribution à l'étude de l'actance solidaire,* Romania 101, 1980, 450–490.

Werner Hupka, *Zur Funktionalität der altfranzösischen Zweikasusdeklination,* in Fakten und Theorien. Beiträge zur romanischen und allgemeinen Sprachwissenschaft. Festschrift für Helmut Stimm zum 65. Geburtstag (Tübinger Beiträge zur Linguistik, 191), Tübingen 1982, 95–109.

Dell Hymes, *Die Ethnographie des Sprechens,* in D. H., *Soziolinguistik. Zur Ethnographie der Kommunikation,* eingeleitet und herausgegeben von Florian Coulmas (Suhrkamp Taschenbuch Wissenschaft, 299), Frankfurt am Main 1979, 29–97.

Rudolph von Ihering, *Der Zweck im Recht,* 2. Band, Leipzig [4]1905.

Roman Jakobson, *Closing statement: Linguistics and poetics,* in Style in language, edited by Thomas S. Sebeok, Cambridge (Mass.) 1960, 350–377.

Pol Jonas, *Les systèmes comparatifs à deux termes en ancien français,* Bruxelles 1971.

C. Meredith Jones, *Rezension* zu Bèlanger 1975, Olifant 5, 1977, 60–66.

Sarah Kay, *The Epic Fomula: A Revised Definition,* Zeitschrift für französische Sprache und Literatur 93, 1983, 170–189.

Hans Erich Keller, *Étude descriptive sur le vocabulaire de Wace* (Deutsche Akademie der Wissenschaften zu Berlin, Veröffentlichungen des Instituts für romanische Philologie, 7), Berlin 1953.

Wilhelm Kellermann, *Aufbaustil und Weltbild Chrestiens von Troyes im Percevalroman,* Darmstadt, zweite, unveränderte Auflage 1967.

Elspeth Kennedy, *Royal Broodings and Lovers' Trances in the First Part of the Prose «Lancelot»,* in Mélanges de philologie et de littérature romanes offerts à Jeanne Wathelet-Willem (Sonderheft der Marche Romane), Liège 1978, 301–314.

Max Kerner, *Einleitung: Zum Ideologieproblem im Mittelalter,* in Ideologie und Herrschaft im Mittelalter, herausgegeben von M. K. (Wege der Forschung, 530), Darmstadt 1982, 1–58.

Georges Kleiber, *Le mot «ire» en ancien français (XIe–XIIIe siècles). Essai d'analyse sémantique* (Bibliothèque Française et Romane, Série A, 41), Paris 1978.

Joachim Knuf / H. Walter Schmitz, *Ritualisierte Kommunikation und Sozialstruktur.* Mit einem Beitrag von Peter Masson (Forschungsberichte des Instituts für Kommunikationsforschung und Phonetik der Universität Bonn, Reihe I, 72), Hamburg 1980.

Erich Köhler, *Ideal und Wirklichkeit in der höfischen Epik. Studien zur Form der frühen Artus- und Graldichtung* (Beihefte zur Zeitschrift für romanische Philologie, 97), Tübingen, 2., ergänzte Auflage 1970.

Hans Krings, *Die Geschichte des Wortschatzes der Höflichkeit im Französischen,* Dissertation Bonn (Romanistische Versuche und Vorarbeiten, 11), Bonn 1961.

Carola Dana Lanham, *«Salutatio» Formulas in Latin Letters to 1200* (Münchener Beiträge zur Mediävistik und Renaissance-Forschung, 22), München 1975.

Anker Teilgård Laugesen, *Quelques formules de salutation en ancien français,* Revue Romane 8, 1973, 143–150 (Mélanges Poul Høybye).

Heinrich Lausberg, *Elemente der literarischen Rhetorik. Eine Einführung für Studierende der klassischen, romanischen und deutschen Philologie,* München [5]1976.

Georges Lavis, *L'expression de l'affectivité dans la poésie française du moyen âge (XIIe–XIIIe siècles). Étude sémantique et stylistique du réseau lexical «joie» – «dolor»,* Paris 1972.

Franz Lebsanft, *Hören und Lesen im Mittelalter (Besprechungsaufsatz),* Zeitschrift für französische Sprache und Literatur 92, 1982, 52–64.

Jacques Le Goff, *Présentation,* in Charles-Victor Langlois, *La vie en France au moyen âge de la fin du XIIe au milieu du XIVe siècle d'après des romans mondains du temps* (Collection Ressources, 129), Genève – Paris, Réimpression 1981 (ursprünglich 1926), I–XXI.

Monique Léon, *Le système de salutations en milieu intra-familial rural dans la région de Chinon,* Ethnologie Française 3, 1973, 329–346.

Eugen Lerch, *Historische französische Syntax,* Erster Band, Leipzig 1925.

Eugen Lerch, *Gibt es im Vulgärlateinischen oder im Rumänischen eine ‹Gelenkpartikel›?,* Zeitschrift für romanische Philologie 60, 1940, 113–190.

Halina Lewicka, *Les formules de salutation dans le théâtre comique français du moyen âge,* in Mélanges de langues et de littératures romanes offerts à Ch. Th. Gossen, édités par Germán Colón et Robert Kopp, Band II, Bern – Liège 1976, 497–504.

Halina Lewicka, *Les formules pour prendre congé dans le théâtre profane français du moyen âge,* in Festschrift Kurt Baldinger zum 60. Geburtstag, 17. November 1979, herausgegeben von Manfred Höfler, Henri Vernay und Lothar Wolf, Band I, Tübingen 1979, 283–292.

Lexikon des Mittelalters, München, Zürich 1980ff.

Lexikon für Theologie und Kirche, begründet von Michael Buchberger, insgesamt 11 Bände, Freiburg, zweite, völlig neu bearbeitete Auflage (...), herausgegeben von Josef Höfer und Karl Rahner 1957–1967.

Lexis – *Larousse de la langue française. Lexis,* Paris 1979.

Lars Lindvall, *Sempres, lues, tost, viste, et leurs synonymes. Étude lexicographique d'un groupe de mots dans le français des XIIe et XVIe siècles* (Romanica Gothoburgensia, 13), Göteborg 1971.

Leena Löfstedt, *À propos des formules de salutation au moyen âge,* Neuphilologische Mitteilungen 79, 1978, 193–215.

Erhard Lommatzsch, *«Benedetto sia 'l giorno e'l mese e l'anno»,* in E. L., *Kleinere Schriften zur romanischen Philologie,* Berlin 1954, 68–82.

Nathan LeRoy Love, *Forms of Address in Old French Romances,* Ph. D. Indiana University 1982 (University Microfilms, 1416), Ann Arbor 1984.

Thomas Luckmann, *Soziologie der Sprache,* in Handbuch der empirischen Sozialforschung, herausgegeben von René König, Band 13, Sprache, Künste, Stuttgart, 2., völlig neubearbeitete Auflage 1979, 1–116.

Jens Lüdtke, *Sprache und Interpretation. Semantik und Syntax reflexiver Strukturen im Französischen* (Tübinger Beiträge zur Linguistik, 237), Tübingen 1984.

Irmgard Maierhofer, *Das altfranzösische Adjektiv im Sinnbezirk des Denkens und Fühlens mit besonderer Berücksichtigung des höfischen Zeitalters,* Dissertation Erlangen 1957.

Bronislaw Malinowski, *The Problem of Meaning in Primitive Languages,* in C. K. Ogden / I. A. Richards, The Meaning of Meaning: A Study of the Influence of Language upon Thought and of the Science of Symbolism (International Library of Psychology, Philosophy, and Scientific Method), London ^{10}1960, 296–336.

Mario Mancini, *Moralistik, Didaktik und Allegorie in der Romania,* in Europäisches Hochmittelalter, von Henning Krauß (Neues Handbuch der Literaturwissenschaft, 7), Wiesbaden 1981, 357–396.

Christiane Marchello-Nizia, *SI + FAIRE (AVOIR/ESTRE),* in Actes du IVe Colloque International sur le moyen français, publiés par Anthonij Dees (Faux Titre, 16), Amsterdam 1985 (a).

Christiane Marchello-Nizia, *Dire le vrai: l'adverbe «si» en français médiéval. Essai de linguistique historique* (Publications Romanes et Françaises, 168), Genève 1985 (b).

Robert Martin / Marc Wilmet, *Syntaxe du moyen français* (Manuel du français du moyen âge, 2), Bordeaux 1980.

Marcel Mauss, *Die Gabe. Form und Funktion des Austauschs in archaischen Gesellschaften,* Vorwort von E. E. Evans-Pritchard (Theorie, 1), Frankfurt am Main 1968.

Philippe Ménard, *Syntaxe de l'ancien français* (Manuel du français du moyen âge, 1), Bordeaux, nouvelle édition entièrement refondue 1976.

Philippe Ménard, *Le don en blanc qui lie le donateur: réflexions sur un motif de conte,* in An Arthurian Tapestry. Essays in the Memory of Lewis Thorpe, edited by Kenneth Varty, Glasgow 1981, 37–53.

C. Josef Merk, *Anschauungen über die Lehre und das Leben der Kirche im altfranzösischen Heldenepos* (Beihefte zur Zeitschrift für romanische Philologie, 41), Halle a.d.S. 1914.

Wilhelm Meyer-Lübke, *Rezension* von Brunot 1905 (= nouv. éd. 1966), Göttingische gelehrte Anzeigen 167, 1905, 717–730.

Xavier Mignot, *«Salutāre» en latin, «saluer» en français sont-ils bien des verbes délocutifs?,* Bulletin de la Société linguistique de Paris 76, 1981, 327–344.

Ulrich Mölk, *Rezension* von Carolyn T. Swan, The Old French Prose Legend of Saint Julian the Hospitaller, Tübingen 1977, Romanistisches Jahrbuch 29, 1978, 207–212.

Gérard Moignet, *Essai sur le mode subjonctif en latin postclassique et en ancien français,* 2 Bände (Publications de la Faculté des Lettres et Sciences Humaines d'Alger, 32), Paris 1959.

Gérard Moignet, *Grammaire de l'ancien français. Morphologie – syntaxe* (Initiation à la Linguistique, Série B, 2), Paris, deuxième édition revue et corrigée 1984.

Georges Niobey, *Nouveau dictionnaire analogique,* Paris 1980.

José Ortega y Gasset, *Der Mensch und die Leute,* Stuttgart ^{3}1965.

Dietmar Peil, *Die Gebärde bei Chrétien, Hartmann und Wolfram. Erec – Iwein – Parzival* (Medium Aevum, Philologische Studien, 28), München 1975.

Klaus Dieter Pilz, *Phraseologie. Redensartenforschung* (Sammlung Metzler, Abteilung C, 198), Stuttgart 1981.

Karl Prause, *Deutsche Grußformeln in neuhochdeutscher Zeit* (Wort und Brauch, 19), Breslau 1930.

Carmen M. Radulet, *Intorno al realismo cerimoniale del «Lancelot» di Chrétien de Troyes,* Cultura Neolatina 35, 1975, 9–30.

Wolfgang Raible, *Satz und Text. Untersuchungen zu vier romanischen Sprachen* (Beihefte zur Zeitschrift für romanische Philologie, 132), Tübingen 1972.

Reallexikon für Antike und Christentum. Sachwörterbuch zur Auseinandersetzung des Christentums mit der Antiken Welt (...), herausgegeben von Theodor Klauser, Stuttgart 1950ff.

Josette Rey-Debove, *Benveniste et l'autonymie: les verbes délocutifs,* Travaux de linguistique et de littérature 13, 1975, 245–251.

Josette Rey-Debove, *Le métalangage. Étude linguistique du discours sur le langage* (Collection l'Ordre des mots), Paris 1978.

Ulrich Ricken, *«Gelehrter» und «Wissenschaft» im Französischen. Beiträge zu ihrer Bezeichnungsgeschichte im 12.–17. Jahrhundert* (Deutsche Akademie der Wissenschaften zu Berlin, Veröffentlichungen des Instituts für romanische Sprachwissenschaft, 15), Berlin 1961.

Alfred Risop, *Miszellen zur neufranzösischen Syntax,* in Festschrift Adolf Tobler zum siebzigsten Geburtstage, dargebracht von der Berliner Gesellschaft für das Studium der neueren Sprachen, Braunschweig 1905, 303–331.

R. L. Graeme Ritchie, *Recherches sur la syntaxe de la conjonction «que» dans l'ancien français depuis les origines de la langue jusqu'au commencement du XIIIe siècle,* Paris 1907.

Yvonne Robreau, *L'honneur et la honte. Leur expression dans les romans en prose du Lancelot-Graal (12e–13e siècles)* (Publications Romanes et Françaises, 157), Genève 1981.

Volker Roloff, *Reden und Schweigen. Zur Tradition und Gestaltung eines mittelalterlichen Themas in der französischen Literatur* (Münchener Romanistische Arbeiten, 34), München 1973.

Renate Roos, *Begrüßung, Abschied, Mahlzeit. Studien zur Darstellung höfischer Lebensweise in Werken der Zeit von 1150–1320,* Dissertation Bonn 1975.

Wolfgang Rothe, *Strukturen des Konjunktivs im Französischen* (Beihefte zur Zeitschrift für romanische Philologie, 112), Tübingen 1967.

Pierre Ruelle, *Les congés d'Arras (Jean Bodel, Baude Fastoul, Adam de La Halle)* (Université Libre de Bruxelles, Travaux de la Faculté de Philosophie et Lettres, 27), Bruxelles – Paris 1965.

Ernstpeter Ruhe, *Untersuchungen zu den altfranzösischen Übersetzungen der Disticha Catonis* (Beiträge zur romanischen Philologie des Mittelalters, 2), München 1968.

Ernstpeter Ruhe, *De amasio ad amasiam. Zur Gattungsgeschichte des mittelalterlichen Liebesbriefes* (Beiträge zur romanischen Philologie des Mittelalters, 10), München 1975.

Jean Rychner, *La chanson de geste. Essai sur l'art épique des jongleurs* (Publications Romanes et Françaises, 53), Genève, Lille 1955.

Friedrich Schiller, *Das Grüßen im Altfranzösischen,* Dissertation Halle 1890.

Brigitte Schlieben-Lange, *Traditionen des Sprechens. Elemente einer pragmatischen Sprachgeschichtsschreibung,* Stuttgart, Berlin, Köln, Mainz 1983.

Beate Schmolke-Hasselmann, *Der französische höfische Roman,* in Europäisches Hochmittelalter, von Henning Krauß (Neues Handbuch der Literaturwissenschaft, 7), Wiesbaden 1981, 283–322.

Manfred Günter Scholz, *Hören und Lesen. Studien zur primären Rezeption der Literatur im 12. und 13. Jahrhundert,* Wiesbaden 1980.

Alwin Schultz, *Das höfische Leben zur Zeit der Minnesänger,* 2 Bände, Osnabrück, Nachdruck der zweiten, vermehrten und verbesserten Auflage 1965 (ursprünglich 1889).

Helmut Peter Schwake, *Der Wortschatz des «Cligés» von Chrétien de Troyes* (Beihefte zur Zeitschrift für romanische Philologie, 149), Tübingen 1979.

John R. Searle, *Speech acts. An Essay in the Philosophy of Language,* London 1969.

Cesare Segre, *Le forme e le tradizioni didattiche,* in Grundriß der romanischen Literaturen des Mittelalters, Band VI/1, herausgegeben von Hans Robert Jauß, Heidelberg 1968, 58–145.

Maria Senge, *Französische Grußformeln,* Dissertation Bonn, Lippstadt 1935.

Povl Skårup, *Les premières zones de la proposition en ancien français. Essai de syntaxe de position* (Revue romane, numéro spécial), Copenhague 1975.

Ludwig Söll / Franz Josef Hausmann, *Gesprochenes und geschriebenes Französisch* (Grundlagen der Romanistik, 6), Berlin, dritte, überarbeitete Auflage 1985.

Herbert Spencer, *Die Prinzipien der Soziologie,* III. Band, nach der zweiten englischen Auflage übersetzt von B. Netter, Stuttgart 1889.

Arnulf Stefenelli, *Der Synonymenreichtum der altfranzösischen Dichtersprache*

(Österreichische Akademie der Wissenschaften, Philosophisch-Historische Klasse, Sitzungsberichte, 251. Band, 5. Abhandlung), Wien 1967.

Arnulf Stefenelli, *Geschichte des französischen Kernwortschatzes* (Grundlagen der Romanistik, 10), Berlin 1981.

Kurt Stegmann von Pritzwald, *Der Sinn einiger Grußformeln im Licht kulturhistorischer Parallelen,* Wörter und Sachen 10, 1927, 23–44.

A. Streuber, *Die ältesten Anleitungsschriften zur Erlernung des Französischen in England und in den Niederlanden bis zum 16. Jahrhundert* (erster Artikel), Zeitschrift für französische Sprache und Literatur 72, 1962, 37–86.

Lucien Tesnière, *Éléments de syntaxe structurale* (préface de Jean Fourquet), Paris, deuxième édition revue et corrigée 1965.

Harald Thun, *Probleme der Phraseologie. Untersuchungen zur wiederholten Rede mit Beispielen aus dem Französischen, Italienischen, Spanischen und Rumänischen* (Beihefte zur Zeitschrift für romanische Philologie, 168), Tübingen 1978.

Harald Thun, *Der Nutzen einer Klassifikation der fixierten Wortgefüge für den Französischunterricht,* Die Neueren Sprachen 78, 1979, 498–512.

TL – Tobler-Lommatzsch, *Altfranzösisches Wörterbuch.* Adolf Toblers nachgelassene Materialien, bearbeitet von Erhard Lommatzsch, bisher A–T, 10 Bände, Berlin, später Wiesbaden 1925ff.

Adolf Tobler, *Umschreibung der Personenbezeichnung mittels «cors»*, in *Vermischte Beiträge zur französischen Grammatik (...)* von A. T., Erste Reihe, Leipzig, zweite, vermehrte Auflage 1902 (a), 30–36.

Adolf Tobler, *«Li seneschaus, il et ses frere»*, in *Vermischte Beiträge ...*, Erste Reihe, Leipzig 1902 (b), 228f

Adolf Tobler, *Verblümter Ausdruck und Wortspiel in altfranzösischer Rede,* in *Vermischte Beiträge ...*, Zweite Reihe, Leipzig, zweite, vermehrte Auflage 1906, 211–266.

Adolf Tobler, *Antrittsrede bei der Aufnahme in die Berliner Akademie am 29. VI. 1882,* in *Vermischte Beiträge. Der Vermischten Beiträge fünfte Reihe,* Leipzig 1912, 475–478.

Gerhard Wahrig, *Deutsches Wörterbuch. Mit einem Lexikon der deutschen Sprachlehre,* herausgegeben in Zusammenarbeit mit zahlreichen Wissenschaftlern und anderen Fachleuten, völlig überarbeitete Neuausgabe, s.l. 1980.

Mario Wandruszka, *Rutebeufs ‹Gesprochene Sprache›*, in Romanisches Mittelalter. Festschrift zum 60. Geburtstag von Rudolf Baehr, herausgegeben von Dieter Messner und Wolfgang Pöckl unter Mitarbeit von Angela Birner (Göppinger Akademische Beiträge, 115), Göppingen 1981, 373–384.

Rainer Warning, *Formen narrativer Identitätskonstitution im höfischen Roman,* in Grundriß der romanischen Literaturen des Mittelalters, Band IV/1, herausgegeben von Jean Frappier und Reinhold R. Grimm, Heidelberg 1978, 25–59.

Walther von Wartburg, *Évolution et structure de la langue française* (Bibliotheca Romanica, Manualia et Commentationes, 1), Berne ^{10}1971.

Eduard Wechssler, *Das Kulturproblem des Minnesangs. Studien zur Vorgeschichte der Renaissance,* Band I, Halle a. d. S. 1909.

Iwar Werlen, *Ritual und Sprache. Zum Verhältnis von Sprache und Handeln in Ritualen,* Tübingen 1984.

Maria Winkler, *Der kirchliche Wortschatz in der Epik Chrétiens de Troyes,* Dissertation München 1958.

Peter Wunderli, *Die Teilaktualisierung des Verbalgeschehens (Subjonctif) im Mittelfranzösischen. Eine syntaktisch-stilistische Studie* (Beihefte zur Zeitschrift für romanische Philologie, 123), Tübingen 1970.

H. Yvon, *«Cil» et «cist», articles démonstratifs,* Romania 72, 1951, 145–181.

Alberto Zuluaga, *Pragmatisch fixierte Ausdrücke,* in Semantik und Pragmatik, herausgegeben von Konrad Sprengel, Wolf-Dietrich Bald und Heinz Werner Viethen, Akten des 11. linguistischen Kolloquiums Aachen 1976, Band 2, Tübingen 1977, 319–329.

Alberto Zuluaga, *Introducción al estudio de las expresiones fijas* (Studia romanica et linguistica, 10), Frankfurt am Main, Bern, Cirencester/U.K. 1980.

Wortregister

Das Register verzeichnet Grußformeln und Bezeichnungen von (Nicht-)Wunschobjekten. Die Grußformeln sind nach der Schlüsselkomponente, also meist nach dem Verb in seiner flektierten Form, geordnet. Bei den Bezeichnungen von (Nicht-)Wunschobjekten wird nur das Substantiv bzw. das substantivierte Wort, nicht aber seine Determinierung aufgeführt. Das Register enthält alle Stellen, an denen dieses Material im ersten bis dritten Teil (1–303) besprochen bzw. zitiert wird. Die letzte, kursiv gesetzte Zahl bezieht sich auf das Inventar der altfranzösischen Grußformeln (vierter Teil, I. Kapitel, 307–395). Bei *haschiee* findet sich eine solche Zahl nicht, da der entsprechende Eintrag im Inventar (363) vergessen wurde.